【传世经典 文白对照】

资治通鉴

十二

唐纪

〔宋〕司马光 编撰
沈志华 张宏儒 主编

中華書局

目录

卷第一百九十三　唐纪九

起戊子(628)九月尽辛卯(631)凡三年有奇

太宗文武大圣大广孝皇帝上之中

贞观二年(戊子,628)

1　九月丙午,初令致仕官在本品之上。

2　上曰:“比见群臣屡上表贺祥瑞,夫家给人足而无瑞,不害为尧、舜;百姓愁怨而多瑞,不害为桀、纣。后魏之世,吏焚连理木,煮白雉而食之,岂足为至治乎?”丁未,诏:“自今大瑞听表闻,自外诸瑞,申所司而已。”尝有白鹊构巢于寝殿槐上,合欢如腰鼓,左右称贺。上曰:“我常笑隋炀帝好祥瑞。瑞在得贤,此何足贺!”命毁其巢,纵鹊于野外。

3　天少雨,中书舍人李百药上言:“往年虽出宫人,窃闻太上皇宫及掖庭宫人,无用者尚多,岂惟虚费衣食,且阴气郁积,亦足致旱。”上曰:“妇人幽闭深宫,诚为可愍。洒扫之馀,亦何所用?宜皆出之,任求伉俪。”于是遣尚书左丞戴胄、给事中洹水杜正伦于掖庭西门简出之,前后所出三千馀人。

4　己未,突厥寇边。朝臣或请修古长城,发民乘堡障,上曰:“突厥灾异相仍,颉利不惧而修德,暴虐滋甚。骨肉相攻,亡在朝夕。朕方为公扫清沙漠,安用劳民远修障塞乎?”

太宗文武大圣大广孝皇帝上之中

唐太宗贞观二年(戊子,公元628年)

1　九月丙午(初三),初次下令年老退休的文武官员在上朝时列于本品现任官之上。

2　太宗说:“近来看见大臣们多次上表章恭贺祥瑞之事,百姓家中富足而没有祥瑞,不影响成为尧、舜;百姓愁苦怨怼,而多有瑞气,不影响成为桀、纣。后魏的时候,官吏焚烧连理树,煮白雉鸡吃,难道连理树、白雉鸡能是盛世的表征吗?”丁未(初四),下诏说:“从今以后大的祥瑞听任上表奏闻,大瑞之外的诸种瑞兆,申报给有关部门即可。”曾有白鹊在皇宫寝殿中的槐树上构巢建窝,合欢交配如腰鼓状,左右的大臣齐声称贺。太宗说:“我常常笑话隋炀帝喜欢祥瑞,得到贤才就是祥瑞,这有什么值得庆贺的!”命令毁掉其巢穴,放白鹊到野外。

3　天干旱少雨,中书舍人李百药上书说:“往年虽放出过宫女,我私下听说太上皇宫内与掖庭的宫女,深锁宫中的比较多,岂止是白白耗费衣物粮食,而且阴气郁积,也足以造成干旱。”太宗说:“妇人们常年锁在深宫里,实在值得同情。洒扫庭除之外,还有什么用呢?应当全部让她们出宫,听任她们另寻配偶。”于是让尚书左丞戴胄、给事中洹水人杜正伦在掖庭西门选择遣返宫女,前后共计三千馀人。

4　己未(十六日),突厥兵侵犯边境。大臣中有人请求修复古代的长城,征发百姓利用城堡以巩固边防,太宗说:“突厥天灾人祸不断,颉利可汗并不因此而积德行善,反而更加暴虐。骨肉相残,其亡日不远了。朕正要为您扫清沙漠上的敌人,何必辛劳百姓到远方去修筑城堡要塞呢?”

5 壬申，以前司农卿窦静为夏州都督。静在司农，少卿赵元楷善聚敛，静鄙之，对官属大言曰：“隋炀帝奢侈重敛，司农非公不可；今天子节俭爱民，公何所用哉？”元楷大惭。

6 上问王珪曰：“近世为国者益不及前古，何也？”对曰：“汉世尚儒术，宰相多用经术士，故风俗淳厚；近世重文轻儒，参以法律，此治化之所以益衰也。”上然之。

7 冬，十月，御史大夫参预朝政安吉襄公杜淹薨。

8 交州都督遂安公寿以贪得罪，上以瀛州刺史卢祖尚才兼文武，廉平公直，征入朝，谕以“交趾久不得人，须卿镇抚”。祖尚拜谢而出，既而悔之，辞以旧疾。上遣杜如晦等谕旨曰：“匹夫犹敦然诺，奈何既许朕而复悔之？”祖尚固辞。戊子，上复引见，谕之，祖尚固执不可。上大怒曰：“我使人不行，何以为政！”命斩于朝堂，寻悔之。他日，与侍臣论“齐文宣帝何如人？”魏徵对曰：“文宣狂暴，然人与之争，事理屈则从之。有前青州长史魏恺使于梁还，除光州长史，不肯行，杨遵彦奏之。文宣怒，召而责之。恺曰：‘臣先任大州，使还，有劳无过，更得小州，此臣所以不行也。’文宣顾谓遵彦曰：‘其言有理，卿赦之。’此其所长也。”上曰：“然。向者卢祖尚虽失人臣之义，朕杀之亦为太暴，由此言之，不如文宣矣！”命复其官荫。

徵状貌不逾中人，而有胆略，善回人主意，每犯颜苦谏，或逢上怒甚，徵神色不移，上亦为霁威。尝谒告上冢，还，言于上曰：“人言陛下欲幸南山，外皆严装已毕，而竟不行，

5　壬申(二十九日),任命前司农卿窦静为夏州都督。窦静在司农寺时,司农少卿赵元楷,颇擅长搜刮民财,窦静鄙视他,曾对属下的官员们大声地说道:"隋炀帝骄奢淫逸、贪渎民财,司农署非得有您不可;现在皇帝自身节俭爱护民众,你又有什么用呢?"赵元楷听后十分愧疚。

6　太宗问王珪:"近代以来国家政治越来越赶不上古代,为什么呢?"王珪回答道:"汉代崇尚儒术,宰相多用通经的儒士,所以风俗淳厚;近代以来重文艺而轻儒术,又辅以法律,这便是治世化民之道所以日益衰微的原因。"太宗颇以为然。

7　冬季,十月,御史大夫、参预朝政、安吉襄公杜淹去世。

8　交州都督、遂安公李寿因贪污犯罪。太宗认为瀛州刺史卢祖尚文武全才,廉洁奉公,便征召他入朝,命令道:"交趾地区很久没有得力人选,需要你前去镇抚。"卢祖尚拜谢出朝,不久又后悔,以旧病复发相辞。太宗让杜如晦对他传旨道:"一般的人尚能够重然诺守信用,你为什么已答允了朕而又后悔呢?"卢祖尚执意辞退。戊子(二十五日),太宗再次召见他,晓以道理,卢祖尚仍固执己见,拒不从命。太宗大怒道:"我不能对人发号施令,又如何治理国家呢!"下令将卢祖尚斩于朝堂之上,不久又后悔。过了几日,与大臣议论:"齐文宣帝是怎么样一个人?"魏徵答道:"齐文宣帝猖狂暴躁,然而人与他争论时,遇到理屈词穷时能够听从对方的意见。当时前青州长史魏恺出使梁朝还朝,拜为光州长史,不肯赴任,丞相杨遵彦奏与文宣帝。文宣帝大怒,召入宫中大加责备。魏恺说:'我先前任大州的长史,出使归来,有功劳没有过失,反而改任小州的长史,所以我不愿意成行。'齐文宣帝回头对杨遵彦说:'他讲得有道理,你就宽赦他吧。'这是齐文宣帝的长处。"太宗说:"有道理。先前卢祖尚虽然缺少做大臣的道义,朕杀了他也过于粗暴,如此说来,还不如齐文宣帝!"下令恢复卢祖尚子孙的门荫。

魏徵相貌平平,但是很有胆略,善于挽回皇帝的主意,常常犯颜直谏,有时碰上太宗非常恼怒的时候,他面不改色,太宗的神威也为之收敛。他曾经告假去祭扫祖墓,回来后,对太宗说:"人们都说陛下要临幸南山,外面都已严阵以待、整装完毕,而您最后又没去,

何也?”上笑曰:“初实有此心,畏卿嗔,故中辍耳。”上尝得佳鹞,自臂之,望见徵来,匿怀中。徵奏事固久不已,鹞竟死怀中。

9　十一月辛酉,上祀圜丘。

10　十二月壬午,以黄门侍郎王珪为守侍中。上尝闲居,与珪语,有美人侍侧,上指示珪曰:“此庐江王瑗之姬也,瑗杀其夫而纳之。”珪避席曰:“陛下以庐江纳之为是邪,非邪?”上曰:“杀人而取其妻,卿何问是非?”对曰:“昔齐桓公知郭公之所以亡,由善善而不能用,然弃其所言之人,管仲以为无异于郭公。今此美人尚在左右,臣以为圣心是之也。”上悦,即出之,还其亲族。

上使太常少卿祖孝孙教宫人音乐,不称旨,上责之。温彦博、王珪谏曰:“孝孙雅士,今乃使之教宫人,又从而谴之,臣窃以为不可。”上怒曰:“朕置卿等于腹心,当竭忠直以事我,乃附下罔上,为孝孙游说邪!”彦博拜谢。珪不拜,曰:“陛下责臣以忠直,今臣所言岂私曲邪?此乃陛下负臣,非臣负陛下!”上默然而罢。明日,上谓房玄龄曰:“自古帝王纳谏诚难,朕昨责温彦博、王珪,至今悔之。公等勿为此不尽言也。”

11　上曰:“为朕养民者,唯在都督、刺史,朕常疏其名于屏风,坐卧观之,得其在官善恶之迹,皆注于名下,以备黜陟。县令尤为亲民,不可不择。”乃命内外五品已上,各举堪为县令者,以名闻。

不知为什么?”太宗笑着说:“起初确实有这个打算,害怕你又来嗔怪,所以中途停止了。”太宗曾得到一只好鹞鹰,将它置于臂膀上,远远望见魏徵走过来,便藏在怀里。魏徵站在那里上奏朝政大事,很久不停下来,鹞鹰最后竟死在太宗的怀里。

9 十一月辛酉(十九日),太宗在圜丘祭祀。

10 十二月壬午(初十),任命黄门侍郎王珪为守侍中。太宗曾闲居无事,与王珪交谈,有一个美女子在旁侍候,太宗指给王珪说:“这是庐江王李瑗的妾,李瑗杀了她的丈夫而收纳她。”王珪离开座位说道:“陛下认为庐江王纳她为妾是对还是不对?”太宗说:“杀了人而娶他妻子为妾,你怎么还要问对错呢?”王珪答道:“从前齐桓公知道郭公灭亡的原因,在于喜好良言而不能采用,而桓公本人弃置进良言的人,管仲认为这与郭公没什么两样。现在这个美女子还在您身边,我认为陛下是认为庐江王做得对。”太宗听了非常高兴,即刻将此女子放出宫去,让她回到自己父母身边。

太宗让太常少卿祖孝孙教授宫女们音乐,不称太宗的心意,太宗责怪他。温彦博、王珪劝谏道:“孝孙乃高雅之士,却让他去教宫女们,进而又谴责他,我们觉得不该如此。”太宗大怒道:“朕将你们视为心腹,应当竭尽忠心正直来为我服务,现在却附和下面欺罔君上,难道是为孝孙说情吗!”温彦博行礼谢罪。王珪不行礼,说:“陛下责令我尽忠效诚,现在我所说的话难道有私情吗?这便是陛下有负于我,并不是我有负于陛下!”太宗沉默良久才作罢。次日,太宗对房玄龄说:“自古以来帝王虚心纳谏的确很难,朕昨天责备温彦博和王珪,到现在还在后悔。你们不要因此事而不能畅所欲言。”

11 太宗说:“为朕养护百姓的,唯有都督、刺史,朕常常将他们的名字书写在屏风上,坐卧都留心观看,得知在任内的善恶事迹,均注于他们的名下,以备升迁和降职时参考。县令尤其与百姓亲近,不可不慎加选择。”于是下令朝廷内外五品以上官员,各荐举能胜任县令职位的人,呈报他们的姓名。

12　上曰："比有奴告其主反者，此弊事。夫谋反不能独为，必与人共之，何患不发，何必使奴告邪？自今有奴告主者，皆勿受，仍斩之。"

13　西突厥统叶护可汗为其伯父所杀，伯父自立，是为莫贺咄侯屈利俟毗可汗。国人不服，弩矢毕部推泥孰莫贺设为可汗，泥孰不可。统叶护之子咥力特勒避莫贺咄之祸，亡在康居，泥孰迎而立之，是为乙毗钵罗肆叶护可汗，与莫贺咄相攻，连兵不息，俱遣使来请婚。上不许，曰："汝国方乱，君臣未定，何得言婚！"且谕以各守部分，勿复相攻。于是西域诸国及敕勒先役属西突厥者皆叛之。

14　突厥北边诸姓多叛颉利可汗归薛延陀，共推其俟斤夷男为可汗，夷男不敢当。上方图颉利，遣游击将军乔师望间道赍册书拜夷男为真珠毗伽可汗，赐以鼓纛。夷男大喜，遣使入贡，建牙于大漠之郁督军山下，东至靺鞨，西至西突厥，南接沙碛，北至俱伦水，回纥、拔野古、阿跌、同罗、仆骨、霫诸部皆属焉。

三年(己丑,629)

1　春，正月戊午，上祀太庙。癸亥，耕藉于东郊。

2　沙门法雅坐妖言诛。司空裴寂尝闻其言，辛未，寂坐免官，遣还乡里。寂请留京师，上数之曰："计公勋庸，安得至此！直以恩泽为群臣第一。武德之际，货赂公行，纪纲紊乱，皆公之由也，但以故旧不忍尽法。得归守坟墓，幸已多矣！"寂遂归蒲州。未几，又坐狂人信行言寂有天命，寂不以闻，当死，流静州。会山羌作乱，或言劫寂为主。上曰："寂当死，我生之，必不然也。"俄闻寂率家僮破贼。上思其佐命之功，征入朝，会卒。

12　太宗说："近有奴婢告其主子谋反的，这是个弊端。谋反不是一个人干的事，必然有其同伙，还担心事情不会暴露吗？何必让其奴婢告发呢？从今以后有奴婢告其主子的，均不受理，仍行处斩。"

13　西突厥统叶护可汗被其伯父杀死，其伯父自立为首领，这就是莫贺咄侯屈利俟毗可汗。国人不服，弩失毕部推举泥孰莫贺设为可汗，泥孰不应允。统叶护的儿子咥力特勒为躲避莫贺咄的祸乱，逃到了康居，泥孰迎回他立为首领，这便是乙毗钵罗肆叶护可汗，与莫贺咄相攻伐，争斗不息，都派使臣请求与唐朝通婚。太宗不应允，说："你们的国家刚发生内部争斗，君臣尚未确定，怎么能谈得上求婚呢？"而且传谕各部保持稳定，不要再相攻伐。于是西域各国和先前依附西突厥的敕勒均叛离。

14　突厥北面的各部族大多叛离颉利可汗归附薛延陀，共同推举薛延陀的俟斤夷男为可汗，夷男不敢担当此任。太宗正欲图谋突厥颉利可汗，便派游击将军乔师望择小道带着册书封夷男为真珠毗伽可汗，并赐给鼓和大旗。夷男十分高兴，派使臣进献贡品，建牙帐于大漠中郁督军山下，东至靺鞨，西到西突厥，南接沙漠，北临俱伦水；回纥、拔野古、阿跌、同罗、仆骨、霫各部均为其附属。

唐太宗贞观三年（己丑，公元629年）

1　春季，正月戊午（十六日），太宗祭祀于太庙。癸亥（二十一日），在东郊行耕田礼。

2　和尚法雅以妖言惑众被处死。司空裴寂曾听过他的言论，辛未（二十九日），裴寂也因此事被免职，勒令遣送回老家。裴寂请求留在长安，太宗数落他说："你的功劳平庸，怎么能达到今天这个地步！还不是因高祖皇帝恩泽才使你列居群臣第一。武德年间，贪污受贿风气盛行，朝廷政纲混乱，均与你有关，只是因为你是开国老臣，所以不忍心完全依法令处置。能够回家守着坟墓，已经是够幸运的了！"裴寂于是回到老家蒲州。不久，有一个狂人信行称裴寂面有天相，裴寂并没上报朝廷，依法令当处死；太宗将其流放到静州。正赶上当地的山羌族叛乱，有人说叛军劫持裴寂为其首领。太宗说："裴寂依罪当处死，我留给他生路，他肯定不会走这条路。"不久听说裴寂率领僮仆家丁打败叛军。太宗考虑他有佐命之功，征召他入进朝，裴寂恰好死去。

3　二月戊寅，以房玄龄为左仆射，杜如晦为右仆射，以尚书右丞魏徵守秘书监，参预朝政。

4　三月己酉，上录系囚。有刘恭者，颈有“胜”文，自云“当胜天下”，坐是系狱。上曰：“若天将兴之，非朕所能除；若无天命，‘胜’文何为？”乃释之。

5　丁巳，上谓房玄龄、杜如晦曰：“公为仆射，当广求贤人，随才授任，此宰相之职也。比闻听受辞讼，日不暇给，安能助朕求贤乎？”因敕“尚书细务属左右丞，唯大事应奏者，乃关仆射”。

玄龄明达政事，辅以文学，夙夜尽心，惟恐一物失所。用法宽平，闻人有善，若己有之，不以求备取人，不以己长格物。与杜如晦引拔士类，常如不及。至于台阁规模，皆二人所定。上每与玄龄谋事，必曰：“非如晦不能决。”及如晦至，卒用玄龄之策。盖元龄善谋，如晦能断故也。二人深相得，同心徇国，故唐世称贤相，推房、杜焉。玄龄虽蒙宠待，或以事被谴，辄累日诣朝堂，稽颡请罪，恐惧若无所容。

玄龄监修国史，上语之曰：“比见《汉书》载《子虚》、《上林赋》，浮华无用。其上书论事，词理切直者，朕从与不从，皆当载之。”

6　夏，四月乙亥，上皇徙居弘义宫，更名大安宫。上始御太极殿，谓群臣曰：“中书、门下，机要之司，诏敕有不便者，皆应论执。比来唯睹顺从，不闻违异。若但行文书，则谁不可为，何必择才也？”房玄龄等皆顿首谢。

故事：凡军国大事，则中书舍人各执所见，杂署其名，谓之五花判事。中书侍郎、中书令省审之，给事中、黄门侍郎驳正之。上始申明旧制，由是鲜有败事。

3　二月戊寅（初六），任命房玄龄为尚书左仆射，杜如晦为右仆射，尚书右丞魏徵为秘书监，参预朝政。

4　三月己酉（初八），太宗考察、记录囚犯的罪过。有个囚犯刘恭，脖颈上刻有“胜”字，自称“定当取胜于天下”，因此入狱。太宗说：“假如上天将要使他兴起，不是朕所能除掉的；如没有天命照应，刻有‘胜’文又有何用？”于是释放刘恭。

5　丁巳（十六日），太宗对房玄龄、杜如晦说：“你们身为仆射，应当广求天下贤才，因才授官，这是宰相的职责。近来听说你们受理辞讼案情，目不暇接，怎么能帮助朕求得贤才呢？”因此下令：“尚书省琐细事务归尚书左右丞掌管，只有应当奏明的大事，才由左右仆射处理。”

房玄龄通晓政务，又有文才，昼夜操劳，唯恐偶有差池。运用法令宽和平正，听到别人的长处，便如同自己所有，待人不求全责备，不以己之所长要求别人。与杜如晦提拔后进，不遗馀力。至于尚书省的制度程式，均系二人所定。太宗每次与房玄龄谋划政事，一定要说：“非杜如晦不能敲定。”等到杜如晦来，最后还是采用房玄龄的建议。这是因为房玄龄善于谋略，杜如晦长于决断。二人深相投合，同心为国出力，所以唐朝称为贤相者，首推房、杜二人。房玄龄虽然多蒙太宗宠爱，有时因某事受谴责，总是一连数日到朝堂内，磕头请罪，恐惧得好像无地自容。

房玄龄监修本朝国史，太宗对他说：“近来翻看《汉书》载有《子虚赋》、《上林赋》，均华而不实。凡有上书议论国事，词理直切的，朕从与不从，均当载入国史。”

6　夏季，四月乙亥（初四），太上皇李渊迁居弘义宫，改弘义宫为大安宫。太宗开始到太极殿听政，对群臣说：“中书、门下省，都是机要的部门，诏敕文书有不当之处，均应议论提出意见。近来唯见顺从旨意，听不见相反意见。如果只是过往文书，那么谁不能干呢，何必又要慎择人才呢？”房玄龄等人均磕头谢罪。

按以前的惯例：诏书凡涉及军国大事，则让中书舍人各执所见，大家分别署名，称之为五花判事。中书侍郎、中书令加以审核，给事中、黄门侍郎予以驳正。太宗开始申明旧的规制，于是很少有错误。

7 茌平人马周，客游长安，舍于中郎将常何之家。六月壬午，以旱，诏文武官极言得失。何武人不学，不知所言，周代之陈便宜二十馀条。上怪其能，以问何，对曰："此非臣所能，家客马周为臣具草耳。"上即召之；未至，遣使督促者数辈。及谒见，与语，甚悦，令直门下省，寻除监察御史，奉使称旨。上以常何为知人，赐绢三百匹。

8 秋，八月己巳朔，日有食之。

9 丙子，薛延陀毗伽可汗遣其弟统特勒入贡，上赐以宝刀及宝鞭，谓曰："卿所部有大罪者斩之，小罪者鞭之。"夷男甚喜。突厥颉利可汗大惧，始遣使称臣，请尚公主，修婿礼。

代州都督张公谨上言突厥可取之状，以为"颉利纵欲逞暴，诛忠良，昵奸佞，一也；薛延陀等诸部皆叛，二也；突利、拓设、欲谷设皆得罪，无所自容，三也；塞北霜旱，糇粮乏绝，四也；颉利疏其族类，亲委诸胡，胡人反覆，大军一临，必生内变，五也；华人入北，其众甚多，比闻所在啸聚，保据山险，大军出塞，自然响应，六也。"上以颉利可汗既请和亲，复援梁师都，丁亥，命兵部尚书李靖为行军总管讨之，以张公谨为副。

九月丙午，突厥俟斤九人帅三千骑来降。戊午，拔野古、仆骨、同罗、奚酋长并帅众来降。

10 冬，十一月辛丑，突厥寇河西，肃州刺史公孙武达、甘州刺史成仁重与战，破之，捕虏千馀口。

11 上遣使至凉州，都督李大亮有佳鹰，使者讽大亮使献之，大亮密表曰："陛下久绝畋游而使者求鹰。若陛下之意，深乖昔旨；如其自擅，乃是使非其人。"癸卯，上谓侍臣曰："李大亮可谓忠直。"手诏褒美，赐以胡瓶及荀悦《汉纪》。

7　茌平人马周，游历来到长安，住在中郎将常何家里。六月壬午（十二日），天下大旱，诏令文武百官畅言得失。常何乃一介武夫，不学无术，不知道说什么，马周便代他上呈建议二十多条。太宗惊奇常何的能力，便问常何，常何答道："这不是我能写的，而是我的客人马周代我起草的。"太宗立刻召见马周，没有来，又派人催促了几次。马周到宫中谒见太宗，太宗与他谈论，十分高兴，令其暂在门下省做事，不久又任命为监察御史，奉使出巡很合旨意。太宗认为常何知人善任，赐给绢帛三百匹。

8　秋季，八月己巳朔（初一），出现日食。

9　丙子，（初八），薛延陀毗伽可汗派其弟弟统特勒进献贡品，太宗赐给宝刀与宝鞭，对他说："你统属的部族犯下大罪的用刀斩决，小罪的用鞭抽打。"夷男非常高兴。突厥颉利可汗大为惊慌，开始派使者称臣，请求迎娶公主，修女婿礼节。

代州都督张公谨上奏称可取突厥而代之，原因有六："颉利可汗奢华残暴，诛杀忠良，亲近奸佞之人，是其一；薛延陀等各部落均已叛离，是其二；突利、拓设、欲谷设均得罪颉利，无地自容，是其三；塞北地区经历霜冻干旱，粮食匮乏，是其四；颉利疏离其族人，委重任于胡人，胡人反复无常，大唐帝国军队一到，必然内部纷乱，是其五；汉人早年到北方避乱，至此时人数较多，近来听说他们聚众武装，占据险要之地，大军出塞，自然内部响应，是其六。"太宗认为颉利可汗既然想与唐朝和亲，又出兵援助大唐的敌人梁师都，丁亥（十九日），任命兵部尚书李靖为行军总管，张公谨为副总管，率兵讨伐突厥。

九月丙午（初九），突厥九位俟斤率三千骑兵投降唐朝。戊午（二十一日），拔野古、仆骨、同罗、奚族首领率众投降唐朝。

10　冬季，十一月辛丑（初四），突厥兵侵犯河西地区，肃州刺史公孙武达、甘州刺史成仁重与之发生激战，大败突厥兵，俘虏一千多人。

11　太宗派使节到凉州，都督李大亮有一只很好的鹰，使者暗示李大亮将鹰进呈给皇上，李大亮给太宗上密表说："陛下一直拒绝畋猎而使节却为您要鹰。假如这是陛下的意思，则深与过去的主张相背离；如果是使节自作主张，便是用人不当。"癸卯（初六），太宗对大臣说："李大亮称得上忠诚正直。"亲书诏令加以褒奖，赐给自用的胡瓶一只及荀悦《汉纪》一部。

12　庚申，以行并州都督李世勣为通汉道行军总管，兵部尚书李靖为定襄道行军总管，华州刺史柴绍为金河道行军总管，灵州大都督薛万徹为畅武道行军总管，众合十馀万，皆受李靖节度，分道出击突厥。

乙丑，任城王道宗击突厥于灵州，破之。

十二月戊辰，突利可汗入朝，上谓侍臣曰："往者太上皇以百姓之故，称臣于突厥，朕常痛心。今单于稽颡，庶几可雪前耻。"

壬午，靺鞨遣使入贡，上曰："靺鞨远来，盖突厥已服之故也。昔人谓御戎无上策，朕今治安中国，而四夷自服，岂非上策乎？"

13　癸未，右仆射杜如晦以疾逊位，上许之。

14　乙酉，上问给事中孔颖达曰："《论语》：'以能问于不能，以多问于寡，有若无，实若虚。'何谓也？"颖达具释其义以对，且曰："非独匹夫如是，帝王亦然。帝王内蕴神明，外当玄默，故《易》称'以蒙养正，以明夷莅众'。若位居尊极，炫耀聪明，以才陵人，饰非拒谏，则下情不通，取亡之道也。"上深善其言。

15　庚寅，突厥郁射设帅所部来降。

16　闰月丁未，东谢酋长谢元深、南谢酋长谢强来朝。诸谢皆南蛮别种，在黔州之西。诏以东谢为应州、南谢为庄州，隶黔州都督。

是时远方诸国来朝贡者甚众，服装诡异，中书侍郎颜师古请图写以示后，作《王会图》，从之。

12　庚申（二十三日），任命兼任并州都督的李世勣为通汉道行军总管，兵部尚书李靖为定襄道行军总管，华州刺史柴绍为金河道行军总管，灵州大都督薛万徹为畅武道行军总管，合兵力十馀万，均受李靖节度，分兵进攻突厥。

乙丑（二十八日），任城王李道宗在灵州击败突厥兵。

十二月戊辰（初二），突利可汗到唐朝请罪，太宗对大臣们说："以前太上皇为了百姓的利益，忍辱向突厥称臣，朕常为此事感到痛心。现在突厥首领向我磕头，这多少可以雪洗以前的耻辱。"

壬午（十六日），靺鞨派使节到长安进献贡物，太宗说："靺鞨远道而来，是因为突厥已归服的缘故。从前东汉人称抗御北方戎族没有上策，朕现在使中原安定，四方夷族归服，难道不是上策吗？"

13　癸未（十七日），尚书右仆射杜如晦因病请求离职，太宗答应了他的请求。

14　乙酉（十九日），太宗问给事中孔颖达："《论语》说：'有能力的人向无能力的人请教，知识丰富的人向知识匮乏的人请教；有学问像没学问一样，满腹知识像空无所有一样。'如何解释？"孔颖达完满地解释其本义，且说："非独一般人如此，帝王也当如此。帝王内心蕴含如神之明，但外表却当沉静无为，所以《易经》说'以外表蒙昧来修养贞正之德，用藏智于内的办法来治理民众'。假如身居至高无上的地位，炫耀自己的聪明，依恃才气盛气凌人，掩饰错误，拒绝纳谏，那么就造成下情无法上达，这是自取灭亡之道。"太宗十分赞许他的话。

15　庚寅（二十四日），突厥郁射设率领所部投降唐朝。

16　闰十二月丁未（十一日），东谢部落首领谢元深、南谢首领谢强前来归附唐朝。诸谢部族均是南蛮一支，聚居在黔州西部地区。唐朝廷下令改东谢所在地为应州，南谢所在地为庄州，均隶属于黔州都督。

当时远方周边各国均向唐朝进献贡品，到长安的人较多，服装怪异，中书侍郎颜师古请求绘制《王会图》，绘下每个民族及其服饰以传示给后人，太宗应允。

乙丑，牂柯酋长谢能羽及兖州蛮入贡，诏以牂柯为牂州；党项酋长细封步赖来降，以其地为轨州。各以其酋长为刺史。党项地亘三千里，姓别为部，不相统壹，细封氏、费听氏、往利氏、颇超氏、野辞氏、旁当氏、米擒氏、拓跋氏，皆大姓也。步赖既为唐所礼，馀部相继来降，以其地为崌、奉、岩、远四州。

17　是岁，户部奏：中国人自塞外归及四夷前后降附者，男女一百二十馀万口。

18　房玄龄、王珪掌内外官考，治书侍御史万年权万纪奏其不平，上命侯君集推之。魏徵谏曰："玄龄、珪皆朝廷旧臣，素以忠直为陛下所委，所考既多，其间能无一二人不当！察其情，终非阿私。若推得其事，则皆不可信，岂得复当重任？且万纪比来恒在考堂，曾无驳正；及身不得考，乃始陈论。此正欲激陛下之怒，非竭诚徇国也。使推之得实，未足裨益朝廷；若其本虚，徒失陛下委任大臣之意。臣所爱者治体，非敢苟私二臣。"上乃释不问。

19　濮州刺史庞相寿坐贪污解任，自陈尝在秦王幕府。上怜之，欲听还旧任。魏徵谏曰："秦王左右，中外甚多，恐人人皆恃恩私，足使为善者惧。"上欣然纳之，谓相寿曰："我昔为秦王，乃一府之主，今居大位，乃四海之主，不得独私故人。大臣所执如是，朕何敢违？"赐帛遣之。相寿流涕而去。

四年(庚寅,630)

1　春，正月，李靖帅骁骑三千自马邑进屯恶阳岭，夜袭定襄，破之。突厥颉利可汗不意靖猝至，大惊曰："唐不倾国而来，靖何敢孤军至此？"其众一日数惊，乃徙牙于碛口。

乙丑(二十九日),牂柯首领谢能羽以及兖州蛮进献贡品,诏令在牂柯设置牂州;党项族首领细封步赖归顺唐朝,以其聚居地为轨州。又任命其首领为刺史。党项据地三千里,每姓别为一部,互不统属,细封氏、费听氏、往利氏、颇超氏、野辞氏、旁当氏、米擒氏、拓跋氏,均是其大姓。步赖既已受唐朝礼遇,其馀各部相继来降,唐朝廷以其聚居地为崌、奉、岩、远四州。

17 这一年,户部上奏称:大唐人从塞外归来以及四方夷族前后归顺唐朝的计有男女一百二十馀万人。

18 房玄龄、王珪执掌朝廷内外官吏的考核,治书侍御史、万年人权万纪上奏称有不公平之处,太宗命侯君集重加推勘。魏徵劝谏道:"房玄龄、王珪均是朝中老臣,素以忠诚正直为陛下所信任,所考核的官员过多,中间能没有一二个人考核失当!体察其实情,绝不是有偏私。假如找到失当之处,那就不可信,怎么能重新担当重任呢?而且权万纪近来一直在考堂叙职,并没有任何驳正,等到自己没得到好的考核结果,才开始陈述意见。这正是想激怒陛下,并非竭诚为国。假如推问后得到考核失当的实情,于朝廷也没有什么益处;如果本来便虚妄,徒失陛下委任大臣的一片心意。我真正关心的是国家政体,不敢袒护房、王二人。"太宗于是放下此事不再过问。

19 濮州刺史庞相寿因贪污被解除职务,上表陈情曾是秦王府僚。太宗怜惜他,欲让他官复原职。魏徵劝谏说:"秦王府的旧僚属,现居朝廷内外官的很多,我担心每个人都仗恃您的偏袒,而让那些真正行为端正的人恐惧。"太宗欣然采纳他的意见,对庞相寿说:"我从前为秦王,乃是一个王府的主人,现在身居皇位,乃是天下百姓的君主,不能单单偏护秦王府的老人。大臣的意见都这样,朕怎么能违背呢?"赐帛打发他走。庞相寿流着泪离去。

唐太宗贞观四年(庚寅,公元630年)

1 春季,正月,李靖率领三千骁骑从马邑出发进驻恶阳岭,当夜突袭定襄城,取得大胜。突厥颉利可汗想不到李靖出兵如此神速,大惊失色道:"唐朝没有倾全国兵力北来,李靖怎么敢孤军深入到这里?"突厥兵一天内数次受惊,于是将牙帐迁移至碛口。

靖复遣谍离其心腹，颉利所亲康苏密以隋萧后及炀帝之孙政道来降。乙亥，至京师。先是，有降胡言“中国人或潜通书启于萧后者”。至是，中书舍人杨文瓘请鞫之，上曰：“天下未定，突厥方强，愚民无知，或有斯事。今天下已安，既往之罪，何须问也？”

李世勣出云中，与突厥战于白道，大破之。

2 二月己亥，上幸骊山温汤。

3 甲辰，李靖破突厥颉利可汗于阴山。

先是，颉利既败，窜于铁山，馀众尚数万，遣执失思力入见，谢罪，请举国内附，身自入朝。上遣鸿胪卿唐俭等慰抚之，又诏李靖将兵迎颉利。颉利外为卑辞，内实犹豫，欲俟草青马肥，亡入漠北。靖引兵与李世勣会白道，相与谋曰：“颉利虽败，其众犹盛，若走度碛北，保依九姓，道阻且远，追之难及。今诏使至彼，虏必自宽，若选精骑一万，赍二十日粮往袭之，不战可擒矣。”以其谋告张公谨，公谨曰：“诏书已许其降，使者在彼，奈何击之！”靖曰：“此韩信所以破齐也。唐俭辈何足惜！”遂勒兵夜发，世勣继之，军至阴山，遇突厥千馀帐，俘以随军。颉利见使者大喜，意自安。靖使武邑苏定方帅二百骑为前锋，乘雾而行，去牙帐七里，虏乃觉之。颉利乘千里马先走，靖军至，虏众遂溃。唐俭脱身得归。靖斩首万馀级，俘男女十馀万，获杂畜数十万，杀隋义成公主，擒其子叠罗施。颉利帅万馀人欲度碛，李世勣军于碛口，颉利至，不得度，其大酋长皆帅众降，世勣虏五万馀口而还。斥地自阴山北至大漠，露布以闻。

李靖又派间谍离间其心腹，颉利的亲信康苏密携带隋萧后及炀帝的孙子杨政道投降唐朝。乙亥（初九），到达长安。先前，有投降的胡人称“唐朝有人私下与隋萧皇后通书信”。到此时，中书舍人杨文瓘请求讯问，太宗说：“大唐未定天下时，突厥正当强盛，百姓愚昧无知，或许会有这种事。现在天下已安定，既往的过错，又何须追问呢？”

李世勣出兵云中城，与突厥兵大战于白道，突厥大败。

2　二月己亥（初三），太宗驾临骊山温泉。

3　甲辰（初八），李靖在阴山大败突厥颉利可汗的军队。

先前，颉利兵败后，逃窜到铁山，残馀兵力尚有数万人，颉利派执失思力谒见太宗，当面谢罪，请求倾国降附，自己入朝抵罪。太宗派鸿胪卿唐俭等人抚慰，又令李靖领兵迎接颉利。颉利外表谦卑，内心尚在犹豫，想等到草青马肥的时候，再逃回到漠北重整旗鼓。李靖率领兵马与李世勣在白道会合，相互谋划道：“颉利虽然被打败，其兵马还很强大，如果走碛北一带，颉利可依靠旧部族，道路阻隔而且遥远，恐怕一时很难追上。现在朝廷的使节已经到了突厥营地，突厥颉利可汗一定觉得宽慰，如果挑选精锐骑兵一万人，带着二十天的粮草前去袭击，可以不战而生擒颉利。”二人将他们的计谋告诉张公谨，张公谨说：“圣上已下诏接受他们投降，大唐的使者在对方，怎么能进攻呢！”李靖说：“当年韩信就是靠偷袭打败齐国的。唐俭等人不值得怜惜！”于是率兵夜间出发，李世勣随后，行军到阴山，遇上了突厥一千多营帐，全部俘获令随唐军。颉利见到大唐使者唐俭后十分高兴，内心稍稍安定。李靖派武邑人苏定方带领两百名骑兵作为前锋，趁大雾秘密行军，距离突厥牙帐只有七里，突厥兵才发现，颉利乘千里马先逃，李靖大军赶到，突厥兵纷纷溃败。唐俭及时脱身回到唐朝。李靖军队杀死突厥兵一万多人，俘虏男女十馀万人，得牲畜数十万头，杀掉隋义成公主，生擒她的儿子叠罗施。颉利率领一万多人想要渡过沙漠，李世勣军队守住碛口，颉利兵至，通不过去，手下的部族首领均率兵众投降，李世勣俘虏五万多人还朝。开拓土地从阴山北到沙漠，捷报迅速传到了朝廷。

4 丙午，上还宫。

5 甲寅，以克突厥赦天下。

6 以御史大夫温彦博为中书令，守侍中王珪为侍中；守户部尚书戴胄为户部尚书，参预朝政；太常少卿萧瑀为御史大夫，与宰臣参议朝政。

7 三月戊辰，以突厥夹毕特勒阿史那思摩为右武候大将军。

四夷君长诣阙请上为天可汗，上曰："我为大唐天子，又下行可汗事乎？"群臣及四夷皆称万岁。是后以玺书赐西北君长，皆称天可汗。

庚午，突厥思结俟斤帅众四万来降。

丙子，以突利可汗为右卫大将军、北平郡王。

初，始毕可汗以启民母弟苏尼失为沙钵罗设，督部落五万家，牙直灵州西北。及颉利政乱，苏尼失所部独不携贰。突利之来奔也，颉利立之为小可汗。及颉利败走，往依之，将奔吐谷浑。大同道行军总管任城王道宗引兵逼之，使苏尼失执送颉利。颉利以数骑夜走，匿于荒谷。苏尼失惧，驰追获之。庚辰，行军副总管张宝相帅众奄至沙钵罗营，俘颉利送京师，苏尼失举众来降，漠南之地遂空。

8 蔡成公杜如晦疾笃，上遣太子问疾，又自临视之。甲申，薨。上每得佳物，辄思如晦，遣使赐其家。久之，语及如晦，必流涕，谓房玄龄曰："公与如晦同佐朕，今独见公，不见如晦矣！"

9 突厥颉利可汗至长安。夏，四月戊戌，上御顺天楼，盛陈文物，引见颉利，数之曰："汝藉父兄之业，纵淫虐以取亡，罪一也；数与我盟而背之，二也；恃强好战，暴骨如莽，三也；蹂我稼穑，掠我子女，四也；我宥汝罪，存汝社稷，而迁延不来，五也。然自便桥以来，不复大入为寇，以是得不死耳。"

4　丙午(初十),太宗回到宫中。

5　甲寅(十八日),因平定突厥而大赦天下。

6　任命御史大夫温彦博为中书令,守侍中王珪为侍中;守户部尚书戴胄为户部尚书,参预朝政;太常少卿萧瑀为御史大夫,与宰相一同参议朝政。

7　三月戊辰(初三),唐朝任命突厥夹毕特勒阿史那思摩为右武候大将军。

四方夷族首领齐集宫阙请求太宗做天可汗,太宗说:"我既做了大唐天子,又要做天可汗吗?"文武大臣以及四方各族首领齐呼万岁。此后给西北各族首领的玺书中,均署名"天可汗"。

庚午(初五),突厥首领思结俟斤率四万多军队投降唐朝。

丙子(十一日),唐朝任命突利可汗为右卫大将军、北平郡王。

起初,始毕可汗重用启民的舅父苏尼失为沙钵罗设,统领五万户的部落,建牙帐在灵州西北。等到颉利政局混乱,唯独苏尼失部没有二心。突利投奔大唐,颉利立苏尼失为小可汗。此后颉利溃逃,前往依附苏尼失,想去投奔吐谷浑。大同道行军总管、任城王李道宗领兵进逼,让苏尼失交出颉利。颉利率几名骑兵趁夜逃跑,藏在荒山野谷中。苏尼失害怕,急忙派骑兵将颉利抓回。庚辰(十五日),行军副总管张宝相率领大批兵力包围沙钵罗营帐,俘虏颉利送回京都长安,苏尼失举兵投降,漠南地区于是空旷无人。

8　蔡成公杜如晦病重,太宗先派太子前去询问病情,后又亲去探视。甲申(十九日),杜如晦去世。太宗每次得到好物品,都要想起杜如晦,派人将物品赐给他家里。时间长了,提到杜如晦,定要流下眼泪,对房玄龄说:"你与杜如晦一同辅佐朕,现在只见到你,见不到杜如晦了!"

9　突厥颉利可汗被押送到长安。夏季,四月戊戌(初三),太宗在顺天门城楼,陈列大量文物,召见颉利,责备他说:"你借着父兄立下的功业,骄奢淫逸自取灭亡,这是第一条罪状;你几次与我订盟而反复背约,这是第二条罪状;你自恃强大崇武好战,造成白骨遍野,这是第三条罪状;践踏我大唐土地上的庄稼,抢夺人口,这是第四条罪状;我原宥你的罪过,保存你的社稷江山,而你却数次拖延不来朝,这是第五条罪状。自从武德九年我与你在渭水便桥订盟以来,没有大规模的入侵行为,就因这一点可免你一死。"

颉利哭谢而退。诏馆于太仆,厚廪食之。

上皇闻擒颉利,叹曰:“汉高祖困白登,不能报。今我子能灭突厥,吾托付得人,复何忧哉?”上皇召上与贵臣十馀人及诸王、妃、主置酒凌烟阁,酒酣,上皇自弹琵琶,上起舞,公卿迭起为寿,逮夜而罢。

突厥既亡,其部落或北附薛延陀,或西奔西域,其降唐者尚十万口,诏群臣议区处之宜。朝士多言:“北狄自古为中国患,今幸而破亡,宜悉徙之河南兖、豫之间,分其种落,散居州县,教之耕织,可以化胡虏为农民,永空塞北之地。”中书侍郎颜师古以为:“突厥、铁勒皆上古所不能臣,陛下既得而臣之,请皆置之河北。分立酋长,领其部落,则永永无患矣。”礼部侍郎李百药以为:“突厥虽云一国,然其种类区分,各有酋帅。今宜因其离散,各即本部署为君长,不相臣属;纵欲存立阿史那氏,唯可使存其本族而已。国分则弱而易制,势敌则难相吞灭,各自保全,必不能抗衡中国。仍请于定襄置都护府,为其节度,此安边之长策也。”夏州都督窦静以为:“戎狄之性,有如禽兽,不可以刑法威,不可以仁义教,况彼首丘之情,未易忘也。置之中国,有损无益,恐一旦变生,犯我王略。莫若因其破亡之馀,施以望外之恩,假之王侯之号,妻以宗室之女,分其土地,析其部落,使其权弱势分,易为羁制,可使常为藩臣,永保边塞。”温彦博以为:“徙于兖、豫之间,则乖违物性,非所以存养之也。请准汉建武故事,置降匈奴于塞下,全其部落,顺其土俗,以实空虚之地,使为中国扞蔽,策之善者也。”魏徵以为:

颉利痛哭谢罪，退下宫去。太宗下诏让其住在太仆寺，赐给丰厚的食物。

太上皇李渊听说擒住了颉利可汗，感叹道："当年汉高祖刘邦被匈奴围困在白登城，不能报仇。现在我的儿子能一举剿灭突厥，证明我托付的人是对的，我还有什么忧虑呢？"太上皇召集太宗皇帝与十几位显贵大臣以及诸王、王妃、公主等，在凌烟阁摆下酒宴，酒喝到兴处，太上皇自己弹奏琵琶，太宗翩翩起舞，公卿大臣纷纷起身祝寿，一直到深夜。

突厥灭亡后，其属下的部落或北附薛延陀，或者向西投奔西域，投降唐朝的还有十万户，太宗下诏让群臣商议如何处置。大臣们都说："北方狄人自古以来就是中原的祸患，现在很幸运他们已经败亡，应当全部迁徙到河南兖、豫之间，分别各个种族部落，让他们分散居住在各州县，教他们耕种织布，将他们转为农民，使塞北地区永远空旷无人。"中书侍郎颜师古认为："突厥、铁勒族自古以来很难臣服，陛下既然使他们称臣，请将他们安置在河北地区。分别设立酋长，统领其部落，则可以永无祸患。"礼部侍郎李百药认为："突厥虽然称为一个国家，但它的各部族划分都有其部族首领。现今应当乘其离散，各以本部族设首领，使其不互为臣属；纵使想立阿史那氏为首领，也只可领有其本部族而已。国家分为几部分则力量削弱，容易控制，几部分势均力敌则难以相互吞并，各自力图保全，必不能与大唐相抗衡。请求仍然在定襄置都护府，作为节度该地区的机构，这是安定边防的长久之计。"夏州都督窦静认为："戎狄的本性，如同禽兽一般，不能用刑罚法令威服，不能用仁义道德教化，况且他们留恋故土的心情也不易忘却。将他们安置在中原一带，只有损害大唐而没有益处，恐怕一旦陡生变故，对大唐政权构成威胁。不如借着它将要灭亡的时机，施加意外的恩宠，封他们王侯称号，将宗室女嫁给他们，分割他们的土地，离析他们的部落，使其权势分化削弱，易于钳制，可让他们永为藩臣，使边塞永保平定。"温彦博认为："将突厥人迁徙到兖、豫之间，则违背其本性，这不是让他们生存的办法。请求依照汉光武帝时的办法，将投降的匈奴人安置在塞外，保全其部落，顺应其风俗习惯，以充斥空旷之地，使其成为中原的屏障，这是较完善的策略。"魏徵认为：

"突厥世为寇盗，百姓之雠也。今幸而破亡，陛下以其降附，不忍尽杀，宜纵之使还故土，不可留之中国。夫戎狄人面兽心，弱则请服，强则叛乱，固其常性。今降者众近十万，数年之后，蕃息倍多，必为腹心之疾，不可悔也。晋初诸胡与民杂居中国，郭钦、江统皆劝武帝驱出塞外以绝乱阶，武帝不从。后二十馀年，伊、洛之间，遂为毡裘之域，此前事之明鉴也！"彦博曰："王者之于万物，天覆地载，靡有所遗。今突厥穷来归我，奈何弃之而不受乎？孔子曰：'有教无类。'若救其死亡，授以生业，教之礼义，数年之后，悉为吾民。选其酋长，使入宿卫，畏威怀德，何后患之有？"上卒用彦博策，处突厥降众，东自幽州，西至灵州，分突利故所统之地，置顺、祐、化、长四州都督府，又分颉利之地为六州，左置定襄都督府，右置云中都督府，以统其众。

五月辛未，以突利为顺州都督，使帅部落之官。上戒之曰："尔祖启民挺身奔隋，隋立以为大可汗，奄有北荒，尔父始毕反为隋患。天道不容，故使尔今日乱亡如此。我所以不立尔为可汗者，惩启民前事故也。今命尔为都督，尔宜善守中国法，勿相侵掠，非徒欲中国久安，亦使尔宗族永全也！"

壬申，以阿史那苏尼失为怀德郡王，阿史那思摩为怀化郡王。颉利之亡也，诸部落酋长皆弃颉利来降，独思摩随之，竟与颉利俱擒，上嘉其忠，拜右武候大将军，寻以为北开州都督，使统颉利旧众。

丁丑，以右武卫大将军史大奈为丰州都督，其馀酋长至者，皆拜将军中郎将，布列朝廷，五品已上百馀人，殆与朝士相半，因而入居长安者近万家。

“突厥世代为寇盗，是老百姓的敌人。如今幸而灭亡，陛下因为他们投降归附，不忍心将他们全部杀掉，应当将他们放归故土，不能留在大唐境内。戎狄人面兽心，力量削弱则请求归服，强盛则重又叛乱，这是其本性。现在投降的将近十万人，几年之后，发展到几倍之多，必是心腹大患，后悔都来不及。西晋初年胡族与汉民在中原混居在一起，郭钦、江统都劝晋武帝将胡族驱逐出塞外以杜绝由此产生祸乱，武帝不听。此后二十馀年，伊水、洛水之间，遂为北方戎狄聚居之地，此乃前代的明鉴！”温彦博说：“君王对于天地万物，事无巨细，都要有所包容。现在突厥困窘前来归附我大唐，为什么抛弃而不予接受呢？孔子说：‘对于教育对象不应区分亲疏贵贱。’如果拯救他们于将亡之际，教他们生产生活，教他们仁义礼教，几年之后，全都变成我大唐民众。选择他们中间的部落首领，使其入朝充任宿卫官兵，畏惧皇威留恋皇恩，有什么后患呢？”太宗最后采纳温彦博的计谋，处置突厥投降的民众，东起幽州，西至灵州，划分突利可汗原来统属之地，设置顺、祐、化、长四州都督府，又划分颉利之地为六州，东面设定襄都督府，西边置云中都督府，来统治其民众。

五月辛未（初七），唐朝任命突利为顺州都督，使其统领各部落官员。太宗告诫他说：“你的祖父启民毅然投奔隋朝，隋朝立为大可汗，疆土覆盖北部地区，你父亲始毕可汗反而成为隋的祸患。天理不容，所以才有你今天的惨败灭亡。我之所以不立你为可汗，就是以启民立可汗的前事作为教训。现在任命你为都督，你应当善守大唐法令，不要再肆意侵占掠夺，这不只是想要大唐长治久安，也是为了使你们的种族永远存在下去！”

壬申（初八），任命阿史那苏尼失为怀德郡王，阿史那思摩为怀化郡王。颉利败亡时，各部族首领纷纷抛弃颉利投降唐朝，唯独思摩跟随颉利，最后与颉利一同被俘，太宗嘉许他的忠诚，拜他为右武候大将军，不久又任命为北开州都督，让他统领颉利旧兵众。

丁丑（十三日），任命右武卫大将军史大奈为丰州都督，投奔唐朝的其他各族酋长，均拜为将军中郎将，跻身朝官行列，他们当中五品以上一百多人，大抵与原唐朝官员参半，因此迁居长安人口近一万户。

10　辛巳，诏："自今讼者，有经尚书省判不服，听于东宫上启，委太子裁决。若仍不伏，然后闻奏。"

11　丁亥，御史大夫萧瑀劾奏李靖破颉利牙帐，御军无法，突厥珍物，虏掠俱尽，请付法司推科。上特敕勿劾。及靖入见，上大加责让，靖顿首谢。久之，上乃曰："隋史万岁破达头可汗，有功不赏，以罪致戮。朕则不然，录公之功，赦公之罪。"加靖左光禄大夫，赐绢千匹，加真食邑通前五百户。未几，上谓靖曰："前有人谗公，今朕意已寤，公勿以为怀。"复赐绢二千匹。

12　林邑献火珠，有司以其表辞不顺，请讨之，上曰："好战者亡，隋炀帝、颉利可汗，皆耳目所亲见也。小国胜之不武，况未可必乎！语言之间，何足介意！"

13　六月丁酉，以阿史那苏尼失为北宁州都督，以中郎将史善应为北抚州都督。壬寅，以右骁卫将军康苏密为北安州都督。

14　乙卯，发卒修洛阳宫以备巡幸，给事中张玄素上书谏，以为："洛阳未有巡幸之期而预修宫室，非今日之急务。昔汉高祖纳娄敬之说，自洛阳迁长安，岂非洛阳之地不及关中之形胜邪？景帝用晁错之言而七国构祸，陛下今处突厥于中国，突厥之亲，何如七国？岂得不先为忧，而宫室可遽兴，乘舆可轻动哉？臣见隋氏初营宫室，近山无大木，皆致之远方，二千人曳一柱，以木为轮，则戛摩火出，乃铸铁为毂，行一二里，铁毂辄破，别使数百人赍铁毂随而易之，尽日不过行二三十里，计一柱之费，已用数十万功，则其馀可知矣。陛下初平洛阳，凡隋氏宫室之宏侈者皆令毁之，曾未十年，复加营缮，

10　辛巳（十七日），太宗下诏："今后凡有诉讼，经尚书省判决不服，则上启东宫，由太子裁定。如果仍然不服，则上奏到朕这里。"

11　丁亥（二十三日），御史大夫萧瑀弹劾李靖大破颉利可汗牙帐，治军没有法度，突厥珍奇宝物，抢掠一空，请交付法律部门推勘审理。太宗予以特赦，不加弹劾。等到李靖进见，太宗则大加责备，李靖磕头谢罪。过了很久，太宗才说："隋朝史万岁打败达头可汗，有功劳不加赏赐，因罪导致杀戮。朕则不这样处理，记录下你的功劳，赦免你的过错。"加封李靖为左光禄大夫，赐给绢一千匹，所封食邑连同以前的共五百户。不久，太宗对李靖说："以前有人说你的坏话，现今朕已醒悟，你不必挂在心上。"又赐给绢两千匹。

12　林邑人向唐朝进献火珠，有关部门认为所上表章文辞桀骜不驯，请求讨伐林邑。太宗说："尚武好战者自取灭亡，隋炀帝、颉利可汗都是亲眼所见的先例。打败一个小国并不能表明勇武，何况不一定能取胜！遣词造句问题，何必介意呢。"

13　六月丁酉（初四），任命阿史那苏尼失为北宁州都督，任命中郎将史善应为北抚州都督。壬寅（初九），任命右骁卫将军康苏密为北安州都督。

14　乙卯（二十二日），征发士兵修筑洛阳宫殿以备太宗巡幸之用，给事中张玄素上书进谏道："还没确定巡幸洛阳的时间就预先修筑宫室，这并不是现在的急务。从前汉高祖刘邦采纳娄敬的建议，从洛阳迁都到长安，难道不是因为洛阳的地利赶不上关中地区的地势好吗？汉景帝采用晁错削藩的建议而导致七国之乱，陛下现在将突厥杂处于中原汉民中间，与突厥的亲近程度怎么抵得上七国呢？怎能不先忧虑此事，却突然兴建宫室，轻易移动皇辇御驾呢？我知道隋朝起初营造宫室，近处山上没有大的树木，均从远方运来，两千人拉一根柱子，用横木做轮子，则摩擦起火，于是铸铁做车毂，走一二里路，铁毂即破损，另差使几百人携带铁毂随时更换，每天不过走出二三十里，总计一根柱子需花费几十万的劳力，其他的花费便可想而知了。陛下刚平定洛阳时，凡遇隋朝宫殿巨大奢侈均下令毁掉，还不到十年光景，又重新加以营造修缮，

何前日恶之而今日效之也？且以今日财力，何如隋世？陛下役疮痍之人，袭亡隋之弊，恐又甚于炀帝矣！"上谓玄素曰："卿谓我不如炀帝，何如桀、纣？"对曰："若此役不息，亦同归于乱耳！"上叹曰："吾思之不熟，乃至于是！"顾谓房玄龄曰："朕以洛阳土中，朝贡道均，意欲便民，故使营之。今玄素所言诚有理，宜即为之罢役。后日或以事至洛阳，虽露居亦无伤也。"仍赐玄素彩二百匹。

15　秋，七月甲子朔，日有食之。

16　乙丑，上问房玄龄、萧瑀曰："隋文帝何如主也？"对曰："文帝勤于为治，每临朝，或至日昃，五品已上，引坐论事，卫士传餐而食；虽性非仁厚，亦励精之主也。"上曰："公得其一，未知其二。文帝不明而喜察。不明则照有不通，喜察则多疑于物，事皆自决，不任群臣。天下至广，一日万机，虽复劳神苦形，岂能一一中理？群臣既知主意，唯取决受成，虽有愆违，莫敢谏争，此所以二世而亡也。朕则不然。择天下贤才，寘之百官，使思天下之事，关由宰相，审熟便安，然后奏闻。有功则赏，有罪则刑，谁敢不竭心力以修职业，何忧天下之不治乎？"因敕百司："自今诏敕行下有未便者，皆应执奏，毋得阿从，不尽己意。"

17　癸酉，以前太子少保李纲为太子少师，以兼御史大夫萧瑀为太子少傅。

李纲有足疾，上赐以步舆，使之乘至阁下，数引入禁中，问以政事。每至东宫，太子亲拜之。太子每视事，上令纲与房玄龄侍坐。

为什么以前讨厌的东西现在却要加以效仿呢？而且按照现在的财力状况，怎么能与隋代相比？陛下役使极为疲惫的百姓，承袭隋朝灭亡的弊端，祸乱恐怕又要超过炀帝呀！”太宗对张玄素说：“你说我不如炀帝，那么与桀、纣相比如何？”答道：“如果此项劳役不停，恐怕也要一样地遭致变乱！”太宗感叹道：“我考虑的不周到，以至于此！”回头对房玄龄说：“朕以为洛阳地处大唐中央地段，四方朝贡路途均等，想着便利百姓，所以派人营造。刚才玄素所说的确有道理，应立即停止此项工程。日后如有事去洛阳，即使居于露天也不碍事。”于是赐给张玄素彩绸两百匹。

15　秋季，七月甲子朔（初一），出现日食。

16　乙丑（初二），太宗问房玄龄、萧瑀道：“隋文帝作为一代君主怎么样？”回答说：“文帝勤于治理朝政，每次临朝听政，有时要到日落西山时，五品以上官员，围坐论事，卫士不能下岗，传递而食。虽然品性算不上仁厚，亦可称为励精图治的君主。”太宗说：“你们只知其一，未知其二。文帝不贤明而喜欢苛察，不贤明则察事不能都通达，苛察则对事物多有疑心，万事皆自行决定，不信任群臣。天下如此之大，日理万机，虽伤身劳神，难道能每一事均切中要领？群臣既已知主上的意见，便只有无条件接受，即使主上出现过失，也没人敢争辩谏议，所以到了第二代隋朝就灭亡了。朕则不是这样。选拔天下贤能之士，分别充任文武百官，让他们考虑天下大事，汇总到宰相处，深思熟虑，然后上奏到朕这里。有功则行赏，有罪即处罚，谁还敢不尽心竭力而各司职守，何愁天下治理不好呢？”因而敕令各部门：“今后诏敕文书有不当之处，均应执意禀奏，不得阿谀顺从，不充分发表自己的意见。”

17　癸酉（初十），任命前任太子少保李纲为太子少师，兼任御史大夫的萧瑀为太子少傅。

李纲腿脚不好，太宗赐予步辇，让他乘步辇去东宫，又数次召入皇宫内，向他询问政事。每次到东宫，太子都要行拜见礼。太子每次上朝听政事，太宗都令李纲与房玄龄坐在太子身旁备顾问。

先是，萧瑀与宰相参议朝政，瑀气刚而辞辩，房玄龄等皆不能抗，上多不用其言。玄龄、魏徵、温彦博尝有微过，瑀劾奏之，上竟不问。瑀由此怏怏自失，遂罢御史大夫，为太子少傅，不复预闻朝政。

18 西突厥种落散在伊吾，诏以凉州都督李大亮为西北道安抚大使，于碛口贮粮，来者赈给，使者招慰，相望于道。大亮上言："欲怀远者必先安近，中国如本根，四夷如枝叶，疲中国以奉四夷，犹拔本根以益枝叶也。臣远考秦、汉，近观隋室，外事戎狄，皆致疲弊。今招致西突厥，但见劳费，未见其益。况河西州县萧条，突厥微弱以来，始得耕获，今又供亿此役，民将不堪，不若且罢招慰为便。伊吾之地，率皆沙碛，其人或自立君长，求称臣内属者，羁縻受之，使居塞外，为中国藩蔽，此乃施虚惠而收实利也。"上从之。

19 八月丙午，诏以"常服未有差等，自今三品以上服紫，四品、五品服绯，六品、七品服绿，八品服青。妇人从其夫色。"

20 甲寅，诏以兵部尚书李靖为右仆射。靖性沉厚，每与时宰参议，恂恂如不能言。

21 突厥既亡，营州都督薛万淑遣契丹酋长贪没折说谕东北诸夷，奚、霫、室韦等十馀部皆内附。万淑，万均之兄也。

22 戊午，突厥欲谷设来降。欲谷设，突利之弟也。颉利败，欲谷设奔高昌，闻突利为唐所礼，遂来降。

23 九月戊辰，伊吾城主入朝。隋末，伊吾内属，置伊吾郡，隋乱，臣于突厥。颉利既灭，举其属七城来降，因以其地置西伊州。

先前，萧瑀与宰相参议朝政，他性情刚直又能言善辩，房玄龄等人均说不过他，太宗也多不采用他的意见。房玄龄、魏徵、温彦博曾有小的过失，萧瑀以此上奏太宗弹劾他们，太宗丝毫不理。萧瑀怏怏不乐，于是被免去御史大夫职，改任太子少傅，不再参与朝政。

18　西突厥部族散居在大漠外的伊吾地区，太宗下诏任命凉州都督李大亮为西北道安抚大使，在碛口存贮粮食，凡来此地均予赈给，又让使者四处招抚，道路相望，远近不绝。李大亮上书言道："想要怀柔远方必先安抚近地，我大唐如树根，四方如枝叶，倾尽大唐粮食以供给四方少数族，如同拔掉树根来养活枝叶。我远处考察秦、汉，近处观察隋朝，对外事奉戎狄，均致自身疲弱。如今招抚西突厥，只见劳心费财，未见收益。更何况河西一带州县寥落稀少，自从突厥衰微以来，才开始耕种收获；如今又放粮赈给，百姓不堪其苦，不如暂且停止招抚慰问。伊吾地区，多是沙漠，当地人有的自立为首领，要求归附大唐，不妨加以联络，让他们居住在塞外，为我大唐屏障，这才是施以小惠而坐收实际利益的办法。"太宗听从了他的意见。

19　八月丙午(十四日)，太宗下诏说："官员日常服装没有等级差别，今后三品以上官员穿紫色衣服，四五品穿大红色，六七品穿绿色，八品穿青色，官员夫人从其丈夫的服色。"

20　甲寅(二十二日)，太宗下诏任命兵部尚书李靖为尚书右仆射。李靖性情深沉忠厚，每次与宰相们议论政事，谦恭拘谨像是说不出话来。

21　突厥灭亡后，营州都督薛万淑派契丹族首领贪没折游说东北各少数族，奚、霫、室韦等十几个部族先后归顺唐朝。薛万淑是薛万均的兄长。

22　戊午(二十六日)，突厥人欲谷设前来投降。欲谷设是突利可汗的弟弟。颉利可汗被打败后，欲谷设投奔高昌，听说其兄长为唐朝所礼遇，便来投降。

23　九月戊辰(初六)，伊吾城的首领来到唐朝。隋朝末年，伊吾归附，隋设置伊吾郡，隋朝大乱，改附突厥。颉利灭亡后，又举其属下七城投降唐朝，唐便以其所辖之地设置西伊州。

24 思结部落饥贫，朔州刺史新丰张俭招集之，其不来者，仍居碛北，亲属私相往还，俭亦不禁。及俭徙胜州都督，州司奏思结将叛，诏俭往察之。俭单骑入其部落说谕，徙之代州，即以俭检校代州都督，思结卒无叛者。俭因劝之营田，岁大稔。俭恐虏蓄积多，有异志，奏请和籴以充边储。部落喜，营田转力，而边备实焉。

25 丙子，开南蛮地置费州、夷州。

26 己卯，上幸陇州。

27 冬，十一月壬辰，以右卫大将军侯君集为兵部尚书，参议朝政。

28 甲子，车驾还京师。

29 上读《明堂针灸书》，云："人五藏之系，咸附于背。"戊寅，诏自今毋得笞囚背。

30 十二月甲辰，上猎于鹿苑。乙巳，还宫。

31 甲寅，高昌王麹文泰入朝。西域诸国咸欲因文泰遣使入贡，上遣文泰之臣厌怛纥干往迎之。魏徵谏曰："昔光武不听西域送侍子，置都护，以为不以蛮夷劳中国。今天下初定，前者文泰之来，劳费已甚，今借使十国入贡，其徒旅不减千人。边民荒耗，将不胜其弊。若听其商贾往来，与边民交市，则可矣，傥以宾客遇之，非中国之利也。"时厌怛纥干已行，上遽令止之。

32 诸宰相侍宴，上谓王珪曰："卿识鉴精通，复善谈论，玄龄以下，卿宜悉加品藻，且自谓与数子何如？"对曰："孜孜奉国，知无不为，臣不如玄龄。才兼文武，出将入相，臣不如李靖。敷奏详明，出纳惟允，臣不如温彦博。处繁治剧，众务毕举，臣不如戴胄。耻君不及尧、舜，以谏争为己任，臣不如魏徵。至于激浊扬清，嫉恶好善，臣于数子，亦有微长。"上深以为然，众亦服其确论。

24　思结部落饥馑贫弱，朔州刺史、新丰人张俭招募他们，不应召的仍然住在漠北，他们的亲属私下往来，张俭也不加禁止。等到张俭升迁为胜州都督，州衙署上奏称思结部将要反叛，太宗下诏令张俭前往按察。张俭单枪匹马到思结部落晓以大义，让他们迁居到代州，朝廷即任命张俭检校代州都督，思结没有反叛的。张俭借机劝他们实行屯田，年底丰收。张俭担心思结族人积蓄多，便会有反叛的意图，上奏请求由官府出钱购买他们的粮食，以充边防储备。思结部族大为高兴，种地更加努力，边防储备充实。

25　丙子（十四日），唐朝开辟南蛮地区设立费州、夷州。

26　己卯（十七），太宗巡幸陇州。

27　冬季，十一月壬辰，任命右卫大将军侯君集为兵部尚书，参议朝政。

28　甲子（初三），太宗车驾回到长安。

29　太宗读《明堂针灸书》，书中写道："人的五脏经络，均附在后背。"戊寅（十七日），下诏令后不得鞭笞囚犯的后背。

30　十二月甲辰（十四日），太宗去鹿苑射猎。乙巳（十五日），回到宫中。

31　甲寅（二十四日），高昌王麹文泰来到朝中。西域各国都想跟着文泰派使节进朝贡品，太宗派文泰手下的大臣厌怛纥干前往迎接。魏徵劝谏道："从前汉光武帝不允许西域诸王送王子入朝侍奉和置都护府，认为不应当以蛮夷劳顿中原帝国。如今天下刚刚平定，先前文泰来朝时，已耗费很多，如今假使有十国来进贡，则随从不少于一千人。边区民众耗费过大，将难以承担。如果允许他们商人间相互往来，与边区百姓互市贸易，这还可以，如以宾客接待，对我大唐没有好处。"当时厌怛纥干已经出发，太宗急令人阻止。

32　众位宰相陪太宗饮宴，太宗对王珪说："你精通鉴别人才，又很健谈，房玄龄以下宰臣，望你能详细加以品评，而且自己衡量与他们相比如何？"王珪答道："勤勤恳恳地事奉大唐，尽心竭力无所保留，我不如房玄龄。文武全才，出将入相，我不如李靖。议事详尽周到，传达诏令，反映群臣意见，都平允恰当，我不如温彦博。处理繁重、艰难的事务，都能办好，我不如戴胄。惟恐君王赶不上尧、舜，专以苦言强谏为己任，我不如魏徵。说到辨别清浊，嫉恶奖善，我与他们相比，倒是略有长处。"太宗非常赞同，众人也钦佩他的高论。

33　上之初即位也，尝与群臣语及教化，上曰："今承大乱之后，恐斯民未易化也。"魏徵对曰："不然。久安之民骄佚，骄佚则难教；经乱之民愁苦，愁苦则易化。譬犹饥者易为食，渴者易为饮也。"上深然之。封德彝非之曰："三代以还，人渐浇讹，故秦任法律，汉杂霸道，盖欲化而不能，岂能之而不欲邪？魏徵书生，未识时务，若信其虚论，必败国家。"徵曰："五帝、三王不易民而化，昔黄帝征蚩尤，颛顼诛九黎，汤放桀，武王伐纣，皆能身致太平，岂非承大乱之后邪？若谓古人淳朴，渐至浇讹，则至于今日，当悉化为鬼魅矣，人主安得而治之？"上卒从徵言。

元年，关中饥，米斗直绢一匹。二年，天下蝗。三年，大水。上勤而抚之，民虽东西就食，未尝嗟怨。是岁，天下大稔，流散者咸归乡里，米斗不过三、四钱，终岁断死刑才二十九人。东至于海，南极五岭，皆外户不闭，行旅不赍粮，取给于道路焉。上谓长孙无忌曰："贞观之初，上书者皆云：'人主当独运威权，不可委之臣下。'又云：'宜震耀威武，征讨四夷。'唯魏徵劝朕'偃武修文，中国既安，四夷自服。'朕用其言。今颉利成擒，其酋长并带刀宿卫，部落皆袭衣冠，徵之力也，但恨不使封德彝见之耳！"徵再拜谢曰："突厥破灭，海内康宁，皆陛下威德，臣何力焉？"上曰："朕能任公，公能称所任，则其功岂独在朕乎？"

34　房玄龄奏，"阅府库甲兵，远胜隋世"。上曰："甲兵武备，诚不可阙；然炀帝甲兵岂不足邪？卒亡天下。若公等尽力，使百姓乂安，此乃朕之甲兵也。"

33　太宗刚即位时，曾与群臣谈到教化问题，太宗说："如今刚经过一场大劫乱，我担心百姓不容易教化。"魏徵回答说："我认为并非如此。长久安定的百姓容易骄逸，骄逸则难以教化；经过动乱的百姓易于忧患，忧患则容易教化。这如同饥饿的人不苛责饮食，饥渴的人不苛责饮水一样。"太宗深表赞同。封德彝否定其说法，说道："三代以后，人心渐趋浇薄奸诈，所以秦朝专用法律，汉代采用王道的同时掺杂霸道内容，正是想行仁义教化而不能收效，哪里是能推行而不想推行呢？魏徵是一介书生，不识时务，如果听信他的空谈，必然败坏国家。"魏徵说："五帝、三王不是换掉百姓而施教化，从前黄帝征伐蚩尤，颛顼诛灭九黎，商汤放逐夏桀，武王讨伐纣王，均能达到生前的太平盛世，难道不是承接大动乱之后的缘故吗？如果说上古人淳朴，后代渐变得浇薄奸诈，那么到了今天，应当全都化为鬼魅了，君主怎么能统治他们呢？"太宗最后听从了魏徵的意见。

贞观元年时，关中地区闹饥荒，一斗米值一匹绢。贞观二年，全国出现蝗灾。贞观三年发大水。太宗勤勉听政，并加以安抚，百姓虽然东乞西讨，也未曾抱怨。这一年，全国大丰收，背井离乡的人都回归故里，一斗米不过三四钱，整个一年犯死罪的只有二十九个人。东到大海，南至五岭，均夜不闭户，旅行不带粮，只是在路途上取食物。太宗对长孙无忌说："贞观初年，大臣们上书都说：'君王应当独自运用权威，不能委任给臣下。'又说：'应当耀武扬威，讨伐四方。'只有魏徵劝朕说：'放下武力勤修文教，中原安定之后，四方自然钦服。'朕采纳他的意见。如今颉利成了俘虏，其部族首领成为宿卫官，各部落都受到中原礼教的熏染，这都是魏徵的功劳，只是遗憾封德彝见不到了！"魏徵再次拜谢说："突厥灭亡，海内承平，都是陛下的威德，我有何功德呢？"太宗说："朕能够重用你，你能够十分称职，那么功劳怎么能是我一个人的呢？"

34　房玄龄上奏说，"我看过朝廷府库的兵械，远远超过隋朝"。太宗说："铠甲兵械等武器装备，诚然不可缺少；然而隋炀帝兵械难道不够吗？最后还是丢掉了江山。如果你们尽心竭力，使百姓们人心思定，这就是朕最好的兵械。"

35　上谓秘书监萧璟曰："卿在隋世数见皇后乎？"对曰："彼儿女且不得见，臣何人，得见之？"魏徵曰："臣闻炀帝不信齐王，恒有中使察之，闻其宴饮，则曰'彼营何事得遂而喜'？闻其忧悴，则曰'彼有他念故尔'。父子之间且犹如是，况他人乎？"上笑曰："朕今视杨政道，胜炀帝之于齐王远矣。"璟，瑀之兄也。

36　西突厥肆叶护可汗既先可汗之子，为众所附，莫贺咄可汗所部酋长多归之。肆叶护引兵击莫贺咄，莫贺咄兵败，逃于金山，为泥熟设所杀，诸部共推肆叶护为大可汗。

五年（辛卯，631）

1　春，正月，诏僧、尼、道士致拜父母。

2　癸酉，上大猎于昆明池，四夷君长咸从。甲戌，宴高昌王文泰及群臣。丙子，还宫，亲献禽于大安宫。

3　癸未，朝集使赵郡王孝恭等上表，以四夷咸服，请封禅，上手诏不许。

4　有司上言皇太子当冠，用二月吉，请追兵备仪仗。上曰："东作方兴，宜改用十月。"少傅萧瑀奏："据阴阳不若二月。"上曰："吉凶在人。若动依阴阳，不顾礼义，吉可得乎？循正而行，自与吉会。农时最急，不可失也。"

5　二月甲辰，诏："诸州有京观处，无问新旧，宜悉划削，加土为坟，掩蔽枯朽，勿令暴露。"

6　己酉，封皇弟元裕为郐王，元名为谯王，灵夔为魏王，元祥为许王，元晓为密王。庚戌，封皇子愔为梁王，恽为郯王，贞为汉王，治为晋王，慎为申王，嚣为江王，简为代王。

35　太宗对秘书监萧璟说："你在隋朝时多次见过萧皇后吗？"萧璟答道："她们母女间还不常见，我是何人，怎么能见到呢？"魏徵说："我听说隋炀帝不信任齐王，总是派宦官察看，听说他摆宴饮酒，就说'他做成了什么事这么高兴'？听说他忧虑憔悴，则说'他别有企图故而如此'。他们父子之间尚且如此，何况对其他人呢？"太宗笑着说："朕如今对待杨政道，远超过当年炀帝对待齐王。"萧璟是萧瑀的兄长。

36　西突厥肆叶护可汗是前可汗的儿子，为众人所拥戴，莫贺咄可汗属下部族首领多归附他。肆叶护率兵进攻莫贺咄，莫贺咄兵败逃到金山，被泥熟设杀死，各部落共推肆叶护为大可汗。

唐太宗贞观五年（辛卯，公元631年）

1　春季，正月，诏令和尚、尼姑、道士都要叩拜父母。

2　癸酉（十三日），太宗在昆明池大肆围猎，四方夷族首领均陪同前往。甲戌（十四日），太宗设宴款待高昌王麴文泰及群臣。丙子（十六日），太宗回到宫中，亲自到大安宫向太上皇李渊献上野禽。

3　癸未（二十三日），朝集使赵郡王李孝恭等人上表，认为四方夷族均已归服，请求行封禅大礼，太宗手书诏令不允。

4　有关部门上书言道皇太子当行冠礼，采用二月吉日，请求追赐兵备仪仗。太宗说："二月耕作刚刚开始，应当改用十月。"太子少傅萧瑀上奏道："根据阴阳历书不如用二月。"太宗说："吉凶祸福在于人。如果动辄依靠阴阳，不顾礼义，能够得到吉祥吗？依循正理而行，自然会有吉祥。农耕时最忙，不可失去时机。"

5　二月甲辰（十四日），太宗下诏："各州有炫耀武功、收敛敌军尸体封土筑成的京观，不管新旧，应当一律铲削，分别加土做成坟墓，以掩盖枯骸朽骨，不要使其暴露在外。"

6　己酉（十九日），太宗封皇弟李元裕为郐王，李元名为谯王，李灵夔为魏王，李元祥为许王，李元晓为密王。庚戌（二十日），封皇子李愔为梁王，李恽为郯王，李贞为汉王，李治为晋王，李慎为申王，李嚣为江王，李简为代王。

7　夏，四月壬辰，代王简薨。

8　壬寅，灵州斛薛叛，任城王道宗追击，破之。

9　隋末，中国人多没于突厥，及突厥降，上遣使以金帛赎之。五月乙丑，有司奏，凡得男女八万口。

10　六月甲寅，太子少师新昌贞公李纲薨。初，周齐王宪女，孀居无子，纲赡恤甚厚。纲薨，其女以父礼丧之。

11　秋，八月甲辰，遣使诣高丽，收隋氏战亡骸骨，葬而祭之。

12　河内人李好德得心疾，妄为妖言，诏按其事。大理丞张蕴古奏："好德被疾有征，法不当坐。"治书侍御史权万纪劾奏："蕴古贯在相州，好德之兄厚德为其刺史，情在阿纵，按事不实。"上怒，命斩之于市，既而悔之，因诏："自今有死罪，虽令即决，仍三覆奏乃行刑。"

权万纪与侍御史李仁发，俱以告讦有宠于上，由是诸大臣数被谴怒。魏徵谏曰："万纪等小人，不识大体，以讦为直，以谗为忠。陛下非不知其无堪，盖取其无所避忌，欲以警策群臣耳。而万纪等挟恩依势，逞其奸谋，凡所弹射，皆非有罪。陛下纵未能举善以厉俗，奈何昵奸以自损乎？"上默然，赐绢五百匹。久之，万纪等奸状自露，皆得罪。

13　九月，上修仁寿宫，更命曰九成宫，又将修洛阳宫。民部尚书戴胄表谏，以"乱离甫尔，百姓凋弊，帑藏空虚，若营造不已，公私劳费，殆不能堪！"上嘉之曰："戴胄于我非亲，但以忠直体国，知无不言，故以官爵酬之耳。"久之，竟命将作大匠窦琎修洛阳宫，琎凿池筑山，雕饰华靡。上遽命毁之，免琎官。

7　夏季，四月壬辰（初三），代王李简去世。

8　壬寅（十三日），灵州斛薛部反叛，任城王李道宗率兵追击，取得大胜。

9　隋朝末年，中原汉人多被突厥人掠去，等到突厥投降时，太宗派人用金银财物将他们赎回。五月乙丑（初七），有关部门上奏称，共赎回男女八万人。

10　六月甲寅（二十六日），太子少师、新昌贞公李纲去世。起初，北周齐王宇文宪的女儿，孀居无子女，李纲对她赡养抚恤甚多。李纲死后，齐王之女以待父礼服丧。

11　秋季，八月甲辰（十七日），太宗派使臣到高丽，收隋朝阵亡将士尸骨，埋葬并加以祭奠。

12　河内人李好德患有心病，胡言乱语，语涉诬妄，太宗下诏按察其事。大理丞张蕴古奏道："好德受疾病折磨而有证验，依法不当治罪。"治书侍御史权万纪弹劾道："张蕴古籍贯在相州，李好德的哥哥李厚德为相州刺史，为讨人情而纵容阿附，蕴古按察结果与事实不符。"太宗大怒，下令将张蕴古在集市中处斩，过后又后悔，因而下诏说："今后有死刑犯人，即使下令立即处决，仍须三次复议才得执行。"

权万纪与侍御史李仁发，均因告发别人而得到太宗宠幸，从此诸位大臣多次被迁怒。魏徵劝谏道："权万纪等小人，不识治国大体，以告发别人当作直言，以进谗言当作忠诚。陛下并非不知道他们使人无法忍受，只是取其讲话无所忌讳，想以此警策众大臣。然而权万纪等人挟皇恩依仗权势，使其阴谋得逞，凡所弹劾，均非真有罪。陛下既然不能标举善行以激励风俗，怎么能亲昵奸邪以损害自己的威信呢？"太宗默不作声，赐给魏徵绢五百匹。很久以后，权万纪等人的奸状自行暴露，均获惩罚。

13　九月，太宗命人修缮仁寿宫，改名为九成宫，又打算修筑洛阳宫。民部尚书戴胄上表行谏，认为："动乱刚结束不久，百姓穷困潦倒，国家府库空虚，如果不停地营造，公私耗费，恐怕难以承受！"太宗称赞说："戴胄与我非亲，只是以忠诚正直治理国家，知无不言，所以厚加官爵予以酬劳。"过了一段时间，还是命将作大匠窦琎修筑洛阳宫，窦琎开凿池塘构筑山林，雕饰华贵奢靡。太宗迅即下令毁掉，罢免窦琎官职。

14　冬，十月丙午，上逐兔于后苑，左领军将军执失思力谏曰："天命陛下为华、夷父母，奈何自轻?"上又将逐鹿，思力脱巾解带，跪而固谏，上为之止。

15　初，上令群臣议封建，魏徵议以为："若封建诸侯，则卿大夫咸资俸禄，必致厚敛。又，京畿赋税不多，所资畿外，若尽以封国邑，经费顿阙。又，燕、秦、赵、代俱带外夷，若有警急，追兵内地，难以奔赴。"礼部侍郎李百药以为："运祚修短，定命自天。尧、舜大圣，守之而不能固；汉、魏微贱，拒之而不能却。今使勋戚子孙皆有民有社，易世之后，将骄淫自恣，攻战相残，害民尤深，不若守令之迭居也。"中书侍郎颜师古以为："不若分王诸子，勿令过大，间以州县，杂错而居，互相维持，使各守其境，协力同心，足扶京室。为置官寮，皆省司选用，法令之外，不得擅作威刑，朝贡礼仪，具为条式。一定此制，万世无虞。"十一月，诏："皇家宗室及勋贤之臣，宜令作镇藩部，贻厥子孙，非有大故，毋或黜免，所司明为条例，定等级以闻。"

16　丁巳，林邑献五色鹦鹉，丁卯，新罗献美女二人，魏徵以为不宜受。上喜曰："林邑鹦鹉犹能自言苦寒，思归其国，况二女远别亲戚乎!"并鹦鹉，各付使者而归之。

17　倭国遣使入贡，上遣新州刺史高表仁持节往抚之。表仁与其王争礼，不宣命而还。

18　丙子，上祀圜丘。

19　十二月，太仆寺丞李世南开党项之地十六州、四十七县。

14　冬季，十月丙午（二十日），太宗在皇宫后苑追打兔子，左领军将军执失思力劝谏说："上天让陛下做华、夷父母，怎能自我轻贱呢？"太宗又要追猎鹿，思力脱下头巾解下腰带，跪在地下苦谏，太宗只好停止。

15　起初，太宗令大臣们议论分封诸王的事，魏徵认为："如果分封诸王建诸侯国，则卿大夫们都靠俸禄生活，必然导致大量征赋。另外，京城一带赋税不多，原来依靠京都以外，如果都分封给诸侯国，则国家经费顿时短缺。再加上燕、秦、赵、代诸国均管辖有夷族，如有出现紧急情况，到内地调兵，难以及时奔赴所在地。"礼部侍郎李百药认为："朝廷运祚的长短，命在上天。尧、舜都是大圣人，守定国祚却不能长久；汉、魏虽然微贱，恣纵却国运长久，推却不掉。如今让皇亲国戚子子孙孙均有自己封国的百姓与社稷，几代之后，将骄奢淫逸，相互攻伐残杀，对老百姓危害尤大，不如不断地更换郡守县令呢！"中书侍郎颜师古认为："不如分封亲王宗子，不使他们过于强大，以州县相间隔，交错为界，互相维持牵制，让他们各自遵守自己的境土，同心协力，足以扶持京城皇室。并且为他们设置的官吏，均由尚书省选拔录用，除皇朝法令外，不许他们擅自施行刑罚，朝贡礼仪，都订立格式。这种制度一旦确定，千秋万代可保平安。"十一月，太宗下诏："皇室宗亲以及勋贵大臣，应让他们担任地方长官，并传给其子孙，没有大的变故，不得随意黜免，各部门明文规定条例，定下不同等级以上报朝廷。"

16　丁巳（初二），林邑进献五色的鹦鹉，丁卯（十二日），新罗献美女二人，魏徵认为不应接受。太宗高兴地说："林邑的鹦鹉还能够自己诉说怕冷，想回到自己国内，更何况两个女子远别亲人！"吩咐使臣将两个美女及鹦鹉分别送回。

17　倭国派使节来朝进献贡品，太宗派新州刺史高表仁持旌节前往抚慰。高表仁与他们的国王争礼节，未传达王命而回到朝中。

18　丙子（二十一日），太宗在圜丘祭天。

19　十二月，太仆寺丞李世南开扩党项土地共计十六州、四十七县。

20　上谓侍臣曰:“朕以死刑至重,故令三覆奏,盖欲思之详熟故也。而有司须臾之间,三覆已讫。又,古刑人,君为之彻乐减膳。朕庭无常设之乐,然常为之不啖酒肉,但未有著令。又,百司断狱,唯据律文,虽情在可矜,而不敢违法,其间岂能尽无冤乎?”丁亥,制:“决死囚者,二日中五覆奏,下诸州者三覆奏。行刑之日,尚食勿进酒肉,内教坊及太常不举乐。皆令门下覆视。有据法当死而情可矜者,录状以闻。”由是全活甚众。其五覆奏者,以决前一二日,至决日又三覆奏。唯犯恶逆者一覆奏而已。

21　己亥,朝集使利州都督武士彟等复上表请封禅,不许。

22　壬寅,上幸骊山温汤。戊申,还宫。

23　上谓执政曰:“朕常恐因喜怒妄行赏罚,故欲公等极谏。公等亦宜受人谏,不可以己之所欲,恶人违之。苟自不能受谏,安能谏人。”

24　康国求内附。上曰:“前代帝王,好招来绝域,以求服远之名,无益于用而糜弊百姓。今康国内附,傥有急难,于义不得不救。师行万里,岂不疲劳?劳百姓以取虚名,朕不为也。”遂不受。

谓侍臣曰:“治国如治病,病虽愈,犹宜将护,傥遽自放纵,病复作,则不可救矣。今中国幸安,四夷俱服,诚自古所希,然朕日慎一日,唯惧不终,故欲数闻卿辈谏争也。”魏徵曰:“内外治安,臣不以为喜,唯喜陛下居安思危耳。”

20　太宗对亲近大臣说："朕认为死刑至关重大，所以下令三次复议，正是为了深思熟虑，以减少误差。而有关部门却在片刻之间完成三次复议。另外，古代处决犯人，君主常为此停止音乐减少御膳。朕宫庭中没有常设的音乐，然而常常为此而不沾酒肉，只是没有明文规定。再者，各部门断案判刑，只依据法令条文，即使情有可原，也不敢违反法律，这中间怎么能一点冤枉都没有呢？"丁亥（初二），太宗下制文规定："判死刑的犯人，两天之内中央部门要五次复议，下到各州的也要三次复议。行刑的当天，殿中监属下的尚食局不得进酒肉，内教坊及太常寺不得奏乐。上述规定均由门下省监督。如有依律应当处死而其情形可以怜悯的犯人，记下情况上报朝廷。"于是由此而免于死罪的甚多。凡是五次复议的，在处决前一两天，到处决当天又要三次复议。只有犯"十恶"中殴打、谋杀、打死三服以内亲属的恶逆罪的，只需一次复议即可。

21　己亥（十四日），朝集使、利州都督武士彟等人又上表请求行封禅大礼，太宗不允。

22　壬寅（十七日），太宗到骊山温泉。戊申（十九日），回到宫中。

23　太宗对执政的大臣说："朕常常担心由于个人的喜怒而妄加赏罚，所以希望你们极力行谏。你们也应当接受别人的劝谏，不可以自己的喜好要求别人，而讨厌别人违背己意。如果自己不能接受劝谏，怎么能劝谏别人呢。"

24　康国要求归附唐朝。太宗说："前代的帝王，喜欢招抚地处遥远的国家，以讨得降服远方的盛名，这毫无益处而只是让百姓受罪。如今康国要求归附，如果他们遇到危急情况，按照道义来讲不能不去救援。士兵们行军万里，岂能不疲劳？让百姓疲劳以获取虚名的事，朕不做。"于是不接受康国的归附。

太宗曾对亲近大臣说："治理国家如同治病，病虽好了，仍需调养一段，倘若立即放纵自己，病会复发，那就不可救治了。如今中原幸得安定，四方顺服，实在是自古以来所少有，然而朕每日谨慎行事，惟恐不能持久，所以想多次听到你们的谏诤。"魏徵说："国家内外俱得安定，我并不觉得高兴，只是高兴陛下能够居安思危。"

25　上尝与侍臣论狱，魏徵曰："炀帝时尝有盗发，帝令於士澄捕之，少涉疑似，皆拷讯取服，凡二千馀人，帝悉令斩之。大理丞张元济怪其多，试寻其状，内五人尝为盗，馀皆平民。竟不敢执奏，尽杀之。"上曰："此岂唯炀帝无道，其臣亦不尽忠。君臣如此，何得不亡？公等宜戒之！"

26　是岁，高州总管冯盎入朝。未几，罗窦诸洞獠反，敕盎帅部落二万，为诸军前锋。獠数万人，屯据险要，诸军不得进。盎持弩谓左右曰："尽吾此矢，足知胜负矣。"连发七矢，中七人。獠皆走，因纵兵乘之，斩首千馀级。上美其功，前后赏赐，不可胜数。盎所居地方二千里，奴婢万馀人，珍货充积，然为治勤明，所部爱之。

27　新罗王真平卒，无嗣，国人立其女善德为王。

25　太宗曾和大臣们讨论刑狱诸事，魏徵说："隋炀帝时曾有盗窃案发生，炀帝令於士澄逮捕窃贼，稍有疑点，均严刑拷打令其服罪，总共两千馀人，炀帝下令全部处斩。大理丞张元济奇怪罪犯这么多，试着查考其诉状，其中五人曾有前科，其馀都是普通百姓。张元济竟不敢执意上奏讲明真情，所以都被杀掉。"太宗说："这岂只是炀帝无道，大臣们也不能尽忠。君臣都这样，国家怎能不灭亡？你们应深以为诫！"

26　这一年，高州总管冯盎来到朝中。不久，罗窦各洞的獠民造反，太宗下令冯盎率本部落两万人马为大军前锋。獠民几万人，据守险要之地，各路军队难以前进。冯盎手持弩机对身边人说："我一次射尽此箭，就知道胜负了。"连发七箭，射中七人。獠民都逃掉，于是挥兵乘胜追击，斩首千馀人。太宗夸赞他的功劳，前后赏赐不可胜数。冯盎占据的地方纵横两千里，奴婢一万多人，珍奇宝物甚多；然而政治勤勉清明，部下都十分爱戴他。

27　新罗国王真平去世，没有子嗣，国人拥立其女儿善德为王。

卷第一百九十四　唐纪十

起壬辰(632)尽丁酉(637)四月凡五年有奇

太宗文武大圣大广孝皇帝上之下

贞观六年(壬辰,632)

1　春,正月乙卯朔,日有食之。

2　癸酉,静州獠反,将军李子和讨平之。

3　文武官复请封禅,上曰:“卿辈皆以封禅为帝王盛事,朕意不然。若天下乂安,家给人足,虽不封禅,庸何伤乎!昔秦始皇封禅,而汉文帝不封禅,后世岂以文帝之贤不及始皇邪?且事天扫地而祭,何必登泰山之巅,封数尺之土,然后可以展其诚敬乎?”群臣犹请之不已,上亦欲从之,魏徵独以为不可。上曰:“公不欲朕封禅者,以功未高邪?”曰:“高矣!”“德未厚邪?”曰:“厚矣!”“中国未安邪?”曰:“安矣!”“四夷未服邪?”曰:“服矣!”“年谷未丰邪?”曰:“丰矣!”“符瑞未至邪?”曰:“至矣!”“然则何为不可封禅?”对曰:“陛下虽有此六者,然承隋末大乱之后,户口未复,仓廪尚虚,而车驾东巡,千乘万骑,其供顿劳费,未易任也。且陛下封禅,则万国咸集,远夷君长,皆当扈从。今自伊、洛以东至于海、岱,烟火尚希,灌莽极目,此乃引戎狄入腹中,示之以虚弱也。况赏赉不赀,未厌远人之望;给复连年,不偿百姓之劳。崇虚名而受实害,陛下将焉用之!”会河南、北数州大水,事遂寝。

太宗文武大圣大广孝皇帝上之下

唐太宗贞观六年(壬辰,公元632年)

1 春季,正月乙卯朔(初一),出现日食。

2 癸酉(十九日),静州獠民反叛,将军李子和率兵征讨平定。

3 文武百官又请行封禅大礼,太宗说:“你们都认为登泰山封禅是帝王的盛举,朕不认为是这样。如果天下安定,百姓家家富足,即使不去封禅,又有什么伤害呢?从前秦始皇行封禅礼,而汉文帝不封禅,后代难道认为文帝的贤德不如秦始皇吗?而且侍奉上天扫地而祭祀,何必要去登泰山之顶峰,封筑几尺的泥土,然后才算展示其诚心敬意呢?”群臣还是不停地请求,太宗也想听从此意见,唯独魏徵认为不可。太宗说:“你不想让朕去泰山封禅,认为朕的功劳不够高吗?”魏徵答道:“够高了!”“德行不厚吗?”答道:“很厚了!”“大唐不安定吗?”答道:“安定!”“四方夷族未归服吗?”答道:“归服了”。“年成没丰收吗?”答道:“丰收了!”“符瑞没有到吗?”答道:“到了!”“那么为什么不可以行封禅礼?”答道:“陛下虽然有上述六点理由,然而承接隋亡大乱之后,户口没有恢复,国家府库粮仓还很空虚,而陛下的车驾东去泰山,大量的骑兵车辇,其供应耗费,必然难以承担。而且陛下封禅泰山,则各国君主云集,远方夷族首领跟从,如今从伊水、洛水东到大海、泰山,人烟稀少,满目草木丛生,这是引戎狄进入大唐腹地,并展示我方的虚弱。况且赏赐供给无数,也不能满足这些远方人的欲望;几年免除徭役,也不能补偿老百姓的劳苦。像这样崇尚虚名而实际对百姓有害的政策,陛下怎么能采用呢?”正赶上黄河南北地区数州县发大水,于是就停止封禅事。

4　上将幸九成宫，通直散骑常侍姚思廉谏。上曰：“朕有气疾，暑辄顿剧，往避之耳。”赐思廉绢五十匹。

监察御史马周上疏，以为：“东宫在宫城之中，而大安宫乃在宫城之西，制度比于宸居，尚为卑小，于四方观听，有所不足。宜增修高大，以称中外之望。又，太上皇春秋已高，陛下宜朝夕视膳。今九成宫去京师三百馀里，太上皇或时思念陛下，陛下何以赴之？又，车驾此行，欲以避暑，太上皇尚留暑中，而陛下独居凉处，温凊之礼，窃所未安。今行计已成，不可复止，愿速示返期，以解众惑。又，王长通、白明达皆乐工，韦槃提、斛斯正止能调马，纵使技能出众，正可赉之金帛，岂得超授官爵，鸣玉曳履，与士君子比肩而立，同坐而食？臣窃耻之！”上深纳之。

5　上以新令无三师官，二月丙戌，诏特置之。

6　三月戊辰，上幸九成宫。

7　庚午，吐谷浑寇兰州，州兵击走之。

8　长乐公主将出降，上以公主，皇后所生，特爱之，敕有司资送倍于永嘉长公主。魏徵谏曰：“昔汉明帝欲封皇子，曰：‘我子岂得与先帝子比！’皆令半楚、淮阳。今资送公主，倍于长主，得无异于明帝之意乎！”上然其言，入告皇后。后叹曰：“妾亟闻陛下称重魏徵，不知其故，今观其引礼义以抑人主之情，乃知真社稷之臣也！妾与陛下结发为夫妇，曲承恩礼，每言必先候颜色，不敢轻犯威严。况以人臣之疏远，乃能抗言如是，陛下不可不从。”因请遣中使赍钱四百缗，

4　太宗将要去九成宫，通直散骑常侍姚思廉谏阻，太宗说："朕有气喘病，一逢暑天就顿时发作加重，想前去躲避一阵。"赏赐给姚思廉五十匹绢。

监察御史马周上奏疏，认为："陛下所住的宫殿在宫城之中，而太上皇的大安宫却在宫城之西面，建制规模与陛下宫殿相比，还较为窄小，这在天下人的眼中耳里，未免觉得有些不足。应当增修扩大，以满足中外人士的愿望。再者说，太上皇年事已高，陛下应当朝夕侍奉御膳。如今九成宫离京城三百多里，太上皇如一时想念陛下，陛下怎么能赶回来呢？另外此次车驾外出避暑，太上皇还留在大暑天气里，而陛下却独居凉爽之处，礼制规定，儿女侍奉父母，要让他们冬暖夏凉，陛下这样做，我觉得很不合适。如今行期已定，不能中止，希望尽快昭示归期，以解除众人的疑惑。此外，王长通、白明达都是乐工，韦槃提、斛斯正也只能驯马，即使他们的技能出众，正可赏赐金银财物，怎么能破格授予官爵，让他们佩玉饰、拖着鞋，与士大夫们并肩而立、同座而食呢？与他们为伍我感到羞耻。"太宗深信其言，并采纳其意见。

5　太宗认为新颁敕令没有太师、太傅、太保三师官，二月丙戌（初二），下诏特设三师官。

6　三月戊辰（十五日），太宗临幸九成宫。

7　庚午（十七日），吐谷浑进犯兰州，州内士兵将其击退。

8　长乐公主将要出嫁长孙仲，太宗以公主是皇后亲生，特别疼爱，敕令有关部门所给陪送比皇姑永嘉长公主多一倍。魏徵劝谏说："过去汉明帝想要分封皇子封邑，说：'我的儿子怎么能和先帝的儿子相比呢？'均令分给楚王、淮阳王封地的一半。如今公主的陪送，比长公主多一倍，岂不是与汉明帝的意思相差太远吗？"太宗觉得有理，进宫中告知皇后，皇后感叹说："我总是听得陛下称赞魏徵，不知是什么缘故，如今见其引证礼义来抑制君王的私情，这真是辅佐陛下的栋梁大臣呀！我与陛下是多年的结发夫妻，多蒙恩宠礼遇，每次讲话还都要察言观色，不敢轻易冒犯您的威严。何况大臣与陛下较为疏远，还能如此直言强谏，陛下不能不听从他的意见。"于是皇后请求太宗派宦官去魏徵家中，赏赐给四百缗钱，

绢四百匹以赐徵，且语之曰："闻公正直，乃今见之，故以相赏。公宜常秉此心，勿转移也。"上尝罢朝，怒曰："会须杀此田舍翁。"后问为谁，上曰："魏徵每廷辱我。"后退，具朝服立于庭，上惊问其故。后曰："妾闻主明臣直。今魏徵直，由陛下之明故也，妾敢不贺？"上乃悦。

9　夏，四月辛卯，襄州都督邹襄公张公谨卒。明日，上出次发哀。有司奏，辰日忌哭。上曰："君之于臣，犹父子也，情发于衷，安避辰日？"遂哭之。

10　六月己亥，金州刺史鄎悼王元亨薨。辛亥，江王嚣薨。

11　秋，七月丙辰，焉耆王突骑支遣使入贡。初，焉耆入中国由碛路，隋末闭塞，道由高昌。突骑支请复开碛路以便往来，上许之。由是高昌恨之，遣兵袭焉耆，大掠而去。

12　辛未，宴三品已上于丹霄殿。上从容言曰："中外乂安，皆公卿之力。然隋炀帝威加夷、夏，颉利跨有北荒，统叶护雄据西域，今皆覆亡，此乃朕与公等所亲见，勿矜强盛以自满也！"

13　西突厥肆叶护可汗发兵击薛延陀，为薛延陀所败。

肆叶护性猜狠信谗，有乙利可汗，功最多，肆叶护以非其族类，诛灭之，由是诸部皆不自保。肆叶护又忌莫贺设之子泥孰，阴欲图之，泥孰奔焉耆。设卑达官与弩失毕二部攻之，肆叶护轻骑奔康居，寻卒。国人迎泥孰于焉耆而立之，是为咄陆可汗，遣使内附。丁酉，遣鸿胪少卿刘善因立咄陆为奚利邲咄陆可汗。

四百匹绢，并且对他说："听说您十分正直，今日得以亲见，所以赏赐这些。希望您经常秉持忠心，不要有所迁移。"有一次太宗罢朝回到宫中，怒气冲冲地说："以后找机会一定要杀了这个乡巴佬。"皇后问是谁惹怒陛下，太宗说："魏徵常在朝堂上羞辱我。"皇后退下，穿上朝服站在庭院内，太宗惊奇地问这是何故。皇后说："我听说君主开明则臣下正直，如今魏徵正直敢言，是因为陛下的开明，我怎能不祝贺呢？"太宗才转怒为喜。

9　夏季，四月辛卯（初八），襄州都督、邹襄公张公谨去世。第二天，太宗出车辇发丧。有关部门上奏称，这一天是辰日，忌讳哭泣。太宗说："君与臣如同父子关系，哀痛哭泣是感情自然流露，怎么能避忌日呢？"于是痛哭一场。

10　六月己亥（十七日），金州刺史酆悼王李元亨去世。辛亥（二十九日），江王李嚣去世。

11　秋季，七月丙辰（初四），焉耆王突骑支派使节献贡品。起初，焉耆从沙漠到达中原王朝，隋朝末年关闭塞北地区，便改道高昌。突骑支请求重开沙漠故道相互往来，太宗允许。于是高昌怀恨在心，派兵突袭焉耆，大肆掠夺而后离去。

12　辛未（十九日），太宗在丹霄殿大宴三品以上官员。太宗语气和缓地说："中外安定，都是你们的功劳。然而隋炀帝威风八面一统天下，颉利跨有北部广大地区，统叶护占据西域一带，如今它们都已灭亡，这是朕与大家亲眼得见，希望你们不要因为一时强盛而自满起来。"

13　西突厥肆叶护可汗发兵袭击薛延陀，被薛延陀击败。

肆叶护狠毒猜忌听信谗言，有个乙利可汗，功劳最大，肆叶护以其并非本族，将他杀掉，于是各部落均难以自保。肆叶护又忌恨莫贺设的儿子泥孰，阴谋要除掉他，泥孰得知后投奔焉耆。西突厥属下的设卑达官和弩失毕两个部落进攻肆叶护，肆叶护率轻骑兵逃奔康居，不久死去。西突厥人前往焉耆迎接泥孰，立为可汗，这便是咄陆可汗，咄陆派使节到唐朝请求归附。丁酉（十六日），唐帝国派遣鸿胪少卿刘善因前往突厥，立咄陆为奚利邲咄陆可汗。

14　闰月乙卯，上宴近臣于丹霄殿，长孙无忌曰："王珪、魏徵，昔为仇雠，不谓今日得此同宴。"上曰："徵、珪尽心所事，故我用之。然徵每谏，我不从，我与之言辄不应，何也？"魏徵对曰："臣以事为不可，故谏；陛下不从而臣应之，则事遂施行，故不敢应。"上曰："且应而复谏，庸何伤！"对曰："昔舜戒群臣：'尔无面从，退有后言。'臣心知其非而口应陛下，乃面从也，岂稷、契事舜之意邪？"上大笑曰："人言魏徵举止疏慢，我视之更觉妩媚，正为此耳！"徵起，拜谢曰："陛下开臣使言，故臣得尽其愚；若陛下拒而不受，臣何敢数犯颜色乎？"

15　戊辰，秘书少监虞世南上《圣德论》，上赐手诏，称："卿论太高。朕何敢拟上古，但比近世差胜耳。然卿适睹其始，未知其终。若朕能慎终如始，则此论可传；如或不然，恐徒使后世笑卿也！"

16　九月己酉，幸庆善宫，上生时故宅也，因与贵人宴，赋诗。起居郎清平吕才被之管弦，命曰《功成庆善乐》，使童子八佾为《九功之舞》，大宴会，与《破陈舞》偕奏于庭。同州刺史尉迟敬德预宴，有班在其上者，敬德怒曰："汝何功，坐我上！"任城王道宗次其下，谕解之。敬德拳殴道宗，目几眇。上不怿而罢，谓敬德曰："朕见汉高祖诛灭功臣，意常尤之，故欲与卿等共保富贵，令子孙不绝。然卿居官数犯法，乃知韩、彭菹醢，非高祖之罪也。国家纲纪，唯赏与罚，非分之恩，不可数得，勉自修饬，无贻后悔！"敬德由是始惧而自戢。

14　闰八月乙卯(初四),太宗在丹霄殿大宴亲近的大臣,长孙无忌说:“王珪、魏徵二人,以前侍奉太子李建成,与陛下为敌,难以料到今日能在此一同饮宴。”太宗说:“魏徵与王珪尽心竭力地侍奉原来的主人,所以我能重用他们。然而魏徵每次进谏,如果我不听从,我再与他讲话,他也总是不做应答,为什么呢?”魏徵回答说:“我认为事情不可行,所以谏阻;陛下不听从谏阻而我如果答话,那么事情便得到施行,所以不敢应答。”太宗说:“暂且应答而后再谏阻,又有什么伤害呢?”答道:“过去舜帝告诫群臣:‘你们不要当面顺从,而背后却说另一套。’如果我心里知道不对嘴上却答应陛下的意见,这正是当面顺从。难道这是稷、契侍奉舜帝的本意吗?”太宗大笑着说:“人们都说魏徵行为举止粗鲁傲慢,我看他更觉得妩媚可爱,正是因为如此呀!”魏徵离席起身,拜谢道:“陛下引导让我畅所欲言,所以我得以尽愚诚;如果陛下拒不接受忠言,我又怎么敢屡次犯颜强谏呢?”

15　戊辰(十七日),秘书少监虞世南进呈《圣德论》一文,太宗赐给手书诏令称:“你的评价太高了。朕怎么敢与上古帝王相比,只是与近代相比略强些。然而你只是刚刚看见开头,未知其终结。如果朕真能善始善终,那么你的高论可传之后世;如若不然,恐怕只会成为后世的笑柄!”

16　九月己酉(二十九日),太宗临幸庆善宫,这是太宗出生时的旧宅,于是和显贵饮酒赋诗。起居郎、清平人吕才将赋诗谱成曲演奏,命名为《功成庆善乐》,让六十四名少年站成八行依乐而舞,称《九功之舞》。又大摆酒宴,与《秦王破阵舞》一同在宫庭中表演。同州刺史尉迟敬德参加宴席,见到有人的席位在他之上,勃然大怒,说道:“你有何功劳,竟然坐在我的上方!”任城王李道宗坐在他的下首,反复劝解。尉迟敬德用拳头殴打李道宗,眼睛几乎被打瞎了一只。太宗很不高兴地罢宴,对尉迟敬德说:“朕见汉高祖刘邦大肆诛杀功臣,内心常常责怪他,所以想和你们一道共同保持富贵,令子子孙孙延绵不绝。然而你身居高官却屡次犯法,由此可知韩信、彭越被碎尸万段、剁成肉酱,并非只是高祖的罪过。朝廷的纲纪法令,无非是赏与罚,非分的恩遇,也不能多次得到,深望你好自为之,不要到时后悔都来不及!”尉迟敬德从此才知道恐惧而约束自己。

17　冬，十月乙卯，车驾还京师。帝侍上皇宴于大安宫，帝与皇后更献饮膳及服御之物，夜久乃罢。帝亲为上皇捧舆至殿门，上皇不许，命太子代之。

18　突厥颉利可汗郁郁不得意，数与家人相对悲泣，容貌羸惫。上见而怜之，以虢州地多麋鹿，可以游猎，乃以颉利为虢州刺史；颉利辞，不愿往。癸未，复以为右卫大将军。

19　十一月辛巳，契苾酋长何力帅部落六千馀家诣沙州降，诏处之于甘、凉之间，以何力为左领军将军。

20　庚寅，以左光禄大夫陈叔达为礼部尚书。帝谓叔达曰："卿武德中有谠言，故以此官相报。"对曰："臣见隋室父子相残，以取乱亡，当日之言，非为陛下，乃社稷之计耳！"

21　十二月癸丑，帝与侍臣论安危之本。中书令温彦博曰："伏愿陛下常如贞观初，则善矣。"帝曰："朕比来怠于为政乎？"魏徵曰："贞观之初，陛下志在节俭，求谏不倦。比来营缮微多，谏者颇有忤旨，此其所以异耳！"帝拊掌大笑曰："诚有是事。"

22　辛未，帝亲录系囚，见应死者，闵之，纵使归家，期以来秋来就死。仍敕天下死囚，皆纵遣，使至期来诣京师。

23　是岁，党项羌前后内属者三十万口。

24　公卿以下请封禅者前后相属，上谕以"旧有气疾，恐登高增剧，公等勿复言"。

17　冬季，十月乙卯（初五），太宗的车驾回到京城。太宗侍奉太上皇在大安宫设酒宴，太宗与皇后轮流端上饮食及用具在旁侍候，直到深夜才罢席。太宗亲自为太上皇抬轿舆至殿门，太上皇不允许，让太子代劳。

18　突厥颉利可汗郁郁不得志，多次与家里人相对哭泣，面容十分地疲惫。太宗见到后非常可怜他，当时虢州地带有很多麋鹿活动，可以游猎，太宗便任命颉利为虢州刺史。颉利辞谢，不愿意前往。癸未（三十一日），又任命他为右卫大将军。

19　十一月辛巳（初二），契苾族首领何力率领本部落六千多家前往沙州投降大唐，太宗下诏将他们安置在甘州、凉州之间，任命何力为左领军将军。

20　庚寅（十一日），任命左光禄大夫陈叔达为礼部尚书。太宗对陈叔达说："你在武德年间曾直言劝太上皇反隋，所以封你为此官以相报答。"答道："我当时见隋朝父子相互残害，建议乘乱取而代之，当时的话，并非为陛下考虑，而是为社稷打算啊！"

21　十二月癸丑（初四），太宗与大臣们讨论安危的根本所在。中书令温彦博说："深愿陛下能经常像贞观初年那样，那就好了。"太宗问："朕近来听政有所懈怠吗？"魏徵说："贞观初年，陛下一心节俭，不倦怠地求谏。近来则营建修缮之类的事渐渐多起来，进谏的人也常被认为是触犯圣意，这就是与当年的不同处。"太宗拍掌大笑着说："确有其事。"

22　辛未（二十二日），太宗亲自甄别监狱囚犯，见到应处死刑的人，内心怜悯他们，放他们回家，但约定明年秋季回来行刑。于是下令赦免全国的死刑犯人，均放他们回家，等到期限到了的时候赶回京城。

23　这一年，党项羌族人前后有三十万归附大唐。

24　当时公卿以下大臣请求太宗行封禅礼的络绎不绝，太宗传谕："朕有气喘的老毛病，恐怕登高会加剧，你们不必再谈论此事。"

25　上谓侍臣曰:"朕比来决事或不能皆如律令,公辈以为事小,不复执奏。夫事无不由小而致大,此乃危亡之端也。昔关龙逄忠谏而死,朕每痛之。炀帝骄暴而亡,公辈所亲见也。公辈常宜为朕思炀帝之亡,朕常为公辈念关龙逄之死,何患君臣不相保乎!"

26　上谓魏徵曰:"为官择人,不可造次。用一君子,则君子皆至;用一小人,则小人竞进矣。"对曰:"然。天下未定,则专取其才,不考其行;丧乱既平,则非才行兼备不可用也。"

七年(癸巳,633)

1　春,正月,更名《破陈乐》曰《七德舞》。癸巳,宴三品已上及州牧、蛮夷酋长于玄武门,奏《七德》、《九功》之舞。太常卿萧瑀上言:"《七德舞》形容圣功,有所未尽,请写刘武周、薛仁果、窦建德、王世充等擒获之状。"上曰:"彼皆一时英雄,今朝廷之臣往往尝北面事之,若睹其故主屈辱之状,能不伤其心乎!"瑀谢曰:"此非臣愚虑所及。"魏徵欲上偃武修文,每侍宴,见《七德舞》辄俯首不视,见《九功舞》则谛观之。

2　三月戊子,侍中王珪坐漏泄禁中语,左迁同州刺史。庚寅,以秘书监魏徵为侍中。

3　直太史雍人李淳风奏灵台候仪制度疏略,但有赤道,请更造浑天黄道仪,许之。癸巳,成而奏之。

4　夏,五月癸未,上幸九成宫。

5　雅州道行军总管张士贵击反獠,破之。

25　太宗对亲近的大臣说："近来朕裁决事务有时不能够尽依法令，你们认为这是小事，不再固执地启奏。凡事无不因小而致大，这是危亡的先兆。从前关龙逄忠诚苦谏而死，朕常常觉得痛惜。隋炀帝因骄奢暴虐而灭亡，你们都亲眼所见。望你们经常为朕考虑到炀帝的灭亡，朕也经常为你们念及关龙逄的死，如此还担心君臣不能相互保全吗？"

26　太宗对魏徵说："为官职而去选择人才，不可仓促行事。任用一位君子，那么众位君子都会来到；任用一位小人，那么其他小人就会竞相引进。"答道："是这样。天下未平定时，则对于一个人专取其才能，并不看重和考察其德行；动乱平定后，则不是德才兼备的人才不能使用。"

唐太宗贞观七年(癸巳，公元633年)

1　春季，正月，将《秦王破阵乐》改名为《七德舞》。癸巳(十五日)，太宗在玄武门宴请三品以上官员、州牧、夷族首领，演奏《七德舞》和《九功舞》。太常卿萧瑀上书言道："《七德舞》用来表现皇上的丰功伟业，但意犹未尽，请求编入刘武周、薛仁果、窦建德、王世充等人被擒获的过程。"太宗说："他们都是一时的英雄豪杰，如今朝廷的大臣很多曾是他们的臣下，如果他们看见旧主子的屈辱之态，能不伤心吗？"萧瑀拜谢道："这些是我所未考虑到的。"魏徵想要太宗停止武备，提倡文教，每次陪太宗饮宴，见到演奏《七德舞》时都低下头故意不看，见到《九功舞》则非常认真地观看。

2　三月戊子(十一日)，侍中王珪因泄漏朝廷机密而致罪，降为同州刺史。庚寅(十三日)，任命秘书监魏徵为侍中。

3　直太史、雍县人李淳风上奏称灵台候仪制造得过于粗略，只有赤道，请求改造一个浑天黄道仪，太宗准许。癸巳(十六日)，上奏太宗浑天黄道仪已制成。

4　夏季，五月癸未(初七)，太宗临幸九成宫。

5　雅州道行军总管张士贵率兵进攻反叛的獠民，大败獠军。

6　秋，八月乙丑，左屯卫大将军谯敬公周范卒。上行幸，常令范与房玄龄居守。范为人忠笃严正，疾甚，不肯出外，竟终于内省，与玄龄相抱而诀曰："所恨不获再奉圣颜！"

7　辛未，以张士贵为龚州道行军总管，使击反獠。

8　九月，山东、河南四十馀州水，遣使赈之。

9　去岁所纵天下死囚凡三百九十人，无人督帅，皆如期自诣朝堂，无一人亡匿者，上皆赦之。

10　冬，十月庚申，上还京师。

11　十一月壬辰，以开府仪同三司长孙无忌为司空，无忌固辞，曰："臣忝预外戚，恐天下谓陛下为私。"上不许，曰："吾为官择人，惟才是与。苟或不才，虽亲不用，襄邑王神符是也；如其有才，虽雠不弃，魏徵等是也。今日所举，非私亲也。"

12　十二月甲寅，上幸芙蓉园，丙辰，校猎少陵原。戊午，还宫，从上皇置酒故汉未央宫。上皇命突厥颉利可汗起舞，又命南蛮酋长冯智戴咏诗，既而笑曰："胡、越一家，自古未有也！"帝奉觞上寿，曰："今四夷入臣，皆陛下教诲，非臣智力所及。昔汉高祖亦从太上皇置酒此宫，妄自矜大，臣所不取也。"上皇大悦。殿上皆呼万岁。

13　帝谓左庶子于志宁、右庶子杜正伦曰："朕年十八，犹在民间，民之疾苦情伪，无不知之。及居大位，区处世务，犹有差失。况太子生长深宫，百姓艰难，耳目所未涉，能无骄逸乎？卿等不可不极谏！"太子好嬉戏，颇亏礼法，志宁与右庶子孔颖达数直谏，上闻而嘉之，各赐金一斤，帛五百匹。

6　秋季，八月乙丑（二十日），左屯卫大将军谯敬公周范去世。太宗出外巡幸的时候，常常命周范与房玄龄一道留守京城。周范为人忠厚正直，病得很厉害，不肯离开皇宫，最后死于内省。临死前与房玄龄相抱诀别，说："遗憾的是不能再侍奉皇上了。"

7　辛未（二十六日），朝廷任命张士贵为龚州道行军总管，让他进攻反叛的獠人。

8　九月，山东、河南四十多个州发大水，太宗派使臣前往赈济。

9　上一年放回家中的死囚犯人共三百九十人，没有人监视管制，都按期限自己回到朝堂，没有一个人逃亡，太宗将他们全部赦免。

10　冬季，十月庚申（十六日），太宗回到京都长安。

11　十一月壬辰（十八日），朝廷任命开府仪同三司长孙无忌为司空，长孙无忌执意推辞，说："我忝列外戚，担心天下人说陛下徇私情。"太宗不允许，说："我根据官职来选择人，惟才是举。如果没有才能，即使是亲属也不使用，襄邑王李神符就是这样；如果有才能，即使过去有仇也不弃置，魏徵等人就是如此。今日推举你为司空，并不是徇私情。"

12　十二月甲寅（十一日），太宗巡幸芙蓉园；丙辰（十三日），又到少陵原围猎。戊午（十五日），回到宫中，在汉代未央宫旧址侍奉太上皇饮宴。太上皇命令突厥颉利可汗起身作舞，又命南蛮首领冯智戴吟咏诗赋，不久，笑着说："胡、越等族都是一家人，这是自古以来没有的事！"太宗端着酒杯为太上皇祝寿，说："如今四方民族为我大唐臣民，这都是父亲您教诲的结果，不是我的智力所能及。从前汉高祖曾在此宫中为其父摆酒祝寿，妄自尊大，我不取他这一点。"太上皇大为高兴。殿堂上众人齐呼万岁。

13　太宗对左庶子于志宁、右庶子杜正伦说："朕十八岁的时候，还在民间，百姓的疾苦与真伪，都非常了解。等到即皇位，处理日常事务还有失误。何况太子生长在深宫，老百姓的艰难困苦，听不见看不到，能不产生骄逸吗？你们不能不极力强谏！"太子喜好玩耍，不遵守礼法，于志宁与右庶子孔颖达多次直言劝谏。太宗知道后赞扬他们，各赐给黄金一斤，帛五百匹。

14　工部尚书段纶奏征巧工杨思齐，上令试之。纶使先造傀儡。上曰："得巧工庶供国事，卿令先造戏具，岂百工相戒无作淫巧之意邪？"乃削纶阶。

15　嘉、陵州獠反，命邗江府统军牛进达击破之。

16　上问魏徵曰："群臣上书可采，及召对多失次，何也？"对曰："臣观百司奏事，常数日思之，及至上前，三分不能道一。况谏者拂意触忌，非陛下借之辞色，岂敢尽其情哉！"上由是接群臣辞色愈温，尝曰："炀帝多猜忌，临朝对群臣多不语。朕则不然，与群臣相亲如一体耳。"

八年（甲午，634）

1　春，正月癸未，突厥颉利可汗卒，命国人从其俗，焚尸葬之。

2　辛丑，行军总管张士贵讨东、西王洞反獠，平之。

3　上欲分遣大臣为诸道黜陟大使，未得其人，李靖荐魏徵。上曰："徵箴规朕失，不可一日离左右。"乃命靖与太常卿萧瑀等凡十三人分行天下，"察长吏贤不肖，问民间疾苦，礼高年，赈穷乏，起久淹，俾使者所至，如朕亲睹"。

4　三月庚辰，上幸九成宫。

5　夏，五月辛未朔，日有食之。

6　初，吐谷浑可汗伏允遣使入贡，未返，大掠鄯州而去。上遣使让之，征伏允入朝，称疾不至，仍为其子尊王求婚。上许之，令其亲迎，尊王又不至，乃绝婚，伏允又遣兵寇兰、

14 工部尚书段纶上奏请求征召巧匠杨思齐进宫，太宗让他尝试制作。段纶让杨思齐先造一个木偶。太宗说："得到能工巧匠，是希望为国家制造器物，你却让他先造玩具，这难道是众工匠相互告诫不做淫巧器具的本意吗？"于是降低段纶的品阶。

15 嘉州、陵州的獠民造反，唐朝命令邗江府统军牛进达将其击败。

16 太宗问魏徵："众位大臣的上书多有可取，等到当面对答时则多语无伦次，为什么呢？"魏徵答道："我观察各部门上奏言事，常常思考几天，等到了陛下的面前，则三分不能道出一分。况且进谏的人违背圣上的旨意触犯圣上的忌讳，如果不是陛下语色和悦，怎么敢尽情陈述呢？"于是太宗接见大臣时语言脸色更加温和，曾说道："隋炀帝性情多猜忌，每次临朝与群臣相对多不说话。朕则不是这样，与大臣们亲近得如同一个人。"

唐太宗贞观八年(甲午，公元634年)

1 春季，正月癸未(初十)，突厥颉利可汗去世，太宗命令遵从他们本民族的习惯，焚尸火葬。

2 辛丑(二十八日)，行军总管张士贵讨伐东、西王洞的反叛獠民，平定了该地区。

3 太宗想要分派大臣为诸道黜陟大使，没有得到合适人选。李靖推荐魏徵。太宗说："魏徵针砭规劝朕的过失，一天也不能离开身边。"于是命令李靖与太常卿萧瑀等共十三人分别巡行全国各地，"考察地方官吏贤能与否，询问民间疾苦，礼遇高寿的老人，赈济穷困百姓，起用埋没已久的人才，做到使者所到之处，如同朕亲自前往一般"。

4 三月庚辰(初八)，太宗临幸九成宫。

5 夏季，五月辛未朔(初一)，出现日食。

6 起初，吐谷浑可汗伏允派使节到唐朝进献贡品，未返回原地，到鄯州抢掠一番而归。太宗派使臣责怪他们，征召伏允到唐朝来，伏允声称有病不来，但为他的儿子尊王求婚；太宗准许，让他们来唐朝迎亲，尊王又不来，于是断绝婚姻。伏允又派兵侵犯兰、

廓二州。伏允年老，信其臣天柱王之谋，数犯边，又执唐使者赵德楷。上遣使谕之，十返，又引其使者，临轩亲谕以祸福，伏允终无悛心。六月，遣左骁卫大将军段志玄为西海道行军总管，左骁卫将军樊兴为赤水道行军总管，将边兵及契苾、党项之众以击之。

7 秋，七月，山东、河南、淮海之间大水。

8 上屡请上皇避暑九成宫，上皇以隋文帝终于彼，恶之。冬，十月，营大明宫，以为上皇清暑之所。未成而上皇寝疾，不果居。

9 辛丑，段志玄击吐谷浑，破之，追奔八百馀里，去青海三十馀里，吐谷浑驱牧马而遁。

10 甲子，上还京师。

11 右仆射李靖以疾逊位，许之。十一月辛未，以靖为特进，封爵如故，禄赐、吏卒并依旧给，俟疾小瘳，每三两日至门下、中书平章政事。

12 甲申，吐蕃赞普弃宗弄赞遣使入贡，仍请婚。吐蕃在吐谷浑西南，近世浸强，蚕食他国，土宇广大，胜兵数十万，然未尝通中国。其王称赞普，俗不言姓，王族皆曰论，宦族皆曰尚。弃宗弄赞有勇略，四邻畏之。上遣使者冯德遐往慰抚之。

13 丁亥，吐谷浑寇凉州。己丑，下诏大举讨吐谷浑。上欲得李靖为将，为其老，重劳之。靖闻之，请行，上大悦。十二月辛丑，以靖为西海道行军大总管，节度诸军。兵部尚书侯君集为积石道、刑部尚书任城王道宗为鄯善道、凉州都督李大亮为且末道、岷州都督李道彦为赤水道、利州刺史高甑生为盐泽道行军总管，并突厥、契苾之众击吐谷浑。

廓二州。伏允年迈，听信其大臣天柱王的计谋，多次侵犯边境；又软禁大唐使者赵德楷。太宗派使节传谕让其放回赵德楷，往返了十次；又接见吐谷浑使者，在殿前平台亲自晓以祸福，伏允最终没有悔改之意。六月，唐朝派遣左骁卫大将军段志玄为西海道行军总管，左骁卫将军樊兴为赤水道行军总管，统率边境地区以及契苾、党项族的兵力进攻吐谷浑。

7　秋季，七月，山东、河南、淮河、近海一带发大水。

8　太宗多次请太上皇到九成宫避暑，太上皇以隋文帝曾死于此宫，内心厌恶。冬季，十月，营造大明宫，作为太上皇避暑的住所。未等修成，太上皇即患病，最后没有住成。

9　辛丑（初二），段志玄的军队大败吐谷浑，乘胜追击了八百多里，离青海只有三十多里。吐谷浑人驱赶牧马逃走。

10　甲子（二十五日），太宗回到京城长安。

11　右仆射李靖因患病请求离职，太宗准许。十一月辛未（初三），加封李靖为特进，封爵依旧，俸禄、吏卒等均按原职标准供给，等到疾病稍有好转，每两三天到门下省和中书省参与商议政事。

12　甲申（十六日），吐蕃赞普弃宗弄赞派使臣进献贡品，请求通婚。吐蕃在吐谷浑的西南面，近来国力渐强，便侵吞蚕食周围小国，疆域逐渐扩大，拥兵几十万，然而未曾与大唐交通。他们的君王称为赞普，按着他们的习惯不称姓，王族均叫论，官员家族均称做尚。弃宗弄赞有勇有谋，四方邻国都畏惧他。太宗派使者冯德遐前往吐蕃抚慰。

13　丁亥（十九日），吐谷浑侵犯凉州。己丑（二十一日），太宗下诏发兵大举讨伐吐谷浑。太宗想任命李靖为统兵将领，只是因为他年迈，难以烦劳。李靖听说后，请求出征，太宗大为高兴。十二月辛丑（初三），任命李靖为西海道行军大总管，节制管辖各路兵马。兵部尚书侯君集、刑部尚书任城王李道宗、凉州都督李大亮、岷州都督李道彦、利州刺史高甑生分别为积石道、鄯善道、且末道、赤水道、盐泽道行军总管，联合突厥、契苾的兵力攻打吐谷浑。

14　帝聘隋通事舍人郑仁基女为充华，诏已行，册使将发，魏徵闻其尝许嫁士人陆爽，遽上表谏。帝闻之，大惊，手诏深自克责，命停册使。房玄龄等奏称："许嫁陆氏，无显状，大礼既行，不可中止。"爽亦表言初无婚姻之议。帝谓徵曰："群臣或容希合，爽亦自陈，何也？"对曰："彼以为陛下外虽舍之，或阴加罪谴，故不得不然。"帝笑曰："外人意或当如是。朕之言未能使人必信如此邪？"

15　中牟丞皇甫德参上言："修洛阳宫，劳人；收地租，厚敛；俗好高髻，盖宫中所化。"上怒，谓房玄龄等曰："德参欲国家不役一人，不收斗租，宫人皆无发，乃可其意邪？"欲治其谤讪之罪。魏徵谏曰："贾谊当汉文帝时上书，云'可为痛哭者一，可为流涕者二。'自古上书不激切，不能动人主之心，所谓狂夫之言，圣人择焉，唯陛下裁察！"上曰："朕罪斯人，则谁敢复言？"乃赐绢二十匹。他日，徵奏言："陛下近日不好直言，虽勉强含容，非曩时之豁如。"上乃更加优赐，拜监察御史。

16　中书舍人高季辅上言："外官卑品，犹未得禄，饥寒切身，难保清白。今仓廪浸实，宜量加优给，然后可责以不贪，严设科禁。又，密王元晓等皆陛下之弟，比见帝子拜诸叔，叔皆答拜，紊乱昭穆，宜训之以礼。"书奏，上善之。

17　西突厥咄陆可汗卒，其弟同娥设立，是为沙钵罗咥利失可汗。

14　太宗亲聘隋朝通事舍人郑仁基的女儿为后宫的充华，诏令已发出，册封的使者将要出发，魏徵听说她过去曾许嫁给世家大族陆爽，立即上表谏阻。太宗听到后，大为惊讶，手书诏令深加自责，下令册封使免行。房玄龄等人上奏说："说她许嫁过陆氏，没有明证，册封的大礼已经施行，不应当中途而废。"陆爽也上表说最初没有婚娶郑女的协议。太宗对魏徵说："众位大臣或许是迎合旨意，陆爽本人也加以表白，这是为什么呢？"答道："他觉得陛下表面上虽已舍弃，或许暗地里又要责怪，所以不得不如此。"太宗笑着说："对于外人来说或许当如此看，朕说的话也这样不能使人确信吗？"

15　中牟县丞皇甫德参上书言道："修筑洛阳宫殿，劳顿百姓；收地租，加重数额；时俗女子喜好束高髻，这是受宫中的影响。"太宗勃然大怒，对房玄龄等人说："德参想要国家不役使一个人，不收一斗地租，宫女均不留发，这样才顺他的心思吗？"想要治他诽谤罪。魏徵劝谏道："当汉文帝在位时，贾谊上书言道：'有一件事可为它痛哭，有两件事可为之流泪。'自古以来上书言辞不激烈，则不能打动君王的心，所谓狂夫之言，圣人加以选择，希望陛下明察裁断。"太宗说："朕怪罪德参这类人，那么谁还敢说话呢？"于是赐给德参二十匹绢。过了几天，魏徵上奏说："陛下近来不喜欢直言强谏，即使勉强包容，也不如过去那么豁达。"太宗于是对皇甫德参另加优厚的赏赐，官拜监察御史。

16　中书舍人高季辅上书言道："京外官员品阶低微的，仍未得到俸禄，关系到自身饥寒，也难保清白的名声，如今府库充实，应当酌量优厚供给，然后才可以责成他们廉正，严格制定各种禁令。此外，密王李元晓等均为陛下的弟弟，近见皇子参拜各位叔叔，叔叔都答拜，昭穆辈分礼义秩序颇为紊乱，应当以礼节加以训导。"上书呈给太宗，太宗颇为赞许。

17　西突厥咄陆可汗去世，他的弟弟同娥设立为可汗，这便是沙钵罗咥利失可汗。

九年(乙未,635)

1 春,正月,党项先内属者皆叛归吐谷浑。三月庚辰,洮州羌叛入吐谷浑,杀刺史孔长秀。

2 壬辰,赦天下。

3 乙酉,盐泽道行军总管高甑生击叛羌,破之。

4 庚寅,诏民赀分三等,未尽其详,宜分九等。

5 上谓魏徵曰:“齐后主、周天元皆重敛百姓,厚自奉养,力竭而亡。譬如馋人自啖其肉,肉尽而毙,何其愚也!然二主孰为优劣?”对曰:“齐后主懦弱,政出多门;周天元骄暴,威福在己。虽同为亡国,齐主尤劣也。”

6 夏,闰四月癸酉,任城王道宗败吐谷浑于库山。吐谷浑可汗伏允悉烧野草,轻兵走入碛。诸将以为“马无草,疲瘦,未可深入”。侯君集曰:“不然。向者段志玄军还,才及鄯州,虏已至其城下。盖虏犹完实,众为之用故也。今一败之后,鼠逃鸟散,斥候亦绝,君臣携离,父子相失,取之易于拾芥,此而不乘,后必悔之。”李靖从之。中分其军为两道:靖与薛万均、李大亮由北道,君集与任城王道宗由南道。戊子,靖部将薛孤儿败吐谷浑于曼头山,斩其名王,大获杂畜,以充军食。癸巳,靖等败吐谷浑于牛心堆,又败诸赤水源。侯君集、任城王道宗引兵行无人之境二千馀里,盛夏降霜,经破逻真谷,其地无水,人龁冰,马啖雪。五月,追及伏允于乌海,与战,大破之,获其名王。薛万均、薛万彻又败天柱王于赤海。

7 太上皇自去秋得风疾,庚子,崩于垂拱殿。甲辰,群臣请上准遗诰视军国大事,上不许。乙巳,诏太子承乾于东宫平决庶政。

唐太宗贞观九年(乙未,公元635年)

1　春季,正月,先归附唐朝的党项族都叛逃到吐谷浑。三月庚辰(十四日),洮州羌族人反叛逃入吐谷浑,杀掉了刺史孔长秀。

2　壬辰,全国实行大赦。

3　乙酉(十九日),盐泽道行军总管高甑生进攻叛乱的羌人,取得胜利。

4　庚寅(二十四日),下诏说,全国民户衡量资财分为三等,不十分详尽,应于每等中分上中下,改为分九等。

5　太宗对魏徵说:"齐后主、周天元均搜刮百姓,用来奉养自己,直到民力衰竭而亡国。正如同嘴馋的人吃自己身上的肉,肉吃光了而毙命,多愚蠢呀!然而这两位君主相比优劣如何呢?"魏徵答道:"齐后主性格懦弱,权力分散;周天元骄横暴虐,赏罚大权在于一身。虽同为亡国之君,齐后主更差一些。"

6　夏季,闰四月癸酉(初八),任城王李道宗在库山击败吐谷浑军队。吐谷浑可汗伏允将野草烧光,然后率轻骑兵逃入大沙漠。唐朝众位将领认为"马无粮草,已很疲弱,不可孤军深入"。侯君集说:"不是这样。从前段志玄军队还朝,才到鄯州,吐谷浑士兵已到了城下。因当时吐谷浑还较强大,众人还为他们效力。如今敌军一次战败之后,鼠逃鸟散,负责侦察的哨兵也已撤离,君臣离散,父子难以相见,攻取他们比拾芥草还容易,此时不乘胜追击,以后必定后悔。"李靖听从他的意见。将所率军队分作两路:李靖与薛万均、李大亮为北路军,侯君集与任城王李道宗为南路军。戊子(二十三日),李靖手下将领薛孤儿在曼头山大败吐谷浑,斩杀其名位尊贵的首领,获得大批牲畜,以充军队食物。癸巳(二十八日),李靖等人在牛心堆打败吐谷浑,在赤水源再次取胜。侯君集、任城王李道宗率南路军在杳无人烟地区行军两千馀里,盛夏季节天降霜雪,经过破逻真谷,该地区无水,人吃冰,马吃雪。五月,在乌海追赶上伏允,发生激战,取得大胜,俘获其名首领。薛万均、薛万徹在赤海又打败天柱王。

7　太上皇自从上一年秋天中风,庚子(初六),在垂拱殿驾崩。甲辰(初十),群臣请求太宗节哀遵照遗嘱治理军国大政,太宗不应允。乙巳(十一日),太宗下诏让太子承乾在东宫处理日常事务。

8 赤水之战，薛万均、薛万徹轻骑先进，为吐谷浑所围，兄弟皆中枪，失马步斗，从骑死者什六七，左领军将军契苾何力将数百骑救之，竭力奋击，所向披靡，万均、万徹由是得免。李大亮败吐谷浑于蜀浑山，获其名王二十人。将军执失思力败吐谷浑于居茹川。李靖督诸军经积石山河源，至且末，穷其西境。闻伏允在突伦川，将奔于阗，契苾何力欲追袭之，薛万均惩其前败，固言不可。何力曰："虏非有城郭，随水草迁徙，若不因其聚居袭取之，一朝云散，岂得复倾其巢穴邪？"自选骁骑千馀，直趣突伦川，万均乃引兵从之。碛中乏水，将士刺马血饮之。袭破伏允牙帐，斩首数千级，获杂畜二十馀万，伏允脱身走，俘其妻子。侯君集等进逾星宿川，至柏海，还与李靖军合。

大宁王顺，隋氏之甥、伏允之嫡子也，为侍中于隋，久不得归，伏允立侍子为太子，及归，意常怏怏。会李靖破其国，国人穷蹙，怨天柱王。顺因众心，斩天柱王，举国请降。伏允帅千馀骑逃碛中，十馀日，众散稍尽，为左右所杀。国人立顺为可汗。壬子，李靖奏平吐谷浑。乙卯，诏复其国，以慕容顺为西平郡王、趉故吕乌甘豆可汗。上虑顺未能服其众，仍命李大亮将精兵数千为其声援。

9 六月己丑，群臣复请听政，上许之，其细务仍委太子，太子颇能听断。是后上每出行幸，常令居守监国。

10 秋，七月庚子，盐泽道行军副总管刘德敏击叛羌，破之。

11 丁巳，诏："山陵依汉长陵故事，务存隆厚。"期限既促，功不能及。秘书监虞世南上疏，以为："圣人薄葬其亲，非不孝也，

8　赤水源一战，薛万均、薛万徹率轻骑兵先行，被吐谷浑包围，兄弟二人均中枪，跌下马后徒步参战，随从骑兵死伤十之六七。左领军将军契苾何力率数百骑兵前往救援，拼力厮杀进击，所向披靡，薛万均、薛万徹于是得免一死。李大亮在蜀浑山打败吐谷浑军，俘获其著名首领二十人。将军执失思力在居茹川大败吐谷浑军。李靖率领各路军马途经积石山河源，到达且末，直抵其西部边境。听说伏允在突伦川，将要逃奔到于阗，契苾何力想要乘势追击，薛万均以先前的失败为教训，坚持说不行。何力说："吐谷浑不定居，没有城郭，随水草迁移流动，如果不趁他们聚居在一起时袭击他们，等到他们四处游荡，怎么能捣毁他们的巢穴呢？"于是亲自挑选骁勇骑兵一千多人，直逼进突伦川，万均率部随后。沙漠中缺水，将士们刺饮马血。唐朝军队攻破伏允牙帐，杀掉几千名吐谷浑兵，获牲畜二十多万，伏允只身脱逃，唐军俘获其妻子儿女，侯君集等穿越星宿川，到了柏海，重与李靖的部队会师。

大宁王慕容顺，是隋炀帝的外甥，伏允的嫡生子，在隋朝为侍中，很长时间不能回吐谷浑，伏允立另一个儿子为太子。慕容顺回到吐谷浑后，常常闷闷不乐。正赶上李靖攻破他的国家，国人愁楚不安，都怨恨天柱王；慕容顺便顺应民心，杀掉天柱王，举国请求投诚。伏允率一千多骑兵逃到沙漠中，十多天的时间，馀众散逃殆尽，伏允被身边人杀死。吐谷浑人拥立慕容顺为可汗。壬子（十八日），李靖上奏说已平定吐谷浑。乙卯（二十一日），太宗下诏恢复吐谷浑国。任命慕容顺为西平郡王、趉故吕乌甘豆可汗。太宗怕慕容顺不能降服其民众，仍令李大亮率精兵数千人为其后援力量。

9　六月己丑（二十五日），群臣再次请求太宗上朝听政，太宗应允，琐细事务仍委托太子处理，太子颇能裁断政务。此后太宗每次出外巡幸，便令太子留守监国。

10　秋季，七月庚子（初七），盐泽道行军副总管刘德敏进攻反叛的羌族，取得大胜。

11　丁巳（二十四日），太宗下诏："太上皇的陵墓依照汉高祖长陵的规模，一定要修得又高又大。"建陵的期限太紧迫，不能如期完成。秘书监虞世南上奏疏认为："圣人薄葬其亲人，并非是不孝，

深思远虑，以厚葬适足为亲之累，故不为耳。昔张释之有言：‘使其中有可欲，虽锢南山犹有隙。’刘向言：‘死者无终极而国家有废兴，释之之言，为无穷计也。’其言深切，诚合至理。伏惟陛下圣德度越唐、虞，而厚葬其亲乃以秦、汉为法，臣窃为陛下不取。虽复不藏金玉，后世但见丘垄如此其大，安知无金玉邪？且今释服已依霸陵，而丘垄之制独依长陵，恐非所宜。伏愿依《白虎通》为三仞之坟，器物制度，率皆节损，仍刻石立之陵旁，别书一通，藏之宗庙，用为子孙永久之法。”疏奏，不报。世南复上疏，以为：“汉天子即位即营山陵，远者五十馀年。今以数月之间为数十年之功，恐于人力有所不逮。”上乃以世南疏授有司，令详处其宜。房玄龄等议，以为：“汉长陵高九丈，原陵高六丈，今九丈则太崇，三仞则太卑，请依原陵之制。”从之。

12　辛亥，诏：“国初草创，宗庙之制未备，今将迁祔，宜令礼官详议。”谏议大夫朱子奢请立三昭三穆而虚太祖之位。于是增修太庙，祔弘农府君及高祖并旧神主四为六室。房玄龄等议以凉武昭王为始祖。左庶子于志宁议以为武昭王非王业所因，不可为始祖，上从之。

13　党项寇叠州。

14　李靖之击吐谷浑也，厚赂党项，使为乡导。党项酋长拓跋赤辞来，谓诸将曰：“隋人无信，喜暴掠我。今诸军苟无异心，我请供其资粮；如或不然，我将据险以塞诸军之道。”诸将与之盟而遣之。赤水道行军总管李道彦行至阔水，见赤辞无备，袭之，获牛羊数千头。于是群羌怨怒，屯野狐峡，道彦不得进，

而是深思熟虑，因为厚葬适足以成为亲人的拖累，所以圣人不为。过去汉朝张释之曾说过：‘在陵墓中藏有金玉，即使铸铜铁封住南山还是有空隙。’刘向说：‘死者没有生命的极限而国家有兴废，张释之所讲的，是长远打算。’他们讲得深刻，的确合乎道理。陛下圣德超过唐尧、虞舜二帝，而厚葬亲人却效法秦汉的帝王，我认为陛下不当如此。虽然不再藏金埋玉，后代的人一见丘垄如此高大，怎么知道没有金玉呢？而且如今陛下服丧依照汉文帝，三十七天脱下丧服，但是丘垄制度唯独依照汉高祖的长陵，恐怕不大合适。希望陛下能够依照《白虎通义》一书，为太上皇建造三仞高的陵墓，所用器物制度，一律节省简化，将这些刻石碑立于陵旁，此外另书写一通，藏在宗庙内，用做后代子孙永久的制度。”上疏奏上后，没有回文。虞世南再次上疏，认为：“汉代帝王即位后即营造陵墓，有的营建时间达五十多年；如今几个月之内要得到几十年的功效，恐怕人力难以做得到。”太宗于是将虞世南的奏疏传给有关部门，让他们详悉商讨处理。房玄龄等人议论认为：“汉高祖长陵高达九丈，汉光武帝原陵高六丈，而今九丈则太高，三仞又太低，请求依照原陵六丈的规模。”太宗听从其意见。

12　辛亥（十八日），太宗下诏：“建国之初一切制度都是草创阶段，宗庙制度不完备，如今要将太上皇的神主迁入宗庙，应当让礼仪官们详加议处。”谏议大夫朱子奢请求立三昭三穆而空下始祖之神位。于是增修太庙，增入远祖弘农府君重耳和高祖神主与原有的宣简公、懿王、景皇帝、元皇帝四神主，共为六室。房玄龄等人议论以凉武昭王李暠为始祖。左庶子于志宁议论认为王业并非从李暠直接继承，不能作为始祖，太宗听从其意见。

13　党项族进犯叠州。

14　李靖在进攻吐谷浑时，曾用厚礼贿赂党项，使他们做向导。党项首领拓跋赤辞来到军中，对众位将领说：“隋朝人不讲信用，总是劫掠我们。如今你们的各路兵马如没有害我之意，我请求供给你们粮草；如若不然，我们将要占据险要之地以阻塞你们前进。”众位将领与他订盟并放他回去。赤水道行军总管李道彦行军到了阔水，见拓跋赤辞没有防备，便偷袭他，获几千头牛羊。于是惹怒了羌族人，他们占据野狐峡，使李道彦的部队不能前进。

赤辞击之，道彦大败，死者数万，退保松州。左骁卫将军樊兴逗遛失军期，士卒失亡多。乙卯，道彦、兴皆坐减死徙边。

上遣使劳诸将于大斗拔谷，薛万均排毁契苾何力，自称己功。何力不胜忿，拔刀起，欲杀万均，诸将救止之。上闻之，以让何力，何力具言其状，上怒，欲解万均官以授何力，何力固辞，曰："陛下以臣之故解万均官，群胡无知，以陛下为重胡轻汉，转相诬告，驰竞必多。且使胡人谓诸将皆如万均，将有轻汉之心。"上善之而止。寻令宿卫北门，检校屯营事，尚宗女临洮县主。

15　岷州都督、盐泽道行军总管高甑生后军期，李靖按之。甑生恨靖，诬告靖谋反，按验无状。八月庚辰，甑生坐减死徙边。或言："甑生，秦府功臣，宽其罪。"上曰："甑生违李靖节度，又诬其反，此而可宽，法将安施？且国家自起晋阳，功臣多矣，若甑生获免，则人人犯法，安可复禁乎？我于旧勋，未尝忘也，为此不敢赦耳。"李靖自是阖门杜绝宾客，虽亲戚不得妄见也。

16　上欲自诣园陵，群臣以上哀毁羸瘠，固谏而止。

17　冬，十月乙亥，处月初遣使入贡。处月、处密，皆西突厥之别部也。

18　庚寅，葬太武皇帝于献陵，庙号高祖。以穆皇后祔葬，加号太穆皇后。

19　十一月庚戌，诏议于太原立高祖庙。秘书监颜师古议，以为："寝庙应在京师，汉世郡国立庙，非礼。"乃止。

拓跋赤辞袭击并打败李道彦，死数万人，李道彦部撤退到松州。左骁卫将军樊兴因逗留而耽误军期，士兵们多逃亡丢失。乙卯（二十二日），李道彦、樊兴均因此获罪，被免于死刑流放到边远地区。

太宗派使节在大斗拔谷慰劳众位将领，薛万均诋毁契苾何力，夸耀自己的功劳。何力非常气愤，拔刀而起，想要杀掉薛万均，众将救下薛万均并制止了何力。太宗听到此事后，责怪契苾何力，何力说明详细的情况，太宗勃然大怒，想要解除薛万均的官职以授给何力，何力执意推辞，说："陛下由于我的缘故而解除薛万均官职，那些胡族官员不知详情，还以为陛下重视胡族而轻视汉人，以讹传讹，争斗之事必然多起来。而且使胡族认为将领们都如薛万均，将有轻视汉人之意。"太宗赞许他的意见，没有处置薛万均。不久命令契苾何力为玄武门宿卫官，检校屯营事，又将宗室女临洮县主嫁给他。

15　岷州都督、盐泽道行军总管高甑生延误军期，李靖弹劾他。高甑生怀恨在心，便诬告李靖谋反，经查验不符事实。八月庚辰（十七日），高甑生获罪，免于死刑流放边远地区。有人说："甑生是秦王府的功臣，应该宽大处理。"太宗说："甑生违抗李靖的指挥，又诬告他谋反，这些如可以宽恕，那么法律将何以实施？而且我大唐当年从晋阳起兵，功臣多了，如果甑生得以赦免，则人人犯法，怎么能够查禁呢？朕对有功之臣，从未忘记，正因如此才不敢宽赦呢。"李靖从此以后关门杜绝宾客，即使是亲属也不能随便见面。

16　太宗想要亲自去太上皇的陵园，众位大臣认为太宗过于悲痛，身体瘦弱，执意谏阻才没有去成。

17　冬季，十月乙亥（十二日），处月部第一次派使节进献贡品。处月、处密，都是西突厥的别部。

18　庚寅（二十七日），将太武皇帝李渊安葬在献陵，庙号高祖；以穆皇后合葬，加谥号太穆皇后。

19　十一月庚戌（十八日），太宗下诏议论在太原立高祖庙之事，秘书监颜师古上表章认为："寝庙应设在京城，汉代各个郡国立庙，不合乎礼仪。"于是停止立庙。

20　戊午，以光禄大夫萧瑀为特进，复令参预政事。上曰：“武德六年以后，高祖有废立之心而未定，我不为兄弟所容，实有功高不赏之惧。斯人也，不可以利诱，不可以死胁，真社稷臣也！”因赐瑀诗曰：“疾风知劲草，板荡识诚臣。”又谓瑀曰：“卿之忠直，古人不过；然善恶太明，亦有时而失。”瑀再拜谢。魏徵曰：“瑀违众孤立，唯陛下知其忠劲，向不遇圣明，求免难矣！”

21　特进李靖上书，请依遗诰，御常服，临正殿。弗许。

22　吐谷浑甘豆可汗久质中国，国人不附，竟为其下所杀。子燕王诺曷钵立。诺曷钵幼，大臣争权，国中大乱。十二月，诏兵部尚书侯君集等将兵援之。先遣使者谕解，有不奉诏者，随宜讨之。

十年（丙申，636）

1　春，正月甲午，上始亲听政。

2　辛丑，以突厥拓设阿史那社尔为左骁卫大将军。社尔，处罗可汗之子也，年十一，以智略闻。可汗以为拓设，建牙于碛北，与欲谷设分统敕勒诸部，居官十年，未尝有所赋敛。诸设或鄙其不能为富贵，社尔曰：“部落苟丰，于我足矣。”诸设惭服。及薛延陀叛，攻破欲谷设，社尔兵亦败，将其馀众走保西陲。颉利可汗既亡，西突厥亦乱，咄陆可汗兄弟争国。社尔诈往降之，引兵袭破西突厥，取其地几半，有众十馀万，自称答布可汗。社尔乃谓诸部曰：“首为乱破我国者，薛延陀也，我当为先可汗报仇击灭之。”诸部皆谏曰：“新得西方，宜且留镇抚。今遽舍之远去，西突厥必来取其故地。”社尔不从，击薛延陀于碛北，连兵百馀日。会咥利失可汗立，社尔之众苦于久役，多弃社尔逃归。薛延陀纵兵击之，社尔大败，

20　戊午(二十六日),加封光禄大夫萧瑀为特进,又命他参预政事。太宗说:"武德六年以后,高祖有废立太子的想法而定不下来,朕不能被兄弟所容纳,确实有功高难以赏赐的担忧。萧瑀这个人,不可用利益引诱,也不能以死相威胁,真正是社稷功臣!"因而赐给萧瑀诗一首,诗中写道:"疾风知劲草,板荡识诚臣。"又对他说:"你的忠正耿直,古人也超不过你,然而是非过于鲜明,有时也会出差错。"萧瑀再次拜谢。魏徵说:"萧瑀违背众意,离群孤立,只有陛下了解他的忠贞,过去如果不是遇到圣明天子,很难免于获罪。"

21　特进李靖上书给太宗,请求太宗依照太上皇遗嘱,穿戴常服,临正殿听政,太宗不应允。

22　吐谷浑甘豆可汗长时间在中原做人质,国内人不归附他,终究被手下人杀死。他的儿子燕王诺曷钵立为可汗。诺曷钵年幼,大臣们争权夺势,国内一片混乱。十二月,太宗诏令兵部尚书侯君集等领兵援助;事先派使者宣谕劝解,如有不遵从诏令的,相机予以讨伐。

唐太宗贞观十年(丙申,公元636年)

1　春季,正月甲午(初三),太宗开始亲理朝政。

2　辛丑(初十),唐任命突厥拓设阿史那社尔为左骁卫大将军。社尔是处罗可汗的儿子,年仅十一岁时,就以智谋而著称。处罗可汗任命社尔为拓设;在漠北建牙帐,与欲谷设分别统辖敕勒各部。做官十年,未曾征收赋税。众典兵官中有人鄙视他不能致身富贵,社尔说:"本部落丰盈我就满足了。"众典兵官都惭愧心服,等到薛延陀叛乱,打败欲谷设,社尔也兵败,率领馀众逃往西陲。颉利可汗死后,西突厥也发生混乱,咄陆可汗兄弟争位。社尔假装前往投降,领兵打败西突厥,占领其一半土地,拥兵十多万,自称为答布可汗。社尔对各部落说:"最先造成我国乱亡的是薛延陀,我应当为先可汗报仇消灭他们。"各部落都劝阻说:"我们刚刚得到西边一块地盘,应暂且稳住阵脚。如今突然舍掉这块地盘远攻薛延陀,西突厥必然要来收取其故地。"社尔不听从,在漠北袭击薛延陀部。战斗持续一百多天。适逢咥利失可汗即位,社尔的部下久罹战争之苦,多离开社尔投奔咥利失。薛延陀发兵攻击,社尔大败,

走保高昌，其旧兵在者才万馀家，又畏西突厥之逼，遂帅众来降。敕处其部落于灵州之北，留社尔于长安，尚皇妹南阳长公主，典屯兵于苑内。

3 癸丑，徙赵王元景为荆王，鲁王元昌为汉王，郑王元礼为徐王，徐王元嘉为韩王，荆王元则为彭王，滕王元懿为郑王，吴王元轨为霍王，豳王元凤为虢王，陈王元庆为道王，魏王灵夔为燕王，蜀王恪为吴王，越王泰为魏王，燕王祐为齐王，梁王愔为蜀王，郯王恽为蒋王，汉王贞为越王，申王慎为纪王。

二月乙丑，以元景为荆州都督，元昌为梁州都督，元礼为徐州都督，元嘉为潞州都督，元则为遂州都督，灵夔为幽州都督，恪为潭州都督，泰为相州都督，祐为齐州都督，愔为益州都督，恽为安州都督，贞为扬州都督。泰不之官，以金紫光禄大夫张亮行都督事。上以泰好文学，礼接士大夫，特命于其府别置文学馆，听自引召学士。

4 三月丁酉，吐谷浑王诺曷钵遣使请颁历，行年号，遣子弟入侍，并从之。丁未，以诺曷钵为河源郡王、乌地也拔勤豆可汗。

5 癸丑，诸王之藩，上与之别曰："兄弟之情，岂不欲常共处邪！但以天下之重，不得不尔。诸子尚可复有，兄弟不可复得。"因流涕呜咽不能止。

6 夏，六月壬申，以温彦博为右仆射，太常卿杨师道为侍中。

7 侍中魏徵屡以目疾求为散官，上不得已，以徵为特进，仍知门下事，朝章国典，参议得失，徒流以上罪，详事闻奏。其禄赐、吏卒并同职事。

逃到高昌，收拾残部才一万多家，又畏惧西突厥进逼，于是率部投降唐朝。太宗下令将其部落安置在灵州北部，将社尔留在长安，娶皇妹南阳长公主为妻，在皇苑内掌管屯兵。

3 癸丑(二十二日)，改封赵王李元景为荆王，鲁王李元昌为汉王，郑王李元礼为徐王，徐王李元嘉为韩王，荆王李元则为彭王，滕王李元懿为郑王，吴王李元轨为霍王，豳王李元凤为虢王，陈王李元庆为道王，魏王李灵夔为燕王，蜀王李恪为吴王，越王李泰为魏王，燕王李祐为齐王，梁王李愔为蜀王，郯王李恽为蒋王，汉王李贞为越王，申王李慎为纪王。

二月乙丑(初四)，唐朝任命李元景为荆州都督，李元昌为梁州都督，李元礼为徐州都督，李元嘉为潞州都督，李元则为遂州都督，李灵夔为幽州都督，李恪为潭州都督，李泰为相州都督，李祐为齐州都督，李愔为益州都督，李恽为安州都督，李贞为扬州都督。李泰不到官上任，任命金紫光禄大夫张亮兼行都督事。太宗因为李泰喜好文学，礼待士大夫，特命他在魏王府另外设置文学馆，听任他召集学士。

4 三月丁酉(初七)，吐谷浑王诺曷钵派使节来请求颁行历法和年号，并派王族子弟来唐朝侍奉太宗，太宗均依从。丁未(十七日)，册封诺曷钵为河源郡王、乌地也拔勤豆可汗。

5 癸丑(二十三日)，众位亲王前往各州，太宗与他们话别道："依我们的兄弟情谊，难道不想经常共处吗？只是以天下为重，不得不如此。没了儿子还可以再有，兄弟则不能复得。"因而痛哭流涕不能自已。

6 夏季，六月壬申(十四日)，任命温彦博为尚书右仆射，太常卿杨师道为侍中。

7 侍中魏徵屡次因为眼病请求改任散官，太宗不得已改任他为特进，仍让他知门下事。举凡朝廷奏章国家典仪，均参与议论得失，流放、徒刑以上的罪刑，均由他审察上报；俸禄赏赐、吏卒等优待与职事官相同。

8 长孙皇后性仁孝俭素，好读书，常与上从容商略古事，因而献替，裨益弘多。上或以非罪谴怒宫人，后亦阳怒，请自推鞫，因命囚系，俟上怒息，徐为申理，由是宫壸之中，刑无枉滥。豫章公主早丧其母，后收养之，慈爱逾于所生。妃嫔以下有疾，后亲抚视，辍己之药膳以资之，宫中无不爱戴。训诸子，常以谦俭为先，太子乳母遂安夫人尝白后，以东宫器用少，请奏益之。后不许，曰："为太子，患在德不立，名不扬，何患无器用邪！"

上得疾，累年不愈，后侍奉，昼夜不离侧。常系毒药于衣带，曰："若有不讳，义不独生。"后素有气疾，前年从上幸九成宫，柴绍等中夕告变，上擐甲出阁问状，后扶疾以从，左右止之，后曰："上既震惊，吾何心自安！"由是疾遂甚。太子言于后曰："医药备尽而疾不瘳，请奏赦罪人及度人入道，庶获冥福。"后曰："死生有命，非智力所移。若为善有福，则吾不为恶；如其不然，妄求何益？赦者国之大事，不可数下。道、释异端之教，蠹国病民，皆上素所不为，奈何以吾一妇人使上为所不为乎？必行汝言，吾不如速死！"太子不敢奏，私以语房玄龄，玄龄白上，上哀之，欲为之赦，后固止之。

及疾笃，与上诀。时房玄龄以谴归第，后言于帝曰："玄龄事陛下久，小心慎密，奇谋秘计，未尝宣泄，苟无大故，愿勿弃之。妾之本宗，因缘葭莩以致禄位，既非德举，易致颠危，欲使其子孙保全，慎勿处之权要，但以外戚奉朝请足矣。

8　长孙皇后仁义孝敬，生活俭朴，喜欢读书，经常和太宗随意谈论历史，乘机劝善规过，提出很多有益的意见。有一次太宗无故迁怒于宫女，皇后也佯装恼怒，请求亲自讯问，于是下令将宫女捆绑起来，等到太宗息怒了，才慢慢地为其申辩，从此后宫之中，没有出现枉滥刑罚。豫章公主早年丧母，皇后将她收养，慈爱胜过亲生。自妃嫔以下有疾病，皇后都亲自探视，并拿自己的药物饮食供其服用，宫中人人都爱戴皇后。训诫几个儿子，常常以谦虚节俭为主要话题。太子的乳母遂安夫人曾对皇后说，东宫的器物用具比较少，请求皇后奏请皇上增加一些。皇后不允许，且说："身为太子，忧虑的事在于德行不立，声名不扬，又何愁没有器物用具呢？"

太宗身患疾病，多年不愈，皇后精心侍候，常常昼夜不离身边。并经常将毒药系在衣带上，说："皇上如有不测，我也不能一个人活下去。"皇后有多年的气喘病，前一年跟从太宗巡幸九成宫。柴绍等人深夜有急事禀报，太宗身穿甲胄走出宫门询问事由，皇后抱病紧随其后，身边的侍臣劝阻皇后，她说："皇上已然震惊，我内心又怎么能安定下来。"于是病情加重。太子对皇后说："药物都用过了而病不见好，我请求奏明皇上大赦天下犯人并度俗人出家，应该能够得到阴间的福祉。"皇后说："死生有命，并不是人的智力所能转移。如果行善积德便有福祉，那么我并没做恶事；如果不是这样，胡乱求福又有什么好处呢？大赦是国家的大事，不能多次发布。道教、佛教乃异端邪说，祸国殃民，都是皇上平素不做的事，为什么因为我一个妇道人家而让皇上去做平时不做的事呢？如果一定要照你说的去做，我还不如立刻死去！"太子不敢上奏，只是私下与房玄龄谈起，玄龄禀明太宗，太宗十分悲痛，想为皇后而大赦天下，皇后执意劝阻他。

等到皇后病危，与太宗诀别时，房玄龄已受遣回家，皇后对太宗说："玄龄侍奉陛下多年，小心翼翼，做事谨慎周密，朝廷机密要闻不曾有一丝泄露，如果没有大的过错，望陛下不要抛弃他。我的亲属，由于沾亲带故而得到禄位，既然不是因德行而升至高位，便容易遭灭顶之灾，要使他们的子孙得以保全，望陛下不要将他们安置在权要的位置上，只是以外戚身份定期朝见皇上就足够了。

妾生无益于人，不可以死害人，愿勿以丘垄劳费天下，但因山为坟，器用瓦木而已。仍愿陛下亲君子，远小人，纳忠谏，屏谗慝，省作役，止游畋，妾虽没于九泉，诚无所恨。儿女辈不必令来，见其悲哀，徒乱人意。”因取衣中毒药以示上曰：“妾于陛下不豫之日，誓以死从乘舆，不能当吕后之地耳。”己卯，崩于立政殿。

后尝采自古妇人得失事为《女则》三十卷，又尝著论驳汉明德马后以不能抑退外亲，使当朝贵盛，徒戒其车如流水马如龙，是开其祸败之源而防其末流也。及崩，宫司并《女则》奏之，上览之悲恸，以示近臣曰：“皇后此书，足以垂范百世。朕非不知天命而为无益之悲，但入宫不复闻规谏之言，失一良佐，故不能忘怀耳！”乃召房玄龄，使复其位。

9　秋，八月丙子，上谓群臣曰：“朕开直言之路，以利国也，而比来上封事者多讦人细事，自今复有为是者，朕当以谗人罪之。”

10　冬，十一月庚午，葬文德皇后于昭陵。将军段志玄、宇文士及分统士众出肃章门。帝夜使宫官至二人所，士及开营内之，志玄闭门不纳，曰：“军门不可夜开。”使者曰：“此有手敕。”志玄曰：“夜中不辩真伪。”竟留使者至明。帝闻而叹曰：“真将军也！”

帝复为文刻之石，称“皇后节俭，遗言薄葬，以为‘盗贼之心，止求珍货，既无珍货，复何所求’？朕之本志，亦复如此。王者以天下为家，何必物在陵中，乃为己有。今因九嵕山为陵，凿石之工才百馀人，数十日而毕。不藏金玉，人马、器皿，皆用土木，形具而已，庶几奸盗息心，存没无累，当使百世子孙奉以为法。”

我活着的时候对别人没有用处，死后更不能对人有害，希望陛下不要建陵墓而浪费国家财力，只要依山做坟，以瓦木为随葬器物就可以了。仍然希望陛下亲近君子，疏远小人，接纳忠言直谏，摒弃谗言，节省劳役，禁止游猎，我即使在九泉之下，也毫无遗憾了。也不必让儿女们前来探视，看见他们悲哀，只会搅乱人心。”于是取出衣带上的毒药示意太宗，说道：“我在陛下有病的日子，曾发誓以死跟定陛下到地下，不能走到吕后那样的地步。”己卯（二十一日），皇后在立政殿驾崩。

长孙皇后曾经搜集自古以来妇人得失诸事编为《女则》三十卷，又曾亲自做文章批驳汉明德马皇后不能抑制外戚势力的发展，使他们在朝中显贵一时，而只是就他们车如流水马如龙提出警告，这是开启其祸乱的根源而防范其末流枝叶。皇后驾崩后，宫中尚仪局的司籍奏呈《女则》一书，太宗看后十分悲痛，展示给身边大臣，说道：“皇后这本书，足以成为百世的典范。朕不是不知上天命数而沉溺无益的悲哀，只是在宫中再也听不见规谏的话了，失却了贤内助，所以不能忘怀呀！”于是征召房玄龄，官复原职。

9　秋季，八月丙子（十九日），太宗对大臣们说：“朕广开直言忠谏之路，正是为了有利于国家，然而近来上书奏事的多攻讦人家的琐细之事，今后还有这么做的，朕当以奸佞小人问罪。”

10　冬季，十一月庚午，将文德皇后安葬在昭陵。将军段志玄、宇文士及分别统领士兵出肃章门护送灵车。太宗夜里派太监到二人军营，宇文士及开门接纳；段志玄则闭门不让进去，说：“军门夜间不能开。”使者说：“我这里有皇上手令。”志玄说：“夜里难辨真假。”竟让太监在门外等到天亮。太宗听说后，感叹道：“这才是真正的将军啊！”

太宗又为皇后书写碑文，说道：“皇后一生节俭，遗嘱薄葬，认为‘盗贼的意图，只是探求珍宝，既然没有珍宝，又有何求’？朕的本意也是如此。君王以天下为家，何必将宝物放在陵中，才算据为己有。如今就借九嵕山为陵墓，凿石的工匠也只有一百多人，几十天完工。不藏金银玉器，兵马俑和器皿都用泥土和木料做成，只是略具形状。这样可以使盗贼打消念头，生者死者都没有累赘，应当以此成为千秋万代子孙的榜样。”

上念后不已，于苑中作层观以望昭陵，尝引魏徵同登，使视之。徵熟视之曰："臣昏眊，不能见。"上指示之，徵曰："臣以为陛下望献陵，若昭陵，则臣固见之矣。"上泣，为之毁观。

11　十二月戊寅，朱俱波、甘棠遣使入贡。朱俱波在葱岭之北，去瓜州二千八百里。甘棠在大海南。上曰："中国既安，四夷自服。然朕不能无惧，昔秦始皇威振胡、越，二世而亡，唯诸公匡其不逮耳。"

12　魏王泰有宠于上，或言三品以上多轻魏王。上怒，引三品以上，作色让之曰："隋文帝时，一品以下皆为诸王所颠踬，彼岂非天子儿邪？朕但不听诸子纵横耳，闻三品以上皆轻之，我若纵之，岂不能折辱公辈乎！"房玄龄等皆惶惧流汗拜谢。魏徵独正色曰："臣窃计当今群臣，必无敢轻魏王者。在礼，臣、子一也。《春秋》，王人虽微，序于诸侯之上。三品以上皆公卿，陛下所尊礼。若纪纲大坏，固所不论；圣明在上，魏王必无顿辱群臣之理。隋文帝骄其诸子，使多行无礼，卒皆夷灭，又足法乎？"上悦曰："理到之语，不得不服。朕以私爱忘公义，向者之忿，自谓不疑，及闻徵言，方知理屈。人主发言何得容易乎？"

13　上曰："法令不可数变，数变则烦，官长不能尽记，又前后差违，吏得以为奸。自今变法，皆宜详慎而行之。"

14　治书侍御史权万纪上言："宣、饶二州银大发采之，岁可得数百万缗。"上曰："朕贵为天子，所乏者非财也，但恨无嘉言可以利民耳。与其多得数百万缗，何如得一贤才！卿未尝进一贤、退一不肖，而专言税银之利。昔尧、舜抵璧于山，投珠于谷，汉之桓、灵乃聚钱为私藏，卿欲以桓、灵俟我邪！"是日，黜万纪，使还家。

太宗常常念及皇后，于后苑中设立了一个观望台，用以瞭望昭陵，曾带引魏徵一同登上观望台，让他观望。魏徵看了很久说："我老眼昏花，看不见。"太宗指给他看，魏徵说："我还以为陛下瞭望献陵，如果是昭陵，我早就看见了。"太宗悲泣，为此毁掉了观望台。

11　十二月戊寅（二十二日），朱俱波、甘棠派使节进献贡品。朱俱波在葱岭以北，离瓜州两千八百里。甘棠在西海以南。太宗说："中原已经安定，四边少数族自然归服。但是朕不能没有担心，从前秦始皇威震胡、越，到二世就灭亡，希望各位规劝匡正朕做得不够的地方。"

12　魏王李泰深得太宗宠爱，有人禀奏称三品以上大臣多轻薄魏王。太宗大怒，召见三品以上大臣，严厉地责备他们说："隋文帝的时候，一品以下大臣均被亲王们所羞辱操纵，难道魏王不是帝王的儿子吗？朕不过不想听任皇子们横行霸道，听说三品以上大臣都轻视他们，我如果放纵他们胡来，难道不能羞辱你们吗？"房玄龄等人都惶恐得汗流满面，磕头谢罪。唯独魏徵正颜厉色地说："我考虑当今的大臣们，必不敢轻薄魏王。依照礼仪，大臣与皇子都是一样的。《春秋》说：周王的子孙即使微贱，也要位列诸侯之上。三品以上都是公卿大臣，陛下所尊崇礼待。假如纲纪败坏，固然不必说它；如果圣明在上，魏王必无羞辱大臣之理。隋文帝骄纵他的儿子们，使得他们举止无礼，最后全被杀掉，又值得后人效法吗？"太宗高兴地说："说得条条在理，朕不得不佩服。朕因私情溺爱而忘记公义，刚才恼怒的时候，自己觉得有道理，等听到魏徵的一番话，方知没有道理。身为君主讲话哪能那么轻率呢？"

13　太宗说："法令不可多次变更，多变则法令烦苛，官员们难以记全；同时又会出现前后不一致，小吏可以钻空子犯法；今后变更法令，均需谨慎行事。"

14　治书侍御史权万纪上书言事："宣州、饶州有大量白银可以开采，每年可得数百万缗。"太宗说："朕贵为天子，所缺乏的并非是金银财物，只是遗憾没有得到嘉言可以利于百姓。与其多得数百万缗，还不如得到一个贤才！你未曾推荐一个贤才，退掉一个庸才，而专门上言税银之利。从前尧、舜将玉璧丢入深山，珠宝投入深谷，汉代桓、灵二帝聚敛钱财以为己有，你让我做桓、灵二帝吗？"这一天，罢免权万纪官职，让他回家赋闲。

15　是岁，更命统军为折冲都尉，别将为果毅都尉。凡十道，置府六百三十四，而关内二百六十一，皆隶诸卫及东宫六率。凡上府兵千二百人，中府千人，下府八百人。三百人为团，团有校尉；五十人为队，队有正；十人为火，火有长。每人兵甲粮装各有数，皆自备，输之库，有征行则给之。年二十为兵，六十而免。其能骑射者为越骑，其馀为步兵。每岁季冬，折冲都尉帅其属教战，当给马者官予其直市之。凡当宿卫者番上，兵部以远近给番，远疏、近数，皆一月而更。

十一年(丁酉,637)

1　春，正月，徙郐王元裕为邓王，谯王元名为舒王。

2　辛卯，以吴王恪为安州都督，晋王治为并州都督，纪王慎为秦州都督。将之官，上赐书戒敕曰："吾欲遗汝珍玩，恐益骄奢，不如得此一言耳。"

3　上作飞山宫。庚子，特进魏徵上疏，以为："炀帝恃其富强，不虞后患，穷奢极欲，使百姓困穷，以至身死人手，社稷为墟。陛下拨乱返正，宜思隋之所以失，我之所以得，撤其峻宇，安于卑宫。若因基而增广，袭旧而加饰，此则以乱易乱，殃咎必至，难得易失，可不念哉？"

4　房玄龄等先受诏定律令，以为："旧法，兄弟异居，荫不相及，而谋反连坐皆死；祖孙有荫，而止应配流。据礼论情，深为未惬。今定律，祖孙与兄弟缘坐者俱配役。"从之。自是比古死刑，除其太半，天下称赖焉。玄龄等定律五百条，立刑名二十等，比隋律减大辟九十二条，减流入徒者七十一条，凡削烦去蠹，变重为轻者，不可胜纪。又定令一千五百九十馀条。武德旧制，释奠于太学，以周公为先圣，孔子配飨。玄龄等建议停祭周公，以孔子为先圣，颜回配飨。又删武德以来敕格，定留七百条，至是颁行之。又定枷、杻、钳、锁、杖、笞，皆有长短广狭之制。

15　这一年，唐朝将统军改名为折冲都尉，别将改为果毅都尉。全国设立十道，六百三十四府，其中关内占两百六十一府，均隶属于诸卫及东宫六率。凡上府有兵一千二百人，中府一千人，下府八百人。每三百人为团，团有校尉；五十人为队，队有正；十人为火，火有长。每人兵甲粮食装备都有数额，均自己筹备，平时放在库中，有征战时再发给个人。二十岁当兵，六十岁免役。其中能骑善射的称为越骑，其馀皆为步兵。每年冬季，折冲都尉统率下属教习演练，应该给马的由官府出钱自己购买。凡应当宿卫者轮流值勤，兵部根据距离远近排班，路远的轮值次数较少，路近的轮值次数较勤，均一个月一轮换。

唐太宗贞观十一年(丁酉，公元637年)

1　春季，正月，改封鄃王李元裕为邓王，谯王李元名为舒王。

2　辛卯(初五)，任命吴王李恪为安州都督，晋王李治为并州都督，纪王李慎为秦州都督。将要赴任时，太宗赐给他们亲手写的诫敕，说："我想送给你们珍玩，恐怕使你们更加骄奢，不如得到这么一句话。"

3　太宗命人营造洛阳的飞山宫。庚子(十四日)，特进魏徵上疏认为："隋炀帝依仗着国库富足，不担心后患，穷奢极欲，使老百姓穷困窘迫，以至于被人杀掉，社稷江山变为废墟。陛下拨乱反正，应当深思隋朝灭亡和我大唐得天下的原因，撤掉高大的殿宇，安居低矮的宫殿；假如在旧基上又加扩修营建，承袭旧殿加以华丽的装饰，这便是以乱代乱，必然遭致殃祸，江山难得易失，能不好好考虑吗？"

4　房玄龄等人先前受诏修订律令，认为："依照旧法，兄弟分居，门荫互不相关，而谋反连坐时均处死；祖孙有荫亲，连坐只发配流放。依据礼义考虑人情，深觉有不当之处。现今重定律令，祖孙与兄弟株连犯罪的均发配劳役。"太宗同意。自此比照古代死刑，已除掉了一大半，全国称道。房玄龄等人定律五百条，立刑名二十等，比隋律减掉大辟九十二条，减流放做劳役七十一条，举凡删繁就简去除弊刑，改重为轻，不可胜数。又制定令一千五百九十多条。武德年间旧制度，在太学行释奠礼，以周公为先圣，孔子配享从祀；玄龄等建议停祭周公，改为以孔子为先圣，颜回配享。又删减武德以来敕格，确定留下七百条，到此时颁行天下，又规定枷、杻、钳锁、杖、笞等刑具，均有长短宽窄的规制。

自张蕴古之死，法官以出罪为戒，时有失入者，又不加罪。上尝问大理卿刘德威曰："近日刑网稍密，何也？"对曰："此在主上，不在群臣。人主好宽则宽，好急则急。律文：失入减三等，失出减五等。今失入无辜，失出更获大罪，是以吏各自免，竞就深文，非有教使之然，畏罪故耳。陛下倘一断以律，则此风立变矣。"上悦，从之。由是断狱平允。

5　上以汉世豫作山陵，免子孙苍猝劳费，又志在俭葬，恐子孙从俗奢靡。二月丁巳，自为终制，因山为陵，容棺而已。

6　甲子，上行幸洛阳宫。

7　上至显仁宫，官吏以缺储偫，有被谴者。魏徵谏曰："陛下以储偫谴官吏，臣恐承风相扇，异日民不聊生，殆非行幸之本意也。昔炀帝讽郡县献食，视其丰俭以为赏罚，故海内叛之。此陛下所亲见，奈何欲效之乎？"上惊曰："非公不闻此言。"因谓长孙无忌等曰："朕昔过此，买饭而食，僦舍而宿；今供顿如此，岂得嫌不足乎？"

8　三月丙戌朔，日有食之。

9　庚子，上宴洛阳宫西苑，泛积翠池，顾谓侍臣曰："炀帝作此宫苑，结怨于民，今悉为我有，正由宇文述、虞世基、裴蕴之徒内为谄谀，外蔽聪明故也，可不戒哉？"

10　房玄龄、魏徵上所定《新礼》一百三十八篇。丙午，诏行之。

11　以礼部尚书王珪为魏王泰师，上谓泰曰："汝事珪当如事我。"泰见珪，辄先拜，珪亦以师道自居。珪子敬直尚南平公主。先是，公主下嫁，皆不以妇礼事舅姑，珪曰："今主上钦明，动循礼法，吾受公主谒见，岂为身荣，所以成国家之美耳。"乃与其妻就席坐，令公主执笲行盥馈之礼。是后公主始行妇礼，自珪始。

自从张蕴古死后，法官都以减罪释放为戒；当时误抓误判，又不加罪。太宗曾问大理卿刘德威："近来判刑的较多较重，为什么？"刘德威答道："这关键在于皇上，责任不在臣下，君主喜欢宽大则刑宽，喜好严苛则从重。律文写道：错判人入狱的减官三等，错放则减官五等。如今错判了人无事，错放了人却要获大罪，所以吏卒为求自免，竞相定罪，苛细周纳，不是别人让他们这么做，而是畏惧犯罪的缘故。陛下倘若一律以法律为依据，则此风气立刻改变。"太宗高兴，听从这个意见。从此断案大多平允公正。

5　太宗认为汉朝预先修筑陵墓，以免子孙们时间仓促又耗费财力，而且一心要薄葬，担心子孙随从时尚追求奢靡。二月丁巳（初二），太宗自定送终制度，依山建陵，地宫仅能容得下棺木即可。

6　甲子（初九），太宗巡幸洛阳宫。

7　太宗到达显仁宫，当地官员因缺乏日常需用器物的储备，有被降职的。魏徵劝谏道："陛下因为储备的事就将官吏降职，我担心此风气盛行，则会造成民不聊生，这并非陛下巡幸各地的本意。从前隋炀帝暗示各地郡县进献食品，视其进献多少作为赏罚的根据，所以天下百姓叛离。这是陛下亲眼所见，为什么又要效法呢？"太宗惊叹地说："没有你，我便听不到这类话。"进而对长孙无忌等人说："朕从前经过这里，买饭食用，租房舍住宿，如今得到这样的供奉，怎么能嫌还不够呢？"

8　三月丙戌朔（初一），出现日食。

9　庚子（十五日），太宗在洛阳宫西苑饮宴，在积翠池泛舟，对大臣们说："隋炀帝修筑这座宫苑，与百姓结下积怨，如今全都归我所有，正是因为宇文述、虞世基、裴蕴之流在宫内谄谀，在宫外堵塞君主视听的缘故，能不引以为戒吗？"

10　房玄龄、魏徵上奏所定《新礼》一百三十八篇；丙午（二十一日），太宗下诏颁行全国。

11　太宗任命礼部尚书王珪为魏王李泰的老师，太宗对李泰说："你对待王珪当如侍奉我一样。"李泰见到王珪，总先行拜见礼，王珪也以师礼自处。王珪的儿子王敬直娶南平公主为妻。先前，公主下嫁，都不以媳妇礼节侍奉公婆，王珪说："如今皇上圣明，行为举止都依循礼法，我接受公主行礼，难道是为自身荣耀？只是为了成就国家的美名。"于是和他的妻子坐在座席上，让公主拿着盛枣栗干果的竹器，行媳妇侍公婆的盥馈之礼。此后公主开始向公婆行礼，就从王珪家开始。

12　群臣复请封禅，上使秘书监颜师古等议其礼，房玄龄裁定之。

13　夏，四月己卯，魏徵上疏，以为："人主善始者多，克终者寡，岂取之易而守之难乎？盖以殷忧则竭诚以尽下，安逸则骄恣而轻物；尽下则胡、越同心，轻物则六亲离德，虽震之以威怒，亦皆貌从而心不服故也。人主诚能见可欲则思知足，将兴缮则思知止，处高危则思谦降，临满盈则思挹损，遇逸乐则思撙节，在宴安则思后患，防壅蔽则思延纳，疾谗邪则思正己，行爵赏则思因喜而僭，施刑罚则思因怒而滥，兼是十思，而选贤任能，固可以无为而治，又何必劳神苦体以代百司之任哉？"

12　众位大臣又请求太宗登泰山封禅，太宗让秘书监颜师古等人讨论礼仪，房玄龄予以裁定。

13　夏季，四月己卯（二十五日），魏徵上奏疏认为："君主善始者较多，能够善终的少，难道是取天下容易而守成难吗？那是因为身处忧患则竭心尽力对待百姓，一俟安逸就骄横恣肆而轻薄怠慢；竭心尽力待人则胡、越等族也同心协力，轻薄怠慢则亲属也离心离德，即使以神威圣怒震动天下，臣下也都是外表顺从，表里不一。君主如果能够做到见到希望得到的东西则想到知足，将要兴缮营建的时候想到适可而止，身处高处则想着谦卑，面临盈满则想着减损，遇见安逸享乐则想着克制，在平安的时候想到后患，防止闭目塞听则想到延纳谏诤，痛恨谗言邪恶则想着端正自己，行爵赏时想着由于高兴而乱行封赏，施刑罚时想到会因为恼怒而滥罚，常常思考着这十个方面，而选贤任能，这样就可以达到无为而治，又何必劳神费力以代行百官的职责呢？"

卷第一百九十五　唐纪十一

起丁酉(637)五月尽庚子(640)凡三年有奇

太宗文武大圣大广孝皇帝中之上

贞观十一年(丁酉,637)

1　五月壬申,魏徵上疏,以为:“陛下欲善之志不及于昔时,闻过必改少亏于曩日,谴罚积多,威怒微厉。乃知贵不期骄,富不期侈,非虚言也。且以隋之府库、仓廪、户口、甲兵之盛,考之今日,安得拟伦?然隋以富强动之而危,我以寡弱静之而安,安危之理,皎然在目。昔隋之未乱也,自谓必无乱;其未亡也,自谓必无亡。故赋役无穷,征伐不息,以至祸将及身而尚未之寤也。夫鉴形莫如止水,鉴败莫如亡国。伏愿取鉴于隋,去奢从约,亲忠远佞,以当今之无事,行畴昔之恭俭,则尽善尽美,固无得而称焉。夫取之实难,守之甚易,陛下能得其所难,岂不能保其所易乎!”

2　六月,右仆射虞恭公温彦博薨。彦博久掌机务,知无不为。上谓侍臣曰:“彦博以忧国之故,精神耗竭,我见其不逮,已二年矣,恨不纵其安逸,竟夭天年!”

3　丁巳,上幸明德宫。

4　己未,诏荆州都督荆王元景等二十一王所任刺史,咸令子孙世袭。戊辰,又以功臣长孙无忌等十四人为刺史,亦令世袭,非有大故,无得黜免。

太宗文武大圣大广孝皇帝中之上

唐太宗贞观十一年(丁酉,公元637年)

1 五月壬申,魏徵上奏疏,认为:“陛下从善如流、闻过必改的精神似乎不如从前,谴责惩罚渐多,逞威发怒比过去严厉了。由此可知富贵时不希望引来骄横奢侈,而骄横奢侈却不期而至,这并非虚妄之言。而且当年隋朝府库仓廪的充实与户口甲兵的强盛,今日如何比得上?然而隋朝自恃富强徭役频繁以致国家危亡,我们自知贫弱与民清静而使天下安定;安定与危亡的道理,昭然若揭。从前隋朝未发生变乱时,自己认为必然不会发生变乱;未灭亡时,自认为必然没有灭亡的危险。故而不停地征派赋税劳役,不停地东征西伐,以致祸乱将及自身时还尚未知觉。所以说照看自己的身形莫如使水静止如镜面,借鉴失败莫如看国家的灭亡。深望陛下能够借鉴隋的教训,除掉奢侈立意俭约,亲近忠良远离邪佞,以现在的平静无事,继续施行过去的勤勉节俭,才能达到尽善尽美、无法再用语言来称赞的地步。取得天下诚属困难,而守成则较为容易,陛下能够取得较难的一步,难道不能保全较容易的吗?”

2 六月,尚书右仆射虞恭公温彦博去世。彦博长时间执掌机要,尽职尽责。太宗对身边的大臣们说:“彦博因为忧国忧民的缘故,耗尽心力,朕见其精力与体力不支,已有两年,只是遗憾不能让他安逸清闲一段时间,竟致英年早逝!”

3 丁巳(初四),太宗巡幸明德宫。

4 己未(初六),太宗下诏荆州都督、荆王李元景等二十一位亲王所任的刺史职务,均由其子孙世袭。戊辰(十五日),又封功臣长孙无忌等十四人为刺史,也令其子孙世袭;如没有大的变故,不得黜免。

5　己巳，徙许王元祥为江王。

6　秋，七月癸未，大雨，穀、洛溢入洛阳宫，坏官寺、民居，溺死者六千馀人。

7　魏徵上疏，以为：“《文子》曰：‘同言而信，信在言前；同令而行，诚在令外。’自王道休明，十有馀年，然而德化未洽者，由待下之情未尽诚信故也。今立政致治，必委之君子；事有得失，或访之小人。其待君子也敬而疏，遇小人也轻而狎；狎则言无不尽，疏则情不上通。夫中智之人，岂无小慧？然才非经国，虑不及远，虽竭力尽诚，犹未免有败，况内怀奸宄，其祸岂不深乎？夫虽君子不能无小过，苟不害于正道，斯可略矣。既谓之君子而复疑其不信，何异立直木而疑其影之曲乎？陛下诚能慎选君子，以礼信用之，何忧不治？不然，危亡之期，未可保也。”上赐手诏褒美曰：“昔晋武帝平吴之后，志意骄怠，何曾位极台司，不能直谏，乃私语子孙，自矜明智，此不忠之大者也。得公之谏，朕知过矣。当置之几案以比弦、韦。”

8　乙未，车驾还洛阳，诏：“洛阳宫为水所毁者，少加修缮，才令可居。自外众材，给城中坏庐舍者。令百官各上封事，极言朕过。”壬寅，废明德宫及飞山宫之玄圃院，给遭水者。

9　八月甲子，上谓侍臣曰：“上封事者皆言朕游猎太频。今天下无事，武备不可忘，朕时与左右猎于后苑，无一事烦民，夫亦何伤？”魏徵曰：“先王惟恐不闻其过。陛下既使之上封事，止得恣其陈述。苟其言可取，固有益于国；若其无取，亦无所损。”上曰：“公言是也。”皆劳而遣之。

5　己巳(十六日),改封许王李元祥为江王。

6　秋季,七月癸未(初一),天降大雨,穀、洛二河水涨满,溢出流入洛阳宫中,毁坏官家寺庙与百姓住房,溺死六千多人。

7　魏徵上奏疏认为:"《文子》说:'同样的言语,有时能被信任,可见信任在言语之前;同样的命令,有时被执行,可见真诚待人在命令之外。'自从大唐美善兴旺,已有十多年了,然而德化的成效不尽如人意,是因为君王对待臣下未尽诚信的缘故。如今确立政策,达到大治,必然委之于君子;而事有得失,有时要询访小人。对待君子敬而远之,对待小人轻佻而又亲昵,亲昵则言语表达得充分,疏远则下情难以上达。智力中等的人,岂能没有小聪明?然而并没有经国的才略,考虑问题不远,即使竭尽诚意,也难免有败绩,更何况内心怀有奸诈的小人,对国家的祸患能不深吗?虽然君子也不能没有小过失,假如对于正道没有太大的害处,就可以略去不计较。既然称之为君子而又怀疑其不真诚,这与立一根直木而又怀疑其影子歪斜有什么不同?陛下如果真能慎重地选君子,礼遇信任予以重用,何愁不能达到天下大治呢?否则的话,很难保证危亡不期而至呀。"太宗赐给魏徵手书诏令,夸赞道:"以前晋武帝平定东吴之后,意志骄傲懈怠,何曾身处三公高位,不能犯颜直谏,而是私下里说与子孙们听,自诩为明智,此乃最大的不忠。如今得到你的谏言,朕已知错了。当把你的箴言放在几案上,犹如西门豹、董安于佩戴韦弦以自警。"

8　乙未(十三日),太宗的车驾从明德宫回到洛阳宫,下诏说:"洛阳宫被水毁坏的部分,稍加修缮,居住就行了。从外面运来的修缮材料,都供给城中屋舍塌坏的人家。命令文武百官各上书言事,极力指出朕的过失。"壬寅(二十日),废除明德宫以及飞山宫中的玄圃院,将其赐给遭受水灾的百姓。

9　八月甲子(十二日),太宗对身边大臣说:"上书奏事的人都说朕游猎太频繁,如今天下无事,但武备的事不能忘,朕时常与身边的人到后苑射猎,没有一件事烦扰了百姓,这有什么害处呢?"魏徵说:"先王惟恐听不到有人谈论其过错。陛下既然让大臣们上书奏事,就应该听任他们无拘束地陈述意见。如果他们的话可取,固然会对国家有利;假如不可取,听听也没有损害。"太宗说:"你说得很对。"均予慰问,并打发他们回去。

10　侍御史马周上疏，以为：“三代及汉，历年多者八百，少者不减四百，良以恩结人心，人不能忘故也。自是以降，多者六十年，少者才二十馀年，皆无恩于人，本根不固故也。陛下当隆禹、汤、文、武之业，为子孙立万代之基，岂得但持当年而已？今之户口不及隋之什一，而给役者兄去弟还，道路相继。陛下虽加恩诏，使之裁损，然营缮不休，民安得息！故有司徒行文书，曾无事实。昔汉之文、景，恭俭养民，武帝承其丰富之资，故能穷奢极欲而不至于乱。向使高祖之后即传武帝，汉室安得久存乎？又，京师及四方所造乘舆器用及诸王、妃、主服饰，议者皆不以为俭。夫昧爽丕显，后世犹怠，陛下少居民间，知民疾苦，尚复如此，况皇太子生长深宫，不更外事，万岁之后，固圣虑所当忧也。臣观自古以来，百姓愁怨，聚为盗贼，其国未有不亡者，人主虽欲追改，不能复全。故当修于可修之时，不可悔之于已失之后也。盖幽、厉尝笑桀、纣矣，炀帝亦笑周、齐矣，不可使后之笑今如今之笑炀帝也！贞观之初，天下饥歉，斗米直匹绢，而百姓不怨者，知陛下忧念不忘故也。今比年丰穰，匹绢得粟十馀斛，而百姓怨咨者，知陛下不复念之，多营不急之务故也。自古以来，国之兴亡，不以畜积多少，在于百姓苦乐。且以近事验之，隋贮洛口仓而李密因之，东都积布帛而世充资之，西京府库亦为国家之用，至今未尽。夫畜积固不可无，要当人有馀力，然后收之，不可强敛以资寇敌也。夫俭以息人，陛下已于贞观之初亲所履行，在于今日为之，固不难也。陛下必欲为久长之谋，

10　侍御史马周上奏疏认为:“夏商周三代以及汉代,历经年代多者八百年,少者不少于四百年,这是因为上古帝王以恩惠凝聚人心,人们不能忘怀的缘故。汉代以后历代王朝,多者六十年,少者仅二十多年,均因对百姓不施恩惠,根基不牢固的缘故。陛下正应当发扬禹、汤、文、武的帝业,为子孙确立千秋万代的基业,岂能只维持当年的状况?如今全国户口不及隋朝的十分之一,而服劳役的哥哥刚走弟弟又来,道路上络绎不绝。陛下虽然下了施恩的诏令,减损劳役,然而营缮之事无休无止,老百姓怎么能得到休息呢?所以主管部门徒劳地发放文书,与实际毫不相干。从前汉文帝与汉景帝,谦恭节俭以养护百姓,武帝继承丰富的资产,所以能够穷奢极欲而不至天下大乱。假使汉高祖之后即传位给武帝,汉朝还能那么长久吗?再者,京都长安以及各地所制造的乘舆器物用具和众位亲王、妃嫔、公主的服饰,议论的人都认为这并非节俭。前代君王黎明即起以致力于声名显赫,后人还是有所倦怠,陛下年轻时居于民间,深知百姓的疾苦,尚且如此,何况皇太子生长于深宫高院,不熟悉外部事物,陛下辞世后的事,固然是应当忧虑的。我观察自古以来,百姓愁苦怨恨,便聚合为盗贼,其国家没有不灭亡的,君主虽然想追悔改正,也难以恢复保全。所以修德行应当于可修之时,不可等到失去国家之后再去后悔。当年周幽王、周厉王曾取笑过桀、纣,隋炀帝也曾取笑过周、齐两朝,不可让后代人取笑现在如同现在我们取笑炀帝一样。贞观初年,全国歉收闹饥荒,一斗米值一匹绢,而老百姓毫无怨言,是因为知道陛下忧国忧民的缘故。如今连年丰收,一匹绢可换粟十馀斛,然而老百姓怨声不断,是知道陛下不再顾念百姓,多营缮宫殿,不操持国家急务的缘故。自古以来,国家的兴亡,不在于积蓄的多少,而在于百姓的苦乐。就以近代以来的历史加以考察,隋朝广贮洛口仓而李密加以利用,东都积存布帛而王世充得以借力,西京的府库也为我们大唐所用,至今仍未用完。积蓄储备固然不可缺少,也要百姓有馀力,然后收集储备,不可强加聚敛拱手供给敌方。节俭以使百姓休息,陛下已经在贞观初年亲身实践,今日再这么做,固然不是什么难事。陛下如果想要谋划长治久安的政策,

不必远求上古，但如贞观之初，则天下幸甚。陛下宠遇诸王，颇有过厚者，万代之后，不可不深思也。且魏武帝爱陈思王，及文帝即世，囚禁诸王，但无缧绁耳。然则武帝爱之，适所以苦之也。又，百姓所以治安，唯在刺史、县令，苟选用得人，则陛下可以端拱无为。今朝廷唯重内官而轻州县之选，刺史多用武人，或京官不称职始补外任，边远之处，用人更轻。所以百姓未安，殆由于此。”疏奏，上称善久之，谓侍臣曰：“刺史，朕当自选；县令，宜诏京官已上各举一人。”

11　冬，十月癸丑，诏勋戚亡者皆陪葬山陵。

12　上猎于洛阳苑，有群豕突出林中，上引弓四发，殪四豕。有豕突前，及马镫；民部尚书唐俭投马搏之，上拔剑斩豕，顾笑曰：“天策长史不见上将击贼邪，何惧之甚？”对曰：“汉高祖以马上得之，不以马上治之。陛下以神武定四方，岂复逞雄心于一兽？”上悦，为之罢猎，寻加光禄大夫。

13　安州都督吴王恪数出畋猎，颇损居人，侍御史柳范奏弹之。丁丑，恪坐免官，削户三百。上曰：“长史权万纪事吾儿，不能匡正，罪当死。”柳范曰：“房玄龄事陛下，犹不能止畋猎，岂得独罪万纪？”上大怒，拂衣而入。久之，独引范谓曰：“何面折我！”对曰：“陛下仁明，臣不敢不尽愚直。”上悦。

14　十一月辛卯，上幸怀州。丙午，还洛阳宫。

15　故荆州都督武士彟女，年十四，上闻其美，召入后宫，为才人。

不必远求上古时代，只是像贞观初年那样，则就是天下的幸事了。陛下宠爱厚待诸王，很有十分过分的，但不能不深思陛下身后的事情。从前魏武帝宠爱陈思王曹植，等到曹丕即位，便囚禁了诸王，只是没有捆上绳索罢了。这样看来魏武帝的过分宠爱，恰使他们备受其苦。另外，百姓得以安定，只在于刺史和县令，如果挑选的人得力，则陛下可以清闲自在。如今朝廷只重中央的官吏而轻视州县地方官的选拔，刺史多用武人，或者是朝官不称职时才补选为地方官，边远地区，用人更加轻视。所以说百姓不安定，大概就是由于这个原因。”奏疏上奏后，太宗称赞很久，对身边的大臣说：“刺史应当由朕亲自选拔，县令应诏令朝官以上官员每人荐举一人。”

11　冬季，十月癸丑（初二），诏令勋贵大臣死后均陪葬于皇陵。

12　太宗狩猎于洛阳苑，有一群野猪跑出林中，太宗引弓连发四箭，射死四头。有一头野猪奔到马前，将要咬到马镫；民部尚书唐俭下马近前与猪搏斗，太宗拔出剑砍死野猪，回头对唐俭笑着说：“天策长史没见过当初朕为上将时击杀贼寇吗，为什么如此害怕呢？”唐俭答道：“汉高祖从马上得天下，却不以马上治天下；陛下以神威圣武平定四方，怎么能对一头野兽再逞威风呢？”太宗高兴，为此停止捕猎，不久加封唐俭为光禄大夫。

13　安州都督吴王李恪多次出外游猎，对当地居民造成危害，侍御史柳范上书弹劾他。丁丑（二十六日），李恪因此被免官职，削减食邑三百户。太宗说：“长史权万纪事奉我的儿子，不能匡偏正讹，论罪当处死。”柳范说：“房玄龄事奉陛下，还不能阻止陛下狩猎，怎么能只怪罪权万纪呢？”太宗勃然大怒，拂袖而去。过了不久，太宗单独召见柳范说：“你为什么当面羞辱朕？”答道：“陛下仁德明察，我不敢不尽愚忠直谏。”太宗高兴了。

14　十一月辛卯（十一月），太宗巡幸怀州。丙午（二十六日），回到洛阳宫。

15　前荆州都督武士彟的女儿，年方十四岁，太宗听说她貌美，召入后宫，册封为才人。

十二年(戊戌,638)

1 春,正月乙未,礼部尚书王珪奏:“三品已上遇亲王于路皆降乘,非礼。”上曰:“卿辈苟自崇贵,轻我诸子。”特进魏徵曰:“诸王位次三公,今三品皆九卿、八座,为王降乘,诚非所宜当。”上曰:“人生寿夭难期,万一太子不幸,安知诸王他日不为公辈之主! 何得轻之!”对曰:“自周以来,皆子孙相继,不立兄弟,所以绝庶孽之窥窬,塞祸乱之源本,此为国者所深戒也。”上乃从珪奏。

2 吏部尚书高士廉、黄门侍郎韦挺、礼部侍郎令狐德棻、中书侍郎岑文本撰《氏族志》成,上之。先是,山东人士崔、卢、李、郑诸族,好自矜地望,虽累叶陵夷,苟他族欲与为昏姻,必多责财币,或舍其乡里而妄称名族,或兄弟齐列而更以妻族相陵。上恶之,命士廉等遍责天下谱谍,质诸史籍,考其真伪,辩其昭穆,第其甲乙,褒进忠贤,贬退奸逆,分为九等。士廉等以黄门侍郎崔民幹为第一。上曰:“汉高祖与萧、曹、樊、灌皆起闾阎布衣,卿辈至今推仰,以为英贤,岂在世禄乎? 高氏偏据山东,梁、陈僻在江南,虽有人物,盖何足言? 况其子孙才行衰薄,官爵陵替,而犹卬然以门地自负,贩鬻松槚,依托富贵,弃廉忘耻,不知世人何为贵之? 今三品以上,或以德行,或以勋劳,或以文学,致位贵显。彼衰世旧门,诚何足慕? 而求与为昏,虽多输金帛,犹为彼所偃蹇,我不知其解何也! 今欲厘正讹谬,舍名取实,而卿曹犹以崔民幹为第一,是轻我官爵而徇流俗之情也。”乃更命刊定,专以今朝品秩为高下,于是以皇族为首,外戚次之,降崔民幹为第三。凡二百九十三姓,千六百五十一家,颁于天下。

唐太宗贞观十二年(戊戌,公元638年)

1　春季,正月乙未(十五日),礼部尚书王珪上奏称:“三品以上官员遇见亲王都要下车舆站立路旁,这不符合礼仪。”太宗说:“你们随便自我尊贵,轻视诸位皇子。”特进魏徵说:“亲王们地位并列于三公,如今三品以上大臣均是九卿、八座,为亲王们下轿行礼,实在是不合适。”太宗说:“人的生命长短难以预料,万一太子不幸早亡,谁能知道哪个王子他日不能成为你们的君主呢?怎么能轻视他们呢?”答道:“自周代以来,都是子孙相承,不立兄弟即位,这是为了杜绝庶子觊觎皇位,堵塞祸乱的根源,此是治国者应当深以为戒的。”太宗于是听从了王珪的启奏。

2　吏部尚书高士廉、黄门侍郎韦挺、礼部侍郎令狐德棻、中书侍郎岑文本编撰《氏族志》,书成,上奏给太宗。这以前,山东崔、卢、李、郑等世家大族,喜欢自我标榜门第族望,虽然好几代已衰落,但如果非世族人家想与他们通婚,定要多索财物,导致当时有人丢弃原来的籍贯而冒称名门士族,有的兄弟二人族望相等便以妻族背景相互比斗。太宗非常厌恶这些,命高士廉等人普查全国的谱牒,质证于史籍,考辨其真伪,辨别其昭穆伦序,编排行次,褒扬奖进忠贤,贬斥奸逆,分作九等。高士廉等人将黄门侍郎崔民幹列为第一。太宗说:“汉高祖与萧何、曹参、樊哙、灌婴等人均从布衣兴起,你们至今仍然十分推重景仰,认为是一代英豪,难道在乎他们的世卿世禄地位吗?高氏北齐政权偏守山东,梁、陈二朝僻居江南,虽然也有个别英豪,又何足挂齿?何况他们的子孙才气衰竭,德行浇薄,官爵降低,然而还很骄傲地以门第族望自负,拿前世的名望作交易,依赖高贵人家,寡廉鲜耻,不知道世上的人为什么要看重他们?如今三品以上公卿大臣,有的以仁德行世,有的以功勋称道,有的以文章练达,致身显赫。那些衰微的世族们,不值得羡慕。然而那些希望与世族们通婚的,即使多供给金银财物,还为他们所看不起,朕不知道他们在想什么!如今想要厘正错谬,舍弃虚名追求实际,而你们仍然将崔民幹列为第一位,这是轻视大唐的官爵而依循流俗的观念。”于是下令重新刊正,专以当朝品秩高低订下标准,于是便以皇族李姓为首位,外戚次之,将崔民幹降为第三。共定两百九十三姓,一千六百五十一家,颁行全国。

3　二月乙卯，车驾西还；癸亥，幸河北，观砥柱。

4　甲子，巫州獠反，夔州都督齐善行败之，俘男女三千馀口。

5　乙丑，上祀禹庙。丁卯，至柳谷，观盐池。庚午，至蒲州，刺史赵元楷课父老服黄纱单衣迎车驾，盛饰廨舍楼观，又饲羊百馀头、鱼数百头以馈贵戚。上数之曰："朕巡省河、洛，凡有所须，皆资库物。卿所为乃亡隋之弊俗也。"甲戌，幸长春宫。

6　戊寅，诏曰："隋故鹰击郎将尧君素，虽桀犬吠尧，有乖倒戈之志，而疾风劲草，实表岁寒之心。可赠蒲州刺史，仍访其子孙以闻。"

7　闰月庚辰朔，日有食之。

8　丁未，车驾至京师。

9　三月辛亥，著作佐郎邓世隆表请集上文章。上曰："朕之辞令，有益于民者，史皆书之，足为不朽。若为无益，集之何用？梁武帝父子、陈后主、隋炀帝皆有文集行于世，何救于亡？为人主患无德政，文章何为！"遂不许。

10　丙子，以皇孙生，宴五品以上于东宫。上曰："贞观之前，从朕经营天下，玄龄之功也。贞观以来，绳愆纠缪，魏徵之功也。"皆赐之佩刀。上谓徵曰："朕政事何如往年？"对曰："威德所加，比贞观之初则远矣，人悦服则不逮也。"上曰："远方畏威慕德，故来服。若其不逮，何以致之？"对曰："陛下往以未治为忧，故德义日新；今以既治为安，故不逮。"上曰："今所为，犹往年也，何以异？"对曰："陛下贞观之初，恐人不谏，

3　二月己卯（初五），太宗车驾自洛阳向西行。癸亥（十三日），巡幸河北，观看砥柱山。

4　甲子（十四日），巫州獠民造反，夔州都督齐善行将其打败，俘虏男女三千多人。

5　乙丑（十五日），太宗祭祀禹庙；丁卯（十七日），到达柳谷，观看盐池。庚午（二十日），到达蒲州，刺史赵元楷命令百姓们身穿黄纱单衣迎接车驾，把廨舍楼台观宇装饰得极其华美，又养了一百多头羊、数百条鱼献给贵族外戚。太宗责备他说："朕巡行到黄河、洛水一带，凡是有什么需要，均从府库中支取。你所做的乃是已灭亡的隋朝的坏习俗了。"甲戌（二十四日），巡幸长春宫。

6　戊寅（二十八日），太宗下诏说："隋朝故鹰击郎将尧君素，虽然如同桀犬吠尧，与倒戈的情况相乖违，然而疾风识劲草，实表明其忠贞不屈的节操；可追授为蒲州刺史，另外再寻访他的子孙上奏。"

7　闰二月庚辰朔（初一），出现日食。

8　丁未（二十八日），车驾回到京都长安。

9　三月辛亥（初二），著作佐郎邓世隆上表请求搜集太宗所写文章。太宗说："朕的言语命令，凡是有益于百姓的，史官都已记录下来，足可以作为不朽的文章。如果毫无益处，收集它又有什么用呢？梁武帝萧衍父子、陈后主、隋炀帝都有文集传世，哪能挽救他们的灭亡呢？作为君主忧虑的是不施德政，文章有什么用？"于是没有应允。

10　丙子（二十七日），太宗以皇孙降生，在东宫宴请五品以上官员。太宗说："贞观年以前，跟随朕夺取并治理天下，以房玄龄的功劳最大。贞观年以来，纠正朕的过失，主要是魏徵的功劳。"都赐给他们佩刀。太宗对魏徵说："朕治理国政与往年相比如何？"魏徵答道："威德加于四方，则远超过贞观初年；人心悦服则不如从前。"太宗说："远方民族畏惧皇威美慕圣德，所以前来归服，如果说不如以前，又怎么能做到这一点？"答道："陛下以前以天下未能大治为忧虑，所以注意修德行义，每天都有新的作为，如今认为天下已经得到治理又较安定，所以说不如以前勤勉了。"太宗说："如今所做的与往年相同，有什么区别呢？"答道："陛下在贞观初年惟恐臣下不行谏，

常导之使言，中间悦而从之。今则不然，虽勉从之，犹有难色。所以异也。”上曰：“其事可闻欤?”对曰：“陛下昔欲杀元律师，孙伏伽以为法不当死，陛下赐以兰陵公主园，直百万。或云‘赏太厚’，陛下云：‘朕即位以来，未有谏者，故赏之。’此导之使言也。司户柳雄妄诉隋资，陛下欲诛之，纳戴胄之谏而止。是悦而从之也。近皇甫德参上书谏修洛阳宫，陛下恚之，虽以臣言而罢，勉从之也。”上曰：“非公不能及此。人苦不自知耳!”

11　夏，五月壬申，弘文馆学士永兴文懿公虞世南卒，上哭之恸。世南外和柔而内忠直，上尝称世南有五绝：一德行，二忠直，三博学，四文辞，五书翰。

12　秋，七月癸酉，以吏部尚书高士廉为右仆射。

13　乙亥，吐蕃寇弘州。

14　八月，霸州山獠反。烧杀刺史向邵陵及吏民百馀家。

15　初，上遣使者冯德遐抚慰吐蕃，吐蕃闻突厥、吐谷浑皆尚公主，遣使随德遐入朝，多赍金宝，奉表求婚，上未之许。使者还，言于赞普弃宗弄赞曰：“臣初至唐，唐待我甚厚，许尚公主。会吐谷浑王入朝，相离间，唐礼遂衰，亦不许婚。”弄赞遂发兵击吐谷浑。吐谷浑不能支，遁于青海之北，民畜多为吐蕃所掠。

吐蕃进破党项、白兰诸羌，帅众二十馀万屯松州西境，遣使贡金帛，云来迎公主。寻进攻松州，败都督韩威，羌酋阎州刺史别丛卧施、诺州刺史把利步利并以州叛归之。连兵不息，其大臣谏不听而自缢者凡八辈。壬寅，以吏部尚书侯君集为当弥道行军大总管，甲辰，以右领军大将军执失思力为白兰道、左武卫将军牛进达为阔水道行军总管、左领军将军刘简为洮河道行军总管，督步骑五万击之。

常常引导他们进谏，听到进谏便乐而听从。如今却不然，虽然勉强听从，却面有难色。这便是区别。”太宗说：“可以举例说明吗？”答道：“陛下以前曾想杀掉元律师，孙伏伽认为依法不当处死，陛下赐给他兰陵公主的花园，价值一百万。有人说‘赏赐太厚重了’，陛下说：‘朕即皇位以来，没有进谏的人，所以要重赏。’这是为了引导众人进谏。司户柳雄假冒隋朝所授官资，陛下想要杀掉他，又采纳戴胄的谏言而作罢。这是乐而听从的例子。贞观八年皇甫德参上书谏阻修缮洛阳宫，陛下内心愤恨，虽然因为我直言相劝而作罢，但只是勉强听从啊。”太宗说：“不是您不能有这样的见解。人苦于不能自己了解自己呀！”

11　夏季，五月壬申（二十五日），弘文馆学士、永兴文懿公虞世南去世，太宗恸哭。虞世南外表温和柔顺而内里忠正耿直，太宗曾称赞他有五绝：一道德高尚，二忠正耿直，三知识广博，四写一手好文章，五擅长书法。

12　秋季，七月癸酉（二十七日），任命吏部尚书高士廉为尚书右仆射。

13　乙亥（二十九日），吐蕃侵犯弘州。

14　八月，霸州山獠反叛。他们烧死刺史向邵陵以及官吏百姓一百多家。

15　起初，太宗派遣使者冯德遐安抚慰问吐蕃，吐蕃听说突厥、吐谷浑都曾娶唐室公主为妻，便派使节随冯德遐到长安，带着大量金银财宝，上表请求通婚；太宗没有答应。使者回到吐蕃，对其首领赞普弃宗弄赞说：“我初次到大唐，大唐待我礼遇甚厚，答应嫁公主。正赶上吐谷浑首领入朝，离间我们，唐朝礼节渐淡，也不答应通婚了。”弃宗弄赞于是发兵攻打吐谷浑，吐谷浑军队抵抗不住，逃到青海北面，百姓和牲畜多被吐蕃掠走。

吐蕃进而打败党项、白兰等羌人，率兵二十多万驻扎在松州西部边境，派使节进献金银绸缎，声称前来迎接公主。不久进攻松州，打败都督韩威；羌族首领阎州刺史别丛卧施、诺州刺史把利步利一同举州投降吐蕃。吐蕃连年征战不息，大臣劝谏不听而自杀的总共有八个人。壬寅（二十七日），唐朝廷任命吏部尚书侯君集为当弥道行军大总管，甲辰（二十九日），任命右领军大将军执失思力为白兰道行军总管、左武卫将军牛进达为阔水道行军总管、左领军将军刘简为洮河道行军总管，统率步、骑兵五万人攻打吐蕃。

吐蕃攻城十馀日，进达为先锋，九月辛亥，掩其不备，败吐蕃于松州城下，斩首千馀级。弄赞惧，引兵退，遣使谢罪，因复请婚。上许之。

16　甲寅，上问侍臣："创业与守成孰难？"房玄龄曰："草昧之初，与群雄并起角力而后臣之，创业难矣！"魏徵曰："自古帝王，莫不得之于艰难，失之于安逸，守成难矣！"上曰："玄龄与吾共取天下，出百死，得一生，故知创业之难；徵与吾共安天下，常恐骄奢生于富贵，祸乱生于所忽，故知守成之难。然创业之难，既已往矣；守成之难，方当与诸公慎之。"玄龄等拜曰："陛下及此言，四海之福也。"

17　初，突厥颉利既亡，北方空虚，薛延陀真珠可汗帅其部落建庭于都尉犍山北、独逻水南，胜兵二十万，立其二子拔酌、颉利苾主南、北部。上以其强盛，恐后难制，癸亥，拜其二子皆为小可汗，各赐鼓纛，外示优崇，实分其势。

18　冬，十月乙亥，巴州獠反。

19　己卯，畋于始平。乙未，还京师。

20　钧州獠反。遣桂州都督张宝德讨平之。

21　十一月丁未，初置左、右屯营飞骑于玄武门，以诸将军领之。又简飞骑才力骁健、善骑射者，号百骑，衣五色袍，乘骏马，以虎皮为鞯，凡游幸则从焉。

22　己巳，明州獠反。遣交州都督李道彦讨平之。

23　十二月辛巳，左武候将军上官怀仁击反獠于壁州，大破之，虏男女万馀口。

吐蕃进攻松州城十多天，牛进达为唐军先锋，九月辛亥（初六），乘吐蕃军毫无防备，大败吐蕃于松州城下，杀死一千多人。弃宗弄赞害怕，率兵退回本地，派人到长安请罪，借此再次请求通婚。太宗应允。

16　甲寅（初九），太宗问身边大臣："创业与守成哪个难？"房玄龄："建国之前，与各路英雄一起角逐争斗而后使他们臣服，还是创业难！"魏徵说："自古以来的帝王，莫不是从艰难境地取得天下，又于安逸中失去天下，守成更难！"太宗说："玄龄与我共同打下江山，出生入死，所以更体会到创业的艰难。魏徵与我共同安定天下，常常担心富贵而导致骄奢，忘乎所以而产生祸乱，所以懂得守成更难。然而创业的艰难，已成为过去的事情，守成的艰难，正应当与诸位慎重对待。"玄龄等人行礼道："陛下说这一番话，是国家百姓的福气呀！"

17　起初，突厥颉利可汗去世以后，北方地域空虚，薛延陀真珠可汗率其部落在都尉犍山北麓、独逻水南岸建牙帐，兵马二十多万，立他的两个儿子拔酌、颉利苾分别统领南、北部。太宗看到他的强大，担心以后难以制服，癸亥（十八日），封真珠可汗的两个儿子为小可汗，各赐给鼓和大旗，外示尊崇，实际是为了分化其实力。

18　冬季，十月乙亥（初一），巴州獠民反叛。

19　己卯（初五），太宗在始平畋猎。乙未（二十一日），回到长安。

20　钧州獠民反叛。唐朝廷派桂州都督张宝德讨伐平定。

21　十一月丁未（初三），开始在玄武门设置左、右屯营飞骑，由各位将军统领。又精选飞骑中身体骁健敏捷、善于骑射的，号称百骑，身披五色袍，乘骏马，用虎皮做马鞍和垫布，凡遇皇帝巡幸则为护卫随从。

22　己巳（二十五日），明州獠民反叛，唐朝廷派交州都督李道彦讨伐平定。

23　十二月辛巳（初七），左武候将军上官怀仁在壁州进攻反叛的獠民，获得胜利，俘获其男女一万多人。

24　是岁，以给事中马周为中书舍人。周有机辩，中书侍郎岑文本常称："马君论事，援引事类，扬榷古今，举要删烦，会文切理，一字不可增，亦不可减，听之靡靡，令人忘倦。"

25　霍王元轨好读书，恭谨自守，举措不妄。为徐州刺史，与处士刘玄平为布衣交。人问玄平王所长，玄平曰："无长。"问者怪之。玄平曰："夫人有所短乃见所长，至于霍王，无所短，吾何以称其长哉？"

26　初，西突厥咥利失可汗分其国为十部，每部有酋长一人，仍各赐一箭，谓之十箭。又分左、右厢，左厢号五咄陆，置五大啜，居碎叶以东，右厢号五弩失毕，置五大俟斤，居碎叶以西，通谓之十姓。咥利失失众心，为其臣统吐屯所袭。咥利失兵败，与其弟步利设走保焉耆。统吐屯等将立欲谷设为大可汗，会统吐屯为人所杀，欲谷设兵亦败，咥利失复得故地。至是，西部竟立欲谷设为乙毗咄陆可汗。乙毗咄陆既立，与咥利失大战，杀伤甚众。因中分其地，自伊列水以西属乙毗咄陆，以东属咥利失。

27　处月、处密与高昌共攻拔焉耆五城，掠男女一千五百人，焚其庐舍而去。

十三年(己亥,639)

1　春，正月乙巳，车驾谒献陵，丁未，还宫。

2　戊午，加左仆射房玄龄太子少师。玄龄自以居端揆十五年，男遗爱尚上女高阳公主，女为韩王妃，深畏满盈，上表请解机务，上不许。玄龄固请不已，诏断表，乃就职。太子欲拜玄龄，设仪卫待之，玄龄不敢谒见而归，时人美其有让。玄龄以度支系天下利害，尝有阙，求其人未得，乃自领之。

24　这一年，任命给事中马周为中书舍人。马周机敏善辨，中书侍郎岑文本常常称赞他："马君议论事情，旁征博引纵横古今，提纲挈领删繁就简，用词准确切中事理，一字不可增，也不可减，听者心服，难以忘怀，全无倦意。"

25　霍王李元轨喜欢读书，谦恭谨慎，举止合体。做徐州刺史，与处士刘玄平为布衣之交。人们询问刘玄平霍王的长处，玄平说："没什么长处。"问的人觉得很奇怪。玄平说："人有短处才能见到他的长处，至于说霍王，没有短处，我怎么能说出他的长处呢？"

26　起初，西突厥咥利失可汗将其国土分为十部，每部设首领一人，各赐给一支箭，称为十箭。又分左、右厢，左厢号称五咄陆，设置五大啜，居处于碎叶以东地区；右厢号称五弩失毕，设立五大俟斤，居住在碎叶以西；通称为十姓。咥利失失去民心，被他的臣下统吐屯袭击。咥利失兵败后，与他的弟弟步利设退守焉耆。统吐屯等人想要拥立欲古设为大可汗，这时统吐屯被人杀死，欲谷设部队也被打败，咥利失收复旧地。到此时，西部终于拥立欲谷设为乙毗咄陆可汗。乙毗咄陆即可汗位后，与咥利失发生激战，杀伤甚多。于是便从中间分其领地为二：自伊列水以西属乙毗咄陆，以东属于咥利失。

27　处月、处密与高昌一同攻占焉耆五座城池，掠走男女一千五百人，烧毁其房舍后离去。

唐太宗贞观十三年（己亥，公元639年）

1　春季，正月乙巳（初一），太宗乘车驾谒见高祖献陵。丁未（初三），回到宫中。

2　戊午（十四日），加封左仆射房玄龄为太子少师。玄龄自己觉得身居尚书仆射的高位十五年，儿子房遗爱娶太宗女儿高阳公主，女儿为韩王妃，生怕富贵至极反招灾祸，上表请求解除所任机要职务，太宗不应允。玄龄不停地执意请求，太宗下诏断绝上表，玄龄只好就职。太子想向玄龄行弟子礼，设仪卫等待他，玄龄却不敢谒见太子转身回到家中，当时人称赞他有谦让之风。玄龄认为度支郎中一职关系国家利害，曾有空缺，未能访求到合适人选，于是便自己兼领此职。

3　礼部尚书永宁懿公王珪薨。珪性宽裕，自奉养甚薄。于令，三品已上皆立家庙，珪通贵已久，独祭于寝。为法司所劾，上不问，命有司为之立庙以愧之。

4　二月庚辰，以光禄大夫尉迟敬德为鄜州都督。

上尝谓敬德曰："人或言卿反，何也？"对曰："臣反是实！臣从陛下征伐四方，身经百战，今之存者，皆锋镝之馀也。天下已定，乃更疑臣反乎？"因解衣投地，出其瘢痍。上为之流涕，曰："卿复服，朕不疑卿，故语卿，何更恨邪？"

上又尝谓敬德曰："朕欲以女妻卿，何如？"敬德叩头谢曰："臣妻虽鄙陋，相与共贫贱久矣。臣虽不学，闻古人富不易妻，此非臣所愿也。"上乃止。

5　戊戌，尚书奏："近世掖庭之选，或微贱之族，礼训蔑闻；或刑戮之家，忧怨所积。请自今，后宫及东宫内职有阙，皆选良家有才行者充，以礼聘纳；其没官口及素微贱之人，皆不得补用。"上从之。

6　上既诏宗室群臣袭封刺史，左庶子于志宁以为古今事殊，恐非久安之道，上疏争之。侍御史马周亦上疏，以为："尧、舜之父，犹有朱、均之子。傥有孩童嗣职，万一骄愚，兆庶被其殃而国家受其败。正欲绝之也，则子文之治犹在；正欲留之也，而栾黡之恶已彰。与其毒害于见存之百姓，则宁使割恩于已亡之一臣，明矣。然则向所谓爱之者，乃适所以伤之也。臣谓宜赋以茅土，畴其户邑，必有材行，随器授官，使其人得奉大恩而子孙终其福禄。"

3　礼部尚书、永宁懿公王珪去世。王珪性情宽和大方，自己的奉养很薄。依照唐代制度，三品以上大臣均可立家庙祭祀三代祖先，王珪致身显贵已有很长时间，只在内室举行祭祀事。被有关司法官署弹劾，太宗不予过问，只是命令有关官署为之立家庙以羞辱他。

4　二月庚辰（初七），任命光禄大夫尉迟敬德为鄜州都督。

太宗曾对尉迟敬德说："有人说你要谋反，为什么？"尉迟敬德回答说："我谋反是实！我跟随陛下征伐四方，身经百战，如今身上留下的都是刀锋箭头的痕迹。现在天下已经安定，便开始怀疑我要谋反吗？"因而脱下衣服置之地上，展示身上的疮疤。太宗见此流下眼泪，说："你穿上衣服，朕丝毫不怀疑你，所以才跟你这么说，何必这么恼怒呢？"

太宗又曾对尉迟敬德说："朕想要将女儿许配给你，怎么样？"尉迟敬德叩头辞谢说："我的妻子虽然微贱，但与我同甘共苦好多年。我虽然才疏学浅，听说过古人富贵了不换妻子，此并非我的本愿。"太宗只好作罢。

5　戊戌（二十五日），尚书省奏称："近来掖庭女官的选拔，有的出身微贱，不知道礼仪训教；有的是受刑遭戮之家，因获罪而没入宫中，心中郁积幽怨。请求自今日起，后宫及东宫的女官有空缺，都应选择有才行的良家女子充任，以礼聘纳；那些没入官府以及出身微贱的人，都不能再补充录用。"太宗同意。

6　太宗已下诏令宗室贵族大臣的子孙袭封刺史，左庶子于志宁认为古今事理不同，恐怕不是长治久安之策，上疏谏诤。侍御史马周也上奏疏认为："尧、舜这样的父亲，还有丹朱、商均那样的儿子。倘若让未成年的儿子承袭父职，万一骄横愚钝，百姓们遭殃国家也因此受到损失。如果想取消他的袭职，则其先人功劳尚在；如欲保留袭封事，则他的罪恶已昭彰于世。与其毒害芸芸众生，毋宁割舍皇恩于已经死去的一个大臣，这是很明显的道理。这样看来一向称之为爱护他们的作法，其实正是害他们。我认为只应该赐给他们食邑封户，如果真有才能，则量才授予官职，使他们得以尊奉皇恩而子子孙孙享受福禄。"

会司空、赵州刺史长孙无忌等皆不愿之国，上表固让，称：“承恩以来，形影相吊，若履春冰，宗族忧虞，如置汤火。缅惟三代封建，盖由力不能制，因而利之，礼乐节文，多非己出。两汉罢侯置守，蠲除曩弊，深协事宜。今因臣等，复有变更，恐紊圣朝纲纪；且后世愚幼不肖之嗣，或抵冒邦宪，自取诛夷，更因延世之赏，致成剿绝之祸，良可哀愍。愿停涣汗之旨，赐其性命之恩。”无忌又因子妇长乐公主固请于上，且言“臣披荆棘事陛下，今海内宁一，奈何弃之外州，与迁徙何异？”上曰：“割地以封功臣，古今通义，意欲公之后嗣，辅朕子孙，共传永久。而公等乃复发言怨望，朕岂强公等以茅土邪？”庚子，诏停世封刺史。

7　高昌王麹文泰多遏绝西域朝贡，伊吾先臣西突厥，既而内属，文泰与西突厥共击之。上下书切责，征其大臣阿史那矩，欲与议事，文泰不遣，遣其长史麹雍来谢罪。颉利之亡也，中国人在突厥者或奔高昌，诏文泰归之，文泰蔽匿不遣。又与西突厥共击破焉耆，焉耆诉之。上遣虞部郎中李道裕往问状，且谓其使者曰：“高昌数年以来，朝贡脱略，无藩臣礼，所置官号，皆准天朝，筑城掘沟，预备攻讨。我使者至彼，文泰语之云：‘鹰飞于天，雉伏于蒿，猫游于堂，鼠噍于穴，各得其所，岂不能自生邪？’又遣使谓薛延陀曰：‘既为可汗，则与天子匹敌，何为拜其使者！’事人无礼，又间邻国，为恶不诛，善何以劝？明年当发兵击汝。”三月，薛延陀可汗遣使上言：“奴受恩思报，请发所部为军导以击高昌。”上遣民部尚书唐俭、右领军大将军执失思力赍缯帛赐薛延陀，与谋进取。

适逢司空赵州刺史长孙无忌等人均不愿意去就外职，上表执意辞让，称："禀承皇恩以来，形影相吊，如履薄冰；宗族的人忧心忡忡，如同置身汤火之中。追溯夏、商、周三代封邦建土，是由于力量不能制衡诸侯，便施利于他们，礼乐作为节制修饰，多非出自王朝。两汉罢除侯国设置郡守，免除过去的弊病，深合事理。如今因为我们这些人的缘故，又重新变更，恐怕搞乱了王朝纲纪；而且后代愚幼无知的不肖子孙，有人会触犯国家法令，自取灭亡，更因袭封的赏赐，而遭到灭顶之灾，实在是可怜。愿陛下停止赐封世袭刺史旨意，赐我等保全性命为盼。"长孙无忌又让其儿媳长乐公主极力向太宗请求，而且言道："我披荆斩棘事奉陛下，如今海内升平，为何又要将我弃置外州，与迁徙有什么不同？"太宗说："割地以分封功勋大臣，是古今的通义，朕的意思是想让你的后代辅佐朕的子孙，共同传之久远；然而你们却多次上言充满怨言，难道是朕强迫给你们土地吗？"庚子（二十七日），下诏停止世袭刺史。

7　高昌王麹文泰多次阻止西域诸国向唐帝国进贡，伊吾先臣服西突厥，不久又归附唐朝，麹文泰联合西突厥一同讨伐伊吾。太宗寄书责备他，又征召其大臣阿史那矩，想与他议事，麹文泰不让他出来，而派他的长史麹雍前来谢罪。颉利可汗去世后，在突厥的中原人多投奔高昌，太宗诏令麹文泰放他们回到唐朝，麹文泰将他们隐匿不放。他又与西突厥一同进攻焉耆，焉耆上告唐朝。太宗派虞部郎中李道裕前往询问情状，并且对高昌来使说："高昌这几年以来，不向我大唐进献贡品，不行藩臣的礼节，所设官职称号，均与我大唐一样，挖城掘沟，预备进攻。我大唐使者到那里，麹文泰对他说：'鹰飞翔在天空，鸡趴伏于草窝，猫戏游于厅堂，鼠嚼食于洞穴，各得其所，难道不能让其自我发展吗？'又派使者对薛延陀说：'你既然身为可汗，就应与大唐天子平起平坐，为什么要拜他的使者呢？'待人无礼，又离间周围邻国，作恶不被除掉，怎么能勉励善良？将于明年发兵讨伐你们高昌。"三月，薛延陀可汗派使者上言："我等禀受隆恩想要回报，请求征发我方军队为先导进攻高昌。"太宗派民部尚书唐俭、右领军大将军执失思力携带丝绸送给薛延陀，与他合谋共同出兵。

8　夏，四月戊寅，上幸九成宫。

初，突厥突利可汗之弟结社率从突利入朝，历位中郎将。居家无赖，怨突利斥之，乃诬告其谋反，上由是薄之，久不进秩。结社率阴结故部落，得四十馀人，谋因晋王治四鼓出宫，开门辟仗，驰入宫门，直指御帐，可有大功。甲申，拥突利之子贺逻鹘夜伏于宫外，会大风，晋王未出，结社率恐晓，遂犯行宫，逾四重幕，弓矢乱发，卫士死者数十人。折冲孙武开等帅众奋击，久之，乃退，驰入御厩，盗马二十馀匹，北走，渡渭，欲奔其部落，追获，斩之。原贺逻鹘，投于岭表。

9　庚寅，遣武候将军上官怀仁击巴、壁、洋、集四州反獠，平之，虏男女六千馀口。

10　五月，旱。甲寅，诏五品以上上封事。魏徵上疏，以为："陛下志业，比贞观之初，渐不克终者凡十条。"其间一条，以为："顷年以来，轻用民力。乃云：'百姓无事则骄逸，劳役则易使。'自古未有因百姓逸而败、劳而安者也。此恐非兴邦之至言。"上深加奖叹，云："已列诸屏障，朝夕瞻仰，并录付史官。"仍赐徵黄金十斤，厩马二匹。

11　六月，渝州人侯弘仁自牂柯开道，经西赵，出邕州，以通交、桂，蛮、俚降者二万八千馀户。

12　丙申，立皇弟元婴为滕王。

13　自结社率之反，言事者多云突厥留河南不便，秋，七月庚戌，诏右武候大将军、化州都督、怀化郡王李思摩为乙弥泥孰俟利苾可汗，赐之鼓纛；突厥及胡在诸州安置者，并令渡河，还其旧部，俾世作藩屏，长保边塞。突厥咸惮薛延陀，

8　夏季，四月戊寅（初五），太宗巡幸九成宫。

起初，突厥突利可汗的弟弟结社率跟随他入朝，被唐朝任命为中郎将。他居家强横，便埋怨突利斥责他，于是诬告突利谋反，太宗因此轻视结社率，很久没有晋级。结社率阴谋纠结旧部落，得四十多人，图谋乘晋王李治四更出宫，开宫门出仪仗队的时候，乘马驰进宫门，直抵皇帝御帐，可建立夺位大功。甲申（十一日），结社率等簇拥着突利的儿子贺逻鹘夜间潜伏在宫门外，赶上刮大风，晋王没有出宫，结社率担心天近拂晓，遂带兵闯入行宫，穿过四道幕帐，胡乱射箭，宫廷卫士死了几十人。折冲都尉孙武开等率众卫士拼死搏斗，较长时间后，结社率终被击退，驰入御厩中，盗走马二十多匹，向北逃走，渡过渭水，想要逃回到本部落，被唐兵追获杀掉。太宗宽恕贺逻鹘将他流放岭南。

9　庚寅（十七日），派遣武候将军上官怀仁进攻巴、壁、洋、集四州谋反的獠民，予以平定，俘虏男女六千多人。

10　五月，天下大旱。甲寅（十二日），诏令五品以上官员上书言事。魏徵上疏认为："陛下的治国大业，与贞观初年相比，不能善始善终的总共有十条。"其中的一条认为："近年来，轻易地动用民力。认为：'百姓无事则产生骄逸之心，役使他们劳作则容易听差。'自古以来没有因百姓安逸而致败亡，因劳苦而达到天下安定的。这恐怕不是振兴国家的至理名言。"太宗大加赞扬，感叹道："已将你的奏疏挂在屏风上，早晚观看，并将你的谏言抄给史官。"于是赐给魏徵黄金十斤，御马两匹。

11　六月，渝州人侯弘仁从牂柯开道，中经西赵，出邕州，沟通交、桂二州，蛮、俚族两万八千多户归附。

12　丙申（二十五日），太宗立皇弟李元婴为滕王。

13　自从结社率反叛后，上书言事者多说突厥留在黄河之南有很多不便，秋季，七月庚戌（初九），诏令右武候大将军、化州都督、怀化郡王李思摩为乙弥泥孰俟利苾可汗，赐给鼓和大旗；突厥以及安置在各州的胡族，均令他们渡过黄河，回到他们的旧部落，使他们世代为唐帝国的屏障，长久地保卫边塞。突厥人都惧怕薛延陀，

不肯出塞。上遣司农卿郭嗣本赐薛延陀玺书，言："颉利既败，其部落咸来归化，我略其旧过，嘉其后善，待其达官皆如吾百寮、部落皆如吾百姓。中国贵尚礼义，不灭人国，前破突厥，止为颉利一人为百姓害，实不贪其土地，利其人畜，恒欲更立可汗，故置所降部落于河南，任其畜牧。今户口蕃滋，吾心甚喜。既许立之，不可失信。秋中将遣突厥渡河，复其故国。尔薛延陀受册在前，突厥受册在后，后者为小，前者为大。尔在碛北，突厥在碛南，各守土疆，镇抚部落。其逾分故相抄掠，我则发兵，各问其罪。"薛延陀奉诏。于是遣思摩帅所部建牙于河北，上御齐政殿饯之，思摩涕泣，奉觞上寿曰："奴等破亡之馀，分为灰壤，陛下存其骸骨，复立为可汗，愿万世子孙恒事陛下。"又遣礼部尚书赵郡王孝恭等赍册书，就其种落，筑坛于河上而立之。上谓侍臣曰："中国，根干也；四夷，枝叶也。割根干以奉枝叶，木安得滋荣？朕不用魏徵言，几致狼狈。"又以左屯卫将军阿史那忠为左贤王，左武卫将军阿史那泥熟为右贤王。忠，苏尼失之子也，上遇之甚厚，妻以宗女，及出塞，怀慕中国，见使者必泣涕请入侍。诏许之。

14　八月辛未朔，日有食之。

15　诏以"身体发肤，不敢毁伤。比来诉讼者或自毁耳目，自今有犯，先笞四十，然后依法"。

16　冬，十月甲申，车驾还京师。

17　十一月辛亥，以侍中杨师道为中书令。

18　戊辰，尚书左丞刘洎为黄门侍郎、参知政事。

不肯出塞。太宗派司农卿郭嗣本赐给薛延陀玺书,写道:“颉利可汗已然败亡,他们的部落都来归附大唐,朕不计较他们旧的过失,嘉奖后来的善举,待其官员皆如朕手下的百僚,视其部族民众皆如朕之百姓。中原王朝崇尚礼义,不毁灭别人的国家,先前打败突厥,只是因为颉利一人有害于百姓,实在不是贪图其土地,夺其牲畜,总想重立一个可汗,所以将投降的突厥各部落安置在河南一带,听任他们畜牧。如今人丁兴旺,户口滋生,朕内心非常高兴。既然已答应另立一可汗,便不能失信。秋天将要派遣突厥渡黄河,恢复其故国。你薛延陀受册封在前,突厥受册封在后,后者为小,前者为大。你们在沙漠以北,突厥在沙漠以南,各守疆土,镇抚本族各部落。如有越境劫掠,我大唐就要发兵,各问其罪。”薛延陀接受此诏令。于是让思摩率领所辖部落建牙帐于黄河之北,太宗亲临齐政殿为他们饯行,思摩泪流满面,端酒杯祝寿说:“我等破败灭亡的残留民众,本当化为尘壤,幸遇陛下保全我们,又立我为可汗,愿子子孙孙、千秋万代永远侍奉陛下。”太宗又派礼部尚书赵郡王李孝恭等人携带册封文书,就其部落聚居地,在黄河边筑立祭坛而册立他。太宗对身边大臣说:“中原王朝是树木的根基,四方民族乃是其枝叶;割断树根以奉养枝叶,树怎么能生长繁茂呢?朕不采用魏徵的谏言,差一点狼狈不堪。”又任命左屯卫将军阿史那忠为左贤王,左武卫将军阿史那泥熟为右贤王。阿史那忠是苏尼失的儿子,太宗待他非常好,将宗室女许配给他。等到他奉职出塞,仍然怀恋唐朝,见到来使必定流泪请求入朝侍奉太宗,太宗下诏答应其请求。

14　八月辛未朔(初一),出现日食。

15　太宗下诏说:“身体毛发皮肤,是父母所给,不敢有丝毫损伤。近来上诉告状的有人自毁耳目,从今往后再有此类事情,先鞭笞四十,然后再依法处置。”

16　冬季,十月甲申(十五日),太宗车驾回到长安。

17　十一月辛亥(十三日),任命侍中杨师道为中书令。

18　戊辰(三十日),任命尚书左丞刘洎为黄门侍郎、参知政事。

19　上犹冀高昌王文泰悔过，复下玺书，示以祸福，征之入朝，文泰竟称疾不至。十二月壬申，遣交河行军大总管、吏部尚书侯君集，副总管兼左屯卫大将军薛万均等将兵击之。

20　乙亥，立皇子福为赵王。

21　己丑，吐谷浑王诺曷钵来朝，以宗女为弘化公主，妻之。

22　壬辰，上畋于咸阳，癸巳，还宫。

23　太子承乾颇以游畋废学，右庶子张玄素谏，不听。

24　是岁，天下州府凡三百五十八，县一千五百五十一。

25　太史令傅奕精究术数之书，而终不之信，遇病，不呼医饵药。有僧自西域来，善咒术，能令人立死，复咒之使苏。上择飞骑中壮者试之，皆如其言，以告奕，奕曰："此邪术也。臣闻邪不干正，请使咒臣，必不能行。"上命僧咒奕，奕初无所觉，须臾，僧忽僵仆，若为物所击，遂不复苏。又有婆罗门僧，言得佛齿，所击前无坚物。长安士女辐凑如市。奕时卧疾，谓其子曰："吾闻有金刚石，性至坚，物莫能伤，唯羚羊角能破之，汝往试焉。"其子往见佛齿，出角叩之，应手而碎，观者乃止。奕临终，戒其子无得学佛书，时年八十五。又集魏、晋以来驳佛教者为《高识传》十卷，行于世。

26　西突厥咥利失可汗之臣俟利发与乙毗咄陆可汗通谋作乱，咥利失穷蹙，逃奔钹汗而死。弩失毕部落迎其弟子薄布特勒立之，是为乙毗沙钵罗叶护可汗。沙钵罗叶护既立，建庭于虽合水北，谓之南庭，自龟兹、鄯善、且末、吐火罗、焉耆、石、史、何、穆、康等国皆附之。咄陆建牙于镞曷山西，谓之北庭，自厥越失、拔悉弥、驳马、结骨、火焊、触木昆等国皆附之，以伊列水为境。

19　太宗仍希望高昌王麴文泰能够悔过，又下玺书，晓示祸福利害，征召他入朝；麴文泰竟称病不去唐朝。十二月壬申（初四），派交河行军大总管、吏部尚书侯君集，副总管兼左屯卫大将军薛万均等领兵进攻高昌。

20　乙亥（初七），太宗立皇子李福为赵王。

21　己丑（二十一日），吐谷浑王诺曷钵来到唐朝，太宗册封宗室女为弘化公主，嫁给他。

22　壬辰（二十四日），太宗到咸阳狩猎，癸巳（二十五日），回到宫中。

23　太子李承乾多次因游猎荒废学业，右庶子张玄素劝谏，不听从。

24　这一年，全国有三百五十八个州府，一千五百五十一个县。

25　太史令傅奕精心研究术数方面的书籍，最后还是不相信这些，自己有病，不找医生不吃药。有个从西域来的僧人，会念咒语，能让人立刻死去，又念咒使之复活。太宗挑选强壮的飞骑卫士让他试验，均很灵验。太宗将此事告诉傅奕，傅奕说："这是妖邪之术。我听说邪不压正，请求让他对我念咒语，必然不能灵验。"太宗命和尚对傅奕念咒语，傅奕始终没有感觉，过了一会儿，和尚忽然直挺挺倒下，像是被东西击倒，再也没有醒过来。又有一个印度婆罗门教和尚，自称得到佛的牙齿，用它击打任何东西都无坚不摧。长安城男男女女观看热闹如同赶集一样。傅奕当时正卧床养病，对他儿子说："我听说有金刚石，非常坚硬，没有什么东西能够损坏它，只有羚羊角能撞破它，你前去试一试。"傅奕儿子去见佛齿，拿出羚羊角叩打，随手而破碎，观看的人这才散去。傅奕临死前，告诫他的儿子不得学佛教典籍，死时年八十五岁。又曾搜集魏晋以来驳斥佛教的言论编为《高识传》十卷，流传于世。

26　西突厥咥利失可汗的大臣俟利发与乙毗咄陆可汗合谋叛乱，咥利失仓皇出逃投奔钹汗后死去。弩失毕部落迎接他的侄子薄布特勒立为可汗，这便是乙毗沙钵罗叶护可汗。沙钵罗叶护即位后，建王庭于虽合水北岸，称之为南庭，龟兹、鄯善、且末、吐火罗、焉耆、石、史、何、穆、康等小国均归附他。咄陆建牙帐于镞曷山西麓，称为北庭，厥越失、拔悉弥、驳马、结骨、火炽、触木昆等国均依附他，以伊列水为边界。

十四年(庚子,640)

1　春,正月甲寅,上幸魏王泰第,赦雍州长安系囚大辟以下,免延康里今年租赋,赐泰府僚属及同里老人有差。

2　二月丁丑,上幸国子监,观释奠,命祭酒孔颖达讲《孝经》,赐祭酒以下至诸生高第帛有差。是时上大征天下名儒为学官,数幸国子监,使之讲论,学生能明一大经已上皆得补官。增筑学舍千二百间,增学生满二千二百六十员,自屯营飞骑,亦给博士,使授以经,有能通经者,听得贡举。于是四方学者云集京师,乃至高丽、百济、新罗、高昌、吐蕃诸酋长亦遣子弟请入国学,升讲筵者至八千馀人。上以师说多门,章句繁杂,命孔颖达与诸儒撰定《五经》疏,谓之《正义》,令学者习之。

3　壬午,上行幸骊山温汤,辛卯,还宫。

4　乙未,诏求近世名儒梁皇甫侃、褚仲都,周熊安生、沈重,陈沈文阿、周弘正、张讥,隋何妥、刘炫等子孙以闻,当加引擢。

5　三月,窦州道行军总管党仁弘击罗窦反獠,破之,俘七千馀口。

6　辛丑,流鬼国遣使入贡。去京师万五千里,滨于北海,南邻靺鞨,未尝通中国,重三译而来。上以其使者佘志为骑都尉。

7　丙辰,置宁朔大使以护突厥。

8　夏,五月壬寅,徙燕王灵夔为鲁王。

9　上将幸洛阳,命将作大匠阎立德行清暑之地。秋,八月庚午,作襄城宫于汝州西山。立德,立本之兄也。

唐太宗贞观十四年(庚子,公元 640 年)

1 夏季,正月甲寅(十六日),太宗临幸魏王李泰住处,大赦雍州长安城斩刑以下的囚犯,免除延康里一带当年的租赋,赏赐魏王府僚属以及延康里老年人多少不等的物品。

2 二月丁丑(初十),太宗临幸国子监,观看释奠礼,命国子监祭酒孔颖达讲解《孝经》,赏赐祭酒以下直至成绩优异的诸生多少不等的绢帛。此时太宗大量征召全国名儒学者为学官,并多次亲临国子监,让他们讲论古代经典,学生中如有能够通晓《礼记》、《春秋左氏传》中的一种或更多的均得补为官员。又扩建学舍一千二百间,增加学生满两千二百六十人,连屯营飞骑,也派去博士,给他们传授经典,有能通晓经义的,便可入贡举。于是全国各地学者云集长安,甚至高丽、百济、新罗、高昌、吐蕃等首领也派他们的子弟请求入国子监学习,一时间就读学生达八千多人。太宗认为古书师出多门,注释也较为繁杂,便命孔颖达与其他学者共同撰定《五经》的注疏,称之为《正义》,令学生们研习。

3 壬午(十五日),太宗巡幸骊山温汤;辛卯(二十四日),回到宫中。

4 乙未(二十八日),太宗下诏访求近代名儒学者梁朝皇甫侃、褚仲都,周朝熊安生、沈重,陈国沈文阿、周弘正、张讥,隋朝何妥、刘炫等人的后代,上报给朝廷,当加以重用。

5 三月,窦州道行军总管党仁弘进攻罗窦反叛的獠民,将其击败,俘虏七千多人。

6 辛丑(初四),流鬼国派使节进献贡品。该地距离长安一万五千里,濒临北海,南临靺鞨,未曾与中国联系,通过三重的翻译才来到唐朝。太宗任命其使者佘志为骑都尉。

7 丙辰(十九日),设置宁朔大使以护卫突厥。

8 夏季,五月壬寅(初六),改封燕王李灵夔为鲁王。

9 太宗将要临幸洛阳,命将作大匠阎立德先行在沿途巡视避暑之地。秋季,八月庚午(初五),在汝州西山建襄城宫。阎立德是阎立本的兄长。

10　高昌王文泰闻唐兵起，谓其国人曰："唐去我七千里，沙碛居其二千里，地无水草，寒风如刀，热风如烧，安能致大军乎？往吾入朝，见秦、陇之北，城邑萧条，非复有隋之比。今来伐我，发兵多则粮运不给；三万已下，吾力能制之。当以逸待劳，坐收其弊。若顿兵城下，不过二十日，食尽必走，然后从而虏之。何足忧也？"及闻唐兵临碛口，忧惧不知所为，发疾卒，子智盛立。

军至柳谷，诇者言文泰刻日将葬，国人咸集于彼，诸将请袭之，侯君集曰："不可。天子以高昌无礼，故使吾讨之，今袭人于墟墓之间，非问罪之师也。"于是鼓行而进，至田城，谕之，不下，诘朝攻之，及午而克，虏男女七千馀口。以中郎将辛獠儿为前锋，夜，趋其都城，高昌逆战而败。大军继至，抵其城下。

智盛致书于君集曰："得罪于天子者，先王也，天罚所加，身已物故。智盛袭位未几，惟尚书怜察！"君集报曰："苟能悔过，当束手军门。"智盛犹不出。君集命填堑攻之，飞石雨下，城中人皆室处。又为巢车，高十丈，俯瞰城中。有行人及飞石所中，皆唱言之。先是，文泰与西突厥可汗相结，约有急相助。可汗遣其叶护屯可汗浮图城，为文泰声援。及君集至，可汗惧而西走千馀里，叶护以城降。智盛穷蹙，癸酉，开门出降。君集分兵略地，下其二十二城，户八千四十六，口一万七千七百，地东西八百里，南北五百里。

10　高昌王麹文泰听说唐朝已发兵前来讨伐，对其臣僚说："唐朝距离我们有七千里，其中两千里是沙漠地带，地无水草，寒风刮起来如同刀割一样，热风如同火烧一般，怎么能派大部队呢？以前我去唐朝，看见秦、陇北面一带，城邑萧条，人烟稀少，不能与隋朝时相比。如今唐朝派军队来攻伐，发兵多则粮草供应不上，三万以内的兵力我们足能对付他们。应当以逸待劳，坐等他们疲弊。如果他们陈兵城下，不超过二十天，粮绝必然撤退，而后我们可以追击俘虏他们。有什么值得忧虑的呢？"但等到听说唐朝军队兵临碛口，他又内心恐惧，不知怎么办才好，最后发病死去。他的儿子智盛即可汗位。

唐朝的军队到了柳谷，探马禀报说文泰近日即将安葬，高昌国内人士都聚集在葬地，众位将领请求袭击他们，侯君集说："不能这么做，大唐天子认为高昌怠慢无礼，所以派我们讨伐他们，如今要是在安葬墓地袭击他们，不是问罪的正义之师。"于是擂鼓进军，到达田城，下书晓谕，高昌不应，便于清晨发动进攻，到了中午便攻下城池，俘虏男女七千多人。又让中郎将辛獠儿为前锋，当夜，直逼其都城，高昌人迎击后被击败，唐朝大部队赶到，直抵其城下。

智盛给侯君集写信说："得罪大唐天子的是我的父亲，由于上天的惩罚，已经死去。智盛刚刚即位不久，请尚书谅宥！"君集回信写道："如果你真的悔过，应当主动到营门投降。"智盛还是不出来。侯君集命令填土攻城，城中飞石如雨下，城内人均躲在房屋中。唐军又造巢车，高十丈，可以俯瞰城内。城内行人走动以及飞石所中目标，在巢车上的人都大声告知唐军。先前，麹文泰与西突厥可汗相互勾结，约定一方遇急另一方相救援；西突厥可汗便派他的大臣驻守可汗浮图城，作为文泰的援助力量。等到侯君集兵临城下，西突厥可汗害怕，西逃一千多里，驻守大臣举城投降。智盛处境狼狈，癸酉（初八），开门出城投降。侯君集分兵各地，共攻下城池二十二座，获得八千零四十六户，一万七千七百人，占地东西八百里，南北五百里。

上欲以高昌为州县，魏徵谏曰："陛下初即位，文泰夫妇首来朝，其后稍骄倨，故王诛加之。罪止文泰可矣，宜抚其百姓，存其社稷，复立其子，则威德被于遐荒，四夷皆悦服矣。今若利其土地以为州县，则常须千馀人镇守，数年一易，往来死者什有三四，供办衣资，违离亲戚，十年之后，陇右虚耗矣。陛下终不得高昌撮粟尺帛以佐中国，所谓散有用以事无用，臣未见其可。"上不从，九月，以其地为西州，以可汗浮图城为庭州，各置属县。乙卯，置安西都护府于交河城，留兵镇之。

君集虏高昌王智盛及其群臣豪杰而还。于是唐地东极于海，西至焉耆，南尽林邑，北抵大漠，皆为州县，凡东西九千五百一十里，南北一万九百一十八里。

侯君集之讨高昌也，遣使约焉耆与之合势，焉耆喜，听命。及高昌破，焉耆王诣军门谒见君集，且言焉耆三城先为高昌所夺，君集奏并高昌所掠焉耆民悉归之。

11　冬，十月甲戌，荆王元景等复表请封禅，上不许。

12　初，陈仓折冲都尉鲁宁坐事系狱，自恃高班，慢骂陈仓尉尉氏刘仁轨，仁轨杖杀之。州司以闻。上怒，命斩之，犹不解，曰："何物县尉，敢杀吾折冲！"命追至长安面诘之。仁轨曰："鲁宁对臣百姓辱臣如此，臣实忿而杀之。"辞色自若。魏徵侍侧，曰："陛下知隋之所以亡乎？"上曰："何也？"徵曰："隋末，百姓强而陵官吏，如鲁宁之比是也。"上悦，擢仁轨为栎阳丞。

太宗想将高昌改为州县建置，魏徵劝谏道："陛下刚即位时，文泰夫妇首先来到朝中拜谒，此后逐渐骄傲自大，所以加以诛伐。只问罪文泰一人就可以了，应当安抚高昌百姓，保存其社稷，立他的儿子为可汗，则皇上的威德及于荒远之地，四方民族都会心悦诚服的。如今要是贪图它的土地，将其地改置为州县，那么还要经常有一千多人镇守，几年一换，来来往往死掉十分之三四，置备衣服物资，远离亲人，十年以后，陇右一带将耗费殆尽。陛下最终还是不能使高昌的粮食布匹供给大唐，正所谓分散有用资财以供奉无用之地，我觉得不可行。"太宗不听从其意见，九月，将高昌所在地改置为西州，改可汗浮图城为庭州，并各设所辖县。乙卯（二十一日），在交河城设立安西都护府，留下兵力镇守。

侯君集俘虏高昌王智盛及其贵族大臣还朝。于是唐朝地域东到大海，西至焉耆，南达林邑，北抵大沙漠，均设立州县，总共东西九千五百一十里，南北一万九百一十八里。

侯君集征讨高昌时，曾派人约焉耆与他们合围高昌，焉耆高兴，愿意听命。等到高昌败亡后，焉耆王到唐朝军队营地拜见侯君集，而且说焉耆三座城曾先被高昌夺去，君集禀报朝廷将三座城连同高昌所掠的焉耆百姓如数归还。

11　冬季，十月甲戌（初十），荆王李元景等人又上表请求行封禅礼，太宗不允。

12　起初，陈仓人折冲都尉鲁宁获罪被投入狱中，自恃品秩高，谩骂陈仓尉、尉氏人刘仁轨，仁轨命人将其乱杖打死。岐州的州官上报朝廷。太宗大怒，命令将刘仁轨斩首，而且还不满意："县尉算得什么，竟敢杀我的折冲都尉！"又命将刘仁轨押至长安当面质问他。刘仁轨说："鲁宁当着陈仓百姓如此羞辱我，我实在是愤恨之极，而将他杀掉。"神色自若。魏徵正在太宗身旁，说道："陛下知道隋朝灭亡的原因吗？"太宗问："什么原因？"魏徵说："隋朝末年，百姓恃强而侵凌官吏，就如同鲁宁一样。"太宗高兴，提升刘仁轨为栎阳县丞。

上将幸同州校猎，仁轨上言："今秋大稔，民收获者什才一二，使之供承猎事，治道葺桥，动费一二万功，实妨农事。愿少留銮舆旬日，俟其毕务，则公私俱济。"上赐玺书嘉纳之，寻迁新安令。闰月乙未，行幸同州。庚戌，还宫。

13　丙辰，吐蕃赞普遣其相禄东赞献金五千两及珍玩数百，以请婚。上许以文成公主妻之。

14　十一月甲子朔，冬至，上祀南郊。时《戊寅历》以癸亥为朔，宣义郎李淳风表称："古历分日起于子半，今岁甲子朔旦冬至，而故太史令傅仁均减馀稍多，子初为朔，遂差三刻，用乖天正，请更加考定。"众议以仁均定朔微差，淳风推校精密，请如淳风议，从之。

15　丁卯，礼官奏请加高祖父母服齐衰五月，嫡子妇服期，嫂、叔、弟妻、夫兄、舅皆服小功。从之。

16　丙子，百官复表请封禅，诏许之。更命诸儒详定仪注。以太常卿韦挺等为封禅使。

17　司门员外郎韦元方给给使过所稽缓，给使奏之。上怒，出元方为华阴令。魏徵谏曰："帝王震怒，不可妄发。前为给使，遂夜出敕书，事如军机，谁不惊骇？况宦者之徒，古来难养，轻为言语，易生患害，独行远使，深非事宜，渐不可长，所宜深慎。"上纳其言。

18　尚书左丞韦悰句司农木橦价贵于民间，奏其隐没。上召大理卿孙伏伽书司农罪。伏伽曰："司农无罪。"上怪，问其故，对曰："只为官橦贵，所以私橦贱。向使官橦贱，私橦无由贱矣。但见司农识大体，不知其过也。"上悟，屡称其善；顾谓韦悰曰："卿识用不逮伏伽远矣。"

太宗将要去同州狩猎，刘仁轨上奏书说："今年秋季粮食已成熟，百姓刚收割十分之一二，让他们承担狩猎事，筑路修桥，耗费一两万工力，实在是妨碍农事。希望陛下稍微停留十天半个月，等到粮食收割完毕，则对公对私都有好处。"太宗赐给玺书嘉奖听取他的意见，不久提升刘仁轨为新安县令。闰十月乙未（初二），太宗行幸同州，庚戌（十七日），返回宫中。

13　丙辰（二十三日），吐蕃首领赞普派他的宰相禄东赞向唐朝进献五千两黄金以及几百种珍玩器皿，请求通婚。太宗答应将文成公主许配给他。

14　十一月甲子朔（初一），这一天冬至，太宗祭祀于南郊。当时的《戊寅历》以癸亥为朔日，宣义郎李淳风上表说："古代历法划分日期确定在子时之半，今年甲子朔日早晨冬至，前太史令傅仁均减除时间稍多，子时初刻即为朔日，所以相差三刻，违背周朝订的天子正朔，请求重新加以考定。"众人议论认为傅仁均定的朔日有微差，李淳风推勘校定较为精密，请求遵照李淳风的意见，太宗同意。

15　丁卯（初四），礼官上奏请求将为高祖父母服齐衰的仪制增为五个月，为嫡子媳妇服丧一年，为嫂、叔、弟妻、夫兄、舅服丧五个月；太宗下诏依此办理。

16　丙子（十三日），文武百官又上表请求行封禅礼，太宗下诏准许。又命众位儒师详定礼仪；命太常卿韦挺等人为封禅使。

17　司门员外郎韦元方没有及时给外出宦官发放过关凭证，宦官上奏给太宗；太宗大怒，将韦元方降为华阴令。魏徵劝谏说："自古帝王震怒，不可随便发作。前几天为宦官事，连夜发出敕书，事如军机要务，谁能不惊骇？何况宦官之流，自古以来很难侍候，往往说话轻率，容易造成祸患，单独出使又行远路，很不合事宜，此风不可长，应当慎重行事。"太宗听从他的意见。

18　尚书左丞韦悰核查司农卿卖木头比民间百姓贵，上奏太宗说他有隐瞒吞没事。太宗召见大理卿孙伏伽书写司农卿的罪状。孙伏伽说："司农卿没有罪过。"太宗惊异，问他原因。孙伏伽答道："只因为官府木材贵，所以私人木材贱。假使官府木材贱，则私人木材无法再贱了。我只看见司农卿识大体，不知道他有什么过错。"太宗醒悟，多次称赞孙伏伽；并对韦悰说："你的见识远不如孙伏伽。"

19　十二月丁酉，侯君集献俘于观德殿。行饮至礼，大酺三日。寻以智盛为左武卫将军、金城郡公。上得高昌乐工，以付太常，增九部乐为十部。

君集之破高昌也，私取其珍宝。将士知之，竞为盗窃，君集不能禁，为有司所劾，诏下君集等狱。中书侍郎岑文本上疏，以为："高昌昏迷，陛下命君集等讨而克之，不逾旬日，并付大理。虽君集等自挂网罗，恐海内之人疑陛下唯录其过而遗其功也。臣闻命将出师，主于克敌，苟能克敌，虽贪可赏；若其败绩，虽廉可诛。是以汉之李广利、陈汤，晋之王濬，隋之韩擒虎，皆负罪谴，人主以其有功，咸受封赏。由是观之，将帅之臣，廉慎者寡，贪求者众。是以黄石公《军势》曰：'使智，使勇，使贪，使愚。故智者乐立其功，勇者好行其志，贪者急趋其利，愚者不计其死。'伏愿录其微劳，忘其大过，使君集重升朝列，复备驱驰，虽非清贞之臣，犹得贪愚之将，斯则陛下虽屈法而德弥显，君集等虽蒙宥而过更彰矣。"上乃释之。

又有告薛万均私通高昌妇女者，万均不服，内出高昌妇女付大理，与万均对辩。魏徵谏曰："臣闻'君使臣以礼，臣事君以忠'。今遣大将军与亡国妇女对辩帷箔之私，实则所得者轻，虚则所失者重。昔秦穆饮盗马之士，楚庄赦绝缨之罪，况陛下道高尧、舜，而曾二君之不逮乎？"上遽释之。

19　十二月丁酉(初五),侯君集将高昌俘虏带到观德殿。举行出征归来祭告宗庙饮酒庆祝的典礼,大宴群臣三天。不久,太宗任命智盛为左武卫将军、金城郡公。太宗得到高昌的乐工,把他们交给太常寺,并增加九部乐为十部乐。

侯君集攻破高昌时,曾私自掠夺大量的珍奇宝物;手下的将士知道,竞相偷盗,侯君集不能禁止,被有关官署弹劾,太宗下诏将侯君集等人捉拿入狱。中书侍郎岑文本上奏疏,认为:“高昌王昏庸腐败,陛下命侯君集等人讨伐并攻克他们,没过十天,又一并宣付大理寺。即使君集等人自投罗网,也恐怕国内人怀疑陛下只知记录其过错而遗忘其功劳。我听说受命出师的将领,主要是为了战胜敌人,如果能战胜敌人,即使贪婪也可赏赐;如果战败,即使清廉也要惩罚。所以汉代的李广利、陈汤,晋代的王濬,隋朝的韩擒虎,均身负罪过,君主以其有功于当朝,都给予封赏。由此看来,将帅等武臣,廉正谨慎的属少数,贪婪不检点的居多。所以黄石公《军势》中说:‘用将士们的智慧,用他们的勇武,用他们的贪婪,用他们的愚钝。故而有智慧的人乐于立功建业,勇武的人喜欢实现自己的志向,贪婪的人急于得到他的利益,愚钝的人不考虑生死。’希望陛下能够记住他微小的功劳,忘记其大的过错,使侯君集能够重新升列朝班,再次供陛下驱使,即使不是清正的大臣,也算得到了贪婪愚钝的将领,这样,陛下虽然有愧于法律却使德政更加显明,君集等人虽然承蒙谅宥而其过失也更加明显了。”太宗于是开释了侯君集等人。

又有人上告薛万均私通高昌女人,薛万均不服,太宗下令将高昌女人交付大理寺,与万均当面对质。魏徵劝谏说:“我听说过‘君主对待臣下用礼节,臣下便会以忠诚侍奉君主’。如今陛下让大将军与一个亡国的女子当堂对质男女私情,情况属实的话则得到的很轻微,不属实则失去的很严重。从前秦穆公给盗马的野人喝酒,楚庄王赦免因调戏宫姬被扯断帽缨的臣下,最后都得到加倍的回报,难道陛下道高于尧、舜,而却赶不上秦穆公、楚庄王二人吗?”太宗急忙释放了薛万均及高昌女子。

侯君集马病蚛颡，行军总管赵元楷亲以指沾其脓而嗅之，御史劾奏其谄，左迁栝州刺史。

高昌之平也，诸将皆即受赏，行军总管阿史那社尔以无敕旨，独不受，及别敕既下，乃受之，所取唯老弱故弊而已。上嘉其廉慎，以高昌所得宝刀及杂彩千段赐之。

20　癸卯，上猎于樊川。乙巳，还宫。

21　魏徵上疏，以为："在朝群臣，当枢机之寄者，任之虽重，信之未笃，是以人或自疑，心怀苟且。陛下宽于大事，急于小罪，临时责怒，未免爱憎。夫委大臣以大体，责小臣以小事，为治之道也。今委之以职，则重大臣而轻小臣；至于有事，则信小臣而疑大臣。信其所轻，疑其所重，将求致治，其可得乎？若任以大官，求其细过，刀笔之吏，顺旨成风，舞文弄法，曲成其罪。自陈也，则以为心不伏辜；不言也，则以为所犯皆实。进退惟谷，莫能自明，则苟求免祸，矫伪成俗矣！"上纳之。

22　上谓侍臣曰："朕虽平定天下，其守之甚难。"魏徵对曰："臣闻战胜易，守胜难，陛下之及此言，宗庙社稷之福也！"

23　上闻右庶子张玄素在东宫数谏争，擢为银青光禄大夫，行左庶子。太子尝于宫中击鼓，玄素叩阁切谏。太子出其鼓，对玄素毁之。太子久不出见官属，玄素谏曰："朝廷选俊贤以辅至德，今动经时月，不见宫臣，将何以裨益万一？且宫中唯有妇人，不知有能如樊姬者乎。"太子不听。

侯君集坐马的前额被虫子咬伤，行军总管赵元楷用手指沾脓，用鼻子闻其臭味，御史上奏弹劾赵元楷谄媚，降职为栝州刺史。

高昌平定后，众位将领均受到封赏，行军总管阿史那社尔认为没有皇上敕旨，不接受封赏，等到另有敕文下来，才接受，领受的只是一些老弱仆户和残次物品。太宗夸奖他廉正谨慎，赐给他从高昌得来的宝刀及各色彩绸一千段。

20　癸卯（十一日），太宗到樊川狩猎；乙巳（十三日），返回宫中。

21　魏徵上奏疏，认为："在朝的众位大臣中，担当掌管枢密机要的，虽委以重任，但对他们的信任还不够笃诚，所以有的人心存猜疑，抱得过且过的应付态度。陛下对大的事情较为宽容，却对小的过失不轻易放过，责怒下来，未免爱憎过于分明。委托大臣操持大事，责成小臣办小事，这是为政之道。如今各委托其职责，则重视大臣而轻慢小臣；遇到出了事，则又信任小臣而怀疑大臣。信任所轻慢的，怀疑所重视的，如此怎么能使国家达到大治呢？假如委任做大的官职，却求其小的过失，必然导致那些刀笔吏，顺从旨意诬告成风，舞文弄法，百般构陷罗织其罪。如果自己陈述呢，则认为内心不服罪；不加说明吧，就会被认为是所犯罪过属实。进退两难，不能辨明，这样就会导致群臣只求免于灾祸，必然矫饰虚伪成为风气。"太宗采纳他的意见。

22　太宗对身边大臣说："朕虽然平定了天下，但守成却很艰难。"魏徵答道："我听说取得胜利容易，守住胜利果实较难，陛下说这些话，这是宗庙社稷国人的福气呀。"

23　太宗听说右庶子张玄素在东宫多次进谏，便提升他为银青光禄大夫，行左庶子职。太子曾在宫中击鼓，玄素叩门直言切谏；太子将鼓拿出来，当玄素的面毁掉。太子很久不出宫见属下官吏，玄素劝谏说："朝廷遴选非常有才能的人来辅佐殿下，如今动辄经过数月，不见宫中臣属，这样将如何使他们对殿下有所裨益呢？而且宫中只有女人，不知是否有像楚庄王的樊姬那样贤惠的呢？"太子不听其谏言。

玄素少为刑部令史，上尝对朝臣问之曰："卿在隋何官？"对曰："县尉。"又问："未为尉时何官？"对曰："流外。"又问："何曹？"玄素耻之，出阁殆不能步，色如死灰。谏议大夫褚遂良上疏，以为："君能礼其臣，乃能尽其力。玄素虽出寒微，陛下重其才，擢至三品，翼赞皇储，岂可复对群臣穷其门户？弃宿昔之恩，成一朝之耻，使之郁结于怀，何以责其伏节死义乎？"上曰："朕亦悔此问，卿疏深会我心。"遂良，亮之子也。孙伏伽与玄素在隋皆为令史，伏伽或于广坐自陈往事，一无所隐。

24　戴州刺史贾崇以所部有犯十恶者，御史劾之。上曰："昔唐、虞大圣，贵为天子，不能化其子，况崇为刺史，独能使其民比屋为善乎？若坐是贬黜，则州县互相掩蔽，纵舍罪人。自今诸州有犯十恶者，勿劾刺史，但令明加纠察，如法施罪，庶以肃清奸恶耳。"

25　上自临治兵，以部陈不整，命大将军张士贵杖中郎将等；怒其杖轻，下士贵吏。魏徵谏曰："将军之职，为国爪牙，使之执杖，已非后法，况以杖轻下吏乎？"上亟释之。

26　言事者多请上亲览表奏，以防壅蔽。上以问魏徵，对曰："斯人不知大体，必使陛下一一亲之，岂惟朝堂，州县之事亦当亲之矣。"

张玄素年轻时为刑部令史，太宗曾当朝中大臣的面问他：“你在隋朝时官居何职？”张玄素答道：“县尉。”又问：“县尉之前做何官？”答道：“九品之外未入流。”又问：“是哪一曹的小吏？”张玄素感到羞耻，走出殿门时几乎不能迈步，面如死灰。谏议大夫褚遂良上奏疏说：“君主如果能以礼待臣下，臣下才能尽心竭力。张玄素虽然出身寒微，但陛下重视他的才能，擢升他到三品，辅佐太子，怎么可以当着大臣们穷追他的出身呢？抛开往日的恩宠，造成一朝的羞耻，使他心怀不安忧虑，又怎么能责成人家尽忠效节呢？”太宗说：“朕也深深后悔问这些话，你的奏疏正与我的心思契合。”褚遂良是褚亮的儿子。孙伏伽与张玄素在隋朝都做令史，孙伏伽有时在大庭广众之下自陈往事，丝毫无所隐讳。

24 戴州刺史贾崇所辖部下有犯十恶罪的，御史弹劾贾崇。太宗说：“以前唐尧、虞舜圣王，贵为天子，还不能感化他们的儿子；何况贾崇身为刺史，能使其百姓个个行善吗？如果因此事而贬职，就会造成州县间相互掩盖，放纵犯人。从今往后各州有犯十恶罪的，不要弹劾刺史，只是令他们明加纠察，依法治罪，也许这样才可以肃清奸恶的发生。”

25 太宗亲自整治护卫士兵，见队列不整齐，命大将军张士贵杖打中郎将等人；又恼怒其杖打太轻，命拿下士贵送审。魏徵劝谏道：“将军的职务，是国家的爪牙；让他执杖打人，已经不足为后世效法，何况只因为杖打得轻就将他送审呢？”太宗急忙放了张士贵。

26 上书言事的人多请求太宗亲自翻阅表章奏折，以防止被蒙蔽。太宗将此事询问魏徵，魏徵答道：“这些人不识大体，如果必定要陛下一一亲自过目，那么岂止朝堂奏章，各州县的事也应当亲自过问了。”

卷第一百九十六　唐纪十二

起辛丑(641)尽癸卯(643)三月凡二年有奇

太宗文武大圣大广孝皇帝中之中

贞观十五年(辛丑,641)

1　春,正月甲戌,以吐蕃禄东赞为右卫大将军。上嘉禄东赞善应对,以琅邪公主外孙段氏妻之。辞曰:“臣国中自有妇,父母所聘,不可弃也。且赞普未得谒公主,陪臣何敢先娶!”上益贤之,然欲抚以厚恩,竟不从其志。

丁丑,命礼部尚书江夏王道宗持节送文成公主于吐蕃。赞普大喜,见道宗,尽子婿礼,慕中国衣服、仪卫之美,为公主别筑城郭宫室而处之,自服纨绮以见公主。其国人皆以赭涂面,公主恶之,赞普下令禁之,亦渐革其猜暴之性,遣子弟入国学,受《诗》、《书》。

2　乙亥,突厥俟利苾可汗始帅部落济河,建牙于故定襄城,有户三万,胜兵四万,马九万匹,仍奏言:“臣非分蒙恩,为部落之长,愿子子孙孙为国家一犬,守吠北门。若薛延陀侵逼,请从家属入长城。”诏许之。

3　上将幸洛阳,命皇太子监国,留右仆射高士廉辅之。辛巳,行及温汤。卫士崔卿、刁文懿惮于行役,冀上惊而止,乃夜射行宫,矢及寝庭者五。皆以大逆论。

太宗文武大圣大广孝皇帝中之中

唐太宗贞观十五年(辛丑,公元641年)

1 春季,正月甲戌(十二日),唐朝廷任命吐蕃禄东赞为右卫大将军。太宗嘉许禄东赞善于应对,将琅邪公主的外孙女段氏嫁给他为妻,禄东赞推辞说:"臣在本国中自有妻子,是父母为我聘娶的,不能够抛弃。而且我们的赞普还未曾迎娶公主,陪臣我怎么敢先娶呢?"太宗更加赞赏他,然而想要以厚礼隆恩加以抚慰,最后还是没有按他的意思办。

丁丑(十五日),太宗令礼部尚书、江夏王李道宗持旌节护送文成公主到吐蕃。吐蕃赞普非常高兴,见到李道宗,完全按婿礼行事,羡慕唐朝的服装和仪仗之美,将公主安置在特意营筑的城郭宫室之内,自己穿着精美的丝绸服装与公主见面。吐蕃人的脸上都涂着红褐色,公主感到厌恶,赞普便下令禁止涂面;并且逐渐改变其猜忌粗暴的本性,派遣本族子弟到长安国子学,学习《诗经》、《尚书》等典籍。

2 乙亥,突厥俟利苾可汗开始率部落渡过黄河,在旧定襄城建牙帐,共有三万户,军队四万人,九万匹马,于是上奏言道:"我过分地蒙受恩宠,成为本部落的首领,只希望子子孙孙为大唐效犬马之劳,守卫北面的大门。假如薛延陀侵犯逼近,请求允许我方家属进入长城以内。"太宗下诏应允。

3 太宗将要巡幸洛阳,命皇太子留守监国,并留下尚书右仆射高士廉辅佐太子。辛巳(十九日),太宗车辇到了温泉。卫士崔卿、刁文懿二人厌倦于行进之苦,希望太宗能因受惊吓而停止巡行,于是在夜里向太宗行宫射箭,有五枝箭射入寝宫庭院。事发后,二人均以大逆罪被处死。

三月戊辰，幸襄城宫，地既烦热，复多毒蛇。庚午，罢襄城宫，分赐百姓，免阎立德官。

4 夏，四月辛卯朔，诏以来年二月有事于泰山。

5 上以近世阴阳杂书，讹伪尤多，命太常博士吕才与诸术士刊定可行者，凡四十七卷。己酉，书成，上之。才皆为之叙，质以经史。其叙《宅经》，以为："近世巫觋妄分五姓，如张、王为商，武、庾为羽，似取谐韵。至于以柳为宫，以赵为角，又复不类。或同出一姓，分属宫商；或复姓数字，莫辨徵羽。此则事不稽古，义理乖僻者也。"叙《禄命》，以为："禄命之书，多言或中，人乃信之。然长平坑卒，未闻共犯三刑；南阳贵士，何必俱当六合？今亦有同年同禄而贵贱悬殊，共命共胎而寿夭更异。按鲁庄公法应贫贱，又尪弱短陋，惟得长寿；秦始皇法无官爵，纵得禄，少奴婢，为人无始有终；汉武帝、后魏孝文帝皆法无官爵；宋武帝禄与命并当空亡，唯宜长子，虽有次子，法当早夭。此皆禄命不验之著明者也。"其叙《葬》，以为："《孝经》云'卜其宅兆而安厝之'，盖以窀穸既终，永安体魄，而朝市迁变，泉石交侵，不可前知，故谋之龟筮。近岁或选年月，或相墓田，以为一事失所，祸及死生。按《礼》：天子、诸侯、大夫葬皆有月数，是古人不择年月也。《春秋》：'九月丁巳，葬定公，雨，不克葬，戊午，日下昃，乃克葬。'是不择日也。郑葬简公，司墓之室当路，毁之则朝而窆，

三月戊辰(初七),太宗巡幸襄城宫,当地天气燥热,又多毒蛇出没;庚午(初九),废除襄城宫的行宫地位,将它分赐给当地的百姓,并罢免了营建此宫的阎立德的官职。

4 夏季,四月辛卯朔(初一),太宗下诏宣布下一年二月份在泰山行封禅礼。

5 太宗认为近代以来的阴阳杂书讹误很多,命太常博士吕才与众多方术之士刊定其中可以通行的内容,共成四十卷。己酉(十九日),书修成,进呈太宗;吕才每本书都写有序,质证于经史书籍。他为《宅经》作序,认为:“近代以来巫觋阴阳之术,妄自划分姓氏以附会音律,譬如张、王姓为商,武、庚姓为羽,似乎是取其谐韵;至于以柳姓为宫,以赵姓为角,又像是不伦不类。或者同出于一姓,却分属不同的二调;或者属于复姓的几个字,却不能分辨属于哪个调。这些都是不符合古代事例,也深乖义理的。”序《禄命》一篇认为:“福禄性命之书,说的多了总能说中,人们便相信它。然而长平之战,秦国坑杀赵国士兵四十馀万人,没有听说他们都犯了三刑;汉光武帝时南阳人士多富贵,又哪里都是遇上六合的吉日。如今也有虽然生辰时日禄命相同,却贵贱相差悬殊,命理相同的双胞胎兄弟却寿命长短有异。按命理说鲁庄公本来应该贫贱,又懦弱见识短,唯独得以长寿;秦始皇不应该有官爵,纵使得到食禄,也少有奴婢,为人没有起始而有终极;汉武帝、后魏孝文帝都是本不应有官爵;以宋武帝的禄与命来讲都是空亡,只对长子合宜,即使有次子,也应当早早夭折;这些都是福禄性命不征验的明显证明。”吕才为《葬》作序,认为:“《孝经》说‘卜选阴宅墓地,然后再加以安葬’,这是因为人死后长夜漫漫,体魄永远安息,然而城邑集市不断变化,泉水与石块交互侵蚀,不可以预先知道,所以要谋求于龟筮占卜之类。近几年来丧葬或者选年月,或者选择墓地,认为一件事偶有差失,便会累及死人和活着的人。按照《周礼》的说法:天子、诸侯与士大夫的丧葬都有规定的月数,这说明古人不作年月的挑选。《春秋》写道:‘九月丁巳(九日),安葬鲁定公,赶上天下大雨,没有安葬,戊午(十日),太阳西斜,才将定公安葬。’这说明也不选择日期。郑国安葬简公,看墓的房子正好挡在安葬的道上,拆毁它则可以早晨落葬,

不毁则日中而窆，子产不毁，是不择时也。古之葬者皆于国都之北，兆域有常处，是不择地也。今葬书以为子孙富贵、贫贱、寿夭，皆因卜葬所致。夫子文为令尹而三已，柳下惠为士师而三黜，计其丘陇，未尝改移。而野俗无识，妖巫妄言。遂于擗踊之际，择葬地以希官爵；荼毒之秋，选葬时以规财利。或云辰日不可哭泣，遂莞尔而对吊客；或云同属忌于临圹，遂吉服不送其亲。伤教败礼，莫斯为甚！”术士皆恶其言，而识者皆以为确论。

6　丁巳，果毅都尉席君买帅精骑百二十袭击吐谷浑丞相宣王，破之，斩其兄弟三人。初，丞相宣王专国政，阴谋袭弘化公主，劫其王诺曷钵奔吐蕃。诺曷钵闻之，轻骑奔鄯善城，其臣威信王以兵迎之，故君买为之讨诛宣王。国人犹惊扰，遣户部尚书唐俭等慰抚之。

7　五月壬申，并州父老诣阙请上封泰山毕，还幸晋阳，上许之。

8　丙子，百济来告其王扶馀璋之丧，遣使册命其嗣子义慈。

9　己酉，有星孛于太微，太史令薛颐上言，未可东封。辛亥，起居郎褚遂良亦言之。丙辰，诏罢封禅。

10　太子詹事于志宁遭母丧，寻起复就职。太子治宫室，妨农功，又好郑、卫之乐，志宁谏，不听。又宠昵宦官，常在左右，志宁上书，以为：“自易牙以来，宦官覆亡国家者非一。今殿下亲宠此属，使陵易衣冠，不可长也。”太子役使司驭等，半岁不许分番，又私引突厥达哥友入宫，志宁上书切谏，太子大怒，遣刺客张思政、纥干承基杀之。二人入其第，见志宁寝处苫块，竟不忍杀而止。

不拆它则要到中午才能落葬，子产决定不拆毁，这是不选择时辰。古人安葬均在京城的北面，墓地有固定的地方，这便是不另外选择墓地。如今丧葬书上说子孙富贵与贫贱、长寿与夭折，都是由于占卜丧葬的缘故。子文三次做令尹而三次被罢免，柳下惠三次做士师也三次被免职，料想他们的丘陇墓地，也没有移动吧。而乡野村俗没有知识，妖人巫师一派胡言。于是便在捶胸顿足极度悲哀之际，选择葬地希望能得到官爵；痛苦不堪的时节，希望选择安葬时辰来获取财物好处。有人说逢辰日不能哭泣，于是便笑着面对吊客；有人说家人中有忌去葬地的，于是便身着吉服不去送亲入葬。伤风败俗破坏礼教，没有比这些更为严重的了！”搞巫术占卜的人都憎恶吕才的这一番言论，有识之士均许为精辟之论。

6　丁巳（二十七日），果毅都尉席君买率领精锐骑兵一百二十人袭击吐谷浑丞相宣王，重创敌军，将其兄弟三人斩首。起初，丞相宣王独掌吐谷浑国政，密谋袭击下嫁吐谷浑的弘化公主，劫持吐谷浑国王诺曷钵投奔吐蕃。诺曷钵事先得知消息，率轻骑奔赴鄯善城，他手下的大臣威信王领兵迎接，所以席君买便替诺曷奔讨伐宣王。吐谷浑人大受惊扰，太宗派户部尚书唐俭前往安抚。

7　五月壬申（十二日），并州百姓来到朝中请求太宗在泰山封禅后，回来巡幸晋阳，太宗应允。

8　丙子（十六日），百济派人来为他们的国王扶馀璋报丧，太宗派使节册封他的儿子义慈继任。

9　己酉，有异星出现于太微垣，太史令薛颐上书认为此时不可去泰山封禅；辛亥（二十一日），起居郎褚遂良也言及此事；丙辰（二十六日），太宗下诏停止封禅。

10　太子詹事于志宁母丧丁忧离职，不久服丧中重新复职。当时太子修筑宫室，妨碍农事；又喜爱淫靡之音。于志宁反复劝谏，太子不听。又宠幸亲近宦官，常让他们不离身边左右，志宁给太宗上书，认为：“自从易牙以后，宦官导致国家灭亡的事例很多。如今太子殿下亲近此类人物，并让他们敢于与太子换穿衣服，此风不可长。”太子又私自役使皇厩驾驭手，半年不许他们轮流值班，又私下带引突厥人达哥友进入宫中，志宁上书直言切谏，太子勃然大怒，派刺客张思政、纥干承基二人去杀于志宁。二人进入于志宁的宅第，见志宁躺在苫席上，头枕着土块，为母亲服丧终于不忍心杀他而罢休。

11 西突厥沙钵罗叶护可汗数遣使入贡。秋，七月甲戌，命左领军将军张大师持节即其所号立为可汗，赐以鼓纛。上又命使者多赍金帛，历诸国市良马，魏徵谏曰："可汗位未定而先市马，彼必以为陛下志在市马，以立可汗为名耳。使可汗得立，荷德必浅；若不得立，为怨实深。诸国闻之，亦轻中国，市或不得，得亦非美。苟能使彼安宁，则诸国之马，不求自至矣。"上欣然止之。

乙毗咄陆可汗与沙钵罗叶护互相攻，乙毗咄陆浸强大，西域诸国多附之。未几，乙毗咄陆使石国吐屯击沙钵罗叶护，擒之以归，杀之。

12 丙子，上指殿屋谓侍臣曰："治天下如建此屋，营构既成，勿数改移。苟易一榱，正一瓦，践履动摇，必有所损。若慕奇功，变法度，不恒其德，劳扰实多。"

13 上遣职方郎中陈大德使高丽，八月己亥，自高丽还。大德初入其境，欲知山川风俗，所至城邑，以绫绮遗其守者，曰："吾雅好山水，此有胜处，吾欲观之。"守者喜，导之游历，无所不至，往往见中国人，自云："家在某郡，隋末从军，没于高丽，高丽妻以游女，与高丽错居，殆将半矣。"因问亲戚存没，大德绐之曰："皆无恙。"咸涕泣相告。数日后，隋人望之而哭者，遍于郊野。大德言于上曰："其国闻高昌亡，大惧，馆候之勤，加于常数。"上曰："高丽本四郡地耳，吾发卒数万攻辽东，彼必倾国救之，别遣舟师出东莱，自海道趋平壤，水陆合势，取之不难。但山东州县凋瘵未复，吾不欲劳之耳！"

11　西突厥沙钵罗叶护可汗多次派使节进献贡品。秋季，七月甲戌（十五日），太宗命令左领军将军张大师持旌节就其已得名位立沙钵罗叶护为可汗，赐给鼓和大旗。太宗又命令使者多带着金银财物，在沿途经过的各国购买好马，魏徵劝谏说："可汗的位置还未确定却先去买马，他们必然认为陛下的志趣只在买马，立可汗只是虚名。立了可汗，他们感戴的恩德必然浅薄；如果没有立可汗，他们的怨恨必然深。各国听说这件事，也会轻视我大唐。买马也许买不成，即使买成也并非好事。如果能使西突厥安定，那么各国的好马，不用买自然会送上门来。"太宗信服魏徵的话，停止了买马的事。

乙毗咄陆可汗与沙钵罗叶护相互征战，乙毗咄陆日渐强大，西域各国多依附于他。不久，乙毗咄陆让掌握石国大权的突厥吐屯袭击沙钵罗叶护，将其擒获并送到乙毗咄陆那里，将他杀死。

12　丙子（十七日），太宗指着殿宇对身边大臣说："治理天下如同建造这些房屋，营造建成之后，不要多次改变移动；假如换一根椽，或一片瓦，上房践踏摇动，必然有所损害。如果贪慕奇功，屡变法度，不恒守固有的道德，劳扰百姓之处实在太多。"

13　太宗派职方郎中陈大德出使高丽国，八月己亥（初十），从高丽返回长安。陈大德起初进入高丽境内时，很想知道当地山川名胜与风俗，经过某一城镇，将绫罗绸缎送给当地官员，说："我一向喜爱山水，此地如有名胜，我想去看一看。"当地官员十分高兴，引导他去游历，无处不去，处处见到有中原人，自我介绍说："家住在某郡，隋末充军东征，留在高丽，高丽人把无业妇女嫁给我们，我们与高丽杂错居处，几乎占当地人的一半。"并向陈大德询问他们中原的亲属的生死状况，大德哄骗他们说："均完好无恙。"他们听后挥泪互相转告。几天后，隋朝留在高丽的中原人来见大德，都眼含泪水，城郊野外聚集着很多人。大德回到朝中对太宗说："高丽人听说高昌已经灭亡，大为惊恐，频频去馆舍中问候，超过以往。"太宗说："高丽本来是汉武帝所设四郡，我大唐如果发动数万兵力攻打辽东，高丽必然要倾国相救，如果另外派水师出东莱，从海道直驱平壤，水陆合围，攻取高丽并不难。只是山东一带州县凋疲，尚未复原，朕不想再使百姓疲劳。"

14　乙巳，上谓侍臣曰："朕有二喜一惧。比年丰稔，长安斗粟直三四钱，一喜也；北虏久服，边鄙无虞，二喜也。治安则骄侈易生，骄侈则危亡立至，此一惧也。"

15　冬，十月辛卯，上校猎伊阙。壬辰，幸嵩阳。辛丑，还宫。

16　并州大都督长史李世勣在州十六年，令行禁止，民夷怀服。上曰："隋炀帝劳百姓，筑长城以备突厥，卒无所益。朕唯置李世勣于晋阳而边尘不惊，其为长城，岂不壮哉？"十一月庚申，以世勣为兵部尚书。

17　壬申，车驾西归长安。

18　薛延陀真珠可汗闻上将东封，谓其下曰："天子封泰山，士马皆从，边境必虚，我以此时取思摩，如拉朽耳。"乃命其子大度设发同罗、仆骨、回纥、靺鞨、霫等兵合二十万，度漠南，屯白道川，据善阳岭以击突厥。俟利苾可汗不能御，帅部落入长城，保朔州，遣使告急。

癸酉，上命营州都督张俭帅所部骑兵及奚、霫、契丹压其东境，以兵部尚书李世勣为朔州道行军总管，将兵六万，骑千二百，屯羽方；右卫大将军李大亮为灵州道行军总管，将兵四万，骑五千，屯灵武；右屯卫大将军张士贵将兵一万七千，为庆州道行军总管，出云中；凉州都督李袭誉为凉州道行军总管，出其西。

诸将辞行，上戒之曰："薛延陀负其强盛，逾漠而南，行数千里，马已疲瘦。凡用兵之道，见利速进，不利速退。薛延陀不能掩思摩不备，急击之，思摩入长城，又不速退。吾已敕思摩烧薙秋草，彼粮糗日尽，野无所获。顷侦者来，云其马啮林木枝皮略尽。卿等当与思摩共为掎角，不须速战，俟其将退，一时奋击，破之必矣。"

14　乙巳（十六日），太宗对身边大臣说："朕有二件喜事一件忧事。连年丰收，长安城一斗粟仅值三四钱，这是一喜；北方部族久已服顺，边境没有祸患，这是二喜。政治安定则容易滋生骄奢淫逸，骄奢淫逸则立刻遭致危亡，此是一件忧虑的事。"

15　冬季，十月辛卯（初三），太宗到伊阙狩猎；壬辰（初四），巡幸嵩阳县；辛丑（十三日），回到宫中。

16　并州大都督府长史李世勣在并州任职十六年，令行禁止，百姓顺服安定。太宗说："隋炀帝疲劳百姓，修筑长城以防备突厥的进攻，最后毫无用处。朕只是将李世勣安置在晋阳，而边境安宁，他作为我的长城，岂不是更为壮美吗？"十一月庚申（初三），任命李世勣为兵部尚书。

17　壬申（十五日），太宗车驾西行回到长安。

18　薛延陀真珠可汗听说太宗想要东去泰山行封禅礼，对他的下属说："大唐天子去泰山封禅，护卫都跟随前往，边境地区必然空虚，我乘此时机攻取思摩，势如摧枯拉朽。"于是命令他的儿子大度设征发同罗、仆骨、回纥、靺鞨、霫等族兵马，总计二十万人，渡过漠南，屯兵在白道川，据守善阳岭，袭击突厥。俟利苾可汗抵挡不住，率领本部落进入长城，守住朔州，派使者向唐朝告急。

癸酉（十六日），太宗命令营州都督张俭率领本部骑兵以及奚、霫、契丹族兵马进逼薛延陀东部边境；任命兵部尚书李世勣为朔州道行军总管，领兵六万，一千二百名骑兵，驻扎在羽方城；任命右卫大将军李大亮为灵州道行军总管，领兵四万，骑兵五千，驻扎在灵武；任命右屯卫大将军张士贵领兵一万七千人，为庆州道行军总管，出兵云中；任命凉州都督李袭誉为凉州道行军总管，出击薛延陀西部。

众位将领向太宗辞行，太宗告诫他们说："薛延陀仗着他们强盛，越过沙漠南下，行程几千里，马已疲乏瘦弱。凡是用兵的道理，须是见有利迅速推进，见着不利局面迅速撤退。薛延陀不能乘思摩不防备，急速进攻，思摩进入长城以内，薛延陀兵又不立即后退；朕已敕令思摩烧掉秋草，对方粮草日益吃尽，野地中毫无所获。刚才探马来报，说他们的马啃吃树皮枝叶已经快光了。你们应当与思摩互成掎角之势，不需要速战，等到敌人将要撤退时，一鼓作气，乘胜追击，定会大破敌军。"

19 十二月戊子，车驾至京师。

20 己亥，薛延陀遣使入见，请与突厥和亲。甲辰，李世勣败薛延陀于诺真水。初，薛延陀击西突厥沙钵罗及阿史那社尔，皆以步战取胜，及将入寇，乃大教步战，使五人为伍，一人执马，四人前战，战胜则授以马追奔。于是大度设将三万骑逼长城，欲击突厥，而思摩已走，知不可得，遣人登城骂之。会李世勣引唐兵至，尘埃涨天，大度设惧，将其众自赤柯泺北走，世勣选麾下及突厥精骑六千自直道邀之，逾白道川，追及于青山。大度设走累日，至诺真水，勒兵还战，陈亘十里。突厥先与之战，不胜，还走，大度设乘胜追之，遇唐兵，薛延陀万矢俱发，唐马多死。世勣命士卒皆下马，执长矟，直前冲之。薛延陀众溃，副总管薛万徹以数千骑收其执马者。薛延陀失马，不知所为，唐兵纵击，斩首三千馀级，捕虏五万馀人。大度设脱身走，万徹追之不及。其众至漠北，值大雪，人畜冻死者什八九。

李世勣还军定襄，突厥思结部居五台者叛走，州兵追之，会世勣军还，夹击，悉诛之。

丙子，薛延陀使者辞还，上谓之曰："吾约汝与突厥以大漠为界，有相侵者，我则讨之。汝自恃其强，逾漠攻突厥。李世勣所将才数千骑耳，汝已狼狈如此！归语可汗：凡举措利害，可善择其宜。"

21 上问魏徵："比来朝臣何殊不论事？"对曰："陛下虚心采纳，必有言者。凡臣徇国者寡，爱身者多，彼畏罪，故不言耳。"上曰："然。人臣关说忤旨，动及刑诛，与夫蹈汤火冒白刃者亦何异哉！是以禹拜昌言，良为此也。"

19　十二月戊子(初一),太宗车驾回到长安。

20　己亥(十二日),薛延陀派使节入朝见太宗,请求与突厥和亲。甲辰(十七日),李世勣在诺真水大败薛延陀。起初,薛延陀袭击西突厥沙钵罗以及阿史那社尔,均以步战取胜;等到将要去进攻思摩时,便教习士兵大练步战,让五个人为一队,一人牵马,四人冲前拼战,战胜后则骑上马追击。当时大度设率三万骑兵进逼长城,想要袭击突厥,而思摩已经先行逃走,望尘莫及,只得派人登上城楼谩骂。适逢李世勣带领唐朝兵马赶到,尘土飞扬,一眼望不到边,大度设十分害怕,率领大部队从赤柯泺向北逃去,李世勣挑选麾下及突厥精锐骑兵六千人从直路拦截,跨越白道川,在青山追上敌军。大度设狂奔数日,到了诺真水,指挥军队回军作战,战阵横亘十里地。突厥兵先和他们拼战,不能取胜,退兵,大度设乘胜追击,与唐朝的部队遭遇,薛延陀兵万箭齐发,唐军马匹多被射死。李世勣命令士兵们都下马,手执长槊,往前直冲。薛延陀兵溃散,副总管薛万徹用数千骑兵收捕薛延陀部队中牵马的士兵。薛延陀兵丢失了马匹,惊慌失措,唐兵纵兵攻击,杀死三千多人,俘虏五万多人。大度设脱身逃走,薛万徹追赶不及。薛延陀兵到了漠北,赶上天降大雪,人和马匹冻死了十分之八九。

李世勣回师定襄,突厥思结部居住在五台县的纷纷叛逃,当地州兵追捕他们,正赶上李世勣的部队回来,两军夹击,将他们全部杀掉。

丙午(十九日),薛延陀使者向太宗辞行,太宗对他说:“我约定你们与突厥以大沙漠为界,如有侵袭者,我大唐即予以讨伐。你们自恃强大,越过沙漠进入突厥。李世勣仅仅率领几千骑兵,你们便如此狼狈。你回去告诉你们的可汗:做事须权衡利弊,要善于选择适宜的事去做。”

21　太宗问魏徵:“近来朝廷大臣们为什么不上书议论朝政?”魏徵答道:“陛下虚心纳谏,就一定会有上书言事者。大臣们愿为国徇身者少,爱惜自身的人较多,他们害怕获罪,所以不上书言事。”太宗说:“是这样。大臣们议论国事而违背圣意,动辄处以刑罚,这与上刀山下火海又有什么区别呢?所以大禹给提意见的人行礼,正是为此。”

房玄龄、高士廉遇少府少监窦德素于路，问："北门近何营缮？"德素奏之。上怒，让玄龄等曰："君但知南牙政事，北门小营缮，何预君事！"玄龄等拜谢。魏徵进曰："臣不知陛下何以责玄龄等，而玄龄等亦何所谢？玄龄等为陛下股肱耳目，于中外事岂有不应知者？使所营为是，当助陛下成之；为非，当请陛下罢之。问于有司，理则宜然。不知何罪而责，亦何罪而谢也！"上甚愧之。

22　上尝临朝谓侍臣曰："朕为人主，常兼将相之事。"给事中张行成退而上书，以为："禹不矜伐而天下莫与之争。陛下拨乱反正，群臣诚不足望清光，然不必临朝言之。以万乘之尊，乃与群臣校功争能，臣窃为陛下不取。"上甚善之。

十六年(壬寅,642)

1　春，正月乙丑，魏王泰上《括地志》。泰好学，司马苏勖说泰，以古之贤王皆招士著书，故泰奏请修之。于是大开馆舍，广延时俊，人物辐凑，门庭如市。泰月给逾于太子，谏议大夫褚遂良上疏，以为："圣人制礼，尊嫡卑庶，世子用物不会，与王者共之。庶子虽爱，不得逾嫡，所以塞嫌疑之渐，除祸乱之源也。若当亲者疏，当尊者卑，则佞巧之奸，乘机而动矣。昔汉窦太后宠梁孝王，卒以忧死；宣帝宠淮阳宪王，亦几至于败。今魏王新出阁，宜示以礼则，训以谦俭，乃为良器，此所谓'圣人之教不肃而成'者也。"上从之。

房玄龄、高士廉路上遇见少府少监窦德素，问道：“北门近来在营建什么？”窦德素奏与太宗。太宗大怒，责备房玄龄等人说：“你只管执掌南衙朝中政事，北门小小的营缮事，与你有什么相干？”房玄龄等磕头谢罪。魏徵进谏说：“我不知道陛下为什么要责备玄龄等人，玄龄等人又为什么要谢罪？玄龄等人身为陛下的股肱耳目之臣，对宫内宫外事岂有不应知道的道理？如果营造的事是对的，定会帮助陛下促成其事；如果不当营造，就应当请求陛下停止此事。所以他们询问有关部门，也是理所当然的事。不知因何罪而责怪他们，又因为什么罪而谢罪呢。”太宗听后十分羞愧。

22　太宗曾在上朝时对身边大臣说：“朕为万民之主，经常要兼管武将文相的事。”给事中张行成退朝后又上书给太宗，认为：“大禹本人不自大自夸而天下人都不和他争功争能。陛下拨乱反正，众位大臣实在是不足以眺望到圣明风采；然而陛下却不必在上朝时言及此事。以陛下的天子尊体，却与群臣争功比能，我认为深不足取。”太宗非常赞许张行成。

唐太宗贞观十六年(壬寅，公元642年)

1　春季，正月乙丑(初九)，魏王李泰进呈《括地志》一书。李泰勤勉好学，司马苏勖劝说李泰，古代的贤能王子均招徕学者著书立说，故而李泰奏请修撰《括地志》。于是大开馆舍，广泛延请天下俊彦贤才，人才济济，门庭若市。李泰每月的经费超过了太子，谏议大夫褚遂良上奏疏言道：“圣人制定礼仪，是为了尊嫡卑庶，供嫡长子用的物品不作计算，与君王待遇相同。对庶出的儿子虽然喜欢，也不得超过嫡子，这是为了堵塞嫌疑的发生，除去祸乱的根源。如果应当亲近的人反而疏远，应当尊贵的人反而卑贱，则那些奸佞之人，必然会乘此时机得势。从前西汉窦太后宠幸梁孝王，梁孝王最后忧虑而死；汉宣帝宠幸淮阳宪王，也几乎导致败亡。如今魏王刚刚作藩王，应该向他显示礼仪制度，用谦虚节俭来训导，如此才能使他成为良才，正所谓‘圣人的教导不待严肃而自然有成’。”太宗听从了他的意见。

上又令泰徙居武德殿。魏徵上书，以为："陛下爱魏王，常欲使之安全，宜每抑其骄奢，不处嫌疑之地。今移居此殿，乃在东宫之西，海陵昔尝居之，时人不以为可。虽时异事异，然亦恐魏王之心不敢安息也。"上曰："几致此误。"遽遣泰归第。

2　辛未，徙死罪者实西州，其犯流徒则充戍，各以罪轻重为年限。

3　敕天下括浮游无籍者，限来年末附毕。

4　以兼中书侍郎岑文本为中书侍郎，专知机密。

5　夏，四月壬子，上谓谏议大夫褚遂良曰："卿犹知起居注，所书可得观乎？"对曰："史官书人君言动，备记善恶，庶几人君不敢为非，未闻自取而观之也！"上曰："朕有不善，卿亦记之邪？"对曰："臣职当载笔，不敢不记。"黄门侍郎刘洎曰："借使遂良不记，天下亦皆记之。"上曰："诚然。"

6　六月庚寅，诏息隐王可追复皇太子，海陵剌王元吉追封巢王，谥并依旧。

7　甲辰，诏自今皇太子出用库物，所司勿为限制。于是太子发取无度，左庶子张玄素上书，以为："周武帝平定山东，隋文帝混一江南，勤俭爱民，皆为令主；有子不肖，卒亡宗祀。圣上以殿下亲则父子，事兼家国，所应用物不为节限，恩旨未逾六旬，用物已过七万，骄奢之极，孰云过此！况宫臣正士，未尝在侧；群邪淫巧，昵近深宫。在外瞻仰，已有此失；居中隐密，宁可胜计？苦药利病，苦言利行，伏惟居安思危，日慎一日。"太子恶其书，令户奴伺玄素早朝，密以大马箠击之，几毙。

太宗又让李泰迁居到武德殿；魏徵上奏疏言道："陛下喜欢魏王，常常想让他安全，正应当多多抑制他的骄奢习气，不让他处于嫌疑之地。如今移居到武德殿中，位在东宫西面，当年海陵剌王李元吉曾在此居住，时人均认为不可取；虽然时势事情都不同，然而我也担心魏王的心里惊恐不敢安住。"太宗说："差一点造成失误。"即刻让李泰回到原宅第。

2　辛未(十五日)，唐朝将死罪犯人改充西州，流放罪的改为充军，并且各以罪行轻重划定年限。

3　敕令全国搜检核查无户籍的游民，限定下一年年末附籍完毕。

4　太宗任命兼中书侍郎的岑文本为中书侍郎，单独执掌朝廷机密事宜。

5　夏季，四月壬子(二十七日)，太宗对谏议大夫褚遂良说："你还在兼管起居注的事，朕可以看看都记了些什么吗?"答道："史官记载君主言行，详细记录善恶诸事，这样君主才不敢胡作非为，我未听说君主可以亲自看记录的。"太宗说："朕有不妥当的事，你也记下了吗?"答道："我的职责在于秉笔直书，不敢不记。"黄门侍郎刘洎说："假使褚遂良不记载下来，全国也都会记下来。"太宗说："的确是这样。"

6　六月庚寅(初六)，太宗诏令可以追封恢复息隐王李建成皇太子称号，海陵剌王李元吉追封为巢王，谥号一并依旧。

7　甲辰(二十日)，太宗诏令从即日起皇太子领出所用库府器物，各有关部门不必加以限制，于是太子挥霍无度。左庶子张玄素上书说："周武帝平定关东地区，隋文帝统一江南地带，勤俭爱护百姓，均成为一代名主；但他们的儿子不肖，终使社稷灭亡。圣上因与太子殿下乃是父子，行事兼有家、国，所应用器物无所节度限制，圣旨还未过六十天，所用器物已经超过七万，骄奢淫逸之极，没有人能够超过。况且东宫臣属与正直之士，都没有在身旁；各种奇技淫巧，充斥深宫。从外面远看，已经看到了这些失误；内中深宫隐秘之事，更是无法计算。良药苦口利于病，苦言辛辣利于行，应当居安思危，一日比一日谨慎行事。"太子讨厌张玄素的上书，让守门的小奴乘张玄素上早朝的机会，暗中用大马鞭袭击他，差一点将他打死。

8　秋，七月戊子，以长孙无忌为司徒，房玄龄为司空。

9　庚申，制："自今有自伤残者，据法加罪，仍从赋役。"隋末赋役重数，人往往自折支体，谓之"福手"、"福足"，至是遗风犹存，故禁之。

10　特进魏徵有疾，上手诏问之，且言："不见数日，朕过多矣。今欲自往，恐益为劳。若有闻见，可封状进来。"徵上言："比者弟子陵师，奴婢忽主，下多轻上，皆有为而然，渐不可长。"又言："陛下临朝，常以至公为言，退而行之，未免私僻。或畏人知，横加威怒，欲盖弥彰，竟有何益？"徵宅无堂，上命辍小殿之材以构之，五日而成，仍赐以素屏风、素褥、几、杖等以遂其所尚。徵上表谢，上手诏称："处卿至此，盖为黎元与国家，岂为一人，何事过谢？"

11　八月丁酉，上曰："当今国家何事最急？"谏议大夫褚遂良曰："今四方无虞，唯太子、诸王宜有定分最急。"上曰："此言是也。"时太子承乾失德，魏王泰有宠，群臣日有疑议，上闻而恶之，谓侍臣曰："方今群臣，忠直无逾魏徵，我遣傅太子，用绝天下之疑。"九月丁巳，以魏徵为太子太师。徵疾少愈，诣朝堂表辞，上手诏谕以："周幽、晋献，废嫡立庶，危国亡家。汉高祖几废太子，赖四皓然后安。我今赖公，即其义也。知公疾病，可卧护之。"徵乃受诏。

12　癸亥，薛延陀真珠可汗遣其叔父沙钵罗泥熟俟斤来请婚，献马三千，貂皮三万八千，马脑镜一。

8　秋季，七月戊午（初五），任命长孙无忌为司徒，房玄龄为司空。

9　庚申（初七），太宗下制令："从即日起有自己弄折肢体者，依法加重罪行，并且仍要交赋服役。"隋朝末年赋役繁重，人们往往自己弄折肢体，称之为"福手"、"福足"；到此时这种风气仍在存留，所以加以禁止。

10　特进魏徵患病，太宗手书诏令探问病情，且说："几天不见，朕的过错又多起来。如今想亲去探望，又恐更添烦扰。你如果听到或看到什么，可以封上奏书呈进来。"魏徵上书言道："近来弟子冒犯老师，奴婢忽视主子，下属多轻视上级，都是有原因的，此风不可长。"又说："陛下临朝听政，常常将公正挂在嘴边，退朝后所作所为，却未免有所偏私。有时害怕别人知道，横施神威圣怒，这样欲盖弥彰，有什么好处呢？"魏徵的宅院没有厅堂，太宗令将停建小殿的材料拿去建造厅堂，五天即完工，还赐给他质地平常色彩单调屏风和褥子，以及几案、手杖等，以顺应他的俭朴习惯。魏徵上表谢恩，太宗亲手书写诏书称："朕这样对待你，都是为了黎民百姓与国家，难道是为朕一人？何必过于客气呢？"

11　八月丁酉（十四日），太宗说："如今国家中什么事情最为急迫？"谏议大夫褚遂良说："如今四方安定。只有确定太子与诸王的名分最为紧要。"太宗说："这话说得有道理。"当时太子李承乾德行欠缺，魏王李泰得到宠爱，众位大臣愈益产生疑议，太宗听说后十分厌恶，对身边大臣说："当朝的臣属们，忠直没人能超过魏徵，我让他做太子的老师，以此杜绝天下人的疑心。"九月丁巳（初四），任命魏徵为太子太师。魏徵病刚有好转，亲到朝堂上表推辞，太宗手书诏令晓谕他："周幽王、晋献公，废除嫡子立庶子造成国家危亡。汉高祖差一点儿废掉太子，幸亏商山四皓才得以保住太子位。朕如今信赖你，就是这个意思。朕知道你有病在身，可以躺在床上辅佐太子。"魏徵于是接受诏令。

12　癸亥（初十），薛延陀真珠可汗派他的叔父沙钵罗泥熟俟斤前来唐朝请求通婚，并献上三千匹马，三万八千张貂皮，一只玛瑙镜子。

13　癸酉，以凉州都督郭孝恪行安西都护、西州刺史。高昌旧民与镇兵及谪徙者杂居西州，孝恪推诚抚御，咸得其欢心。

14　西突厥乙毗咄陆可汗既杀沙钵罗叶护，并其众，又击吐火罗，灭之。自恃强大，遂骄倨，拘留唐使者，侵暴西域，遣兵寇伊州，郭孝恪将轻骑二千自乌骨邀击，败之。乙毗咄陆又遣处月、处密二部围天山，孝恪击走之，乘胜进拔处月俟斤所居城，追奔至遏索山，降处密之众而归。

初，高昌既平，岁发兵千馀人戍守其地，褚遂良上疏，以为："圣王为治，先华夏而后夷狄。陛下兴兵取高昌，数郡萧然，累年不复，岁调千馀人屯戍，远去乡里，破产办装。又谪徙罪人，皆无赖子弟，适足骚扰边鄙，岂能有益行陈？所遣多复逃亡，徒烦追捕，加以道涂所经，沙碛千里，冬风如割，夏风如焚，行人往来，遇之多死。设使张掖、酒泉有烽燧之警，陛下岂得高昌一夫斗粟之用，终当发陇右诸州兵食以赴之耳。然则河西者，中国之心腹；高昌者，他人之手足；奈何縻弊本根以事无用之土乎？且陛下得突厥、吐谷浑，皆不有其地，为之立君长以抚之，高昌独不得与为比乎？叛而执之，服而封之，刑莫威焉，德莫厚焉。愿更择高昌子弟可立者，使君其国，子子孙孙，负荷大恩，永为唐室藩辅，内安外宁，不亦善乎？"上弗听。及西突厥入寇，上悔之，曰："魏徵、褚遂良劝我复立高昌，吾不用其言，今方自咎耳。"

13　癸酉(二十日),唐朝廷任命凉州都督郭孝恪代理安西都护、西州刺史。高昌旧部与镇兵以及迁徙流放的犯人都居住在西州,较为混杂,郭孝恪诚心诚意抚慰治理,非常受当地人的欢迎。

14　西突厥乙毗咄陆可汗杀死沙钵罗叶护以后,吞并其兵众,又袭击吐火罗,将其灭掉。自恃强大,于是十分骄横,拘留了唐朝的使者,侵扰西域地区,并且派兵进犯伊州,郭孝恪率两千轻骑兵从乌骨拦击,将他们打得大败。乙毗咄陆又派处月、处密两个部族围困天山,孝恪将其击退,乘胜追击,攻下处月首领所居住的小城,一直追到遏索山,收降处密兵众而后凯旋。

起初,平定高昌以后,每年征发一千多名士卒驻守在当地,褚遂良上奏疏言道:"自古圣王治理天下,都是先华夏而后四方夷族。陛下派军队攻取了高昌,当地数郡一片萧条,多年恢复不了;又每年征调一千多人驻扎戍边,他们远离乡土,破产以置备行装。而且又将犯人流放到此地,这些人都是些无赖之徒,正好大肆骚扰边境,岂能有益于排兵布阵。这些人又多次逃亡,徒劳追捕。再加上一路上所经过的地区,千里大沙漠,冬季风吹如刀割,夏季风吹如火烧,行人来来往往,遇见这种情况往往难逃一死。假使张掖、酒泉有烽火报警,陛下难道还指望用高昌的一个兵一斗粮吗?最终还是要征发陇右各州兵马粮草再赴前方。这样说,那么河西地带,乃是我大唐的心腹;高昌,不过是他人的手足;为什么要荒废根本来占有无用的土地呢?而且陛下打败突厥、吐谷浑后,都没有占有他们土地,而为他们重立君长加以安抚,唯独高昌不能与他们相比吗?叛离者将其抓获,服顺者封他们官职,刑罚没有比此更威严的,恩德没有比这更高厚的。深望陛下另外选择高昌王子中可以立为可汗的,使其为高昌一国之主,子子孙孙,感戴陛下的大恩德,永远作为大唐帝国的屏障,内部安定外围宁静,这不是很好的事吗?"太宗不听。等到西突厥进犯,太宗十分后悔,说道:"魏徵、褚遂良都劝朕再立高昌国王,朕不采纳他们的建议,如今正是咎由自取呀!"

乙毗咄陆西击康居，道过米国，破之。虏获甚多，不分与其下，其将泥熟啜辄夺取之，乙毗咄陆怒，斩泥熟啜以徇，众皆愤怨。泥熟啜部将胡禄屋袭击之，乙毗咄陆众散，走保白水胡城。于是弩失毕诸部及乙毗咄陆所部屋利啜等遣使诣阙，请废乙毗咄陆，更立可汗。上遣使赍玺书，立莫贺咄之子为乙毗射匮可汗。乙毗射匮既立，悉礼遣乙毗咄陆所留唐使者，帅所部击乙毗咄陆于白水胡城。乙毗咄陆出兵击之，乙毗射匮大败。乙毗咄陆遣使招其故部落，故部落皆曰："使我千人战死，一人独存，亦不汝从！"乙毗咄陆自知不为众所附，乃西奔吐火罗。

15　冬，十月丙申，殿中监郢纵公宇文士及卒。上尝止树下，爱之，士及从而誉之不已，上正色曰："魏徵常劝我远佞人，我不知佞人为谁，意疑是汝，今果不谬！"士及叩头谢。

16　上谓侍臣曰："薛延陀屈强漠北，今御之止有二策，苟非发兵殄灭之，则与之婚姻以抚之耳，二者何从？"房玄龄对曰："中国新定，兵凶战危，臣以为和亲便。"上曰："然。朕为民父母，苟可利之，何爱一女！"

先是，左领军将军契苾何力母姑臧夫人及弟贺兰州都督沙门皆在凉州，上遣何力归觐，且抚其部落。时薛延陀方强，契苾部落皆欲归之，何力大惊曰："主上厚恩如是，奈何遽为叛逆？"其徒曰："夫人、都督先已诣彼，若之何不往？"何力曰："沙门孝于亲，我忠于君，必不汝从。"其徒执之诣薛延陀，置真珠牙帐前。何力箕倨，拔佩刀东向大呼曰："岂有唐烈士而受屈虏庭，天地日月，愿知我心！"因割左耳以誓。真珠欲杀之，其妻谏而止。

乙毗咄陆向西进攻康居国，途经米国，将其吞灭。俘获缴获的人民东西很多，却不分给他的下属，其部将泥熟啜擅自抢夺，乙毗咄陆大怒，将泥熟啜斩首示众，众人均满腹怨恨。泥熟啜部将胡禄屋袭击咄陆，乙毗咄陆的部下纷纷逃散，退守在白水胡城。于是弩失毕各部以及乙毗咄陆部下屋利啜等人派使节到大唐，请求废掉乙毗咄陆，重新立一个可汗。太宗派使节带着玺书，立莫贺咄的儿子，是为乙毗射匮可汗。乙毗射匮可汗即位后，礼待并放回乙毗咄陆所拘留的唐朝使者，并亲率部队进攻乙毗咄陆于白水胡城。乙毗咄陆出兵迎击，将乙毗射匮打得大败。乙毗咄陆派人招募他的旧部落，他的旧部落都说："即使我们一千人战死，一人生存，也不会跟从你。"乙毗咄陆自知众人已经不再归附自己便向西投奔吐火罗。

15　冬季，十月丙申(十四日)，殿中监、郢纵公宇文士及去世。太宗曾经停靠在一棵树下，很喜欢这棵树，宇文士及在身边也称赞不已，太宗正颜厉色道："魏徵常常劝朕远离谄谀的小人，朕还不知道是指谁，也怀疑是你，今日一见，果然不错。"宇文士及磕头谢罪。

16　太宗对身边大臣说："薛延陀在漠北称雄，如今制御它只有两个办法，如果不发兵将其消灭，就与他们通婚以安抚他们，这两个办法执行哪个?"房玄龄答道："中国刚刚安定，出兵征战凶多吉少，我认为和亲为上策。"太宗说："很对。朕既为天下百姓的父母，如果对百姓有利，何必爱惜一个女儿。"

先前，左领军将军契苾何力的母亲姑臧夫人及他的弟弟贺兰州都督沙门都居住在凉州，太宗派契苾何力回去省亲，并且得便安抚契苾部落。当时薛延陀势力正强大，契苾部落都想归附薛延陀，何力十分惊讶地说："大唐天子待我们如此厚恩，为什么还要叛离呢?"契苾部落的人说："老夫人及都督此前都已到了薛延陀那里，你何不前往?"何力说："沙门孝敬老人家，而我要对皇上忠心，坚决不跟你们去。"契苾人将其捆绑起来送到薛延陀部，扔在真珠可汗牙帐前。何力伸直双腿，拔出佩刀向东面大声喊道："岂有大唐忠烈之士受你们的污辱，天地日月，望你们知道我的真心。"于是将左耳割掉发誓不从。真珠可汗想杀死他，他的妻子力劝才作罢。

上闻契苾叛，曰："必非何力之意。"左右曰："戎狄气类相亲，何力入薛延陀，如鱼趋水耳。"上曰："不然。何力心如铁石，必不叛我。"会有使者自薛延陀来，具言其状，上为之下泣，谓左右曰："何力果如何？"即命兵部侍郎崔敦礼持节谕薛延陀，以新兴公主妻之，以求何力，何力由是得还，拜右骁卫大将军。

17　十一月丙辰，上校猎于武功。

18　丁巳，营州都督张俭奏高丽东部大人泉盖苏文弑其王武。盖苏文凶暴多不法，其王及大臣议诛之。盖苏文密知之，悉集部兵若校阅者，并盛陈酒馔于城南，召诸大臣共临视，勒兵尽杀之，死者百馀人。因驰入宫，手弑其王，断为数段，弃沟中，立王弟子藏为王，自为莫离支，其官如中国吏部兼兵部尚书也。于是号令远近，专制国事。盖苏文状貌雄伟，意气豪逸，身佩五刀，左右莫敢仰视。每上下马，常令贵人、武将伏地而履之。出行必整队伍，前导者长呼，则人皆奔迸，不避坑谷，路绝行者，国人甚苦之。

19　壬戌，上校猎于岐阳，因幸庆善宫，召武功故老宴赐，极欢而罢。庚午，还京师。

20　壬申，上曰："朕为兆民之主，皆欲使之富贵。若教以礼义，使之少敬长、妇敬夫，则皆贵矣；轻徭薄敛，使之各治生业，则皆富矣。若家给人足，朕虽不听管弦，乐在其中矣。"

21　亳州刺史裴行庄奏请伐高丽，上曰："高丽王武职贡不绝，为贼臣所弑，朕哀之甚深，固不忘也。但因丧乘乱而取之，虽得之不贵。且山东凋弊，吾未忍言用兵也。"

太宗听说契苾叛逃，说："肯定不是何力的本意。"身边的人说："这些戎狄之人臭味相投，何力投奔薛延陀，如鱼游向水罢了。"太宗说："不对。何力心如铁石般坚定，肯定不会背叛我。"恰巧有使者从薛延陀那里回来，详细讲述了真情，太宗听完后落下泪来，对身边的人说："何力究竟怎么样？"当即命令兵部侍郎崔敦礼持旌节晓谕薛延陀，将新兴公主嫁给真珠可汗为妻，以换回契苾何力，何力因此得以回到朝中，官拜右骁卫大将军。

17　十一月丙辰（初四），太宗在武功狩猎。

18　丁巳（初五），营州都督张俭上奏称高丽东部大人泉盖苏文杀死高丽王高武。盖苏文凶残暴虐，经常不守法度，高丽王和大臣们商议将其处死。盖苏文暗中得知消息，召集全部兵马装作校阅模样，并且在城南大摆酒宴，召集众位大臣亲往观看，指挥手下士兵将他们全部杀掉，共有一百多人。接着冲进王宫，亲手杀死高丽王，剁成几段，扔在水沟中，立高丽王的侄子高藏为王；自封为莫离支，其官职便如同我大唐的吏部兼兵部尚书。于是远近都听其号令，独掌高丽国政。盖苏文身材魁伟，气概豪爽，身上佩带五把短刀，身边的人都不敢抬头看他。每次上马下马，常让贵族、武将伏在地下由他踩着。出行定要整齐队伍，前导者拉长声呼喊，路人急忙奔逃，也不避积水浅坑，路上绝少有行人，高丽国百姓叫苦连天。

19　壬戌（初十），太宗在岐阳打猎，接着临幸庆善宫，召集武功县故老赐予酒宴，尽兴而罢。庚午（十八日），返回长安。

20　壬申（二十日），太宗说："朕为万民之主，想让百姓们都富贵。如果教给他们礼义，使他们年少的孝敬年长的，妻子尊敬丈夫，那就都尊贵了。轻徭薄赋，使他们各治产业，那就都富足了。如果家给人足，朕即使不听音乐，也自然乐在其中了。"

21　亳州刺史裴行庄上奏疏请求讨伐高丽，太宗说："高丽国王高武每年贡赋不断，被贼臣杀死后，朕非常哀痛，一直不能忘怀。但其新丧国王，乘乱而攻取，即使得胜也不足为贵，而且山东地区民生凋敝，朕实在不忍心谈用兵呀。"

22 高祖之入关也，隋武勇郎将冯翊党仁弘将兵二千馀人归高祖于蒲阪，从平京城，寻除陕州总管，大军东讨，仁弘转饷不绝，历南宁、戎、广州都督。仁弘有材略，所至著声迹，上甚器之。然性贪，罢广州，为人所讼，赃百馀万，罪当死。上谓侍臣曰："吾昨见大理五奏诛仁弘，哀其白首就戮，方晡食，遂命撤案；然为之求生理，终不可得。今欲曲法就公等乞之。"十二月壬午朔，上复召五品已上集太极殿前，谓曰："法者，人君所受于天，不可以私而失信。今朕私党仁弘而欲赦之，是乱其法，上负于天。欲席藁于南郊，日一进蔬食，以谢罪于天三日。"房玄龄等皆曰："生杀之柄，人主所得专也，何至自贬责如此？"上不许，群臣顿首固请于庭，自旦至日昃，上乃降手诏，自称："朕有三罪：知人不明，一也；以私乱法，二也；善善未赏，恶恶未诛，三也。以公等固谏，且依来请。"于是黜仁弘为庶人，徙钦州。

23 癸卯，上幸骊山温汤，甲辰，猎于骊山。上登山，见围有断处，顾谓左右曰："吾见其不整而不刑，则堕军法；刑之，则是吾登高临下以求人之过也。"乃托以道险，引辔入谷以避之。乙巳，还宫。

24 刑部以"反逆缘坐律兄弟没官为轻，请改从死"。敕八座议之，议者皆以为"秦、汉、魏、晋之法，反者皆夷三族，今宜如刑部请为是。"给事中崔仁师驳曰："古者父子兄弟罪不相及，奈何以亡秦酷法变隆周中典？且诛其父子，足累其心，此而不顾，何爱兄弟？"上从之。

22　当年唐高祖李渊进入关东时，隋朝武勇郎将冯翊人党仁弘率部下两千多人在蒲阪归附高祖皇帝，并且跟随他平定了京城。不久官拜陕州总管，唐朝大军讨王世充时，党仁弘负责转运粮饷，没有断绝，历任南宁州、戎州、广州都督。仁弘有才识韬略，所到之处均留有声誉，太宗十分器重他。然而他性情贪婪，广州都督任期结束，被人控告，贪赃一百多万，其罪应当处死刑。太宗对身边大臣说："朕昨天看见大理寺五次上奏请求处死仁弘，朕可怜他白发苍苍而被处斩，正吃晚饭，便命令把食案撤掉；然而想为他求条生路，最终也难以找到理由。如今只想变通法令请求你们同意免他一死。"十二月壬午朔（初一），太宗又召见五品以上官员齐集太极殿前，对他们说："法令，是君主受命于上天所得，不可因私情而失信。如今朕偏袒党仁弘想要宽赦他，这是淆乱法度，有负于上天。朕想要在南郊坐在席子上，每日只进一次素食，用三天时间向上天谢罪。"房玄龄等人都劝道："生杀的权柄，都掌握在皇上一人手中，何至于如此自我贬损呢？"太宗不答应，众位大臣一再磕头请求，从早晨直到傍晚，太宗才降下手诏说："朕有三项罪过：识别人而不能明察，是一罪；因私情淆乱法令，是二罪；亲近善人而未予赏赐，讨厌恶人而未予诛罚，是三罪。因为你们执意苦谏，暂且依说情者。"于是将党仁弘废黜为平民，流放到钦州。

23　癸卯（二十二日），太宗巡幸骊山温泉；甲辰（二十三日），在骊山打猎。太宗登上骊山，看见包围圈有断缺之处，回头对身边人说："我看见不严整的地方不加惩处，则是在败坏军纪；如果加以惩处呢，又像是我登高临下在寻找别人的过失。"于是推托道路险恶，牵马进入山谷以回避此处。乙巳（二十四日），返回宫中。

24　刑部认为："反叛等大罪依连坐法令，兄弟没官为奴处罚太轻，请求改为一并处死。"太宗敕令尚书省仆射以及六部尚书共同议定，议者都认为："秦、汉、魏、晋的法律，谋反罪都要夷灭三族，如今是应当像刑部请求的那样做。"给事中崔仁师反驳说："古时候父子兄弟犯罪互不相关，为什么要用亡秦的严刑酷法来改变使周朝兴隆的法典呢？而且诛杀其父子，已经足以累及其心灵，这一点都不顾及，又如何谈到爱惜他们的兄弟呢？"太宗听从他的意见。

25　上问侍臣曰:“自古或君乱而臣治,或君治而臣乱,二者孰愈?”魏徵对曰:“君治则善恶赏罚当,臣安得而乱之?苟为不治,纵暴愎谏,虽有良臣,将安所施!”上曰:“齐文宣得杨遵彦,非君乱而臣治乎?”对曰:“彼才能救亡耳,乌足为治哉!”

十七年(癸卯,643)

1　春,正月丙寅,上谓群臣曰:“闻外间士人以太子有足疾,魏王颖悟,多从游幸,遽生异议,徼幸之徒,已有附会者。太子虽病足,不废步履。且《礼》,嫡子死,立嫡孙。太子男已五岁,朕终不以孽代宗,启窥窬之源也!”

2　郑文贞公魏徵寝疾,上遣使者问讯,赐以药饵,相望于道。又遣中郎将李安俨宿其第,动静以闻。上复与太子同至其第,指衡山公主欲以妻其子叔玉。戊辰,徵薨,命百官九品以上皆赴丧,给羽葆鼓吹,陪葬昭陵。其妻裴氏曰:“徵平生俭素,今葬以一品羽仪,非亡者之志。”悉辞不受,以布车载柩而葬。上登苑西楼,望哭尽哀。上自制碑文,并为书石。上思徵不已,谓侍臣曰:“人以铜为镜,可以正衣冠;以古为镜,可以见兴替;以人为镜,可以知得失。魏徵没,朕亡一镜矣!”

3　鄠尉游文芝告代州都督刘兰成谋反,戊申,兰成坐腰斩。右武候将军丘行恭探兰成心肝食之,上闻而让之曰:“兰成谋反,国有常刑,何至如此?若以为忠孝,则太子诸王先食之矣,岂至卿邪!”行恭惭而拜谢。

25　太宗问身边大臣："自古以来有时是君主昏愦而臣下清明，有时又是君主清明而臣下昏乱，二者之间哪个更厉害些？"魏徵答道："君主清明则善恶赏罚得当，臣下如何能够作乱？如果不清明，放纵暴虐刚愎自用，即使有良臣在身旁，又有何作为？"太宗说："齐文宣帝身边有个杨遵彦，难道不是君主昏愦而臣下清明吗？"答道："他也只能延缓灭亡而已，如何谈得上能治理好朝政呢？"

唐太宗贞观十七年(癸卯，公元643年)

1　春季，正月丙寅(十五日)，太宗对大臣们说："听说外面士大夫传言太子有脚病行走不便，魏王聪颖悟性高，由于李泰多次跟随朕游幸，便突生异议，一些别有企图的人，已有附会的。太子虽然脚有病，但并不妨碍行走。而且依据《礼记》：嫡长子死，应立嫡长孙。承乾的儿子已有五岁，朕终究不会以庶子取代嫡生子，来开启觊觎皇位的根源。"

2　郑文贞公魏徵卧病不起，太宗派人前去问讯，赐给他药饵，送药的人往来不绝。又派中郎将李安俨在魏徵的宅院里留宿，一有动静便立即报告。太宗又和太子一同到其住处，指着衡山公主，想要将她嫁给魏徵的儿子魏叔玉。戊辰(十七日)，魏徵去世，太宗命九品以上文武百官均去奔丧，赐给手持羽葆的仪仗队和吹鼓手，陪葬昭陵。魏徵的妻子裴氏说："魏徵平时生活俭朴，如今用鸟羽装饰旌旗，用一品官的礼仪安葬，这并不是死者的愿望。"全都推辞不受，仅用布罩上车子载着棺材安葬。太宗登上禁苑西楼，望着魏徵灵车痛哭，非常悲哀。太宗亲自撰写碑文，并且书写墓碑。太宗不停地思念魏徵，对身边的大臣说："人们用铜做成镜子，可以用来整齐衣帽，将历史作为镜子，可以观察到历朝的兴衰隆替，将人作为一面镜子，可以确知自己行为的得失。魏徵死去了，朕失去了一面绝好的镜子。"

3　鄠县县尉游文芝上告代州都督刘兰成谋反，戊申，刘兰成被处以腰斩。右武候将军丘行恭取出刘兰成的心肝吃掉；太宗听说后责备他说："兰成谋反，国家有规定的刑罚，何至于如此？如果以此来表示忠孝，则应该是太子和诸亲王先吃，岂能轮到你呢？"丘行恭惭愧，磕头谢罪。

4　二月壬午，上问谏议大夫褚遂良曰："舜造漆器，谏者十馀人。此何足谏?"对曰："奢侈者，危亡之本。漆器不已，将以金玉为之。忠臣爱君，必防其渐，若祸乱已成，无所复谏矣。"上曰："然。朕有过，卿亦当谏其渐。朕见前世帝王拒谏者，多云'业已为之'，或云'业已许之'，终不为改。如此，欲无危亡，得乎?"

时皇子为都督、刺史者多幼稚，遂良上疏，以为："汉宣帝云：'与我共治天下者，其惟良二千石乎?'今皇子幼稚，未知从政，不若且留京师，教以经术，俟其长而遣之。"上以为然。

5　壬辰，以太子詹事张亮为洛州都督。侯君集自以有功而下吏，怨望有异志。亮出为洛州，君集激之曰："何人相排?"亮曰："非公而谁!"君集曰："我平一国来，逢嗔如屋大，安能仰排!"因攘袂曰："郁郁殊不聊生！公能反乎？与公反!"亮密以闻。上曰："卿与君集皆功臣，语时旁无他人，若下吏，君集必不服。如此，事未可知，卿且勿言。"待君集如故。

6　鄜州都督尉迟敬德表乞骸骨，乙巳，以敬德为开府仪同三司，五日一参。

7　丁未，上曰："人主惟有一心，而攻之者甚众。或以勇力，或以辩口，或以谄谀，或以奸诈，或以嗜欲，辐凑攻之，各求自售，以取宠禄。人主少懈，而受其一，则危亡随之，此其所以难也。"

8　戊申，上命图画功臣赵公长孙无忌、赵郡元王孝恭、莱成公杜如晦、郑文贞公魏徵、梁公房玄龄、申公高士廉、鄂公尉迟敬德、卫公李靖、宋公萧瑀、褒忠壮公段志玄、夔公刘弘基、蒋忠公屈突通、郧节公殷开山、谯襄公柴绍、邳襄公长孙顺德、郧公张亮、陈公侯君集、郯襄公张公谨、卢公程知节、永兴文懿公虞世南、渝襄公刘政会、莒公唐俭、英公李世勣、胡壮公秦叔宝等于凌烟阁。

4　二月壬午(初二),太宗问谏议大夫褚遂良:“舜帝制造漆器,谏阻的有十多个人。这有什么值得进谏的?”答道:“穷奢极欲,是造成危亡的根源;漆器不能满足了,便会进一步用金玉。忠臣敬爱君主,定要防微杜渐。如果祸乱已经形成,就用不着再去进谏了。”太宗说:“是这样。朕一有过失,你也应当谏于初发时。朕观察前代拒谏的帝王,多说‘已经那样做了’,或说‘已经应允了’,最终不加改悔。这样一来,想要不出现危亡,能做得到吗?”

当时做都督、刺史的皇子们大多年纪幼小,褚遂良上书道:“汉宣帝曾说:‘与我共同治理天下的,就是那些称职的郡守啊!’如今皇子们年幼,还不知道如何从政,不如暂且将他们留在长安,教他们儒家经典治国方略,等到长大以后再派到各地。”太宗认为很有道理。

5　壬辰(十二日),任命太子詹事张亮为洛州都督。侯君集自以为有功而被拿到职司衙门,内心怨恨而产生反叛之心。张亮出任洛州,侯君集刺激他说:“什么人排挤你?”张亮说:“不是你又是谁呢?”侯君集说:“我刚刚平定一国归来,就遭到圣上像房子那么大的嗔怪,怎么还能排挤你呢?”因而挽起袖子说道:“整天郁闷真是过不下去了,你能造反吗?我与你一同反!”张亮密报给太宗。太宗说:“你与侯君集都是朝廷的功臣,说话时身旁没有别人,如果审讯他,君集必然不服。那样,事情就不一定能弄清楚,你暂且不要说出去。”太宗仍像以前那样待侯君集。

6　鄜州都督尉迟敬德上表请求告老还乡;乙巳(二十五日),朝廷任命敬德为开府仪同三司,五天一上朝。

7　丁未(二十七日),太宗说:“君主只有一颗心,而攻心的却有很多人。有的以勇武力量,有的只凭口才,有的以谄谀逢迎,有的以奸诈邪恶,有的以嗜好欲望,各类人凑在一起,各自兜售自己的一套,以图取得恩宠。君主稍有松懈,而接受其中的一类人,则危亡随之而来,这便是君主行事之难啊!”

8　戊申(二十八日),太宗命人在凌烟阁画上朝廷的大功臣。他们是:赵公长孙无忌、赵郡元王李孝恭、莱成公杜如晦、郑文贞公魏徵、梁公房玄龄、申公高士廉、鄂公尉迟敬德、卫公李靖、宋公萧瑀、褒忠壮公段志玄、夔公刘弘基、蒋忠公屈突通、郧节公殷开山、谯襄公柴绍、邳襄公长孙顺德、勋公张亮、陈公侯君集、郯襄公张公谨、卢公程知节、永兴文懿公虞世南、渝襄公刘政会、莒公唐俭、英公李世勣、胡壮公秦叔宝等二十四人。

9　齐州都督齐王祐，性轻躁，其舅尚乘直长阴弘智说之曰："王兄弟既多，陛下千秋万岁后，宜得壮士以自卫。"祐以为然。弘智因荐妻兄燕弘信，祐悦之，厚赐金玉，使阴募死士。

上选刚直之士以辅诸王，为长史、司马，诸王有过以闻。祐昵近群小，好畋猎，长史权万纪骤谏，不听。壮士昝君谟、梁猛彪得幸于祐，万纪皆劾逐之，祐潜召还，宠之逾厚。上数以书切责祐，万纪恐并获罪，谓祐曰："王审能自新，万纪请入朝言之。"乃条祐过失，迫令表首，祐惧而从之。万纪至京师，言祐必能悛改。上甚喜，勉万纪，而数祐前过，以敕书戒之。祐闻之，大怒曰："长史卖我！劝我而自以为功，必杀之。"上以校尉京兆韦文振谨直，用为祐府典军，文振数谏，祐亦恶之。

万纪性褊，专以刻急拘持祐，城门外不听出，悉解纵鹰犬，斥君谟、猛彪不得见祐。会万纪宅中有块夜落，万纪以为君谟、猛彪谋杀己，悉收系，发驿以闻，并劾与祐同为非者数十人。上遣刑部尚书刘德威往按之，事颇有验，诏祐与万纪俱入朝。祐既积忿，遂与燕弘信兄弘亮等谋杀万纪。万纪奉诏先行，祐遣弘亮等二十馀骑追射杀之。祐党共逼韦文振欲与同谋，文振不从，驰走数里，追及，杀之。寮属股栗，稽首伏地，莫敢仰视。祐因私署上柱国、开府等官，开库物行赏，驱民入城，缮甲兵楼堞，置拓东王、拓西王等官。吏民弃妻子夜缒出亡者相继，祐不能禁。三月丙辰，诏兵部尚书李世勣等发怀、洛、汴、宋、潞、滑、济、郓、海九州兵讨之。上赐祐手敕曰："吾常戒汝勿近小人，正为此耳。"

9　齐州都督、齐王李祐，性情轻狂急躁，他的舅舅、尚乘直长阴弘智劝他说："您的兄弟较多，陛下一旦驾崩，您应当招募壮士来自我保护。"李祐深以为是。弘智进而荐举妻兄燕弘信，李祐很喜欢他，赏赐很多金玉，让他暗中招募壮士。

太宗挑选刚直的人来辅佐众位亲王，做长史和司马，诸亲王如有过失即禀报太宗。李祐亲近小人，又喜好打猎，长史权万纪直言切谏，他不听。壮士昝君谟、梁猛彪得到李祐的宠幸，权万纪弹劾他们，并将他们赶走，李祐又暗中将他们召回，更加宠幸。太宗多次寄书责备李祐，权万纪担心会与李祐一同获罪，便对李祐说："亲王如果确实能悔过自新，我就请求到朝廷为您言明其事。"于是条陈李祐的过失，逼迫他上表自首，李祐内心恐惧便应允。权万纪到了长安，对太宗说李祐肯定能改过自新。太宗大为高兴，嘉勉权万纪，而数落李祐以前的过失，手书敕文告诫他。李祐听说此事后，勃然大怒，说："权长史出卖我！劝我悔改而自己居功，我一定要杀了他。"太宗认为校尉、京兆人韦文振谨慎正直，任用为齐王府典军，韦文振多次进谏，李祐也讨厌他。

权万纪性情褊狭，专以刻薄约束李祐，城门外都不让他出去，将鹰犬等都放掉，又斥责昝君谟、梁猛彪不让他们见李祐。恰巧权万纪宅院夜里落下土块，权万纪认为君谟、猛彪二人想谋害自己，便将他们捉拿入狱，急发驿传文书上报太宗，并弹劾与李祐一同为非作歹的几十人。太宗派刑部尚书刘德成前往按察，上告事多有验证，太宗下诏令李祐与权万纪一同入朝。李祐对权万纪积怨已深，便和燕弘信的哥哥燕弘亮等密谋杀掉权万纪。权万纪奉诏令先行一步，李祐派燕弘亮等二十多人乘马追上，将权万纪射死。李祐同党一起逼迫韦文振让他与他们合谋，韦文振不从命，骑马逃奔几里地，被追上杀死。其他僚属十分害怕，爬在地下磕头，不敢仰视。李祐进而私自任命上柱国、开府等官职，拿出府库物品行赏，又将百姓赶到城内，全副武装、修缮兵器、城楼，并设置拓东王、拓西王等官职。官吏百姓抛弃妻子儿女相继在夜间吊下绳索逃出城外，李祐不能禁止。三月丙辰（初六），太宗诏令兵部尚书李世勣等人征发怀、洛、汴、宋、潞、滑、济、郓、海九州兵马讨伐李祐。太宗赐给李祐手书敕文说："我经常告诫你不要亲近小人，正是为此呀！"

祐召燕弘亮等五人宿于卧内，馀党分统士众，巡城自守。祐每夜与弘亮等对妃宴饮，以为得志，戏笑之际，语及官军，弘亮等曰："王不须忧！弘亮等右手持酒卮，左手为王挥刀拂之！"祐喜，以为信然。传檄诸县，皆莫肯从。时李世勣兵未至，而青、淄等数州兵已集其境。齐府兵曹杜行敏等阴谋执祐，祐左右及吏民非同谋者无不响应。庚申，夜，四面鼓躁，声闻数十里。祐党有居外者，众皆攒刃杀之。祐问何声，左右给云："英公统飞骑已登城矣。"行敏分兵凿垣而入，祐与弘亮等被甲执兵入室，闭扉拒战，行敏等千馀人围之，自旦至日中，不克。行敏谓祐曰："王昔为帝子，今乃国贼，不速降，立为煨烬矣。"因命积薪欲焚之，祐自牖间谓行敏曰："即启扉，独虑燕弘亮兄弟死耳。"行敏曰："必相全。"祐等乃出。或抉弘亮目，投睛于地，馀皆梃折其股而杀之。执祐出牙前示吏民，还，锁之于东厢。齐州悉平。乙丑，敕李世勣等罢兵。祐至京师，赐死于内侍省，同党诛者四十四人，馀皆不问。

祐之初反也，齐州人罗石头面数其罪，援枪前，欲刺之，为燕弘亮所杀。祐引骑击高村，村人高君状遥责祐曰："主上提三尺剑取天下，亿兆蒙德，仰之如天。王忽驱城中数百人欲为逆乱以犯君父，无异一手摇泰山，何不自量之甚也？"祐纵击，虏之，惭不能杀。敕赠石头亳州刺史。以君状为榆社令，以杜行敏为巴州刺史，封南阳郡公。其同谋执祐者官赏有差。

李祐召燕弘亮等五人住在卧室内，其他同党分别统领士兵，巡守城墙自我防御。李祐每天夜晚与燕弘亮等人对着妃子饮酒，得意扬扬；谈笑之际，说到官府军队，弘亮等说："大王不必忧虑。弘亮等右手端着酒杯，左手为王挥刀击退他们！"李祐非常高兴，以为确实能这样。又传布檄文到所属各县，但各县都不肯追从造反。当时李世勣的兵马还未到，而青、淄等几州的兵众已聚集在齐州边境地带。齐王府兵曹杜行敏等人暗中谋划要抓住李祐，李祐身边的人及官吏百姓中非其死党者都群起响应。庚申（初十），夜间，四面击鼓呼叫，声闻数十里。李祐同伙有居住在外面的，众人一起挥刀将他们杀死。李祐问这是什么声音，身边的人欺骗他说："英公李世勣统率飞骑兵已经登上城墙了。"杜行敏分兵几路凿开城垣入城，李祐与燕弘亮等披甲胄持兵器进入宫室内，关上门户抵抗，杜行敏等一千多人围攻，自早晨到中午，久攻不下。杜行敏对李祐说："大王从前为皇帝的儿子，如今乃是国贼，如不立即投降，将要被烧成灰烬了。"于是命令士兵堆积柴草想要焚烧李祐藏身的房子。李祐从窗户里对杜行敏说："我立刻开门，只是担心燕弘亮兄弟必死无疑。"杜行敏说："一定会保全他们的性命。"李祐等人听此言便走出来。有人挖下燕弘亮的眼睛，扔在地上，其馀的人则打折他的四肢，最后将他杀死。又将李祐捆绑起来带出衙署前示众，然后送回去，关押在东厢。齐州全部平定。乙丑（十五日），太宗敕令李世勣等收兵。李祐被押解到长安，赐死在内侍省，同党被诛的有四十四人，其馀的人都不追究。

李祐当初谋反时，齐州人罗石头曾当面数落其罪行，并抢枪在手，上去想要刺杀李祐，被燕弘亮杀死。李祐带领几名骑兵袭扰高村，村里人高君状站在远处责备他说："当今皇上手提三尺剑打下江山，百姓们承蒙恩德，如对上天一般景仰。你忽然驱使城内数百人想要作乱以冒犯你的父王，这与用一只手摇撼泰山有什么不同，你怎么能如此不自量力呢？"李祐纵马出击，将其擒获，终因惭愧而没有杀他。太宗敕令追授罗石头为亳州刺史。又任命高君状为榆社县令，杜行敏为巴州刺史，封为南阳郡公；合伙抓住李祐者都有不同的升官或赏赐。

上检祐家文疏，得记室郏城孙处约谏书，嗟赏之，累迁中书舍人。庚午，赠权万纪齐州都督，赐爵武都郡公，谥曰敬；韦文振左武卫将军，赐爵襄阳县公。

10　初，太子承乾喜声色及畋猎，所为奢靡，畏上知之，对宫臣常论忠孝，或至于涕泣，退归宫中，则与群小相亵狎。宫臣有欲谏者，太子先揣知其意，辄迎拜，敛容危坐，引咎自责，言辞辩给，宫臣拜答不暇。宫省秘密，外人莫知，故时论初皆称贤。

太子作八尺铜炉，六隔大鼎，募亡奴盗民间马牛，亲临烹煮，与所幸厮役共食之。又好效突厥语及其服饰，选左右貌类突厥者五人为一落，辫发羊裘而牧羊，作五狼头纛及幡旗，设穹庐，太子自处其中，敛羊而烹之，抽佩刀割肉相啖。又尝谓左右曰："我试作可汗死，汝曹效其丧仪。"因僵卧于地，众悉号哭，跨马环走，临其身，𠢐面。良久，太子欻起，曰："一朝有天下，当帅数万骑猎于金城西，然后解发为突厥，委身思摩，若当一设，不居人后矣。"

左庶子于志宁、右庶子孔颖达数谏太子，上嘉之，赐二人金帛以风励太子，仍迁志宁为詹事。志宁与左庶子张玄素数上书切谏，太子阴使人杀之，不果。

汉王元昌所为多不法，上数谴责之，由是怨望。太子与之亲善，朝夕同游戏，分左右为二队，太子与元昌各统其一，被毡甲，操竹矟，布陈大呼交战，击刺流血，以为娱乐。有不用命者，披树挝之，至有死者。且曰："使我今日作天子，明日于苑中置万人营，与汉王分将，观其战斗，岂不乐哉！"又曰："我为天子，极情纵欲，有谏者辄杀之，不过杀数百人，众自定矣。"

太宗检核李祐家中文章奏疏，得到记室郏城人孙处约的谏书，颇为赞赏，几次升迁他官至中书舍人。庚午（二十日），追赠权万纪为齐州都督，赐爵位武都郡公，谥号为敬；韦文振为左武卫将军，赐爵襄阳县公。

10　起初，太子李承乾贪恋声色及打猎，极为奢侈，害怕被太宗皇帝知道，便常对东宫臣僚时谈论忠孝，有时甚至还要流泪，回到东宫，则与一群小人戏耍狎玩。宫中臣僚有人想要劝谏，太子先揣摩出他的意思，然后迎上前去行礼，面色凝重，正襟危坐，引咎自责，言辞颇多狡辩，进谏的臣僚急忙拜答，无暇再行劝。东宫内部的秘密，外面人无法得知，所以当时议论最初都称他贤德。

太子制作八尺高的铜炉和六隔大鼎，招募一些逃亡官奴偷盗民间的牛马，亲自烹煮，与宠幸的仆人们一同吃掉。又喜欢学说突厥语和穿戴其服饰，挑选身边容貌像突厥人的分五人为一落，梳上辫子穿上羊皮衣赶着羊，又制作五个狼头的旗帜及长条旗，设立突厥人住的穹庐，太子自己身处其中，逮住羊烹煮，抽出佩刀割羊肉吃。又曾对身边的人说："我试着假装可汗死了，你们众人模仿他们的丧礼。"于是僵卧在地上，众人都号啕大哭，跨上马环绕着他的身体，又贴近他的身体，用刀划他的脸。过了很久，太子突然坐起，说道："我一旦拥有天下，当亲率数万骑兵狩猎于金城西面，然后解开头发做突厥人，委身于思摩，如果担当典兵将领，不会甘居人后。"

左庶子于志宁、右庶子孔颖达多次劝谏太子，太宗赞许他们，赐给二人金银财物以暗示激励太子，并且改任于志宁为太子詹事。于志宁与左庶子张玄素多次上书直谏，太子暗中派人杀他们，没有成功。

汉王李元昌常做不法之事，多次受太宗责怪，从此心中怨恨。太子和他关系密切，朝夕相处游玩，分身边的人为两队，太子与李元昌各统领其中一队，身披毛毡甲胄，手拿竹制长矛，摆下战阵大声呼喊着交战，击刺流血，作为娱乐。有不听命令的，吊在树上抽打，甚至有人被打死。太子还说："假如我今天做大唐天子，明天就在禁苑中设置万人营房，与汉王分别统领，观看他们厮杀，岂不痛快！"又说："我要是做天子，必然任情纵欲，有劝谏者一律杀掉。也不过杀几百人，众人便会自然安定了。"

魏王泰多艺能，有宠于上，见太子有足疾，潜有夺嫡之志，折节下士以求声誉。上命黄门侍郎韦挺摄泰府事，后命工部尚书杜楚客代之，二人俱为泰要结朝士。楚客或怀金以赂权贵，因说以魏王聪明，宜为上嗣。文武之臣，各有附托，潜为朋党。太子畏其逼，遣人诈为泰府典签上封事，其中皆言泰罪恶，敕捕之，不获。

太子私幸太常乐童称心，与同卧起。道士秦英、韦灵符挟左道，得幸太子。上闻之，大怒，悉收称心等杀之，连坐死者数人，诮让太子甚至。太子意泰告之，怨怒愈甚，思念称心不已，于宫中构室，立其像，朝夕奠祭，徘徊流涕。又于苑中作冢，私赠官树碑。

上意浸不怿，太子亦知之，称疾不朝谒者动涉数月，阴养刺客纥干承基等及壮士百馀人，谋杀魏王泰。

吏部尚书侯君集之婿贺兰楚石为东宫千牛，太子知君集怨望，数令楚石引君集入东宫，问以自安之术，君集以太子暗劣，欲乘衅图之，因劝之反，举手谓太子曰："此好手，当为殿下用之。"又曰："魏王为上所爱，恐殿下有庶人勇之祸，若有敕召，宜密为之备。"太子大然之。太子厚赂君集及左屯卫中郎将顿丘李安俨，使诇上意，动静相语。安俨先事隐太子，隐太子败，安俨为之力战，上以为忠，故亲任之，使典宿卫。安俨深自托于太子。

汉王元昌亦劝太子反，且曰："比见上侧有美人，善弹琵琶，事成，愿以垂赐。"太子许之。洋州刺史开化公赵节，慈景之子也，母曰长广公主，驸马都尉杜荷，如晦之子也，尚城阳公主，

魏王李泰多才多艺，得到太宗宠爱，他看见太子有脚病，便暗地里产生夺嫡而立的想法，于是折节礼贤下士而捞取名声。太宗让黄门侍郎韦挺管理魏王府中事务，后来又命工部尚书杜楚客取而代之，二人都为李泰联络朝中大臣。杜楚客有时怀揣黄金以贿赂权贵，对他们说魏王如何聪明，应当立为太子；文武大臣，各有所托，暗中结为朋党。太子害怕李泰威胁自己的位置，便派人诈称为魏王府典签上书言事，都诉说李泰的罪过，太宗敕令逮捕这些告状人，查无所获。

太子私下宠幸太常寺的乐童称心，与他同吃同住。道士秦英、韦灵符以妖法道术，得以亲幸太子。太宗听说后，勃然大怒，将称心等人全抓起来杀掉，连坐被斩首有数人，太宗并对太子大加斥责。太子认为是李泰告发的，怨恨更深，不停地思念称心，在东宫中特筑一小屋，立称心的像，早晚祭奠，徘徊在室内，痛哭流涕。又在宫苑内堆成一个小坟，私下赠予称心官爵树立石碑。

太宗越来越不喜欢太子，太子也知道，动辄几个月称病不去朝见；暗中豢养刺客纥干承基等人及一百多名壮士，想要杀掉魏王李泰。

吏部尚书侯君集的女婿贺兰楚石为东宫府千牛，太子知道侯君集一直有积怨，便多次让贺兰楚石带引侯君集到东宫，向他询问自我保全的策略，侯君集认为太子愚昧低能，便想乘机利用他，于是劝太子谋反，他举起手来对太子说：“这一双好手，当为殿下使用。”又说：“魏王受皇上宠爱，我担心殿下会有隋太子杨勇被免为平民的灾祸，如有敕令宣召进宫，应当秘密加以防备。”太子大为赞同这种议论，用重礼贿赂侯君集以及左屯卫中郎将、顿丘人李安俨，让他们刺探太宗的心思，一有动静便告诉他。李安俨先前侍奉隐太子李建成，李建成败亡后，李安俨为李建成拼死搏斗，太宗认为他忠诚，所以特别信任他，让他掌管宿卫。李安俨便将身家性命寄托在太子身上。

汉王李元昌也劝说太子谋反，并且说道：“近来看见皇上身旁有一个美人，善于弹奏琵琶，事成之后，希望将美人赐给我。”太子答应了。洋州刺史、开化公赵节是赵慈景的儿子，母亲是高祖女儿长广公主；驸马都尉杜荷是杜如晦的儿子，娶城阳公主为妻，

皆为太子所亲昵，预其反谋。凡同谋者皆割臂，以帛拭血，烧灰和酒饮之，誓同生死，潜谋引兵入西宫。杜荷谓太子曰："天文有变，当速发以应之，殿下但称暴疾危笃，主上必亲临视，因兹可以得志。"太子闻齐王祐反于齐州，谓纥干承基等曰："我宫西墙，去大内正可二十步耳，与卿为大事，岂比齐王乎？"会治祐反事，连承基，承基坐系大理狱，当死。

二人均被太子所亲昵，参与了谋反事宜。凡是同谋者都要割开手臂，用帛擦血，烧灰混在酒中喝掉，发誓同生死共患难，暗中谋划率领兵马进入西宫。杜荷对太子说："天象有变化，应当迅即发兵以应天象，殿下只需称得暴病十分危险，皇上必然会亲自来探视，乘此机会可以得手。"太子听说齐王李祐在齐州谋反，对纥干承基等人说："我住的东宫西墙，离皇上住的大内正好二十步左右，与你们谋划大事，岂是齐王所能比的？"正赶上处理李祐谋反的事，牵连到纥干承基，纥干承基因此被关押在大理寺牢狱中，按其罪行，应当处死。

卷第一百九十七　唐纪十三

起癸卯(643)四月尽乙巳(645)五月凡二年有奇

太宗文武大圣大广孝皇帝中之下

贞观十七年(癸卯,643)

1　夏,四月庚辰朔,承基上变,告太子谋反。敕长孙无忌、房玄龄、萧瑀、李世勣与大理、中书、门下参鞫之,反形已具。上谓侍臣:“将何以处承乾?”群臣莫敢对,通事舍人来济进曰:“陛下不失为慈父,太子得尽天年,则善矣!”上从之。济,护兒之子也。

乙酉,诏废太子承乾为庶人,幽于右领军府。上欲免汉王元昌死,群臣固争,乃赐自尽于家,而宥其母、妻、子。侯君集、李安俨、赵节、杜荷等皆伏诛。左庶子张玄素、右庶子赵弘智、令狐德棻等以不能谏争,皆坐免为庶人。馀当连坐者,悉赦之。詹事于志宁以数谏,独蒙劳勉。以纥干承基为祐川府折冲都尉,爵平棘县公。

侯君集被收,贺兰楚石复诣阙告其事,上引君集谓曰:“朕不欲令刀笔吏辱公,故自鞫公耳。”君集初不承。引楚石具陈始末,又以所与承乾往来启示之,君集辞穷,乃服。上谓侍臣曰:“君集有功,欲乞其生,可乎?”群臣以为不可。上乃谓君集曰:“与公长诀矣!”因泣下。君集亦自投于地,遂斩之于市。君集临刑,谓监刑将军曰:“君集蹉跌至此!然事陛下于藩邸,击取二国,乞全一子以奉祭祀。”上乃原其妻及子,

太宗文武大圣大广孝皇帝中之下

唐太宗贞观十七年(癸卯,公元643年)

1　夏季,四月庚辰朔(初一),纥干承基上书告发太子李承乾谋反。太宗敕令长孙无忌、房玄龄、萧瑀、李世勣与大理寺、中书省、门下省一同参与审问,谋反的情形已经昭彰。太宗对身边的大臣说:"你们看将如何处置承乾?"众位大臣不敢应答,通事舍人来济进言说:"陛下不失为慈父,让太子享尽自然寿数,就不错了。"太宗听从其意见。来济是来护兒的儿子。

乙酉(初六),太宗下诏废黜太子李承乾为平民,幽禁在右领军府。太宗想要免除汉王李元昌的死罪,群臣执意争辩,于是便赐他在家中自尽,宽宥他的母亲、妻子儿女。侯君集、李安俨、赵节、杜荷等人皆处斩。左庶子张玄素、右庶子赵弘智、令狐德棻等人以不能劝谏太子,均获罪免为平民。其馀应当连坐的,全部赦免。詹事于志宁因为曾多次劝谏,单独蒙受嘉勉。任命纥干承基为祐川府折冲都尉,封爵平棘县公。

侯君集被收入狱中,贺兰楚石又到宫阙前告发他谋反的事,太宗召见侯君集对他说:"朕不想让那些刀笔吏羞辱你,所以便亲自审问你。"君集起初不认罪。太宗便召见贺兰楚石详细陈述始末原委,又拿出与承乾来往的书信给他看,君集理屈词穷,只得服罪。太宗对身边大臣说:"君集有功于大唐,乞求还他一条生路,可以吗?"众位大臣都认为不可。太宗便对君集说:"与你永别了!"因而流下眼泪。君集也磕头表示服罪,于是将他斩首于集市上。侯君集临刑前,对监刑的将军说:"君集我一时失足走到了这一步!然而当年在秦王府时即侍奉陛下,又有攻取吐谷浑、高昌二国的功绩,请求保全我一个儿子以维持家族的祭祀烟火。"太宗便宽宥了他的妻子和子女,

徙岭南。籍没其家，得二美人，自幼饮人乳而不食。

初，上使李靖教君集兵法，君集言于上曰："李靖将反矣。"上问其故，对曰："靖独教臣以其粗而匿其精，以是知之。"上以问靖，靖对曰："此乃君集欲反耳。今诸夏已定，臣之所教，足以制四夷，而君集固求尽臣之术，非反而何！"江夏王道宗尝从容言于上曰："君集志大而智小，自负微功，耻在房玄龄、李靖之下，虽为吏部尚书，未满其志。以臣观之，必将为乱。"上曰："君集材器，亦何施不可？朕岂惜重位，但次第未至耳，岂可亿度，妄生猜贰邪？"及君集反诛，上乃谢道宗曰："果如卿言。"

李安俨父，年九十馀，上愍之，赐奴婢以养之。

太子承乾既获罪，魏王泰日入侍奉，上面许立为太子，岑文本、刘洎亦劝之，长孙无忌固请立晋王治。上谓侍臣曰："昨青雀投我怀云：'臣今日始得为陛下子，乃更生之日也。臣有一子，臣死之日，当为陛下杀之，传位晋王。'人谁不爱其子，朕见其如此，甚怜之。"谏议大夫褚遂良曰："陛下言大失。愿审思，勿误也！安有陛下万岁后，魏王据天下，肯杀其爱子，传位晋王者乎？陛下日者既立承乾为太子，复宠魏王，礼秩过于承乾，以成今日之祸。前事不远，足以为鉴。陛下今立魏王，愿先措置晋王，始得安全耳。"上流涕曰："我不能尔。"因起，入宫。魏王泰恐上立晋王治，谓之曰："汝与元昌善，元昌今败，得无忧乎？"治由是忧形于色。

将他们流放到岭南。没收了他所有的家产，得到两个美女，从小喝人奶不吃别的食物。

起初，太宗让李靖教授侯君集兵法，侯君集对太宗说："李靖将要谋反。"太宗问他是什么原因，侯君集答道："李靖教我兵法时只教给我粗浅的内容，而隐匿精华，因此知道他要谋反。"太宗将这些话问李靖，李靖答道："此乃是君集想要谋反。如今中原已经平定，我所教的兵法，足以制服四方民族，而君集执意请求倾尽我的谋略，这不是想要谋反又是什么呢？"江夏王李道宗曾经语气和缓地对太宗说："侯君集志大才疏，自认为有些功劳，对于位居房玄龄、李靖之下感到羞耻，虽然身为吏部尚书，还是不能满足他的愿望。依我观察，他一定会叛乱。"太宗说："依侯君集的才气，做什么不行呢？朕难道是珍惜高位不封予他？只是因为按顺序还排不到他，怎么可以随意猜忌，乱生疑惑呢？"等到侯君集因谋反伏诛，太宗便当面感谢李道宗说："果然不出你之所料。"

李安俨的父亲，年已九十多岁，太宗怜悯他，赐给奴婢以侍奉他。

太子李承乾已经获罪幽禁，魏王李泰便每天进宫侍奉太宗，太宗当面许诺立他为太子，岑文本、刘洎也劝说太宗立李泰；长孙无忌执意请求立晋王李治。太宗对身边大臣说："昨天李泰投到我怀里对我说：'我到今天才得以成为陛下最亲近的儿子，此乃我再生之日。我有一个儿子，我死之日，当为陛下将他杀死，传位给晋王李治。'人谁不爱惜自己的儿子，朕见李泰这么做，内心十分怜悯他。"谏议大夫褚遂良说："陛下此言大为不妥。希望陛下深思熟虑，千万不要出现失误。陛下百年之后，魏王占有天下，他怎么肯杀自己的爱子，将皇位传给晋王呢？从前陛下既立承乾为太子，又宠爱魏王，对他的礼遇超过承乾，以致造成了今日的灾祸。承乾谋反的事刚刚过去，足可作为今日的借鉴。陛下如今要立魏王为太子，希望先安置好晋王，只有这样政局才得稳定。"太宗流着眼泪说："朕不能这么做。"说完站起身，回到宫中。魏王李泰惟恐太宗立晋王李治为太子，对李治说："你与李元昌关系密切，元昌谋反未成已自尽，你能够一点不担心吗？"李治听到这番话满脸忧愁。

上怪，屡问其故，治乃以状告，上怃然，始悔立泰之言矣。上面责承乾，承乾曰："臣为太子，复何所求？但为泰所图，时与朝臣谋自安之术，不逞之人遂教臣为不轨耳。今若泰为太子，所谓落其度内。"

承乾既废，上御两仪殿，群臣俱出，独留长孙无忌、房玄龄、李世勣、褚遂良，谓曰："我三子一弟，所为如是，我心诚无聊赖！"因自投于床，无忌等争前扶抱；上又抽佩刀欲自刺，遂良夺刀以授晋王治。无忌等请上所欲，上曰："我欲立晋王。"无忌曰："谨奉诏。有异议者，臣请斩之！"上谓治曰："汝舅许汝矣，宜拜谢。"治因拜之。上谓无忌等曰："公等已同我意，未知外议何如？"对曰："晋王仁孝，天下属心久矣，乞陛下试召问百官，有不同者，臣负陛下万死。"上乃御太极殿，召文武六品以上，谓曰："承乾悖逆，泰亦凶险，皆不可立。朕欲选诸子为嗣，谁可者？卿辈明言之。"众皆欢呼曰："晋王仁孝，当为嗣。"上悦。是日，泰从百馀骑至永安门，敕门司尽辟其骑，引泰入肃章门，幽于北苑。

丙戌，诏立晋王治为皇太子，御承天门楼，赦天下，酺三日。上谓侍臣曰："我若立泰，则是太子之位可经营而得。自今太子失道，藩王窥伺者，皆两弃之，传诸子孙，永为后法。且泰立，承乾与治皆不全；治立，则承乾与泰皆无恙矣。"

太宗感到奇怪，多次问他是什么原因，李治便将李泰对他说过的话告诉太宗；太宗很失望，开始后悔说过立李泰的话。太宗曾当面指责李承乾，李承乾说："我身为太子，还有什么更多的要求？只是因为被李泰图谋，便常与朝廷大臣们谋求自我保存的策略，那些为非作歹之徒趁机教唆我图谋不轨。如今若是立李泰为太子，那就正好落入他的谋划之内。"

李承乾被废掉太子后，太宗亲御两仪殿，群臣都退朝，只留下长孙无忌、房玄龄、李世勣、褚遂良四人，太宗对他们说："朕的三个儿子、一个弟弟，如此作为，我的心里实在是苦闷。"于是从御榻上摔了下来，长孙无忌等人争先上前抱住他；太宗又抽出佩刀想要自杀，褚遂良夺下刀交给晋王李治。长孙无忌等请求太宗告知有什么要求，太宗说："朕想要立晋王为太子。"无忌说："我等谨奉诏令；如有异议者，我请求将其斩首。"太宗对李治说："你舅父许诺你为太子，你应当拜谢他。"李治拜谢长孙无忌。太宗对长孙无忌等人说："你们已经与朕的意见相同，但不知外朝议论如何？"答道："晋王仁义孝敬，天下百姓的心意倾向他已经很久了，望陛下召见文武百官试着探问一下，如有不同意的，就是臣等有负陛下罪该万死。"太宗于是亲临太极殿，召见六品以上文武大臣，对他们说："李承乾大逆不道，李泰也居心险恶，都不能立为太子。朕想要从众位皇子中选一人为继承人，谁可以为太子？你们须当面明讲。"众人都高声说道："晋王仁义孝敬，应当做太子。"太宗十分高兴。这一天，李泰率领一百多骑兵到永安门；太宗敕令城门官员遣散李泰的护骑，带李泰进入肃章门，将其幽禁在北苑。

丙戌（初七），太宗下诏立晋王李治为皇太子，太宗亲临承天门楼，大赦天下，饮宴三天。太宗对身边大臣说："朕如果立李泰为太子，那就表明太子的位置可以苦心经营而得到。自今往后，太子失德背道，而藩王企图谋取的，两人都要弃置不用，这一规定传给子孙后代，永为后代效法。而且李泰为太子，则李承乾和李治均难以保全，李治为太子，则李承乾与李泰均能安然无恙。"

臣光曰：唐太宗不以天下大器私其所爱，以杜祸乱之原，可谓能远谋矣！

2　丁亥，以中书令杨师道为吏部尚书。初，长广公主适赵慈景，生节，慈景死，更适师道。师道与长孙无忌等共鞫承乾狱，阴为赵节道地，由是获谴。上至公主所，公主以首击地，泣谢子罪，上亦拜泣曰："赏不避仇雠，罚不阿亲戚，此天下至公之道，不敢违也，以是负姊。"

己丑，诏以长孙无忌为太子太师，房玄龄为太傅，萧瑀为太保，李世勣为詹事，瑀、世勣并同中书门下三品。同中书门下三品自此始。又以左卫大将军李大亮领右卫率，前詹事于志宁、中书侍郎马周为左庶子，吏部侍郎苏勖、中书舍人高季辅为右庶子，刑部侍郎张行成为少詹事，谏议大夫褚遂良为宾客。

李世勣尝得暴疾，方云"须灰可疗"，上自剪须，为之和药。世勣顿首出血泣谢。上曰："为社稷，非为卿也，何谢之有？"世勣尝侍宴，上从容谓曰："朕求群臣可托幼孤者，无以逾公，公往不负李密，岂负朕哉！"世勣流涕辞谢，啮指出血，因饮沈醉，上解御服以覆之。

癸巳，诏解魏王泰雍州牧、相州都督、左武候大将军，降爵为东莱郡王。泰府僚属为泰所亲狎者，皆迁岭表。以杜楚客兄如晦有功，免死，废为庶人。给事中崔仁师尝密请立魏王泰为太子，左迁鸿胪少卿。

庚子，定太子见三师仪：迎于殿门外，先拜，三师答拜；每门让于三师。三师坐，太子乃坐。其与三师书，前后称名、"惶恐"。

臣司马光说：唐太宗并不将天下重任私与所偏爱的人，以此来杜绝祸乱的根源，可称得上是深谋远虑呀！

2 丁亥（初八），任命中书令杨师道为吏部尚书。起初，长广公主嫁给赵慈景，生下赵节；赵慈景死后，长广公主改嫁杨师道。杨师道曾与长孙无忌等人一道审讯承乾太子的狱案，暗中为赵节开脱罪责，由此获罪。太宗到公主住所，公主以头触地，哭泣着为儿子的罪过道歉，太宗回拜并流着泪说："赏赐不回避仇敌，惩罚不袒护亲属，这是天下至公至正的道理，朕不敢违背，因此有负于姐姐。"

己丑（初十），太宗下诏任命长孙无忌为太子太师，房玄龄为太傅，萧瑀为太保，李世勣为太子詹事，萧瑀、李世勣同为同中书门下三品。同中书门下三品这一位同宰相的要职从此开始。又任命左卫大将军李大亮领右卫率，前任太子詹事于志宁、中书侍郎马周为左庶子，吏部侍郎苏勖、中书舍人高季辅为右庶子，刑部侍郎张行成为少詹事，谏议大夫褚遂良为太子宾客。

李世勣曾得暴病，药方说"胡须烧成灰可治疗"，太宗剪下自己的胡须，为他配药。李世勣连连磕头哭谢，直至头颅出血。太宗说："这是为了社稷江山，并非为你个人，有什么可谢的？"李世勣曾侍奉太宗饮宴，太宗和缓地对他说："朕一心想找到一个可以托孤的大臣，没有人能超过你的，往年你曾经不负于李密，岂能辜负朕？"李世勣流着泪辞谢，咬破指头沾血为誓，喝得酩酊大醉，太宗解下身上的皇袍给他披上。

癸巳（十四日），太宗下诏解除魏王李泰的雍州牧、相州都督、左武候大将军等职务，降爵位为东莱郡王。李泰王府的僚属中凡是李泰的亲信，都迁徙流放到岭南；杜楚客因兄长杜如晦有功，免去死罪，废为平民。给事中崔仁师曾私下请求立魏王李泰为太子，降职为鸿胪少卿。

庚子（二十一日），规定太子见三师的礼仪：在殿门外迎接，太子先拜，三师答拜；每道门都要让三师先行。三师坐下后，太子才能坐下。太子给三师的书启，前后自称名字加"惶恐"二字。

五月癸酉，太子上表，以“承乾、泰衣服不过随身，饮食不能适口，幽忧可愍，乞敕有司，优加供给。”上从之。

黄门侍郎刘洎上言，以“太子宜勤学问，亲师友。今入侍宫闱，动逾旬朔，师保以下，接对甚希，伏愿少抑下流之爱，弘远大之规，则海内幸甚”！上乃命洎与岑文本、褚遂良、马周更日诣东宫，与太子游处谈论。

3 六月己卯朔，日有食之。

4 丁亥，太常丞邓素使高丽还，请于怀远镇增戍兵以逼高丽，上曰：“‘远人不服，则修文德以来之’，未闻一二百戍兵能威绝域者也！”

5 丁酉，右仆射高士廉逊位，许之，其开府仪同三司、勋封如故，仍同门下中书三品，知政事。

6 闰月辛亥，上谓侍臣曰：“朕自立太子，遇物则诲之，见其饭，则曰：‘汝知稼穑之艰难，则常有斯饭矣。’见其乘马，则曰：‘汝知其劳逸，不竭其力，则常得乘之矣。’见其乘舟，则曰：‘水所以载舟，亦所以覆舟，民犹水也，君犹舟也。’见其息于木下，则曰：‘木从绳则正，后从谏则圣。’”

7 丁巳，诏太子知左、右屯营兵马事，其大将军以下并受处分。

8 薛延陀真珠可汗使其侄突利设来纳币，献马五万匹，牛、橐驼万头，羊十万口。庚申，突利设献馔，上御相思殿，大飨群臣，设十部乐，突利设再拜上寿，赐赍甚厚。

五月癸酉（二十五日），太子上表章，言道："李承乾与李泰只有随身几件衣服，饮食也不能对口味，幽禁忧愁可怜，请求敕令有关官署，优厚供给他们。"太宗应允。

黄门侍郎刘洎上书言道："太子应当勤学好问，亲善师友。如今太子入侍宫闱，动辄超过十天半个月，太师太保以下官员，很少与太子应对答问，希望能稍微抑制一下对子孙的爱心，弘扬传之久远的规制，则是天下百姓的幸事。"于是太宗让刘洎与岑文本、褚遂良、马周几个人轮流到东宫，与太子相处谈论政事。

3　六月己卯朔（初一），出现日食。

4　丁亥（初九），太常寺丞邓素出使高丽回到朝廷，请求太宗在怀远镇增派戍边兵力以威逼高丽，太宗说："孔子说：'远方的人不服从，则勤修文德来招抚他们。'未听说靠一两百个士兵就能威镇远方的。"

5　丁酉（十九日），尚书右仆射高士廉请求退职，太宗应允，开府仪同三司的职衔和勋位封邑仍保留，而且仍是同门下中书三品，参知政事。

6　闰六月辛亥（初四），太宗对身边大臣说："朕自从立李治为太子，遇见任何事情都亲加教诲，看见他用饭，就说：'你知道耕稼的艰难就能常吃上这些饭。'看见他骑马，就说：'你知道马要劳逸结合，不耗尽马的力量，就能经常骑着它。'看见他坐船，则说：'水能够载船，也能够翻船，百姓便如同这水，君主便如同这船。'见到他在树下休息，则说：'木头经过墨线处理才能正直，君主能纳谏者才为圣君。'"

7　丁巳（初十），太宗下诏让太子掌管左、右屯营兵马事宜，屯营大将军以下的官员都要受其节制。

8　薛延陀真珠可汗派他的侄子突利设到唐纳聘礼，献马五万匹，牛、骆驼一万头，羊十万只。庚申（十三日），突利设献上食物，太宗亲临相思殿，大宴群臣，设立十部乐曲，突利设再次行礼祝寿，太宗赏赐突利设十分丰厚。

契苾何力上言:“薛延陀不可与婚。”上曰:“吾已许之矣,岂可为天子而食言乎?”何力对曰:“臣非欲陛下遽绝之也,愿且迁延其事。臣闻古有亲迎之礼,若敕夷男使亲迎,虽不至京师,亦应至灵州。彼必不敢来,则绝之有名矣。夷男性刚戾,既不成婚,其下复携贰,不过一二年必病死,二子争立,则可以坐制之矣!”上从之,乃征真珠可汗使亲迎,仍发诏将幸灵州与之会。真珠大喜,欲诣灵州,其臣谏曰:“脱为所留,悔之无及!”真珠曰:“吾闻唐天子有圣德,我得身往见之,死无所恨,且漠北必当有主。我行决矣,勿复多言!”上发使三道,受其所献杂畜。薛延陀先无库厩,真珠调敛诸部,往返万里,道涉沙碛,无水草,耗死将半,失期不至。议者或以为聘财未备而与为婚,将使戎狄轻中国,上乃下诏绝其婚,停幸灵州,追还三使。

褚遂良上疏,以为“薛延陀本一俟斤,陛下荡平沙塞,万里萧条,馀寇奔波,须有酋长,玺书鼓纛,立为可汗。比者复降鸿私,许其姻媾,西告吐蕃,北谕思摩,中国童幼,靡不知之。御幸北门,受其献食,群臣四夷,宴乐终日。咸言陛下欲安百姓,不爱一女,凡在含生,孰不怀德。今一朝生进退之意,有改悔之心,臣为国家惜兹声听,所顾甚少,所失殊多,嫌隙既生,必构边患。彼国蓄见欺之怒,此民怀负约之惭,恐非所以服远人,训戎士也。陛下君临天下十有七载,以仁恩结庶类,以信义抚戎夷,莫不欣然,负之无力,何惜不使有始有卒乎?夫龙沙以北,部落无算,中国诛之,终不能尽,当怀之以德,使为恶者在夷不在华,失信者在彼不在此,则尧、舜、禹、汤不及陛下远矣!”上不听。

契苾何力上书言道:“不可与薛延陀通婚。”太宗说:“朕已经答应他们了,怎么可以身为天子却自食其言呢?”何力答道:“我不是想要陛下立刻回绝他们,只是希望暂且延缓此事。我听说自古有亲迎之礼,假如陛下敕令夷男让他亲迎,即使不到长安来,也要到灵州;夷男必定不敢前来,则回绝他有理由了。夷男性情刚直暴戾,既然不能与大唐通婚,其部下又怀有二心,不过一两年便会病死,他的两个儿子争夺王位,到那时陛下可以轻易制服他们。”太宗听从其意见,于是征召真珠可汗让他前来亲迎,又发布诏书说将要在灵州与他相见。真珠十分高兴,想要亲到灵州,其大臣劝谏说:“倘若被对方扣留,到那时后悔都来不及!”真珠说:“我听说大唐天子有圣王的德行,我能亲自前去见他一面,至死都无遗憾。而且漠北必然会有人主事。我去的决心已定,不必再多说了。”太宗接连三次派使节,接受薛延陀所献的牲畜。薛延陀先前没有库房马厩,真珠可汗便征调各部落马牛羊等,往返一万多里,途经沙漠地带,没有水和草,牲畜消耗损失将近一半,过了亲迎期限没有到。有人议论认为聘礼未准备齐便与之通婚,这会使戎狄轻视唐朝。太宗于是下诏回绝其婚姻,停止巡幸灵州,并追还三次派出的使节。

褚遂良上奏疏认为:“薛延陀可汗本来是突厥的一个首领,陛下当年荡平沙漠,万里萧条少有人烟,残馀势力奔波投靠,须有一个酋长,于是才赐给他鼓和大旗,立为可汗。近来又降下大恩,应允与他们通婚,西面告知吐蕃,北面通知思摩,连大唐朝中的儿童也都知道此事。陛下又行幸北门,接受他们敬献食物,群臣与边远地区,都整日宴饮庆贺。都说陛下为了安抚天下百姓,不爱惜自己的女儿,芸芸众生,谁不感恩戴德。如今一朝陡生变化,有改悔之意,我深深为朝廷的声誉受损而惋惜;这样一来得到的很少,而失去的却很多,也会产生隔阂,必然会导致边境不安宁。薛延陀深怀被欺辱的怨恨,百姓也感受到背约的羞愧,恐怕这不是绥服远方、训教边兵的办法。陛下即位治理天下已有十七年了,以仁义恩惠交结百姓,以诚信礼义安抚边远地区,天下百姓没有不佩服的。背约实在是没有道理,为什么就不能善始善终呢?龙沙城以北,薛延陀的部落众多,朝廷想要讨伐他们,终究不能全都消灭干净,应当对他们抚以德义,使正义掌握在朝廷手中而不是在对方手中,失信的在对方而不在我方。做到这些,就是尧、舜、禹、汤等人也远不及陛下了。”太宗不听其谏议。

是时，群臣多言："国家既许其婚，受其聘币，不可失信戎狄，更生边患。"上曰："卿曹皆知古而不知今。昔汉初匈奴强，中国弱，故饰子女，捐金絮以饵之，得事之宜。今中国强，戎狄弱，以我徒兵一千，可击胡骑数万，薛延陀所以匍匐稽颡，惟我所欲，不敢骄慢者，以新为君长，杂姓非其种族，欲假中国之势以威服之耳。彼同罗、仆骨、回纥等十馀部，兵各数万，并力攻之，立可破灭，所以不敢发者，畏中国所立故也。今以女妻之，彼自恃大国之婿，杂姓谁敢不服？戎狄人面兽心，一旦微不得意，必反噬为害。今吾绝其婚，杀其礼，杂姓知我弃之，不日将瓜剖之矣，卿曹第志之！"

臣光曰：孔子称去食、去兵，不可去信。唐太宗审知薛延陀不可妻，则初勿许其婚可也；既许之矣，乃复恃强弃信而绝之，虽灭薛延陀，犹可羞也。王者发言出令，可不慎哉？

9 上曰："盖苏文弑其君而专国政，诚不可忍，以今日兵力，取之不难，但不欲劳百姓，吾欲且使契丹、靺鞨扰之，何如？"长孙无忌曰："盖苏文自知罪大，畏大国之讨，必严设守备，陛下少为之隐忍，彼得以自安，必更骄惰，愈肆其恶，然后讨之，未晚也。"上曰："善！"戊辰，诏以高丽王藏为上柱国、辽东郡王、高丽王，遣使持节册命。

10 丙子，徙东莱王泰为顺阳王。

当时，众位大臣大都说道："朝廷既然答应与他们通婚，又接受了人家的聘礼，就不可失信于薛延陀，以免又生边乱。"太宗说："你们这些人都是只知古而不知今。从前汉初匈奴强大，中原汉王朝弱小，所以要装扮子女，送金银财物来喂饱他们，在当时是合乎时宜的。如今中原强大，北方少数族削弱，以我大唐的一千步兵，可以击败他们的数万骑兵，薛延陀肯卑躬屈膝，满足我们的要求，不敢稍有傲慢，是因为他们刚刚立了可汗，属下杂姓部族不少，想要借着大唐的势力以威慑制服他们。他们中的同罗、仆骨、回纥等十多个部族，各有兵力几万人，如果他们合力攻打薛延陀，可以立即攻破灭掉他，之所以不敢轻举妄动，是因为畏惧他是我大唐所立的可汗。如今将宗室女嫁给他，必然自恃是大国的女婿，其他部族谁还敢不服？这些戎狄人面兽心，一旦稍不满意，必会反咬一口，造成祸害。现在我们回绝其婚姻，停止接受他们的聘礼，其他部族得知我们抛弃了他们，很快会将他们瓜分豆剖，你们只需记住朕说过的话。"

臣司马光说：孔子说宁可去掉食物和军队，但是不可以丢弃信用。唐太宗深知不能与薛延陀通婚，则当初不答应与其成亲即可以了，既然答应薛延陀，又依仗强势背信弃义回绝对方，这样即使灭掉了薛延陀也足可羞愧。君王发号施令，能不慎重吗？

9　太宗说："盖苏文杀死高丽国王而独掌国政，实在是不能忍受，以我方今日的兵力，攻取他们并不难，只是不想劳扰百姓，朕想暂且先让契丹、靺鞨骚扰他们，怎么样？"长孙无忌说："盖苏文自己也知道罪行严重，害怕大国的讨伐，必然要严加防备，陛下稍稍容忍一些，他得以自我保全，必然会更加骄横，更加无恶不作，此后再去讨伐，也不算晚啊。"太宗说："很好！"戊辰（二十一日），太宗颁布诏令封高丽王高藏为上柱国、辽东郡王、高丽王，派使节携带旌节前往册封。

10　丙子（二十九日），改封东莱王李泰为顺阳王。

11　初，太子承乾失德，上密谓中书侍郎兼左庶子杜正伦曰："吾儿足疾乃可耳，但疏远贤良，狎昵群小，卿可察之。果不可教示，当来告我。"正伦屡谏，不听，乃以上语告之。太子抗表以闻，上责正伦漏泄，对曰："臣以此恐之，冀其迁善耳。"上怒，出正伦为谷州刺史。及承乾败，秋，七月辛卯，复左迁正伦为交州都督。初，魏徵尝荐正伦及侯君集有宰相材，请以君集为仆射，且曰："国家安不忘危，不可无大将，诸卫兵马宜委君集专知。"上以君集好夸诞，不用。及正伦以罪黜，君集谋反诛，上始疑徵阿党。又有言徵自录前后谏辞以示起居郎褚遂良者，上愈不悦，乃罢叔玉尚主，而踣所撰碑。

12　初，上谓监修国史房玄龄曰："前世史官所记，皆不令人主见之，何也？"对曰："史官不虚美，不隐恶，若人主见之必怒，故不敢献也。"上曰："朕之为心，异于前世。帝王欲自观国史，知前日之恶，为后来之戒，公可撰次以闻。"谏议大夫朱子奢上言："陛下圣德在躬，举无过事，史官所述，义归尽善。陛下独览《起居》，于事无失，若以此法传示子孙，窃恐曾、玄之后或非上智，饰非护短，史官必不免刑诛。如此，则莫不希风顺旨，全身远害，悠悠千载，何所信乎？所以前代不观，盖为此也。"上不从。玄龄乃与给事中许敬宗等删为《高祖》、《今上实录》，癸巳，书成，上之。上见书六月四日事，语多微隐，谓玄龄曰："周公诛管、蔡以安周，季友鸩叔牙以存鲁，朕之所为，亦类是耳，史官何讳焉？"即命削去浮词，直书其事。

11　起初，太子李承乾德行丧失，太宗私下对中书侍郎兼左庶子杜正伦说："我儿承乾如果仅有脚病倒还说得过去，只是他疏远贤良，亲昵小人。你应当加以监察，如果真不可教诲，请你来告诉我。"杜正伦多次劝谏李承乾都不听，便将太宗对他讲的话告诉承乾。太子上表章给太宗，太宗责怪杜正伦泄露此事，杜正伦答道："我想用陛下的话恐吓他，希望他能弃恶从善。"太宗大怒，将杜正伦外放为谷州刺史。等到李承乾谋反事败露，秋季，七月辛卯（十四日），又将杜正伦降职为交州都督。起初，魏徵曾经推荐称杜正伦与侯君集有宰相之才，请求任命侯君集为仆射，而且说："朝廷安定不能忘记危亡，不可以没有大将，各宿卫兵马应该委派君集专管。"太宗认为君集喜欢自我夸耀，没有重用。等到后来杜正伦因泄露罪被贬职，侯君集因参与谋反被处死，太宗开始怀疑魏徵结党营私。又有人上书言称魏徵自己抄录前后在朝中的谏言给起居郎褚遂良看，太宗更加不高兴，于是魏徵的儿子魏叔玉娶公主一事作罢，并毁掉所撰碑石。

12　起初，太宗曾对以宰相身份监修国史的房玄龄说："前代史官所记的史事，都不让君主看见，这是为什么？"答道："史官不虚饰美化，也不隐匿罪过，如果让皇上看见必然会动怒，所以不敢进呈。"太宗说："朕的志向不同于前代君主。朕想亲自翻阅当朝国史，知道先前的过失，作为以后的借鉴，希望你撰写完成后上呈给朕看看。"谏议大夫朱子奢上书言道："陛下身怀圣德，行动没有过失，史官所记述的，按理都是尽善尽美的事。陛下唯独要翻阅《起居注》，这对史官记事当然无所损失，假如将此规定传示给子孙后代，恐怕到了曾孙，玄孙之后偶有并非最明智的君主，掩饰过错袒护短处，史官必然难以避免身遭刑罚诛戮。如此下去，则史官们都顺从旨意行事，保全自身，远避危害，那么悠悠千载的历史，有什么可相信的呢？所以说前代君主不观看国史，正是为了这个缘故。"太宗不听其谏言。房玄龄便与给事中许敬宗等删改成《高祖实录》和《今上实录》；癸巳（十六日），书写成，呈上太宗。太宗见书中记载武德九年六月四日玄武门之变，用词多隐讳曲折，便对房玄龄说："历史上周公诛灭管叔、蔡叔以定周朝，季友毒死叔牙以保存鲁国，朕当年的所作所为，正与此类似，史官有什么可隐讳的？"立即命令删削浮华之词，秉笔直书杀李建成、李元吉事。

13　八月庚戌，以洛州都督张亮为刑部尚书，参预朝政；以左卫大将军、太子右卫率李大亮为工部尚书。大亮身居三职，宿卫两宫，恭俭忠谨，每宿直，必坐寐达旦。房玄龄甚重之，每称大亮有王陵、周勃之节，可当大位。

初，大亮为庞玉兵曹，为李密所获，同辈皆死，贼帅张弼见而释之，遂与定交。及大亮贵，求弼，欲报其德，弼时为将作丞，自匿不言。大亮遇诸途而识之，持弼而泣，多推家赀以遗弼，弼拒不受。大亮言于上，乞悉以其官爵授弼，上为之擢弼为中郎将。时人皆贤大亮不负恩，而多弼之不伐也。

14　九月庚辰，新罗遣使言百济攻取其国四十馀城，复与高丽连兵，谋绝新罗入朝之路，乞兵救援。上命司农丞相里玄奖赍玺书赐高丽曰："新罗委质国家，朝贡不乏，尔与百济各宜戢兵，若更攻之，明年发兵击尔国矣！"

15　癸未，徙承乾于黔州。甲午，徙顺阳王泰于均州。上曰："父子之情，出于自然。朕今与泰生离，亦何心自处？然朕为天下主，但使百姓安宁，私情亦可割耳。"又以泰所上表示近臣曰："泰诚为俊才，朕心念之，卿曹所知。但以社稷之故，不得不断之以义，使之居外者，亦所以两全之耳。"

16　先是，诸州长官或上佐岁首亲奉贡物入京师，谓之朝集使，亦谓之考使，京师无邸，率僦屋与商贾杂居。上始命有司为之作邸。

17　冬，十一月己卯，上祀圜丘。

13　八月庚戌(初三)，朝廷任命洛州都督张亮为刑部尚书，参预朝政；任命左卫大将军、太子右卫率李大亮为工部尚书。李大亮身居三项要职，宿卫两宫，谦恭俭朴忠正谨慎，每次护卫值勤，必定坐着假寐直到天亮。房玄龄非常敬重他，多次称李大亮有王陵、周勃的气节，可以担任重要职务。

起初，李大亮为庞玉的兵曹，被李密抓获，同僚都被处斩，李密的大将张弼见李大亮而将其释放，二人遂定交情。等到李大亮身居显贵，开始寻找张弼，想报答他的救命之恩，张弼当时官为将作监丞，自己隐匿不说。李大亮在道上遇见张弼认出他来，扶着张弼掉泪，并将自己的家产送给张弼，张弼拒不接受。李大亮将此事上禀太宗，请求将自己的官职爵位全都授予张弼，太宗为了李大亮的缘故提拔张弼为中郎将。当时人都称赞李大亮不负恩情，也赞扬张弼不自我炫耀。

14　九月庚辰(初四)，新罗派使节来称百济攻取他国中四十多座城，又与高丽国联合，图谋断绝新罗到唐朝的通道，因而请求派兵救援。太宗命令司农寺丞相里玄奘带皇帝玺书前往高丽，对他们说："新罗归顺我大唐，每年不停朝贡，你们与百济都应停兵止战，假如再行攻打，明年大唐就要发兵攻伐你们国家。"

15　癸未(初七)，将李承乾流放到黔州。甲午(十八日)，将顺阳王李泰流放到均州。太宗说："父子之情，是出于自然。朕如今与李泰生而离别，还有什么心思自处？然而朕为天下人的君主，只要能使百姓生活安宁，私情也当割舍呀。"又将李泰所上表文拿给身边大臣看，并说："李泰实在是有才智，朕常常念叨他，你们也都知道。但是为了社稷江山，不得不以道义与他断绝亲情，让他居住在遥远的地方，这也是两全之策呀。"

16　先前，各州的长官和高级佐僚年初亲自带着贡品进京，称之为朝集使，也称为考使。京城没有官邸，便大都租房子与商人们杂处在一起。此时太宗命令有关部门为他们修建官邸。

17　冬季，十一月己卯(初三)，太宗到圜丘祭祀。

18　初，上与隐太子、巢剌王有隙，密明公赠司空封德彝阴持两端。杨文幹之乱，上皇欲废隐太子而立上，德彝固谏而止。其事甚秘，上不之知，薨后乃知之。壬辰，治书侍御史唐临始追劾其事，请黜官夺爵。上命百官议之，尚书唐俭等议："德彝罪暴身后，恩结生前，所历众官，不可追夺，请降赠改谥。"诏黜其赠官，改谥曰缪，削所食实封。

19　敕选良家女以实东宫，癸巳，太子遣左庶子于志宁辞之。上曰："吾不欲使子孙生于微贱耳。今既致辞，当从其意。"上疑太子仁弱，密谓长孙无忌曰："公劝我立雉奴，雉奴懦，恐不能守社稷，奈何？吴王恪英果类我，我欲立之，何如？"无忌固争，以为不可。上曰："公以恪非己之甥邪？"无忌曰："太子仁厚，真守文良主。储副至重，岂可数易？愿陛下熟思之。"上乃止。十二月壬子，上谓吴王恪曰："父子虽至亲，及其有罪，则天下之法不可私也。汉已立昭帝，燕王旦不服，阴图不轨，霍光折简诛之。为人臣子，不可不戒！"

20　庚申，车驾幸骊山温汤。庚午，还宫。

十八年（甲辰，644）

1　春，正月乙未，车驾幸钟官城。庚子，幸鄠县。壬寅，幸骊山温汤。

2　相里玄奖至平壤，莫离支已将兵击新罗，破其两城，高丽王使召之，乃还。玄奖谕使勿攻新罗，莫离支曰："昔隋人入寇，新罗乘衅侵我地五百里，自非归我侵地，恐兵未能已。"玄奖曰："既往之事，焉可追论？至于辽东诸城，本皆中国郡县，中国尚且不言，高丽岂得必求故地。"莫离支竟不从。

18　起初，太宗与隐太子李建成、巢剌王李元吉有隔阂，密明公赠司空封德彝暗中骑墙。杨文幹叛乱后，太上皇李渊想要废掉隐太子李建成而改立太宗，封德彝执意劝谏而停止。此事非常隐秘，太宗并不知道，等德彝死后才知道。壬辰（十六日），治书侍御史唐临开始追究弹劾其事，请求罢黜封氏官职爵位。太宗让文武百官商议此事，尚书唐俭等人议论道："德彝的罪过暴露在他死后，恩义结于生前，历任各种官职，不宜追究夺回，请求降赠官并改封谥号。"太宗下诏罢除所赠官职，改谥号为缪，削掉所得食邑和实封户。

19　太宗敕令遴选大族良家女子以充实太子东宫；癸巳（十七日），太子派左庶子于志宁辞谢。太宗说："我不过是不想让子孙们生于微贱之人。如今既然致书辞退，理当遵从其本意。"太宗怀疑太子过于仁义软弱，私下里对长孙无忌说："你一再劝我立李治为太子，李治过于懦弱，恐怕他不能守护好社稷江山，怎么办呢？吴王李恪英武果断很像我，我想要立他为太子，怎么样？"长孙无忌执意争辩，以为不能这么做。太宗说："你因为李恪不是你的外甥吗？"无忌说："太子仁义厚道，真正是守成的有文才的君主；太子皇储的位置至关重大，怎么可以多次更改呢？望陛下再细细考虑这件事。"太宗于是不再有此种想法。十二月壬子（初六），太宗对吴王李恪说："父子之间虽然是至亲，一旦犯罪，则天下的法令不能够偏私。汉朝已立昭帝，燕王刘旦不服，暗中图谋造反，霍光以一封便笺就杀了他。为人臣下，不能不深以为诫！"

20　庚申（十四日），太宗车驾巡幸骊山温泉；庚午（二十四日），回到宫中。

唐太宗贞观十八年（甲辰，公元644年）

1　春季，正月乙未（二十日），太宗车驾行幸钟官城；庚子（二十五日），临幸鄠县；壬寅（二十七日），游幸骊山温泉。

2　相里玄奘到达平壤，莫离支已经率领部队进攻新罗，攻下两座城，高丽王派人召他，这才回师。玄奘传谕使他们不要再攻打新罗，莫离支说："以前隋朝东征高丽，新罗乘机侵蚀高丽土地五百里，如果他们不归还侵占我们的土地，恐怕难以休战。"玄奘说："过去了的事何必再去追究呢？至于说辽东各城，本来都是中原帝国的郡县，中原帝国尚且没有过问，高丽怎么可能一定得要回故有的土地呢？"莫离支最后没有听其劝告。

二月乙巳朔，玄奘还，具言其状。上曰："盖苏文弑其君，贼其大臣，残虐其民，今又违我诏命，侵暴邻国，不可以不讨。"谏议大夫褚遂良曰："陛下指麾则中原清晏，顾眄则四夷詟服，威望大矣。今乃渡海远征小夷，若指期克捷，犹可也。万一蹉跌，伤威损望，更兴忿兵，则安危难测矣。"李世勣曰："间者薛延陀入寇，陛下欲发兵穷讨，魏徵谏而止，使至今为患。向用陛下之策，北鄙安矣。"上曰："然。此诚徵之失；朕寻悔之而不欲言，恐塞良谋故也。"

上欲自征高丽，褚遂良上疏，以为："天下譬犹一身：两京，心腹也；州县，四支也；四夷，身外之物也。高丽罪大，诚当致讨，但命二三猛将将四五万众，仗陛下威灵，取之如反掌耳。今太子新立，年尚幼稚，自馀藩屏，陛下所知，一旦弃金汤之全，逾辽海之险，以天下之君，轻行远举，皆愚臣之所甚忧也。"上不听。时群臣多谏征高丽者，上曰："八尧、九舜，不能冬种，野夫、童子，春种而生，得时故也。夫天有其时，人有其功。盖苏文陵上虐下，民延颈待救，此正高丽可亡之时也。议者纷纭，但不见此耳。"

3　己酉，上幸灵口。乙卯，还宫。

4　三月辛卯，以左卫将军薛万徹守右卫大将军。上尝谓侍臣曰："于今名将，惟世勣、道宗、万徹三人而已。世勣、道宗不能大胜，亦不大败，万徹非大胜则大败。"

5　夏，四月，上御两仪殿，皇太子侍。上谓群臣曰："太子性行，外人亦闻之乎？"司徒无忌曰："太子虽不出宫门，天下无不钦仰圣德。"上曰："吾如治年时，颇不能循常度。治自幼

二月乙巳朔(初一),相里玄奖回到京城,详细禀报出使高丽的情况。太宗说:“盖苏文杀死其国王,迫害高丽大臣,残酷虐待百姓,如今又违抗我的诏令,侵略邻国,不能不讨伐他。”谏议大夫褚遂良说:“陛下麾旗所指则中原大地平定,眼睛一转则四方民族归服,威望无与伦比。如今却要渡海远征小小的高丽,如果捷报指日可待还可以;万一遭遇挫折,损伤威望,再引起百姓起兵反抗,则朝廷的安危难以预测呀!”李世勣说:“当年薛延陀进犯,陛下想要发兵讨伐。魏徵谏阻而作罢,使之直到今日仍为祸患。那时如果采用陛下的策略,北方边区可保安宁。”太宗说:“是这样。这一点实在是魏徵的过失;朕不久即后悔而不想说出来,是怕因此而堵塞了进献良策的缘故。”

太宗想要亲自去征伐高丽,褚遂良上奏疏说:“天下便如同人的整个身体:长安洛阳,如同是心腹;各州县如同四肢;四方少数民族,乃是身外之物。高丽罪恶极大,诚然应当讨伐,然而命令两三个猛将率领四五万士兵,仰仗着陛下的神威,攻取他们易如反掌。如今太子刚刚封立,年龄还很幼小,其他藩王情况,陛下也都清楚,一旦离开固守的安全地域,跨越辽海的险境,身为一国之主,轻易远行,这些都是我所深觉忧虑的事。”太宗不听他的谏议。当时大臣们多有谏阻太宗征伐高丽的,太宗说:“八个尧帝,九个舜帝,也不能冬季种粮;乡村野夫及儿童少年,春季播种,作物才生长,这是得其时令。天有它的时令,人有他的功用。盖苏文欺凌国王暴虐百姓,老百姓翘首企盼救援,此正是高丽应当灭亡的时刻。议论者纷纭不休,只是因为未看到这个道理。”

3　己酉(初五),太宗巡幸灵口;乙卯(十一日),回到宫中。

4　三月辛卯(十七日),任命左卫将军薛万徹暂时代理右卫大将军。太宗曾对身边的大臣说:“当今的著名将领,只有李世勣、李道宗、薛万徹三人称得上,世勣、道宗不能取得大胜,但也没有大败,万徹则不是大胜就是大败。”

5　夏季,四月,太宗亲临两仪殿,皇太子在旁侍奉。太宗对众大臣说:“太子的品性行为,外面的人可曾听说过吗?”司徒长孙无忌说:“太子虽然没有出过宫门,天下人无不敬仰其德行。”太宗说:“我像李治这个年龄,不能够循规蹈矩,照常规办事。李治自幼就待人

宽厚，谚曰‘生狼，犹恐如羊’，冀其稍壮，自不同耳。”无忌对曰：“陛下神武，乃拨乱之才；太子仁恕，实守文之德。趣尚虽异，各当其分。此乃皇天所以祚大唐而福苍生者也。”

6　辛亥，上幸九成宫。壬子，至太平宫，谓侍臣曰：“人臣顺旨者多，犯颜则少，今朕欲自闻其失，诸公其直言无隐。”长孙无忌等皆曰：“陛下无失。”刘洎曰：“顷有上书不称旨者，陛下皆面加穷诘，无不惭惧而退，恐非所以广言路。”马周曰：“陛下比来赏罚，微以喜怒有所高下，此外不见其失。”上皆纳之。

上好文学而辩敏，群臣言事者，上引古今以折之，多不能对。刘洎上书谏曰：“帝王之与凡庶，圣哲之与庸愚，上下相悬，拟伦斯绝。是知以至愚而对至圣，以极卑而对至尊，徒思自强，不可得也。陛下降恩旨，假慈颜，凝旒以听其言，虚襟以纳其说，犹恐群下未敢对扬；况动神机，纵天辩，饰辞以折其理，引古以排其议，欲令凡庶何阶应答！且多记则损心，多语则损气，心气内损，形神外劳，初虽不觉，后必为累，须为社稷自爱，岂为性好自伤乎！至如秦政强辩，失人心于自矜；魏文宏才，亏众望于虚说。此材辩之累，较然可知矣。”上飞白答之曰：“非虑无以临下，非言无以述虑，比有谈论，遂致烦多，轻物骄人，恐由兹道，形神心气，非此为劳。今闻谠言，虚怀以改。”己未，至显仁宫。

7　上将征高丽，秋，七月辛卯，敕将作大匠阎立德等诣洪、饶、江三州，造船四百艘以载军粮。甲午，下诏遣营州都督张俭等帅幽、营二都督兵及契丹、奚、靺鞨先击辽东以观其势。以太常卿韦挺为馈运使，以民部侍郎崔仁师副之，自河北诸州皆受挺节度，听以便宜从事。又命太仆少卿萧锐运河南诸州粮入海。锐，瑀之子也。

宽厚，古谚说：‘生狼，犹恐如羊。’希望他稍大些，自然有所不同呀。”长孙无忌说：“陛下神明英武，乃是拨乱反正的大才；太子仁义宽厚，实是守成修德之才，志趣爱好虽然不同，但也各当其职分，此乃是皇天保护大唐而又降福于万民百姓。”

6　辛亥（初八），太宗巡幸九成宫。壬子（初九），到了太平宫，对身边的大臣们说：“大臣们顺从旨意的居多数，犯颜强谏者极少，如今朕想要听到关于朕的过失的话，诸位当直说无所隐瞒。”长孙无忌等都说：“陛下没有过失。”刘洎说：“近来有人上书不合陛下圣意的，陛下都当面百般责备，上书者无不惭愧恐惧而退下，恐怕这不是广开言路的办法。”马周说：“陛下近来赏罚，略有因个人喜怒而有所高下的情况，此外没有见到过失。”太宗都予以接受。

太宗喜欢文学而又思维敏捷善辩论，众位大臣上书言事，太宗引证古今事例加以驳难，臣下多答不上来。刘洎上书劝谏道：“帝王与平民，圣哲与庸人愚夫，上下相差悬殊，无与比较。由此可知以至愚对至圣，以最卑贱的对最尊贵的，白白地想着自强，也不可得到。陛下降下恩旨，和颜悦色，专注倾听劝谏之言，虚心接纳臣下的意见，还担心臣下们未敢应对；何况陛下又灵动神思，发挥天辩巧慧，修饰辞藻以批驳他们的道理，引证古事以排解众议，这让凡夫百姓如何应答呢？而且博闻多记则损伤心思，多说话则伤气，心气损伤，形神劳顿，起初还没有察觉，以后必然成为牵累，望陛下为社稷江山而自爱身体，岂能为了兴趣爱好而自伤身体呢？至于秦始皇能言善辩，因自我夸耀而失去民心；魏文帝宏才伟略，因虚言妄论而有负众望。这些由于辩才而受害的情形，还历历在目。”太宗书写飞白书答道：“没有思考则无法治理臣下，没有言语则无法表述思虑，近来议论国事，过分烦苛，高傲轻视他人，恐怕即由此产生，至于心神，则不是由此劳顿。如今听到你的直言谠论，当虚心改正。”己未（十六日），车驾到显仁宫。

7　太宗将要征伐高丽，秋季，七月辛卯（二十日），敕令将作大匠阎立德等人到洪、饶、江三州，造船只四百艘用来载运军粮。甲午（二十三日），太宗下诏派营州都督张俭等率领幽州、营州两个都督府的兵马以及契丹、奚、靺鞨族士兵先行进攻辽东，以观察形势。任命太常卿韦挺为馈运使，民部侍郎崔仁师为副使，河北各州都接受韦挺节制统辖，听从他便宜行事。又任命太仆少卿萧锐运送河南各州粮草入海。萧锐是萧瑀的儿子。

8　八月壬子，上谓司徒无忌等曰："人苦不自知其过，卿可为朕明言之。"对曰："陛下武功文德，臣等将顺之不暇，又何过之可言？"上曰："朕问公以己过，公等乃曲相谀悦，朕欲面举公等得失以相戒而改之，何如？"皆拜谢。上曰："长孙无忌善避嫌疑，应物敏速，决断事理，古人不过，而总兵攻战，非其所长。高士廉涉猎古今，心术明达，临难不改节，当官无朋党，所乏者骨鲠规谏耳。唐俭言辞辩捷，善和解人，事朕三十年，遂无言及于献替。杨师道性行纯和，自无愆违，而情实怯懦，缓急不可得力。岑文本性质敦厚，文章华赡，而持论恒据经远，自当不负于物。刘洎性最坚贞，有利益，然其意尚然诺，私于朋友。马周见事敏速，性甚贞正，论量人物，直道而言，朕比任使，多能称意。褚遂良学问稍长，性亦坚正，每写忠诚，亲附于朕，譬如飞鸟依人，人自怜之。"

9　甲子，上还京师。

10　丁卯，以散骑常侍刘洎为侍中，行中书侍郎岑文本为中书令，太子左庶子中书侍郎马周守中书令。

文本既拜，还家，有忧色。母问其故，文本曰："非勋非旧，滥荷宠荣，位高责重，所以忧惧。"亲宾有来贺者，文本曰："今受吊，不受贺也。"

文本弟文昭为校书郎，喜宾客，上闻之不悦。尝从容谓文本曰："卿弟过尔交结，恐为卿累，朕欲出为外官，何如？"文本泣曰："臣弟少孤，老母特所钟爱，未尝信宿离左右。今若出外，母必愁悴，傥无此弟，亦无老母矣。"因歔欷呜咽，上愍其意而止。惟召文昭严戒之，亦卒无过。

8　八月壬子（十一日），太宗对司徒长孙无忌等说："人们苦于不自知过错，你可以为朕言明。"无忌答道："陛下的文德武功，我们这些人承顺都应接不暇，又有什么过错可言呢？"太宗说："朕向你们询问我的过失，你们却要曲意逢迎使我高兴，朕想要当面列举出你们的优缺点以互相鉴戒改正，你们看怎么样？"众大臣急忙磕头称谢。太宗说："长孙无忌善于避开嫌疑，应答敏捷，断事果决，超过古人；然而领兵作战，并非他所擅长。高士廉涉猎古今，心术明正通达，面临危难不改气节，做官没有私结朋党；所缺乏的是直言规谏。唐俭言辞敏捷善辩，善解人纠纷；事奉朕三十年，却很少批评朝政得失。杨师道性情温和，自身少有过失；而性格其实怯懦，遇到紧急情况指望不上。岑文本性情质朴敦厚，文章做的华美；然而持论常依远大规划，自然不违于事理。刘洎性格最坚贞，讲究利人；然而崇尚然诺信用，对朋友有私情。马周处事敏捷，性情正直，品评人物，直抒胸臆，朕近来委任他做事，多能称心如意。褚遂良学问优于他人，性格也耿直坚贞，每每倾注他的忠诚，亲附于朕，如同飞鸟依人，人见了自然怜悯。"

9　甲子（二十三日），太宗回到京城。

10　丁卯（二十六日），任命散骑常侍刘洎为侍中，代行中书侍郎职务的岑文本为中书令，太子左庶子中书侍郎马周暂时代理中书令。

岑文本官拜中书令后，回到家中，面有忧色。他的母亲问他是什么原因，文本说："我不是勋臣也不是故旧，枉蒙如此恩宠，官位高责任重，所以忧心忡忡。"亲属宾客中有来称贺的，文本说："现今只接受吊问，不接受贺喜。"

岑文本的弟弟岑文昭官任校书郎，喜欢结交宾客，太宗听说后很不高兴。曾经和缓地对文本说："你的弟弟过分沉溺于交往，恐怕会牵累到你，朕想让他到外地去做官，你看怎么样？"文本哭泣着说："我弟弟年少时父亲即去世，我的老母亲特别钟爱他，从未让离开身边超过两天。如今若是外出为官，母亲必然忧愁憔悴，倘如没有这位弟弟在身边，也会没有老母亲了。"因而泣不成声，太宗怜悯他的孝心而打消原来的想法。只是召见岑文昭严厉训斥，文昭也终没有犯错误。

11 九月，以谏议大夫褚遂良为黄门侍郎，参预朝政。

12 焉耆贰于西突厥，西突厥大臣屈利啜为其弟娶焉耆王女，由是朝贡多阙，安西都护郭孝恪请讨之。诏以孝恪为西州道行军总管，帅步骑三千出银山道以击之。会焉耆王弟颉鼻兄弟三人至西州，孝恪以颉鼻弟栗婆准为乡导。焉耆城四面皆水，恃险而不设备，孝恪倍道兼行，夜至城下，命将士浮水而渡，比晓登城，执其王突骑支，获首虏七千级，留栗婆准摄国事而还。孝恪去三日，屈利啜引兵救焉耆，不及，执栗婆准，以劲骑五千，追孝恪至银山，孝恪还击，破之，追奔数十里。

辛卯，上谓侍臣曰："孝恪近奏称八月十一日往击焉耆，二十日应至，必以二十二日破之，朕计其道里，使者今日至矣！"言未毕，驿骑至。

西突厥处那啜使其吐屯摄焉耆，遣使入贡。上数之曰："我发兵击得焉耆，汝何人而据之？"吐屯惧，返其国，焉耆立栗婆准从父兄薛婆阿那支为王，仍附于处那啜。

13 乙未，鸿胪奏"高丽莫离支贡白金"。褚遂良曰："莫离支弑其君，九夷所不容，今将讨之而纳其金，此郜鼎之类也，臣谓不可受。"上从之。上谓高丽使者曰："汝曹皆事高武，有官爵。莫离支弑逆，汝曹不能复雠，今更为之游说以欺大国，罪孰大焉！"悉以属大理。

14 冬十月辛丑朔，日有食之。

15 甲寅，车驾行幸洛阳，以房玄龄留守京师，右卫大将军、工部尚书李大亮副之。

11　九月，任命谏议大夫褚遂良为黄门侍郎，参预朝政。

12　焉耆国同时臣服于西突厥，西突厥大臣屈利啜为自己的弟弟娶焉耆王的女儿为妻。从此焉耆对唐朝的贡赋多有缺漏；安西都护郭孝恪请求派兵讨伐。太宗降诏任命郭孝恪为西州道行军总管，统率三千步骑兵出银山道进攻焉耆。正赶上焉耆王的弟弟颉鼻兄弟三人路经西州，孝恪便让颉鼻的弟弟栗婆准做向导。焉耆城四面环水，仗恃地势险恶而不加防备。郭孝恪部队昼夜兼程急行军，夜晚到了城下，命令将士们泅水渡河，将近拂晓时登上城楼，抓获焉耆王突骑支，杀死俘获七千人，留下栗婆准代理国政，领兵马还师。郭孝恪离开后三天，屈利啜带兵前来救援，已经迟了一步，便抓起栗婆准，令五千轻骑兵追赶到银山，郭孝恪领兵还击，将屈利啜打得大败，又追击了数十里。

辛卯（二十一日），太宗对身边大臣们说："郭孝恪近日上奏称八月十一日前去进攻焉耆，二十日应该到达该国，必定会在二十二日攻城取胜，朕计算其来回里程，使者今日也该前来报喜了。"话还没说完，驿站快骑就到了。

西突厥处那啜让其手下将领代理焉耆国政，并派使者入朝进贡。太宗责备他们说："我发兵击败焉耆，你们是何人，敢占据其国土？"那位将领十分害怕，返回突厥。焉耆拥立栗婆准堂兄薛婆阿那支为国王，仍然依附于处那啜。

13　乙未（二十五日），鸿胪寺奏称："高丽国莫离支进贡白金。"褚遂良说："莫离支杀死其国王，东方各族不会宽容他，如今将要讨伐他而又要收纳其贡品，这就如同春秋时鲁桓公向宋国取郜鼎一样，我觉得不能接受。"太宗听从他的意见。太宗对高丽国使者说："你们都事奉前高丽国王高武，并有官爵。莫离支有杀君之罪，你们不能报仇，如今还要为他游说来欺骗我泱泱大国，罪恶极大。"将使者们全部交付大理寺关押。

14　冬季十月辛丑朔（初一），出现日食。

15　甲寅（十四日），太宗车驾行幸洛阳，命令房玄龄留守京师，右卫大将军、工部尚书李大亮为副留守。

16　郭孝恪锁焉耆王突骑支及其妻子诣行在，敕宥之。丁巳，上谓太子曰："焉耆王不求贤辅，不用忠谋，自取灭亡，系颈束手，漂摇万里。人以此思惧，则惧可知矣。"

己巳，畋于渑池之天池。十一月壬申，至洛阳。

前宜州刺史郑元璹，已致仕，上以其尝从隋炀帝伐高丽，召诣行在，问之，对曰："辽东道远，粮运艰阻，东夷善守城，攻之不可猝下。"上曰："今日非隋之比，公但听之。"

张俭等值辽水涨，久不得济，上以为畏懦，召俭诣洛阳。至，具陈山川险易，水草美恶；上悦。

上闻洺州刺史程名振善用兵，召问方略，嘉其才敏，劳勉之，曰："卿有将相之器，朕方将任使。"名振失不拜谢，上试责怒，以观其所为，曰："山东鄙夫，得一刺史，以为富贵极邪！敢于天子之侧，言语粗疏；又复不拜！"名振谢曰："疏野之臣，未尝亲奉圣问，适方心思所对，故忘拜耳。"举止自若，应对愈明辩。上乃叹曰："房玄龄处朕左右二十馀年，每见朕谴责馀人，颜色无主。名振平生未尝见朕，朕一旦责之，曾无震慑，辞理不失，真奇士也！"即日拜右骁卫将军。

甲午，以刑部尚书张亮为平壤道行军大总管，帅江、淮、岭、峡兵四万，长安、洛阳募士三千，战舰五百艘，自莱州泛海趋平壤。又以太子詹事、左卫率李世勣为辽东道行军大总管，帅步骑六万及兰、河二州降胡趣辽东，两军合势并进。庚子，诸军大集于幽州，遣行军总管姜行本、少府少监丘行淹先督众工造梯冲于安萝山。时远近勇士应募及献攻城器械者不可胜数，上皆亲加损益，取其便易。又手诏谕天下，

16　郭孝恪押送焉耆王突骑支及其妻子儿女到了太宗行幸的洛阳，太宗敕令宽宥他们。丁巳（十七日），太宗对太子说："焉耆王不去访求贤臣辅政，不用忠良谋划国事，自取灭亡，脖子上系着绳索，绑着双手，漂泊万里。人们因这件事而想到畏惧，也就懂得什么是畏惧了。"

己巳（二十九日），太宗在渑池县的天池打猎。十一月壬申（初二），回到洛阳行宫。

前宜州刺史郑元璹已经退休在家，太宗因为他过去曾跟从隋炀帝讨伐高丽，特意将他召到行宫，问他讨伐高丽的计策，郑元璹答道："辽东路途遥远，运粮较为艰难。高丽人善于守城，攻城不能很快攻下。"太宗说："今日已非隋朝时候可比，你只等着听好消息吧。"

张俭等率领的部队正赶上辽水发大水，长时间渡不了河，太宗认为他们害怕对方，急召张俭到洛阳。张俭到后，详细陈述山川地势的险恶与平易，水草的丰美与恶劣，太宗听后很高兴。

太宗听说洺州刺史程名振善于用兵打仗，便召见他问以方略，赞扬他才思敏捷，慰勉他，说道："你有将相之才，朕将要对你有所任用。"程名振失礼不拜谢，太宗假装恼怒，以观察他的态度，说道："关东一个山村野夫，得到一个刺史职位，便认为是富贵之极了！你竟敢在天子身边，言语粗鲁，而且还不拜谢！"程名振谢罪道："我本是粗疏之臣，未曾亲身承蒙过皇上的垂问，刚才只想着如何对答，所以忘了拜谢了。"举止自如，应答更为清楚。太宗于是感叹道："房玄龄在朕身边二十多年，每次看见朕斥责别人，脸色惶恐不能自持。程名振平生未曾见过朕一面，朕一时责怪他，竟会毫无惧色，言语没有差错，真是天下的奇人！"当日即拜官为右骁卫将军。

甲午（二十四日），任命刑部尚书张亮为平壤道行军大总管，率领江、淮、岭、峡四州兵马四万人，又在长安、洛阳招募士兵三千人，战舰五百艘，从莱州渡海直逼平壤；又任命太子詹事、左卫率李世勣为辽东道行军大总管，率领步骑兵六万人以及兰、河二州投降的胡族兵马进逼辽东，两支部队合围并进。庚子（三十日），各路大军会集在幽州，太宗派行军总管姜行本、少府少监丘行淹先行在安萝山监督众工匠制造登高冲锋用的云梯。当时远近勇士纷纷应召当兵的以及献出各种攻城器械的不计其数，太宗都亲自加以挑选淘汰，取其方便简易的器械使用。又手书诏令传令天下，

以“高丽盖苏文弑主虐民，情何可忍？今欲巡幸幽、蓟，问罪辽、碣，所过营顿，无为劳费。”且言：“昔隋炀帝残暴其下，高丽王仁爱其民，以思乱之军击安和之众，故不能成功。今略言必胜之道有五：一曰以大击小，二曰以顺讨逆，三曰以治乘乱，四曰以逸待劳，五曰以悦当怨，何忧不克？布告元元，勿为疑惧！”于是凡顿舍供费之具，减者太半。

17　十二月辛丑，武阳懿公李大亮卒于长安，遗表请罢高丽之师。家馀米五斛，布三十匹。亲戚早孤为大亮所养，丧之如父者十有五人。

18　壬寅，故太子承乾卒于黔州，上为之废朝，葬以国公礼。

19　甲寅，诏诸军及新罗、百济、奚、契丹分道击高丽。

20　初，上遣突厥俟利苾可汗北渡河，薛延陀真珠可汗恐其部落翻动，意甚恶之，豫蓄轻骑于漠北，欲击之。上遣使戒敕，无得相攻。真珠可汗对曰：“至尊有命，安敢不从？然突厥翻覆难期，当其未破之时，岁犯中国，杀人以千万计。臣以为至尊克之，当剪为奴婢，以赐中国之人，乃反养之如子，其恩德至矣，而结社率竟反。此属兽心，安可以人理待也？臣荷恩深厚，请为至尊诛之。”自是数相攻。

俟利苾之北渡也，有众十万，胜兵四万人，俟利苾不能抚御，众不惬服。戊午，悉弃俟利苾南渡河，请处于胜、夏之间，上许之。群臣皆以为：“陛下方远征辽左，而置突厥于河南，

说道："高丽盖苏文杀死君王肆虐百姓，其情形实在是忍无可忍？如今朕要亲自巡幸幽、蓟二州，向辽东、碣石一带兴师问罪，所经过之地的营房，不要过于劳费百姓。"而且说："从前隋炀帝残暴百姓，高丽王却对百姓仁爱，以人心思乱的军队去进攻安定和睦的民众，所以不能取得胜利。现在朕简单说说五条必胜的道理：一是以强大进攻弱小，二是以顺应时势去讨伐倒行逆施，三是以安定去乘机进攻内乱，四是以逸待劳，五是以百姓悦服的国家去进攻百姓积怨的国家，何愁不能取胜？以此布告黎民百姓，不要产生疑惧。"于是各种行军征战的物资费用减少了一大半。

17　十二月辛丑(初一)，武阳懿公李大亮在长安去世，遗书请求停止进攻高丽。他家中只剩馀五斛米，三十匹布。亲属中被李大亮收养，如同为去世的父亲，服丧的孤儿有十五名。

18　壬寅(初二)，前太子李承乾死于黔州，太宗为此不上早朝，以国公礼安葬。

19　甲寅(十四日)，太宗下诏令各路大军以及新罗、百济、奚、契丹分兵几路进攻高丽。

20　起初，太宗派突厥俟利苾可汗北渡黄河，薛延陀真珠可汗担心自己部落叛归其原来的主子，内心十分不满，便在漠北埋伏下轻骑兵，想要袭击俟利苾。太宗派使者传文告诫，不得相互攻伐。真珠可汗答道："大唐天子有命，怎么敢不遵从呢？然而突厥人反复无常，当年没有灭亡的时候，年年进犯唐朝，杀人成千上万。我认为大唐帝国打败他们，应当将他们全部降为奴隶，赐给唐朝百姓；却反而抚养他们如同自己的儿子一般，对他们的恩德太过分了，最后结社率还是反叛了。这些人都是人面兽心，怎么能用人的道理对待他们呢？我承蒙大唐深厚的恩德，请求为大唐天子诛灭他们。"从此多次相互攻伐。

俟利苾北渡黄河后，拥有十万民众，士兵四万人，俟利苾不能安抚统御，众人都不服从命令。戊午(十八日)，众人都抛下俟利苾南渡黄河，请求居住在胜、夏二州之间，太宗答应了他们。众位大臣都认为："陛下刚刚派兵远征辽东，而又将突厥人安置在河南一带，

距京师不远，岂得不为后虑？愿留镇洛阳，遣诸将东征。”上曰：“夷狄亦人耳，其情与中夏不殊。人主患德泽不加，不必猜忌异类。盖德泽洽，则四夷可使如一家；猜忌多，则骨肉不免为雠敌。炀帝无道，失人已久，辽东之役，人皆断手足以避征役，玄感以运卒反于黎阳，非戎狄为患也。朕今征高丽，皆取愿行者，募十得百，募百得千，其不得从军者，皆愤叹郁邑，岂比隋之行怨民哉？突厥贫弱，吾收而养之，计其感恩，入于骨髓，岂肯为患？且彼与薛延陀嗜欲略同，彼不北走薛延陀而南归我，其情可见矣。”顾谓褚遂良曰：“尔知起居，为我志之，自今十五年，保无突厥之患。”俟利苾既失众，轻骑入朝，上以为右武卫将军。

十九年(乙巳,645)

1　春，正月，韦挺坐不先行视漕渠，运米六百馀艘至卢思台侧，浅塞不能进，械送洛阳。丁酉，除名，以将作少监李道裕代之。崔仁师亦坐免官。

2　沧州刺史席辩坐赃污，二月庚子，诏朝集使临观而戮之。

3　庚戌，上自将诸军发洛阳，以特进萧瑀为洛阳宫留守。乙卯，诏：“朕发定州后，宜令皇太子监国。”开府仪同三司致仕尉迟敬德上言：“陛下亲征辽东，太子在定州，长安、洛阳心腹空虚，恐有玄感之变。且边隅小夷，不足以勤万乘，愿遣偏师征之，指期可殄。”上不从。以敬德为左一马军总管，使从行。

离京师很近，怎么能不成为后患呢？望陛下留下来镇守洛阳，派遣各位将领东征高丽。”太宗说：“夷狄也是人啊，其人情与中原人没有什么大的差别。身为君主应该忧虑恩德不施及百姓，而不必对少数族人横加猜忌。勤施恩德，则四方民族可以使他们如同一家；多加猜忌，则亲骨肉也不免成为仇敌。隋炀帝暴虐不道，早已失去了民心，隋朝东征高丽，百姓们都自断手足以逃避兵役，杨玄感率领运送粮食的士卒在黎阳造反，并非夷狄等族制造祸患。朕现今征伐高丽，都是征发愿意从军打仗的，招募十人得百人，招募百人得一千人，没有被征召从军的，都满腹怨言，岂能与隋朝东征时百姓怨恨相比？突厥本是贫弱的民族，我大唐接收并养护他们，估计他们感恩戴德的想法刻骨铭心、深入骨髓，怎么肯成为祸患呢？而且突厥人与薛延陀欲望爱好大略相同，他们并没有北面投奔薛延陀却南下归顺我们，可见其真情实意。”回头对褚遂良说：“你掌管起居注，记上我说的话：从今往后十五年，可保没有突厥的祸患。”俟利苾已经失去部众，便轻骑入京朝见，太宗任命他为右武卫将军。

唐太宗贞观十九年（乙巳，公元 645 年）

1　春季，正月，韦挺因事先没有巡视漕渠，使运送大米的六百多条船只在卢思台旁边搁浅，犯了渎职罪，被带上刑具押送到洛阳。丁酉（二十八日），韦挺被除名罢官，由将作少监李道裕代替他的职务。崔仁师也因此免官。

2　沧州刺史席辩犯有贪污受贿罪，二月庚子（初二），太宗诏令朝集使前往刑场观看，当众将他斩首。

3　庚戌（十二日），太宗亲自统率各路大军从洛阳出发东征，任命特进萧瑀为洛阳皇宫的留守。乙卯（十七日），太宗下诏：“朕从定州发兵后，便由皇太子监国。”开府仪同三司致仕尉迟敬德上书言道：“陛下亲自征伐辽东，皇太子在定州，长安、洛阳两地内部空虚，恐怕会发生像杨玄感那样的变乱。而且高丽是个地处边陲的小国，不足以由皇上去辛苦操劳，希望陛下派一支部队征伐，指日可灭。”太宗不听从。任命尉迟敬德为左一马军总管，让他随行。

4　丁巳，诏谥殷太师比干曰忠烈，所司封其墓，春秋祠以少牢，给随近五户供洒扫。

上之发京师也，命房玄龄得以便宜从事，不复奏请。或诣留台称有密，玄龄问密谋所在，对曰："公则是也。"玄龄驿送行在。上闻留守有表送告密人，上怒，使人持长刀于前而后见之，问告者为谁，曰："房玄龄。"上曰："果然。"叱令腰斩。玺书让玄龄以不能自信，"更有如是者，可专决之"。

癸亥，上至邺，自为文祭魏太祖，曰："临危制变，料敌设奇，一将之智有馀，万乘之才不足。"

是月，李世勣军至幽州。

三月丁丑，车驾至定州。丁亥，上谓侍臣曰："辽东本中国之地，隋氏四出师而不能得，朕今东征，欲为中国报子弟之雠，高丽雪君父之耻耳。且方隅大定，惟此未平，故及朕之未老，用士大夫馀力以取之。朕自发洛阳，唯啖肉饭，虽春蔬亦不之进，惧其烦扰故也。"上见病卒，召至御榻前存慰，付州县疗之，士卒莫不感悦。有不预征名，自愿以私装从军，动以千计，皆曰："不求县官勋赏，惟愿效死辽东。"上不许。

上将发，太子悲泣数日，上曰："今留汝镇守，辅以俊贤，欲使天下识汝风采。夫为国之要，在于进贤退不肖，赏善罚恶，至公无私，汝当努力行此，悲泣何为？"命开府仪同三司高士廉摄太子太傅，与刘洎、马周、少詹事张行成、右庶子高季辅同掌机务，辅太子。长孙无忌、岑文本与吏部尚书杨师道从行。壬辰，车驾发定州，亲佩弓矢，手结雨衣于鞍后。命长孙无忌摄侍中，杨师道摄中书令。

4　丁巳（十九日），太宗下诏追谥殷商的太师比干为忠烈，有关部门为比干修墓，春秋两季用猪羊祭祀，又命附近五户人家常年扫墓。

太宗离开京城时，命令房玄龄相机处理政务，不必再去上奏请示。有人到房玄龄留守处声称有密谋，玄龄问密谋人是谁，答道："是你本人。"玄龄让驿传送到太宗的行宫。太宗听留守处有上表送来告密人，非常恼怒，让人手持长刀立于帐前，而后见到告密人，问他告谁，答道："房玄龄。"太宗说："果然不出所料。"喝令将告密人腰斩。又亲下玺书责备房玄龄不能自信，称："再有类似的事情，你可以独自处置。"

癸亥（二十五日），太宗到达邺县，亲自撰文祭奠魏太祖，评价道："临危处理急变，料敌设置奇兵，作为一位将领智慧有馀，作为帝王则才智不足。"

本月，李世勣的部队到达幽州。

三月丁丑（初八），太宗车驾到达定州。丁亥（十八日），太宗对身边的大臣说："辽东本来就是中原王朝的地域，隋朝四次派兵出征而不能取胜；如今朕亲自东征，是想为中原人的子弟报其父兄之仇，为高丽百姓雪其国王被杀的耻辱。而且四方都已平定，只有这一块小地方没有平定，所以乘朕还没有衰老，用士大夫们的馀力打败他们。朕从洛阳出发以来，只吃肉食，而一点不吃早春蔬菜，是担心因此而烦扰百姓。"太宗看见有病的士兵，便召到御榻前亲予慰问，让州县妥加治疗，士兵们都深受感动。有人没有被登入东征部队的名簿中，自愿以私人装备跟从军队，动辄一千多人，都说："我们不求得到朝廷的封爵赏赐，只愿为陛下效忠，战死在辽东。"太宗不应允。

太宗将要出发，太子一连哭泣几天，太宗说："如今留下你镇守，加上俊彦贤才辅佐，正是想让天下人认识你的风度才能。治理国家最重要的在于进贤才摒弃小人，赏赐善举惩罚恶行，大公无私，你应当努力做到这些，有什么好悲泣的？"命开府仪同三司高士廉代行太子太傅，与刘洎、马周、少詹事张行成、右庶子高季辅一同执掌机要事务，辅佐太子。长孙无忌、岑文本与吏部尚书杨师道与太宗同行。壬辰（二十四日），车驾从定州出发，太宗亲自身背弓箭，亲在马鞍后系上雨披。命长孙无忌代理侍中，杨师道代理中书令。

李世勣军发柳城，多张形势，若出怀远镇者，而潜师北趣甬道，出高丽不意。夏，四月戊戌朔，世勣自通定济辽水，至玄菟。高丽大骇，城邑皆闭门自守。壬寅，辽东道副大总管江夏王道宗将兵数千至新城，折冲都尉曹三良引十馀骑直压城门，城中惊扰，无敢出者。营州都督张俭将胡兵为前锋，进渡辽水，趋建安城，破高丽兵，斩首数千级。

5　太子引高士廉同榻视事，又令更为士廉设案，士廉固辞。

6　丁未，车驾发幽州。上悉以军中资粮、器械、簿书委岑文本，文本夙夜勤力，躬自料配，筹、笔不去手，精神耗竭，言辞举措，颇异平日。上见而忧之，谓左右曰："文本与我同行，恐不与我同返。"是日，遇暴疾而薨。其夕，上闻严鼓声，曰："文本殒没，所不忍闻，命撤之。"时右庶子许敬宗在定州，与高士廉等同知机要，文本薨，上召敬宗，以本官检校中书侍郎。

7　壬子，李世勣、江夏王道宗攻高丽盖牟城。丁巳，车驾至北平。癸亥，李世勣等拔盖牟城，获二万馀口，粮十馀万石。

张亮帅舟师自东莱渡海，袭卑沙城，其城四面悬绝，惟西门可上。程名振引兵夜至，副总管王文度先登，五月己巳，拔之，获男女八千口。分遣总管丘孝忠等曜兵于鸭绿水。

李世勣进至辽东城下。庚午，车驾至辽泽，泥淖二百馀里，人马不可通，将作大匠阎立德布土作桥，军不留行。壬申，渡泽东。乙亥，高丽步骑四万救辽东，江夏王道宗将四千骑逆击之，军中皆以为众寡悬绝，不若深沟高垒以俟车驾之至。道宗曰："贼恃众，有轻我心，远来疲顿，击之必败。

李世勣部队从柳城出发，大张声势，假装要通过怀远镇，而秘密派部队北上直趋甬道，出其不意进攻高丽。夏季，四月戊戌朔（初一），李世勣从通定渡过辽水，到达玄菟。高丽人大为惊骇，各城都关闭城门自守。壬寅（初五），辽东道副大总管江夏王李道宗领兵数千人到达新城，折冲都尉曹三良带领十多个骑兵直压近城门，城中人惊恐不安，没有人敢出来应战。营州都督张俭率领胡族士兵作为前锋，渡过辽水，直趋建安城，大败高丽兵，斩首几千人。

5　太子李治让高士廉与自己同坐一榻处理政事，又令人再为士廉设立书案，士廉执意辞退。

6　丁未（初十），太宗车驾从幽州出发。太宗将军中的物资粮草、器械、文书簿录等全都委派给岑文本管理，文本夙兴夜寐，勤勉不怠，亲自料理调配，计算用的筹码、书写用的笔从不离手，心力耗竭，言谈举止颇与往日不同。太宗看见他这样，十分担忧，对身边人说：“文本与我同行，恐怕很难与我一同返回。”当天，岑文本得暴病而死。当日夜晚，太宗听见有急促的鼓声，说道：“文本死去了，我实在不忍心听见鼓声，快命人撤掉。”当时右庶子许敬宗正在定州，与高士廉等共同掌管机要事务，岑文本死后，太宗召来许敬宗，以本官检校中书侍郎。

7　壬子（十五日），李世勣、江夏王李道宗一道攻打高丽盖牟城。丁巳（二十日），太宗的车驾到达北平城。癸亥（二十六日），李世勣等人攻下盖牟城，俘虏两万多人，获得粮食十多万石。

张亮率领水师从东莱渡海，袭击卑沙城，该城四面险峻，只有西门可以进入。程名振领兵夜间到达，副总管王文度先行登城，五月己巳（初二），攻下了该城，俘获男女八千人。太宗分派总管丘孝忠等人在鸭绿江阅兵。

李世勣的部队行军到辽东城下。庚午（初三），太宗车驾到了辽泽，这一带是两百多里的沼泽地，人马都不得通行，将作大匠阎立德垫土作桥，军队昼夜兼程。壬申（初五），渡过辽泽东去。乙亥（初八），高丽步骑兵四万多人救援辽东，江夏王李道宗率领四千骑兵迎击，军中士兵都认为众寡悬殊，不如挖深壕沟加高壁垒坚守，等候与皇帝车驾同行的大部队到来。李道宗道：“敌人仗着人马众多，有轻视我们之心，他们远道赶来十分疲惫，迎击他们必会取胜。

且吾属为前军，当清道以待乘舆，乃更以贼遗君父乎！”李世勣以为然。果毅都尉马文举曰：“不遇勍敌，何以显壮士！”策马趋敌，所向皆靡，众心稍安。既合战，行军总管张君乂退走，唐兵不利，道宗收散卒，登高而望，见高丽陈乱，与骁骑数十冲之，左右出入，李世勣引兵助之，高丽大败，斩首千馀级。丁丑，车驾渡辽水，撤桥，以坚士卒之心，军于马首山，劳赐江夏王道宗，超拜马文举中郎将，斩张君乂。上自将数百骑至辽东城下，见士卒负土填堑，上分其尤重者，于马上持之，从官争负土致城下。李世勣攻辽东城，昼夜不息，旬有二日，上引精兵会之，围其城数百重，鼓噪声震天地。甲申，南风急，上遣锐卒登冲竿之末，爇其西南楼，火延烧城中，因麾将士登城，高丽力战不能敌，遂克之，所杀万馀人，得胜兵万馀人，男女四万口，以其城为辽州。

乙未，进军白岩城。丙申，右卫大将军李思摩中弩矢，上亲为之吮血，将士闻之，莫不感动。乌骨城遣兵万馀为白岩声援，将军契苾何力以劲骑八百击之，何力挺身陷陈，槊中其腰，尚辇奉御薛万备单骑往救之，拔何力于万众之中而还。何力气益愤，束疮而战，从骑奋击，遂破高丽兵，追奔数十里，斩首千馀级，会暝而罢。万备，万彻之弟也。

而且我们作为前锋，正应当清理道路以等待皇上的车辇到来，怎么能再把敌人留给皇上呢？”李世勣认为有道理。果毅都尉马文举说：“不遇上强劲的敌手，如何能显示出壮士的威风呢？”于是驱马逼近对方，所向披靡，士兵们才稍稍心安。与高丽兵展开激战后，行军总管张君乂后退，使唐朝军队不利，李道宗收罗其散兵游勇，登上高处观望，看见高丽军中阵形混乱，便率领几十名骁勇骑兵冲击他们，左进右出，右进左出；李世勣又领兵助战，高丽兵被打得大败，一千多人被杀。丁丑（初十），太宗车驾渡过辽水，撤毁桥梁，以此来坚定将士们的决心，唐军驻扎在马首山，太宗慰劳赏赐江夏王李道宗，破格提拔马文举为中郎将，处斩后退的张君乂。太宗亲率数百骑兵到辽东城下，看见士兵们背土填壕沟，太宗将最重的分出来，在马上拿着，于是随从官员都争先恐后背土到城下。李世勣部队昼夜不停地攻打辽东城，到了第十二天，太宗又带领精兵合围，将城围有数百层，击鼓呐喊声震天动地。甲申（十七日），南风刮得很大，太宗派精锐士兵登上冲竿的顶端，点燃城的西南楼，火势蔓延直烧到城内，进而指挥将士们登城，高丽兵竭力奋战，抵抗不住，遂被唐军攻克，杀死一万多人，俘获高丽兵一万多人，百姓四万多人，改城名为辽州。

乙未（二十八日），唐军进军白岩城。丙申（二十九日），右卫大将军李思摩身上中箭，太宗亲自为他吮血，将士们听说后，没有不受感动的。乌骨城派一万多士兵增援白岩的高丽兵，将军契苾何力派八百名精锐骑兵阻击，何力奋力挺身冲锋陷阵，腰上被长矛刺中，尚辇奉御薛万备单枪匹马前去救护，在万人丛中救出何力回到唐军帐内。何力情绪更为激愤，包扎上伤口又去拼杀，跟从的骑兵们奋勇出击，于是大败高丽兵，乘胜追击几十里，杀死一千多人，直到天黑才收兵。薛万备是薛万彻的弟弟。

卷第一百九十八　唐纪十四

起乙巳(645)六月尽戊申(648)三月凡二年有奇

太宗文武大圣大广孝皇帝下之上

贞观十九年(乙巳,645)

1　六月丁酉,李世勣攻白岩城西南,上临其西北。城主孙代音潜遣腹心请降,临城,投刀钺为信,且曰:"奴愿降,城中有不从者。"上以唐帜与其使,曰:"必降者,宜建之城上。"代音建帜,城中人以为唐兵已登城,皆从之。

上之克辽东也,白岩城请降,既而中悔。上怒其反覆,令军中曰:"得城当悉以人物赏战士。"李世勣见上将受其降,帅甲士数十人请曰:"士卒所以争冒矢石,不顾其死者,贪虏获耳。今城垂拔,奈何更受其降,孤战士之心!"上下马谢曰:"将军言是也。然纵兵杀人而虏其妻孥,朕所不忍。将军麾下有功者,朕以库物赏之,庶因将军赎此一城。"世勣乃退。得城中男女万馀口,上临水设幄受其降,仍赐之食,八十以上赐帛有差。他城之兵在白岩者悉慰谕,给粮仗,任其所之。

先是,辽东城长史为部下所杀,其省事奉妻子奔白岩。上怜其有义,赐帛五匹,为长史造灵舆,归之平壤。以白岩城为岩州,以孙代音为刺史。

文武大圣大广孝皇帝下之上

唐太宗贞观十九年(乙巳,公元645年)

1 六月丁酉(初一),李世勣攻打白岩城西南,太宗亲临城西北。城主孙代音暗中派遣心腹请求投降,约定唐兵临近城池,投刀斧为信号,而且说道:“我本人愿意投降,只怕城中有不投降的。”太宗将唐朝的旗帜交与来使,说道:“如决定投降的话,你可将此旗竖在城墙上。”孙代音如约竖旗,城中人以为唐朝军队已经登上城楼,于是都跟从孙代音投降。

唐朝军队攻克辽东城后,白岩城守军请求投降,中途又有反悔。太宗恼怒其反复无常,对唐军说:“得到这座城,便将城中男女及财物全部赏赐给士兵们。”李世勣见太宗将要接受对方投降,便带领几十名身穿铠甲的士兵请战说:“士兵们之所以不怕飞矢流石的袭击,不顾生死,正是贪图俘获其男女财物;如今城池唾手可得,为什么要接受他们投降,而辜负士兵们的杀敌决心呢?”太宗下马答谢世勣,说道:“将军所言极是。然而放纵士兵杀人,虏其妻小,朕实在不忍心。将军手下有功的将士,朕会用府库里的资财封赏他们,这样可以从将军手中赎得一座完整的城。”李世勣于是退下。唐军共得到城中男女一万多人,太宗在水边设御帐接受对方投降,仍然赐给他们食物,八十岁以上的老人赏赐给多少不等的绢帛。驻扎在白岩城的其他城堡的士兵,都予以抚慰,供给粮草,听任他们去留。

先前,辽东城长史被部下杀死,他的手下吏员省事护送长史的妻子儿女投奔白岩城。太宗怜悯省事有义节,赐给他五匹帛;又为长史造灵车,将棺椁送回平壤。改白岩城为岩州,任命孙代音为刺史。

契苾何力疮重，上自为傅药，推求得刺何力者高突勃，付何力使自杀之。何力奏称："彼为其主冒白刃刺臣，乃忠勇之士也，与之初不相识，非有怨雠。"遂舍之。

初，莫离支遣加尸城七百人戍盖牟城，李世勣尽虏之，其人请从军自效，上曰："汝家皆在加尸，汝为我战，莫离支必杀汝妻子，得一人之力而灭一家，吾不忍也。"戊戌，皆廪赐遣之。

己亥，以盖牟城为盖州。

丁未，车驾发辽东，丙辰，至安市城，进兵攻之。丁巳，高丽北部耨萨延寿、惠真帅高丽、靺鞨兵十五万救安市。上谓侍臣曰："今为延寿策有三：引兵直前，连安市城为垒，据高山之险，食城中之粟，纵靺鞨掠吾牛马，攻之不可猝下，欲归则泥潦为阻，坐困吾军，上策也；拔城中之众，与之宵遁，中策也；不度智能，来与吾战，下策也。卿曹观之，必出下策，成擒在吾目中矣！"

高丽有对卢，年老习事，谓延寿曰："秦王内芟群雄，外服戎狄，独立为帝，此命世之材，今举海内之众而来，不可敌也。为吾计者，莫若顿兵不战，旷日持久，分遣奇兵断其运道，粮食既尽，求战不得，欲归无路，乃可胜也。"延寿不从，引军直进，去安市城四十里。上犹恐其低徊不至，命左卫大将军阿史那社尔将突厥千骑以诱之，兵始交而伪走。高丽相谓曰："易与耳！"竞进乘之，至安市城东南八里，依山而陈。

契苾何力伤口严重，太宗亲自为他敷药，并查出刺伤何力的人叫高突勃，将他交付给何力，让何力亲自杀掉他。何力上奏称：“他为了他的君主冒着生命危险刺中我，此乃忠诚勇猛之人，我与他毫不相识，并没有一丝怨仇。”于是将高突勃放掉。

起初，莫离支征派加尸城的七百人去戍守盖牟城，李世勣将他们全部俘获，他们请求跟从唐军效力，太宗说：“你们的家都在加尸城，你们为我征战，莫离支必然要杀掉你们的妻子儿女，得一人的帮助却毁掉他的一家，朕不忍心这样。”戊戌（初二），这七百人都得到赏赐，并被遣放回去。

己亥（初三），改盖牟城为盖州。

丁未（十一日），太宗车驾从辽东出发，丙辰（二十日），到达安市城下，纵兵攻城。丁巳（二十一日），高丽北部酋长高延寿、高惠真率领高丽、靺鞨兵十五万人援救安市。太宗对身边大臣说：“如今延寿有三种策略：带引兵马直至前沿，与安市城连为堡垒，占据高山的险恶地势，坐吃城内的粮食，让靺鞨骑兵抢掠我们的牛马，使我们久攻不下，想要退兵又有泥沼阻隔，以此困住我军，这是上策；与城中的军民一道，乘夜全部逃遁，这是中策；不自量力，来与我方交战，这是下策。你们看着，他们必然出此下策，在我们的眼皮底下成为俘虏。”

高丽有一位官居对卢的人，年老熟悉吏事，对高延寿说：“秦王李世民对内铲平各路豪杰，对外使四方臣服，以己之力，自立为帝，此乃天降命世之人。如今倾唐朝军队前来攻打我们，万万不可对抗呀。为我们考虑，不如按兵不动，这样旷日持久，分别派遣奇兵断其运粮通道，他们粮食用光，而又求战不成，想要回去又无路可走，这样我们才能取胜。”延寿不听，领兵继续前行，直至离安市城四十里。太宗担心他们徘徊不向前进兵，命左卫大将军阿史那社尔率一千多名突厥骑兵引诱他们，士兵刚一交战即假装败退。高丽士兵相互说道：“打唐朝军队太容易了。”竞相上前出击，到达安市城东南八里的地方，依山布下阵形。

上悉召诸将问计，长孙无忌对曰："臣闻临敌将战，必先观士卒之情。臣适行经诸营，见士卒闻高丽至，皆拔刀结旆，喜形于色，此必胜之兵也。陛下未冠，身亲行阵，凡出奇制胜，皆上禀圣谋，诸将奉成算而已。今日之事，乞陛下指踪！"上笑曰："诸公以此见让，朕当为诸公商度。"乃与无忌等从数百骑乘高望之，观山川形势，可以伏兵及出入之所。高丽、靺鞨合兵为陈，长四十里。江夏王道宗曰："高丽倾国以拒王师，平壤之守必弱，愿假臣精卒五千，覆其本根，则数十万之众可不战而降。"上不应。遣使给延寿曰："我以尔国强臣弑其主，故来问罪，至于交战，非吾本心。入尔境，刍粟不给，故取尔数城，俟尔国修臣礼，则所失必复矣。"延寿信之，不复设备。

上夜召文武计事，命李世勣将步骑万五千陈于西岭，长孙无忌将精兵万一千为奇兵，自山北出于狭谷以冲其后。上自将步骑四千，挟鼓角，偃旗帜，登北山上，敕诸军闻鼓角齐出奋击。因命有司张受降幕于朝堂之侧。戊午，延寿等独见李世勣布陈，勒兵欲战。上望见无忌军尘起，命作鼓角，举旗帜，诸军鼓噪并进，延寿等大惧，欲分兵御之，而其陈已乱。会有雷电，龙门人薛仁贵著奇服，大呼陷陈，所向无敌。高丽兵披靡，大军乘之，高丽兵大溃，斩首二万馀级。上望见仁贵，召拜游击将军。仁贵，安都之六世孙，名礼，以字行。

延寿等将馀众依山自固，上命诸军围之，长孙无忌悉撤桥梁，断其归路。己未，延寿、惠真帅其众三万六千八百人请降，入军门，膝行而前，拜伏请命。上语之曰："东夷少年，

太宗召集全体将领询问破敌计谋，长孙无忌答道："我听说临敌将要战斗时，必须先观察一下士兵的情绪。我刚才经过各处营房，看见士兵们听说高丽兵到了，都拔刀扎旗，喜形于色，此乃必胜的士兵。陛下年轻的时候，亲自指挥战阵，当年大唐凡是出奇制胜打败对方，都是陛下上呈高祖的计谋，众位将领只是按着预定谋略行事。今天这一仗，还望陛下指示。"太宗笑着说："诸位这样谦让，朕当为你们谋划。"于是和长孙无忌等人带领几百骑兵登高眺望，观察地形，看好可以埋伏兵力以及出入的地点。高丽、靺鞨合兵为战阵，长四十里。江夏王李道宗说："高丽倾尽本国的兵力来抗拒我大唐军队，平壤的守军必然虚弱，希望能给我五千精兵，直捣其京城，则几十万的兵马可以不战而降。"太宗没有答应。太宗派使者欺哄高延寿说："我因为你们国的强臣杀死你们的国王，所以前来兴师问罪；至于两军交战，并非我的本意。但进入你们的境内，粮食供应不上，所以才攻下了几座城。等到你们重修臣国的礼节，就将那几座城归还。"延寿相信了太宗说的话，不再防备。

太宗当夜召集文武大臣商议战事，命令李世勣率领一万五千名步、骑兵在西岭布阵；长孙无忌率领一万一千名精锐士兵作为奇兵，从山的北面穿越峡谷以冲击高丽军队的后尾。太宗亲自带领四千步骑兵，挟带鼓和号角，放倒旗帜，登上北山；又敕令各路军听见鼓和号角声一齐出兵进击。又命有关机构在朝堂边上大张接受投降的帷幕。戊午（二十二日），延寿等人只见李世勣在布阵，便勒令士兵欲迎战。太宗望见长孙无忌的部队尘土飞扬，便令擂鼓、吹号角，高举大旗，各路兵马鼓噪呐喊着一同进攻。高延寿等大为惊慌，想要分兵几路击退唐军，然而高丽军的阵形已经乱了。正赶上天降大雨，雷电交加，龙门人薛仁贵身穿奇异服装，大声呼喊着冲锋陷阵，所向无敌。高丽士兵纷纷逃窜，唐朝大军乘胜追击，高丽兵大溃败，两万多人被杀。太宗看见薛仁贵，便召见他并拜为游击将军。薛仁贵是薛安都的六世孙，名礼，以字称呼。

高延寿等人带领残馀士兵依山固守，太宗命令各路兵马合围，长孙无忌将所有桥梁撤掉，以断绝其归路。己未（二十三日），高延寿、高惠真率领高丽士兵三万六千八百人请求向唐朝军队投降，走到军门，跪下用膝盖前行，磕头请罪。太宗对他们说："东夷少年，

跳梁海曲，至于摧坚决胜，故当不及老人，自今复敢与天子战乎？”皆伏地不能对。上简耨萨以下酋长三千五百人，授以戎秩，迁之内地，馀皆纵之，使还平壤。皆双举手以顙顿地，欢呼闻数十里外。收靺鞨三千三百人，悉坑之，获马五万匹，牛五万头，铁甲万领，他器械称是。高丽举国大骇，后黄城、银城皆自拔遁去，数百里无复人烟。

上驿书报太子，仍与高士廉等书曰：“朕为将如此，何如？”更名所幸山曰驻跸山。

秋，七月，辛未，上徙营安市城东岭。己卯，诏标识战死者尸，俟军还与之俱归。戊子，以高延寿为鸿胪卿，高惠真为司农卿。

张亮军过建安城下，壁垒未固，士卒多出樵牧，高丽兵奄至，军中骇扰。亮素怯，踞胡床，直视不言，将士见之，更以为勇。总管张金树等鸣鼓勒兵击高丽，破之。

八月甲辰，候骑获莫离支谍者高竹离，反接诣军门，上召见，解缚问曰：“何瘦之甚？”对曰：“窃道间行，不食数日矣。”命赐之食，谓曰：“尔为谍，宜速反命。为我寄语莫离支：欲知军中消息，可遣人径诣吾所，何必间行辛苦也！”竹离徒跣，上赐屩而遣之。

丙午，徙营于安市城南。上在辽外，凡置营，但明斥候，不为堑垒，虽逼其城，高丽终不敢出为寇抄，军士单行野宿如中国焉。

可以在僻壤海隅横行，至于摧毁坚固堡垒决战取胜，肯定赶不上一位老年人，今后还敢与大唐天子交战吗？”延寿等人都趴在地上不敢答话。太宗挑出耨萨以下酋长三千五百人，给他们军服职位，将他们迁居内地，其馀将士都放了，让他们返回平壤。众人都高举双手以头撞地，欢呼声传遍几十里外。太宗将被俘的三千三百名靺鞨士兵全部活埋，总共获得五万匹马，五万头牛，一万领铁甲，各种器械上万。高丽全国震惊，后黄城、银城百姓都空城逃走，几百里内不再有人烟。

太宗传驿书通报给太子，又写信问高士廉等人说：“朕作为带兵的将领怎么样？”将所途经的山改名为驻骅山。

秋季，七月辛未（初五），太宗将营帐迁到安市城东岭。己卯（十三日），太宗诏令将战死的将士尸首标上姓名，等到回师返朝时一同带回。戊子（二十二日），任命高延寿为鸿胪卿，高惠真为司农卿。

张亮的部队经过建安城下，尚未坚固壁垒，士兵们便大多出外割柴草打野物，高丽兵突然赶到，军中大乱。张亮平时就胆小，蹲坐在胡床上，眼睛直愣愣地看着前方说不出话来，将士们见此情景，反倒认为张亮勇敢。总管张金树等人敲鼓聚集兵马反击高丽兵，将其击退。

八月甲辰（初八），巡卫骑兵抓住了莫离支手下的间谍高竹离，将其反绑双手押送到军营。太宗亲自召见他，为他松绑问道：“你怎么这么瘦呢？”答道：“我偷偷地走小道，已经有几天没吃东西了。”太宗命人赐给他食物，对他说：“你身为间谍，应当迅速回去复命。你替我告诉莫离支：想要知道我方军中情形，可以派人直接到我们的营地，何必偷偷摸摸地这么辛苦呢？”高竹离光着脚，太宗赐给他草鞋打发他回去。

丙午（初十），唐朝军队将营帐迁到安市城南。太宗在辽东一带，凡是设置军营，只是在明处设置岗哨，而不设沟堑堡垒，即使逼近高丽城堡，高丽军队也不敢出兵骚扰，唐朝士兵单人行路、野外露宿如同在中原时一样。

上之伐高丽也，薛延陀遣使入贡，上谓之曰："语尔可汗，今我父子东征高丽，汝能为寇，宜亟来！"真珠可汗惶恐，遣使致谢，且请发兵助军，上不许。及高丽败于驻跸山，莫离支使靺鞨说真珠，啖以厚利，真珠慑服不敢动。九月壬申，真珠卒，上为之发哀。

初，真珠请以其庶长子曳莽为突利失可汗，居东方，统杂种；嫡子拔灼为肆叶护可汗，居西方，统薛延陀。诏许之，皆以礼册命。曳莽性躁扰，轻用兵，与拔灼不协。真珠卒，来会丧。既葬，曳莽恐拔灼图己，先还所部，拔灼追袭杀之，自立为颉利俱利薛沙多弥可汗。

2　上之克白岩也，谓李世勣曰："吾闻安市城险而兵精，其城主材勇，莫离支之乱，城守不服，莫离支击之不能下，因而与之。建安兵弱而粮少，若出其不意，攻之必克。公可先攻建安，建安下，则安市在吾腹中，此兵法所谓'城有所不攻'者也。"对曰："建安在南，安市在北。吾军粮皆在辽东，今逾安市而攻建安，若贼断吾运道，将若之何？不如先攻安市，安市下，则鼓行而取建安耳。"上曰："以公为将，安得不用公策。勿误吾事！"世勣遂攻安市。

安市人望见上旗盖，辄乘城鼓噪，上怒，世勣请克城之日，男女皆坑之，安市人闻之，益坚守，攻久不下。高延寿、高惠真请于上曰："奴既委身大国，不敢不献其诚，欲天子早成大功，奴得与妻子相见。安市人顾惜其家，人自为战，未易猝拔。今奴以高丽十馀万众，望旗沮溃，国人胆破，乌骨城耨萨老耄，

太宗将要讨伐高丽时，正好薛延陀派使者到朝中进献贡品。太宗对来使说：“告诉你们的可汗，如今我们父子二人要亲自带兵东征高丽，你们想要侵犯，就立刻来！”真珠可汗听此言极为惶恐，忙派使者前来谢罪，并且请求派薛延陀兵前来协助攻打高丽；太宗没有答应。等到高丽军队在驻骅山被打得大败，莫离支便让靺鞨人劝说真珠可汗，以丰厚的利益加以引诱，真珠可汗慑服于唐朝的力量而未敢有所举动。九月壬申（初七），真珠可汗死去，太宗为他举哀发丧。

起初，真珠可汗请求让他庶出的长子曳莽做突利失可汗，居住在东部，统率各部族；让其嫡生子拔灼为肆叶护可汗，居住在西部，统领薛延陀本部。太宗下诏答应其请求，并都按照礼仪予以册封。曳莽性情暴躁好动，轻易用兵，与拔灼不和。真珠可汗死后，两人齐聚薛延陀牙帐奔丧。安葬真珠可汗之后，曳莽担心拔灼图谋害己，便提前回本部，拔灼派人追上将其杀死，自立为颉利俱利薛沙多弥可汗。

2　太宗领兵攻克高丽白岩城后，对李世勣说：“我听说安市城地势险要、士兵精良，其城主智勇双全，当初莫离支叛乱时，城主不服命，莫离支久攻不能取胜，因而便仍由他管理此城。建安城兵力微弱、粮食稀少，如果出其不意进攻它，必然能够取胜。你可带兵先去进攻建安，建安城攻下后，则安市城便如在我胸腹中，这正是孙子兵法所说的‘城有所不攻’的道理。”李世勣答道：“建安在南面，安市在北面。我方军粮都在辽东城，如今我们越过安市去进攻建安，假如敌人切断我方运粮通道，那将怎么办呢？倒不如先去攻打安市，攻下安市，则可以一鼓作气轻取建安。”太宗说：“你是统军将领，怎么能不用你的策略。但不要延误了我的军机大事。”李世勣于是领兵进攻安市。

安市人远远望见太宗的旗帜伞盖，总是登上城楼一起敲鼓呐喊。太宗大怒，李世勣请求攻下城池当天，将城中男女全部活埋。安市人听说后，更是顽强守城，唐军久攻不下。高延寿、高惠真向太宗请求道：“我们既然委身于大唐帝国，便不敢不献上一份忠诚，这样可以让大唐天子早成大功，我们也得与妻儿老小相见。安市人顾惜自己的家庭，人人各自为战，不容易立即攻克。如今我等以高丽兵十多万，望见旌旗即遭溃败，高丽人闻风丧胆，乌骨城首领多老迈无用，

不能坚守，移兵临之，朝至夕克。其馀当道小城，必望风奔溃。然后收其资粮，鼓行而前，平壤必不守矣。”群臣亦言：“张亮兵在沙城，召之信宿可至，乘高丽凶惧，并力拔乌骨城，渡鸭绿水，直取平壤，在此举矣。”上将从之，独长孙无忌以为：“天子亲征，异于诸将，不可乘危徼幸。今建安、新城之虏，众犹十万，若向乌骨，皆蹑吾后，不如先破安市，取建安，然后长驱而进，此万全之策也。”上乃止。

诸军急攻安市，上闻城中鸡彘声，谓李世勣曰：“围城积久，城中烟火日微，今鸡彘甚喧，此必飨士，欲夜出袭我，宜严兵备之。”是夜，高丽数百人缒城而下。上闻之，自至城下，召兵急击，斩首数十级，高丽退走。

江夏王道宗督众筑土山于城东南隅，浸逼其城，城中亦增高其城以拒之。士卒分番交战，日六七合，冲车炮石，坏其楼堞，城中随立木栅以塞其缺。道宗伤足，上亲为之针。筑山昼夜不息，凡六旬，用功五十万，山顶去城数丈，下临城中，道宗使果毅傅伏爱将兵屯山顶以备敌。山颓，压城，城崩。会伏爱私离所部，高丽数百人从城缺出战，遂夺据土山，堑而守之。上怒，斩伏爱以徇，命诸将攻之，三日不能克。道宗徒跣诣旗下请罪，上曰：“汝罪当死，但朕以汉武杀王恢，不如秦穆用孟明，且有破盖牟、辽东之功，故特赦汝耳。”

很难坚守城池，如果唐军移师临近该城，早晨到晚上即可攻克。其馀中途挡道的小城，必定望风溃逃。然后广收他们物资粮草，一鼓作气，平壤必定坚守不住。”众位大臣也都说：“张亮的部队在沙城，如果征召他们，两个晚上即可到达，乘着高丽惊慌的时候，合力拿下乌骨城，渡过鸭绿江，直取平壤，就在于这次行动了。”太宗想要听从这个意见，唯独长孙无忌认为：“天子亲自征战，与一般将领统兵不同，不可以冒着危险侥幸取胜。如今建安、新城的敌兵还有十万人，如果我们移师乌骨城，他们都会追袭我军的后路，倒不如先攻下安市，占取建安，然后再长驱直入，这才是万全之策。”太宗于是停止移师乌骨的计划。

各路大军紧急攻打安市城，太宗听见了城中鸡和猪的鸣叫声，对李世勣说：“围城的时间很长，城中炊烟日渐稀少，如今鸡和猪叫得厉害，这一定是在犒劳士兵，想要夜间出来偷袭我们，应当严加防范。”当夜，高丽几百人顺着绳索爬出城外。太宗听说后，亲自到了城下，召集士兵紧急围攻，杀死几十人，其馀高丽兵逃回城中。

江夏王李道宗率领部下在城东南角筑土山，渐渐逼近城墙，城里也不断增高城墙与城外对抗。士兵们轮番攻战，每天有六七个回合，唐军用冲车和发射石块，撞开城墙垛，城中随即立木栅栏以堵塞缺口。李道宗脚部受伤，太宗亲自为他针灸。唐军昼夜不停地筑土山，总共用了六十天，用去劳力五十万人次，山顶离城只有几丈，可以向下俯瞰城中。李道宗让果毅都尉傅伏爱领兵驻守在山顶以防备高丽兵。土山塌毁，压向城墙，城墙崩塌。正赶上傅伏爱私自离开营所，高丽几百名士兵从城墙缺口处出来迎战，于是便夺下占据了土山，挖沟壕守护。太宗大怒，将傅伏爱斩首示众，命令众位将领攻城，却三天都未攻下来。李道宗光着脚到太宗的麾旗下请罪，太宗说：“你的罪过该当处死，但是朕想到汉武帝杀死大将王恢，倒不如秦穆公二次重用孟明，又念你攻破盖牟、辽东有功，所以特赦你不死。”

上以辽左早寒，草枯水冻，士马难久留，且粮食将尽，癸未，敕班师。先拔辽、盖二州户口渡辽，乃耀兵于安市城下而旋，城中皆屏迹不出。城主登城拜辞，上嘉其固守，赐缣百匹，以励事君。命李世勣、江夏王道宗将步骑四万为殿。

乙酉，至辽东。丙戌，渡辽水。辽泽泥潦，车马不通，命长孙无忌将万人，剪草填道，水深处以车为梁，上自系薪于马鞘以助役。冬，十月丙申朔，上至蒲沟驻马，督填道诸军渡渤错水，暴风雪，士卒沾湿多死者，敕然火于道以待之。

凡征高丽，拔玄菟、横山、盖牟、磨米、辽东、白岩、卑沙、麦谷、银山、后黄十城，徙辽、盖、岩三州户口入中国者七万人。新城、建安、驻骅三大战，斩首四万馀级，战士死者几二千人，战马死者什七、八。上以不能成功，深悔之，叹曰："魏徵若在，不使我有是行也！"命驰驿祀徵以少牢，复立所制碑，召其妻子诣行在，劳赐之。

丙午，至营州。诏辽东战亡士卒骸骨并集柳城东南，命有司设太牢，上自作文以祭之，临哭尽哀。其父母闻之，曰："吾儿死而天子哭之，死何所恨！"上谓薛仁贵曰："朕诸将皆老，思得新进骁勇者将之，无如卿者，朕不喜得辽东，喜得卿也。"

丙辰，上闻太子奉迎将至，从飞骑三千人驰入临渝关，道逢太子。上之发定州也，指所御褐袍谓太子曰："俟见汝，乃易此袍耳。"在辽左，虽盛暑流汗，弗之易。及秋，穿败，左右请易之，上曰："军士衣多弊，吾独御新衣，可乎？"至是，太子进新衣，乃易之。

太宗认为辽东一带早寒，草木干枯水结冰，士兵马匹都不宜久留，而且粮食快要用光了，癸未（十八日），便敕令班师还朝。先让辽东、盖牟两城的百姓举家渡过辽水，在安市城下显耀兵力，而后凯旋，城中高丽人都藏身不出。城主登上城楼答礼为唐军送行，太宗称赞他能够坚守城池，赐给城主绸缎一百匹，用来鼓励他侍奉高丽国王。命令李世勣与江夏王李道宗领步、骑兵四万人殿后。

乙酉（二十日），唐军到达辽东城。丙戌（二十一月），渡过辽水。辽泽一带道路泥泞，车马难以通行，太宗命长孙无忌率领一万人割草填道，水深的地方用车做桥梁，太宗亲自将薪木等拴在马鞍后帮助铺路。冬季，十月丙申朔（初一），太宗到达蒲沟停下，督促填道铺路的各路军渡过渤错水，赶上天降暴风雪，士兵们衣湿多被冻死，太宗敕令在道上点上火堆，以等候士兵烤火。

此次征伐高丽，总共攻克玄菟、横山、盖牟、磨米、辽东、白岩、卑沙、麦谷、银山、后黄十座城，迁徙辽、盖、岩三州户口加入唐朝户籍共七万人。新城、建安、驻跸三次较大的战役，杀死高丽兵四万多人，唐朝将士死近两千人，战马损失十分七八。太宗认为未能最后取胜，深自懊悔，感叹道："如果魏徵在的话，不会让我此番出兵的！"命人乘驿马昼夜兼程到京城，用猪和羊祭祀魏徵，重新竖立贞观十七年曾毁坏的石碑，征召魏徵妻子儿女到太宗所在行宫，亲自慰问赏赐。

丙午（十一日），唐军回到营州。太宗下诏令将在辽东阵亡的士兵的尸骨一并汇集在柳城东南，命令有关机构摆设牛羊猪祭祀。太宗亲自写文祭奠亡灵，并亲临灵堂痛哭，十分悲哀。死者的父母听说此事后，都说："我们的儿子死了，皇上亲自为他们哭灵，死还有什么遗憾！"太宗对薛仁贵说："朕手下的各位将领都已经老了，考虑能得到骁勇善战的后起之秀为统兵将领，没有人能赶得上你了，朕对于得到辽东并不高兴，高兴的是得到了你。"

丙辰（二十一日），太宗听说皇太子出迎回朝大军即将赶到，便带领护卫飞骑三千人飞奔进入临渝关，途中与太子相逢。太宗从定州出发时，曾指着身上穿的褐色战袍对太子说："等再见到你时，我才可以换下此身战袍。"在辽左，即使盛夏酷暑汗流浃背，也不换下这套衣服。到了秋天，穿着露风，身边的人请求太宗换掉衣服，太宗说："战士们的衣服多是破败的衣服，唯独我穿上新衣服，这样行吗？"至此时，太子递上新衣服，太宗才换下旧衣服。

诸军所虏高丽民万四千口，先集幽州，将以赏军士，上愍其父子夫妇离散，命有司平其直，悉以钱布赎为民，欢呼之声，三日不息。十一月辛未，车驾至幽州，高丽民迎于城东，拜舞呼号，宛转于地，尘埃弥望。

庚辰，过易州境，司马陈元璹使民于地室蓄火种蔬而进之。上恶其谄，免元璹官。

丙戌，车驾至定州。

丁亥，吏部尚书杨师道坐所署用多非其才，左迁工部尚书。

壬辰，车驾发定州。十二月辛丑，上病痈，御步辇而行。戊申，至并州，太子为上吮痈，扶辇步从者数日。辛亥，上疾瘳，百官皆贺。

上之征高丽也，使右领军大将军执失思力将突厥屯夏州之北以备薛延陀。薛延陀多弥可汗既立，以上出征未还，引兵寇河南，上遣左武候中郎将长安田仁会与思力合兵击之。思力羸形伪退，诱之深入，及夏州之境，整陈以待之。薛延陀大败，追奔六百馀里，耀威碛北而还。多弥复发兵寇夏州，己未，敕礼部尚书江夏王道宗，发朔、并、汾、箕、岚、代、忻、蔚、云九州兵镇朔州；右卫大将军代州都督薛万彻，左骁卫大将军阿史那社尔，发胜、夏、银、绥、丹、延、鄜、坊、石、隰十州兵镇胜州；胜州都督宋君明，左武候将军薛孤吴，发灵、原、宁、盐、庆五州兵镇灵州；又令执失思力发灵、胜二州突厥兵，与道宗等相应。薛延陀至塞下，知有备，不敢进。

各路军马所俘虏的高丽百姓有一万四千多人，先是集中在幽州，准备用来赏给将士们做奴隶。太宗怜悯他们父子、夫妻离散，命令有关官署按照他们的价格，全用朝廷府库的钱、布赎为平民，欢呼之声三天不绝。十一月辛未（初七），太宗车驾到达幽州，高丽老百姓在城东欢迎，手舞足蹈，欢呼拜伏，辗转于地，尘埃弥漫。

庚辰（十六日），太宗经过易州境内，易州司马陈元琦让当地百姓在地下室用火烧增温来种蔬菜，此时进献给太宗。太宗讨厌他过于谄媚，罢免了陈元琦的官职。

丙戌（二十二日），太宗车驾到达定州。

丁亥（二十三日），吏部尚书杨师道因任用官吏大多不称职而获罪，降职为工部尚书。

壬辰（二十八日），太宗车驾从定州出发。十二月辛丑（初七），太宗背上长痈，坐着轿子前行。戊申（十四日），到达并州，太子李治为太宗吸吮痈毒，扶着轿子步行几日。辛亥（十七日），太宗背上毒痈渐好，文武百官齐声恭贺。

太宗征伐高丽时，让右领军大将军执失思力统领突厥兵驻扎在夏州以北，以防备薛延陀的进攻。薛延陀多弥可汗即位后，乘着太宗出征高丽未归之机，领兵侵犯黄河以南一带，太宗派左武侯中郎将长安人田仁会与执失思力合兵进击。思力假装抵御不住后退，诱敌深入，到了夏州境内，严阵以待薛延陀兵。薛延陀被打得大败，唐军乘胜追击六百多里，在沙漠以北耀武扬威之后凯旋。多弥可汗再次发兵进犯夏州，己未（二十五日），太宗敕令礼部尚书、江夏王李道宗，征发朔、并、汾、箕、岚、代、忻、蔚、云九州兵马镇守朔州；右卫大将军、代州都督薛万徹，左骁卫大将军阿史那社尔，征发胜、夏、银、绥、丹、延、鄜、坊、石、隰十州兵马镇守胜州；胜州都督宋君明，左武侯将军薛孤吴，征发灵、原、宁、盐、庆五州兵马镇守灵州；又命令执失思力征发灵、胜二州的突厥兵，与李道宗等人相互呼应。薛延陀兵到了塞下，知悉唐军有所防备，不敢贸然进犯。

3　初，上留侍中刘洎辅皇太子于定州，仍兼左庶子、检校民部尚书，总吏、礼、户部三尚书事。上将行，谓洎曰："我今远征，尔辅太子，安危所寄，宜深识我意。"对曰："愿陛下无忧，大臣有罪者，臣谨即行诛。"上以其言妄发，颇怪之，戒曰："卿性疏而太健，必以此败，深宜慎之！"及上不豫，洎从内出，色甚悲惧，谓同列曰："疾势如此，圣躬可忧！"或谮于上曰："洎言国家事不足忧，但当辅幼主行伊、霍故事，大臣有异志者诛之，自定矣。"上以为然，庚申，下诏称："洎与人窃议，窥窬万一，谋执朝衡，自处伊、霍，猜忌大臣，皆欲夷戮。宜赐自尽，免其妻孥。"

中书令马周摄吏部尚书，以四时选为劳，请复以十一月选，至三月毕，从之。

4　是岁，右亲卫中郎将裴行方讨茂州叛羌黄郎弄，大破之，穷其馀党，西至乞习山，临弱水而归。

二十年（丙午，646）

1　春，正月辛未，夏州都督乔师望、右领军大将军执失思力等击薛延陀，大破之，虏获二千馀人。多弥可汗轻骑遁去，部内骚然矣。

2　丁丑，遣大理卿孙伏伽等二十二人以六条巡察四方，刺史、县令以下多所贬黜，其人诣阙称冤者，前后相属。上令褚遂良类状以闻，上亲临决，以能进擢者二十人，以罪死者七人，流以下除免者数百千人。

3　二月乙未，上发并州。三月己巳，车驾还京师。上谓李靖曰："吾以天下之众困于小夷，何也？"靖曰："此道宗所解。"上顾问江夏王道宗，具陈在驻跸时乘虚取平壤之言。上怅然曰："当时匆匆，吾不忆也。"

3　起初，太宗留下侍中刘洎在定州辅佐皇太子，仍然兼任左庶子、检校民部尚书，总理吏、礼、户三部尚书事。太宗将要出发前，对刘洎说："朕如今带兵远征，你辅佐太子，国家的安危都寄托在你身上，望你深深体会朕的心思。"刘洎答道："望陛下不必忧虑，大臣有罪，我当立即予以诛罚。"太宗认为他出言妄自发论，颇为奇怪，告诫他说："你的性情疏阔又刚直，必会因此而遭祸，应当慎重行事。"等到太宗有病了，刘洎从内室出来，面容非常悲哀，对同僚说："病得如此厉害，皇上的身体值得忧虑。"有人对太宗进言道："刘洎说朝廷大事不足忧虑，只是应当依循伊尹、霍光的故事，辅佐年幼的太子，大臣中有二心的杀掉他。自然也就安定了。"太宗也认为是这样，庚申（二十六日），太宗下诏称："刘洎与人私下议论，窥探朕有不幸时，阴谋执掌朝政，自比于伊尹、霍光，无端猜忌大臣，想要将他们全部杀戮。理应赐他自尽，赦免他妻子儿女。"

中书令马周代理吏部尚书，认为四时选官过于劳累，请求恢复十一月选官，到次年三月完毕；太宗依从其意见。

4　这一年，右亲卫中郎将裴行方领兵讨伐茂州反叛的羌族人黄郎弄，将其打得大败，追击其残馀势力，向西直到乞习山，临近弱水而后还朝。

唐太宗贞观二十年（丙午，公元 646 年）

1　春季，正月辛未（初八），夏州都督乔师望、右领军大将军执失思力等人进攻薛延陀，将其打得大败，俘虏两千多人。多弥可汗乘轻骑逃走，薛延陀内部骚乱。

2　丁丑（十四日），太宗派大理卿孙伏伽等二十二人以汉朝考察官员的六条诏书巡察全国各地，刺史、县令以下的官吏多被罢职贬官，这些人到朝中喊冤的前后不断。太宗令褚遂良按类写明情况上呈，太宗亲自裁决，确定其中能够提拔的有二十人，论罪当死的七人，流放以下免除官职的有成百上千人。

3　二月乙未（初二），太宗从并州出发。三月己巳（初七），太宗车驾回到了京城长安。太宗对李靖说："我倾全国兵力却受困于小小的高丽，这是什么缘故？"李靖说："这一点李道宗能够解释。"太宗又问江夏王李道宗，李道宗详细陈述在驻骅山时曾提出过乘机攻取平壤的话。太宗怅然若失，说道："当时匆匆忙忙，我已经记不起来了。"

4 上疾未全平，欲专保养，庚午，诏军国机务并委皇太子处决。于是太子间日听政于东宫，既罢，则入侍药膳，不离左右。上命太子暂出游观，太子辞不愿出，上乃置别院于寝殿侧，使太子居之。褚遂良请遣太子旬日一还东宫，与师傅讲道义，从之。

上尝幸未央宫，辟仗已过，忽于草中见一人带横刀，诘之，曰："闻辟仗至，惧不敢出，辟仗者不见，遂伏不敢动。"上遽引还，顾谓太子："兹事行之，则数人当死，汝于后速纵遣之。"又尝乘腰舆，有三卫误拂御衣，其人惧，色变。上曰："此间无御史，吾不汝罪也。"

5 陕人常德玄告刑部尚书张亮养假子五百人，与术士公孙常语，云"名应图谶"，又问术士程公颖曰："吾臂有龙鳞起，欲举大事，可乎？"上命马周等按其事，亮辞不服。上曰："亮有假子五百人，养此辈何为？正欲反耳！"命百官议其狱，皆言亮反，当诛。独将作少匠李道裕言："亮反形未具，罪不当死。"上遣长孙无忌、房玄龄就狱与亮诀曰："法者天下之平，与公共之。公自不谨，与凶人往还，陷入于法，今将奈何！公好去。"己丑，亮与公颖俱斩西市，籍没其家。

岁馀，刑部侍郎缺，上命执政妙择其人，拟数人，皆不称旨，既而曰："朕得其人矣。往者李道裕议张亮狱云'反形未具'，此言当矣，朕虽不从，至今悔之。"遂以道裕为刑部侍郎。

6 闰月癸巳朔，日有食之。

7 戊戌，罢辽州都督府及岩州。

4　太宗的病并未完全好，想要专心保养一段时间。庚午（初八），诏令朝中军国大事一并委托皇太子李治处理。于是太子每隔一日便在东宫处理政务，事情一毕就进入皇宫侍候太宗服药用饭，不离左右。太宗命令太子暂时出外游玩，太子辞谢不愿出宫；太宗便在寝殿旁设置别院，让太子居住。褚遂良请求太子每十天回东宫一次，与太师太傅们讲论道义，太宗依准。

太宗曾游幸未央宫，清道的卫士已经走过去了，忽然在路边草丛里看见一人腋下带刀。便质问此人，答道："我听见清道的卫士经过，因为害怕，不敢走出来，清道卫士们没有看见我，于是就潜伏着不敢动。"太宗便带着他回到宫中，对太子说："这件事严格执行起来，则当有几名卫士因失职被处死，你从后面立即将此人放走。"太宗又曾乘坐轿，亲卫、勋卫、翊卫人员中有个人无意间碰着太宗的衣服，那人十分害怕，脸色都变了。太宗说："这里没有御史，我不怪罪你。"

5　陕州人常德玄告发刑部尚书张亮豢养义子五百人，曾对方术之士公孙常说："我的名字正与图谶应验。"又问方术之士程公颖："我的手臂上长有龙鳞，想要举事造反，可以吗？"太宗命令马周等人按察其事，张亮坚决不服。太宗说："张亮养有义子五百人，养这么多人做什么？不正是要谋反吗？"命文武百官议定其罪行，众人都说张亮谋反，应当处死。唯独将作少匠李道裕说："张亮谋反证据不足，不应当判死罪。"太宗派长孙无忌、房玄龄到狱中与张亮诀别说："法令是天下公平之物，朕与你共同遵守。你自己不谨慎，与恶人往来，深陷于法，如今已毫无办法挽回。你好好地去吧。"己丑（二十七日），张亮与程公颖一同在西市被处斩，家产被抄。

一年多后，刑部侍郎空缺，太宗命宰相们遴选人选，拟定了几个人，都不称太宗的心意。过后太宗说道："朕得到这个人了。前一段李道裕曾议论张亮的狱案说'谋反证据不足'，这话有道理，朕虽然没有听从，至今仍在后悔。"于是任命李道裕为刑部侍郎。

6　闰三月癸巳朔（初一），出现日食。

7　戊戌（初六），唐朝罢除辽州都督府及岩州建置。

8　夏，四月甲子，太子太保萧瑀解太保，仍同中书门下三品。

9　五月甲寅，高丽王藏及莫离支盖金遣使谢罪，并献二美女，上还之。金，即苏文也。

10　六月丁卯，西突厥乙毗射匮可汗遣使入贡，且请婚。上许之，且使割龟兹、于阗、疏勒、朱俱波、葱岭五国以为聘礼。

11　薛延陀多弥可汗，性褊急，猜忌无恩，废弃父时贵臣，专用己所亲昵，国人不附。多弥多所诛杀，人不自安。回纥酋长吐迷度与仆骨、同罗共击之，多弥大败。乙亥，诏以江夏王道宗、左卫大将军阿史那社尔为瀚海安抚大使，又遣右领卫大将军执失思力将突厥兵，右骁卫大将军契苾何力将凉州及胡兵，代州都督薛万徹、营州都督张俭各将所部兵，分道并进，以击薛延陀。

上遣校尉宇文法诣乌罗护、靺鞨，遇薛延陀阿波设之兵于东境。法帅靺鞨击破之。薛延陀国中惊扰，曰："唐兵至矣！"诸部大乱。多弥引数千骑奔阿史德时健部落，回纥攻而杀之，并其宗族殆尽，遂据其地。诸俟斤互相攻击，争遣使来归命。

薛延陀馀众西走，犹七万馀口，共立真珠可汗兄子咄摩支为伊特勿失可汗，归其故地。寻去可汗之号，遣使奉表，请居郁督军山之北。使兵部尚书崔敦礼就安集之。

敕勒九姓酋长，以其部落素服薛延陀种，闻咄摩支来，皆恐惧，朝议恐其为碛北之患，乃更遣李世勣与九姓敕勒共图之。上戒世勣曰："降则抚之，叛则讨之。"己丑，上手诏，以"薛延陀破灭，其敕勒诸部，或来降附，或未归服，今不乘机，恐贻后悔，朕当自诣灵州招抚。其去岁征辽东兵，皆不调发"。

8　夏季，四月甲子（初三），解除萧瑀太子太保职务，仍然为同中书门下三品。

9　五月甲寅（二十三日），高丽国王高藏以及莫离支盖金派使者前来谢罪；并献两个美女，太宗让其回国。盖金即是盖苏文。

10　六月丁卯（初七），西突厥乙毗射匮可汗派使者到唐朝进献贡品，并且请求通婚。太宗答应其请求，并且让西突厥割让龟兹、于阗、疏勒、朱俱波、葱岭五国作为聘礼。

11　薛延陀多弥可汗，性情急躁，对臣下猜忌，少施恩惠，废掉了父亲在位时的贵族大臣，专门重用自己的亲信，国中百姓不顺服。又大肆杀戮，人心不安定。回纥酋长吐迷度与仆骨、同罗联合进攻他，多弥大败。乙亥（十五日），太宗下诏任命江夏王李道宗、左卫大将军阿史那社尔为瀚海安抚大使；又派右领卫大将军执失思力统率突厥兵。右骁卫大将军契苾何力统领凉州以及胡族兵，代州都督薛万徹、营州都督张俭各统率本部兵马，分兵几路，齐头并进，进攻薛延陀。

太宗派校尉宇文法到乌罗护、靺鞨，在薛延陀东部边境与薛延陀阿波设的兵马遭遇，宇文法统率靺鞨兵将其击败。薛延陀国内震动，纷纷言道："唐朝大兵到了！"各部落大乱。多弥带领几千骑兵投奔阿史德时健部落，回纥进攻该部落，并杀死多弥可汗，他的宗族也几乎被兼并，于是占据该地。敕勒各部首领相互攻击，争着派使者请求归附唐朝。

薛延陀残馀部队向西溃逃，还有七万多人，他们共同拥立真珠可汗的侄子咄摩支为伊特勿失可汗，回到了故地。不久又去掉了可汗称号，派使者上表，请求居住在郁督军山北麓。太宗让兵部尚书崔敦礼去郁督军山将他们就地安置。

敕勒九个部落首领，由于一直归附薛延陀，听说咄摩支要到郁督军山北面居住，都非常害怕。唐朝大臣议论，担心咄摩支会成为漠北的祸患，于是又派李世勣与九个敕勒部落共同图谋对付咄摩支。太宗告诫李世勣说："咄摩支如降服就安抚他们，反叛就讨伐他们。"己丑（二十九日），太宗手书诏令，认为："薛延陀被消灭后，其敕勒各部落，有的前来归降，有的并未归顺，如今要是不乘机图谋，恐怕将来会后悔，朕应当亲自去灵州招抚各部落。去年出征辽东的士兵，此次都不做征调。"

时太子当从行，少詹事张行成上疏，以为："皇太子从幸灵州，不若使之监国，接对百寮，明习庶政，既为京师重镇，且示四方盛德。宜割私爱，俯从公道。"上以为忠，进位银青光禄大夫。

12　李世勣至郁督军山，其酋长梯真达官帅众来降。薛延陀咄摩支南奔荒谷，世勣遣通事舍人萧嗣业往招慰，咄摩支诣嗣业降。其部落犹持两端，世勣纵兵追击，前后斩五千馀级，虏男女三万馀人。秋，七月，咄摩支至京师，拜右武卫大将军。

13　八月甲子，立皇孙忠为陈王。

14　己巳，上行幸灵州。

15　江夏王道宗兵既渡碛，遇薛延陀阿波达官众数万拒战，道宗击破之，斩首千馀级，追奔二百里。道宗与薛万彻各遣使招谕敕勒诸部，其酋长皆喜，顿首请入朝。庚午，车驾至浮阳。回纥、拔野古、同罗、仆骨、多滥葛、思结、阿跌、契苾、跌结、浑、斛薛等十一姓各遣使入贡，称："薛延陀不事大国，暴虐无道，不能与奴等为主，自取败死，部落鸟散，不知所之。奴等各有分地，不从薛延陀去，归命天子。愿赐哀怜，乞置官司，养育奴等。"上大喜。辛未，诏回纥等使者宴乐，颁赉拜官，赐其酋长玺书，遣右领军中郎将安永寿报使。

壬申，上幸汉故甘泉宫，诏以"戎、狄与天地俱生，上皇并列，流殃构祸，乃自运初。朕聊命偏师，遂擒颉利；始弘庙略，已灭延陀。铁勒百馀万户，散处北溟，远遣使人，委身内属，请同编列，并为州郡。混元以降，殊未前闻，宜备礼告庙，仍颁示普天"。

当时太子理应跟随太宗一同去，少詹事张行成上奏疏称："皇太子跟陛下巡幸灵州，倒不如留下来监国，接待百官商议朝政，熟习朝廷事务，这样既可安定京师重镇，而且又可向四方显示太子的圣德。望陛下暂时割舍私情，依从朝廷公道。"太宗认为张行成十分忠诚，进官位为银青光禄大夫。

12　李世勣到了郁督军山，薛延陀部落首领梯真达官率领兵众前来降附。薛延陀咄摩支向南投奔荒谷，李世勣派通事舍人萧嗣业前去招抚，咄摩支投降嗣业。他的部落仍然犹豫不定，李世勣带兵追击，共杀死五千多人，俘虏男女三万多人。秋季，七月，咄摩支到达京城，官拜右武卫大将军。

13　八月甲子（初五），太宗立皇孙李忠为陈王。

14　己巳（初十），太宗行幸灵州。

15　江夏王李道宗的兵马既已渡过沙漠，遇见薛延陀阿波达官兵数万人抵抗，李道宗将其击败，杀死一千多人，乘胜追击两百里。李道宗与薛万徹各自派遣使者招抚敕勒各部，他们的首领都十分高兴，磕头拜谢请求入京朝见。庚午（十一日），太宗车驾到浮阳。回纥、拔野古、同罗、仆骨、多滥葛、思结、阿跌、契苾、跌结、浑、斛薛等十一姓部落各自派使者入朝进贡，纷纷言道："薛延陀可汗不侍奉大国，暴虐无道，不能作为我们的主子，自取灭亡，各部落作鸟兽散，不知何去何从。我们各有自己的分地，不再跟薛延陀去，我们要归顺大唐天子。希望可怜我们这些人，特设一部门，养育我们。"太宗听后大为高兴。辛未（十二日），太宗诏令宴请回纥等族使者，赏赐拜官，赐给他们首领玺书，派右领军中郎将安永寿前往传达旨意。

壬申（十三日），太宗行幸汉朝旧甘泉宫，颁布诏令称："戎、狄等族与天地一同生存，与上古帝王伏羲并列称雄，他们制造祸端，是从大唐兴国之初才开始的。朕随意任命偏师进击，就生擒颉利；刚刚施展朝廷谋略，就已经灭掉了薛延陀。铁勒族一百多万户，散处在北部，万里迢迢派遣使者，要求委身归附于内地，请求同为编户齐民，一并改为州郡建置。开天辟地以来，前所未闻，应当预备礼仪上告祖庙，并且颁示给普天之下的百姓。"

庚辰，至泾州。丙戌，逾陇山，至西瓦亭，观马牧。九月，上至灵州，敕勒诸部俟斤遣使相继诣灵州者数千人，咸云："愿得天至尊为奴等天可汗，子子孙孙常为天至尊奴，死无所恨。"甲辰，上为诗序其事曰："雪耻酬百王，除凶报千古。"公卿请勒石于灵州，从之。

16　特进同中书门下三品宋公萧瑀，性狷介，与同寮多不合，尝言于上曰："房玄龄与中书门下众臣，朋党不忠，执权胶固，陛下不详知，但未反耳。"上曰："卿言得无太甚！人君选贤才以为股肱心膂，当推诚任之。人不可以求备，必舍其所短，取其所长。朕虽不能聪明，何至顿迷臧否，乃至于是！"瑀内不自得，既数忤旨，上亦衔之，但以其忠直居多，未忍废也。

上尝谓张亮曰："卿既事佛，何不出家？"瑀因自请出家。上曰："亦知公雅好桑门，今不违公意。"瑀须臾复进曰："臣适思之，不能出家。"上以瑀对群臣发言反覆，尤不能平，会称足疾不朝，或至朝堂而不入见。上知瑀意终怏怏，冬，十月，手诏数其罪曰："朕于佛教，非意所遵。求其道者未验福于将来，修其教者翻受辜于既往。至若梁武穷心于释氏，简文锐意于法门，倾帑藏以给僧祇，殚人力以供塔庙。及乎三淮沸浪，五岭腾烟，假馀息于熊蹯，引残魂于雀鷇，子孙覆亡而不暇，社稷俄顷而为墟，报施之征，何其谬也！瑀践覆车之馀轨，袭亡国之遗风。弃公就私，未明隐显之际；身俗口道，莫辨邪正之心。修累叶之殃源，祈一躬之福本，上以违忤君主，下则扇习浮华。自请出家，寻复违异。一回一惑，在乎瞬息之间；自可自否，变于帷扆之所。乖栋梁之体，岂具瞻之量乎？朕隐忍至今，瑀全无悛改。可商州刺史，仍除其封。"

庚辰(二十一日),太宗车驾到达泾州。丙戌(二十七日),穿越陇山,到达西瓦亭,观看放牧。九月,太宗到达灵州,敕勒各部落首领相继派使者到灵州拜谒太宗,共有几千人,都说:“非常希望大唐至尊天子做我们的天可汗,我们子子孙孙做您的奴隶,至死也不遗憾。”甲辰(十五日),太宗亲自作诗记叙此事说:“雪耻酬百王,除凶报千古。”公卿大臣们请求在灵州刻石碑记事,太宗依从。

16 特进同中书门下三品、宋公萧瑀,性情耿介狷狂,与同僚们多不合,曾对太宗言道:“房玄龄与中书、门下省众位大臣,私结朋党对皇上不忠,操持权柄固执己见,陛下并不知道详情,只是尚未谋反罢了。”太宗说:“你讲得过分了!君王选择有才能者作为股肱心腹之人,应当推诚置腹予以重任。人不可以求全责备,应当舍弃其短处,取其所长。朕虽然不能做到耳聪目明,也不至于一下子糊涂到好坏不分这个程度。”萧瑀内心很不自在,既已多次忤犯圣意,太宗也心中很不高兴,只是念其忠直之处居多,不忍心将其废弃。

太宗曾对张亮说:“你既然敬事佛祖,为什么不出家呢?”萧瑀于是请求出家做和尚。太宗说:“朕也知道你素来喜好佛门,现在不违背你的意思。”过了一会儿萧瑀又进言说:“我刚刚考虑过了,不能出家。”太宗认为萧瑀当着大臣们讲话反复无常,心中愤愤不平;又赶上萧瑀声称有脚病不上朝,或者到了朝堂而不进去面见太宗,太宗知道他心情不快。冬季,十月,手书诏令数落其罪过说:“朕对佛教,无意遵从。那些求佛的人并未能验证将来福祉,却反而在过去受尽苦罪。至于像梁武帝潜心于佛教,梁简文帝执意于法门,倾尽府库所藏财物供给僧寺,耗费人力修筑塔庙。直至造成三淮五岭,到处发生变乱,最终结局像战国时楚成王和赵武灵王那样悲惨,子孙灭亡而无暇顾及,江山社稷顷刻间化为废墟,佛教报答施恩的征兆,是何等的荒谬!萧瑀重蹈梁朝的覆辙,承袭亡国者的遗风馀绪。抛弃公义曲就私情,不懂得扬名隐世的道理;身在俗世口诵佛语,不能分辨邪恶正义。想修去累世孽源,祈求一己的福根,对上违犯君王,对下则煽动浮华风气。自己请求出家,不久又有反复。瞬息之间反复变化无常;自我肯定与否定,都是在天子与群臣议政之处。如此深乖国家栋梁的体面,这难道是宰相之才的度量吗?朕一直隐忍到今天,萧瑀全无悔改之意。将他降为商州刺史,还保留他的封爵。”

17　上自高丽还，盖苏文益骄恣，虽遣使奉表，其言率皆诡诞，又待唐使者倨慢，常窥伺边隙。屡敕令勿攻新罗，而侵陵不止。壬申，诏勿受其朝贡，更议讨之。

18　丙戌，车驾还京师。

冬，十月己丑，上以幸灵州往还，冒寒疲顿，欲于岁前专事保摄。十一月己丑，诏祭祀、表疏、胡客、兵马、宿卫，行鱼契给驿、授五品以上官及除解、决死罪皆以闻，馀并取皇太子处分。

19　十二月己丑，群臣累请封禅，从之。诏造羽卫送洛阳宫。

20　戊寅，回纥俟利发吐迷度、仆骨俟利发歌滥拔延、多滥葛俟斤末、拔野古俟利发屈利失、同罗俟利发时健啜、思结酋长乌碎及浑、斛薛、奚结、阿跌、契苾、白霫酋长，皆来朝。庚辰，上赐宴于芳兰殿，命有司厚加给待，每五日一会。

21　癸未，上谓长孙无忌等曰："今日吾生日，世俗皆为乐，在朕翻成伤感。今君临天下，富有四海，而承欢膝下，永不可得，此子路所以有负米之恨也。《诗》云：'哀哀父母，生我劬劳。'奈何以劬劳之日更为宴乐乎？"因泣数行下，左右皆悲。

22　房玄龄尝以微谴归第，褚遂良上疏，以为："玄龄自义旗之始翼赞圣功，武德之季冒死决策，贞观之初选贤立政，人臣之勤，玄龄为最。自非有罪在不赦，缙绅同尤，不可遐弃。陛下若以其衰老，亦当讽谕使之致仕，退之以礼，不可以浅鲜之过，弃数十年之勋旧。"上遽召出之。顷之，玄龄复避位还家。

17 太宗从高丽班师还朝后，盖苏文更加傲慢胡作非为，虽然也曾派使者上表，但其言语多怪诞诡秘，而且对待唐朝使者十分傲慢，经常窥测等待骚扰边界的时机。太宗多次敕令让他不要进攻新罗，他反而不停地侵扰。壬申（十四日），太宗诏令不接受高丽的朝贡，再次商议讨伐的事。

18 丙戌（二十八日），太宗车驾回到京城。

冬季，十月己丑，太宗认为行幸灵州一去一还，冒着严寒，旅途疲劳，想要在年前专事保养。十一月己丑（初一），诏令祭祀郊庙社稷明堂、大臣及四方上表疏、四方朝贡客人、征调与宿卫换防、发放鱼符传符、任命五品以上官员以及拜官解职、处决死罪等，都上奏皇帝知悉，其馀事务一并交由皇太子处理。

19 十二月己丑，众位大臣多次请求行封禅礼；太宗依从。诏令制作封禅仪仗送到洛阳宫太子处。

20 戊寅（二十日），回纥首领吐迷度、仆骨首领歌滥拔延、多滥葛首领末、拔野古首领屈利失、同罗首领时健啜、思结首领乌碎，以及浑、斛薛、奚结、阿跌、契苾、白霫首领，一起来京朝见。庚辰（二十二日），太宗在芳兰殿大摆酒宴，命令有关机构优厚礼遇，每五天一次宴会。

21 癸未（二十五日），太宗对长孙无忌等人说："今日是朕的生日，对世俗人们来说，这是个欢宴作乐的日子，在朕这里反成了伤感的事。如今治理天下，四海之内皆为我大唐所有，然而承欢在父母膝下，却永远不可得到了，所以子路有在双亲死后无法再为他们背米的遗憾之情。《诗经》说：'可怜父母，生我辛劳。'为什么还要在父母辛劳的日子里饮宴作乐呢？"说完泪珠双流，身边的人都很悲哀。

22 房玄龄曾因太宗小有谴责令回家中，褚遂良上奏疏称："房玄龄从高祖举义旗反隋时就有辅佐之功，武德九年又冒死罪建议陛下在玄武门发动政变，贞观初年选拔贤才、执掌朝政，大臣中以玄龄最为辛劳。如果不是罪不可赦，被士大夫所共同反对，则不应把他远远抛弃而不用。陛下如果认为他老迈无用，也应当劝告他让他退休回家，以礼节辞退。不可以其小小的过失，就抛弃他几十年的旧功绩。"太宗听后急忙召房玄龄回朝。过了不久，房玄龄又离开职位回到家中。

久之，上幸芙蓉园，玄龄敕子弟汛扫门庭，曰："乘舆且至！"有顷，上果幸其第，因载玄龄还宫。

二十一年（丁未，647）

1　春，正月，开府仪同三司申文献公高士廉疾笃。辛卯，上幸其第，流涕与诀。壬辰，薨。上将往哭之，房玄龄以上疾新愈，固谏，上曰："高公非徒君臣，兼以故旧姻戚，岂得闻其丧不往哭乎？公勿复言！"帅左右自兴安门出，长孙无忌在士廉丧所，闻上将至，辍哭，迎谏于马首曰："陛下饵金石，于方不得临丧，奈何不为宗庙苍生自重？且臣舅临终遗言，深不欲以北首、夷衾，辄屈銮驾。"上不听。无忌中道伏卧，流涕固谏，上乃还入东苑，南望而哭，涕下如雨。及柩出横桥，上登长安故城西北楼，望之恸哭。

2　丙申，诏以回纥部为瀚海府，仆骨为金微府，多滥葛为燕然府，拔野古为幽陵府，同罗为龟林府，思结为卢山府，浑为皋兰州，斛薛为高阙州，奚结为鸡鹿州，阿跌为鸡田州，契苾为榆溪州，思结别部为蹛林州，白霫为寘颜州。各以其酋长为都督、刺史，各赐金银缯帛及锦袍。敕勒大喜，捧戴欢呼拜舞，宛转尘中。及还，上御天成殿宴，设十部乐而遣之。诸酋长奏称："臣等既为唐民，往来天至尊所，如诣父母，请于回纥以南、突厥以北开一道，谓之参天可汗道，置六十八驿，各有马及酒肉以供过使，岁贡貂皮以充租赋，仍请能属文人，使为表疏。"上皆许之。于是北荒悉平，然回纥吐迷度已私自称可汗，官号皆如突厥故事。

过了几天，太宗巡幸芙蓉园，房玄龄让晚辈们立即洒扫门庭，说道："皇上的乘辇就要到了。"过了一会儿，太宗果然临幸他的宅第，于是用车马载着玄龄一同返回宫中。

唐太宗贞观二十一年(丁未，公元647年)

1 春季，正月，开府仪同三司、申文献公高士廉病情加重。辛卯(初四)，太宗亲临他的家中，流着泪与他告别。壬辰(初五)，高士廉去世。太宗想要前往高宅哭灵，房玄龄以太宗的病刚好，执意谏阻，太宗说："高公与我并非只是君臣关系，还兼有故旧姻亲的关系，岂有听说他的噩耗而不去哭灵呢？你不必再多说了！"说完带领身边的人从兴安门出宫，长孙无忌正在高士廉住所灵堂，听说太宗将要到来，停止哭泣，出门拦住御马劝谏道："陛下正在吃长生药，按照方药说法不能哭丧，为什么不为宗庙社稷考虑而自珍自重呢？而且我舅舅临终有遗言，非常不愿意因自己的死，而让陛下屈驾前来。"太宗不听其劝告。长孙无忌横卧在道中间，流着眼泪执意谏阻，太宗这才返回东苑，望着南面痛哭，泪如雨下。等到灵柩走出横桥，太宗登上长安旧城西北楼，遥望灵柩失声恸哭。

2 丙申(初九)，太宗诏令以回纥部为瀚海府，仆骨为金微府，多滥葛为燕然府，拔野古为幽陵府，同罗为龟林府，思结部为卢山府，浑为皋兰州，斛薛为高阙州，奚结为鸡鹿府，阿跌为鸡田州，契苾为榆溪州，思结别部为蹛林州，白霫为寘颜州。各以其本部落首领为都督、刺史，各自赐予金银绢帛以及锦袍若干。敕勒族大为高兴，相互欢呼跳跃，拜谢朝廷，辗转尘土之中。等到各部首领要回本部时，太宗亲临天成殿摆下酒宴，设十部乐队招待，而后让他们回本部。各位首领都称："我等既然作为大唐顺民，往来到京城皇宫，便如同拜望父母一样，请求在回纥南部与突厥以北地区开辟一条通道，起名为参天可汗道，设置六十八驿，各有马匹及酒肉以供过路人享用，我们每年进贡貂皮以充作租赋，仍然延请能做文章的人，让他们写上表奏疏。"太宗一并答应其请求。从此北部边疆全部安定，然而只有回纥吐迷度已经私自称可汗，官号皆与过去的突厥相同。

3 丁酉，诏以明年仲春有事泰山，禅社首；馀并依十五年议。

4 二月丁丑，太子释奠于国学。

5 上将复伐高丽，朝议以为："高丽依山为城，攻之不可猝拔。前大驾亲征，国人不得耕种，所克之城，悉收其谷，继以旱灾，民太半乏食。今若数遣偏师，更迭扰其疆埸，使彼疲于奔命，释耒入堡，数年之间，千里萧条，则人心自离，鸭绿之北，可不战而取矣。"上从之。三月，以左武卫大将军牛进达为青丘道行军大总管，右武候将军李海岸副之，发兵万馀人，乘楼船自莱州泛海而入。又以太子詹事李世勣为辽东道行军大总管，右武卫将军孙贰朗等副之，将兵三千人，因营州都督府兵自新城道入。两军皆选习水善战者配之。

6 辛卯，上曰："朕于戎、狄，所以能取古人所不能取，臣古人所不能臣者，皆顺众人之所欲故也。昔禹帅九州之民，凿山槎木，疏百川注之海，其劳甚矣，而民不怨者，因人之心，顺地之势，与民同利故也。"

7 是月，上得风疾，苦京师盛暑，夏，四月乙丑，命修终南山太和废宫为翠微宫。

8 丙寅，置燕然都护府，统瀚海等六都督、皋兰等七州，以扬州都督府司马李素立为之。素立抚以恩信，夷落怀之，共率马牛为献。素立唯受其酒一杯，馀悉还之。

9 五月戊子，上幸翠微宫。冀州进士张昌龄献《翠微宫颂》，上爱其文，命于通事舍人里供奉。

初，昌龄与进士王公治皆善属文，名振京师，考功员外郎王师旦知贡举，黜之，举朝莫晓其故。及奏第，上怪无二人名，诘之。师旦对曰："二人虽有辞华，然其体轻薄，终不成令器。若置之高第，恐后进效之，伤陛下雅道。"上善其言。

3　丁酉(初十)，太宗诏令明年仲春将要行幸泰山，封禅社首山；其馀事项都按照贞观十五年议定的办理。

4　二月丁丑(二十日)，皇太子李治到国子学行释奠礼。

5　太宗准备再次讨伐高丽，朝臣议论认为："高丽傍山为城堡，很难短时间攻克。上次大驾亲征，国中百姓不能够耕种，所攻克的城，都要全部没收其粮食，再加上遇着旱灾，百姓有一多半缺乏粮食。如今若是再多派遣军队深入，轮番骚扰其疆土，使得高丽百姓疲于奔命，放下农活躲入城中，几年之内，必会造成千里萧条，则人心自然离异，鸭绿江以北地区，可以不战而轻易取得。"太宗听从了他们的建议。三月，任命左武卫大将军牛进达为青丘道行军大总管，右武候将军李海岸为副总管，征发一万多兵力，乘着楼船从莱州渡海进入高丽境内。又任命太子詹事李世勣为辽东道行军大总管，右武卫将军孙贰朗等为副总管，领兵三千人，与营州都督府兵会合从新城道进入高丽。两支军队都是选配的习水性善于水战的士兵。

6　辛卯(初五)，太宗说："朕对于北方戎、狄所以能够取得古人所不能取得的胜利，并做到古人难以做到的让他们臣服于大唐，都是因为顺应众人愿望的结果。过去大禹率领九州的百姓，开山砍伐树木，疏导条条河流归入大海，够疲劳的了，然而百姓并无怨言，就是因为顺应民心，利用地势，与民同利的缘故。"

7　这一月，太宗染风寒，苦于京城炎热酷暑，夏季，四月乙丑(初九)，命人修缮终南山废弃的太和宫，改名为翠微宫。

8　丙寅(初十)，唐政府设置燕然都护府，统辖瀚海等六都督府、皋兰等七个州，任命扬州都督府司马李素立为都护。李素立以恩信安抚当地民众，各族人都归顺他，纷纷进献牛马；素立只接受一杯酒，其馀一概退还。

9　五月戊子(初三)，太宗临幸翠微宫。冀州进士张昌龄进献《翠微宫颂》，太宗喜欢他的文字，命他供奉在通事舍人班子里。

起初，张昌龄与进士王公治都擅长做文章，在京城有名声，考功员外郎王师旦掌管贡举事，没取中他们，朝内外都不明白是何缘故。等到上奏给太宗进士及第名单，太宗奇怪没有这二人名字，便质问王师旦，师旦答道："此二人虽然文辞华丽，然而其文体轻薄，终究成不了大器。如果让他们中高第，恐怕后来的人一意效法，有伤陛下的雅正之道。"太宗赞许他的回答。

10　壬辰，诏百司依旧启事皇太子。

11　庚辰，上御翠微殿，问侍臣曰："自古帝王虽平定中夏，不能服戎、狄。朕才不逮古人而成功过之，自不谕其故，诸公各率意以实言之。"群臣皆称："陛下功德如天地，万物不得而名言。"上曰："不然。朕所以能及此者，止由五事耳。自古帝王多疾胜己者，朕见人之善，若己有之；人之行能，不能兼备，朕常弃其所短，取其所长；人主往往进贤则欲置诸怀，退不肖则欲推诸壑，朕见贤者则敬之，不肖者则怜之，贤不肖各得其所；人主多恶正直，阴诛显戮，无代无之，朕践阼以来，正直之士，比肩于朝，未尝黜责一人；自古皆贵中华，贱夷、狄，朕独爱之如一，故其种落皆依朕如父母。此五者，朕所以成今日之功也。"顾谓褚遂良曰："公尝为史官，如朕言，得其实乎？"对曰："陛下盛德不可胜载，独以此五者自与，盖谦谦之志耳。"

12　李世勣军既渡辽，历南苏等数城，高丽多背城拒战，世勣击破其兵，焚其罗郭而还。

13　六月癸亥，以司徒长孙无忌领扬州都督，实不之任。

14　丁丑，诏以"隋末丧乱，边民多为戎、狄所掠，今铁勒归化，宜遣使诣燕然等州，与都督相知，访求没落之人，赎以货财，给粮递还本贯。其室韦、乌罗护、靺鞨三部人为薛延陀所掠者，亦令赎还"。

15　癸未，以司农卿李纬为户部尚书。时房玄龄留守京师，有自京师来者，上问："玄龄何言？"对曰："玄龄闻李纬拜尚书，但云李纬美髭鬓。"帝遽改除纬洛州刺史。

10　壬辰（初七），太宗诏令文武百官上奏疏仍旧给皇太子。

11　庚辰，太宗亲临翠微殿，问身边大臣："自古以来帝王虽然能够平定中原，却不能制服北方各部族。朕的才能远不及古代帝王而取得成果却比他们大，我自己不明说其原因，你们各位当直率地如实说说。"众大臣齐声说道："陛下的功德与天地等量齐观，难以一语言明。"太宗说："不是这样。朕所以能做到这一点，只是因为五点缘由：自古以来帝王大多嫉妒能力超过自己的，朕看见别人的长处，便如同看见自己的一样；人不可能全知全能，朕对人常常要扬长避短；君王们往往引进有才能的人便想着放置在自己怀抱，摒弃无能之辈则恨不能落井下石，朕看见有才能的人则非常敬重，遇见无能者亦加以怜悯，有才能与无才能的人都能各得其所；君王们大多讨厌正直之人，明诛暗罚，没有一个朝代不存在，朕自即位以来，正直的大臣在朝中比肩接踵，未曾贬黜斥责一人；自古以来帝王都尊贵中原，贱视夷、狄族，唯独朕爱护他们始终如一，所以他们各个部落都像对待父母一样依赖朕。这五点，是朕成就今日功绩的原因。"又对褚遂良等人说："你曾做过史官，像朕说的这番话，符合历史事实吗？"答道："陛下的盛德不可胜载，仅仅以这五点定论，表明陛下过于谦虚了。"

12　李世勣的部队已渡过辽水，途经南苏等几座城，高丽兵多背靠城墙作战，李世勣将他们打败，并焚烧其外城后回师。

13　六月癸亥（初八），任命司徒长孙无忌兼领扬州都督，实际上并未赴任。

14　丁丑（二十二日），太宗下诏称："隋朝末年天下动荡不安，边境居民多被北方部族劫掠，如今铁勒归顺我大唐，应当派使者到燕然等州，与都督一道，访求被掠夺的人，用财物赎回，供给粮食让其回到原籍。其中室韦、乌罗护、靺鞨三部百姓被薛延陀掠去的，也将他们赎回。"

15　癸未（二十八日），任命司农卿李纬为户部尚书。当时房玄龄留守京城，有人从京城前来太宗处，太宗问道："房玄龄讲些什么？"答道："玄龄听说陛下拜李纬为户部尚书，只是说李纬是个美髯公。"太宗即刻改任李纬为洛州刺史。

16　秋，七月，牛进达、李海岸入高丽境，凡百馀战，无不捷，攻石城，拔之。进至积利城下，高丽兵万馀人出战，海岸击破之，斩首二千级。

17　上以翠微宫险隘，不能容百官，庚子，诏更营玉华宫于宜春之凤皇谷。庚戌，车驾还宫。

18　八月壬戌，诏以薛延陀新降，土功屡兴，加以河北水灾，停明年封禅。

19　辛未，骨利干遣使入贡。丙戌，以骨利干为玄阙州，拜其俟斤为刺史。骨利干于铁勒诸部为最远，昼长夜短，日没后，天色正曛，煮羊胛适熟，日已复出矣。

20　己丑，齐州人段志冲上封事，请上致政于皇太子。太子闻之，忧形于色，发言流涕。长孙无忌等请诛志冲。上手诏曰："五岳陵霄，四海亘地，纳污藏疾，无损高深。志冲欲以匹夫解位天子，朕若有罪，是其直也；若其无罪，是其狂也。譬如尺雾障天，不亏于大；寸云点日，何损于明！"

21　丁酉，立皇子明为曹王。明母杨氏，巢剌王之妃也，有宠于上，文德皇后之崩也，欲立为皇后。魏徵谏曰："陛下方比德唐、虞，奈何以辰嬴自累？"乃止。寻以明继元吉后。

22　戊戌，敕宋州刺史王波利等发江南十二州工人造大船数百艘，欲以征高丽。

23　冬，十月庚辰，奴剌啜匐俟友帅其所部万馀人内附。

24　十一月，突厥车鼻可汗遣使入贡。车鼻名斛勃，本突厥同族，世为小可汗。颉利之败，突厥馀众欲奉以为大可汗，时薛延陀方强，车鼻不敢当，帅其众归之。或说薛延陀："车鼻贵种，

16　秋季，七月，牛进达、李海岸的部队进入高丽境内，大小经历一百多次战斗，战无不胜，又攻克石城。进军到积利城下，高丽兵一万多人出城迎战，李海岸将其击败，杀死两千人。

17　太宗认为翠微宫地势险要狭窄，容纳不下百官，庚子（十六日），诏令在宜春县的凤凰谷再营造玉华宫。庚戌（二十六日），太宗车驾回到皇宫。

18　八月壬戌（初八），诏令因薛延陀新近投降，屡兴土木工程，加上河北地区遭受水灾，停止明年封禅泰山事。

19　辛未（十七日），骨利干派使者前来进贡。九月丙戌（初三），唐朝廷将骨利干改为玄阙州，其首领官拜刺史。骨利干是铁勒各部中地处最为遥远的一个，白天长夜间短，太阳落山后，尚有馀晖，煮羊脾刚熟，太阳已经又出地平线了。

20　己丑（初五），齐州人段志冲上书议事，请求太宗将朝政交由皇太子处理。太子听说后，满脸忧容，说着话直流泪水。长孙无忌等请求处死段志冲。太宗手书诏令说："五岳超越霄汉，四海延亘大地，藏污纳垢，无损于山高水深。志冲想要以一个匹夫身份使朕解除皇位，朕如果真有罪过，则表明他的正直；如果没有罪过，也只说明他的狂妄。这如同一尺长的云雾想遮住天空，无亏于天之广大；一寸云彩玷污太阳，无损于太阳的光明！"

21　丁酉（十四日），立皇子李明为曹王。李明的母亲杨氏，原先是巢剌王李元吉的妃子，受太宗的宠爱；文德皇后死后，太宗想要立她为皇后。魏徵曾劝谏道："陛下正以德行比之于唐尧、虞舜，为什么反倒效法春秋时的晋文公娶辰嬴以自累呢？"于是太宗停止立后。不久又以李明为李元吉继嗣。

22　戊戌（十五日），太宗敕令宋州刺史王波利等人征发江南十二州的工匠修造大船几百艘，想要用这些船征伐高丽。

23　冬季，十月庚辰（二十七日），奴剌部落的啜匐俟友率领所部一万多人归附朝廷。

24　十一月，突厥车鼻可汗派使者进献贡品。车鼻名斛勃，本来与突厥同族，世代为小可汗。颉利可汗败亡后，突厥剩馀势力想要奉他做大可汗，当时薛延陀正值强盛时期，车鼻不敢承担可汗大位，率领部众归附薛延陀。有人对薛延陀说："车鼻是贵族血统，

有勇略，为众所附，恐为后患，不如杀之。”车鼻知之，逃去。薛延陀遣数千骑追之，车鼻勒兵与战，大破之，乃建牙于金山之北，自称乙注车鼻可汗，突厥馀众稍稍归之，数年间胜兵三万人，时出抄掠薛延陀。及薛延陀败，车鼻势益张，遣其子沙钵罗特勒入见，又请身自入朝。诏遣将军郭广敬征之。车鼻特为好言，初无来意，竟不至。

25　癸卯，徙顺阳王泰为濮王。

26　壬子，上疾愈，三日一视朝。

27　十二月壬申，西赵酋长赵磨帅万馀户内附，以其地为明州。

28　龟兹王伐叠卒，弟诃黎布失毕立，浸失臣礼，侵渔邻国。上怒，戊寅，诏使持节昆丘道行军大总管左骁卫大将军阿史那社尔、副大总管右骁卫大将军契苾何力、安西都护郭孝恪等将兵击之，仍命铁勒十三州、突厥、吐蕃、吐谷浑连兵进讨。

29　高丽王使其子莫离支任武入谢罪，上许之。

二十二年（戊申，648）

1　春，正月己丑，上作《帝范》十二篇以赐太子，曰《君体》、《建亲》、《求贤》、《审官》、《纳谏》、《去谗》、《戒盈》、《崇俭》、《赏罚》、《务农》、《阅武》、《崇文》；且曰：“修身治国，备在其中。一旦不讳，更无所言矣。”又曰：“汝当更求古之哲王以为师，如吾，不足法也。夫取法于上，仅得其中；取法于中，不免为下。吾居位已来，不善多矣，锦绣珠玉不绝于前，宫室台榭屡有兴作，犬马鹰隼无远不致，行游四方，供顿烦劳，此皆吾之深过，勿以为是而法之。顾我弘济苍生，其益多；肇造区夏，其功大。益多损少，故人不怨；功大过微，故业不堕。然比之尽美尽善，固多愧矣。汝无我之功勤而承我之富贵，竭力为善，则国家仅安；骄惰奢纵，则一身不保。且成迟败速者，国也；失易得难者，位也。可不惜哉！可不慎哉！”

有勇有谋，为众人所依附，恐怕会成为后患，不如杀掉他。”车鼻知道后，急忙逃走。薛延陀派数千骑兵追赶他。车鼻勒兵与之战斗，大败薛延陀兵，在金山北麓建立牙帐，自称为乙注车鼻可汗，突厥剩馀力量渐渐归附于他，几年之间拥兵三万人，时常出兵掠夺薛延陀。等到薛延陀败亡，车鼻势力更加强大，派他的儿子沙钵罗特勒入朝面见太宗，又请求允许自己入朝。太宗派将军郭广敬征召他入朝。车鼻不过是说好听的话，实际上并无入朝之意，最后竟没有来。

25　癸卯（二十一日），改封顺阳王李泰为濮王。

26　壬子（三十日），太宗病痊愈，三天一上朝。

27　十二月壬申（二十日），西赵蛮族首领赵磨率领一万多户归附唐朝，唐朝将其所居地改为明州。

28　龟兹国王伐叠死后，他的弟弟诃黎布失毕即位，逐渐失却臣属国的礼节，侵扰邻近国家。太宗大怒，戊寅（二十六日），诏令使持节、任命昆丘道行军大总管、左骁卫大将军阿史那社尔，副大总管、右骁卫大将军契苾何力；安西都护郭孝恪等人领兵进攻龟兹，仍然命令铁勒族十三州、突厥、吐蕃、吐谷浑联合进军讨伐。

29　高丽王让他的儿子莫离支任武入朝谢罪，太宗依准。

唐太宗贞观二十二年（戊申，公元648年）

1　春季，正月己丑（初八），太宗写成《帝范》十二篇赐给太子，各篇名是《君体》、《建亲》、《求贤》、《审官》、《纳谏》、《去谗》、《戒盈》、《崇俭》、《赏罚》、《务农》、《阅武》、《崇文》。太宗说道：“修身治理国家的道理，都在这十二篇之中了。我一旦逝去，就没有别的话可说了。”又说：“你应当以古代的先哲圣王为师，像我，则不足效法。古人说效法上等的，仅得其中；效法中等的，不免得其下。我即位以来，过失之处不少，锦绣珠玉不断于身前，又不停地修筑宫室台榭，犬马鹰鹘无论多远也要罗致来，游幸四方，使各地供给烦劳，这些都是我的大过失，千万不要认为正确而效法。回顾起来我普济苍生效益多，创建大唐基业功劳大。好处多损害少，所以百姓没有怨言；功劳大过失小，所以王业稳固。然而若是要求尽善尽美，实在是多有惭愧。你没有我这些功劳勤苦而承继我的富贵，竭力行善举，则国家仅得安定；如果骄奢懒惰，则自身都难保。而且成功来之不易，败亡却可迅速招致，是指国家而言；失去容易得之较难，是指皇位。能不珍惜吗！能不谨慎吗！”

2　中书令兼右庶子马周病，上亲为调药，使太子临问。庚寅，薨。

3　戊戌，上幸骊山温汤。

4　己亥，以中书舍人崔仁师为中书侍郎，参知机务。

5　新罗王金善德卒，以善德妹真德为柱国，封乐浪郡王，遣使册命。

6　丙午，诏以右武卫大将军薛万彻为青丘道行军大总管，右卫将军裴行方副之，将兵三万馀人及楼船战舰自莱州泛海以击高丽。

7　长孙无忌检校中书令、知尚书、门下省事。

8　戊申，上还宫。

9　结骨自古未通中国，闻铁勒诸部皆服，二月，其俟利发失钵屈阿栈入朝。其国人皆长大，赤发绿睛，有黑发者以为不祥。上宴之于天成殿，谓侍臣曰："昔渭桥斩三突厥首，自谓功多，今斯人在席，更不以为怪邪！"失钵屈阿栈请除一官，"执笏而归，诚百世之幸"。戊午，以结骨为坚昆都督府，以失钵屈阿栈为右屯卫大将军、坚昆都督，隶燕然都护。又以阿史德时健俟斤部落置祁连州，隶营州都督。

是时四夷大小君长争遣使入献见，道路不绝，每元正朝贺，常数百千人。辛酉，上引见诸胡使者。谓侍臣曰："汉武帝穷兵三十馀年，疲弊中国，所获无几。岂如今日绥之以德，使穷发之地尽为编户乎？"

10　上营玉华宫，务令俭约，惟所居殿覆以瓦，馀皆茅茨；然备设太子宫、百司，苞山络野，所费已巨亿计。乙亥，上行幸玉华宫；己卯，畋于华原。

2 中书令兼右庶子马周得病，太宗亲自为他调制药物，又让太子前去询问病情。庚寅（初九），马周去世。

3 戊戌（十七日），太宗巡幸骊山温泉。

4 己亥（十八日），任命中书舍人崔仁师为中书侍郎，参知机务。

5 新罗国王金善德去世，唐朝任命善德的妹妹真德为柱国，封为乐浪郡王，并派使者前去册封。

6 丙午（二十五日），太宗下诏任命右武卫大将军薛万徹为青丘道行军大总管，右卫将军裴行方为副总管，领兵三万多人以及楼船战舰，从莱州渡海进攻高丽。

7 长孙无忌代理中书令，掌管尚书省、门下省事宜。

8 戊申（二十七日），太宗回到宫中。

9 结骨自古以来从未与中原王朝建立过联系，听说铁勒各部都已归附唐朝，二月，其首领失钵屈阿栈到唐朝。结骨国人身材都很高大，红头发绿眼睛，长黑头发便被认为不吉祥。太宗在天成殿宴请结骨首领，对身边大臣说："当年武德九年时我在渭桥斩杀三名突厥首领，自以为功劳大，如今有这个人在宴席上，更不会认为奇怪了吧！"失钵屈阿栈请求封他一个官职，说："手执王笏归国，实在是百代的荣幸。"戊午（初七），以结骨所在地为坚昆都督府，任命失钵屈阿栈为右屯卫大将军、坚昆都督，隶属于燕然都护。又在阿史德时健部落所在地设置祁连州，隶属于营州都督。

当时四方大小国的君主首领争先恐后派使者进贡朝见，往来不绝，每年正月初一前来朝贺的人数成百上千。辛酉（初十），太宗召见各国各族使者。对身边的大臣说："汉武帝穷兵黩武三十多年，使得中原疲弊，所获却很少。岂能与今日以德服远、使不毛之地都成为大唐编户相比？"

10 太宗营造玉华宫，命令务必节俭，只将居住的殿宇用瓦覆盖，其馀均用茅茨压顶；然而太子宫、百官衙署要设置齐全，满山遍野的建筑，耗费银两巨大，可以亿计。乙亥（二十四日），太宗行幸玉华宫；己卯（二十八日），在华原围猎。

11 中书侍郎崔仁师坐有伏阁自诉者，仁师不奏，除名，流连州。

12 三月己丑，分瀚海都督俱罗勃部置烛龙州。

13 甲午，上谓侍臣曰："朕少长兵间，颇能料敌；今昆丘行师，处月、处密二部及龟兹用事者羯猎颠、那利每怀首鼠，必先授首，弩失毕其次也。"

14 庚子，隋萧后卒，诏复其位号，谥曰愍；使三品护葬，备卤簿仪卫，送至江都，与炀帝合葬。

15 充容长城徐惠以上东征高丽，西讨龟兹，翠微、玉华，营缮相继，又服玩颇华靡，上疏谏，其略曰："以有尽之农功，填无穷之巨浪；图未获之他众，丧已成之我军。昔秦皇并吞六国，反速危亡之基，晋武奄有三方，翻成覆败之业；岂非矜功恃大，弃德轻邦，图利忘危，肆情纵欲之所致乎？是知地广非常安之术，人劳乃易乱之源也。"又曰："虽复茅茨示约，犹兴木石之疲，和雇取人，不无烦扰之弊。"又曰："珍玩伎巧，乃丧国之斧斤；珠玉锦绣，寔迷心之鸩毒。"又曰："作法于俭，犹恐其奢；作法于奢，何以制后？"上善其言，甚礼重之。

11　中书侍郎崔仁师因有人伏在衙署门前上诉，他并未上奏，被除掉名籍，流放到连州。

12　三月己丑（初九），唐朝将瀚海都督俱罗勃部划出，设置烛龙州。

13　甲午（十四日），太宗对身边的大臣说："朕年轻时在军中长大，颇能料敌制胜；如今出兵昆丘道，处月、处密二部落以及龟兹执政者羯猎颠、那利每每怀有二心，一定会先被消灭，接着就是弩失毕。"

14　庚子（二十日），隋朝萧皇后去世，诏令恢复其皇后称号，谥号为愍；让三品以上官员护葬，为其配备仪仗，护送到江都，与隋炀帝合葬一处。

15　宫中九嫔之一的充容、长城县人徐惠，认为太宗东征高丽，西讨龟兹，又相继营造翠微、玉华二宫，而且穿用颇为华丽奢靡，便上奏疏劝谏，大略说道："陛下以有限的农业收成，去填充无穷尽的欲望；图谋那些还未归附的他国部众，却损失已具规模的大唐军队。从前秦始皇吞并六国，反而加速动摇其已危亡的基础，晋武帝统一三国，反而成了覆败的基业；难道不是自夸有功自恃强大，放弃德行轻视国家，贪图小利忘记安危，肆情纵欲所造成的吗？由此可知地域辽阔并非长久安定的谋略，百姓劳苦才是容易动乱的根源。"又说道："即使将殿宇覆盖上茅草以示俭约，却还是大兴土木；名义是合理雇用，按价取值，实际仍然会有烦扰百姓的弊病。"又说："各种珍玩、奇技淫巧，乃是丧国殃民的武器；珠宝绸缎，实为迷乱心灵的毒药。"又说："制定法令节俭，还担心民风奢侈；如果法令本身就主张奢侈，怎么可能作为后人的榜样呢？"太宗非常欣赏她的话，待她十分有礼。

卷第一百九十九　唐纪十五

起戊申(648)四月尽乙卯(655)九月凡七年有奇

太宗文武大圣大广孝皇帝下之下

贞观二十二年(戊申,648)

1　夏,四月丁巳,右武候将军梁建方击松外蛮,破之。

初,巂州都督刘伯英上言:"松外诸蛮蹔降复叛,请出师讨之,以通西洱、天竺之道。"敕建方发巴蜀十三州兵讨之。蛮酋双舍帅众拒战,建方击败之,杀获千馀人。群蛮震慑,亡窜山谷。建方分遣使者谕以利害,皆来归附,前后至者七十部,户十万九千三百,建方署其酋长蒙和等为县令,各统所部,莫不感悦。因遣使诣西洱河,其帅杨盛大骇,具船将遁,使者晓谕以威信,盛遂请降。其地有杨、李、赵、董等数十姓,各据一州,大者六百,小者二三百户,无大君长,不相统壹,语虽小讹,其生业、风俗,大略与中国同,自云本皆华人,其所异者以十二月为岁首。

2　己未,契丹辱纥主曲据帅众内附,以其地置玄州,以曲据为刺史,隶营州都督府。

3　甲子,乌胡镇将古神感将兵浮海击高丽,遇高丽步骑五千,战于易山,破之。其夜,高丽万馀人袭神感船,神感设伏,又破之而还。

4　初,西突厥乙毗咄陆可汗以阿史那贺鲁为叶护,居多逻斯水,在西州北千五百里,统处月、处密、始苏、歌逻禄、失毕五姓之众。乙毗咄陆奔吐火罗,乙毗射匮可汗遣兵迫逐之,部落亡散。乙亥,贺鲁帅其馀众数千帐内属,诏处之于庭州莫贺城,

太宗文武大圣大广孝皇帝下之下

唐太宗贞观二十二年(戊申,公元648年)

1　夏季,四月丁巳(初七),右武候将军梁建方击败松外蛮。

起初,巂州都督刘伯英上书言道:“松外各个蛮族暂时降附如今又叛乱,请求出兵讨伐,以打通朝廷通往西洱、天竺的道路。”太宗敕令梁建方征发巴蜀十三州兵马讨伐他们。松外蛮族首领双舍率众抵抗,建方将其击败,杀死俘获共有一千多人。众蛮族大为震动,纷纷逃窜到山谷之中。建方分派使者说明利害关系,于是他们都来归附,前后有七十个部落,十万九千三百户,建方委任其首领蒙和等人为县令,各自统率本部,众人感激涕零。建方又派使者到西洱河,当地将领杨盛大为恐慌,准备好船只想要逃跑,使者晓以大唐军队的威严与信用,杨盛于是请求投降。该地区有杨、李、赵、董等几十个大姓,各自据守一州,大的六百户,小的有两三百户,没有大的君王,互不统属,方言土语虽然有小的差异,但其生活状况与风俗习惯等大略与中原相同,自称原本都是汉人,所不同的是以十二月为一年的开始。

2　己未(初九),契丹首领曲据率领兵众归附唐朝,唐朝在其居住地设置玄州,任命曲据为刺史,隶属营州都督府。

3　甲子(十四日),乌胡镇守将领古神感领兵渡海进攻高丽,与高丽五千步骑兵遭遇,在易山激战,将其击败。当天夜里,高丽一万多名士兵袭击古神感的船只,神感设下埋伏,将高丽兵打得大败,然后回师。

4　起初,西突厥乙毗咄陆可汗任命阿史那贺鲁为叶护,居住在多逻斯河畔,在西州以北一千五百多里的地方,统辖处月、处密、始苏、歌逻禄、失毕五个部落的兵众。乙毗咄陆投奔吐火罗时,乙毗射匮可汗曾派兵追击,咄陆部落散亡。乙亥(二十五日),阿史那贺鲁率领其残馀力量几千帐归附唐朝,太宗降诏让他们居住在庭州莫贺城,

拜左骁卫将军。贺鲁闻唐兵讨龟兹，请为乡导，仍从数十骑入朝。上以为昆丘道行军总管，厚宴赐而遣之。

5　五月庚子，右卫率长史王玄策击帝那伏帝王阿罗那顺，大破之。

初，中天竺王尸罗逸多兵最强，四天竺皆臣之，玄策奉使至天竺，诸国皆遣使入贡。会尸罗逸多卒，国中大乱，其臣阿罗那顺自立，发胡兵攻玄策，玄策帅从者三十人与战，力不敌，悉为所擒，阿罗那顺尽掠诸国贡物。玄策脱身宵遁，抵吐蕃西境，以书征邻国兵，吐蕃遣精锐千二百人，泥婆国遣七千馀骑赴之。玄策与其副蒋师仁帅二国之兵进至中天竺所居茶馎和罗城，连战三日，大破之，斩首三千馀级，赴水溺死者且万人。阿罗那顺弃城走，更收馀众，还与师仁战。又破之，擒阿罗那顺。馀众奉其妃及王子，阻乾陀卫江，师仁进击之，众溃，获其妃及王子，虏男女万二千人。于是天竺响震，城邑聚落降者五百八十馀所，俘阿罗那顺以归。以玄策为朝散大夫。

6　六月乙丑，以白霫部为居延州。

7　癸酉，特进宋公萧瑀卒，太常议谥曰“德”，尚书议谥曰“肃”。上曰：“谥者，行之迹，当得其实，可谥曰贞褊公。”子锐嗣，尚上女襄城公主。上欲为之营第，公主固辞，曰：“妇事舅姑，当朝夕侍侧，若居别第，所阙多矣。”上乃命即瑀第而营之。

8　上以高丽困弊，议以明年发三十万众，一举灭之，或以为大军东征，须备经岁之粮，非畜乘所能载，宜具舟舰为水运。隋末剑南独无寇盗，属者辽东之役，剑南复不预及，

贺鲁官拜左骁卫将军。贺鲁听说唐朝军队讨伐龟兹，便请求作为向导，于是率领几十名骑兵到朝廷。太宗任命他为昆丘道行军总管，盛宴款待，厚加赏赐，让他回到原居地。

5　五月庚子（二十日），右卫率长史王玄策进攻帝那伏帝王阿罗那顺，将其打得大败。

起初，中天竺国王尸罗逸多兵力最强，东、西、南、北四天竺都臣服于他，王玄策奉使节到天竺，各国都派使者进献贡品。恰巧尸罗逸多去世，国内大乱，大臣阿罗那顺自立为王，征发胡族兵进攻玄策，玄策率领随从三十人与他们激战，抵御不住，全都被其擒获，阿罗那顺将各国的贡品掠夺干净。玄策乘夜间只身脱逃，到达吐蕃西部边境，发文书给邻国征调兵马，吐蕃派精兵一千二百人，泥婆国派七千多名骑兵赴战。王玄策与副使蒋师仁率领两国的兵马进逼到中天竺的居住地茶镈和罗城，激战三天，大败天竺兵，杀死三千多人，水中溺死者将近一万人。阿罗那顺弃城逃走，重新纠集残馀力量，掉过头来与蒋师仁战斗。蒋师仁又将其打败，并生擒阿罗那顺。剩馀的天竺人拥戴阿罗那顺的妃子及王子，在乾陀卫江阻截唐军，蒋师仁向其发动进攻，天竺兵众溃败，其妃子及王子被擒，其馀被俘男女一万二千人。于是天竺国内大受震动，共有五百八十多个城邑和部落先后投降，玄策等人俘虏阿罗那顺，班师回朝。朝廷任命玄策为朝散大夫。

6　六月乙丑（十六日），唐朝以白霫部所居地为居延州。

7　癸酉（二十日），特进宋公萧瑀去世，太常寺议定其谥号为德，尚书省议定谥号为肃。太宗说："谥号本是标明人的行迹的，应当符合实际，可加谥号为贞褊公。"萧瑀的儿子萧锐继承其父的食邑爵位，并娶太宗女儿襄城公主为妻。太宗想要为他营建新的宅第，公主执意辞退，并说："媳妇侍奉公婆，应当早晚都在身边，假如居住在别处，必然会有较多的缺失。"太宗于是命令就在萧瑀的原住所为他们营建新居。

8　太宗认为高丽正值穷困凋敝，议定在第二年征发三十万兵力，一举灭掉它。有人认为大军东征，必须储备一年的粮食，而牲畜并不能运载那么多，应当准备舟船用水运。隋朝末年唯独剑南地区没有寇盗与兵乱，近来辽东之战，剑南又一次不受牵累，

其百姓富庶，宜使之造舟舰。上从之。秋，七月，遣右领左右府长史强伟于剑南道伐木造舟舰，大者或长百尺，其广半之。别遣使行水道，自巫峡抵江、扬，趣莱州。

9 庚寅，西突厥相屈利啜请帅所部从讨龟兹。

10 初，左武卫将军武连县公武安李君羡直玄武门，时太白屡昼见，太史占云：“女主昌。”民间又传《秘记》云：“唐三世之后，女主武王代有天下。”上恶之。会与诸武臣宴宫中，行酒令，使各言小名。君羡自言名五娘，上愕然，因笑曰：“何物女子，乃尔勇健！”又以君羡官称封邑皆有“武”字，深恶之，后出为华州刺史。有布衣员道信，自言能绝粒，晓佛法，君羡深敬信之，数相从，屏人语。御史奏君羡与妖人交通，谋不轨。壬辰，君羡坐诛，籍没其家。

上密问太史令李淳风：“《秘记》所云，信有之乎？”对曰：“臣仰稽天象，俯察历数，其人已在陛下宫中，为亲属，自今不过三十年，当王天下，杀唐子孙殆尽，其兆既成矣。”上曰：“疑似者尽杀之，何如？”对曰：“天之所命，人不能违也。王者不死，徒多杀无辜。且自今以往三十年，其人已老，庶几颇有慈心，为祸或浅。今借使得而杀之，天或生壮者肆其怨毒，恐陛下子孙，无遗类矣！”上乃止。

11 司空梁文昭公房玄龄留守京师，疾笃，上征赴玉华宫，肩舆入殿，至御座侧乃下，相对流涕，因留宫下，闻其小愈则喜形于色；加剧则忧悴。玄龄谓诸子曰：“吾受主上厚恩，

当地百姓生活富庶，应当让他们修造舟船。太宗依从其建议。秋季，七月，派右领左右府长史强伟在剑南道伐木造舟船，大船有的长一百尺，宽五十尺。造好后另派使者，走水路。从巫峡直抵江州、扬州，再驶往莱州。

9　庚寅（十一日），西突厥宰相屈利啜请求率领本部跟从唐军讨伐龟兹。

10　起初，左武卫将军、武连县公、武安人李君羡掌管玄武门宿卫，当时金星多次在白天出现，太史占卜说："女主将兴起。"民间又广传《秘记》中言："唐朝三代之后，女主武王取代李氏据有天下。"太宗听后非常厌恶。正赶上太宗在宫中与众位武将饮宴，行酒令，让每个人各讲小名。李君羡自称小名五娘，太宗非常惊讶，进而笑着说："什么女子，竟这么勇健！"又因为君羡官衔封爵籍贯都有一个"武"字，非常厌恶，随后让他出任华州刺史。有个布衣名叫员道信，自称能够不进饮食，通晓佛法，李君羡非常敬慕相信他，多次与他形影相随，窃窃私语。御史上奏称君羡沟通妖人，图谋叛乱。壬辰（十三日），李君羡因此事定罪处斩，全家被抄没。

太宗曾秘密地问太史令李淳风："《秘记》上所说的谣传，真有其事吗？"答道："我仰观天象，俯察历数，这个人现在已在陛下宫中了，是陛下亲属，从今往后不超过三十年，这个人当做天下的君王，并将大唐皇室子孙杀得不剩几个，其征兆已经形成了。"太宗说："凡是有怀疑的统统杀掉，怎么样？"李淳风答道："此乃天命，人们不能够违抗。未来称王的人死不了，反而白白地杀死无辜。而且今后三十年，那个人也已经老了，也许该存有慈善心肠，祸害可能会小些。如今即使找到此人将其杀死，老天或许会降生更加强壮的人大肆发泄怨恨，恐怕陛下的子孙就没有幸免的了。"太宗于是不再过问此事。

11　司空梁文昭公房玄龄留守在京城，病情加重，太宗征召他到玉华宫，乘坐轿子进入殿内，到太宗御座旁边才下轿，与太宗相对流泪，太宗将房玄龄留在宫中，听说病情好转则喜形于色；病情加重则忧虑憔悴。房玄龄对他的儿子们说："我蒙受皇上的隆恩，

今天下无事，唯东征未已，群臣莫敢谏，吾知而不言，死有馀责。”乃上表谏，以为：“《老子》曰：‘知足不辱，知止不殆。’陛下功名威德亦可足矣，拓地开疆亦可止矣，且陛下每决一重囚，必令三覆五奏，进素膳，止音乐者，重人命也。今驱无罪之士卒，委之锋刃之下，使肝脑涂地，独不足愍乎？向使高丽违失臣节，诛之可也；侵扰百姓，灭之可也；他日能为中国患，除之可也。今无此三条而坐烦中国，内为前代雪耻，外为新罗报雠，岂非所存者小，所损者大乎？愿陛下许高丽自新，焚陵波之船，罢应募之众，自然华、夷庆赖，远肃迩安。臣旦夕入地，傥蒙录此哀鸣，死且不朽！”玄龄子遗爱尚上女高阳公主，上谓公主曰：“彼病笃如此，尚能忧我国家。”上自临视，握手与诀，悲不自胜。癸卯，薨。

柳芳曰：玄龄佐太宗定天下，及终相位，凡三十二年，天下号为贤相；然无迹可寻，德亦至矣。故太宗定祸乱而房、杜不言功，王、魏善谏诤而房、杜让其贤，英、卫善将兵而房、杜行其道，理致太平，善归人主。为唐宗臣，宜哉！

12　八月，己酉朔，日有食之。

13　丁丑，敕越州都督府及婺、洪等州造海船及双舫千一百艘。

14　辛未，遣左领军大将军执失思力出金山道击薛延陀馀寇。

15　九月庚辰，昆丘道行军大总管阿史那社尔击处月、处密，破之，馀众悉降。

如今天下无事，只有东征高丽一事没有停止，众位大臣都不敢劝谏，我明知其非而不说话，真是死有馀辜啊。”于是上表章劝谏，认为：“《老子》说：‘知道满足，不会遭到困辱；知道适可而止，不会遇到危险。’陛下的功名威德也可以知足了，开拓疆土也当适可而止，而且陛下每次判决一个死刑犯人，一定要三次复议五次上奏，进素食，停止音乐，这正是重视人的性命啊。如今驱使无罪的士卒，让他们往刀口上送，使之肝脑涂地，难道他们单单不足以怜悯吗？假使当初高丽违背臣属的礼节，可以诛罚他们；假若侵扰老百姓，可以灭掉他们；以后会成为中原的祸患，也可以除掉他们。如今没有这三条原因而只是无故烦劳中原百姓，我们对内无非称为前代雪耻，对外不过称为新罗报仇，岂不是所得到的很少，失去的很大吗？希望陛下容许高丽悔过自新，焚毁准备渡海用的船只，停止招募兵众，自然华、夷庆幸有靠，远附近安。我很快要死去，倘若承蒙陛下采纳将死者的哀鸣，死了也将不朽。”房玄龄的儿子房遗爱娶太宗女儿高阳公主为妻，太宗对公主说：“你的公公病得这么厉害，还能为国家的事忧心忡忡。”太宗亲去探视，握着房玄龄的手与他告别，悲痛不能自已。癸卯（二十四日），房玄龄去世。

柳芳说：房玄龄辅佐太宗平定天下，直到死于宰相位上，共三十二年，天下人号称为贤相；然而没有多少事迹可寻，道德也达到至高境界。所以太宗平定祸乱而房、杜二人不居功；王珪、魏徵善于谏诤而房、杜二人不争其贤名；李世勣、李靖善于领兵作战，而房、杜二人辅行文道，使国家太平，将功劳归诸君主。房玄龄被称为有唐一代的宗臣，是很适宜的。

12 八月己酉朔（初一），出现日食。

13 丁丑（二十九日），敕令越州都督府以及婺、洪等州修造海船及双舫船一千一百艘。

14 辛未（二十三日），派遣左领军大将军执失思力从金山道出兵进攻薛延陀残馀势力。

15 九月庚辰（初二），昆丘道行军大总管阿史那社尔进攻处月、处密，将其击败，馀众全部投降。

16 癸未，薛万徹等伐高丽还。万徹在军中，使气陵物，裴行方奏其怨望，坐除名，流象州。

17 己丑，新罗奏为百济所攻，破其十三城。

18 己亥，以黄门侍郎褚遂良为中书令。

19 强伟等发民造船，役及山獠，雅、邛、眉三州獠反。壬寅，遣茂州都督张士贵、右卫将军梁建方发陇右、峡中兵二万馀人以击之。蜀人苦造船之役，或乞输直雇潭州人造船，上许之。州县督迫严急，民至卖田宅、鬻子女不能供，谷价踊贵，剑外骚然。上闻之，遣司农少卿长孙知人驰驿往视之。知人奏称："蜀人脆弱，不耐劳剧。大船一艘，庸绢二千二百三十六匹。山谷已伐之木，挽曳未毕，复征船庸，二事并集，民不能堪，宜加存养。"上乃敕潭州船庸皆从官给。

20 冬，十月癸丑，车驾还京师。

21 回纥吐迷度兄子乌纥蒸其叔母。乌纥与俱陆莫贺达官俱罗勃，皆突厥车鼻可汗之婿也，相与谋杀吐迷度以归车鼻。乌纥夜引十馀骑袭吐迷度，杀之。燕然副都护元礼臣使人诱乌纥，许奏以为瀚海都督，乌纥轻骑诣礼臣谢，礼臣执而斩之，以闻。上恐回纥部落离散，遣兵部尚书崔敦礼往安抚之。久之，俱罗勃入见，上留之不遣。

22 阿史那社尔既破处月、处密，引兵自焉耆之西趋龟兹北境，分兵为五道，出其不意，焉耆王薛婆阿那支弃城奔龟兹，保其东境。社尔遣兵追击，擒而斩之，立其从父弟先那准为焉耆王，使修职贡。龟兹大震，守将多弃城走。社尔进屯碛口，去其都城三百里，遣伊州刺史韩威帅千馀骑为前锋，右骁卫将军曹继叔次之。至多褐城，龟兹王诃利布失毕、其相那利、羯猎颠帅众五万拒战。锋刃甫接，威引兵伪遁，龟兹悉众追之，行三十里，与继叔军合。龟兹惧，将却，继叔乘之，龟兹大败，逐北八十里。

16　癸未(初五)，薛万徹等人征伐高丽返回朝廷。万徹在军中恃才傲物，盛气凌人，裴行方上奏称其有怨言，因而被罢官除掉名籍，流放到象州。

17　己丑(十一日)，新罗向朝廷上奏表称百济进攻其国，攻克十三座城。

18　己亥(二十一日)，任命黄门侍郎褚遂良为中书令。

19　强伟等人征发百姓造船，山獠人也去做力役，雅、邛、眉三州獠民造反。壬寅(二十四日)，朝廷派茂州都督张士贵、右卫将军梁建方征发陇右、峡中的士兵两万多人进攻獠民。蜀人苦于造船的劳役，有人请求出钱雇佣潭州人造船，太宗允许。州县官吏督促过急，百姓甚至卖田地宅院、卖儿卖女都供不上，粮价猛涨，引起剑外一带骚动。太宗听说后，派司农少卿长孙知人飞奔前往视察。知人上奏称："蜀人身体虚弱，不能承受剧烈劳动。大船一艘，雇人要给绢两千二百三十六匹。山谷之中已经砍伐的树木，还没有全部运出来，又要征调船庸，两件事并在一起，百姓承受不了，应当加以存恤养护。"太宗于是敕令雇潭州人的造船费用由政府支付。

20　冬季，十月癸丑(初六)，太宗车驾回到京城。

21　回纥吐迷度的侄子乌纥娶其婶婶为妻。乌纥与俱陆莫贺侍从官俱罗勃，都是突厥车鼻可汗的女婿，二人互相谋划杀掉吐迷度归附车鼻。乌纥乘夜晚带领十多个骑兵袭击吐迷度，将他杀死。燕然副都护元礼臣派人诱降乌纥，答应他上奏太宗封他为瀚海都督。乌纥骑马到元礼臣处面谢，礼臣将他抓起来杀死，上报朝廷。太宗担心回纥各部落分散，派兵部尚书崔敦礼前往安抚。又过了一些天，俱罗勃到朝中拜见太宗，太宗将他留下，不让他回去。

22　阿史那社尔打败处月、处密后，领兵从焉耆的西面直抵龟兹北部边境，分兵五路，出其不意，焉耆国王薛婆阿那支弃城投奔龟兹，据守其东部边境。阿史那社尔派兵追击，生擒并杀掉他，立他的堂弟先那准为焉耆国王，让他继续向唐朝进贡。龟兹大为震动，守城将士多弃城逃走。阿史那社尔进驻碛口，离龟兹都城三百里，派伊州刺史韩威率领一千多骑兵为前锋，右骁卫将军曹继叔紧随其后。到了多褐城，龟兹国王诃利布失毕、丞相那利、羯猎颠率领五万兵众抵抗。短兵相接，韩威引兵假装后退，龟兹兵倾巢出兵追击，跑了有三十里，韩威与曹继叔的军队会合。龟兹兵害怕，想要退却，曹继叔乘机反击，龟兹大败，北逃八十里。

23　甲戌，以回纥吐迷度子前左屯卫大将军婆闰为左骁卫大将军、大俟利发、瀚海都督。

24　十一月庚子，契丹帅窟哥、奚帅可度者并帅所部内属。以契丹部为松漠府，以窟哥为都督，又以其别帅达稽等部为峭落等九州，各以其辱纥主为刺史；以奚部为饶乐府，以可度者为都督，又以其别帅阿会等部为弱水等五州，亦各以其辱纥主为刺史。辛丑，置东夷校尉官于营州。

25　十二月庚午，太子为文德皇后作大慈恩寺成。

26　龟兹王布失毕既败，走保都城，阿史那社尔进军逼之，布失毕轻骑西走。社尔拔其城，使安西都护郭孝恪守之。沙州刺史苏海政、尚辇奉御薛万备帅精骑追布失毕，行六百里，布失毕窘急，保拨换城，社尔进军攻之四旬，闰月丁丑，拔之，擒布失毕及羯猎颠。那利脱身走，潜引西突厥之众并其国兵万馀人，袭击孝恪。孝恪营于城外，龟兹人或告之，孝恪不以为意。那利奄至，孝恪帅所部千馀人将入城，那利之众已登城矣，城中降胡与之相应，共击孝恪，矢刃如雨，孝恪不能敌，将复出，死于西门。城中大扰，仓部郎中崔义超召募得二百人，卫军资财物，与龟兹战于城中，曹继叔、韩威亦营于城外，自城西北隅击之。那利经宿乃退，斩首三千馀级，城中始定。后旬馀日，那利复引山北龟兹万馀人趣都城，继叔逆击，大破之，斩首八千级。那利单骑走，龟兹人执之，以诣军门。

阿史那社尔前后破其大城五，遣左卫郎将权祗甫诣诸城，开示祸福，皆相帅请降，凡得七百馀城，虏男女数万口。社尔乃召其父老，宣国威灵，谕以伐罪之意，立其王之弟叶护为王，龟兹人大喜。西域震骇，西突厥、于阗、安国争馈驼马军粮，社尔勒石纪功而还。

23　甲戌(二十七日),唐朝任命回纥吐迷度的儿子、前左屯卫大将军婆闰为左骁卫大将军、大俟利发、瀚海都督。

24　十一月庚子(二十三日),契丹将领窟哥、奚族将领可度者一同率领本部归附唐朝。朝廷将契丹本部改为松漠府,任命窟哥为都督;又以其将领达稽等部为峭落等九州,各自任命他们的首领为刺史。以奚族本部为饶乐府,任命可度者为都督;又以其将领阿会等部为弱水等五州,也是各任命其部族首领为刺史。辛丑(二十四日),在营州设置东夷校尉官。

25　十二月庚午(二十四日),太子李治为文德皇后建造大慈恩寺竣工。

26　龟兹国王布失毕兵败后,退保都城,阿史那社尔急行军逼近,布失毕率领轻骑出城西逃。社尔攻下其都城,让安西都护郭孝恪守卫此城。沙州刺史苏海政、尚辇奉御薛万备率领精锐骑兵追击布失毕,行军六百里,布失毕慌慌张张,据守拨换城,社尔领兵攻城,用了四十天。闰十二月丁丑(初一),攻陷城池,生擒布失毕以及羯猎颠。那利只身逃走,暗中勾引西突厥的兵力与本国兵力合在一处共一万多人,袭击郭孝恪。郭孝恪在城外安营扎帐,有的龟兹人告诉他那利即将赶来,孝恪不以为意。那利忽然大兵压境,郭孝恪率领本部一千多人想要进入城里,那利兵众已经登上城墙,城内投降的胡兵与那利里应外合,共同夹击郭孝恪,万箭齐发,刀剑如雨,孝恪抵挡不住,想要再次冲出来,被射死在西门。城中大乱,仓部郎中崔义超招募得两百人,保卫军需财物,与龟兹兵在城中展开激战,曹继叔、韩威也在城外扎营,从城西北角进攻龟兹。经过一夜激战,那利兵撤退,唐军杀死龟兹兵三千多人,城中才安定下来。十多天之后,那利又带引山北龟兹一万多人逼近都城,曹继叔迎击,将其打败,杀死八千人。那利一个人骑马逃走,龟兹人将他抓住,送到军门。

阿史那社尔前后共攻下大城五座,派左卫郎将权祇甫到各个城中,晓以祸福,各城相继请求投降,共得七百多城,俘虏男女几万人。社尔于是召集城中父老,宣示朝廷的威严神灵,讲明征伐有罪之国的道理,立龟兹国王的弟弟叶护为国王;龟兹人非常高兴。西域地区震骇,西突厥、于阗、安国争着送骆驼马匹和军粮,社尔刻石碑纪功,而后班师回朝。

27 戊寅，以昆丘道行军总管、左骁卫将军阿史那贺鲁为泥伏沙钵罗叶护，赐以鼓纛，使招讨西突厥之未服者。

28 癸未，新罗相金春秋及其子文王入见。春秋，真德之弟也。上以春秋为特进，文王为左武卫将军。春秋请改章服从中国，内出冬服赐之。

二十三年(己酉,649)

1 春，正月辛亥，龟兹王布失毕及其相那利等至京师，上责让而释之，以布失毕为左武卫中郎将。

2 西南徒莫祇等蛮内附，以其地为傍、望、览、丘四州，隶朗州都督府。

3 上以突厥车鼻可汗不入朝，遣右骁卫郎将高侃发回纥、仆骨等兵袭击之。兵入其境，诸部落相继来降。拔悉密吐屯肥罗察降，以其地置新黎州。

4 二月丙戌，置瑶池都督府，隶安西都护。戊子，以左卫将军阿史那贺鲁为瑶池都督。

5 三月丙辰，置丰州都督府，使燕然都护李素立兼都督。

6 去冬旱，至是始雨。辛酉，上力疾至显道门外，赦天下。丁卯，敕太子于金液门听政。

7 夏，四月乙亥，上行幸翠微宫。

8 上谓太子曰："李世勣才智有馀，然汝与之无恩，恐不能怀服。我今黜之，若其即行，俟我死，汝于后用为仆射，亲任之；若徘徊顾望，当杀之耳。"五月戊午，以同中书门下三品李世勣为叠州都督。世勣受诏，不至家而去。

27　戊寅(初二),唐朝任命昆丘道行军总管、左骁卫将军阿史那贺鲁为泥伏沙钵罗叶护,赐给鼓和大旗,让他招抚讨伐未归附的西突厥人。

28　癸未(初七),新罗国相金春秋与他的儿子金文王来到唐朝拜见太宗。金春秋是金真德的弟弟。太宗封春秋为特进,文王为左武卫将军。春秋请求按照唐朝的式样改革新罗官员的礼服,太宗拿出冬服赐给他。

唐太宗贞观二十三年(己酉,公元649年)

1　春季,正月辛亥(初六),龟兹国王布失毕及其丞相那利等人被押到了京城,太宗予以责备后将他们放了,任命布失毕为左武卫中郎将。

2　西南地区徒莫祇等蛮族归附唐朝,以其辖地设傍、望、览、丘四州,隶属于朗州都督府。

3　太宗因突厥车鼻可汗不来朝见,派右骁卫郎将高侃征发回纥、仆骨等兵马袭击突厥。军队到了突厥境内,各部相继前来投降。拔悉密首领肥罗察投降,唐朝在其原地设置新黎州。

4　二月丙戌(十一月),唐朝设置瑶池都督府,隶属于安西都护。戊子(十三日),任命左卫将军阿史那贺鲁为瑶池都督。

5　三月丙辰(十三日),唐朝设置丰州都督府,由燕然都护李素立兼任都督职。

6　上一年冬季大旱,到此时才下了第一场雨。辛酉(十七日),太宗支撑病体到了显道门外,大赦天下。丁卯(二十三日),太宗敕令太子李治在金液门听政。

7　夏季,四月乙亥(初一),太宗行幸翠微宫。

8　太宗对太子说:“李世勣才智有馀,然而你对他没有恩德,恐怕不能够敬附你。我现在将他降职,假如他即刻就走,等我死后,你以后可再重用他为仆射,视为亲信;如果他徘徊观望,应当杀掉他。”五月戊午(十五日),任命同中书门下三品李世勣为叠州都督。世勣接受诏令后,没有回家即去上任。

9　辛酉，开府仪同三司卫景武公李靖薨。

10　上苦利增剧，太子昼夜不离侧，或累日不食，发有变白者。上泣曰："汝能孝爱如此，吾死何恨！"丁卯，疾笃，召长孙无忌入含风殿。上卧，引手扪无忌颐，无忌哭，悲不自胜。上竟不得有所言，因令无忌出。己巳，复召无忌及褚遂良入卧内，谓之曰："朕今悉以后事付公辈。太子仁孝，公辈所知，善辅导之！"谓太子曰："无忌、遂良在，汝勿忧天下！"又谓遂良曰："无忌尽忠于我，我有天下，多其力也，我死，勿令谗人间之。"仍令遂良草遗诏。有顷，上崩。

太子拥无忌颈，号恸将绝，无忌揽涕，请处分众事以安内外，太子哀号不已，无忌曰："主上以宗庙社稷付殿下，岂得效匹夫唯哭泣乎？"乃秘不发丧。庚午，无忌等请太子先还，飞骑、劲兵及旧将皆从。辛未，太子入京城。大行御马舆，侍卫如平日，继太子而至，顿于两仪殿。以太子左庶子于志宁为侍中，少詹事张行成兼侍中，以检校刑部尚书、右庶子、兼吏部侍郎高季辅兼中书令。壬申，发丧太极殿，宣遗诏，太子即位。军国大事，不可停阙；平常细务，委之有司。诸王为都督、刺史者，并听奔丧，濮王泰不在来限。罢辽东之役及诸土木之功。四夷之人入仕于朝及来朝贡者数百人，闻丧皆恸哭，剪发、剺面、割耳，流血洒地。

六月甲戌朔，高宗即位，赦天下。

11　丁丑，以叠州都督李勣为特进、检校洛州刺史、洛阳宫留守。

12　先是，太宗二名，令天下不连言者勿避。至是，始改官名犯先帝讳者。

9　辛酉（十八日），开府仪同三司卫景武公李靖去世。

10　太宗病情加重，上吐下泻，太子昼夜不离身边，有时一连几日不进食，头发有的已变白。太宗流着泪说：“你这么孝敬疼爱我，我死了还有什么遗憾！”丁卯（二十四日），太宗病情危急，召长孙无忌到含风殿。太宗躺在床上，伸出手摸着长孙无忌的腮，无忌大声痛哭，不能自已。太宗竟说不出话来，于是令无忌出宫。己巳（二十六日），又召长孙无忌与褚遂良进入卧室内，对他们说：“朕如今将后事全都托付给你们。太子仁义孝敬，你们也都知道的，望你们善加辅佐教导！”对太子说：“有无忌、遂良在，你不用为大唐江山担忧！”又对褚遂良说：“无忌对我竭尽忠诚，我能拥有大唐江山，无忌出力较多，我死之后，不要让小人进谗言挑拨离间。”于是令褚遂良草拟遗诏。过了不久，太宗去世。

太子抱着长孙无忌的脖子，号啕痛哭，悲痛欲绝，长孙无忌抹去眼泪，请求太子处理众事以安朝内外，太子不停地哀嚎，无忌说：“皇上将宗庙社稷交付给殿下，怎么能效法一般人只知道哭泣呢？”于是秘不发丧。庚午（二十七日），长孙无忌等人请求太子先回到皇宫，飞骑、精悍步兵及旧将领纷纷跟随。辛未（二十八日），太子进入京城。辞世的天子所用的马车，侍卫兵如同平时一样，继太子之后到达京城，安顿在两仪殿。任命太子左庶子于志宁为侍中，少詹事张行成兼任侍中，任命检校刑部尚书、右庶子、兼吏部侍郎高季辅兼任中书令。壬申（二十九日），在太极殿发丧，宣示太宗遗诏，太子即皇帝位。军国大事，不可停下不办；平常琐细事务，委托给有关官署。诸王在外任都督、刺史的，都听凭他们前来奔丧，但濮王李泰不在奔丧的范围内。废止辽东的征战及各项土木工程。四方各部族在朝做官及来朝进贡的几百人，听说太宗死了，都失声痛哭，剪头发、用刀划脸、割耳朵等，流血满地。

六月甲戌朔（初一），高宗李治即位，大赦天下。

11　丁丑（初四），任命叠州都督李世勣为特进、检校洛州刺史、洛阳宫留守。

12　先前，太宗“世民”二字，令天下不连在一起写的不用避讳。到了此时，开始更改犯先帝名讳的官名。

13　癸未，以长孙无忌为太尉，兼检校中书令，知尚书、门下二省事。无忌固辞知尚书省事，帝许之，仍令以太尉同中书门下三品。癸巳，以李勣为开府仪同三司、同中书门下三品。

14　阿史那社尔之破龟兹也，行军长史薛万备请因兵威说于阗王伏阇信入朝，社尔从之。秋，七月己酉，伏阇信随万备入朝，诏入谒梓宫。

15　八月癸酉，夜，地震，晋州尤甚，压杀五千馀人。

16　庚寅，葬文皇帝于昭陵，庙号太宗。阿史那社尔、契苾何力请杀身殉葬，上遣人谕以先旨不许。蛮夷君长为先帝所擒服者颉利等十四人，皆琢石为其像，刻名列于北司马门内。

17　丁酉，礼部尚书许敬宗奏弘农府君庙应毁，请藏主于西夹室，从之。

18　九月乙卯，以李勣为左仆射。

19　冬，十月，以突厥诸部置舍利等五州隶云中都督府，苏农等六州隶定襄都督府。

20　乙亥，上问大理卿唐临系囚之数，对曰："见囚五十馀人，唯二人应死。"上悦。上尝录系囚，前卿所处者多号呼称冤，临所处者独无言。上怪问其故。囚曰："唐卿所处，本自无冤。"上叹息良久，曰："治狱者不当如是邪？"

21　上以吐蕃赞普弄赞为驸马都尉，封西海郡王。赞普致书于长孙无忌等云："天子初即位，臣下有不忠者，当勒兵赴国讨除之。"

22　十二月，诏濮王泰开府置僚属，车服珍膳，特加优异。

13　癸未（初十），任命长孙无忌为太尉，兼检校中书令，掌管尚书、门下二省事务。无忌执意辞退掌管尚书省，高宗答允，仍任命他为太尉同中书门下三品。癸巳（二十日），任命李世勣为开府仪同三司、同中书门下三品。

14　阿史那社尔打败龟兹后，行军长史薛万备请求借着军队威慑劝说于阗国王伏阇信入京朝见，社尔听从其意见。秋季，七月己酉（初六），伏阇信随薛万备入朝，高宗下诏让他谒见太宗灵柩。

15　八月癸酉（初一），夜里，发生地震，晋州震情尤其严重，死五千多人。

16　庚寅（十八日），安葬太宗皇帝于昭陵，庙号太宗。阿史那社尔、契苾何力请求自杀殉葬，高宗派人告诉他们先帝遗旨不允许。被太宗擒获归服的各部族首领颉利等十四人，都雕刻他们的石人像，并刻上名字排列在北司马门内。

17　丁酉（二十五日），礼部尚书许敬宗奏请应毁掉弘农府君庙，请将供奉的神主藏在太庙的西夹室，高宗依准。

18　九月乙卯（十三日），任命李世勣为尚书左仆射。

19　冬季，十月，在突厥各部设置舍利等五州隶属于云中都督府，苏农等六州隶属定襄都督府。

20　乙亥（初四），高宗询问大理卿唐临在押的囚犯数目，答道："现关押五十多人，只有两人应当处死。"高宗听后十分高兴。高宗曾亲自讯问犯人的罪状，前任大理卿处置过的犯人多大声喊冤，唐临处置的犯人却不发一言。高宗感到奇怪，问他们是何原因。犯人们说："唐临判处的，本来就无冤枉。"高宗感叹很久，说道："治理刑狱的官员不应当如此吗？"

21　高宗任命吐蕃赞普弃宗弄赞为驸马都尉，封为西海郡王。赞普寄书给长孙无忌等人写道："大唐天子刚刚即位，大臣有不忠诚的，理当率兵赴国内讨伐诛灭。"

22　十二月，高宗颁布诏令允许濮王李泰开设府署设置僚属，车马服饰与珍贵膳食等，特加优惠供给。

高宗天皇大圣大弘孝皇帝上之上

永徽元年(庚戌,650)

1 春,正月辛丑朔,改元。

2 丙午,立妃王氏为皇后。后,思政之孙也。以后父仁祐为特进、魏国公。

3 己未,以张行成为侍中。

4 辛酉,上召朝集使,谓曰:“朕初即位,事有不便于百姓者悉宜陈,不尽者更封奏。”自是日引刺史十人入阁,问以百姓疾苦,及其政治。

有洛阳人李弘泰诬告长孙无忌谋反,上命立斩之。无忌与褚遂良同心辅政,上亦尊礼二人,恭己以听之,故永徽之政,百姓阜安,有贞观之遗风。

5 太宗女衡山公主应适长孙氏,有司以为服既公除,欲以今秋成婚。于志宁上言:“汉文立制,本为天下百姓。公主服本斩衰,纵使服随例除,岂可情随例改,请俟三年丧毕成婚。”上从之。

6 二月辛卯,立皇子孝为许王,上金为杞王,素节为雍王。

7 夏,五月壬戌,吐蕃赞普弄赞卒,其嫡子早死,立其孙为赞普。赞普幼弱,政事皆决于国相禄东赞。禄东赞性明达严重,行兵有法,吐蕃所以强大,威服氐、羌,皆其谋也。

8 六月,高侃击突厥,至阿息山。车鼻可汗召诸部兵皆不赴,与数百骑遁去。侃帅精骑追至金山,擒之以归,其众皆降。

9 初,阿史那社尔虏龟兹王布失毕,立其弟为王。唐兵既还,其酋长争立,更相攻击。秋,八月壬午,诏复以布失毕为龟兹王,遣归国,抚其众。

高宗天皇大圣大弘孝皇帝上之上

唐高宗永徽元年(庚戌,公元650年)

1 春季,正月辛丑朔(初一),改年号为永徽。

2 丙午(初六),高宗立妃子王氏为皇后。皇后乃是王思政的孙女。封皇后的父亲王仁祐为特进、魏国公。

3 己未(十九日),任命张行成为侍中。

4 辛酉(二十一日),高宗召见各地的朝集使,对他们说:"朕刚刚即位,有对百姓不便利的事情你们都应奏陈,未说透彻的再次上书启奏。"从此每天带十名刺史进入阁中,询问民间百姓疾苦,及其从政措施。

有一个洛阳人李弘泰诬告长孙无忌谋反,高宗命令即刻处斩。无忌与褚遂良齐心协力辅佐高宗治理朝政,高宗也尊重礼遇二人,谦恭地听从二人的意见,故而永徽年间的朝政,百姓安康,有贞观朝的遗风。

5 太宗的女儿衡山公主应当下嫁长孙氏,有关官员认为天子既已因公脱去丧服,想让公主在当年秋季成婚。于志宁上书言道:"汉文帝立下不必穿丧服三年的制度,本来是为了天下的百姓。公主服丧本应穿上粗麻布做的衣服,纵使援引汉代旧例脱去了丧服,哀情怎么可以随着旧例一下子就改变了呢,请待三年服丧期满后再批准成婚。"高宗依准。

6 二月辛卯(二十二日),立皇子李孝为许王,李上金为杞王,李素节为雍王。

7 夏季,五月壬戌(二十四日),吐蕃赞普弃宗弄赞去世,他的嫡长子早已死去,便立他的孙子为赞普。赞普年幼懦弱,政事都由吐蕃的丞相禄东赞裁决。禄东赞性情通达严肃,治军有方,吐蕃之所以强盛壮大,威震氐、羌族,都是由于他的谋略。

8 六月,高侃进攻突厥,到达阿息山。车鼻可汗征召各部兵马都不赴命,无可奈何率领几百名骑兵逃走。高侃率领精锐骑兵追到金山,生擒车鼻可汗后返回,其手下兵众纷纷投降。

9 起初,阿史那社尔俘虏了龟兹国王布失毕,立他的弟弟为国王。唐朝军队返回朝廷后,各部落首领争夺王位,相互攻击。秋季,八月壬午(十六日),高宗颁布诏令让布失毕重新做龟兹国王,派遣他回到本国,安抚民众。

10　九月庚子，高侃执车鼻可汗至京师，释之，拜左武卫将军，处其馀众于郁督军山，置狼山都督府以统之。以高侃为卫将军。于是突厥尽为封内之臣，分置单于、瀚海二都护府。单于领狼山、云中、桑乾三都督，苏农等一十四州；瀚海领瀚海、金徽、新黎等七都督，仙萼等八州。各以其酋长为刺史、都督。

11　癸亥，上出畋，遇雨，问谏议大夫昌乐谷那律曰："油衣若为则不漏？"对曰："以瓦为之，必不漏。"上悦，为之罢猎。

12　李勣固求解职，冬，十月戊辰，解勣左仆射，以开府仪同三司、同中书门下三品。

13　己未，监察御史阳武韦思谦劾奏中书令褚遂良抑买中书译语人地。大理少卿张睿册以为准估无罪。思谦奏曰："估价之设，备国家所须，臣下交易，岂得准估为定！睿册舞文，附下罔上，罪当诛。"是日，左迁遂良为同州刺史，睿册循州刺史。思谦名仁约，以字行。

14　十二月庚午，梓州都督谢万岁、兖州都督谢法兴与黔州都督李孟尝讨琰州叛獠。万岁、法兴入洞招慰，为獠所杀。

二年（辛亥，651）

1　春，正月乙巳，以黄门侍郎宇文节、中书侍郎柳奭并同中书门下三品。奭，亨之兄子，王皇后之舅也。

2　左骁卫将军、瑶池都督阿史那贺鲁招集离散，庐帐渐盛，闻太宗崩，谋袭取西、庭二州。庭州刺史骆弘义知其谋，表言之，上遣通事舍人桥宝明驰往慰抚。宝明说贺鲁，

10　九月庚子(初四),高侃将车鼻可汗押送到京城,释放了他,拜官左武卫将军,将突厥剩馀民众安置在郁督军山,并设置狼山都督府以统率他们。任命高侃为卫将军。从此突厥人全部为大唐封土内的臣民,分别设置单于、瀚海两个都护府。单于都护府统领狼山、云中、桑乾三个都督府,苏农等十四个州;瀚海都护府管辖瀚海、金徽、新黎等七个都督府,仙萼等八个州。各自任命其部落首领为刺史、都督。

11　癸亥(二十七日),高宗出城游猎,遇上大雨,便问谏议大夫昌乐人谷那律:"遮雨的油衣怎么样才能不漏水?"答道:"用瓦片做的,肯定不会漏。"高宗听后很高兴,为此停止打猎。

12　李世勣执意请求辞职;冬季,十月戊辰(初三),解除李世勣的尚书左仆射职务,仍任开府仪同三司、同中书门下三品。

13　己未,监察御史、阳武人韦思谦上奏疏弹劾中书令褚遂良压价购买中书省翻译人员的土地。大理少卿张睿册认为是依估定价格购买,没有罪。思谦上奏说:"设置估定价格,是预备国家需要时征收用的,臣下之间的交易,怎么能够按照估定的价格呢?睿册利用文书舞弊,附和臣下,欺罔皇上,按其罪行应当处死。"当天,将褚遂良降职为同州刺史,张睿册降为循州刺史。思谦名仁约,通常以字称呼。

14　十二月庚午(初五),梓州都督谢万岁、兖州都督谢法兴,与黔州都督李孟尝合兵讨伐琰州反叛的獠民。谢万岁、谢法兴二人进入獠民居住的山洞里招抚他们,被獠民杀死。

唐高宗永徽二年(辛亥,公元651年)

1　春季,正月乙巳(十一日),唐朝任命黄门侍郎宇文节、中书侍郎柳奭二人为同中书门下三品。柳奭是柳亨的侄子,王皇后的舅舅。

2　左骁卫将军、瑶池都督阿史那贺鲁招集当地离散的百姓,草庐帐篷渐渐多起来,听说唐太宗驾崩后,便谋划着偷袭攻取西、庭二州。庭州刺史骆弘义得悉他的计谋,上表给朝廷讲明其事,高宗派通事舍人桥宝明飞奔前往安抚。宝明劝说阿史那贺鲁,

令长子咥运入宿卫，授右骁卫中郎将，寻复遣归。咥运乃说其父拥众西走，击破乙毗射匮可汗，并其众，建牙于双河及千泉，自号沙钵罗可汗，咄陆五啜、努失毕五俟斤皆归之，胜兵数十万，与乙毗咄陆可汗连兵，处月、处密及西域诸国多附之。以咥运为莫贺咄叶护。

3　焉耆王婆伽利卒，国人表请复立故王突骑支。夏，四月，诏加突骑支右武卫将军，遣还国。

4　金州刺史滕王元婴骄奢纵逸，居亮阴中，畋游无节，数夜开城门，劳扰百姓，或引弹弹人，或埋人雪中以戏笑。上赐书切让之，且曰："取适之方，亦应多绪，晋灵荒君，何足为则？朕以王至亲，不能致王于法，今书王下上考以愧王心。"

元婴与蒋王恽皆好聚敛，上尝赐诸王帛各五百段，独不及二王，敕曰："滕叔、蒋兄自能经纪，不须赐物，给麻两车以为钱贯。"二王大惭。

5　秋，七月，西突厥沙钵罗可汗寇庭州，攻陷金岭城及蒲类县，杀略数千人。诏左武候大将军梁建方、右骁卫大将军契苾何力为弓月道行军总管，右骁卫将军高德逸、右武候将军萨孤吴仁为副，发秦、成、岐、雍府兵三万人及回纥五万骑以讨之。

6　癸巳，诏诸礼官学士议明堂制度，以高祖配五天帝。太宗配五人帝。

7　八月己巳，以于志宁为左仆射，张行成为右仆射，高季辅为侍中。志宁、行成仍同中书门下三品。

8　己卯，郎州白水蛮反，寇麻州，遣左领军将军赵孝祖等发兵讨之。

让他的长子咥运到朝中当宿卫官，授官为右骁卫中郎将，不久唐朝又遣送咥运回去。咥运于是劝说他父亲领兵往西走，打败乙毗射匮可汗，兼并其兵众，在双河及千泉建立牙帐，自称为沙钵罗可汗，咄陆五部和努失毕五部都归顺他，拥有兵力几十万，又与乙毗咄陆可汗的军队联合，处月、处密以及西域各国都依附于他们。封咥运为莫贺咄叶护。

3　焉耆国王婆伽利去世，本国人上表请求重新拥立老王突骑支。夏季，四月，高宗下诏加封突骑支为右武卫将军，让他回到国中。

4　金州刺史、滕王李元婴骄奢淫逸，为太宗守丧期间，无节制地游猎，多次夜间大开城门，惊扰老百姓，有时用弹弓弹人，有时又将人埋在雪里取笑。高宗寄书对他深加责备，且说："讨乐趣的办法也有多种多样，晋灵公那样的荒唐君主，怎么值得效法呢？朕与你是亲属，不忍心将你绳之以法，如今定你的考课等第为下等之上，以便使你的心里觉得惭愧。"

李元婴与蒋王李恽都喜好收敛财物，高宗曾经赐给众王每人五百段绢帛，唯独没有滕、蒋二王的。敕令说："滕王皇叔与蒋王皇兄自己能够经营聚敛，不必赐给财物。只给麻两车串钱用。"二王大为羞愧。

5　秋季，七月，西突厥沙钵罗可汗进犯庭州，攻陷金岭城以及蒲类县，杀死抢夺几千人。高宗下诏任命左武候大将军梁建方、右骁卫大将军契苾何力为弓月道行军总管，右骁卫将军高德逸、右武候将军萨孤吴仁为副总管，征发秦、成、岐、雍府兵力三万人，以及回纥五万骑兵讨伐突厥。

6　癸巳（初二），高宗下诏令各位礼仪官、学士商议朝廷的明堂制度，将高祖皇帝配享五位天帝。太宗皇帝配享五位人帝。

7　八月己巳（初八），任命于志宁为尚书左仆射，张行成为右仆射，高季辅为侍中。于志宁、张行成仍为同中书门下三品。

8　己卯（十八日），郎州白水蛮族人反叛，进犯麻州，唐朝派左领军将军赵孝祖等人发兵讨伐。

9　九月癸巳，废玉华宫为佛寺。戊戌，更命九成宫为万年宫。

10　庚戌，左武候引驾卢文操逾墙盗左藏物，上以引驾职在纠绳，乃自为盗，命诛之。谏议大夫萧钧谏曰："文操情实难原，然法不至死。"上乃免文操死，顾侍臣曰："此真谏议也！"

11　闰月，长孙无忌等上所删定律令式。甲戌，诏颁之四方。

12　上谓宰相曰："闻所在官司，行事犹互观颜面，多不尽公。"长孙无忌对曰："此岂敢言无，然肆情曲法，实亦不敢。至于小小收取人情，恐陛下尚不能免。"无忌以元舅辅政，凡有所言，上无不嘉纳。

13　冬，十有一月辛酉，上祀南郊。

14　癸酉，诏："自今京官及外州有献鹰隼及犬马者，罪之。"

15　戊寅，特浪羌酋董悉奉求、辟惠羌酋卜檐莫各帅种落万馀户诣茂州内附。

16　窦州、义州蛮酋李宝诚等反，桂州都督刘伯英讨平之。

17　郎州道总管赵孝祖讨白水蛮，蛮酋秃磨蒲及俭弥于帅众据险拒战，孝祖皆击斩之。会大雪，蛮饥冻，死亡略尽。孝祖奏言："贞观中讨昆州乌蛮，始开青蛉、弄栋为州县。弄栋之西有小勃弄、大勃弄二川，恒扇诱弄栋，欲使之反。其勃弄以西与黄瓜、叶榆、西洱河相接，人众殷实，多于蜀川，无大酋长，好结雠怨，今因破白水之兵，请随便西讨，抚而安之。"敕许之。

18　十二月壬子，处月朱邪孤注杀招慰使单道惠，与突厥贺鲁相结。

9　九月癸巳(初三),废掉玉华宫,改为佛寺。戊戌(初八),将九成宫改名为万年宫。

10　庚戌(二十日),左武候引驾卢文操越过宫墙偷盗国库物资,高宗认为引驾的职责在于昼夜巡视纠查违失,却监守自盗,下令将其处死。谏议大夫萧钧劝谏说:"卢文操犯罪情形实在难以原谅,然而依法不至于判死罪。"高宗于是赦免文操死罪,对身边的侍臣称赞萧钧说:"这才是真正的谏议大夫呀!"

11　闰九月,长孙无忌等人进呈所删定的律令式。甲戌(十四日),高宗下诏将其颁行全国。

12　高宗对宰相们说:"听说你们所在的官署,官员们还要互相观察脸色行事,大多不能完全公正。"长孙无忌答道:"这些怎么能敢说没有呢?然而徇情枉法,也实在不敢。至于说稍稍地考虑一些人情因素,恐怕陛下也不能避免。"无忌以元舅身份辅佐朝政,凡有所建言,高宗无不赞许采纳。

13　冬季,十一月辛酉(初二),高宗到南郊祭祀。

14　癸酉(十四日),高宗颁布诏令:"今后朝中官员及外州有进献鹰鹘及狗马者,一律定罪。"

15　戊寅(十九日),特浪羌族首领董悉奉求、辟惠羌族首领卜檐莫各自率领本部落一万多户到茂州归附唐朝。

16　窦州、义州蛮族首领李宝诚等人谋反,桂州都督刘伯英予以讨伐平定。

17　郎州道总管赵孝祖讨伐白水蛮族人,其首领秃磨蒲及俭弥于率领兵众占据险要抵抗,孝祖将他们全都杀死。正赶上天降大雪,蛮族人饥寒交迫,大多数人死掉。赵孝祖上奏称:"贞观年间讨伐昆州乌蛮人,开始开辟青岭、弄栋为州县。弄栋西面有小勃弄、大勃弄二川,一直煽动引诱弄栋,想要让弄栋反叛朝廷。勃弄以西与黄瓜、叶榆、西洱河交界,百姓富足,超过蜀川地区,没有大的首领,因而容易结下仇怨,如今正好借着攻破白水的兵力,请求顺便向西讨伐,将它们安抚。"高宗敕令听从其意见。

18　十二月壬子(二十四日),处月部落的朱邪孤注杀死唐朝的招慰使单道惠,与突厥阿史那贺鲁相勾结。

19 是岁，百济遣使入贡，上戒之，使勿与新罗、高丽相攻，“不然，吾将发兵讨汝矣”。

三年(壬子,652)

1 春，正月己未朔，吐谷浑、新罗、高丽、百济并遣使入贡。

2 癸亥，梁建方、契苾何力等大破处月朱邪孤注于牢山。孤注夜遁，建方使副总管高德逸轻骑追之，行五百馀里，生擒孤注，斩首九千级。军还，御史劾奏梁建方兵力足以追讨，而逗留不进；高德逸敕令市马，自取骏者。上以建方等有功，释不问。大理卿李道裕奏言：“德逸所取之马，筋力异常，请实中厩。”上谓侍臣曰：“道裕法官，进马非其本职，妄希我意。岂朕行事不为臣下所信邪！朕方自咎，故不复黜道裕耳。”

3 己巳，以同州刺史褚遂良为吏部尚书、同中书门下三品。

4 丙子，上飨太庙。丁亥，飨先农，躬耕藉田。

5 二月甲寅，上御安福门楼，观百戏。乙卯，上谓侍臣曰：“昨登楼，欲以观人情及风俗奢俭，非为声乐。朕闻胡人善为击鞠之戏，尝一观之。昨初升楼，即有群胡击鞠，意谓朕笃好之也。帝王所为，岂宜容易。朕已焚此鞠，冀杜胡人窥望之情，亦因以为诫。”

6 三月辛巳，以宇文节为侍中，柳奭为中书令，以兵部侍郎三原韩瑗守黄门侍郎、同中书门下三品。

19　这一年，百济国派使者进献贡品，高宗告诫来使，让百济不要与新罗、高丽相互攻伐，“不然的话，我大唐将要征发大军讨伐你们”。

唐高宗永徽三年（壬子，公元652年）

1　春季，正月己未朔（初一），吐谷浑、新罗、高丽、百济纷纷派使者到朝廷进献贡品。

2　癸亥（初五），梁建方、契苾何力等人在牢山大败处月朱邪孤注的军队。孤注乘夜间逃跑，梁建方派副总管高德逸率领轻骑追赶，追了五百多里路，生擒孤注，杀死九千人。军队撤回，御史弹劾梁建方，说他的兵力足可以继续追击，却逗留没有行进；高德逸下令买马，却给自己选取好马。高宗认为建方等人杀敌有功，搁置下来不予问罪。大理卿李道裕上奏书言道：“高德逸自取的那些马，脚力非常好，请求充实皇厩。”高宗对身边大臣说：“李道裕本是一个执法官，进马一事并非他的职权范围，却妄自迎合朕的意图。难道是朕做事不能为臣下们所信任吗？朕正在自责，所以不再罢黜道裕。”

3　己巳（十一日），任命同州刺史褚遂良为吏部尚书、同中书门下三品。

4　丙子（十八日），高宗祭献太庙。丁亥（二十九日），祭献神农祠，高宗躬行藉田礼。

5　二月甲寅（二十七日），高宗亲临安福门城楼，观看各种杂耍。乙卯（二十八日），高宗对身边大臣说：“昨日登上城楼，想要观察风俗民情的奢侈与节俭，并非为了声乐之娱。朕听说西域人擅长击毬的游戏，曾想亲自看一看。昨日初次登上城楼，即有众多的西域人击毬，好像以为朕笃好击毬。帝王所作所为，岂能那么随意轻率？朕已经将那毬焚烧，希望以此来杜绝西域人窥探帝王喜好的想法，也是引以为戒。”

6　三月辛巳（二十四日），任命宇文节为侍中，柳奭为中书令，任命兵部侍郎三原人韩瑗代理黄门侍郎、同中书门下三品。

7　夏，四月，赵孝祖大破西南蛮，斩小勃弄酋长殁盛，擒大勃弄酋长杨承颠。自馀皆屯聚保险，大者有众数万，小者数千人，孝祖皆破降之，西南蛮遂定。

8　甲午，澧州刺史彭思王元则薨。

9　六月戊申，遣兵部尚书崔敦礼等将并、汾步骑万人往茂州。发薛延陀馀众渡河，置祁连州以处之。

10　秋，七月丁巳，立陈王忠为皇太子，赦天下。王皇后无子，柳奭为后谋，以忠母刘氏微贱，劝后立忠为太子，冀其亲己，外则讽长孙无忌等使请于上。上从之。乙丑，以于志宁兼太子少师，张行成兼少傅，高季辅兼少保。

11　丁丑，上问户部尚书高履行："去年进户多少？"履行奏："去年进户总一十五万。"因问隋代及今日见户，履行奏："隋开皇中，户八百七十万，即今户三百八十万。"履行，士廉之子也。

12　九月，守中书侍郎来济同中书门下三品。

13　冬，十一月庚寅，弘化长公主自吐谷浑来朝。

14　癸巳，濮王泰薨于均州。

15　散骑常侍房遗爱尚太宗女高阳公主，公主骄恣甚，房玄龄薨，公主教遗爱与兄遗直异财，既而反谮遗直。遗直自言，太宗深责让主，由是宠衰，主怏怏不悦。会御史劾盗，得浮屠辩机宝枕，云主所赐。主与辩机私通，饷遗亿计，更以二女子侍遗爱。太宗怒，腰斩辩机，杀奴婢十馀人，主益怨望，太宗崩，无戚容。上即位，主又令遗爱与遗直更相讼，遗爱坐出为房州刺史，遗直为隰州刺史。又，浮屠智勖等数人私侍主，主使掖庭令陈玄运伺宫省禨祥。

7　夏季，四月，赵孝祖大败西南蛮族人，杀死小勃弄首领殁盛，生擒大勃弄首领杨承颠。其他屯聚兵马自保的蛮族部落，大的有兵数万人，小的几千人，孝祖一一将其击败降伏，西南蛮族于是平定。

8　甲午（初七），澧州刺史、彭思王李元则去世。

9　六月戊申（二十二日），高宗派兵部尚书崔敦礼等人统率并、汾州步骑兵一万人前往茂州。征调薛延陀剩馀民众渡过黄河，设置祁连州安置他们。

10　秋季，七月丁巳（初二），高宗立陈王李忠为皇太子，大赦天下。王皇后没有子嗣，柳奭为皇后谋划，因李忠生母刘氏出身微贱，劝说皇后立李忠为太子，希望他能亲近自己；对外面则暗示长孙无忌等人，让他们向高宗请求立李忠。高宗依从。乙丑（初十），任命于志宁兼任太子少师，张行成兼任太子少傅，高季辅兼任太子少保。

11　丁丑（二十二日），高宗问户部尚书高履行："去年增加了多少户口？"履行奏称："去年增加户口总计十五万。"进而询问隋代与今日户口数，履行奏道："隋朝开皇年间，有八百七十万户，本朝现有三百八十万户。"履行是高士廉的儿子。

12　九月，任命代理中书侍郎来济为同中书门下三品。

13　冬季，十一月庚寅，弘化长公主从吐谷浑回来朝见。

14　癸巳，濮王李泰在均州去世。

15　散骑常侍房遗爱娶太宗女儿高阳公主为妻，公主十分骄横，房玄龄死后，公主教唆遗爱和他的兄长遗直分财产，过后又反过来诬陷遗直。房遗直自我申辩，太宗对公主大加责备，由此失宠，公主闷闷不乐。恰巧此时御史弹劾盗窃案，搜得僧人辩机的宝枕，辩机称是公主赐给他的。公主与辩机私通，送给他无数财物，改让另两个女人侍候房遗爱。太宗得知此事大怒，下令腰斩辩机，杀死奴婢十多人。公主更有怨言，太宗驾崩时，面无悲色。高宗即位后，公主又让遗爱与遗直相互诉讼分财产，遗爱因此获罪，降职出任房州刺史，遗直为隰州刺史。此外，僧人智勖等几个人私下侍奉公主，公主让掖庭令陈玄运窥探皇宫内祈求鬼神祸福之事。

先是，驸马都尉薛万徹坐事除名，徙宁州刺史，入朝，与遗爱款昵，对遗爱有怨望语，且曰：“今虽病足，坐置京师，鼠辈犹不敢动。”因与遗爱谋，“若国家有变，当奉司徒荆王元景为主”。元景女适遗爱弟遗则，由是与遗爱往来。元景尝自言，梦手把日月。驸马都尉柴令武，绍之子也，尚巴陵公主，除卫州刺史，托以主疾留京师求医，因与遗爱谋议相结。高阳公主谋黜遗直，夺其封爵，使人诬告遗直无礼于己。遗直亦言遗爱及主罪，云：“罪盈恶稔，恐累臣私门。”上令长孙无忌鞫之，更获遗爱及主反状。

司空、安州都督吴王恪母，隋炀帝女也。恪有文武才，太宗常以为类己，欲立为太子，无忌固争而止，由是与无忌相恶，恪名望素高，为物情所向，无忌深忌之，欲因事诛恪以绝众望。遗爱知之，因言与恪同谋，冀如纥干承基得免死。

四年(癸丑,653)

1　春，二月甲申，诏遗爱、万徹、令武皆斩，元景、恪、高阳、巴陵公主并赐自尽。上泣谓侍臣曰：“荆王，朕之叔父，吴王，朕兄，欲丐其死，可乎？”兵部尚书崔敦礼以为不可，乃杀之。万彻临刑大言曰：“薛万徹大健儿，留为国家效死力，岂不佳，乃坐房遗爱杀之乎？”吴王恪且死，骂曰：“长孙无忌窃弄威权，构害良善，宗社有灵，当族灭不久！”

乙酉，侍中兼太子詹事宇文节，特进、太常卿江夏王道宗，左骁卫大将军驸马都尉执失思力并坐与房遗爱交通，流岭表。节与遗爱亲善，及遗爱下狱，节颇左右之。江夏王道宗素与长孙无忌、

先前，驸马都尉薛万徹获罪被除去名籍，降职为宁州刺史。到朝廷来，与房遗爱十分亲近。与遗爱讲到对朝廷有怨言的话，而且说："我如今虽然有脚病，安坐京城，那些人倒还不敢轻举妄动。"进而与遗爱谋划："假如朝廷有变化，我们应当尊奉司徒荆王李元景为君王。"李元景的女儿嫁给房遗爱的弟弟房遗则，因此元景与遗爱二人往来密切。李元景曾自称做梦用手握住太阳月亮。驸马都尉柴令武，是柴绍的儿子，娶太宗女儿巴陵公主，官拜卫州刺史，借口公主有病留在京城求医，因而与房遗爱相互串通谋划。高阳公主图谋罢免遗直官职，夺掉他的封爵，让人诬告遗直对自己无礼。遗直也上书列举房遗爱与公主的罪状，并说："他们恶贯满盈，恐怕牵累到臣下的家门。"高宗令长孙无忌审问其事，又得到房遗爱与公主谋反的证状。

司空、安州都督、吴王李恪的母亲，是隋炀帝的女儿。李恪文武全才，太宗常常觉得他像自己，想要立他为太子，长孙无忌极力争辩才作罢，由此李恪与长孙无忌关系恶化。李恪平素名望较高，为人心所向，无忌非常忌恨他，想要找借口诛灭李恪以断绝众望。房遗爱得悉实情后，便自称与李恪是同谋，希望像当年纥干承基密告太子谋反那样得免一死。

唐高宗永徽四年(癸丑，公元653年)

1　春季，二月甲申(初二)，高宗诏令将房遗爱、薛万徹、柴令武处斩，李元景、李恪、高阳公主、巴陵公主一并赐其自尽。高宗流着泪对身边的大臣说："荆王是朕的叔父，吴王是朕的兄长，想求他们不死，可以吗？"兵部尚书崔敦礼认为不可，于是将他们处死。薛万徹临刑前大声言道："薛万徹也算是个豪杰，留着为国家效力，岂不是更好吗？只因受房遗爱牵连就杀掉他吗？"吴王李恪临死的时候，大骂道："长孙无忌擅弄威权，残害忠良，假如宗庙有灵的话，会在不久后灭他一族。"

乙酉(初三)，侍中兼太子詹事宇文节，特进、太常卿江夏王李道宗，左骁卫大将军、驸马都尉执失思力，均因与房遗爱交结串通而获罪，流放到岭表。宇文节与房遗爱关系亲密，等到遗爱关在狱中，宇文节颇为他开罪辩护。江夏王李道宗平时即与长孙无忌、

褚遂良不协，故皆得罪。戊子，废恪母弟蜀王愔为庶人，置巴州，房遗直贬春州铜陵尉，万彻弟万备流交州。罢房玄龄配飨。

2 开府仪同三司李勣为司空。

3 初，林邑王范头利卒，子真龙立，大臣伽独弑之，尽灭范氏。伽独自立，国人弗从，乃立头利之婿婆罗门为王。国人咸思范氏，复罢婆罗门，立头利之女为王。女不能治国，有诸葛地者，头利之姑子也，父为头利所杀，南奔真腊，大臣可伦翁定遣使迎而立之，妻以女王，众然后定。夏，四月戊子，遣使入贡。

4 秋，九月壬戌，右仆射北平定公张行成薨。甲戌，以褚遂良为右仆射，同中书门下三品如故，仍知选事。

5 冬，十月庚子，上幸骊山温汤；乙巳，还宫。

6 初，睦州女子陈硕真以妖言惑众，与妹夫章叔胤举兵反，自称文佳皇帝，以叔胤为仆射。甲子夜，叔胤帅众攻桐庐，陷之。硕真撞钟焚香，引兵二千攻陷睦州及於潜，进攻歙州，不克，敕扬州刺史房仁裕发兵讨之。硕真遣其党童文宝将四千人寇婺州，刺史崔义玄发兵拒之。民间讹言硕真有神，犯其兵者必灭族，士众凶惧。司功参军崔玄籍曰："起兵仗顺，犹且无成，况凭妖妄，其能久乎？"义玄以玄籍为前锋，自将州兵继之，至下淮戍，遇贼，与战。左右以楯蔽义玄，义玄曰："刺史避箭，人谁致死！"命撤之。于是士卒齐奋，贼众大溃，斩首数千级。听其馀众归首，进至睦州境，降者万计。十一月庚戌，房仁裕军合，获硕真、叔胤，斩之，馀党悉平。义玄以功拜御史大夫。

褚遂良不和，故而都有罪。戊子（初六），将与李恪同母的弟弟蜀王李愔废为平民，安置在巴州；房遗直贬为春州铜陵尉，薛万徹的弟弟薛万备流放交州。罢除房玄龄在太宗庙陪祭的殊荣。

2　改任开府仪同三司李世勣为司空。

3　起初，林邑国王范头利死后，他的儿子真龙即位，大臣伽独杀死真龙，将范氏宗族斩尽杀绝。伽独自立为国王，国人都不从命，于是立头利的女婿婆罗门为国王。国内百姓都思念范氏一家，又罢免婆罗门，立头利的女儿为国王。他的女儿不能够治理国政，有个名叫诸葛地的，是头利姑母的儿子，父亲被头利杀死后，向南投奔到真腊。大臣可伦翁定派使者将他迎回来立为国王，让女王嫁给他，由此百姓才稳定下来。夏季，四月戊子（初七），林邑派使者入朝进贡。

4　秋季，九月壬戌（十三日），尚书左仆射北平定公张行成去世。甲戌（二十五日），任命褚遂良为尚书右仆射，照旧为同中书门下三品，并掌管选举官吏事。

5　冬季，十月庚子（二十二日），高宗巡幸骊山温泉；乙巳（二十七日），回到宫中。

6　起初，睦州女子陈硕真用妖术箴言蛊惑民众，与妹夫章叔胤举兵反唐，自称文佳皇帝，任命叔胤为仆射。甲子夜里，叔胤率领兵众攻打桐庐，最后攻陷此城。陈硕真撞钟烧香，领兵两千人攻陷睦州及於潜县。又进攻歙州，未能攻下。高宗敕令扬州刺史房仁裕征调军队讨伐。陈硕真派其同伙童文宝带领四千人进犯婺州，刺史崔义玄征调兵力抵御。民间百姓盛传陈硕真有神灵，触犯其军队者必遭灭族之灾，士兵们十分恐惧。司功参军崔玄籍说："起兵依仗正道，尚且不一定能最后成功，何况凭借妖术，岂能长久？"崔义玄任命崔玄籍为前锋，自己率领本州兵马随后，到达下淮戍，遇见陈硕真部众，双方激战。崔义玄身边的卫士用盾牌掩护他，义玄说："如果刺史躲避刀箭，那么谁还能去拼死作战。"命令撤去盾牌。于是士兵们合力奋战，陈硕真军大败溃逃，几千人被杀。朝廷军队听任硕真的馀众归降，行军到睦州境内，投降的人数以万计。十一月庚戌（初二），房仁裕的军队合围包抄，抓获陈硕真、章叔胤，将他们斩首，馀党全部平定。崔义玄以此战功官拜御史大夫。

7 癸丑，以兵部尚书崔敦礼为侍中。

8 十二月庚子，侍中蓨宪公高季辅薨。

9 是岁，西突厥乙毗咄陆可汗卒，其子颉苾达度设号真珠叶护，始与沙钵罗可汗有隙，与五弩失毕共击沙钵罗，破之，斩首千馀级。

五年(甲寅,654)

1 春，正月壬戌，羌酋冻就内附，以其地置剑州。

2 三月戊午，上行幸万年宫。

3 庚申，加赠武德功臣屈突通等十三人官。

初，王皇后无子，萧淑妃有宠，王后疾之。上之为太子也，入侍太宗，见才人武氏而悦之。太宗崩，武氏随众感业寺为尼。忌日，上诣寺行香，见之，武氏泣，上亦泣。王后闻之，阴令武氏长发，劝上内之后宫，欲以间淑妃之宠。武氏巧慧，多权数，初入宫，卑辞屈体以事后。后爱之，数称其美于上。未几大幸，拜为昭仪，后及淑妃宠皆衰，更相与共谮之，上皆不纳。昭仪欲追赠其父而无名，故托以褒赏功臣，而武士彟预焉。

4 乙丑，上幸凤泉汤。乙巳，还万年宫。

5 夏，四月，大食发兵击波斯，杀波斯王伊嗣侯，伊嗣侯之子卑路斯奔吐火罗。大食兵去，吐火罗发兵立卑路斯为波斯王而还。

6 闰月丙子，以处月部置金满州。

7 丁丑，夜，大雨，山水涨溢，冲玄武门，宿卫士皆散走。右领军郎将薛仁贵曰："安有宿卫之士，天子有急而敢畏死乎？"乃登门桄大呼以警宫内。上遽出乘高，俄而水入寝殿，水溺卫士及麟游居人，死者三千馀人。

7　癸丑(初五),任命兵部尚书崔敦礼为侍中。

8　十二月庚子(二十三日),侍中蓨宪公高季辅去世。

9　这一年,西突厥乙毗咄陆可汗死,他的儿子颉苾达度设自号真珠叶护,开始与沙钵罗可汗有隔阂,与五弩失毕联合进攻沙钵罗,大败沙钵罗,杀死一千多人。

唐高宗永徽五年(甲寅,公元654年)

1　春季,正月壬戌(十五日),羌族首领冻就归附朝廷,在其所在地设置剑州。

2　三月戊午(十二月),高宗行幸万年宫。

3　庚申(十四日),追授武德朝功臣屈突通等十三人的官爵。

起初,王皇后没有儿子,萧淑妃得高宗宠幸,王皇后十分忌妒。高宗做太子的时候,进寝宫侍奉太宗,看见才人武氏便十分喜欢。太宗驾崩后,武氏随着众位妃嫔到感业寺当尼姑。到了太宗的忌日,高宗到感业寺行香拜佛,见到了她,武氏哭泣,高宗也流泪。王皇后听说后,暗中让武氏留发,劝说高宗纳武氏入后宫,想要以武氏来离间高宗对萧妃的宠爱。武氏机敏聪慧,善施权术,刚进宫时,侍奉皇后十分谦恭有礼。皇后十分喜欢她,多次在高宗面前称赞她。不久很得高宗宠幸,拜为昭仪,皇后与萧妃均失宠,两人又一同诬告武氏,高宗均不予理睬。武昭仪想要追授她的父亲武士彟的官爵,而苦于没有什么名义,于是便假托要褒奖赏赐十三位功臣,其中便有武士彟。

4　乙丑(十九日),高宗巡幸凤泉汤。乙巳(二十三日),回到万年宫。

5　夏季,四月,大食国出兵进攻波斯国,杀死波斯国王伊嗣侯,伊嗣侯的儿子卑路斯投奔吐火罗。大食军队退去,吐火罗派兵护送卑路斯回到国中,立为波斯国王。

6　闰五月丙子(初二),唐朝在处月部设置金满州。

7　丁丑(初三),夜里,天下大雨,山洪暴发,大水冲击玄武门,宿卫士兵纷纷逃散。右领军郎将薛仁贵说:“怎么能出现天子有急难而宿卫士兵怕死的情况?”于是登门框大声呼喊警告皇宫里的人。高宗急忙走出宫内登上高处,一会儿大水漫入寝殿,溺淹卫士及住在麟游县的人,死三千多人。

8 壬辰，新罗女王金真德卒，诏立其弟春秋为新罗王。

9 六月丙午，恒州大水，呼沱溢，漂溺五千三百家。

10 中书令柳奭以王皇后宠衰，内不自安，请解政事。癸亥，罢为吏部尚书。

11 秋，七月丁酉，车驾至京师。

12 戊戌，上谓五品以上曰："顷在先帝左右，见五品以上论事，或仗下面陈，或退上封事，终日不绝。岂今日独无事邪，何公等皆不言也？"

13 冬，十月，雇雍州四万一千人筑长安外郭，三旬而毕。癸丑，雍州参军薛景宣上封事，言："汉惠帝城长安，寻晏驾。今复城之，必有大咎。"于志宁等以景宣言涉不顺，请诛之。上曰："景宣虽狂妄，若因上封事得罪，恐绝言路。"遂赦之。

14 高丽遣其将安固将高丽、靺鞨兵击契丹，松漠都督李窟哥御之，大败高丽于新城。

15 是岁大稔，洛州粟米斗两钱半，粳米斗十一钱。

16 王皇后、萧淑妃与武昭仪更相谮诉，上不信后、淑妃之语，独信昭仪。后不能曲事上左右，母魏国夫人柳氏及舅中书令柳奭入见六宫，又不为礼。武昭仪伺后所不敬者，必倾心与相结，所得赏赐分与之。由是后及淑妃动静，昭仪必知之，皆以闻于上。

后宠虽衰，然上未有意废也。会昭仪生女，后怜而弄之，后出，昭仪潜扼杀之，覆之以被。上至，昭仪阳欢笑，发被观之，女已死矣，即惊啼。问左右，左右皆曰："皇后适来此。"上大怒

8　壬辰(十八日),新罗女王金真德去世,高宗下诏立她的弟弟金春秋为新罗国王。

9　六月丙午(初二),恒州发大水,呼沱河水涨,淹没五千三百家。

10　中书令柳奭因为王皇后失宠,内心很不安稳,请求解除相职。癸亥(十九日),罢黜柳奭中书令一职,改任吏部尚书。

11　秋季,七月丁酉(二十四日),高宗车驾回到京城。

12　戊戌(二十五日),高宗对五品以上官员说:"以前在先帝身边,看见五品以上官员议论朝政,有的在立仗的诸卫士之前当面陈情,有的退朝后上书奏事,连日不断。难道唯独现在无事可奏吗,你们为什么都不上书言事呢?"

13　冬季,十月,朝廷雇佣雍州四万一千人修筑长安外城,三十天后竣工。癸丑(十一日),雍州参军薛景宣上书言事,说道:"汉惠帝修筑长安城,不久死去。如今又要修城,一定会有大的不幸。"于志宁等人认为薛景宣言语涉于妖妄,请求将他处斩。高宗说:"薛景宣虽然出言狂妄,如果因为上书言事而获罪,恐怕会断绝言路。"于是宽赦了薛景宣。

14　高丽国派其将领安固统率高丽、靺鞨军队进攻契丹;松漠都督李窟哥率兵抵抗,在新城大败高丽军队。

15　这一年大丰收,洛州粟米一斗才值两钱半,粳米一斗十一钱。

16　王皇后、萧淑妃与武昭仪之间相互诬告诽谤,高宗不相信王后、萧妃的话,唯独信任武昭仪。王皇后不会曲意侍奉高宗身边的人,她的母亲魏国夫人柳氏及舅舅中书令柳奭进见六宫妃嫔,又不讲礼节。武昭仪观察到皇后讨厌的人,便与之倾心相交,所得到的赏赐也要分给她们。因此王皇后与萧妃的一举一动,武氏都知道,并且都告诉给高宗。

王皇后虽然失宠,但高宗并未有废后的想法。正巧此时武昭仪生下一个女孩,皇后怜爱她并逗弄她玩,皇后走出去后,武氏趁没人将女孩掐死,又盖上被子。正好高宗来到,武氏假装欢笑,打开被子一同看孩子,发现女婴已经死了,武氏大声哭闹。问身边的人是怎么回事,身边的人都说:"皇后刚刚来过这里。"高宗勃然大怒,

曰："后杀吾女!"昭仪因泣数其罪。后无以自明，上由是有废立之志。又畏大臣不从，乃与昭仪幸太尉长孙无忌第，酣饮极欢，席上拜无忌宠姬子三人皆为朝散大夫，仍载金宝缯锦十车以赐无忌。上因从容言皇后无子以讽无忌，无忌对以他语，竟不顺旨，上及昭仪皆不悦而罢。昭仪又令母杨氏诣无忌第，屡有祈请，无忌终不许。礼部尚书许敬宗亦数劝无忌，无忌厉色折之。

六年(乙卯,655)

1　春，正月壬申朔，上谒昭陵，甲戌，还宫。

2　己丑，巂州道行军总管曹继叔破胡丛、显养、车鲁等蛮于斜山，拔十馀城。

3　庚寅，立皇子弘为代王，贤为潞王。

4　高丽与百济、靺鞨连兵，侵新罗北境，取三十三城，新罗王春秋遣使求援。二月乙丑，遣营州都督程名振、左卫中郎将苏定方发兵击高丽。

5　夏，五月壬午，名振等渡辽水，高丽见其兵少，开门渡贵端水逆战，名振等奋击，大破之，杀获千馀人，焚其外郭及村落而还。

6　癸未，以右屯卫大将军程知节为葱山道行军大总管，以讨西突厥沙钵罗可汗。

7　壬辰，以韩瑗为侍中，来济为中书令。

8　六月，武昭仪诬王后与其母魏国夫人柳氏为厌胜，敕禁后母柳氏不得入宫。秋，七月戊寅，贬吏部尚书柳奭为遂州刺史。奭行至扶风，岐州长史于承素希旨奏奭漏泄禁中语，复贬荣州刺史。

说道："皇后杀了我的女儿！"武昭仪借机哭泣着数落其罪过。皇后无法申辩，高宗从此有了废皇后立武昭仪为后的打算。又担心大臣们不服，于是便和武氏一道临幸太尉长孙无忌的宅第，宴饮酣畅欢乐到极点，酒席上将无忌宠姬的三个儿子都拜为朝散大夫，又命人装载金银财宝、锦缎丝绸等共十车赐给无忌。高宗乘机讲到王皇后没有子嗣，以此暗示无忌，无忌顾左右而言他，竟然没有顺从旨意，高宗与武氏两人在不愉快中结束这场酒宴。武昭仪又让自己的母亲杨氏到无忌的宅第，多次请求，无忌最终还是没有答应。礼部尚书许敬宗也曾多次劝说无忌，无忌正颜厉色斥责了他。

唐高宗永徽六年（乙卯，公元655年）

1　春季，正月壬申朔（初一），高宗亲谒昭陵。甲戌（初三），回到宫中。

2　己丑（十八日），嶲州道行军总管曹继叔在斜山一带打败胡丛、显养、车鲁等蛮族，攻克十馀座城。

3　庚寅（十九日），立皇子李弘为代王，李贤为潞王。

4　高丽与百济、靺鞨合兵一处，侵犯新罗北部边境，攻取三十三座城；新罗国王金春秋派使者到唐朝请求援助。二月乙丑（二十五日），唐朝派营州都督程名振、左卫中郎将苏定方征发军队进攻高丽。

5　夏季，五月壬午（十三日），程名振等人渡过辽水，高丽看见唐军兵力很少，便大开城门渡过贵端水迎战，名振等人奋勇出击，大败高丽兵，杀死并俘虏一千多人，焚烧其外城及村庄，而后返回。

6　癸未（十四月），任命右屯卫大将军程知节为葱山道行军大总管，讨伐西突厥沙钵罗可汗。

7　壬辰（二十三日），任命韩瑗为侍中，来济为中书令。

8　六月，武昭仪诬陷王皇后和她的母亲魏国夫人柳氏求巫施厌胜术诅咒昭仪，高宗敕令禁止皇后母亲柳氏进入宫内。秋季，七月戊寅（初十），将吏部尚书柳奭贬为遂州刺史。柳奭赴任走到扶风县，岐州长史于承素揣摸圣意上奏称柳奭泄漏宫禁秘密，又贬为荣州刺史。

唐因隋制，后宫有贵妃、淑妃、德妃、贤妃皆视一品。上欲特置宸妃，以武昭仪为之，韩瑗、来济谏，以为故事无之，乃止。

中书舍人饶阳李义府为长孙无忌所恶，左迁壁州司马。敕未至门下，义府密知之，问计于中书舍人幽州王德俭，德俭曰："上欲立武昭仪为后，犹豫未决者，直恐宰臣异议耳。君能建策立之，则转祸为福矣。"义府然之，是日，代德俭直宿，叩阁上表，请废皇后王氏，立武昭仪，以厌兆庶之心。上悦，召见，与语，赐珠一斗，留居旧职。昭仪又密遣使劳勉之，寻超拜中书侍郎。于是卫尉卿许敬宗、御史大夫崔义玄、中丞袁公瑜皆潜布腹心于武昭仪矣。

9　乙酉，以侍中崔敦礼为中书令。

10　八月，尚药奉御蒋孝璋员外特置，仍同正员。员外同正自孝璋始。

11　长安令裴行俭闻将立武昭仪为后，以国家之祸必自此始，与长孙无忌、褚遂良私议其事。袁公瑜闻之，以告昭仪母杨氏，行俭坐左迁西州都督府长史。行俭，仁基之子也。

12　九月戊辰，以许敬宗为礼部尚书。

上一日退朝，召长孙无忌、李勣、于志宁、褚遂良入内殿。遂良曰："今日之召，多为中宫，上意既决，逆之必死。太尉元舅，司空功臣，不可使上有杀元舅及功臣之名。遂良起于草茅，无汗马之劳，致位至此，且受顾托，不以死争之，何以下见先帝？"勣称疾不入。无忌等至内殿，上顾谓无忌曰："皇后无子，武昭仪有子，今欲立昭仪为后，何如？"遂良对曰："皇后名家，先帝为陛下所娶。先帝临崩，执陛下手谓臣曰：'朕佳儿佳妇，

唐朝因袭隋朝制度，后宫有贵妃、淑妃、德妃、贤妃，都是正一品。高宗想要特别设置一个宸妃，封给武昭仪，韩瑗、来济谏阻，认为无旧例可循，于是作罢。

中书舍人、饶阳人李义府为长孙无忌所厌恶，降职为壁州司马。敕令还未到门下省，李义府已经暗中得知，便向中书舍人、幽州人王德俭问计，王德俭说："高宗想要立武昭仪为皇后，正在犹豫不决，一直担心宰相们会有异议。你如果能提建议立武氏为后，则转祸为福了。"李义府同意他的话。这一天，他代替王德俭值宿，叩门向高宗上表章，请求废掉王皇后，立武昭仪为后，以满足黎民百姓的愿望。高宗十分高兴，亲自召见李义府，与他谈话，赐给珍珠一斗，留下他官居原职。武氏又暗中派人慰劳勉励他，不久被破格提拔为中书侍郎。在此之后，卫尉卿许敬宗、御史大夫崔义玄、御史中丞袁公瑜都暗中向武氏表达其效忠之心。

9　任命侍中崔敦礼为中书令。

10　八月，尚药局奉御蒋孝璋为定员二人之外的特置人员，品级仍同正员。员外同正的官职从孝璋开始。

11　长安县令裴行俭听说朝廷将要立武昭仪为皇后，认为国家的祸患必定从此开始，便与长孙无忌、褚遂良私下议论此事。袁公瑜听说后，将这一情况告诉武氏母亲杨氏，行俭因此获罪，贬为西州都督府长史。裴行俭是裴仁基的儿子。

12　九月戊辰(初一)，任命许敬宗为礼部尚书。

有一天高宗退朝后，宣召长孙无忌、李世勣、于志宁、褚遂良进入内殿。褚遂良说："今天皇上宣召，多半是为了后宫的事，皇上的主意既已定了，违抗者必是死罪。太尉是元舅，司空是功臣，不可以让皇上承担杀元舅与功臣的不好名声。我褚遂良乃是自平民起家，没有汗马功劳，到了今日这个地位，而且接受先帝托孤，不以死谏诤，无颜去见先帝！"李世勣称病没去内殿。长孙无忌等人到了内殿，高宗对他们说："皇后没有子嗣，武昭仪有，如今朕想立武昭仪为皇后，你们看怎么样?"褚遂良答道："皇后出身名家，是先帝为陛下娶的。先帝临死的时候，拉着陛下的手对我说：'朕的好儿子好儿媳，

今以付卿。’此陛下所闻，言犹在耳。皇后未闻有过，岂可轻废？臣不敢曲从陛下，上违先帝之命！”上不悦而罢。明日又言之，遂良曰：“陛下必欲易皇后，伏请妙择天下令族，何必武氏。武氏经事先帝，众所具知，天下耳目，安可蔽也。万代之后，谓陛下为如何？愿留三思！臣今忤陛下，罪当死。”因置笏于殿阶，解巾叩头流血曰：“还陛下笏，乞放归田里。”上大怒，命引出。昭仪在帘中大言曰：“何不扑杀此獠！”无忌曰：“遂良受先朝顾命，有罪不可加刑。”于志宁不敢言。

韩瑗因间奏事，涕泣极谏，上不纳。明日又谏，悲不自胜，上命引出。瑗又上疏谏曰：“匹夫匹妇，犹相选择，况天子乎？皇后母仪万国，善恶由之，故嫫母辅佐黄帝，妲己倾覆殷王，《诗》云：‘赫赫宗周，褒姒灭之。’每览前古，常兴叹息，不谓今日尘黩圣代。作而不法，后嗣何观？顾陛下详之，无为后人所笑！使臣有以益国，菹醢之戮，臣之分也！昔吴王不用子胥之言而麋鹿游于姑苏。臣恐海内失望，棘荆生于阙庭，宗庙不血食，期有日矣！”来济上表谏曰：“王者立后，上法乾坤，必择礼教名家，幽闲令淑，副四海之望，称神祇之意。是故周文造舟以迎太姒，而兴《关雎》之化，百姓蒙祚；孝成纵欲，以婢为后，使皇统亡绝，社稷倾沦。有周之隆既如彼，大汉之祸又如此，惟陛下详察！”上皆不纳。

如今就交付给你了。’这些话都是陛下亲耳听到的，言犹在耳。未听说皇后有什么过错，怎么能够轻易废掉呢？我不敢曲意顺从陛下，以违背先帝的遗愿！”高宗十分不高兴，只好作罢。第二天又言及此事，褚遂良说：“陛下一定要更换皇后，我请求遴选全国的世家望族，何必非武氏不可。武氏曾经侍奉过先帝，这是众所周知，天下人的耳目，怎么能遮掩呢？千秋万代之后，人们又将怎么评价陛下呢？愿陛下三思而后行！我今日触怒陛下，罪该处死。”说完将朝笏放在殿内台阶上，解下头巾磕头直至血流满面，说道：“还给陛下朝笏，乞求放我回老家去。”高宗勃然大怒，命人将他带出去。武昭仪在隔帘内大声说道：“何不就地杀了这老东西！”长孙无忌说：“褚遂良是先朝顾命大臣，有罪也不可以加刑。”于志宁不敢说话。

韩瑗找个时机上奏疏，流泪极力劝阻废皇后，高宗不予采纳。他第二天又劝谏，悲伤得不能自已，高宗命人将他带出去。韩瑗又上奏疏劝谏道：“一般的夫妇，还要相互选择后再结合，何况天子呢？皇后乃是天下妇女的仪范，善恶由她而生，所以说嫫母辅佐黄帝，妲己倾覆殷朝，《诗经》说：‘赫赫有名的宗周，就灭在褒姒之手。’每次观览前朝史事，常会发出感慨，没想到今天圣明之世也会受到玷污。做事不依法度，后世将如何看呢？希望陛下再三考虑，不要让后人讥笑。假使臣下我的话有益于国家，即使被剁成肉酱，臣也死得其所！当年吴王不听伍子胥的话，结果吴都姑苏破败，麋鹿出没。臣下我担心陛下令海内之人失望，使宫廷长满荆棘，宗庙不能继续享有祭祀的情况，为期不远了！”来济上表章劝谏说：“君主册立皇后，应该依据天地之理，必须选择名门礼教之家的淑女，幽雅娴静，贤淑美好，才可与人的厚望相符，也能称神灵的意图。所以说周文王造船迎接太姒，这才有《关雎》的教化，百姓承受福祚；汉成帝纵欲成性，以婢女为皇后，使皇统断绝，社稷倾覆。周代的隆盛是那样，汉代的祸患又是这样，希望陛下明察！”高宗对这些谏言都不予采纳。

他日，李勣入见，上问之曰：“朕欲立武昭仪为后，遂良固执以为不可。遂良既顾命大臣，事当且已乎？”对曰：“此陛下家事，何必更问外人？”上意遂决。许敬宗宣言于朝曰：“田舍翁多收十斛麦，尚欲易妇，况天子欲立后，何豫诸人事而妄生异议乎？”昭仪令左右以闻。庚午，贬遂良为潭州都督。

又一天，李世勣进宫见高宗，高宗问他："朕想要立武昭仪为皇后，褚遂良固执己见认为不可以。褚遂良既是顾命大臣，他反对，那么事情就应该停止吗？"李世勣答道："这是陛下的家事，何必又去问外人呢？"高宗废后主意于是定了下来。许敬宗在朝中扬言道："庄稼汉多收了十斛麦子，还想着要换个老婆呢？何况天子要立皇后，人们又何必管那么多事而妄生异议呢？"武昭仪让身边的人将此话讲给高宗听。庚午（初三），将褚遂良贬为潭州都督。

卷第二百　唐纪十六

起乙卯(655)十月尽壬戌(662)七月凡六年有奇

高宗天皇大圣大弘孝皇帝上之下

永徽六年(乙卯,655)

1　冬,十月己酉,下诏称:“王皇后、萧淑妃谋行鸩毒,废为庶人,母及兄弟,并除名,流岭南。”许敬宗奏:“故特进赠司空王仁祐告身尚存,使逆乱馀孽犹得为荫,并请除削。”从之。

乙卯,百官上表请立中宫,乃下诏曰:“武氏门著勋庸,地华缨黻,往以才行选入后庭,誉重椒闱,德光兰掖。朕昔在储贰,特荷先慈,常得侍从,弗离朝夕,宫壸之内,恒自饬躬,嫔嫱之间,未尝迕目,圣情鉴悉,每垂赏叹,遂以武氏赐朕,事同政君,可立为皇后。”

丁巳,赦天下。是日,皇后上表称:“陛下前以妾为宸妃,韩瑗、来济面折庭争,此既事之极难,岂非深情为国,乞加褒赏。”上以表示瑗等,瑗等弥忧惧,屡请去位,上不许。

十一月丁卯朔,临轩命司空李勣赍玺绶册皇后武氏。是日,百官朝皇后于肃义门。

故后王氏,故淑妃萧氏,并囚于别院,上尝念之,间行至其所,见其室封闭极密,惟窍壁以通食器,恻然伤之,呼曰:

高宗天皇大圣大弘孝皇帝上之下

唐高宗永徽六年(乙卯,公元655年)

1 冬季,十月己酉(十三日),高宗下诏说:“王皇后、萧淑妃因阴谋用毒酒杀人,废黜为平民,她们的母亲兄弟一并削除官爵,流放岭南。”许敬宗上奏说:“已故特进赠司空王仁祐授官的凭信还保存着,这将使逆乱的馀孽还得以受荫任官,请一并削除他的官爵。”高宗采纳他的意见。

乙卯(十九日),百官上奏表请求立皇后,于是高宗下诏说:“武氏出身于有大功劳的家庭,累世都任官职,以前因才德出众选入后宫,声誉满后宫,品德光照宫闱。朕从前当太子时,她蒙受我已故母亲的特殊恩宠,时常侍从皇帝,日夜不离左右,在后宫中经常检点自己的行为,嫔妃之间未曾闹矛盾,皇帝看得很清楚,时常赞赏,于是将武氏赏赐给朕,就像汉宣帝将宫女王政君赏赐给了皇太子一样。武氏可以立为皇后。”

丁巳(二十一日),唐朝大赦天下,皇后上表说:“陛下从前打算封我为宸妃,韩瑗、来济在朝廷当面规劝。这样做是难能可贵的,难道不正说明他们一心一意为国家吗,请表彰赏赐他们。”高宗把她的奏表给韩瑗等阅看,韩瑗等更加害怕,一再请求辞职,高宗不允许。

十一月丁卯朔(初一),高宗让司空李世勣携带印玺在殿前册封武则天为皇后。当天,百官朝拜皇后于肃义门。

原皇后王氏,原淑妃萧氏,一同被囚禁在后宫别院,高宗曾思念她们,私下去囚禁她们的地方,看见囚室封闭得极为严密,只在墙壁上凿开小洞以便送食物的器具能进出,高宗为她们感到悲伤,喊道:

“皇后、淑妃安在?”王氏泣对曰:“妾等得罪为宫婢,何得更有尊称?”又曰:“至尊若念畴昔,使妾等再见日月,乞名此院为回心院。”上曰:“朕即有处置。”武后闻之,大怒,遣人杖王氏及萧氏各一百,断去手足,捉酒瓮中,曰:“令二妪骨醉!”数日而死,又斩之。王氏初闻宣敕,再拜曰:“愿大家万岁!昭仪承恩,死自吾分。”淑妃骂曰:“阿武妖猾,乃至于此!愿他生我为猫,阿武为鼠,生生扼其喉。”由是宫中不畜猫。寻又改王氏姓为蟒氏,萧氏为枭氏。武后数见王、萧为祟,被发沥血如死时状。后徙居蓬莱宫,复见之,故多在洛阳,终身不归长安。

己巳,许敬宗奏曰:“永徽爰始,国本未生,权引彗星,越升明两。近者元妃载诞,正胤降神,重光日融,爝晖宜息。安可反植枝干,久易位于天庭;倒袭裳衣,使违方于震位!又,父子之际,人所难言,事或犯鳞,必婴严宪,煎膏染鼎,臣亦甘心。”上召见,问之,对曰:“皇太子,国之本也,本犹未正,万国无所系心。且在东宫者,所出本微,今知国家已有正嫡,必不自安。窃位而怀自疑,恐非宗庙之福,愿陛下熟计之。”上曰:“忠已自让。”对曰:“能为太伯,愿速从之。”

2　西突厥颉苾达度设数遣使请兵讨沙钵罗可汗。甲戌,遣丰州都督元礼臣册拜颉苾达度设为可汗。礼臣至碎叶城,沙钵罗发兵拒之,不得前。颉苾达度设部落多为沙钵罗所并,馀众寡弱,不为诸姓所附,礼臣竟不册拜而归。

"皇后、淑妃在哪里?"王氏哭泣回答说:"我等犯罪已成宫中奴婢,哪里还得再有后、妃等尊贵的称号?"又说:"至尊如果思念从前的情分,让我等再见天日,请命名这个院子为回心院。"高宗说:"朕即有所安排。"武后听说后,大怒,派人将王氏和萧氏各杖打一百下,砍去手足,投入酒瓮中,说:"让这两个女人连骨头都喝醉!"数日后她们死去,又被砍下脑袋。当皇后王氏听到宣布处置她们的命令时,拜了两拜说:"祝愿皇帝万岁!武昭仪承受皇恩,死自然是我的本分。"淑妃萧氏大骂道:"阿武邪恶狡诈,竟然到了这种地步!愿来生我变为猫,她变为鼠,我活生生地扼住她的咽喉。"从此宫中不养猫。不久又改王氏姓蟒氏,萧氏姓枭氏。武后多次看见王氏和萧氏的鬼魂作祟,披散着头发,浑身滴血,如同死时的模样。她后来移居蓬莱宫,还是看见同样情形,所以她多居住在洛阳,终身不回长安。

己巳(初三),许敬宗上奏说:"永徽初年,国本还没有形成,暂时利用彗星,越位升至日月的位置,近来皇后生育了皇子,嫡嗣像神一样的降临了,阳光照耀,小火把应该熄灭。怎么可以违反枝和干的关系,长期在朝廷中变易位置,颠倒穿着上下衣,使他居于嫡长子的地位!还有,父子之间的事情,别人难以说清楚,这些话或许会触犯皇帝,必将受到严惩,但就是把我煎熬成油膏来涂染鼎器,我也甘心。"高宗召见他,询问他的意见,他回答说:"皇太子,是国家的根本,根本还不正,无法维系天下人心。况且现在的太子,是微贱之人所生,现在知道国家已有真正的嫡长子,心里一定不安。窃居太子的地位而自己心里疑惑,恐怕不是宗庙之福,愿陛下深入考虑。"高宗说:"太子李忠已经自己愿意让位。"许敬宗说:"他能做周代先人自愿让位的太伯,希望赶快答应他。"

2　西突厥颉苾达度设多次派遣使者请唐朝发兵讨伐沙钵罗可汗。甲戌(初八),唐朝派遣丰州都督元礼臣册立颉苾达度设为可汗。元礼臣到达碎叶城,沙钵罗发兵抗拒,元礼臣不能前进。颉苾达度设部落多数被沙钵罗所兼并,所馀部众既少又弱,西突厥诸姓不归附他,元礼臣终于未能授给他可汗称号而返回。

3 中书侍郎李义府参知政事。义府容貌温恭，与人语，必嬉怡微笑，而狡险忌克，故时人谓义府笑中有刀；又以其柔而害物，谓之李猫。

显庆元年(丙辰,656)

1 春，正月辛未，以皇太子忠为梁王、梁州刺史；立皇后子代王弘为皇太子，生四年矣。忠既废，官属皆惧罪亡匿，无敢见者；右庶子李安仁独候忠，泣涕拜辞而去。安仁，纲之孙也。

2 壬申，赦天下，改元。

3 二月辛亥，赠武士彟司徒，赐爵周国公。

4 三月，以度支侍郎杜正伦为黄门侍郎、同三品。

5 夏，四月壬子，矩州人谢无灵举兵反，黔州都督李子和讨平之。

6 己未，上谓侍臣曰："朕思养人之道，未得其要，公等为朕陈之！"来济对曰："昔齐桓公出游，见老而饥寒者，命赐之食，老人曰：'愿赐一国之饥者。'赐之衣，曰：'愿赐一国之寒者。'公曰：'寡人之廪府安足以周一国之饥寒！'老人曰：'君不夺农时，则国人皆有馀食矣；不夺蚕要，则国人皆有馀衣矣！'故人君之养人，在省其征役而已。今山东役丁，岁别数万，役之则人大劳，取庸则人大费。臣愿陛下量公家所须外，馀悉免之。"上从之。

7 六月辛亥，礼官奏停太祖、世祖配祀，以高祖配昊天于圜丘，太宗配五帝于明堂。从之。

3　唐朝任命中书郎李义府参知政事。李义府外貌温和谦恭，和别人说话，必定显露出愉快的微笑，而内心却狡诈阴险和忌妒，所以当时人说李义府笑里藏刀；又因他阴柔害人，称他为李猫。

唐高宗显庆元年（丙辰，公元656年）

1　春季，正月辛未（初六），唐朝封皇太子李忠为梁王、梁州刺史；立皇后的儿子代王李弘为皇太子，当时已经四岁。李忠已被废黜，原来的属官都害怕得罪而逃亡或躲藏，不敢同他见面，只有右庶子李安仁等候他，哭泣着向他跪拜告辞。李安仁是李纲的孙子。

2　壬申（初七），唐朝大赦天下罪人，更改年号。

3　二月辛亥（十七日），唐朝追赠武士彟为司徒、赐给周国公的爵位。

4　三月，唐朝任命度支侍郎杜正伦为黄门侍郎、同三品。

5　夏季，四月壬子（十八日），矩州人谢无灵起兵造反，黔州都督李子和讨伐并平定了他们。

6　己未（二十五日），唐高宗对身边的大臣们说："朕思考养育百姓的道理，尚未得到它的要领，诸位为朕陈述！"来济回答说："从前齐桓公出游，遇见一位受饥寒的老人。齐桓公命令赐给他食物，老人说：'希望赐给全国受饿的人食物。'赐给他衣服，老人说：'希望赐给全国受寒的人衣服。'齐桓公说：'寡人的粮仓和府库怎么能够周济得了全国受饥寒的人？'老人说：'国君不使种田人错过耕种季节，则全国百姓的粮食都有富馀了；不使养蚕人错过养蚕的季节，则全国百姓的衣服都有富馀了！'所以君主养育百姓的要领，就在于减省他们的赋税徭役而已。现在山东征男丁服役，每年数万人，让百姓服役则太苦，让百姓交纳雇人代役的钱又太重。我希望陛下计算除国家所必需的外，其馀的赋税徭役一律免除。"高宗听从了他的意见。

7　六月辛亥（十八日），唐朝掌管礼仪的官员上奏，请停止太祖、世祖配祭，以高祖配祭昊天上帝于圜丘，太宗配祭五帝于明堂。高宗听从了这个意见。

8　秋，七月乙丑，西洱蛮酋长杨栋附、显和蛮酋长王郎祁、郎昆黎盘四州酋长王伽冲等帅众内附。

9　癸未，以中书令崔敦礼为太子少师、同中书门下三品。

八月丙申，固安昭公崔敦礼薨。

10　辛丑，葱山道行军总管程知节击西突厥，与歌逻、处月二部战于榆慕谷，大破之，斩首千馀级。副总管周智度攻突骑施、处木昆等部于咽城，拔之，斩首三万级。

11　乙巳，龟兹王布失毕入朝。

12　李义府恃宠用事。洛州妇人淳于氏，美色，系大理狱，义府属大理寺丞毕正义枉法出之，将纳为妾，大理卿段宝玄疑而奏之。上命给事中刘仁轨等鞫之，义府恐事泄，逼正义自缢于狱中。上知之，原义府罪不问。

侍御史涟水王义方欲奏弹之，先白其母曰："义方为御史，视奸臣不纠则不忠，纠之则身危而忧及于亲为不孝，二者不能自决，奈何?"母曰："昔王陵之母，杀身以成子之名。汝能尽忠以事君，吾死不恨!"义方乃奏："义府于辇毂之下，擅杀六品寺丞。就云正义自杀，亦由畏义府威，杀身以灭口。如此，则生杀之威，不由上出，渐不可长，请更加勘当!"于是对仗，叱义府令下，义府顾望不退。义方三叱，上既无言，义府始趋出，义方乃读弹文。上释义府不问，而谓义方毁辱大臣，言辞不逊，贬莱州司户。

13　九月，括州暴风，海溢，溺四千馀家。

14　冬，十一月丙寅，生羌酋长浪我利波等帅众内附，以其地置柘、栱二州。

8　秋季，七月乙丑（初三），西洱蛮酋长杨栋附、显和蛮酋长王郎祁和郎、昆、黎、盘四州酋长王伽冲等率领部众归附唐朝。

9　癸未（二十一日），唐朝任命中书令崔敦礼为太子少师、同中书门下三品。

八月丙申（初四），固安昭公崔敦礼去世。

10　辛丑（初九），葱山道行军总管程知节进攻西突厥，与歌逻、处月二部在榆慕谷交战，大败西突厥，斩首千馀级。副总管周智度进攻突骑施、处木昆等部于咽城，攻下该城，斩首三万级。

11　乙巳（十三日），龟兹王布失毕入京朝见。

12　李义府依仗皇帝的宠信当权。洛州妇女淳于氏，长得漂亮，囚禁在大理寺监狱，李义府嘱咐大理寺丞毕正义违法将她释放，准备纳她为妾，大理卿段宝玄对释放淳于氏有所怀疑而将情况上奏。唐高宗命令给事中刘仁轨等审问毕正义。李义府害怕事实真相泄露，逼迫毕正义在狱中上吊自杀。高宗知道这些情况，但原谅李义府的罪恶，不予追究。

侍御史涟水人王义方准备上奏检举李义府，事先告诉母亲说："我任御史，看见奸臣不检举就是不忠，检举则自身危险，而让亲人担忧就是不孝，两者之间自己拿不定主意，怎么办？"母亲说："从前王陵的母亲，杀身以成全儿子的美名。你能尽忠以侍奉君主，我虽死无怨恨！"王义方于是上奏："李义府在京城擅自杀害六品官大理寺丞毕正义，即使说毕正义是自杀，也由于畏惧李义府的威势，自杀以灭口。这样，则生杀的威权不是出自皇帝，这种情况不应继续发展，请重新加以审核！"于是为宣读检举的奏章，让仪仗和其他官员退下，并呼喊李义府退下，李义府观望不退。王义方三次呼喊，高宗没有说话，李义府才退出，王义方便宣读检举的奏章。高宗放下李义府的罪恶不予追究，反而说王义方诋毁污辱大臣，言词不谦逊，将他降职为莱州司户。

13　九月，括州刮起大暴风，海水外溢，淹没四千馀家。

14　冬季，十一月丙寅（初六），生羌酋长浪我利波等率领部众归附唐朝。唐朝在他们居住的地区设置柘州、栱州。

15　十二月，程知节引军至鹰娑川，遇西突厥二万骑，别部鼠尼施等二万馀骑继至，前军总管苏定方帅五百骑驰往击之，西突厥大败，追奔二十里，杀获千五百馀人，获马及器械，绵亘山野，不可胜计。副大总管王文度害其功，言于知节曰："今兹虽云破贼，官军亦有死伤，乘危轻脱，乃成败之法耳，何急而为此？自今常结方陈，置辎重在内，遇贼则战，此万全策也。"又矫称别得旨，以知节恃勇轻敌，委文度为之节制，遂收军不许深入。士卒终日跨马，被甲结陈，不胜疲顿，马多瘦死。定方言于知节曰："出师欲以讨贼，今乃自守，坐自困敝，若遇贼必败。懦怯如此，何以立功？且主上以公为大将，岂可更遣军副专其号令，事必不然。请囚文度，飞表以闻。"知节不从。

至恒笃城，有群胡归附，文度曰："此属伺我旋师，还复为贼，不如尽杀之，取其资财。"定方曰："如此乃自为贼耳，何名伐叛？"文度竟杀之，分其财，独定方不受。师旋，文度坐矫诏当死，特除名；知节亦坐逗遛追贼不及，减死免官。

16　是岁，以太常卿驸马都尉高履行为益州长史。

17　韩瑗上疏，为褚遂良讼冤曰："遂良体国忘家，捐身徇物，风霜其操，铁石其心，社稷之旧臣，陛下之贤佐。无闻罪状，斥去朝廷，内外氓黎，咸嗟举措。臣闻晋武弘裕，不贻刘毅之诛；汉祖深仁，无恚周昌之直。而遂良被迁，已经寒暑，违忤陛下，其罚塞焉。伏愿缅鉴无辜，稍宽非罪，俯矜微款，以顺人情。"上谓瑗曰："遂良之情，朕亦知之。然其悖戾好犯上，

15　十二月，程知节率军来到鹰娑川，遇上西突厥两万骑兵，西突厥别部鼠尼施等两万多骑兵也相继到达。唐军前军总管苏定方率领五百骑兵飞速前往攻击，西突厥大败，追赶二十里，杀死和俘获一千五百馀人，缴获的马匹和器械满山遍野，多得数不清。副大总管王文度忌妒苏定方的功劳，对程知节说："现在虽说打败敌人，但官军也有死伤，处于危险的环境中而不稳重，这是将要造成失败的做法，何必急着做这样的事？从今以后应经常摆成方阵，辎重放在方阵内，遇上敌人即开战，这是万无一失的计策。"他又假称另外得到高宗的命令，说因程知节依仗勇力而轻敌，委派王文度调度约束，于是他收拢军队不许深入敌区。士卒整天骑着马，披着甲，结成方阵，疲劳难忍，马匹多瘦死。苏定方对程知节说："出兵是为了讨伐敌人，现在是自我防守，坐等自己疲惫，如果遇到敌人一定失败；软弱胆小到如此地步，如何能立功？而且主上既任命您为大将，哪里可能另外又派遣副大总管专掌号令，事情一定不是这样。请将王文度囚禁起来，迅速上奏报告。"程知节没有同意。

唐军进至恒笃城，有许多胡人归附，王文度说："这些人等到我们回师以后，还会再成为贼人，不如全部杀掉，收取他们的物资财富。"苏定方说："这样做便是自己作贼人了，还怎么能称为讨伐叛逆？"王文度终于杀掉他们，瓜分了他们的财产，只有苏定方不肯收受。回师后，王文度因假传皇帝命令应当处死，但只处以削除官爵；程知节也因停留不进，没有追上敌人，减死罪为撤职。

16　本年，唐朝任命太常卿驸马都尉高履行为益州长史。

17　韩瑗上疏，为褚遂良申诉冤屈说："褚遂良为国家着想而忘记自己的家庭，生命财产都愿意奉献，品行高洁，意志坚定，是国家的旧臣，是陛下有道德有才能的助手。没有听说他犯罪，就被斥退离开朝廷，朝廷内外和黎民百姓都为这种处置叹息。我听说晋武帝宽宏大量，不判处刘毅死罪；汉高祖仁德深厚，不怨恨周昌的耿直。而褚遂良被降职已经一年，违抗陛下的罪责，对他的处罚已经抵偿。希望陛下顾念他无辜，稍微宽恕无罪，同情他的忠诚，以顺应人心。"高宗对韩瑗说："褚遂良的情况，朕也知道。但他粗暴犯上，

故以此责之，卿何言之深也？”对曰：“遂良社稷忠臣，为谗谀所毁。昔微子去而殷国以亡，张华存而纲纪不乱。陛下无故弃逐旧臣，恐非国家之福！”上不纳。瑗以言不用，乞归田里。上不许。

18　刘洎之子讼其父冤，称贞观之末，为褚遂良所谮而死，李义府复助之。上以问近臣，众希义府之旨，皆言其枉。给事中长安乐彦玮独曰：“刘洎大臣，人主暂有不豫，岂得遽自比伊、霍！今雪洎之罪，谓先帝用刑不当乎？”上然其言，遂寝其事。

二年（丁巳，657）

1　春，正月癸巳，分哥逻禄部置阴山、大漠二都督府。

2　闰月壬寅，上行幸洛阳。

3　庚戌，以左屯卫将军苏定方为伊丽道行军总官，帅燕然都护渭南任雅相、副都护萧嗣业发回纥等兵，自北道讨西突厥沙钵罗可汗。嗣业，钜之子也。

初，右卫大将军阿史那弥射及族兄左屯卫大将军步真，皆西突厥酋长，太宗之世，帅众来降，至是，诏以弥射、步真为流沙安抚大使，自南道招集旧众。

4　二月辛酉，车驾至洛阳宫。

5　庚午，立皇子显为周王。壬申，徙雍王素节为郇王。

6　三月甲辰，以潭州都督褚遂良为桂州都督。

7　癸丑，以李义府兼中书令。

8　夏，五月丙申，上幸明德宫避暑。上自即位，每日视事。庚子，宰相奏天下无虞，请隔日视事。许之。

所以用这种办法责备他，你为什么说得那么严重？”回答说：“褚遂良是国家的忠臣，被用恶言伤人以讨好上边的人诽谤。从前微子离去而商朝因而灭亡，张华留任而国家的法度不乱。陛下无故抛弃驱逐旧臣，恐怕不是国家之福。”高宗没有采纳他的意见。韩瑗因自己的话没有被采用，请求辞官回乡，高宗不允许。

18　刘洎的儿子为父亲申诉冤屈，说他父亲在贞观末年被褚遂良诬陷而死，李义府也支持他。高宗询问身边的大臣，大家顺从李义府的意旨，都说刘洎冤枉。只有给事中长安人乐彦玮说：“刘洎作为大臣，当皇帝刚得病时，哪能就急忙自比为伊尹、霍光！现在昭雪刘洎的罪恶，不是说先帝用刑不当吗？”高宗同意他的说法，于是将这件事情搁置不办。

唐高宗显庆二年（丁巳，公元657年）

1　春季，正月癸巳，唐朝分哥逻禄部，设置阴山、大漠两个都督府。

2　闰正月壬寅（十三日），高宗巡视洛阳。

3　庚戌（二十一日），唐朝任命左屯卫将军苏定方为伊丽道行军总管，率领燕然都护渭南人任雅相、副都护萧嗣业，征发回纥等处兵士，从北道讨伐西突厥沙钵罗可汗。萧嗣业，是萧钜的儿子。

当初，右卫大将军阿史那弥射和族兄左屯卫大将军阿史那步真，都是西突厥酋长，唐太宗在世时，他们率领部众前来投降；到这时候，高宗任命阿史那弥射、阿史那步真为流沙安抚大使，从南道招集他们原来的部众。

4　二月辛酉（初三），高宗的车驾到达洛阳宫。

5　庚午（十二日），唐朝封皇子李显为周王。壬申（十四日），改封雍王李素节为郇王。

6　三月甲辰（十六日），唐朝任命潭州都督褚遂良为桂州都督。

7　癸丑（二十五日），唐朝任命李义府兼中书令。

8　夏季，五月丙申（初九），高宗前往明德宫避暑。高宗自即位以来，每日治理政事；庚子（十三日），宰相上奏说现在天下没有忧患，请他隔日治理政事。高宗同意。

9　秋，七月丁亥朔，上还洛阳宫。

10　王玄策之破天竺也，得方士那罗迩娑婆寐以归，自言有长生之术，太宗颇信之，深加礼敬，使合长生药。发使四方求奇药异石，又发使诣婆罗门诸国采药。其言率皆迂诞无实，苟欲以延岁月，药竟不就，乃放还。上即位，复诣长安，又遣归。玄策时为道王友，辛亥，奏言："此婆罗门实能合长年药，自诡必成，今遣归，可惜失之。"玄策退，上谓侍臣曰："自古安有神仙！秦始皇、汉武帝求之，疲弊生民，卒无所成，果有不死之人，今皆安在？"李勣对曰："诚如圣言。此婆罗门今兹再来，容发衰白，已改于前，何能长生？陛下遣之，内外皆喜。"娑婆寐竟死于长安。

11　许敬宗、李义府希皇后旨，诬奏侍中韩瑗、中书令来济与褚遂良潜谋不轨，以桂州用武之地，授遂良桂州都督，欲以为外援。八月丁卯，瑗坐贬振州刺史，济贬台州刺史，终身不听朝觐。又贬褚遂良为爱州刺史，荣州刺史柳奭为象州刺史。

遂良至爱州，上表自陈："往者濮王、承乾交争之际，臣不顾死亡，归心陛下。时岑文本、刘洎奏称：'承乾恶状已彰，身在别所，其于东宫，不可少时虚旷，请且遣濮王往居东宫。'臣又抗言固争，皆陛下所见。卒与无忌等四人共定大策。及先朝大渐，独臣与无忌同受遗诏。陛下在草土之辰，不胜哀恸，臣以社稷宽譬，陛下手抱臣颈。臣与无忌区处众事，咸无废阙，数日之间，内外宁谧。力小任重，动罹愆过，蝼蚁馀齿，乞陛下哀怜。"表奏，不省。

9　秋季，七月丁亥朔(初一)，高宗返回洛阳宫。

10　王玄策打败天竺时，俘虏方士那罗迩娑婆寐回来，他自称有长生不老的法术，唐太宗很是相信，对他很客气，也很敬重，让他配制长生不老药，派出使者到各处寻求奇药异石，又派出使者到婆罗门等国采药。这个方士的话大都荒诞不符合实际，想姑且拖延时间，长生药最终没有配制成，于是放他返回天竺。高宗即位，他又来到长安，又遣送他回去。王玄策当时任道王李元庆的友官，辛亥(二十五日)，上奏说："这婆罗门确实能配制长生药，他自己表示一定能配成，现在遣送回去，可惜失去了机会。"王玄策退出后，高宗对身边的大臣说："自古以来哪里有神仙！秦始皇、汉武帝求神仙，使百姓疲惫破败，结果并没有得到。真的有不死的人，现在都在哪里？"李世勣对高宗说："确实像陛下所说，这婆罗门这次再来，容貌衰老，头发已白，已不同于从前，哪里能长生？陛下遣送他，朝廷内外的人都高兴。"娑婆寐终于死在长安。

11　许敬宗、李义府迎合皇后的旨意，诬奏侍中韩瑗、中书令来济与褚遂良私下图谋不轨，因桂州是用武的地方，他们授任褚遂良为桂州都督，是想利用他为外援。八月丁卯(十一日)，韩瑗因此被降职为振州刺史，来济被降职为台州刺史，终身不许朝见皇帝。又将褚遂良降职为爱州刺史，荣州刺史柳奭降职为象州刺史。

褚遂良来到爱州，上奏自我陈述说："以前濮王、承乾相互争斗的时候，我不顾死活，诚心归附陛下。当时岑文本、刘洎上奏说'承乾的罪状已经显露，已被关在别所，东宫不可有哪怕是短时间的空缺，请先派遣濮王去东宫居住。'我又高声坚持抗争，这些都是陛下所看见的。最后我又与长孙无忌等四人共同决定立陛下为皇太子的重大决策。及至太宗病危，只有我与长孙无忌共同接受遗诏。陛下在守丧的时候，经受不住哀痛，我以国家为重宽慰劝解，陛下还用手抱住我的脖子。我与长孙无忌分别处理众多的事情，全都没有荒废缺失，数日之间，内外安宁。我能力小，责任重，常常出现差错，微贱的馀年，乞请陛下哀怜。"奏表上达后，唐高宗没有考虑处理。

12　己巳，礼官奏："四郊迎气，存太微五帝之祀；南郊明堂，废纬书六天之义。其方丘祭地之外，别有神州，亦请合为一祀。"从之。

13　辛未，以礼部尚书许敬宗为侍中，兼度支尚书杜正伦为兼中书令。

14　冬，十月戊戌，上行幸许州。乙巳，畋于滍水之南。壬子，至汜水曲。十二月乙卯朔，车驾还洛阳宫。

15　苏定方击西突厥沙钵罗可汗，至金山北，先击处木昆部，大破之，其俟斤懒独禄等帅万馀帐来降，定方抚之，发其千骑与俱。

右领军郎将薛仁贵上言："泥孰部素不伏贺鲁，为贺鲁所破，虏其妻子。今唐兵有破贺鲁诸部得泥孰妻子者，宜归之，仍加赐赉，使彼明知贺鲁为贼而大唐为之父母，则人致其死，不遗力矣。"上从之。泥孰喜，请从军共击贺鲁。

定方至曳咥河西，沙钵罗帅十姓兵且十万，来拒战。定方将唐兵及回纥万馀人击之。沙钵罗轻定方兵少，直进围之。定方令步兵据南原，攒矟外向，自将骑兵陈于北原。沙钵罗先攻步军，三冲不动，定方引骑兵击之，沙钵罗大败，追奔三十里，斩获数万人。明日，勒兵复进。于是胡禄屋等五弩失毕悉众来降，沙钵罗独与处木昆屈律啜数百骑西走。时阿史那步真出南道，五咄陆部落闻沙钵罗败，皆诣步真降。定方乃命萧嗣业、回纥婆闰将胡兵趋邪罗斯川，追沙钵罗，定方与任雅相将新附之众继之。会大雪，平地二尺，军中咸请俟晴而行，定方曰："虏恃雪深，谓我不能进，必休息士马，亟追之可及，

12　己巳(十三日),唐朝掌管礼仪的官员上奏说:“四郊迎祭五行之气,保留太微五帝的祭祀;祭南郊、明堂,废除纬书六天的说法。方丘祭皇地祇之外,原来还祭神州地祇于北郊,现请合在一起祭祀。”高宗同意。

13　辛未(十五日),唐朝任命礼部尚书许敬宗为侍中,兼度支尚书杜正伦为兼中书令。

14　冬季,十月戊戌,唐高宗巡视许州。乙巳,打猎于滍水之南。壬子,来到汜水曲。十二月乙卯朔(初一),唐高宗返回洛阳宫。

15　苏定方进攻西突厥沙钵罗可汗,到达金山以北,先攻击处木昆部,把他们打得大败,他们的俟斤懒独禄等率领万馀帐前来投降。苏定方抚慰他们,征发他们一千名骑兵参加自己的部队。

右领军郎将薛仁贵上奏说:“泥孰部一贯不服阿史那贺鲁,阿史那贺鲁打败他们,俘虏了他们的妻子儿女。现在唐兵打败阿史那贺鲁各部,得到泥孰部的妻子儿女,应归还泥孰部,仍然给予赏赐,使他们明白阿史那贺鲁是贼人而大唐是他们的父母,这样即使让他们去牺牲,他们也会不遗馀力了。”高宗采纳他的意见。泥孰部很高兴,请求参加唐军共同攻打阿史那贺鲁。

苏定方到达曳咥河以西,沙钵罗率领十姓兵将近十万前来抵抗。苏定方率领唐兵及回纥一万馀人攻打他们。沙钵罗轻视苏定方兵少,径直前进将他包围。苏定方命令步兵占据南边原野,集中长矛向外,自己率领骑兵布阵于北边原野。沙钵罗先进攻步兵,三次冲击都攻不动。苏定方便率领骑兵攻击他们,沙钵罗大败,追击三十里,杀死和俘获数万人;第二天,苏定方领兵继续前进。于是胡禄屋等五弩失毕全部投降唐军。沙钵罗只与处木昆屈律啜数百骑兵向西逃走。当时阿史那步真从南道进发,五咄陆部落听说沙钵罗失败,都向阿史那步真投降。苏定方于是命令萧嗣业、回纥人婆闰率领胡兵向邪罗斯川进发,追击沙钵罗,苏定方与任雅相率领新归附的部众尾随前进。当时正遇上下大雪,平地雪深二尺,军卒都要求等待雪晴后再进军,苏定方说:“敌人依仗地上积雪深,认为我们不能前进,必定让士兵和马匹休息,急速追赶他们可以追上,

若缓之，彼遁逃浸远，不可复追，省日兼功，在此时矣！”乃蹋雪昼夜兼行。所过收其部众，至双河，与弥射、步真合，去沙钵罗所居二百里，布陈长驱，径至其牙帐。沙钵罗与其徒将猎，定方掩其不备，纵兵击之，斩获数万人。得其鼓纛，沙钵罗与其子咥运、婿阎啜等脱走，趣石国。定方于是息兵，诸部各归所居，通道路，置邮驿，掩骸骨，问疾苦，画疆埸，复生业，凡为沙钵罗所掠者，悉括还之，十姓安堵如故。乃命萧嗣业将兵追沙钵罗，定方引军还。

沙钵罗至石国西北苏咄城，人马饥乏，遣人赍珍宝入城市马，城主伊沮达官诈以酒食出迎，诱之入，闭门执之，送于石国。萧嗣业至石国，石国人以沙钵罗授之。

乙丑，分西突厥地置濛池、昆陵二都护府，以阿史那弥射为左卫大将军、昆陵都护、兴昔亡可汗，押五咄陆部落；阿史那步真为右卫大将军、濛池都护、继往绝可汗，押五弩失毕部落。遣光禄卿卢承庆持节册命，仍命弥射、步真与承庆据诸姓降者，准其部落大小，位望高下，授刺史以下官。

16　丁卯，以洛阳宫为东都，洛州官吏员品并如雍州。

17　是岁，诏：“自今僧尼不得受父母及尊者礼拜，所司明有法制禁断。”

18　以吏部侍郎刘祥道为黄门侍郎，仍知吏部选事。祥道以为：“今选司取士伤滥，每年入流之数，过一千四百，杂色入流，曾不铨简。即日内外文武官一品至九品，凡万三千四百六十五员，约准三十年，则万三千馀人略尽矣。若年别入流者五百人，足充所须之数。望有厘革。”既而杜正伦亦言入流人太多。上命正伦与祥道详议，而大臣惮于改作，事遂寝。祥道，林甫之子也。

如果慢了，他们逃跑更远，就不能再追了，省时又可获得成功，就在这时候了！”于是踏雪昼夜不停地前进。唐军所经过的地方，收容他们的部众，来到双河，与阿史那弥射、阿史那步真会合，距离沙钵罗驻地二百里，摆开阵势长驱直入，直至沙钵罗的帐篷前。沙钵罗同他的将士正准备外出打猎，苏定方乘他们不防备，发兵攻击，杀死和俘虏数万人，缴获他们的战鼓和大旗。沙钵罗和他的儿子咥运、女婿阎啜等逃脱，投奔石国。苏定方于是停止前进，让各部落返回各自的住地，修通道路，设置驿站，掩埋尸骨，慰问疾苦，划定疆界，恢复生产，凡被沙钵罗掠夺的人，全部搜寻送回，西突厥十姓安居和从前一样。苏定方于是命令萧嗣业率兵继续追击沙钵罗，自己率军返回。

沙钵罗到达石国西北的苏咄城，人和马都饥饿疲乏，便派人带着珍宝入城买马，城主伊沮达假装带着酒和食品出城迎接，引诱他们入城，然后关闭城门逮捕他们，送交石国。萧嗣业到达石国，石国人便将沙钵罗交给他。

乙丑(十一日)，唐朝分西突厥地方设置濛池、崑陵两个都护府，任命阿史那弥射为左卫大将军、崑陵都护、兴昔亡可汗，主管五咄陆部落；阿史那步真为右卫大将军、濛池都护、继往绝可汗，主管五弩失毕部落。派遣光禄卿卢承庆带着符节和授官的命令，还让阿史那弥射、阿史那步真与卢承庆一起，依据投降诸姓的部落大小，地位和威望的高低，授给刺史以下的各级官职。

16　丁卯(十三日)，唐朝以洛阳宫为东都，洛州官吏的人数和品级都如同雍州。

17　本年，唐高宗下诏：“自今以后，和尚、尼姑不得接受父母和尊者的礼拜，有关部门应有法令制度禁止。”

18　唐朝任命吏部侍郎刘祥道为黄门侍郎，仍主持吏部选任职官的事。刘祥道以为：“现在主持选官的部门取士太滥，每年进入九品以内的官员超过一千四百人，不经取士进入九品官的还没有经过铨叙选拔，现在朝廷内外文武官一品至九品，已共有一万三千四百六十五人，大约以三十年为限，这一万三千馀人差不多才能用完。如果每年进入九品以上官员五百人，便足以补充所需要的人数。希望对此有所改正。”其后杜正伦也说进入九品官的人太多。高宗命令杜正伦与刘祥道详细计议，而大臣们害怕改动，事情被搁置不办。刘详道是刘林甫的儿子。

三年(戊午,658)

1 春,正月戊子,长孙无忌等上所修新礼,诏中外行之。先是,议者谓贞观礼节文未备,故命无忌等修之。时许敬宗、李义府用事,所损益多希旨,学者非之。太常博士萧楚材等以为豫备凶事,非臣子所宜言。敬宗、义府深然之,遂焚《国恤》一篇,由是凶礼遂阙。

2 初,龟兹王布失毕妻阿史那氏与其相那利私通,布失毕不能禁,由是君臣猜阻,各有党与,互来告难。上两召之,既至,囚那利,遣左领军郎将雷文成送布失毕归国。至龟兹东境泥师城,龟兹大将羯猎颠发众拒之,仍遣使降于西突厥沙钵罗可汗。布失毕据城自守,不敢进。诏左屯卫大将军杨胄发兵讨之。会布失毕病卒,胄与羯猎颠战,大破之,擒羯猎颠及其党,尽诛之,乃以其地为龟兹都督府。戊申,立布失毕之子素稽为龟兹王兼都督。

3 二月丁巳,上发东都。甲戌,至京师。

4 夏,五月癸未,徙安西都护府于龟兹,以旧安西复为西州都督府,镇高昌故地。

5 六月,营州都督兼东夷都护程名振、右领军中郎将薛仁贵将兵攻高丽之赤烽镇,拔之,斩首四百馀级,捕虏百馀人。高丽遣其大将豆方娄帅众三万拒之,名振以契丹逆击,大破之,斩首二千五百级。

6 秋,八月甲寅,播罗哀獠酋长多胡桑等帅众内附。

7 冬,十月庚申,吐蕃赞普来请婚。

8 中书令李义府有宠于上,诸子孩抱者并列清贵。而义府贪冒无厌,母、妻及诸子、女婿,卖官鬻狱,其门如市,多树朋党,倾动朝野。中书令杜正伦每以先进自处,义府恃恩,不为之下,由是有隙,与义府讼于上前。上以大臣不和,两责之。十一月乙酉,贬正伦横州刺史,义府普州刺史。正伦寻卒于横州。

唐高宗显庆三年(戊午,公元 658 年)

1 春季,正月戊子(初五),长孙无忌等上报所修订新的礼节仪式,高宗命令朝廷内外遵行。这以前,议论的人认为贞观年间所定的礼节仪式不完备,所以命令长孙无忌等修订。当时许敬宗、李义府当政,增补或删减多秉承他们的旨意,有学问的人都加以指责。太常博士萧楚材等以为准备丧事,不是臣下所应该说的。许敬宗、李义府很同意,于是焚烧其中《国恤》一篇,因此短缺丧事的礼节仪式。

2 当初,龟兹王布失毕的妻子阿史那氏与他的宰相那利通奸,布失毕不能制止,因此君臣之间互相猜疑,各自拉拢派系,轮番到唐朝控诉责难对方。唐高宗将两人都召来,到达后,囚禁那利,派遣左领军郎将雷文成送布失毕回国。他们到达龟兹东部泥师城,龟兹大将羯猎颠发动部众抗拒,并派使者向西突厥沙钵罗可汗投降。布失毕占据泥师城固守,不敢前进。高宗命令左屯卫大将军杨胄发兵讨伐羯猎颠。这期间布失毕病死,杨胄与羯猎颠交战,把他打得大败,擒得羯猎颠和他的党羽后,全部处死,于是在当地设置龟兹都督府。戊申(二十五日),唐朝封布失毕的儿子素稽为龟兹王兼都督。

3 二月丁巳(初四),唐高宗从东都出发。甲戌(二十一日),到达京师。

4 夏季,五月癸未(初二),唐朝迁移安西都护府至龟兹,将原安西恢复为西州都督府,镇守高昌故地。

5 六月,营州都督兼东夷都护程名振、右领军中郎将薛仁贵领兵进攻高丽的赤烽镇,将该镇攻下,斩首四百馀级,俘虏一百馀人。高丽派遣大将豆方娄率众三万人抵抗,程名振用契丹兵进击,把他们打败,斩首两千五百级。

6 秋季,八月甲寅(初四),播罗哀僚酋长多胡桑等率领部众归附唐朝。

7 冬季,十月庚申(十一日),吐蕃赞普来唐朝求婚。

8 中书令李义府受高宗宠信,他还在怀抱中的儿子都列名于高贵显要的官职。而李义府贪图财利总不满足,母亲、妻子、儿子、女婿都卖官和利用诉讼受贿,门庭若市,树立自己的派系,震动朝廷和民间。中书令杜正伦常以老资格自居,李义府依仗皇帝的恩宠,不愿甘拜下风,因而产生仇怨,相互争论于高宗面前。高宗因大臣不和,两方都加以责备。十一月乙酉(初六),杜正伦被降职为横州刺史,李义府被降职为普州刺史。杜正伦不久死于横州。

9 阿史那贺鲁既被擒，谓萧嗣业曰：“我本亡虏，为先帝所存，先帝遇我厚而我负之，今日之败，天所怒也。吾闻中国刑人必于市，愿刑我于昭陵之前以谢先帝。”上闻而怜之。贺鲁至京师，甲午，献于昭陵。敕免其死，分其种落为六都督府，其所役属诸国皆置州府，西尽波斯，并隶安西都护府。贺鲁寻死，葬于颉利墓侧。

10 戊戌，以许敬宗为中书令，大理卿辛茂将为兼侍中。

11 开府仪同三司鄂忠武公尉迟敬德薨。敬德晚年闲居，学延年术，修饰池台，奏清商乐以自奉养，不交通宾客，凡十六年，年七十四，以病终，朝廷恩礼甚厚。

12 是岁，爱州刺史褚遂良卒。

13 雍州司士许祎与来济善，侍御史张伦与李义府有怨，吏部尚书唐临奏以祎为江南道巡察使，伦为剑南道巡察使。是时义府虽在外，皇后常保护之，以临为挟私选授。

四年(己未,659)

1 春，二月乙丑，免临官。

2 三月壬午，西突厥兴昔亡可汗与真珠叶护战于双河，斩真珠叶护。

3 夏，四月丙辰，以于志宁为太子太师、同中书门下三品。乙丑，以黄门侍郎许圉师参知政事。

4 武后以太尉赵公长孙无忌受重赐而不助己，深怨之。及议废王后，燕公于志宁中立不言，武后亦不悦。许敬宗屡以利害说无忌，无忌每面折之，敬宗亦怨。武后既立，无忌内不自安，后令敬宗伺其隙而陷之。

9　阿史那贺鲁被擒以后，对萧嗣业说："我本是逃亡的罪人，被先帝收留，先帝厚待我而我却违背他，今天的失败，是上天对我的谴责。我听说中国杀人一定在闹市，希望在昭陵前杀我以谢先帝。"高宗听说后怜悯他。阿史那贺鲁被送到京师，甲午（十五日），向昭陵献俘。高宗下令赦免他的死罪，分他的部落为六个都督府，被役使而臣属于他的各国都设置州府，西边一直到波斯，都隶属于安西都护府。阿史那贺鲁不久死去，葬在颉利墓旁边。

10　戊戌（十九日），唐朝任命许敬宗为中书令，大理卿辛茂将兼侍中。

11　开府仪同三司鄂忠武公尉迟敬德去世。尉迟敬德晚年闲居，学习长寿的方法，修饰池塘楼台，奏着《清商乐》娱乐度日，不接待宾客，这样经历了十六年，享年七十四岁，因病去世，朝廷对他的恩宠礼遇十分隆厚。

12　本年，爱州刺史褚遂良去世。

13　雍州刺史许祎与来济要好，侍御史张伦与李义府有仇怨，吏部尚书唐临奏请任命许祎为江南道巡察使，张伦为剑南道巡察使。当时李义府虽然被降职在外地，但皇后常常保护他，以为唐临这是怀着私人感情选任官吏。

唐高宗显庆四年（己未，公元659年）

1　春季，二月乙丑（十八日），唐朝免除了唐临的职务。

2　三月壬午（初五），西突厥兴昔亡可汗与真珠叶护交战于双河，斩杀真珠叶护。

3　夏季，四月丙辰（初十），唐朝任命于志宁为太子太师、同中书门下三品。乙丑（十九日），任命黄门侍郎许圉师参知政事。

4　武后因太尉赵公长孙无忌受到优厚的赏赐而不肯帮助自己，十分怨恨他。在讨论废黜王皇后时，燕公于志宁持中立态度，不肯发言，武后也不高兴。许敬宗一再想用陈述利害的办法说服长孙无忌，长孙无忌经常当面驳斥他，许敬宗因此也怨恨长孙无忌。武则天已立为皇后，长孙无忌内心不安，武后命令许敬宗寻找空子陷害他。

会洛阳人李奉节告太子洗马韦季方、监察御史李巢朋党事，敕敬宗与辛茂将鞫之。敬宗按之急，季方自刺，不死，敬宗因诬奏季方欲与无忌构陷忠臣近戚，使权归无忌，伺隙谋反，今事觉，故自杀。上惊曰："岂有此邪？舅为小人所间，小生疑阻则有之，何至于反？"敬宗曰："臣始末推究，反状已露，陛下犹以为疑，恐非社稷之福。"上泣曰："我家不幸，亲戚间屡有异志，往年高阳公主与房遗爱谋反，今元舅复然，使朕惭见天下之人。兹事若实，如之何？"对曰："遗爱乳臭儿，与一女子谋反，势何所成？无忌与先帝谋取天下，天下服其智，为宰相三十年，天下畏其威，若一旦窃发，陛下遣谁当之？今赖宗庙之灵，皇天疾恶，因按小事，乃得大奸，实天下之庆也。臣窃恐无忌知季方自刺，窘急发谋，攘袂一呼，同恶云集，必为宗庙之忧。臣昔见宇文化及父述为炀帝所亲任，结以婚姻，委以朝政。述卒，化及复典禁兵，一夕于江都作乱，先杀不附己者，臣家亦豫其祸，于是大臣苏威、裴矩之徒，皆舞蹈马首，唯恐不及，黎明遂倾隋室。前事不远，愿陛下速决之！"上命敬宗更加审察。明日，敬宗复奏曰："昨夜季方已承与无忌同反，臣又问季方：'无忌与国至亲，累朝宠任，何恨而反？'季方答云：'韩瑗尝语无忌云："柳奭、褚遂良劝公立梁王为太子，今梁王既废，上亦疑公，故出高履行于外。"自此无忌忧恐，渐为自安之计。后见长孙祥又出，韩瑗得罪，日夜与季方等谋反。'臣参验辞状，咸相符合，请收捕准法。"上又泣曰："舅若果尔，朕决不忍杀之，天下将谓朕何，后世将谓朕何？"

这时正遇到洛阳人李奉节告发太子洗马韦季方、监察御史李巢纠结宗派的事情，高宗命令许敬宗与辛茂将审讯他们。许敬宗讯问紧迫，韦季方自己刺杀自己，结果没有死，许敬宗因此诬奏韦季方想与长孙无忌诬陷忠臣和皇帝近亲，使权力归于长孙无忌，以便寻找机会谋反，现在事情暴露，所以自杀。高宗吃惊地说："哪里有这种事呢？舅舅被小人离间，产生小的猜疑隔阂是有的，哪里至于谋反？"许敬宗说："我从始至终推求研究，谋反的情况已很明显，陛下还以为可疑，这恐怕不是国家之福。"高宗流泪说："我家不幸，亲戚之间一再出现有叛变意图的人，往年高阳公主与房遗爱谋反，现在大舅又这样，使朕愧见天下人。这事如果属实，怎么办？"许敬宗答道："房遗爱幼稚小子，与一个女子谋反，能成什么气候？长孙无忌与先帝谋划夺取天下，天下人佩服他的智谋，任宰相三十年，天下人畏惧他的权威，如果有一天暗地发动，陛下派遣谁能抵挡他？现在仰赖宗庙神灵，皇天憎恨邪恶，因审问小事，而获得大恶人，实在是天下之福。我私下担心长孙无忌知道韦季方自己刺杀自己，处境困迫而发动变乱，振臂一呼，同党聚集，必定成为国家的忧患。我以前看见过宇文化及的父亲宇文述为隋炀帝所亲信重用，互通婚姻，将朝政托付给他。宇文述死后，宇文化及又主管皇帝的亲兵，一天晚上在江都作乱，先杀死不归附自己的人，我家也受其害，于是大臣苏威、裴矩之流，跪拜着追随他还恐怕来不及，天刚亮就倾覆隋朝。这是不久以前发生的事情，希望陛下赶快拿主意！"高宗命令许敬宗进一步查审这件事。第二天，许敬宗又上奏："昨晚韦季方已承认与长孙无忌一同谋反，我又问韦季方：'长孙无忌与皇帝是至亲，历朝受宠信重用，因什么仇恨而要谋反？'韦季方回答说：'韩瑗曾对长孙无忌说：柳奭、褚遂良劝您立梁王为太子，现在梁王已被废黜，皇帝也怀疑您，所以将您的亲戚高履行调任外地。从此长孙无忌忧虑恐惧，逐渐准备自我保护的计策。后来看到长孙祥又调任外地，韩瑗得罪，便日夜与韦季方等谋反。'我检验供词和事实，都相符合，请依法逮捕他。"高宗又流泪说："舅父果真如此，朕决不忍杀他，否则天下人将说朕什么，后代将说朕什么？"

敬宗对曰："薄昭，汉文帝之舅也，文帝从代来，昭亦有功，所坐止于杀人，文帝使百官素服哭而杀之，至今天下以文帝为明主。今无忌忘两朝之大恩，谋移社稷，其罪与薄昭不可同年而语也。幸而奸状自发，逆徒引服，陛下何疑，犹不早决！古人有言：'当断不断，反受其乱。'安危之机，间不容发。无忌今之奸雄，王莽、司马懿之流也。陛下少更迁延，臣恐变生肘腋，悔无及矣！"上以为然，竟不引问无忌。戊辰，下诏削无忌太尉及封邑，以为扬州都督，于黔州安置，准一品供给。祥，无忌之从父兄子也，前此自工部尚书出为荆州长史，故敬宗以此诬之。

敬宗又奏："无忌谋逆，由褚遂良、柳奭、韩瑗构扇而成。奭仍潜通宫掖，谋行鸩毒，于志宁亦党附无忌。"于是诏追削遂良官爵，除奭、瑗名，免志宁官。遣使发道次兵援送无忌诣黔州。无忌子秘书监驸马都尉冲等皆除名，流岭表。遂良子彦甫、彦冲流爱州，于道杀之。益州长史高履行累贬洪州都督。

5 五月丙申，兵部尚书任雅相、度支尚书卢承庆并参知政事。承庆，思道之孙也。

6 凉州刺史赵持满，多力善射，喜任侠，其从母为韩瑗妻，其舅驸马都尉长孙铨，无忌之族弟也，铨坐无忌，流嶲州。许敬宗恐持满作难，诬云无忌同反，驿召至京师，下狱，讯掠备至，终无异辞，曰："身可杀也，辞不可更！"吏无如之何，乃代为狱辞结奏。戊戌，诛之，尸于城西，亲戚莫敢视。友人王方翼叹曰："栾布哭彭越，义也；文王葬枯骨，仁也。下不失义，上不失仁，不亦可乎？"乃收而葬之。上闻之，不罪也。方翼，废后之从祖兄也。长孙铨至流所，县令希旨杖杀之。

许敬宗回答说："薄昭是汉文帝的舅父，迎接汉文帝，从代地回来即帝位，薄昭也有功劳，所犯的罪只限于杀人，汉文帝便让百官穿上丧服哭他使他自杀，到现在天下人将汉文帝视为明主。现在长孙无忌忘掉两朝的隆重恩宠，图谋窃取国家政权，他罪恶之大与薄昭简直不能同年而语。幸而邪恶的情状暴露，叛逆的人认罪，陛下有什么疑虑，还不早作决断！古人说：'当断不断，反受其乱。'平安和危险的机会相距极有限，中间没有容下一根头发的间隔。长孙无忌是当今富于权诈、才能足以欺世的野心家，属于王莽、司马懿一流人物；陛下稍经拖延，我恐怕事变即发生在身边，后悔都来不及了。"高宗认为他说的是对的，居然没有召见长孙无忌加以审问。戊辰（二十二日），高宗下令削除长孙无忌太尉职务和封地，任命他为扬州都督，在黔州安置，按一品官的标准供应伙食。长孙祥是长孙无忌堂兄的儿子，这以前由工部尚书调出任荆州长史，所以许敬宗用这件事诬陷长孙无忌。

许敬宗又上奏："长孙无忌图谋叛逆，是由褚遂良、柳奭、韩瑗串通煽动而成。柳奭屡次暗通后宫，图谋用毒酒杀人，于志宁也依附长孙无忌。"于是高宗下令削除褚遂良官爵，削除柳奭、韩瑗官爵，免去于志宁官职，派遣使者征发途中驻军帮助押送长孙无忌到黔州。长孙无忌的儿子秘书监驸马都尉长孙冲等都被削除官爵，流放岭南。褚遂良的儿子褚彦甫、褚彦冲流放爱州，在途中被杀。益州长史高履行连续被降职后任洪州都督。

5　五月丙申（二十日），兵部尚书任雅相、度支尚书卢承庆并参知政事。卢承庆是卢思道的孙子。

6　凉州刺史赵持满力气大，善于射箭，喜欢打抱不平，他的姨母是韩瑗的妻子，他的舅舅驸马都尉长孙铨是长孙无忌同族弟弟，长孙铨因长孙无忌的关系，流放巂州。许敬宗害怕赵持满起事，便诬陷他与长孙无忌一同谋反，用驿车召回京师，投入监狱，他备受严刑拷打，始终没有承认，说："身可杀，话不可更改！"监狱的官吏无可奈何，便代替他作供词结案上奏。戊戌（二十二日），他被处死，陈尸城西，亲戚都不敢看。他的朋友王方翼叹息说："栾布哭彭越，是义；周文王埋葬枯骨，是仁。在下不失义，在上不失仁，难道不可以么？"于是收殓他的尸体加以埋葬。高宗听说后，没有追究王方翼的罪。王方翼是被废黜的王皇后的堂祖哥哥。长孙铨到了流放地，当地县令迎合上面的意旨用杖刑杀死他。

7　六月丁卯，诏改《氏族志》为《姓氏录》。

初，太宗命高士廉等修《氏族志》，升降去取，时称允当。至是，许敬宗等以其书不叙武氏本望，奏请改之，乃命礼部郎中孔志约等比类升降，以后族为第一等，其馀悉以仕唐官品高下为准，凡九等。于是士卒以军功致位五品，豫士流，时人谓之“勋格”。

8　许敬宗议封禅仪，己巳，奏：“请以高祖、太宗俱配昊天上帝，太穆、文德二皇后俱配皇地祇。”从之。

9　秋，七月，命御史往高州追长孙恩，象州追柳奭，振州追韩瑗，并枷锁诣京师，仍命州县簿录其家。恩，无忌之族弟也。

壬寅，命李勣、许敬宗、辛茂将与任雅相、卢承庆更共覆按无忌事。许敬宗又遣中书舍人袁公瑜等诣黔州，再鞫无忌反状，至则逼无忌令自缢。诏柳奭、韩瑗所至斩决。使者杀柳奭于象州。韩瑗已死，发验而还。籍没三家，近亲皆流岭南为奴婢。常州刺史长孙祥坐与无忌通书，处绞。长孙恩流檀州。

10　八月壬子，以普州刺史李义府兼吏部尚书、同中书门下三品。义府既贵，自言本出赵郡，与诸李叙昭穆。无赖之徒藉其权势，拜伏为兄叔者甚众。给事中李崇德初与同谱，及义府出为普州，即除之。义府闻而衔之，及复为相，使人诬构其罪，下狱，自杀。

11　乙卯，长孙氏、柳氏缘无忌、奭贬降者十三人。高履行贬永州刺史。于志宁贬荣州刺史，于氏贬者九人。自是政归中宫矣。

7　六月丁卯（二十二日），唐高宗下令改《氏族志》为《姓氏录》。

当初，太宗命令高士廉等撰修《氏族志》，姓氏地位的升或降、姓氏的收录或删除，当时称赞他处理得恰当。到这时候，许敬宗等因它不叙述武氏本原和郡望，上奏请求修改。于是朝廷命令礼部郎中孔志约等比照类别定升降，以皇后家族为第一等，其馀全部按照在唐朝当官的官品高低为标准，共分九等。自此士卒因军功提升到五品官位，便进入士人一流，当时人称这为“勋格”。

8　许敬宗提出封禅礼仪，己巳（二十四日），上奏：“请以高祖、太宗配祭昊天上帝，太穆、文德二皇后配祭皇地祇。”高宗采纳他的意见。

9　秋季，七月，唐朝命令御史往高州追捕长孙恩，往象州追捕柳奭，往振州追捕韩瑗，全都枷锁押送京师，同时命令州县查抄他们的家产。长孙恩是长孙无忌的同族弟弟。

壬寅（二十七日），唐朝命令李世勣、许敬宗、辛茂将与任雅相、卢承庆一起重新审查长孙无忌事件。许敬宗又派遣中书舍人袁公瑜等到黔州，再次审讯长孙无忌谋反罪行，刚到那里即逼迫长孙无忌上吊自杀。高宗命令将柳奭、韩瑗就地斩首。使者杀柳奭于象州。韩瑗已死，使者开棺验尸后返回。查抄这三家的家产，他们的近亲都流放岭南为奴婢。常州刺史长孙祥因与长孙无忌通信获罪，被处以绞刑。

10　八月壬子（初八），唐朝任命普州刺史李义府兼吏部尚书，同中书门下三品。李义府已显贵，自己声称祖先是赵郡人，与皇族李氏论列家族的辈分；无赖之徒想凭借他的权势，拜伏地下认他为哥哥为叔父的人很多。给事中李崇德当初与他同一个家族谱系，到他调出任普州刺史，即把他从族谱中删除。李义府听说后憎恨他，再次出任宰相后，便指使人诬陷他，将他逮捕入狱，终于被迫自杀。

11　乙卯（十一日），唐朝姓长孙和姓柳的人，因长孙无忌、柳奭的关系，被降职的十三人。高履行降职为永州刺史。于志宁降职为荣州刺史，姓于的被降职的九人。从此政权归于武后了。

12　九月，诏以石、米、史、大安、小安、曹、拔汗那、悒怛、疏勒、朱驹半等国置州县府百二十七。

13　冬，十月丙午，太子加元服，赦天下。

14　初，太宗疾山东士人自矜门地，婚姻多责资财，命修《氏族志》例降一等。王妃、主婿皆取勋臣家，不议山东之族。而魏徵、房玄龄、李勣家皆盛与为婚，常左右之，由是旧望不减。或一姓之中，更分某房某眷，高下悬隔。李义府为其子求婚不获，恨之，故以先帝之旨，劝上矫其弊。壬戌，诏后魏陇西李宝、太原王琼、荥阳郑温、范阳卢子迁、卢浑、卢辅、清河崔宗伯、崔元孙、前燕博陵崔懿、晋赵郡李楷等子孙，不得自为婚姻。仍定天下嫁女受财之数，毋得受陪门财。然族望为时所尚，终不能禁，或载女窃送夫家，或女老不嫁，终不与异姓为婚。其衰宗落谱，昭穆所不齿者，往往反自称禁婚家，益增厚价。

15　闰月戊寅，上发京师，令太子监国。太子思慕不已，上闻之，遽召赴行在。戊戌，车驾至东都。

16　十一月丙午，以许圉师为散骑常侍、检校侍中。

17　戊午，侍中兼左庶子辛茂将薨。

18　思结俟斤都曼帅疏勒、朱俱波、谒般陀三国反，击破于阗。癸亥，以左骁卫大将军苏定方为安抚大使以讨之。

19　以卢承庆同中书门下三品。

20　右领军中郎将薛仁贵等与高丽将温沙门战于横山，破之。

12　九月，唐高宗下令在石、米、史、大安、小安、曹、拔汗那、悒怛、疏勒、朱驹半等国设置州、县、府一百二十七处。

13　冬季，十月丙午（初三），行太子加冠礼，赦天下罪人。

14　当初，唐太宗厌恶山东的士大夫自夸门第，婚姻多索取财礼，命令撰修《氏族志》时照例降一等；王妃、驸马都选取功臣人家，不选择山东的家族。而魏徵、房玄龄、李世勣家都纷纷与他们通婚，常扶助他们，因此他们旧时的声望并不衰减；或者一姓当中，又分某一分支某一眷属，声望高低悬殊。李义府为儿子向他们求婚没有如愿，因而憎恨他们，所以用太宗上述旨意，劝高宗纠正它的弊病。壬戌（十九日），高宗命令后魏陇西人李宝、太原人王琼、荥阳人郑温、范阳人卢子迁、卢浑、卢辅、清河人崔宗伯、崔元孙、前燕博陵人崔懿、晋赵郡人李楷等人的子孙，内部不得通婚。仍然规定天下嫁女接受财礼的数目，不得接受女家因门第不高而付给门第高的男家的“陪门财”。但家族声望为当时所崇尚，始终不能禁止，有人装载着女儿私下送去夫家，有人的女儿到老也不嫁，最终不与外姓通婚。那些衰败并在族谱中失落辈分不能与同姓排列的家族，往往反而自称是被禁止通婚的家族，更加多收“陪门财”。

15　闰十月戊寅（初五），唐高宗离开京师，命令太子监理国家政事。太子不断思念父母，高宗听说后，立即将他召往自己的驻地。戊戌（二十五日），高宗到达东都。

16　十一月丙午（初四），唐朝任命许圉师为散骑常侍、检校侍中。

17　戊午（十六日），侍中兼左庶子辛茂将去世。

18　思结俟斤都曼率领疏勒、朱俱波、谒般陀三国反叛唐朝，攻破于阗。癸亥（二十一日），唐朝任命左骁卫大将军苏定方为安抚大使以讨伐他们。

19　唐朝任卢承庆同中书门下三品。

20　唐朝右领军中郎将薛仁贵等与高丽将领温沙门交战于横山，将他打败。

21　苏定方军至业叶水，思结保马头川。定方选精兵万人、骑三千匹驰往袭之，一日一夜行三百里，诘旦，至城下，都曼大惊。战于城外，都曼败，退保其城。及暮，诸军继至，遂围之，都曼惧而出降。

五年（庚申，660）

1　春，正月，定方献俘于乾阳殿。法司请诛都曼。定方请曰："臣许以不死，故都曼出降，愿丐其馀生。"上曰："朕屈法以全卿之信。"乃免之。

2　甲子，上发东都。二月辛巳，至并州。三月丙午，皇后宴亲戚故旧邻里于朝堂，妇人于内殿，班赐有差。诏："并州妇人年八十以上，皆版授郡君。"

3　百济恃高丽之援，数侵新罗，新罗王春秋上表求救。辛亥，以左武卫大将军苏定方为神丘道行军大总管，帅左骁卫将军刘伯英等水陆十万以伐百济。以春秋为嵎夷道行军总管，将新罗之众，与之合势。

4　夏，四月丙寅，上发并州。癸巳，至东都。五月，作合璧宫。壬戌，上幸合璧宫。

5　戊辰，以定襄都督阿史德枢宾、左武候将军延陀梯真、居延州都督李合珠并为冷岍道行军总管，各将所部兵以讨叛奚，仍命尚书右丞崔馀庆充使总护三部兵，奚寻遣使降。更以枢宾等为沙砖道行军总管，以讨契丹，擒契丹松漠都督阿卜固送东都。

6　六月庚午朔，日有食之。

7　甲午，车驾还洛阳宫。

21　苏定方进军至业叶水，思结俟斤都曼保守马头川，苏定方挑选精兵一万人、坐骑三千匹迅速前往袭击，一日一夜行军三百里，第二天早晨，到达城下，都曼大惊。双方交战于城外，都曼战败，退守城池。到了傍晚，唐军陆续到达，于是将城包围，都曼畏惧，出城投降。

唐高宗显庆五年（庚申，公元660年）

1　春季，正月，苏定方在乾阳殿献俘虏。主管司法刑狱的部门请求处死都曼。苏定方向高宗请求说："我答应不处死都曼，所以都曼才出城投降。我愿意为他乞求馀生。"高宗说："朕委屈法律以成全你的信用。"于是将他赦免。

2　甲子（十五日），高宗从东都出发。二月辛巳（初十），到达并州。三月丙午（初五），皇后在朝堂宴请亲戚朋友和邻居，妇女则在内殿设宴，分发不同等次的赏赐。高宗下令："并州妇女凡年龄在八十岁以上的，都授以郡君的封号。"

3　百济依仗高丽的援助，一再侵犯新罗，新罗王金春秋向唐朝上表求救。辛亥（初十），唐朝任命左武卫大将军苏定方为神丘道行军大总管，率领左骁卫将军刘伯英等水陆军十万人讨伐百济。任命金春秋为嵎夷道行军总管，率领新罗兵与苏定方配合作战。

4　夏季，四月丙寅，唐高宗从并州出发。癸巳（二十三日），到达东都。五月，唐朝造合璧宫。壬戌（二十二日），高宗来到合璧宫。

5　戊辰（二十八日），唐朝任命定襄都督阿史德枢宾、左武侯将军延陀梯真、居延州都督李合珠同任冷岍道行军总管，各率领所掌管的士兵讨伐反叛的奚人，同时命尚书右丞崔馀庆充当使者总领这三支部队，奚人不久派遣使者请求投降。唐朝又任命阿史德枢宾等为沙砖道行军总管，讨伐契丹，擒获契丹松漠都督阿卜固押送东都。

6　六月庚午朔（初一），出现日食。

7　甲午（二十五日），唐高宗返回洛阳宫。

8　房州刺史梁王忠，年浸长，颇不自安，或私衣妇人服以备刺客，又数自占吉凶。或告其事，秋，七月乙巳，废忠为庶人，徙黔州，囚于承乾故宅。

9　丁卯，度支尚书、同中书门下三品卢承庆坐科调失所免官。

10　八月，吐蕃禄东赞遣其子起政将兵击吐谷浑，以吐谷浑内附故也。

11　苏定方引兵自成山济海，百济据熊津江口以拒之。定方进击破之，百济死者数千人，馀皆溃走。定方水陆齐进，直趣其都城。未至二十馀里，百济倾国来战，大破之，杀万馀人，追奔，入其郭。百济王义慈及太子隆逃于北境，定方进围其城。义慈次子泰自立为王，帅众固守。隆子文思曰："王与太子皆在，而叔遽拥兵自王，借使能却唐兵，我父子必不全矣。"遂帅左右逾城来降，百姓皆从之，泰不能止。定方命军士登城立帜，泰窘迫，开门请命。于是义慈、隆及诸城主皆降。百济故有五部，分统三十七郡、二百城、七十六万户，诏以其地置熊津等五都督府，以其酋长为都督、刺史。

12　壬午，左武卫大将军郑仁泰将兵讨思结、拔也固、仆骨、同罗四部，三战皆捷，追奔百馀里，斩其酋长而还。

13　冬，十月，上初苦风眩头重，目不能视，百司奏事，上或使皇后决之。后性明敏，涉猎文史，处事皆称旨。由是始委以政事，权与人主侔矣。

14　十一月戊戌朔，上御则天门楼，受百济俘，自其王义慈以下皆释之。苏定方前后灭三国，皆生擒其主。赦天下。

8　房州刺史梁王李忠，年纪逐渐长大，内心很不安，有时私下穿上妇女的衣服以防备刺客；又多次自己占卜吉凶。有人告发他这些事，秋季，七月乙巳（初六），废黜李忠为平民，迁移黔州，囚禁在废太子李承乾原来的住宅中。

9　丁卯（二十八日），度支尚书、同中书门下三品卢承庆因征调不当，被免职。

10　八月，吐蕃禄东赞派遣他儿子起政领兵攻击吐谷浑，原因是吐谷浑归附唐朝。

11　苏定方领兵自成山渡海，百济占据熊津江口抵抗。苏定方进攻将他们打败，百济战死的有数千人，其馀都溃散逃走。苏定方水陆并进，直向百济都城进发，距城二十多里，百济全军出战，被打得大败，被杀掉一万多人。唐军追击，进迫都城的外围。百济王扶馀义慈和太子扶馀隆逃向北部边境，苏定方进而包围百济都城。扶馀义慈的次子扶馀泰自立为王，率兵固守。扶馀隆的儿子扶馀文思说："国王和太子都还在，而叔父竟拥兵自称为王，假使能打退唐兵，我父子必定不能保全性命了。"于是率领亲近的人越城出来投降，百姓都跟随他，扶馀泰不能制止。苏定方命令士兵登城树立旗帜，扶馀泰处境困迫，只好打开城门请求处置。于是国王扶馀义慈、太子扶馀隆和各城城主都投降。百济原有五部，分别统辖三十七郡、二百城、七十六万户。高宗命令在百济地区设置熊津等五个都督府，任命他们的酋长为都督、刺史。

12　壬午（十四日），唐朝左武卫大将军郑仁泰领兵讨伐思结、拔也固、仆骨、同罗四部，三战三捷，追赶一百馀里，斩杀他们的酋长后返回。

13　冬季，十月，高宗开始因风邪两眼昏花头重，眼睛不能看东西，各部门上奏事情，高宗有时让皇后决定。皇后生性聪明机智，广泛阅读文史书籍，处理事情都符合高宗的旨意。从此高宗将国家政事委托她，她的权势与皇帝等同了。

14　十一月戊戌朔（初一），唐高宗登上则天门楼，接受进献百济俘虏，命令将百济王扶馀义慈以下各人都一律释放。苏定方前后攻灭三国，都俘虏他们的国王。唐朝大赦天下罪人。

15　甲寅，上幸许州。十二月辛未，畋于长社。己卯，还东都。

16　壬午，以左骁卫大将军契苾何力为浿江道行军大总管，左武卫大将军苏定方为辽东道行军大总管，左骁卫将军刘伯英为平壤道行军大总管，蒲州刺史程名振为镂方道总管，将兵分道击高丽。青州刺史刘仁轨坐督海运覆船，以白衣从军自效。

龙朔元年（辛酉，661）

1　春，正月乙卯，募河南北、淮南六十七州兵，得四万四千馀人，诣平壤、镂方行营。戊午，以鸿胪卿萧嗣业为扶馀道行军总管，帅回纥等诸部兵诣平壤。

2　二月乙未晦，改元。

3　三月丙申朔，上与群臣及外夷宴于洛城门，观屯营新教之舞，谓之《一戎大定乐》。时上欲亲征高丽，以象用武之势也。

4　初，苏定方既平百济，留郎将刘仁愿镇守百济府城，又以左卫中郎将王文度为熊津都督，抚其馀众。文度济海而卒，百济僧道琛、故将福信聚众据周留城，迎故王子丰于倭国而立之，引兵围仁愿于府城。诏起刘仁轨检校带方州刺史，将王文度之众，便道发新罗兵以救仁愿。仁轨喜曰："天将富贵此翁矣！"于州司请《唐历》及庙讳以行，曰："吾欲扫平东夷，颁大唐正朔于海表！"仁轨御军严整，转斗而前，所向皆下。百济立两栅于熊津江口，仁轨与新罗兵合击，破之，杀溺死者万馀人。道琛乃释府城之围，退保任存城。新罗粮尽，引还。道琛自称领军将军，福信自称霜岑将军，招集徒众，其势益张。仁轨众少，与仁愿合军，休息士卒。上诏新罗出兵，新罗王春秋奉诏，遣其将金钦将兵救仁轨等，至古泗，福信邀击，败之。钦自葛岭道遁还新罗，不敢复出。福信寻杀道琛，专总国兵。

15　甲寅(十七日),唐高宗来到许州。十二月辛未(初五),高宗在长社打猎。己卯(十三日),返回东都。

16　壬午(十六日),唐朝任命左骁卫大将军契苾何力为浿江道行军大总管,左武卫大将军苏定方为辽东道行军大总管,左骁卫将军刘伯英为平壤道行军大总管,蒲州刺史程名振为镂方道总管,领兵分道进攻高丽。青州刺史刘仁轨因监督海上运输翻船,被撤销职务,从军效力。

唐高宗龙朔元年(辛酉,公元661年)

1　春季,正月乙卯(十九日),唐朝招募黄河南北、淮河南六十七州兵,共招得四万四千馀人,送往平壤、镂方行营。戊午(二十二日),任命鸿胪卿萧嗣业为扶馀道行军总管,率领回纥等诸部兵开赴平壤。

2　二月乙未晦(三十日),唐朝更改年号。

3　三月丙申朔(初一),高宗与群臣和外夷宴饮于洛城门,观看边境屯田兵新教的乐舞,名叫《一戎大定乐》。当时高宗想亲自出征高丽,用这个乐舞是为了象征用兵的形势。

4　当初,苏定方已平定百济,留下郎将刘仁愿镇守百济府城,又任命左卫中郎将王文度为熊津都督,安抚百济馀众。王文度渡海时去世,百济和尚道琛和原来的将领福信聚集兵众占据周留城,从倭国迎回原来的王子扶馀丰立为国王,领兵包围刘仁愿于百济府城。高宗命令起用刘仁轨检校带方州刺史,带领原来王文度的部队,从近道征发新罗兵以救援刘仁愿。刘仁轨高兴地说:“上天将要使此翁富贵了!”他在州官署中取《唐历》及已故皇帝的名字出发,说:“我要扫平东夷,在海外颁布大唐的历法!”刘仁轨治军严明整肃,边战斗边前进,一路所向无敌。百济人在熊津江口树立两座营栅,刘仁轨与新罗兵联合进攻,打败他们,他们被杀死和淹死的共一万馀人。和尚道琛于是解除百济府城的包围,退守任存城。新罗兵军粮耗尽,只好退军。和尚道琛自称领军将军,福信自称霜岑将军,招集兵众,声势更加壮大。刘仁轨兵少,与刘仁愿合兵一处,休整士卒。唐高宗命令新罗出兵,新罗王金春秋奉命后,派遣他的将领金钦领兵救援刘仁轨等,进军至古泗,被福信截击,打了败仗。金钦从葛岭道逃回新罗,不敢再出兵。福信不久杀死和尚道琛,掌握了百济的兵权。

5　夏，四月丁卯，上幸合璧宫。

6　庚辰，以任雅相为浿江道行军总管，契苾何力为辽东道行军总管，苏定方为平壤道行军总管，与萧嗣业及诸胡兵凡三十五军，水陆分道并进。上欲自将大军继之。癸巳，皇后抗表谏亲征高丽；诏从之。

7　六月癸未，以吐火罗、哌哒、罽宾、波斯等十六国置都督府八，州七十六，县一百一十，军府一百二十六，并隶安西都护府。

8　秋，七月甲戌，苏定方破高丽于浿江，屡战皆捷，遂围平壤城。

9　九月癸巳朔，特进新罗王春秋卒，以其子法敏为乐浪郡王、新罗王。

10　壬子，徙潞王贤为沛王。贤闻王勃善属文，召为修撰。勃，通之孙也。时诸王斗鸡，勃戏为《檄周王鸡文》。上见之，怒曰："此乃交构之渐。"斥勃出沛府。

11　高丽盖苏文遣其子男生以精兵数万守鸭绿水，诸军不得渡。契苾何力至，值冰大合，何力引众乘冰渡水，鼓噪而进，高丽大溃，追奔数十里，斩首三万级，馀众悉降，男生仅以身免。会有诏班师，乃还。

12　冬，十月丁卯，上畋于陆浑。戊申，又畋于非山。癸酉，还宫。

13　回纥酋长婆闰卒，侄比粟毒代领其众，与同罗、仆固犯边，诏左武卫大将军郑仁泰为铁勒道行军大总管，燕然都护刘审礼、左武卫将军薛仁贵为副，鸿胪卿萧嗣业为仙萼道行军总管，右屯卫将军孙仁师为副，将兵讨之。审礼，德威之子也。

5　夏季，四月丁卯（初三），唐高宗来到合璧宫。

6　庚辰（十六日），唐朝任命任雅相为浿江道行军总管，契苾何力为辽东道行军总管，苏定方为平壤道行军总管，与萧嗣业及诸胡兵共三十五军，分水陆两路一同前进。高宗想自领大军随后，癸巳（二十九日），皇后上表直言劝止高宗亲征高丽，高宗下诏听从她的意见。

7　六月癸未（十九日），唐朝在吐火罗、哌哒、罽宾、波斯等十六国设置八个都督府，七十六个州，一百一十个县，一百二十六个军府，都隶属于安西都护府。

8　秋季，七月甲戌，苏定方在浿江打败高丽兵，其后屡战屡胜，于是包围平壤城。

9　九月癸巳朔（初一），特进、新罗王金春秋去世；唐朝封他的儿子金法敏为乐浪郡王、新罗王。

10　壬子（二十日），唐朝改封潞王李贤为沛王。李贤听说王勃善于写文章，便召他担任修撰。王勃是王通的孙子。当时各王喜好斗鸡，王勃戏作《檄周王鸡文》。高宗看到后，发怒说："这是互相陷害的根由。"于是将王勃驱逐出沛王府。

11　高丽泉盖苏文派遣他儿子泉男生率精兵数万人防守鸭绿水，唐兵不能渡过。契苾何力到达时，正遇江水结冰封冻，契苾何力领兵从冰上渡过鸭绿水，呼喊着前进，高丽兵大溃败，追赶数十里，斩首三万级，其馀的全部投降，泉男生只身逃脱。正好高宗颁诏命令撤军，于是唐军回师。

12　冬季，十月丁卯（初五），高宗在陆浑打猎。戊申，又在非山打猎。癸酉（十一日），回宫。

13　回纥酋长婆闰去世，侄儿比粟毒替代他率领部众，与同罗、仆固侵犯唐朝边境。唐高宗命令左武卫大将军郑仁泰担任铁勒道行军大总管，燕然都护刘审礼、左武卫将军薛仁贵担任副大总管，鸿胪卿萧嗣业担任仙萼道行军总管，右屯卫将军孙仁师担任副总管，领兵讨伐他们。刘审礼是刘德威的儿子。

二年(壬戌,662)

1　春,正月辛亥,立波斯都督卑路斯为波斯王。

2　二月甲子,改百官名:以门下省为东台,中书省为西台,尚书省为中台;侍中为左相,中书令为右相,仆射为匡政,左、右丞为肃机,尚书为太常伯,侍郎为少常伯;其馀二十四司、御史台、九寺、七监、十六卫,并以义训更其名,而职任如故。

3　甲戌,浿江道大总管任雅相薨于军。雅相为将,未尝奏亲戚故吏从军,皆移所司补授,谓人曰:"官无大小,皆国家公器,岂可苟便其私?"由是军中赏罚皆平,人服其公。

4　戊寅,左骁卫将军白州刺史沃沮道总管庞孝泰与高丽战于蛇水之上,军败,与其子十三人皆战死。苏定方围平壤久不下,会大雪,解围而还。

5　三月,郑仁泰等败铁勒于天山。

铁勒九姓闻唐兵将至,合众十馀万以拒之,选骁健者数十人挑战,薛仁贵发三矢,杀三人,馀皆下马请降。仁贵悉坑之,度碛北,击其馀众,获叶护兄弟三人而还。军中歌之曰:"将军三箭定天山,壮士长歌入汉关。"

思结、多滥葛等部落先保天山,闻仁泰等将至,皆迎降。仁泰等纵兵击之,掠其家以赏军。虏相帅远遁,将军杨志追之,为虏所败。候骑告仁泰:"虏辎重在近,往可取也。"仁泰将轻骑万四千,倍道赴之,遂逾大碛,至仙萼河,不见虏,粮尽而还。值大雪,士卒饥冻,弃捐甲兵,杀马食之,马尽,人自相食,比入塞,馀兵才八百人。

唐高宗龙朔二年(壬戌,公元662年)

1 春季,正月辛亥(二十一日),唐朝立波斯都督卑路斯为波斯王。

2 二月甲子(初四),唐朝改换百官的名称:改门下省为东台,中书省为西台,尚书省为中台;侍中为左相,中书令为右相,仆射为匡政,左、右丞为肃机,尚书为太常伯;侍郎为少常伯;其馀二十四司、御史台、九寺、七监、十六卫,都按照它们的实际含义更改名称,而任务不变。

3 甲戌(十四日),唐朝浿江道大总管任雅相在军中去世。任雅相担任将领,从不上奏请求亲戚和老部下随军任职,都通过传递文书由有关部门委任,对人说:"官不论大小,都是国家的官职,怎么可以用不正当的手段便利私人呢?"从此军中赏罚都公平,人们佩服他无私。

4 戊寅(十八日),唐朝左骁卫将军、白州刺史、沃沮道总管庞孝泰与高丽交战于蛇水之上,打了败仗,同他的儿子十三人都战死。苏定方包围平壤久攻不下,遇到下大雪,便解围返回。

5 三月,郑仁泰等在天山打败铁勒。

铁勒九姓听说唐兵将到达,集合部众十馀万人抵抗,挑选数十名勇猛健壮的人挑战,薛仁贵发射三支箭,接连射死三个人,其馀的人都下马投降。薛仁贵将他们全部活埋,并越过漠北,追击铁勒馀众,俘获叶护兄弟三人而回。军中歌颂说:"将军三箭定天山,壮士长歌入汉关。"

思结、多滥葛等部落原先保守天山,听说郑仁泰等将到达,纷纷投降。郑仁泰等发兵攻击,抢掠他们的家产奖赏士兵。他们竞相远逃,将军杨志追赶,被他们打败。侦察的骑兵报告郑仁泰说:"敌人的辎重就在附近,前往可以取得。"郑仁泰率领轻骑兵一万四千人,日夜不停地前进,于是跨越大沙漠,来到仙萼河,没有见到敌人,粮食吃光而回师。遇到下大雪,士卒挨饿受冻,抛弃铠甲武器,杀马充饥,马杀光了,就人吃人,等到进入边塞,剩下的兵士才有八百人。

军还，司宪大夫杨德裔劾奏：“仁泰等诛杀已降，使虏逃散，不抚士卒，不计资粮，遂使骸骨蔽野，弃甲资寇。自圣朝开创以来，未有如今日之丧败者。仁贵于所监临，贪淫自恣，虽矜所得，不补所丧。并请付法司推科。”诏以功赎罪，皆释之。

以右骁卫大将军契苾何力为铁勒道安抚使，左卫将军姜恪副之，以安辑其馀众。何力简精骑五百，驰入九姓中，虏大惊，何力乃谓曰：“国家知汝皆胁从，赦汝之罪，罪在酋长，得之则已。”其部落大喜，共执其叶护及设、特勒等二百馀人以授何力，何力数其罪而斩之，九姓遂定。

6　甲午，车驾发东都。辛亥，幸蒲州。夏，四月庚申朔，至京师。

7　辛巳，作蓬莱宫。

8　五月丙申，以许圉师为左相。

9　六月乙丑，初令僧、尼、道士、女官致敬父母。

10　秋，七月戊子朔，赦天下。

11　丁巳，熊津都督刘仁愿、带方州刺史刘仁轨大破百济于熊津之东，拔真岘城。

初，仁愿、仁轨等屯熊津城，上与之敕书，以“平壤军回，一城不可独固，宜拔就新罗。若金法敏藉卿留镇，宜且停彼。若其不须，即宜泛海还也”。将士咸欲西归。仁轨曰：“人臣徇公家之利，有死无贰，岂得先念其私？主上欲灭高丽，故先诛百济，留兵守之，制其心腹，虽馀寇充斥而守备甚严，宜砺兵秣马，击其不意，理无不克。既捷之后，士卒心安，

部队回来后，司宪大夫杨德裔上奏检举弹劾说："郑仁泰等杀死已经投降的敌人，使敌人逃散，不抚恤士卒，不核算军用物资和粮食，于是造成尸骨遍野，抛弃武器，资助了敌人。自唐朝开创以来，还没有像今天这样惨败过。薛仁贵在他统驭的军队中，贪婪无节制，为所欲为，虽自夸胜利，但得不偿失。请将他们一并交付执法部门判罪。"高宗下令以功赎罪，都不予追究。

唐朝任命右骁卫大将军契苾何力为铁勒道安抚使，左卫将军姜恪为副安抚使，以安抚铁勒馀众。契苾何力挑选精锐骑兵五百人，快速进入铁勒九姓中，铁勒九姓人大为恐慌，契苾何力便对他们说："国家知道你们都是被胁迫造反的，已经赦免了你们的罪责，罪责在于酋长，逮捕了他们事情就算完了。"部落群众很高兴，共同抓获叶护及设、特勒等两百馀人交给契苾何力。契苾何力列举他们的罪恶而后将他们处死，铁勒九姓于是安定。

6 甲午(初五)，唐高宗从东都出发，辛亥(二十二日)，来到蒲州。夏季，四月庚申朔(初一)，回到京师。

7 辛巳(二十二日)，唐朝营造蓬莱宫。

8 五月丙申(初八)，唐朝任命许圉师为左相。

9 六月乙丑(初七)，唐朝开始命令和尚、尼姑、道士、女道士向父母表达敬意。

10 秋季，七月戊子朔(初一)，唐朝大赦天下人。

11 丁巳(三十日)，熊津都督刘仁愿、带方州刺史刘仁轨在熊津以东打败了百济，攻下真岘城。

当初，刘仁愿、刘仁轨驻军熊津城，高宗给他们书面指示：因"包围平壤的部队已撤回，只有一座城不能固守，应当撤离熊津城，开赴新罗。如果金法敏需要你们留下镇守，可以暂时停留该处。如果他不需要，即应渡海回来。"将士都想回来，刘仁轨说："臣下为了国家的利益，只有死节而不应有另外打算，哪能先考虑自己？皇上想灭亡高丽，所以先征伐百济，留兵驻守，控制它中心地带；虽然馀下的敌人很多而且守备很严，应当磨治武器，喂养好马匹，出其不意地进行攻击，没有攻不克的道理。取得胜利后，士卒的心情安定下来，

然后分兵据险，开张形势，飞表以闻，更求益兵。朝廷知其有成，必命将出师，声援才接，凶丑自歼。非直不弃成功，实亦永清海表。今平壤之军既还，熊津又拔，则百济馀尽，不日更兴，高丽逋寇，何时可灭？且今以一城之地居敌中央，苟或动足，即为擒虏，纵入新罗，亦为羁客，脱不如意，悔不可追。况福信凶悖残虐，君臣猜离，行相屠戮，正宜坚守观变，乘便取之，不可动也。”众从之。时百济王丰与福信等以仁愿等孤城无援，遣使谓之曰：“大使等何时西还，当遣相送。”仁愿、仁轨知其无备，忽出击之，拔其支罗城及尹城、大山、沙井等栅，杀获甚众，分兵守之。福信等以真岘城险要，加兵守之。仁轨伺其稍懈，引新罗兵夜傅城下，攀草而上，比明，入据其城，遂通新罗运粮之路。仁愿乃奏请益兵。诏发淄、青、莱、海之兵七千人以赴熊津。

福信专权，与百济王丰浸相猜忌。福信称疾，卧于窟室，欲俟丰问疾而杀之。丰知之，帅亲信袭杀福信，遣使诣高丽、倭国乞师以拒唐兵。

然后分兵占据险要，扩展阵势，迅速上表报告，要求增兵。朝廷知道能够取得成功，必定任命将领率军出发，只要声势相衔接，敌人自然可以歼灭。这样非但不放弃已取得的成功，而且还可以永远肃清海外敌人。现在包围平壤的我军已经撤回，如果熊津我军又转移，则百济的残馀势力，不久又会兴起，高丽这个远方的敌人，什么时候才能消灭？况且现在只有这一座城池处于敌人中间，如果有所挪动，就会成为俘虏，纵然能进入新罗，也是寄居的客军，倘若不如意，后悔也来不及了。何况福信凶恶残暴，君臣之间互相猜疑，将出现相互残杀；现在正应当坚守城池，观察变化，乘机夺取百济，不可撤离。”大家听从他的意见。当时百济王扶馀丰与福信等认为刘仁愿等困守孤城，没有外援，便派遣使者对他们说：“大使等什么时候返回西边，一定派人相送。”刘仁愿、刘仁轨知道他们没有防备，便突然出击，攻下支罗城，以及尹城、大山、沙进等栅垒，杀死和俘虏敌人很多，然后分兵驻守已占领的地方。福信等因真岘城险要，增兵防守。刘仁轨探知他们防守稍微松懈的时候，率领新罗兵乘夜扑到城下，攀草登城，天亮时占据真岘城，于是打通从新罗运粮的道路。刘仁愿便上奏请求派兵增援。高宗下令征发淄、青、莱、海四州兵七千人开赴熊津。

福信专权，与百济王扶馀丰日益互相猜疑。福信声称生病，躺在地下室中，想等待百济王扶馀丰前来问候病情时杀死他。百济王扶馀丰得知这个情况后，率领亲信出其不意将福信杀死，派遣使者到高丽、倭国求援兵来抵抗唐兵。

卷第二百一　唐纪十七

起壬戌(662)八月尽庚午(670)凡八年有奇

高宗天皇大圣大弘孝皇帝中之上

龙朔二年(壬戌,662)

1　八月壬寅,以许敬宗为太子少师、同东西台三品、知西台事。

2　九月戊寅,初令八品、九品衣碧。

3　冬,十月丁酉,上幸骊山温汤,太子监国。丁未,还宫。

4　庚戌,西台侍郎陕人上官仪同东西台三品。

5　癸丑,诏以四年正月有事于泰山,仍以来年二月幸东都。

6　左相许圉师之子奉辇直长自然,游猎犯人田,田主怒,自然以鸣镝射之。圉师杖自然一百而不以闻。田主诣司宪讼之,司宪大夫杨德裔不为治。西台舍人袁公瑜遣人易姓名上封事告之,上曰:"圉师为宰相,侵陵百姓,匿而不言,岂非作威作福?"圉师谢曰:"臣备位枢轴,以直道事陛下,不能悉允众心,故为人所攻讦。至于作威福者,或手握强兵,或身居重镇。臣以文吏,奉事圣明,惟知闭门自守,何敢作威福?"上怒曰:"汝恨无兵邪?"许敬宗曰:"人臣如此,罪不容诛。"遽令引出。诏特免官。

7　癸酉,立皇子旭轮为殷王。

高宗天皇大圣大弘孝皇帝中之上

唐高宗龙朔二年(壬戌,公元662年)

1　八月壬寅(十六日),唐朝任命许敬宗为太子少师、同东西台三品、知西台事。

2　九月戊寅(二十二日),唐朝开始命令八品、九品官员穿浅蓝色衣服。

3　冬季,十月丁酉(十一日),唐高宗到骊山温泉,由太子监理国事。丁未(二十一日),回宫。

4　庚戌(二十四日),唐朝西台侍郎陕人上官仪同东西台三品。

5　癸丑(二十七日),唐高宗下诏令:因龙朔四年正月封禅泰山,仍于明年二月前往东都洛阳。

6　左相许圉师的儿子奉辇直长许自然,游猎时损坏田地中作物,田主恼怒,许自然用响箭射田主。许圉师将许自然打了一百棍子,并不上报。田主到司宪衙门起诉,司宪大夫杨德裔不作处理,西台舍人袁公瑜派人改名换姓给唐高宗上密封奏折告发,唐高宗说:"许圉师身为宰相,欺负百姓,隐瞒不报,岂不是专行赏罚,独揽威权?"许圉师道歉说:"我位居朝廷机要,以正直侍奉陛下,不能全符众人心意,所以受到别人的攻击。至于专行赏罚,独揽威权,或手握强兵,或身居军事重镇才有可能;我作为一名文官,侍奉圣明君主,只知道闭门自守,哪里敢专行赏罚,独揽威权?"唐高宗大怒,说:"你悔恨没有领兵吗?"许敬宗说:"作臣下的竟敢如此,处死也不足以抵罪。"唐高宗下诏命令立即将他领出去,给予撤职。

7　癸酉,唐朝立皇子李旭轮为殷王。

8　十二月戊申，诏以方讨高丽、百济，河北之民，劳于征役，其封泰山、幸东都并停。

9　㕞海道总管苏海政受诏讨龟兹，敕兴昔亡、继往绝二可汗发兵与之俱。至兴昔亡之境，继往绝素与兴昔亡有怨，密谓海政曰：“弥射谋反，请诛之。”时海政兵才数千，集军吏谋曰：“弥射若反，我辈无噍类，不如先事诛之。”乃矫称敕，令大总管赍帛数万段赐可汗及诸酋长，兴昔亡帅其徒受赐，海政悉收斩之。其鼠尼施、拔塞幹两部亡走，海政与继往绝追讨，平之。军还，至疏勒南，弓月部复引吐蕃之众来，欲与唐兵战。海政以师老不敢战，以军资赂吐蕃，约和而还。由是诸部落皆以兴昔亡为冤，各有离心。继往绝寻卒，十姓无主，有阿史那都支及李遮匐收其馀众附于吐蕃。

10　是岁，西突厥寇庭州，刺史来济将兵拒之，谓其众曰：“吾久当死，幸蒙存全以至今日，当以身报国。”遂不释甲胄，赴敌而死。

三年（癸亥，663）

1　春，正月，左武卫大将军郑仁泰讨铁勒叛者馀种，悉平之。

2　乙酉，以李义府为右相，仍知选事。

3　二月，徙燕然都护府于回纥，更名瀚海都护；徙故瀚海都护于云中古城，更名云中都护。以碛为境，碛北州府皆隶瀚海，碛南隶云中。

4　三月，许圉师再贬虔州刺史，杨德裔以阿党流庭州，圉师子文思、自然并免官。

8　十二月戊申（二十三日），唐高宗下诏令，因正讨伐高丽、百济，河北百姓为征役所劳苦，原定封禅泰山、去东都洛阳都停止进行。

9　𫐐海道总管苏海政接受诏命讨伐龟兹，唐高宗命令兴昔亡、继往绝二可汗发兵与苏海政一同前去。唐兵前进到兴昔亡境内，继往绝因一贯与兴昔亡有仇怨，于是秘密对苏海政说："阿史那弥射要谋反，请杀掉他。"当时苏海政只有兵数千人，集合军官商议说："阿史那弥射如果反叛，我们谁也活不成，不如先把他杀掉。"于是便假称奉皇帝命令，让大总管带帛数万段赏赐给可汗和诸位酋长，兴昔亡率领他的部下受赏，苏海政乘机将他们全部抓住并斩首。其中鼠尼施、拔塞幹两部逃走，苏海政和继往绝追击将他们讨平。唐军返还途中，到疏勒南，弓月部又引吐蕃兵前来，想与唐兵交战；苏海政因军队已经疲劳，不敢应战，便以军用物资贿赂吐蕃军，讲和后返回。从此，各部落都认为兴昔亡冤屈，各怀离散心思。继往绝不久去世，西突厥十姓无主，由阿史那都支及李遮匐收集他们的馀众附属于吐蕃。

10　本年，西突厥侵扰唐朝庭州，州刺史来济领兵抵抗，对部下说："我早就应该死了，有幸活到今日，应当以身报国。"于是不解除铠甲头盔，奔赴敌阵，结果被打死。

唐高宗龙朔三年（癸亥，公元663年）

1　春季，正月，左武卫大将军郑仁泰全部讨平铁勒反叛者的残馀部众。

2　乙酉，唐朝任命李义府为右相，仍然主持选拔官员的事情。

3　二月，唐朝迁移燕然都护府于回纥，改名为瀚海都护；迁移瀚海都护于云中古城，改名为云中都护，以沙漠为界，沙漠以北州府都隶属瀚海都护，沙漠以南的隶属于云中都护。

4　三月，许圉师再贬为虔州刺史，杨德裔因依附他而被流放庭州，许圉师的儿子许文思、许自然一同被撤职。

5　右相河间郡公李义府典选，恃中宫之势，专以卖官为事，铨综无次，怨讟盈路，上颇闻之，从容谓义府曰："卿子及婿颇不谨，多为非法，我尚为卿掩覆，卿宜戒之！"义府勃然变色，颈、颊俱张，曰："谁告陛下？"上曰："但我言如是，何必就我索其所从得邪？"义府殊不引咎，缓步而去。上由是不悦。

望气者杜元纪谓义府所居第有狱气，宜积钱二十万缗以厌之，义府信之，聚敛尤急。义府居母丧，朔望给哭假，辄微服与元纪出城东，登古冢，候望气色，或告义府窥觇灾眚，阴有异图。又遣其子右司议郎津召长孙无忌之孙延，受其钱七百缗，除延司津监，右金吾仓曹参军杨行颖告之。夏，四月乙丑，下义府狱，遣司刑太常伯刘祥道与御史、详刑共鞫之，仍命司空李勣监焉。事皆有实。戊子，诏义府除名，流巂州；津除名，流振州；诸子及婿并除名，流庭州。朝野莫不称庆。

或作河间道行军元帅刘祥道破铜山大贼李义府露布，榜之通衢。义府多取人奴婢，及败，各散归其家，故其露布云："混奴婢而乱放，各识家而竞入。"

6　乙未，置鸡林大都督府于新罗国，以金法敏为之。

7　丙午，蓬莱宫含元殿成，上始移仗居之，更命故宫曰西内。戊申，始御紫宸殿听政。

8　五月壬午，柳州蛮酋吴君解反。遣冀州长史刘伯英、右武卫将军冯士翙发岭南兵讨之。

5　右相河间郡公李义府主管选拔官吏，依仗皇后武则天的权势，专以卖官为能事，选授没有次第，怨声载道。唐高宗也时有所闻，温和地对李义府说："你的儿子和女婿行为不检点，做了不少违法的事，我还为你遮掩，你应当注意。"李义府脸色骤变，涨红着脸和脖子说："是谁告诉陛下的？"唐高宗说："只是我这样说，何必向我追索从哪里得来的呢？"李义府根本不承认自己的过失，缓步离去。唐高宗因此不高兴。

望云气以预言吉凶的人杜元纪说李义府的住宅有冤狱造成的怨气，应当积蓄二十万缗钱抑制它，李义府相信他，于是搜括更加急切。李义府为母亲守孝期间，每月初一、十五给他哀哭亡母的假期，他总是化妆与杜元纪出城东，登上古坟墓，观望云气。有人报告李义府窥测灾异，图谋不轨。他又派遣儿子右司议郎李津找长孙无忌的孙子长孙延，收受七百缗钱后，授给长孙延司津监官职。右金吾仓曹参军杨行颖将此事告发。夏季，四月乙丑，朝廷将李义府逮捕入狱，派遣司刑太常伯刘祥道与御史、详刑人共同审讯，还命令司空李世勣监督此事。他所犯罪行都属实，戊子（初五），唐高宗下诏令，将李义府削除名籍，流放巂州；将李津削除名籍，流放振州；他另外的几个儿子及女婿，都被削除名籍，流放庭州。朝廷和民间人人互相庆贺。

有人作河间道行军元帅刘祥道破铜山大贼李义府榜文，张贴在交通要道上。李义府多掠夺别人奴婢，到他垮台后，他们都各自回家，所以榜文中说："奴和婢混杂着一起释放，各人都认识家而竞相进入。"

6　乙未（十二日），唐朝设置鸡林大都督府于新罗国，任命金法敏为都督。

7　丙午（二十三日），蓬莱宫含元殿落成，唐高宗开始迁移仪仗警卫到该宫居住，原居住的宫殿改名西内。戊申（二十五日），开始到紫宸殿临朝听政。

8　五月壬午（三十日），柳州蛮首领吴君解反叛唐朝，唐朝派遣冀州长史刘伯英、右武卫将军冯士翙征发岭南兵讨伐。

9　吐蕃与吐谷浑互相攻，各遣使上表论曲直，更来求援。上皆不许。

吐谷浑之臣素和贵有罪，逃奔吐蕃，具言吐谷浑虚实。吐蕃发兵击吐谷浑，大破之，吐谷浑可汗曷钵与弘化公主帅数千帐弃国走依凉州，请徙居内地。上以凉州都督郑仁泰为青海道行军大总管，帅右武卫将军独孤卿云、辛文陵等分屯凉、鄯二州，以备吐蕃。六月戊申，又以左武卫大将军苏定方为安集大使，节度诸军，为吐谷浑之援。

吐蕃禄东赞屯青海，遣使者论仲琮入见，表陈吐谷浑之罪，且请和亲。上不许。遣左卫郎将刘文祥使于吐蕃，降玺书责让之。

10　秋，八月戊申，上以海东累岁用兵，百姓困于征调，士卒战溺死者甚众，诏罢三十六州所造船，遣司元太常伯窦德玄等分诣十道，问人疾苦，黜陟官吏。德玄，毅之曾孙也。

11　九月戊午，熊津道行军总管、右威卫将军孙仁师等破百济馀众及倭兵于白江，拔其周留城。

初，刘仁愿、刘仁轨既克真岘城，诏孙仁师将兵，浮海助之。百济王丰南引倭人以拒唐兵，仁师与仁愿、仁轨合兵，势大振。诸将以加林城水陆之冲，欲先攻之，仁轨曰："加林险固，急攻则伤士卒，缓之则旷日持久。周留城，虏之巢穴，群凶所聚，除恶务本，宜先攻之，若克周留，诸城自下。"于是仁师、仁愿与新罗王法敏将陆军以进，仁轨与别将杜爽、扶馀隆将水军及粮船自熊津入白江，以会陆军，同趣周留城。遇倭兵于白江口，四战皆捷，焚其舟四百艘，烟炎灼天，海水皆赤。百济王丰脱身奔高丽，王子忠胜、忠志等帅众降，百济尽平，唯别帅迟受信据任存城，不下。

9　吐蕃与吐谷浑互相进攻，各派遣使者到唐朝上书辩论是非，轮番向唐朝求援。唐高宗都没有同意。

吐谷浑大臣素和贵犯了罪，逃奔吐蕃，泄露吐谷浑机密。吐蕃于是发兵进攻吐谷浑。吐谷浑被打得大败，可汗曷钵与弘化公主率领数千帐离开国家，投奔唐朝凉州，请求迁移到唐朝内地。唐高宗任命凉州都督郑仁泰为青海道行军大总管，率领右武卫将军独孤卿云、辛文陵等分别屯兵凉、鄯二州，以防备吐蕃。六月戊申（二十六日），又任命左武卫大将军苏定方为安集大使，调度约束诸军，作为吐谷浑的后援。

吐蕃禄东赞屯兵青海，派遣使者论仲琮到唐朝朝见唐高宗，陈述吐谷浑的罪恶，而且请求与唐朝和亲。唐高宗不允许，派遣左卫郎将刘文祥出使吐蕃，颁印章封记的文书责备吐蕃。

10　秋季，八月戊申（二十七日），唐高宗因辽东地区连年用兵，百姓为赋税徭役所困扰，士卒战死溺死的很多，下诏令免除三十六州造船任务，派遣司元太常伯窦德玄等分别到十道，慰问百姓疾苦，考核升降地方官吏。窦德玄是窦毅的曾孙。

11　九月戊午（初八），熊津道行军总管、右威卫将军孙仁师等打败百济残馀部队及倭兵于白江，攻下周留城。

当初，刘仁愿、刘仁轨攻克真岘城以后，唐高宗命令孙仁师领兵从海上进军援助。百济王扶馀丰从南边招引倭人以抗拒唐兵。孙仁师与刘仁愿、刘仁轨联合，声势大振。部下诸将因加林城是水陆交通要冲，想先进攻。刘仁轨说：“加林城险要坚固，急于攻打会伤亡士卒，慢攻又攻不下，将旷日持久。周留城是他们的巢穴，敌人聚集所在，除恶务必扫除根本，应该先进攻它，如果攻下周留城，其他各城自然可以攻下。”于是孙仁师、刘仁愿与新罗王金法敏率领陆军前进，刘仁轨与别将杜爽、扶馀隆率领水军和粮船从熊津入白江，和陆军会合，一起向周留城推进。唐兵和倭兵遭遇于白江口，刘仁轨等四次战斗，都接连取得胜利，焚烧敌人舟船四百多艘，烟火冲天，连海水都变成红色。百济王扶馀丰逃脱投奔高丽，王子扶馀忠胜、扶馀忠志等率领部下投降，百济全部平定，只有别帅迟受信据守任存城，没有被攻下。

初，百济西部人黑齿常之，长七尺馀，骁勇有谋略，仕百济为达率兼郡将，犹中国刺史也。苏定方克百济，常之帅所部随众降。定方絷其王及太子，纵兵劫掠，壮者多死。常之惧，与左右十馀人遁归本部，收集亡散，保任存山，结栅以自固，旬月间归附者三万馀人。定方遣兵攻之，常之拒战，唐兵不利。常之复取二百馀城，定方不能克而还。常之与别部将沙吒相如各据险以应福信，百济既败，皆帅其众降。刘仁轨使常之、相如自将其众，取任存城，仍以粮仗助之。孙仁师曰："此属兽心，何可信也！"仁轨曰："吾观二人皆忠勇有谋，敦信重义，但向者所托，未得其人，今正是其感激立效之时，不用疑也。"遂给其粮仗，分兵随之，攻拔任存城，迟受信弃妻子，奔高丽。

诏刘仁轨将兵镇百济，召孙仁师、刘仁愿还。百济兵火之馀，比屋凋残，僵尸满野，仁轨始命瘗骸骨，籍户口，理村聚，署官长，通道涂，立桥梁，补堤堰，复陂塘，课耕桑，赈贫乏，养孤老，立唐社稷，颁正朔及庙讳，百济大悦，阖境各安其业。然后修屯田，储糗粮，训士卒，以图高丽。

刘仁愿至京师，上问之曰："卿在海东，前后奏事，皆合机宜，复有文理。卿本武人，何能如是？"仁愿曰："此皆刘仁轨所为，非臣所及也。"上悦，加仁轨六阶，正除带方州刺史，为筑第长安，厚赐其妻子，遣使赍玺书劳勉之。上官仪曰："仁轨遭黜削而能尽忠，仁愿秉节制而能推贤，皆可谓君子矣！"

12　冬，十月辛巳朔，诏太子每五日于光顺门内视诸司奏事，其事之小者，皆委太子决之。

当初，百济西部人黑齿常之，身高七尺多，勇猛有谋略，在百济任达率兼郡将，相当于唐朝刺史的职位。唐将苏定方攻克百济，黑齿常之率领部下随百济人投降唐朝。苏定方囚禁百济王及太子，纵兵劫掠，成年人多被杀死。黑齿常之害怕，与手下十多人逃归本部，收集被打散的士卒，保守任存山，结起栅栏以加强防守，一月之间归附的有三万多人。苏定方派兵进攻，黑齿常之进行抵抗，唐兵失利。黑齿常之又攻取两百多座城池，苏定方无法攻克这些城池，只好撤回。黑齿常之与别部将沙吒相如各据守险要以响应扶馀福信，百济失败后，他们率领部众投降刘仁轨。刘仁轨派黑齿常之、沙吒相如率领他们的部众去攻取任存城，仍支援他们粮食和武器。孙仁师说："这类人野兽心肠，怎么可以相信！"刘仁轨说："我看这两人都忠勇有谋略，厚道重信义，只是前次错投奔了人，现在正是他们感激立功的时候，不必怀疑。"于是发给粮食和武器，分兵跟随他们，攻下了任存城，迟受信抛弃妻子儿女，投奔高丽。

唐高宗命令刘仁轨领兵镇守百济，召孙仁师、刘仁愿回朝。百济经兵火之后，房舍残破，僵尸遍野，刘仁轨命令掩埋骸骨，检查户口，治理村落，任命官长，修通道路，架设桥梁，修补堤堰，恢复陂塘，督率耕种，种植桑树，赈济贫穷的人，赡养孤老无依靠的人，建立唐朝土谷之神，颁布唐朝的历法和皇帝名字的避讳。百济百姓很高兴，全境各安其业。然后又治理屯田，储备粮食，训练士卒，准备进取高丽。

刘仁愿回到京师长安，唐高宗问他："你在海东，前后上奏事情，都合时宜，又有文采条理。你本是武人，为什么能够这样？"刘仁愿说："这都是刘仁轨所做的，不是我所能办到的。"唐高宗听了很高兴，给刘仁轨加六级官阶，立即任命为带方州刺史，为他在长安建筑住宅，给他妻子优厚的赏赐，派使者带着加印封的文书前去慰劳勉励他。上官仪说："刘仁轨被撤职后，能在军中为朝廷尽忠，刘仁愿掌握指挥权而能谦让贤能，都可以称得上是有才德的人了！"

12　冬季，十月辛巳朔（初一），唐高宗命令太子每隔五日在光顺门内视察各部门呈奏事情，事情比较小的都授权太子裁决。

13　十二月庚子，诏改来年元。

14　壬寅，以安西都护高贤为行军总管，将兵击弓月以救于阗。

15　是岁，大食击波斯、拂菻，破之。南侵婆罗门，吞灭诸胡，胜兵四十馀万。

麟德元年(甲子,664)

1　春，正月甲子，改云中都护府为单于大都护府，以殷王旭轮为单于大都护。

初，李靖破突厥，迁三百帐于云中城，阿史德氏为之长。至是，部落渐众，阿史德氏诣阙，请如胡法立亲王为可汗以统之。上召见，谓曰："今之可汗，古之单于也。"故更为单于都护府，而使殷王遥领之。

2　二月戊子，上行幸万年宫。

3　夏，四月壬子，卫州刺史道孝王元庆薨。

4　丙午，魏州刺史郇公孝协坐赃，赐死。司宗卿陇西王博乂奏孝协父叔良死王事，孝协无兄弟，恐绝嗣。上曰："画一之法，不以亲疏异制，苟害百姓，虽皇太子亦所不赦。孝协有一子，何忧乏祀乎？"孝协竟自尽于第。

5　五月戊申朔，遂州刺史许悼王孝薨。

6　乙卯，于昆明之弄栋川置姚州都督府。

7　秋，七月丁未朔，诏以三年正月有事于岱宗。

8　八月丙子，车驾还京师，幸旧宅，留七日。壬午，还蓬莱宫。

9　丁亥，以司列太常伯刘祥道兼右相，大司宪窦德玄为司元太常伯、检校左相。

13 十二月庚子(二十一日),唐高宗下令,明年更改年号。

14 壬寅(二十三日),唐朝任命安西都护高贤为行军总管,领兵进击弓月以解救于阗。

15 本年,大食进攻波斯、拂菻,将他们打败。向南侵扰婆罗门,吞灭诸胡,拥兵四十多万。

唐高宗麟德元年(甲子,公元664年)

1 春季,正月甲子(十六日),唐朝将云中都护府改为单于大都护府,任命殷王李旭轮为单于大都护。

当初,李靖攻破突厥,迁移三百帐到云中城,由阿史德氏担任官长。至此,部落逐渐扩大,阿史德氏到唐朝朝廷,请求按照自己的法律立亲王为可汗以统率他们。唐高宗召见他,对他说:“现今的可汗,就是古时的单于。”所以改名为单于都护府,由殷王李旭轮遥领兼任都护。

2 二月戊子(初十),唐高宗巡行到达万年宫。

3 夏季,四月壬子,卫州刺史道孝王李元庆去世。

4 丙午(二十九日),魏州刺史郇公李孝协因贪赃罪,赐死。司宗卿陇西王李博乂上奏,说李孝协的父亲李叔良过去为朝廷牺牲,他没有兄弟,恐怕要绝后。唐高宗说:“法律是一样的,不能因亲近疏远而不同对待,如果伤害百姓,就是皇太子也不能赦免。李孝协有个儿子,怎么怕没有人祭祀祖先呢?”李孝协终于在住宅中自尽。

5 五月戊申朔(初一),遂州刺史许悼王李孝去世。

6 乙卯(初八),唐朝于昆明所属弄栋川设置姚州都督府。

7 秋季,七月丁未朔(初一),唐高宗下诏,麟德三年正月,将封禅泰山。

8 八月丙子(初一),唐高宗回到京师长安,来到他任晋王的旧宅,居留七日。壬午(初七),返回蓬莱宫。

9 丁亥(十二日),唐朝任命司列太常伯刘祥道兼任右相,大司宪窦德玄为司元太常伯、检校左相。

10　冬，十月庚辰，检校熊津都督刘仁轨上言："臣伏睹所存戍兵，疲羸者多，勇健者少，衣服贫敝，唯思西归，无心展效。臣问以'往在海西，见百姓人人应募，争欲从军，或请自办衣粮，谓之"义征"，何为今日士卒如此'？咸言：'今日官府与曩时不同，人心亦殊。曩时东西征役，身没王事，并蒙敕使吊祭，追赠官爵，或以死者官爵回授子弟，凡渡辽海者，皆赐勋一转。自显庆五年以来，征人屡经渡海，官不记录，其死者亦无人谁何。州县每发百姓为兵，其壮而富者，行钱参逐，皆亡匿得免；贫者身虽老弱，被发即行。顷者破百济及平壤苦战，当时将帅号令，许以勋赏，无所不至。及达西岸，惟闻枷锁推禁，夺赐破勋，州县追呼，无以自存，公私困弊，不可悉言。以是昨发海西之日已有逃亡自残者，非独至海外而然也。又，本因征役勋级以为荣宠，而比年出征，皆使勋官挽引，劳苦与白丁无殊，百姓不愿从军，率皆由此。'臣又问：'曩日士卒留镇五年，尚得支济，今尔等始经一年，何为如此单露？'咸言：'初发家日，惟令备一年资装，今已二年，未有还期。'臣检校军士所留衣，今冬仅可充事，来秋以往，全无准拟。陛下留兵海外，欲殄灭高丽。百济、高丽，旧相党援，倭人虽远，亦共为影响，若无镇兵，还成一国。今既资戍守，又置屯田，所借士卒同心同德，而众有此议，何望成功？自非有所更张，厚加慰劳，明赏重罚以起士心，若止如今日以前处置，恐师众疲老，立效无日。逆耳之事，或无人为陛下尽言，故臣披露肝胆，昧死奏陈。"

10　冬季，十月庚辰（初六），检校熊津都督刘仁轨上奏说："我观察留在这里戍守的兵卒，疲惫瘦弱的占多数，勇猛健壮的占少数，衣服单薄破旧，一心想返回西边家乡，没有在这里效力的心思。我曾问他们：'以前在西边家乡时，看见百姓踊跃应募，争着要从军，有人请求自备衣服口粮，称为义征，现在的士卒为何这样？'他们都说：'现在的官府与从前不同，人心也不一样。以前在东西征战中，为朝廷牺牲，都获得皇帝派使者吊唁祭奠，追封官爵，或者把死者的官爵回授给他的子弟，凡东征渡辽海的，都赐勋一级。自显庆五年以来，东征的人屡次渡海，官府没有记载，死了也没有人过问他的姓名和死因。州县官每次征发百姓当兵，强壮而富有的人，花钱买通办事的官吏，都得以逃匿免征，而贫穷的人虽年老体弱，却被征发入伍。不久前攻破百济及平壤的苦战中，当时将帅发出号令，答应立功的人受奖赏，无所不至；等到返回西海岸，只听说被拘捕，被追究监禁，夺去赏赐，废除功劳，州县官吏上门催迫租赋，简直无法生活下去，公私困乏，一言难尽。因此从海西出发时就已经有逃亡或使自己残废的人，并不是到了海外才发生这种情况。还有，本来以征战中功勋等级为荣耀和恩宠；而近年出征中，都让有荣誉官号的有功者挽舟拉车，劳苦同没有功劳的人没有两样，百姓所以不愿从军，大概都是这个原因。'我又问：'以前士卒留在这里镇守五年，尚且能够支持，现在你们才经历一年，为何衣着如此单薄甚至露体？'他们都说：'当初从家乡出发时，只让准备一年用的物资服装，现在已经两年，还没有回家的日期。'我查核军士所存留的衣服，今冬仅可以应付，明年秋季以后，全无准备。陛下留兵驻在海外，想消灭高丽。百济、高丽从前就相互支援，倭人虽远，也互相呼应，如果没有我们军队镇守在这里，他们还会成为一国。现在既由士卒戍守，又设置屯田，所依靠的是士卒同心同德，而他们既然有这种议论，如何能指望获得成功？不有所更改给予优厚的慰劳，明确地赏赐有功，切实责罚过失，以鼓起士气，还像以前那样处置，恐怕士卒疲惫，士气低落，成功不能预期。这些不顺耳的事情，也许没有人向陛下详尽说明，所以我无保留地说出肺腑之言，冒死奏陈。"

上深纳其言，遣右威卫将军刘仁愿将兵渡海以代旧镇之兵，仍敕仁轨俱还。仁轨谓仁愿曰："国家悬军海外，欲以经略高丽，其事非易。今收获未毕，而军吏与士卒一时代去，军将又归。夷人新服，众心未安，必将生变。不如且留旧兵，渐令收获，办具资粮，节级遣还。军将且留镇抚，未可还也。"仁愿曰："吾前还海西，大遭谗谤，云吾多留兵众，谋据海东，几不免祸。今日唯知准敕，岂敢擅有所为？"仁轨曰："人臣苟利于国，知无不为，岂恤其私？"乃上表陈便宜，自请留镇海东，上从之。仍以扶馀隆为熊津都尉，使招辑其馀众。

11　初，武后能屈身忍辱，奉顺上意，故上排群议而立之。及得志，专作威福，上欲有所为，动为后所制，上不胜其忿。有道士郭行真，出入禁中，尝为厌胜之术，宦者王伏胜发之。上大怒，密召西台侍郎、同东西台三品上官仪议之。仪因言："皇后专恣，海内所不与，请废之。"上意亦以为然，即命仪草诏。

左右奔告于后，后遽诣上自诉。诏草犹在上所，上羞缩不忍，复待之如初，犹恐后怨怒，因绐之曰："我初无此心，皆上官仪教我。"仪先为陈王谘议，与王伏胜俱事故太子忠，后于是使许敬宗诬奏仪、伏胜与忠谋大逆。十二月丙戌，仪下狱，与其子庭芝、王伏胜皆死，籍没其家。戊子，赐忠死于流所。右相刘祥道坐与仪善，罢政事，为司礼太常伯，左肃机郑钦泰等朝士流贬者甚众，皆坐与仪交通故也。

唐高宗接受他的意见，派遣右威卫将军刘仁愿领兵渡海替换原来留守的士兵，并命令刘仁轨一起返回。刘仁轨对刘仁愿说："国家派兵远驻海外，想以此治理高丽，这不是容易的事。现在秋收尚未完成，而军吏与士卒一下子全部替换，将领也回去，夷人不久前才被征服，人心尚未稳定，必将发生变乱。不如暂时将旧兵留下，继续秋收，准备粮食和物资，分批遣返。将领也应暂时留下来安定局面，还不能回去。"刘仁愿说："我前次回到海西，遭到众多诽谤，说我故意多留士卒，图谋割据海东，几乎不能免除杀身之祸。今日只知道按皇帝的命令办事，哪里还敢擅自做主？"刘仁轨道："作为臣下，只要有利于国家的事，知道了就不能不办，难道还要顾虑个人？"于是上书陈述怎么办对国家有利，自己请求留下镇守海东，唐高宗采纳了他的意见。唐朝仍任命扶馀隆为熊津都尉，让他招集馀众。

11　当初，皇后武则天能委屈忍辱，顺从唐高宗的意志，所以唐高宗排除不同意见，立她为皇后。等到她得志之后，恃势专权，唐高宗想有所作为，常为她所牵制，唐高宗非常愤怒。有道士叫郭行真，出入皇宫，曾作"厌胜"的迷信活动，被太监王伏胜揭发了。唐高宗因此大怒，秘密召集西台侍郎、同东西台三品上官仪商议。上官仪因此进言说："皇后专擅权威，天下都不赞同，请废黜她。"唐高宗也认为应当这么办，立即命令上官仪起草诏令。

皇帝左右的人奔走告诉武后，武后赶忙来到唐高宗处诉说。当时废黜的诏令草稿还在唐高宗处，他羞惭畏缩，不忍心废黜，又像原来一样对待她，恐怕她怨恨恼怒，还哄骗她说："我本来没有这个想法，都是上官仪给我出的主意。"上官仪原先任陈王谘议，与王伏胜都曾事奉已被废黜的太子李忠，武后因此便指使许敬宗诬奏上官仪、王伏胜与李忠阴谋背叛朝廷。十二月丙戌（十三日），上官仪被逮捕入狱，和他儿子上官庭芝以及王伏胜都被处死，家财被查抄没收。戊子（十五日），赐李忠自尽于流放处所。右相刘祥道因与上官仪友善，被罢免相位，降职为司礼太常伯，左肃机郑钦泰等朝廷官员被流放贬谪的很多，都因与上官仪有来往的缘故。

自是上每视事，则后垂帘于后，政无大小，皆与闻之。天下大权，悉归中宫，黜陟、杀生，决于其口，天子拱手而已，中外谓之二圣。

12　太子右中护检校西台侍郎乐彦玮、西台侍郎孙处约并同东西台三品。

二年（乙丑，665）

1　春，正月丁卯，吐蕃遣使入见，请复与吐谷浑和亲，仍求赤水地畜牧，上不许。

2　二月壬午，车驾发京师。丁酉，至合璧宫。

3　上语及隋炀帝，谓侍臣曰："炀帝拒谏而亡，朕常以为戒，虚心求谏，而竟无谏者，何也？"李勣对曰："陛下所为尽善，群臣无得而谏。"

4　三月甲寅，以兼司戎太常伯姜恪同东西台三品。恪，宝谊之子也。

5　辛未，东都乾元殿成。闰月壬申朔，车驾至东都。

6　疏勒弓月引吐蕃侵于阗，敕西州都督崔知辩、左武卫将军曹继叔将兵救之。

7　夏，四月戊辰，左侍极陆敦信检校右相，西台侍郎孙处约、太子右中护检校西台侍郎乐彦玮并罢政事。

8　秘阁郎中李淳风以傅仁均《戊寅历》推步浸疏，乃增损刘焯《皇极历》，更撰《麟德历》，五月辛卯，行之。

9　秋，七月己丑，兖州都督邓康王元裕薨。

10　上命熊津都尉扶馀隆与新罗王法敏释去旧怨，八月壬子，同盟于熊津城。刘仁轨以新罗、百济、耽罗、倭国使者浮海西还，会祠泰山，高丽亦遣太子福男来侍祠。

此后，唐高宗每逢临朝治事，武后都在后边垂帘听政，政事无论大小，都得参与。天下大权，全归于武后，官员升降生杀，取决于她一句话，皇帝只是无所事事的清闲人而已，朝廷内外称他们为“二圣”。

12　太子右中护、检校西台侍郎乐彦玮，西台侍郎孙处约一并被任为同东西台三品。

唐高宗麟德二年(乙丑，公元665年)

1　春季，正月丁卯(二十四日)，吐蕃派遣使者来见唐高宗，请恢复与吐谷浑和好，还要求给他们赤水地作为放牧地。唐高宗不答应。

2　二月壬午(初十)，唐高宗从京师长安出发。丁酉(二十五日)，到达合璧宫。

3　唐高宗说到隋炀帝时，对身边大臣说：“隋炀帝拒绝规劝而亡国，朕常常引为鉴戒，虚心听取规劝，而终于没有进谏的人，为什么？”李世勣回答说：“陛下所作所为尽善尽美，所以大臣没有什么可以进谏的。”

4　三月甲寅(十二日)，唐朝任命兼司戎太常伯姜恪同东西台三品。姜恪是姜宝谊的儿子。

5　辛未(二十九日)，唐朝东都洛阳乾元殿落成。闰三月壬申朔(初一)，唐高宗来到东都洛阳。

6　疏勒弓月招引吐蕃侵扰于阗，唐高宗命令西州都督崔知辩、左武卫将军曹继叔领兵援救于阗。

7　夏季，四月戊辰(二十七日)，左侍极陆敦信检校右相，西台侍郎孙处约和太子右中护、检校西台侍郎乐彦玮都不再主持政务。

8　秘阁郎中李淳风因傅仁均《戊寅历》推算天文疏误越来越大，于是增删刘焯《皇极历》，新写成《麟德历》，五月辛卯(二十日)，新历颁行。

9　秋季，七月己丑(十九日)，兖州都督邓康王李元裕去世。

10　唐高宗命令熊津都尉扶馀隆与新罗王金法敏解除旧日的怨恨；八月壬子(十三日)，双方结盟于熊津城。刘仁轨同新罗、百济、耽罗、倭国使者从海路西归，共同祭祀泰山，高丽也派遣太子福男前来陪祭。

11　冬，十月癸丑，皇后表称："封禅旧仪，祭皇地祇，太后昭配，而令公卿行事，礼有未安，至日，妾请帅内外命妇奠献。"诏："禅社首以皇后为亚献，越国太妃燕氏为终献。"壬戌，诏："封禅坛所设上帝、后土位，先用藁秸、陶匏等，并宜改用茵褥、罍爵，其诸郊祀亦宜准此。"又诏："自今郊庙享宴，文舞用《功成庆善之乐》，武舞用《神功破陈之乐》。"

丙寅，上发东都，从驾文武仪仗，数百里不绝。列营置幕，弥亘原野。东自高丽，西至波斯、乌长诸国朝会者，各帅其属扈从，穹庐毳幕，牛羊驼马，填咽道路。时比岁丰稔，米斗至五钱，麦、豆不列于市。

十一月戊子，上至濮阳，窦德玄骑从。上问："濮阳谓之帝丘，何也？"德玄不能对。许敬宗自后跃马而前曰："昔颛顼居此，故谓之帝丘。"上称善。敬宗退，谓人曰："大臣不可以无学。吾见德玄不能对，心实羞之。"德玄闻之曰："人各有能有不能，吾不强对以所不知，此吾所能也。"李勣曰："敬宗多闻，信美矣。德玄之言亦善也。"

寿张人张公艺九世同居，齐、隋、唐皆旌表其门。上过寿张，幸其宅，问所以能共居之故，公艺书"忍"字百馀以进。上善之，赐以缣帛。

十二月丙午，车驾至齐州，留十日。丙辰，发灵岩顿，至泰山下，有司于山南为圆坛，山上为登封坛，社首山上为降禅方坛。

乾封元年(丙寅,666)

1　春，正月戊辰朔，上祀昊天上帝于泰山南。己巳，登泰山，封玉牒，上帝册藏以玉匮，配帝册藏以金匮，皆缠以金绳，封以金泥，印以玉玺，藏以石礠。庚午，降禅于社首，祭皇地祇。

11　冬季，十月癸丑（十五日），皇后武则天上表说："封禅原来的仪式，祭皇地祇，太后在左边配享，而令公卿执行祭事，在礼法上有不妥当的地方，这次封禅时，我请求率领宫廷内外有官号的妇女奠献祭品。"唐高宗下诏："祭社首时，皇后为第二位进献祭品，越国太妃燕氏为最后一位进献祭品。"壬戌（二十四日），唐高宗下诏："封禅坛上所设的上帝、后土神位，原先用藁秸、陶匏等，都应改用茵褥、罍爵，其馀郊祭也应照此办理。"又诏令："自今以后，郊、庙祭祀宴会，文舞用《功成庆善之乐》，武舞用《神功破阵之乐》。"

丙寅（二十八日），唐高宗从东都洛阳出发，随从的文武官员和仪仗绵延数百里。扎营支帐篷，弥漫原野。东起高丽，西至波斯、乌长诸国的朝会使节，各率领所属随从人员，毡做的帐篷，牛羊驼马，堵塞道路。当时连年丰收，一斗米才五个钱，麦子、豆类上市都没有人买。

十一月戊子（二十日），唐高宗来到濮阳，窦德玄骑马随行，唐高宗问他："濮阳称为帝丘，为什么？"窦德玄不能回答。许敬宗从后边跃马向前说："从前颛顼居住在这里，所以称为帝丘。"唐高宗称赞他。许敬宗回去后对人说："大臣不能没有学问，我看窦德玄不能回答，心里实在羞愧。"窦德玄听到后说："人各有能和不能的方面，我不勉强回答我所不知道的问题，这正是我所能的方面。"李世勣说："许敬宗见闻广，诚然很好，窦德玄的话也不错。"

寿张人张公艺九代共居，齐、隋、唐各朝颁赐旗帜表彰他家门户。唐高宗经过寿张，来到他的住宅，问他所以能够共居的原因，张公艺书写"忍"字一百多个进献。唐高宗认为这是好的，赏赐他缣帛。

十二月丙午（初九），唐高宗到齐州，逗留十天。丙辰（十九日），唐高宗从灵岩顿出发，到泰山下，有关部门在山南筑圆坛，在山上筑登封坛，在社首山上筑降禅方坛。

唐高宗乾封元年（丙寅，公元666年）

1　春季，正月戊辰朔（初一），唐高宗祭祀昊天上帝于泰山南。己巳（初二），登上泰山，封存封禅文书，上帝册放在玉匮里，配帝册放在金匮里，都缠上金绳子，封上金泥，加盖玉玺，藏入封禅专用的石匣中。庚午（初三），在泰山下面的社首山祭祀皇地祇。

上初献毕，执事者皆趋下。宦者执帷，皇后升坛亚献，帷帟皆以锦绣为之。酌酒，实俎豆，登歌，皆用宫人。壬申，上御朝觐坛，受朝贺，赦天下，改元。文武官三品已上赐爵一等，四品已下加一阶。先是阶无泛加，皆以劳考叙进，至五品三品，仍奏取进止，至是始有泛阶，比及末年，服绯者满朝矣。

时大赦，惟长流人不听还，李义府忧愤发病卒。自义府流窜，朝士日忧其复入，及闻其卒，众心乃安。

丙戌，车驾发泰山。辛卯，至曲阜，赠孔子太师，以少牢致祭。癸未，至亳州，谒老君庙，上尊号曰太上玄元皇帝。丁丑，至东都，留六日。甲申，幸合璧宫。夏，四月甲辰，至京师，谒太庙。

2　庚戌，左侍极兼检校右相陆敦信以老疾辞职，拜大司成，兼左侍极，罢政事。

3　五月庚寅，铸乾封泉宝钱，一当十，俟期年尽废旧钱。

4　高丽泉盖苏文卒，长子男生代为莫离支，初知国政，出巡诸城，使其弟男建、男产知留后事。或谓二弟曰："男生恶二弟之逼，意欲除之，不如先为计。"二弟初未之信。又有告男生者曰："二弟恐兄还夺其权，欲拒兄不纳。"男生潜遣所亲往平壤伺之，二弟收掩，得之，乃以王命召男生。男生惧，不敢归。男建自为莫离支，发兵讨之。男生走保别城，使其子献诚诣阙求救。六月壬寅，以右骁卫大将军契苾何力为辽东道安抚大使，将兵救之。以献诚为右武卫将军，使为向导。又以右金吾卫将军庞同善、营州都督高侃为行军总管，同讨高丽。

唐高宗初献祭品毕，执事人都退下。太监手持帷帘，皇后登坛接着献祭品，帷和帘都用锦绣做成。斟酒、往俎豆中放祭品、升堂奏歌都用宫女。壬申（初五），唐高宗登上朝觐坛，接受朝贺；大赦天下罪人，更改年号。文武官员三品以上的赐爵一等，四品以下加一阶。以前没有普遍加封官阶的先例，都是以功劳考核依次进升，到了五品、三品官，还要奏请皇帝决定，自此开始有广泛加阶，到了高宗末年，穿赤色衣服的人满朝都是了。

当时的大赦，只有远途流放的罪人不许返回，李义府因此忧愤交加，发病而死。自从李义府流放后，朝廷官员无日不担忧他再回朝廷，直到得知他的死讯，大家才放心。

丙戌（十九日），唐高宗从泰山出发。辛卯（二十四日），到达曲阜，赠给孔子太师称号，并用羊和猪祭祀。癸未，到达亳州，拜谒老君庙，给老子上尊号为太上玄元皇帝。丁丑，到达东都洛阳，逗留六天；甲申，去合璧宫；夏季，四月甲辰（初八），到京师长安，拜谒太庙。

2　庚戌（十四日），唐朝左侍极兼检校右相陆敦信因年老有病辞职，授职大司成，兼左侍极，罢政事。

3　五月庚寅（二十五日），唐朝铸造“乾封泉宝”新钱，以一当十，等到明年全部废止旧钱。

4　高丽泉盖苏文去世，长子泉男生代任莫离支，开始治理国家政事，即出巡各城，指派他弟弟泉男建、泉男产留下治理国家政事。有人对他两个弟弟说：“泉男生厌恶两个弟弟的逼迫，有意想除掉他们，不如先准备好对付的计策。”弟弟开始不相信这些话。又有人告诉泉男生说：“两个弟弟怕哥哥回去夺他们权，打算拒绝哥哥回去。”泉男生秘密派亲信去平壤侦察，被两个弟弟捕获，于是他们用王命召泉男生返回。泉男生畏惧，不敢回去。泉男建自任莫离支，发兵讨伐他。泉男生出走，驻守另外的城邑，派遣他儿子泉献诚到唐朝求救。六月壬寅（初七），唐朝任命右骁卫大将军契苾何力为辽东道安抚大使，领兵救泉男生。任命泉献诚为右武卫将军，担任向导。又任命右金吾卫将军庞同善、营州都督高侃为行军总管，共同讨伐高丽。

5　秋，七月乙丑朔，徙殷王旭轮为豫王。

以大司宪兼检校太子左中护刘仁轨为右相。

初，仁轨为给事中，按毕正义事，李义府怨之，出为青州刺史。会讨百济，仁轨当浮海运粮，时未可行，义府督之，遭风失船，丁夫溺死甚众，命监察御史袁异式往鞫之。义府谓异式曰："君能办事，不忧无官。"异式至，谓仁轨曰："君与朝廷何人为仇，宜早自为计。"仁轨曰："仁轨当官不职，国有常刑，公以法毙之，无所逃命。若使遽自引决以快仇人，窃所未甘！"乃具狱以闻。异式将行，仍自掣其锁。狱上，义府言于上曰："不斩仁轨，无以谢百姓。"舍人源直心曰："海风暴起，非人力所及。"上乃命除名，以白衣从军自效。义府又讽刘仁愿使害之，仁愿不忍杀。及为大司宪，异式惧，不自安，仁轨沥觞告之曰："仁轨若念畴昔之事，有如此觞！"仁轨既知政事，异式寻迁詹事丞，时论纷然。仁轨闻之，遽荐为司元大夫。监察御史杜易简谓人曰："斯所谓矫枉过正矣！"

6　八月辛丑，司元太常伯兼检校左相窦德玄薨。

7　初，武士彟娶相里氏，生男元庆、元爽；又娶杨氏，生三女，长适越王府法曹贺兰越石，次皇后，次适郭孝慎。士彟卒，元庆、元爽及士彟兄子惟良、怀运皆不礼于杨氏，杨氏深衔之。越石、孝慎及孝慎妻并早卒，越石妻生敏之及一女而寡。后既立，杨氏号荣国夫人，越石妻号韩国夫人，惟良自始州长史超迁司卫少卿，怀运自瀛州长史迁淄州刺史，元庆自右卫郎将为宗正少卿，元爽自安州户曹累迁少府少监。荣国夫人尝置酒，谓惟良等曰："颇忆畴昔之事乎？今日之荣贵复何如？"

5　秋季，七月乙丑朔（初一），唐朝改封殷王李旭轮为豫王。

朝廷任命大司宪兼检校太子左中护刘仁轨为右相。

当初，刘仁轨为给事中，因审讯毕正义的事，李义府怨恨他，让他出任青州刺史。遇上讨伐百济，刘仁轨负责从海上运送粮食，当时不是出海的时机，李义府督促他出海，结果遭遇大风，船被刮翻，丁夫被淹死很多，朝廷命令监察御史袁异式前往审讯刘仁轨。李义府对袁异式说："你能办好这件事，不怕没有官当。"袁异式到达后，对刘仁轨说："你与朝廷中什么人有仇恨，应当提前为自己打算。"刘仁轨说："当官不称职，国家有正常的刑罚，您依法将我处死，我没有什么可逃避的。假使仓促自作主张让我自尽以使仇人高兴，我当然不甘心！"于是袁异式带着全部定案的材料上报，走时还亲自上锁，怕刘仁轨逃脱。案情上报后，李义府对唐高宗说："不杀刘仁轨，不足向百姓道歉。"舍人源直心说："海风骤起，不是人力所能抗拒的。"唐高宗于是命令撤除刘仁轨的名籍，以平民身份从军效力。李义府又示意刘仁愿将他杀死，刘仁愿不忍心这样做。到了刘仁轨任大司宪，袁异式畏惧，心里很不安。刘仁轨将酒杯里的酒倒光，对他说："我刘仁轨如果记着旧日的事情，就像这酒杯一样！"刘仁轨担任宰相后，袁异式不久即升任詹事丞，当时人议论纷纷。刘仁轨听到后，又立即推荐他担任司元大夫。监察御史杜易简对人说："这就是所谓矫枉过正了。"

6　八月辛丑（初八），司元太常伯兼检校左相窦德玄去世。

7　当初，武士彟娶相里氏，生儿子武元庆、武元爽；又娶杨氏，生三个女儿，长女嫁给越王府法曹贺兰越石，二女儿即皇后武则天，三女儿嫁给郭孝慎。武士彟死后，武元庆、武元爽及武士彟哥哥的儿子武惟良、武怀运等都不孝敬杨氏，杨氏对他们怀恨在心。贺兰越石、郭孝慎及他妻子都早死，贺兰越石妻生儿子贺兰敏之和一个女儿后守寡。武则天立为皇后，杨氏封为荣国夫人，贺兰越石妻封为韩国夫人，武惟良由始州长史越级升官为司卫少卿，武怀运由瀛州长史提升为淄州刺史，武元庆由右卫郎将任宗正少卿，武元爽由安州户曹连续提升到少府少监。荣国夫人杨氏曾设酒席，对武惟良等说："还记得从前的事情吗？今日的荣耀贵显又如何？"

对曰："惟良等幸以功臣子弟，早登宦籍，揣分量才，不求贵达，岂意以皇后之故，曲荷朝恩，夙夜忧惧，不为荣也。"荣国不悦。皇后乃上疏，请出惟良等为远州刺史，外示谦抑，实恶之也。于是以惟良检校始州刺史，元庆为龙州刺史，元爽为濠州刺史。元庆至州，以忧卒。元爽坐事流振州而死。

韩国夫人及其女以后故出入禁中，皆得幸于上。韩国寻卒，其女赐号魏国夫人。上欲以魏国为内职，心难后未决，后恶之。会惟良、怀运与诸州刺史诣泰山朝觐，从至京师，惟良等献食。后密置毒醢中，使魏国食之，暴卒，因归罪于惟良、怀运，丁未，诛之，改其姓为蝮氏。怀运兄怀亮早卒，其妻善氏尤不礼于荣国，坐惟良等没入掖庭，荣国令后以他事束棘鞭之，肉尽见骨而死。

8　九月，庞同善大破高丽兵，泉男生帅众与同善合。诏以男生为特进、辽东大都督，兼平壤道安抚大使，封玄菟郡公。

9　戊子，金紫光禄大夫致仕广平宣公刘祥道薨，子齐贤嗣。齐贤为人方正，上甚重之，为晋州司马。将军史兴宗尝从上猎苑中，因言晋州产佳鹞，刘齐贤今为司马，请使捕之。上曰："刘齐贤岂捕鹞者邪？卿何以此待之！"

10　冬，十二月己酉，以李勣为辽东道行军大总管，以司列少常伯安陆郝处俊副之，以击高丽。庞同善、契苾何力并为辽东道行军副大总管兼安抚大使如故。其水陆诸军总管并运粮使窦义积、独孤卿云、郭待封等，并受勣处分。河北诸州租赋悉诣辽东给军用。待封，孝恪之子也。

回答说:“我等因是功臣子弟,才幸运地进入官吏行列,揣度名分衡量才能,不求富贵显达,没有想到因皇后的关系,得到朝廷的非分恩宠,日夜忧虑畏惧,实在不足为荣。”荣国夫人听后很不高兴。皇后武则天于是给唐高宗上书,请求让武惟良等出任边远州的刺史,表面上是谦虚抑制自己的亲属,实际上憎恶他们。结果任命武惟良为检校始州刺史,武元庆为龙州刺史,武元爽为濠州刺史。武元庆到龙州后,因忧虑得病而死。武元爽因事定罪流放振州而死。

韩国夫人和她的女儿因皇后武则天的关系,出入皇宫中,都得到唐高宗的宠爱。韩国夫人不久去世,她女儿被赐号为魏国夫人。唐高宗想让她在内廷任职,心里害怕皇后而没有决定,皇后武则天因此憎恶她。恰好武惟良、武怀运与各州刺史到泰山朝见皇帝,一同回到京师长安。武惟良等进献食品,皇后武则天秘密将毒药投入肉酱中,让魏国夫人进食,食后突然死去,于是朝廷归罪于武惟良、武怀运,丁未(十四日),将他们处死,改他们的姓为蝮氏。武怀运的哥哥武怀亮早死,他的妻子尤其不孝敬荣国夫人,因武惟良等犯罪被没入后宫旁舍为奴,荣国夫人让皇后武则天找借口用成束带刺的树枝鞭打她,直到皮肉烂尽见骨而死。

8　九月,庞同善大败高丽兵,泉男生率领部众与庞同善会合。唐高宗下诏,任命泉男生为特进、辽东大都督,兼平壤道安抚大使,封玄菟郡公。

9　九月戊子(二十五日),以金紫光禄大夫退休的广平宣公刘祥道去世,儿子刘齐贤继承封爵。刘齐贤为人正直,唐高宗很器重他,任为晋州司马。将军史兴宗曾随从唐高宗在苑中打猎,说到晋州出产好鹞,因刘齐贤现任该州司马,便请唐高宗命令他捕鹞。唐高宗说:“刘齐贤难道是捕鹞的人吗?你为何这样看待他!”

10　冬季,十二月己酉,唐朝任命李世勣为辽东道行军大总管,司列少常伯安陆人郝处俊为副大总管,以进攻高丽。庞同善、契苾何力一并为辽东道行军副大总管仍兼安抚大使。水陆诸军总管和运粮使窦义积、独孤卿云、郭待封等,都受李世勣指挥。河北诸州县租赋全部送辽东供军用。郭待封是郭孝恪的儿子。

勣欲与其婿京兆杜怀恭偕行，以求勋效。怀恭辞以贫，勣赡之。复辞以无奴马，又赡之。怀恭辞穷，乃亡匿岐阳山中，谓人曰："公欲以我立法耳。"勣闻之，流涕曰："杜郎疏放，此或有之。"乃止。

二年（丁卯，667）

1 春，正月，上耕藉田，有司进耒耜，加以雕饰。上曰："耒耜农夫所执，岂宜如此之丽！"命易之。既而耕之，九推乃止。

2 自行乾封泉宝钱，谷帛踊贵，商贾不行。癸未，诏罢之。

3 二月丁酉，涪陵悼王愔薨。

4 辛丑，复以万年宫为九成宫。

5 生羌十二州为吐蕃所破，三月戊寅，悉罢之。

6 上屡责侍臣不进贤，众莫敢对。司列少常伯李安期对曰："天下未尝无贤，亦非群臣敢蔽贤也。比来公卿有所荐引，为谗者已指为朋党，滞淹者未获伸而在位者先获罪，是以各务杜口耳！陛下果推至诚以待之，其谁不愿举所知？此在陛下，非在群臣也。"上深以为然。安期，百药之子也。

7 夏，四月乙卯，西台侍郎杨弘武、戴至德、正谏大夫兼东台侍郎李安期、东台舍人昌乐张文瓘、司列少常伯兼正谏大夫河北赵仁本并同东西台三品。弘武，素之弟子。至德，胄之兄子也。时造蓬莱、上阳、合璧等宫，频征伐四夷，厩马万匹，仓库渐虚，张文瓘谏曰："隋鉴不远，愿勿使百姓生怨。"上纳其言，减厩马数千匹。

李世勣想让他女婿京兆人杜怀恭同行，以便建立功勋。杜怀恭以家贫为理由推辞，李世勣答应供给他；又以无奴仆马匹为理由推辞，李世勣又答应供给他。杜怀恭无话可说，便逃避到岐阳山中，对人说："李公想把我作为施法的靶子。"李世勣听说后，流泪说："杜怀恭散漫无拘束，这是有可能的。"便没有再要求他同行。

唐高宗乾封二年（丁卯，公元667年）

1　春季，正月，唐高宗举行亲耕藉田礼，有关部门送来的耒耜等农具，上面加以雕刻装饰。唐高宗说："耒耜是农夫所使用的，哪能这样华丽！"命令更换。不久耕地，推进九个往返便停止。

2　唐朝自从发行乾封泉宝钱，谷帛的价格飞涨，商贾交易无法进行；癸未（二十二日），唐高宗下令废止使用。

3　二月丁酉（初六），涪陵悼王李愔去世。

4　辛丑（初十），唐朝把万年宫改回原名九成宫。

5　生羌十二州被吐蕃攻破，三月，戊寅（十八日），唐朝全部取消这些州的建制。

6　唐高宗多次责备身边大臣不推荐德才兼备的人，谁也不敢答话。司列少常伯李安期解释说："天下不是没有贤人，也不是群臣敢于掩蔽贤人。近来公卿若有所推荐，好进恶言的人已指责为结党营私，滞留的贤者尚未得到进用，在位的人先已犯罪，于是各人赶忙闭口。陛下果真能诚心诚意对待他们，有谁不愿意推举所知道的贤人？这个问题关键在陛下，不在于群臣。"唐高宗很同意他的看法。李安期是李百药的儿子。

7　夏季，四月乙卯（二十五日），西台侍郎杨弘武和戴至德、正谏大夫兼东台侍郎李安期、东台舍人昌乐人张文瓘、司列少常伯兼正谏大夫河北人赵仁本都同东西台三品。杨弘武是杨素弟弟的儿子，戴至德是戴胄哥哥的儿子。当时唐朝因营造蓬莱、上阳、合璧等宫，频繁讨伐四夷，厩中养马万匹，仓库逐渐空虚，张文瓘进谏说："隋朝的鉴戒并不遥远，但愿不要让百姓产生怨恨。"唐高宗接纳他的意见，减少厩中马数千匹。

8 秋，八月己丑朔，日有食之。

9 辛亥，东台侍郎同东西台三品李安期出为荆州长史。

10 九月庚申，上以久疾，命太子弘监国。

11 辛未，李勣拔高丽之新城，使契苾何力守之。勣初度辽，谓诸将曰：“新城，高丽西边要害，不先得之，馀城未易取也。”遂攻之，城人师夫仇等缚城主开门降。勣引兵进击，一十六城皆下之。

庞同善、高侃尚在新城，泉男建遣兵袭其营，左武卫将军薛仁贵击破之。侃进至金山，与高丽战，不利，高丽乘胜逐北，仁贵引兵横击，大破之，斩首五万馀级，拔南苏、木底、苍岩三城，与泉男生军合。

郭待封以水军自别道趣平壤，勣遣别将冯师本载粮仗以资之。师本船破，失期，待封军中饥窘，欲作书与勣，恐为虏所得，知其虚实，乃作离合诗以与勣。勣怒曰：“军事方急，何以诗为？必斩之！”行军管记通事舍人元万顷为释其义，勣乃更遣粮仗赴之。

万顷作《檄高丽文》曰：“不知守鸭绿之险。”泉男建报曰：“谨闻命矣！”即移兵据鸭绿津，唐兵不得渡。上闻之，流万顷于岭南。

郝处俊在高丽城下，未及成列，高丽奄至，军中大骇，处俊据胡床，方食干糒，潜简精锐，击败之，将士服其胆略。

12 冬，十二月甲午，诏：“自今祀昊天上帝、五帝、皇地祇、神州地祇，并以高祖、太宗配，仍合祀昊天上帝、五帝于明堂。”

8　秋季，八月己丑朔（初一），出现日食。

9　辛亥（二十三日），东台侍郎同东西台三品李安期出任荆州长史。

10　九月庚申（初三），唐高宗因长期患病，命令太子李弘监理国事。

11　辛未（十四日），李世勣攻下高丽的新城，派契苾何力驻守。李世勣初渡辽海时，对手下诸将说："新城，是高丽西部要害，不先夺取，其馀各城便不容易攻取。"于是进攻新城。城里人师夫仇等捆绑守城的首领开门投降。李世勣领兵进击，其馀十六城都攻下了。

庞同善、高侃还留在新城，泉男建派兵袭击他们的兵营，左武卫将军薛仁贵将他们打败。高侃进军至金山，与高丽兵交战失利，高丽兵乘胜追击。薛仁贵领兵从侧面进击高丽兵，高丽兵大败，斩首五万馀级，攻下南苏、木底、苍岩三城，与泉男生军会合。

郭待封领水军从另外一条路向平壤进发，李世勣派别将冯师本运载粮食武器补给。冯师本因船坏没有按期到达，郭待封军中缺粮，情况危急，想写信给李世勣求援，又怕信被敌人截获，泄露缺粮的机密，便把机密写在离合诗中送给他。李世勣见诗大怒，说："军情紧急，还写诗做什么？一定要处死！"行军管记通事舍人元万顷解释出离合诗中的实际含意，李世勣便又另外运送粮食武器去援救他。

元万顷作《檄高丽文》说："不知守鸭绿之险。"这反而提醒了泉男建，他说："敬听尊命了！"立即调兵据守鸭绿津，唐兵不能通过。唐高宗得知这情况，流放元万顷于岭南。

郝处俊在高丽城下，士卒还来不及列阵，高丽兵突然到来，军中大惊，郝处俊正坐在椅子上吃干粮，暗中挑选精锐部队，把高丽兵打败，将士们都佩服他的胆略。

12　冬季，十二月甲午（初八），唐高宗下诏令："从今以后，祭祀昊天上帝、五帝、皇地祇、神州地祇，并以高祖、太宗配享，仍合祀昊天上帝、五帝于明堂。"

13　是岁，海南獠陷琼州。

总章元年（戊辰，668）

1　春，正月壬子，以右相刘仁轨为辽东道副大总管。

2　二月壬午，李勣等拔高丽扶馀城。薛仁贵既破高丽于金山，乘胜将三千人将攻扶馀城，诸将以其兵少，止之。仁贵曰："兵不在多，顾用之何如耳。"遂为前锋以进，与高丽战，大破之，杀获万馀人，遂拔扶馀城。扶馀川中四十馀城皆望风请服。

侍御史洛阳贾言忠奉使自辽东还，上问以军事，言忠对曰："高丽必平。"上曰："卿何以知之？"对曰："隋炀帝东征而不克者，人心离怨故也。先帝东征而不克者，高丽未有衅也。今高藏微弱，权臣擅命，盖苏文死，男建兄弟内相攻夺，男生倾心内附，为我向导，彼之情伪，靡不知之。以陛下明圣，国家富强，将士尽力，以乘高丽之乱，其势必克，不俟再举矣。且高丽连年饥馑，妖异屡降，人心危骇，其亡可翘足待也。"上又问："辽东诸将孰贤？"对曰："薛仁贵勇冠三军。庞同善虽不善斗，而持军严整。高侃勤俭自处，忠果有谋。契苾何力沉毅能断，虽颇忌前，而有统御之才；然夙夜小心，忘身忧国，皆莫及李勣也。"上深然其言。

泉男建复遣兵五万人救扶馀城，与李勣等遇于薛贺水，合战，大破之，斩获三万馀人，进攻大行城，拔之。

3　朝廷议明堂制度略定，三月庚寅，赦天下，改元。

13　本年，海南獠人攻陷琼州。

唐高宗总章元年(戊辰，公元668年)

1　春季，正月壬子(二十七日)，唐朝任命右相刘仁轨为辽东道副大总管。

2　二月壬午(二十八日)，李世勣等攻下高丽扶馀城。薛仁贵在金山打败高丽兵后，率领三千人准备乘胜进攻扶馀城，诸将认为他兵少，阻止他。薛仁贵说："兵不在多，就看你如何使用罢了。"于是作为前锋部队前进，与高丽兵交战，获得胜利，杀死和俘虏万馀人，因此攻下扶馀城。扶馀川中的四十多城都望风请求投降。

侍御史洛阳人贾言忠出使从辽东返回，唐高宗向他询问军事情况，他回答说："高丽必定能平定。"唐高宗问："你怎么知道？"他说："隋炀帝东征而不成功，是因为人心离散怨恨的缘故；先帝东征而不成功，是因为高丽本身未出现破绽。现在高藏微弱，掌握朝政的大臣专权；泉盖苏文死后，泉男建兄弟在内部互相攻击争夺，泉男生倾向唐朝，充当我军向导，他们的内部情实，谁都知道。依靠陛下的明圣，国家的富强，将士尽力，而乘高丽内部的动乱，必然一举取得胜利，无需等待第二次了。而且高丽连年饥荒，不祥的灾异一再出现，人心危惧，它的灭亡将为期不远，几乎可以翘足而待。"唐高宗又问他："在辽东的诸位将领谁最称得上德才兼备？"回答说："薛仁贵勇冠三军；庞同善虽不擅长于战斗，但治军严整；高侃以勤俭要求自己，忠心果断而有谋略；契苾何力沉着坚毅而能决断，虽很妒忌比自己强的人，但有统率指挥才能；但日夜小心，忘记个人而忧虑国家，他们谁也比不上李世勣。"唐高宗很同意他的意见。

泉男建再派遣五万人救扶馀城，与李世勣等遭遇于薛贺水。交战后，唐兵大胜，杀死和俘虏三万馀人，又进攻大行城，把它攻下。

3　朝廷讨论有关明堂的各种制度大体已定，三月庚寅(初六)，大赦天下罪人，更改年号。

4　戊寅，上幸九成宫。

5　夏，四月丙辰，彗星见于五车。上避正殿，减常膳，撤乐。许敬宗等奏请复常，曰："彗见东北，高丽将灭之兆也。"上曰："朕之不德，谪见于天，岂可归咎小夷！且高丽百姓，亦朕之百姓也。"不许。戊辰，彗星灭。

6　辛巳，西台侍郎、同东西台三品杨弘武薨。

7　八月辛酉，卑列道行军总管、右威卫将军刘仁愿坐征高丽逗留，流姚州。

8　癸酉，车驾还京师。

9　九月癸巳，李勣拔平壤。勣既克大行城，诸军出他道者皆与勣会，进至鸭绿栅，高丽发兵拒战，勣等奋击，大破之，追奔二百馀里，拔辱夷城，诸城遁逃及降者相继。契苾何力先引兵至平壤城下，勣军继之，围平壤月馀，高丽王藏遣泉男产帅首领九十八人，持白幡诣勣降，勣以礼接之。泉男建犹闭门拒守，频遣兵出战，皆败。男建以军事委僧信诚，信诚密遣人诣勣，请为内应。后五日，信诚开门，勣纵兵登城鼓噪，焚城四月，男建自刺，不死，遂擒之。高丽悉平。

10　冬，十月戊午，以乌茶国婆罗门卢迦逸多为怀化大将军。逸多自言能合不死药，上将饵之。东台侍郎郝处俊谏曰："修短有命，非药可延。贞观之末，先帝服那罗迩娑婆寐药，竟无效。大渐之际，名医不知所为，议者归罪娑婆寐，将加显戮，恐取笑戎狄而止。前鉴不远，愿陛下深察。"上乃止。

4　戊寅，唐高宗来到九成宫。

5　夏季，四月丙辰（初二），彗星出现于五车星处。唐高宗回避正殿，减少日常膳食，撤除音乐歌舞。许敬宗等上奏请求恢复平常状况，说："彗星出现在东北，是高丽将灭亡的预兆。"唐高宗说："这是上天指责朕不施恩德，怎么可以把过失推给小国！而且高丽的百姓，也是朕的百姓。"他不同意许敬宗等的奏请。戊辰（十四日），彗星消失。

6　辛巳（二十七日），西台侍郎、同东西台三品杨弘武去世。

7　八月辛酉（初九），卑列道行军总管、右威卫将军刘仁愿因征高丽逗留不进获罪，流放姚州。

8　癸酉（二十一日），唐高宗回京师长安。

9　九月癸巳（十二日），李世勣攻下平壤。李世勣攻克大行城后，从不同路线前进的各军都同他会合，推进到鸭绿栅，高丽发兵抵抗，李世勣等奋勇攻击，把他们打得大败，追击两百多里，攻下辱夷城，其他各城敌人弃城逃跑和投降的接连不断。契苾何力先领兵来到平壤城下，李世勣军接着到达，包围平壤一个多月后，高丽王高藏派遣泉男产率首领九十八人，打着白旗到李世勣军前投降。李世勣以礼接待他们。泉男建仍然闭门抗拒，不断派兵出战，但都失败了。泉男建把军事委托给僧信诚，僧信诚秘密派人找李世勣，请求作内应。过了五天，僧信诚打开城门，李世勣发兵登城呐喊，焚城四个月，泉男建自杀没有死，被俘虏。高丽全部平定。

10　冬季，十月戊午（初七），唐朝任命乌茶国婆罗门卢迦逸多为怀化大将军。卢迦逸多声称能配制长生不老药，唐高宗准备服用。东台侍郎郝处俊进谏说："人的寿命长短，命中注定，不是药能延长的。贞观末年，先帝服那罗迩娑婆寐配制的药，终于没有效果。病危的时候，名医也束手无策，议论这件事责任的人们，把罪责归于那罗迩娑婆寐，准备公开将他处死，因恐怕戎狄取笑而没有这样做。前头的鉴戒不远，希望陛下深入省察。"唐高宗便决定不服这种药。

11　李勣将至，上命先以高藏等献于昭陵，具军容，奏凯歌，入京师，献于太庙。十二月丁巳，上受俘于含元殿。以高藏政非己出，赦以为司平太常伯、员外同正。以泉男产为司宰少卿，僧信诚为银青光禄大夫，泉男生为右卫大将军。李勣以下，封赏有差。泉男建流黔中，扶馀丰流岭南。分高丽五部、百七十六城、六十九万馀户，为九都督府、四十二州、百县，置安东都护府于平壤以统之，擢其酋帅有功者为都督、刺史、县令，与华人参理。以右威卫大将军薛仁贵检校安东都护，总兵二万人以镇抚之。

丁卯，上祀南郊，告平高丽，以李勣为亚献。己巳，谒太庙。

12　渭南尉刘延祐，弱冠登进士第，政事为畿县最。李勣谓之曰："足下春秋甫尔，遽擅大名，宜稍自贬抑，无为独出人右也。"

13　时有敕，征辽军士逃亡，限内不首及首而更逃者，身斩，妻子籍没。太子上表，以为："如此之比，其数至多：或遇病不及队伍，怖惧而逃；或因樵采为贼所掠；或渡海漂没；或深入贼庭，为所伤杀。军法严重，同队恐并获罪，即举以为逃，军旅之中，不暇勘当，直据队司通状关移所属，妻子没官，情实可哀。《书》曰：'与其杀不辜，宁失不经。'伏愿逃亡之家，免其配没。"从之。

14　甲戌，司戎太常伯姜恪兼检校左相，司平太常伯阎立本守右相。

15　是岁，京师及山东、江、淮旱，饥。

11　李世勣将回到长安，唐高宗命令先将高藏等献于昭陵，然后整齐军队仪容，奏着凯歌，进入京师长安，献于太庙。十二月，丁巳(初七)，唐高宗在含元殿接受献俘。因高藏并不掌握国家实权，唐高宗赦免他们的罪行，并任命为司平太常伯、员外同正。任命泉男产为司宰少卿，僧信诚为银青光禄大夫，泉男生为右卫大将军。唐将自李世勣以下，都各有不同等次的封赏。泉男建流放黔中，扶馀丰流放岭南。将高丽五部、一百七十六城、六十九万多户分为九都督府、四十二州、一百县，设置安东都护府于平壤以统辖全境，选拔有功的部族首领和豪帅担任都督、刺史、县令，与华人共同治理。任命右威卫大将军薛仁贵为检校安东都护，领兵两万人以镇守安抚。

丁卯(十七日)，唐高宗在南郊祭祀天地，报告平定高丽，让李世勣第二位献祭；己巳(十九日)，拜谒太庙。

12　渭南尉刘延祐，年少即成进士，政绩在京师长安近畿各县中最突出。李世勣对他说："您才这样年轻，很早就有大名声，应该自我稍加抑制，用不着独出众人之上。"

13　当时唐高宗有命令，征辽中逃亡的军士，在规定期限内不自首或自首后又逃亡的，本人要处死，妻子要没收入官府为奴婢。太子上表，以为："这样追究起来，人数太多：有人遇到生病赶不上队伍，畏惧而逃亡；有人因外出打柴草被敌人俘虏；有人在渡海时落水失踪；有人深入敌方阵地被杀或受伤。因军法严厉，同队的人怕一同犯罪，即报告他们逃亡，军队中没有时间去核实，直接根据队伍基层的报告，转告军士所属地方官府，他们的妻子被没收入官府，情状实在令人哀痛。《书经》说：'与其杀无罪的人，宁可失捕不守正法的人。'恳切希望对逃亡之家，免除籍没发配。"唐高宗听从他的意见。

14　甲戌(二十四日)，唐朝任命司戎太常伯姜恪兼检校左相，司平太常伯阎立本代理右相。

15　本年，京师长安及崤山以东、江、淮流域发生旱灾，出现饥荒。

二年(己巳,669)

1　春,二月辛酉,以张文瓘为东台侍郎,以右肃机、检校太子中护谯人李敬玄为西台侍郎,并同东西台三品。先是同三品不入衔,至是始入衔。

2　癸亥,以雍州长史卢承庆为司刑太常伯。承庆常考内外官,有一官督运,遭风失米,承庆考之曰:“监运损粮,考中下。”其人容色自若,无言而退。承庆重其雅量,改注曰:“非力所及,考中中。”既无喜容,亦无愧词。又改曰:“宠辱不惊,考中上。”

3　三月丙戌,东台侍郎郝处俊同东、西台三品。

4　丁亥,诏定明堂制度:其基八觚,其宇上圆,覆以清阳玉叶,其门墙阶级,窗棂楣柱,枊楶枅栱,皆法天地阴阳律历之数。诏下之后,众议犹未决,又会饥馑,竟不果立。

5　夏,四月己酉朔,上幸九成宫。

6　高丽之民多离叛者,敕徙高丽户三万八千二百于江、淮之南,及山南、京西诸州空旷之地,留其贫弱者,使守安东。

7　六月戊申朔,日有食之。

8　秋,八月丁未朔,诏以十月幸凉州。时陇右虚耗,议者多以为未宜游幸。上闻之,辛亥,御延福殿,召五品已上谓曰:“自古帝王,莫不巡守,故朕欲巡视远俗。若果为不可,何不面陈,而退有后言,何也?”自宰相以下莫敢对。详刑大夫来公敏独进曰:“巡守虽帝王常事,然高丽新平,馀寇尚多,西边经略,亦未息兵。陇右户口雕弊,銮舆所至,供亿百端,诚为未易。外间实有窃议,但明制已行,故群臣不敢陈论耳。”上善其言,为之罢西巡。未几,擢公敏为黄门侍郎。

唐高宗总章二年(己巳,公元669年)

1 春季,二月辛酉(十二日),唐朝任命张文瓘为东台侍郎,任命右肃机、检校太子中护谯县人李敬玄为西台侍郎,一并同东西台三品。这以前同三品不入官阶,从此开始入官阶。

2 癸亥(十四日),唐朝任命雍州长史卢承庆为司刑太常伯。卢承庆常考核朝廷内外官员,有一名督运官,因途中遭遇大风损失粮食,卢承庆考核评语说:“监运损失粮食,成绩中下。”这位官员神色不变,没有说话就退出。卢承庆看重他气度不凡,改注说:“非人力所能及,成绩中中。”这位官员这时既不高兴,也没有说感到惭愧的话,卢承庆又改为:“宠辱不惊,成绩中上。”

3 三月丙戌(初八),唐朝东台侍郎郝处俊同东西台三品。

4 丁亥(初九),唐高宗下诏规定明堂制度:基部为八角形,屋檐上面为圆形,覆盖与天色相同的瓦,门墙台阶、窗棂横梁柱子、梁上的方木、柱上的斗拱等的数目,都按照天地阴阳律历的数目。诏令下达后,朝臣们议论还未定,又遇饥荒,最后没有实施。

5 夏季,四月己酉朔(初一),唐高宗来到九成宫。

6 高丽百姓不少人反叛唐朝统治,唐高宗下令迁移三万八千二百户高丽居民到江、淮以南,以及山南、京西诸州空旷地区,留下贫弱户守卫安东。

7 六月戊申朔(初一),出现日食。

8 秋季,八月丁未朔(初一),唐高宗发诏令,定于十月去凉州。当时陇右空虚,议论的人多认为皇帝不宜巡行该地。唐高宗知道后,于辛亥(初五),来到延福殿,召集五品以上官员,对他们说:“自古以来的帝王,没有不巡行境内的,所以朕想巡视边远风俗。若真的不可行,为何不当面陈述,而背后有议论,这是为什么?”自宰相以下谁也不敢答话。只有详刑大夫来公敏进言说:“巡行境内虽是帝王常事,但高丽最近才平定,残馀敌对分子还不少,西边的治理,军事行动还未停止。陇右户口衰败,天子所到之处,需供应的东西繁多,实在不易办到。外间确有私议,只因圣明的命令已下达,所以群臣才不敢面陈意见。”唐高宗赞赏他的话,因此西巡的计划作罢。不久,提升来公敏为黄门侍郎。

9　甲戌，改瀚海都护府为安北都护府。

10　九月丁丑朔，诏徙吐谷浑部落就凉州南山。议者恐吐蕃侵暴，使不能自存，欲先发兵击吐蕃。右相阎立本以为去岁饥歉，未可兴师。议久不决，竟不果徙。

11　庚寅，大风，海溢，漂永嘉、安固六千馀家。

12　冬，十月丁巳，车驾还京师。

13　十一月丁亥，徙豫王旭轮为冀王，更名轮。

14　司空、太子太师、英贞武公李勣寝疾，上悉召其子弟在外者，使归侍疾。上及太子所赐药，勣则饵之。子弟为之迎医，皆不听进，曰："吾本山东田夫，遭值圣明，致位三公，年将八十，岂非命邪？修短有期，岂能复就医工求活？"一旦，忽谓其弟司卫少卿弼曰："吾今日少愈，可共置酒为乐。"于是子孙悉集，酒阑，谓弼曰："吾自度必不起，故欲与汝曹为别耳。汝曹勿悲泣，听我约束。我见房、杜平生勤苦，仅能立门户，遭不肖子荡覆无馀。吾有此子孙，今悉付汝。葬毕，汝即迁入我堂，抚养孤幼，谨察视之。其有志气不伦，交游非类者，皆先挝杀，然后以闻。"自是不复更言。十二月戊申，薨。上闻之悲泣，葬日，幸未央宫，登楼望輀车恸哭。起冢象阴山、铁山、乌德鞬山，以旌其破突厥、薛延陀之功。

勣为将，有谋善断，与人议事，从善如流。战胜则归功于下，所得金帛，悉散之将士，故人思致死，所向克捷。临事选将，必訾相其状貌丰厚者遣之。或问其故，勣曰："薄命之人，不足与成功名。"

9　甲戌(二十八日),唐朝改瀚海都护府为安北都护府。

10　九月丁丑朔(初一),唐高宗下诏令,迁移吐谷浑部落到凉州南山。议论的人提出,恐怕吐蕃侵犯,使他们不能生存,想先发兵攻打吐蕃。右相阎立本以为去年歉收发生饥荒,不可动兵。议论长时间没有结果,终于没有迁移吐谷浑。

11　庚寅(十四日),刮大风,海水外溢,永嘉、安固县冲没六千馀家。

12　冬季,十月丁巳(十二日),唐高宗回到京师长安。

13　十一月丁亥(十二日),唐朝改封豫王李旭轮为冀王,改名李轮。

14　司空、太子太师、英贞武公李世勣病重,唐高宗将他在外地的子弟全部召回来,让他们服侍他。唐高宗和太子赏赐的药物,李世勣都服用;他子弟为他请医生,他都不让看病,说:“我本是崤山以东的种田人,遇到圣明君主,位至三公,年纪将近八十岁,难道不是命注定吗?寿命长短有定期,哪能再向医生求活命?”一日,李世勣忽然对他弟弟司卫少卿李弼说:“我今天稍好些,可以设酒席共同高兴一番。”于是儿孙全都聚会。酒席将散时,他对李弼说:“我自己知道病好不了,所以想与大家诀别。你们不要悲伤哭泣,听我的安排。我看着房玄龄、杜如晦平生勤苦,才能树立门户,但因不肖子孙全部废毁。我这些子孙现在全都托付给你。我的丧事完毕,你即迁入我的正室,抚养儿孙,严肃监察他们,凡有图谋不轨,结交行为不正之人的,都先打死,然后上报。”此后便不再说别的话了。十二月戊申(初三日),李世勣去世。唐高宗得知死讯后,悲痛哭泣,出葬的时候,又到未央宫,登楼目送灵车痛哭。埋葬的地方起坟头象征阴山、铁山、乌德鞬山,以表彰李世勣破突厥、薛延陀的功劳。

李世勣作为将领,有谋略,善于决断,和人讨论事情,能从善如流。打胜仗,功劳归于下属,所获得的金帛等财物,全部分给将士,所以人人愿出死力,战无不胜。战前选派将领,必选择相貌丰满的人。有人问他这样做的原因,他说:“薄命的人,不足以与他成功名。”

闺门雍睦而严。其姊尝病，勣已为仆射，亲为之煮粥，风回，爇其须鬓。姊曰："仆妾幸多，何自苦如是？"勣曰："非为无人使令也，顾姊老，勣亦老，虽欲久为姊煮粥，其可得乎？"

勣常谓人："我年十二三时为亡赖贼，逢人则杀。十四五为难当贼，有所不惬则杀人。十七八为佳贼，临陈乃杀之。二十为大将，用兵以救人死。"

勣长子震早卒，震子敬业袭爵。

15　时承平既久，选人益多，是岁，司列少常伯裴行俭始与员外郎张仁祎设长名姓历榜，引铨注之法。又定州县升降、官资高下。其后遂为永制，无能革之者。

大略唐之选法，取人以身、言、书、判，计资量劳而拟官。始集而试，观其书、判；已试而铨，察其身、言；已铨而注，询其便利；已注而唱，集众告之。然后类以为甲，先简仆射，乃上门下，给事中读，侍郎省，侍中审之，不当者驳下。既审，然后上闻，主者受旨奉行，各给以符，谓之告身。兵部武选亦然。课试之法，以骑射及翘关、负米。人有格限未至，而能试文三篇，谓之宏词，试判三条，谓之拔萃，入等者得不限而授。其黔中、岭南、闽中州县官，不由吏部，委都督选择土人补授。凡居官以年为考，六品以下，四考为满。

咸亨元年（庚午，670）

1　春，正月丁丑，右相刘仁轨请致仕。许之。

家中妇女和睦而严肃。他姐姐曾患病，李世勣虽已任仆射，还亲自为她煮粥，风向逆转，烧焦了头发眉毛。他姐姐说："仆人和婢妾不少，何必这样自己吃苦?"李世勣说："不是没有人使唤才这样做的，看着姐姐年老，我自己也老了，虽想长久为姐姐煮粥，办得到吗?"

李世勣常对人说："我十二三岁时是蛮横的贼，逢人便杀。十四五岁时是难以抵挡的贼，遇到不愉快即杀人。十七八岁成为好贼，临阵才杀人。二十岁成为大将，用兵使人免除死难。"

李世勣长子李震早逝，李震的儿子李敬业承袭李世勣的封爵。

15　唐朝太平时间已久，进士及第而候补授职的人越来越多。今年，司列少常伯裴行俭与员外郎张仁祎开始设立开列候选人名资历的长榜，规定从他们中铨选注授官职的办法。同时还规定州县官升降办法和官资高低等次。此后即成为固定制度，无人能改变它。

唐朝官员铨选的办法，一般根据身、言、书、判，计算资历、衡量劳绩而分别授任官职。首先集中考试，看书法好坏，文理优劣；入选后再察看体貌是否丰满，言词是否明白准确；入选的可以注授官职，但要征询本人意见；准备注授官职的人，在应试人中公开宣布。然后分类罗列次序，先报告仆射，由仆射选报门下省，给事中填注情况、意见，侍郎察核，侍中审定，对不适当的提出异议。审定后上报皇帝，吏部按皇帝旨意授官，分别发给凭信，称为"告身"。兵部选拔武官也采取同样的办法，考试的内容为骑马射箭、举重、负重行走。因某种规定所限，不能参加上述诠选的，能够通过三篇文章考试的，称为"宏词"，通过三条判文考试的，称为"拔萃"，入选者可以破格授官。黔中、岭南、闽中等地的州县官，不由吏部选授，委托都督选择本地人补授。凡在任官员，按年资考核，六品以下官员，以四次考核为满限。

唐高宗咸亨元年(庚午，公元670年)

1　春季，正月丁丑(初三)，右相刘仁轨请求退休，获得批准。

2　三月甲戌朔，以旱，赦天下，改元。

3　丁丑，改蓬莱宫为含元宫。

4　壬辰，太子少师许敬宗请致仕。许之。

5　敕突厥酋长子弟事东宫。西台舍人徐齐聃上疏，以为："皇太子当引文学端良之士置左右，岂可使戎狄丑类入侍轩闼。"又奏："齐献公即陛下外祖，虽子孙有犯，岂应上延祖祢？今周忠孝公庙甚修，而齐献公庙毁废，不审陛下何以垂示海内，彰孝理之风？"上皆从之。齐聃，充容之弟也。

6　夏，四月，吐蕃陷西域十八州，又与于阗袭龟兹拨换城，陷之。罢龟兹、于阗、焉耆、疏勒四镇。辛亥，以右威卫大将军薛仁贵为逻娑道行军大总管，左卫员外大将军阿史那道真、左卫将军郭待封副之，以讨吐蕃，且援送吐谷浑还故地。

7　庚午，上幸九成宫。

8　高丽酋长剑牟岑反，立高藏外孙安舜为主。以左监门大将军高侃为东州道行军总管，发兵讨之。安舜杀剑牟岑，奔新罗。

9　六月壬寅朔，日有食之。

10　秋，八月丁巳，车驾还京师。

11　郭待封先与薛仁贵并列，及征吐蕃，耻居其下，仁贵所言，待封多违之。军至大非川，将趣乌海，仁贵曰："乌海险远，军行甚难，辎重自随，难以趋利，宜留二万人，为两栅于大非岭上，辎重悉置栅内，吾属帅轻锐，倍道兼行，掩其未备，破之必矣。"仁贵帅所部前行，击吐蕃于河口，大破之，斩获甚众，进屯乌海以俟待封。待封不用仁贵策，将辎重徐进。未至乌海，遇吐蕃二十馀万，待封军大败，还走，悉弃辎重。仁贵退屯大非川，吐蕃相论钦陵将兵四十馀万就击之，唐兵大败，死伤略尽。仁贵、待封与阿史那道真并脱身免，与钦陵约和而还。敕大司宪乐彦玮即军按其败状，械送京师，三人皆免死除名。

2　三月甲戌朔(初一)，唐高宗因旱灾，大赦天下罪人，更改年号。

3　丁丑(初四)，唐朝改蓬莱宫为含元宫。

4　壬辰(十九日)，唐朝太子少师许敬宗请求退休，获得批准。

5　唐高宗命令突厥酋长子弟侍奉太子，西台舍人徐齐聃上书，以为:“皇太子应当召文学端正优异的人在身边，怎么可以让戎狄丑类入侍宫中。”又奏:“齐献公长孙晟即陛下外祖父，虽子孙犯罪，难道应当往上连累祖庙？现今周忠孝公武士彟的庙装饰得很好，而齐献公长孙晟的庙被毁坏，不知道陛下何以示范海内，发扬以孝治天下的风气?”唐高宗全都采纳他的意见。徐齐聃就是徐充容的弟弟。

6　夏季，四月，吐蕃攻陷西域十八州，又联合于阗攻陷龟兹拨换城。唐朝取消龟兹、于阗、焉耆、疏勒四镇。辛亥(初九)，任命右威卫大将军薛仁贵为逻娑道行军大总管，任命左卫员外大将军阿史那道真、左卫将军郭待封为他的副手，讨伐吐蕃，并援助护送吐谷浑返回原来的居住地区。

7　庚午(十六日)，唐高宗来到九成宫。

8　高丽酋长剑牟岑反叛唐朝，立高藏的外孙安舜为国王。唐朝任命左监门大将军高侃为东州道行军总管，发兵讨伐。安舜杀死剑牟岑，投奔新罗。

9　六月壬寅朔(初一)，出现日食。

10　秋季，八月丁巳(十七日)，唐高宗回到京师长安。

11　郭待封原先与薛仁贵官位并列，征伐吐蕃时，以身为薛仁贵的下属而感到耻辱，常常违背薛仁贵的话。进军至大非川，将向乌海进发，薛仁贵说:“乌海险要而且路远，行军很困难，带着辎重，不利于快速前进;应当留下两万人，在大非岭上设两座营栅，把辎重全部存放在营栅内，我率领轻锐部队，从小道加速前进，乘敌人不防备，一定能打败他们。”薛仁贵率领所部前进，大胜吐蕃于河口，杀死和俘获敌人很多，便进驻乌海等待郭待封。郭待封不用薛仁贵的计策，带着辎重缓慢前进，结果还未到达乌海，便与吐蕃军二十多万遭遇。郭待封军大败，抛弃全部辎重往回跑。薛仁贵只得退屯大非川，受到吐蕃宰相论钦陵率领的四十多万兵的攻击，唐兵大败，几乎全军覆没。薛仁贵、郭待封、阿史那道真逃脱，与吐蕃宰相论钦陵讲和而后返还。唐高宗命令大司宪乐彦玮到军中查核他们失败的情况，将他们带上枷锁送回京师长安。三人都免予死罪，撤销名籍。

钦陵，禄东赞之子也，与弟赞婆、悉多于勃论皆有才略。禄东赞卒，钦陵代之，三弟将兵居外，邻国畏之。

12 关中旱，饥，九月丁丑，诏以明年正月幸东都。

13 甲申，皇后母鲁国忠烈夫人杨氏卒，敕文武九品以上及外命妇并诣宅吊哭。

14 闰月癸卯，皇后以久旱，请避位，不许。

15 壬子，加赠司徒周忠孝公武士彟为太尉、太原王，夫人为王妃。

16 甲寅，以左相姜恪为凉州道行军大总管，以御吐蕃。

17 冬，十月乙未，太子右中护、同东西台三品赵仁本为左肃机，罢政事。

18 庚寅，诏官名皆复旧。

论钦陵是吐蕃前宰相禄东赞的儿子，与弟弟赞婆、悉多于勃论都有才能谋略。禄东赞去世后，论钦陵取代相位，三弟领兵驻在外围，邻国都畏惧他们。

12 关中地区发生旱灾，饥荒流行，九月丁丑（初七），唐高宗发诏令，明年正月前往东都洛阳。

13 甲申（十四日），皇后母亲鲁国忠烈夫人杨氏去世，唐高宗命令九品以上文武官员，以及在外边的有官号的妇女，都到她的住宅吊唁哭丧。

14 闰九月癸卯（初三），唐朝皇后因久旱，请求回避皇后之位，没有批准。

15 壬子（十二日），唐朝追赠司徒周忠孝公武士彟为太尉、太原王，夫人为王妃。

16 甲寅（十四日），唐朝任命左相姜恪为凉州道行军大总管，以抵御吐蕃。

17 冬季，十月乙未（二十六日），太子右中护、同东西台三品赵仁本任左肃机，罢政事。

18 庚寅（二十一日），唐高宗下诏令，所改官名都恢复原名。

卷第二百二　唐纪十八

起辛未(671)尽辛巳(681)凡十一年

高宗天皇大圣大弘孝皇帝中之下

咸亨二年(辛未,671)

1　春,正月甲子,上幸东都。

2　夏,四月甲申,以西突厥阿史那都支为左骁卫大将军兼匐延都督,以安集五咄陆之众。

3　初,武元庆等既死,皇后奏以其姊子贺兰敏之为士彟之嗣,袭爵周公,改姓武氏,累迁弘文馆学士、左散骑常侍。魏国夫人之死也,上见敏之,悲泣曰:“向吾出视朝犹无恙,退朝已不救,何苍猝如此?”敏之号哭不对。后闻之,曰:“此儿疑我。”由是恶之。敏之貌美,蒸于太原王妃。及居妃丧,释衰绖,奏妓。司卫少卿杨思俭女,有殊色,上及后自选以为太子妃,婚有日矣,敏之逼而淫之。后于是表言敏之前后罪恶,请加窜逐。六月丙子,敕流雷州,复其本姓。至韶州,以马缰绞死。朝士坐与敏之交游,流岭南者甚众。

4　秋,七月乙未朔,高侃破高丽馀众于安市城。

5　九月丙申,潞州刺史徐王元礼薨。

6　冬,十一月甲午朔,日有食之。

7　车驾自东都幸许、汝。十二月癸酉,校猎于叶县。丙戌,还东都。

高宗天皇大圣大弘孝皇帝中之下

唐高宗咸亨二年(辛未,公元671年)

1　春季,正月甲子(二十六日),唐高宗来到东都洛阳。

2　夏季,四月甲申(十八日),唐朝任命西突厥阿史那都支为左骁卫大将军兼匐延都督,以安置招集五咄陆的部众。

3　当初,皇后武则天的哥哥武元庆等已死,皇后便上奏唐高宗,以她姐姐的儿子贺兰敏之作为她父亲武士彟的嗣子,承袭周国公爵位,改姓武氏。武敏之连续升官,后任弘文馆学士、左散骑常侍。魏国夫人被武则天毒死时,唐高宗遇见武敏之,悲痛哭泣,说:“早上我外出临朝听政时,她还安然无恙,退朝时就来不及抢救了,为何死得如此匆促?”武敏之只是大哭,并不答话。武则天听到这个情况后,说:“这小子已经怀疑我。”于是开始憎恨他。武敏之相貌漂亮,与他外祖父太原王武士彟的妃子淫乱;在为这个妃子办丧事守孝期间,他又脱去丧服,邀集歌妓奏乐歌舞。司卫少卿杨思俭的女儿美貌出众,唐高宗和武则天亲自选她为太子妃,结婚已有一段时间,武敏之竟强奸了她。武则天于是给唐高宗上书,揭露他前后的罪恶,请求将他放逐边远地区。六月丙子(十一日),唐高宗命令把武敏之流放雷州,恢复他本姓贺兰。流放途中,在韶州他被用马缰绳绞死。朝廷官吏中不少人因曾与他交游,被流放岭南。

4　秋季,七月乙未朔(初一),高侃在安市城打败高丽的残馀部队。

5　九月丙申(初二),潞州刺史徐王李元礼去世。

6　冬季,十一月甲午朔(初一),出现日食。

7　唐高宗由东都洛阳巡游许州、汝州。十二月癸酉(初十),在叶县进行围猎。丙戌(二十三日),返回东都洛阳。

三年（壬申，672）

1 春，正月辛丑，以太子左卫副率梁积寿为姚州道行军总管，将兵讨叛蛮。

2 庚戌，昆明蛮十四姓二万三千户内附，置殷、敦、总三州。

3 二月庚午，徙吐谷浑于鄯州浩亹水南。吐谷浑畏吐蕃之强，不安其居，又鄯州地狭，寻徙灵州，以其部落置安乐州，以可汗诺曷钵为刺史。吐谷浑故地皆入于吐蕃。

4 己卯，侍中永安郡公姜恪薨。

5 夏，四月庚午，上幸合璧宫。

6 吐蕃遣其大臣仲琮入贡，上问以吐蕃风俗，对曰："吐蕃地薄气寒，风俗朴鲁，然法令严整，上下一心，议事常自下而起，因人所利而行之，斯所以能持久也。"上诘以吞灭吐谷浑、败薛仁贵、寇逼凉州事。对曰："臣受命贡献而已，军旅之事，非所闻也。"上厚赐而遣之。癸未，遣都水使者黄仁素使于吐蕃。

7 秋，八月壬午，特进高阳郡公许敬宗卒。太常博士袁思古议："敬宗弃长子于荒徼，嫁少女于夷貊，按《谥法》'名与实爽曰缪'，请谥为缪。"敬宗孙太子舍人彦伯讼思古与许氏有怨，请改谥。太常博士王福畤议，以为："得失一朝，荣辱千载。若嫌隙有实，当据法推绳；如其不然，义不可夺。"户部尚书戴至德谓福畤曰："高阳公任遇如是，何以谥之为缪？"对曰："昔晋司空何曾既忠且孝，徒以日食万钱，秦秀谥之为'缪'。许敬宗忠孝不逮于曾，而饮食男女之累过之，谥之曰'缪'，

唐高宗咸亨三年(壬申,公元672年)

1 春季,正月辛丑(初八),唐朝任命太子左卫副率梁积寿为姚州道行军总管,率领军队讨伐叛蛮。

2 庚戌(十七日),昆明蛮十四姓两万三千户归附唐朝。唐朝在他们居住地区设置殷州、敦州和总州。

3 二月庚午(初八),唐朝将吐谷浑迁移到鄯州浩亹水以南。吐谷浑因畏惧吐蕃的强大,在鄯州住不踏实,同时也因该地区狭小,不久又迁移到灵州,唐朝在他们新驻地设置安乐州,任命他们的可汗诺曷钵为州刺史。吐谷浑原来的居住地区都被吐蕃所吞并。

4 己卯(十七日),侍中、永安郡公姜恪去世。

5 夏季,四月庚午(初九),唐高宗巡幸合璧宫。

6 吐蕃派遣大臣仲琮入朝进贡,唐高宗向他询问吐蕃地方的风俗,他回答说:"吐蕃土地贫瘠,天气寒冷,民风诚朴迟钝,但法令严肃而完备,上下一心,讨论政事常常自下而上,根据人们的利益而实施,这是吐蕃能够长期存在的原因。"唐高宗又责问他有关吐蕃吞灭吐谷浑,打败薛仁贵,以及侵逼凉州等事。他回答说:"我的任务只是前来进贡,至于军事方面的事,则不是我所应当知道的。"唐高宗赏赐他优厚的礼物,打发他返回吐蕃。癸未(二十二日),唐朝派遣都水使者黄仁素出使吐蕃。

7 秋季,八月壬午(二十四日),特进高阳郡公许敬宗死去。讨论为他定谥号时,太常博士袁思古评论说:"许敬宗抛弃大儿子于边远地区,将小女儿嫁给夷貊,按照《谥法》'名与实不符称为缪',请给他以'缪'的谥号。"许敬宗的孙子太子舍人许彦伯指出袁思古与许家有私怨,请求改定别的谥号。太常博士王福畤认为:"一时的得失,关系到千载的荣辱。如借机泄私怨是事实,应当依法论罪;否则,袁思古提的谥号是不应更改的。"户部尚书戴至德对王福畤说:"许敬宗在朝廷中有这样高的职位和待遇,何以给予'缪'的谥号?"王福畤回答说:"从前晋朝司空何曾既忠且孝,只因每日饮食耗费万钱,秦秀在他死后就给定谥号为'缪'。许敬宗忠和孝都不及何曾,而饮食女色的耗费却超过他,给予'缪'的谥号,

无负许氏矣。”诏集五品已上更议，礼部尚书阳思敬议：“按《谥法》，既过能改曰恭，请谥曰恭。”诏从之。敬宗尝奏流其子昂于岭南，又以女嫁蛮酋冯盎之子，多纳其货，故思古议及之。福畤，勃之父也。

8 九月癸卯，徙沛王贤为雍王。

9 冬，十月己未，诏太子监国。

10 壬戌，车驾发东都。

11 十一月戊子朔，日有食之。

12 甲辰，车驾至京师。

13 十二月，高侃与高丽馀众战于白水山，破之。新罗遣兵救高丽，侃击破之。

14 癸卯，以左庶子刘仁轨同中书门下三品。

15 太子罕接宫臣，典膳丞全椒邢文伟辄减所供膳，并上书谏太子。太子复书，谢以多疾及入侍少暇，嘉纳其意。顷之，右史缺，上曰：“邢文伟事吾子，能撤膳进谏，此直士也。”擢为右史。

太子因宴集，命宫臣掷倒，次至左奉裕率王及善，及善曰：“掷倒自有伶官，臣若奉令，恐非所以羽翼殿下也。”太子谢之。上闻之，赐及善缣百匹，寻迁左千牛卫将军。

四年（癸酉，673）

1 春，正月丙辰，绛州刺史郑惠王元懿薨。

已无愧于许敬宗了。”唐高宗诏令：召集五品以上的官员重新评议。礼部尚书阳思敬评议说：“按照《谥法》，有了过失能改正称为‘恭’，请给他定谥号为‘恭’。”唐高宗下诏书：接受这个意见。许敬宗曾向皇帝奏请将他儿子许昂流放岭南，又曾将女儿嫁给蛮族首领冯盎的儿子，并多收取他的财物，所以袁思古的评议谈到了此事。王福畤就是王勃的父亲。

8　九月癸卯（十五日），唐朝改封沛王李贤为雍王。

9　冬季，十月己未（初二），唐高宗下诏，令皇太子监理国家政事。

10　壬戌（初五），唐高宗车驾从东都洛阳出发。

11　十一月戊子朔（初一），出现日食。

12　甲辰（十七日），唐高宗车驾回到京师长安。

13　十二月，唐将高侃与高丽残馀部队战于白水山，高侃把他们打败。新罗派兵援救高丽，高侃也把他们打败。

14　癸卯，唐朝任命左庶子刘仁轨为同中书门下三品。

15　太子很少接近自己的属官，典膳丞全椒人邢文伟便减少他的膳食，并上书规劝太子。太子在给他的复信中承认错误，表示接受他的意见，提出产生这种情况的原因是自己多病，而且需要经常入宫侍候皇帝，空闲时间少。不久，右史职位出现空缺，唐高宗说：“邢文伟辅助我儿子，能用撤减膳食方式进行规劝，这是耿直的人。”于是提升他为右史。

太子在宴会时，命令自己的属官依次进行称为“掷倒”的杂技表演，当依次该左奉裕率王及善表演时，他说：“表演‘掷倒’，本来应是乐官的职责，如果我执行您的命令，恐怕就失去辅佐殿下的身份了。”太子向他承认了错误。唐高宗听说这个情况后，赏赐给王及善缣一百匹，不久又提升他为左千牛卫将军。

唐高宗咸亨四年（癸酉，公元 673 年）

1　春季，正月丙辰（二十九日），唐朝绛州刺史郑惠王李元懿去世。

2　三月丙申，诏刘仁轨等改修国史，以许敬宗等所记多不实故也。

3　夏，四月丙子，车驾幸九成宫。

4　闰五月，燕山道总管、右领军大将军李谨行大破高丽叛者于瓠芦河之西，俘获数千人，馀众皆奔新罗。时谨行妻刘氏留伐奴城，高丽引靺鞨攻之，刘氏擐甲帅众守城，久之，虏退。上嘉其功，封燕国夫人。谨行，靺鞨人突地稽之子也，武力绝人，为众夷所惮。

5　秋，七月，婺州大水，溺死者五千人。

6　八月辛丑，上以疟疾，令太子于延福殿受诸司启事。

7　冬，十月壬午，中书令阎立本薨。

8　乙巳，车驾还京师。

9　十二月丙午，弓月、疏勒二王来降。西突厥兴昔亡可汗之世，诸部离散，弓月及阿悉吉皆叛。苏定方之西讨也，擒阿悉吉以归。弓月南结吐蕃，北招咽面，共攻疏勒，降之。上遣鸿胪卿萧嗣业发兵讨之。嗣业兵未至，弓月惧，与疏勒皆入朝。上赦其罪，遣归国。

上元元年（甲戌，674）

1　春，正月壬午，以左庶子、同中书门下三品刘仁轨为鸡林道大总管，卫尉卿李弼、右领军大将军李谨行副之，发兵讨新罗。时新罗王法敏既纳高丽叛众，又据百济故地，使人守之。上大怒，诏削法敏官爵。其弟右骁卫员外大将军、临海郡公仁问在京师，立以为新罗王，使归国。

2　三月辛亥朔，日有食之。

2　三月丙申（初十），唐高宗下诏书，命刘仁轨等改修国史，因为原来许敬宗等所记录的国史多不符合事实。

3　夏季，四月丙子，唐高宗车驾到达九成宫。

4　闰五月，燕山道总管、右领军大将军李谨行在瓠芦河以西大败高丽反叛者，俘虏数千人，其馀的都投奔新罗。当时李谨行的妻子刘氏居留伐奴城，高丽带领靺鞨人来攻城，刘氏披甲率众把守城池，相持一段时间后，敌人终于撤退了。唐高宗嘉奖她的功劳，封她为燕国夫人。李谨行是靺鞨人突地稽的儿子，勇猛过人，使许多夷人畏惧。

5　秋季，七月，婺州发生大水灾，被淹死的有五千人。

6　八月辛丑（十九日），唐高宗因患疟疾，命令太子在延福殿接受各部门陈述事情。

7　冬季，十月壬午（初一），中书令阎立本去世。

8　乙巳（二十四日），唐高宗车驾返回京师长安。

9　十二月丙午（二十五日），弓月王和疏勒王来投降唐朝。当初，西突厥兴昔亡可汗统治的时候，所属诸部离散，弓月和阿悉吉都反叛。后来唐将苏定方领兵讨伐西突厥，擒阿悉吉返回唐朝，弓月便向南边勾结吐蕃，向北边招引咽面，共同进攻疏勒，迫使疏勒投降。于是唐高宗派遣鸿胪卿萧嗣业发兵讨伐弓月。萧嗣业率领的兵马尚未到达，弓月畏惧，便与疏勒一起来唐朝投降。唐高宗赦免他的罪过，遣送他回国。

唐高宗上元元年（甲戌，公元 674 年）

1　春季，正月壬午，唐高宗任命左庶子、同中书门下三品刘仁轨为鸡林道大总管，卫尉卿李弼、右领军大将军李谨行为刘仁轨的副手，领兵出发讨伐新罗。当时新罗王金法敏既接纳高丽叛兵，又占据百济原有的土地，并派人镇守。唐高宗对此十分愤怒，下令削除新罗王金法敏的官爵。另立他居留在京师长安的弟弟右骁卫大将军、临海郡公金仁问为新罗王，并派遣回国。

2　三月辛亥朔（初一），出现日食。

3　贺兰敏之既得罪，皇后奏召武元爽之子承嗣于岭南，袭爵周公，拜尚衣奉御，夏，四月辛卯，迁宗正卿。

4　秋，八月壬辰，追尊宣简公为宣皇帝，妣张氏为宣庄皇后；懿王为光皇帝，妣贾氏为光懿皇后；太武皇帝为神尧皇帝，太穆皇后为太穆神皇后；文皇帝为太宗文武圣皇帝，文德皇后为文德圣皇后。皇帝称天皇，皇后称天后，以避先帝、先后之称。改元，赦天下。

5　戊戌，敕："文武官三品以上服紫，金玉带；四品服深绯，金带；五品服浅绯，金带；六品服深绿，七品服浅绿，并银带；八品服深青，九品服浅青，并鍮石带；庶人服黄，铜铁带。自非庶人，不听服黄。"

6　九月癸丑，诏追复长孙晟、长孙无忌官爵，以无忌曾孙翼袭爵赵公，听无忌丧归，陪葬昭陵。

7　甲寅，上御翔鸾阁，观大酺。分音乐为东西朋，使雍王贤主东朋，周王显主西朋，角胜为乐，郝处俊谏曰："二王春秋尚少，志趣未定，当推梨让枣，相亲如一。今分二朋，递相夸竞，俳优小人，言辞无度，恐其交争胜负，讥诮失礼，非所以崇礼义，劝敦睦也。"上瞿然曰："卿远识，非众人所及也。"遽止之。

是日，卫尉卿李弼暴卒于宴所，为之废酺一日。

8　冬，十一月丙午朔，车驾发京师。己酉，校猎华山之曲武原。戊辰，至东都。

3　贺兰敏之获罪以后，皇后武则天奏请从岭南召回她哥哥武元爽的儿子武承嗣，承袭周国公的爵位，担任尚衣奉御。夏季，四月辛卯（十二日），升任宗正卿。

4　秋季，八月壬辰（十五日），唐高宗追尊他七世祖宣简公李熙为宣皇帝，七世祖母张氏为宣庄皇后；六世祖懿王李天赐为光皇帝，六世祖母贾氏为光懿皇后；祖父太武皇帝李渊为神尧皇帝，祖母太穆皇后为太穆神皇后；父亲文皇帝李世民为太宗文武圣皇帝，母亲文德皇后为文德圣皇后。为了避讳他先辈皇帝、皇后的称号，唐高宗称天皇，皇后武则天称天后。改年号为上元，赦免天下罪人。

5　戊戌（二十一日），唐高宗诏命："文武官员三品以上穿紫色衣服，佩金玉带；四品穿深红色衣服，佩金带；五品穿浅红色衣服，佩金带；六品穿深绿色衣服，七品穿浅绿色衣服，都佩银带；八品穿深青色衣服，九品穿浅青色衣服，都佩黄铜带；无官爵的平民百姓穿黄色衣服，佩铜铁带。此外的工商杂户，不许穿黄色衣服。"

6　九月癸丑（初七），唐高宗命令恢复长孙晟、长孙无忌官爵，以长孙无忌曾孙长孙翼承袭赵公爵位，准许长孙无忌的遗体从流放地黔州返回长安，陪葬在唐太宗的昭陵。

7　甲寅（初八），唐高宗登翔鸾阁，观看大宴饮。分乐队为东西两部分，让雍王李贤主持东半部，周王李显主持西半部，东西两部分互相比赛胜负以取乐。郝处俊对唐高宗规劝说："雍王和周王还属少年，志趣尚未定型，应当'推梨让枣'，互谅互让，亲密无间。现在分成两部分互相夸耀竞争，歌舞艺人，言语本来就没有节制，为了争胜负，恐怕难免互相讥讽指责而失礼，这就不是崇尚礼义，鼓励亲爱和睦的本意了。"唐高宗震惊地说："你的远见卓识，不是大家所能及的。"于是立即下令停止比赛。

这一天，卫尉卿李弼暴死在宴会上，为悼念他，停止大宴饮一天。

8　冬季，十一月丙午朔（初一），唐高宗从京师长安出发。己酉（初四），在华山之下的曲武原进行围猎。戊辰（二十三日），到达东都洛阳。

9　箕州录事参军张君澈等诬告刺史蒋王恽及其子汝南郡王炜谋反，敕通事舍人薛思贞驰传往按之。十二月癸未，恽惶惧，自缢死，上知其非罪，深痛惜之，斩君澈等四人。

10　戊子，于阗王伏阇雄来朝。

11　辛卯，波斯王卑路斯来朝。

12　壬寅，天后上表，以为："国家圣绪，出自玄元皇帝，请令王公以下皆习《老子》，每岁明经，准《孝经》、《论语》策试。"又请："自今父在，为母服齐衰三年。又，京官八品以上，宜量加俸禄。"及其馀便宜，合十二条。诏书褒美，皆行之。

13　是岁，有刘晓者，上疏论选，以为："今选曹以检勘为公道，书判为得人，殊不知考其德行才能。况书判借人者众矣。又，礼部取士，专用文章为甲乙，故天下之士，皆舍德行而趋文艺，有朝登甲科而夕陷刑辟者，虽日诵万言，何关理体？文成七步，未足化人。况尽心卉木之间，极笔烟霞之际，以斯成俗，岂非大谬？夫人之慕名，如水趋下，上有所好，下必甚焉。陛下若取士以德行为先，文艺为末，则多士雷奔，四方风动矣！"

二年（乙亥，675）

1　春，正月丙寅，以于阗国为毗沙都督府，分其境内为十州，以于阗王尉迟伏阇雄为毗沙都督。

9　箕州录事参军张君澈等诬告箕州刺史蒋王李恽和他的儿子汝南郡王李炜谋反。唐高宗命令通事舍人薛思贞乘驿站的马车赶往审查。十二月，癸未(初八)，蒋王李恽畏惧，上吊自杀。唐高宗知道他没有罪，深感痛惜，于是处死张君澈等四人。

10　戊子(十三日)，于阗王尉迟伏阇雄前来唐朝朝贡。

11　辛卯(十六日)，波期王卑路斯前来唐朝朝贡。

12　壬寅(二十七日)，天后武则天给唐高宗上表，认为："国家圣业的开端，出自玄元皇帝，请皇帝命令王公以下各级官员都学习《老子》，每年明经科以经义取士时，《老子》与《孝经》、《论语》一样可作为策试内容。"又请求"从现在起，父亲健在，母亲死，应为母亲穿丧服三年。又，八品以上在京官员，应当酌量增加俸禄"，以及其他应办的事情，共十二条。唐高宗诏令对武则天给予表扬，全部接受并实行她的建议。

13　本年，有个叫刘晓的人，给唐高宗上书论选拔人才，他以为："现今主持选拔人才的官员，以考核功过为公平，以书法和文理优劣为取人标准，而不知道考查人的道德品行和才能。何况假借别人的书法和判文的人多着呢！还有，礼部开科取士，专以文章好坏分等次，因此天下的士人都舍弃道德品行而追求文艺，结果出现了早上考取甲科进士，晚上即因犯罪而被判死刑的人。这样的人，虽然能一天内诵读万句文词，对治道又有什么益处？能在行走七步的时间内写成文章，未必足以造就完美的人，更何况把心思全贯注在花草树木之间，将笔墨全耗费在云霞之际。这种情况竟成为风气，岂不是太荒谬了？人们羡慕声名的本性，就像水必然向下流一样，在上位的人喜欢什么，在下位的人喜欢的程度就一定会超过他们。陛下如果选拔人才，首先考虑道德品行，文艺放在末位，则众多的士人将竞相奔向高尚道德品行的目标，四方就会闻风响应。"

唐高宗上元二年(乙亥，公元675年)

1　春季，正月丙寅(二十一日)，唐朝在于阗国设毗沙都督府，将于阗国分为十州，任命于阗王尉迟伏阇雄为毗沙都督。

2　辛未，吐蕃遣其大臣论吐浑弥来请和，且请与吐谷浑复修邻好。上不许。

3　二月，刘仁轨大破新罗之众于七重城。又使靺鞨浮海，略新罗之南境，斩获甚众。仁轨引兵还。诏以李谨行为安东镇抚大使，屯新罗之买肖城以经略之，三战皆捷，新罗乃遣使入贡，且谢罪。上赦之，复新罗王法敏官爵。金仁问中道而还，改封临海郡公。

4　三月丁巳，天后祀先蚕于邙山之阳，百官及朝集使皆陪位。

5　上苦风眩甚，议使天后摄知国政。中书侍郎同三品郝处俊曰："天子理外，后理内，天之道也。昔魏文著令，虽有幼主，不许皇后临朝，所以杜祸乱之萌也。陛下奈何以高祖、太宗之天下，不传之子孙而委之天后乎？"中书侍郎昌乐李义琰曰："处俊之言至忠，陛下宜听之！"上乃止。

6　天后多引文学之士著作郎元万顷、左史刘祎之等，使之撰《列女传》、《臣轨》、《百僚新戒》、《乐书》，凡千馀卷。朝廷奏议及百司表疏，时密令参决，以分宰相之权，时人谓之北门学士。祎之，子翼之子也。

7　夏，四月庚辰，以司农少卿韦弘机为司农卿。弘机兼知东都营田，受诏完葺宫苑。有宦者于苑中犯法，弘机杖之，然后奏闻。上以为能，赐绢数十匹，曰："更有犯者，卿即杖之，不必奏也。"

8　初，左千牛将军长安赵瓌尚高祖女常乐公主，生女为周王显妃。公主颇为上所厚，天后恶之。辛巳，妃坐废，幽闭于内侍省，食料给生者，防人候其突烟，已而数日烟不出，开视，死腐矣。瓌自定州刺史贬栝州刺史，令公主随之官，仍绝其朝谒。

2　辛未（二十六日），吐蕃派遣大臣论吐浑弥到唐朝求和，而且请求与吐谷浑恢复睦邻关系。唐高宗不允许。

3　二月，刘仁轨在七重城大败新罗的部队。又派靺鞨从海路夺取新罗南部地区，杀死和俘虏很多人。刘仁轨率兵返回，唐高宗命令以李谨行为安东镇抚大使，屯兵新罗的买肖城，以治理该地区，三战三胜后，新罗于是派遣使者到唐朝进贡，并且请罪。唐高宗赦免了他们，并恢复新罗王金法敏的官职和爵位。金法敏的弟弟金仁问中途返回唐朝，改封为临海郡公。

4　三月丁巳（十三日），天后武则天在邙山之南祭先蚕神，朝廷百官及地方各道派来京师朝见皇帝、宰相的使者，都出席陪祭。

5　唐高宗苦于风眩病困扰，讨论由天后武则天代理国家政事时，中书侍郎同三品郝处俊说："皇帝治理外朝，皇后治理后宫，是天经地义的。从前魏文帝曹丕曾发布命令，虽然皇帝幼小，也不许太后临朝听政，为的是防止祸乱发生。陛下为何不将高祖、太宗的天下传给子孙，而托付给天后呢？"中书侍郎昌乐人李义琰说："郝处俊的话是最忠诚的，陛下应当听取！"唐高宗于是放弃原来的打算。

6　天后武则天广泛招揽文人学士，如著作郎元万顷、左史刘祎之等，要他们撰写《列女传》、《臣轨》、《百僚新戒》、《乐书》，共一千多卷。朝廷的奏议及各部门的奏疏，时常秘密地让他们参与裁决，以此来削减宰相的权力，当时的人称这批人为北门学士。刘祎之就是刘子翼的儿子。

7　夏季，四月庚辰（初六），唐朝任命司农少卿韦弘机为司农卿。韦弘机兼管东都洛阳屯田事务，奉命维修该处宫殿园苑。有宦官在园苑中犯法，韦弘机先行杖打，然后再向唐高宗报告。唐高宗认为他办事能干，赏赐他数十匹绢，说："再有类似的犯法者，你就拷打，不必报告。"

8　当初，左千牛将军长安人赵瓌娶唐高祖的女儿常乐公主，所生女儿即周王李显的王妃。常乐公主得到唐高宗的厚待，天后武则天因此憎恨她。辛巳（初七），周王李显的王妃因罪被废黜，被禁闭在内侍省，送给的食物都是生的，天后派人监视烟囱是否冒烟，几天不冒烟后，打开门一看，人已死去并腐烂了。赵瓌也由定州刺史贬为栝州刺史，同时命令常乐公主随他赴任，不许他们回京师长安朝见唐高宗。

9　太子弘仁孝谦谨，上甚爱之。礼接士大夫，中外属心。天后方逞其志，太子奏请，数迕旨，由是失爱于天后。义阳、宣城二公主，萧淑妃之女也，坐母得罪，幽于掖庭，年逾三十不嫁。太子见之惊恻，遽奏请出降，上许之。天后怒，即日以公主配当上翊卫权毅、王遂古。己亥，太子薨于合璧宫，时人以为天后鸩之也。

壬寅，车驾还洛阳宫。五月戊申，下诏："朕方欲禅位皇太子，而疾遽不起，宜申往命，加以尊名，可谥为孝敬皇帝。"

六月戊寅，立雍王贤为皇太子，赦天下。

10　天后恶慈州刺史杞王上金，有司希旨奏其罪。秋，七月，上金坐解官，澧州安置。

11　八月庚寅，葬孝敬皇帝于恭陵。

12　戊戌，以戴至德为右仆射，庚子，以刘仁轨为左仆射，并同中书门下三品如故；张文瓘为侍中；郝处俊为中书令；李敬玄为吏部尚书兼左庶子，同中书门下三品如故。

刘仁轨、戴至德更日受牒诉，仁轨常以美言许之，至德必据理难诘，未尝与夺，实有冤结者，密为奏辩。由是时誉皆归仁轨。或问其故，至德曰："威福者人主之柄，人臣安得盗取之？"上闻，深重之。有老妪欲诣仁轨陈牒，误诣至德，至德览之未终，妪曰："本谓是解事仆射，乃不解事仆射邪！归我牒！"至德笑而授之。时人称其长者。文瓘时兼大理卿，囚闻改官，皆恸哭。文瓘性严正，诸司奏议，多所纠驳，上甚委之。

9　太子李弘有对人亲善、孝敬父母、谦虚谨慎的作风，唐高宗很喜爱他。他对士大夫能以礼相待，也得到朝廷内外的爱戴。天后武则天正肆行个人意志，太子李弘奏事多次违反她的旨意，因此武则天对他不喜欢。义阳、宣城二位公主，是萧淑妃的女儿，因母亲获罪而被囚禁在后宫中，年过三十不能结婚。太子李弘见到这种情况，既吃惊又同情，便上奏请求准许她们出嫁，得到唐高宗的批准。武则天很恼火，当天便把她们分别嫁给当上翊卫权毅、王遂古。己亥（二十五日），太子李弘死于合璧宫，当时人以为是被天后武则天用鸩酒毒死的。

壬寅（二十八日），唐高宗回到洛阳宫。五月戊申（初五），唐高宗下诏说："朕正准备把帝位禅让给太子，而他一病竟不能痊愈。应当重申以前的命令，给予尊贵的名号，可定谥号为孝敬皇帝。"

六月戊寅（初五），唐朝立雍王李贤为皇太子，赦免天下罪人。

10　天后武则天厌恶慈州刺史杞王李上金，有关部门秉承她旨意奏报他的罪恶。秋季，七月，李上金因此被削除职务，在澧州安置。

11　八月庚寅（十九日），唐朝葬孝敬皇帝李弘于恭陵。

12　戊戌（二十七日），唐朝任命戴至德为右仆射；庚子（二十九日），任命刘仁轨为左仆射，仍保留同中书门下三品；任命张文瓘为侍中，郝处俊为中书令；李敬玄为吏部尚书兼左庶子，仍保留同中书门下三品。

刘仁轨、戴至德按日轮流受理诉讼，刘仁轨常用动听的言词答应诉讼人的要求，戴至德定要据理认真责问，未曾轻易答应或否定，确实有冤枉问题的，才私下向皇帝上奏申辩。因此，当时美好的声誉都倾向刘仁轨。有人问戴至德，这是什么缘故，他说："刑罚和赏赐都是皇帝的权力，作臣下的怎能盗用呢？"唐高宗得知这种说法，便很器重他。曾有老妇人要找刘仁轨呈送诉讼状子，错找了戴至德。戴至德还未完看完状子，老妇人发现找错了，说："原来以为是懂事的仆射，竟是不懂事的仆射！快把状子还我！"戴至德笑着把状交还她。当时人称赞他是谨慎厚道的人。张文瓘当时兼任大理卿，囚犯们听说他改任侍中，都痛哭了。张文瓘秉性严肃正直，各部门向皇帝陈述问题的上书，多被他纠正或否定，唐高宗很依靠他。

仪凤元年(丙子,676)

1 春,正月壬戌,徙冀王轮为相王。

2 纳州獠反,敕黔州都督发兵讨之。

3 二月甲戌,徙安东都护府于辽东故城。先是有华人任东官者,悉罢之。徙熊津都督府于建安故城。其百济户口先徙于徐、兖等州者,皆置于建安。

4 天后劝上封中岳。癸未,诏以今冬有事于嵩山。

5 丁亥,上幸汝州之温汤。

6 三月癸卯,黄门侍郎来恒、中书侍郎薛元超并同中书门下三品。恒,济之兄;元超,收之子也。

7 甲辰,上还东都。

8 闰月,吐蕃寇鄯、廓、河、芳等州,敕左监门卫中郎将令狐智通发兴、凤等州兵以御之。己卯,诏以吐蕃犯塞,停封中岳。乙酉,以洛州牧周王显为洮州道行军元帅,将工部尚书刘审礼等十二总管,并州大都督相王轮为凉州道行军元帅,将左卫大将军契苾何力等,以讨吐蕃。二王皆不行。

9 庚寅,车驾西还。

10 甲寅,中书侍郎李义琰同中书门下三品。

11 戊午,车驾至九成宫。

12 六月癸亥,黄门侍郎晋陵高智周同中书门下三品。

13 秋,八月乙未,吐蕃寇叠州。

14 壬寅,敕:“桂、广、交、黔等都督府,比来注拟土人,简择未精,自今每四年遣五品已上清正官充使,仍令御史同往注拟。”时人谓之南选。

15 九月壬申,大理奏左威卫大将军权善才、左监门中郎将范怀义误斫昭陵柏,罪当除名。上特命杀之。大理丞太原狄仁杰奏:“二人罪不当死。”上曰:“善才等斫陵柏,我不杀则为不孝。”

唐高宗仪凤元年（丙子，公元676年）

1 春季，正月壬戌（二十三日），唐朝改封冀王李轮为相王。

2 纳州獠人反叛唐朝，唐高宗命令黔州都督发兵讨伐。

3 二月甲戌（初六），唐朝将安东都护府迁至辽东故城。这以前有华人在安东任官的，一律免职。又将熊津都督府迁至建安故城。原先已迁至徐州和兖州的百济户口，都安置在建安。

4 天后武则天劝唐高宗封禅中岳嵩山。癸未（十五日），唐高宗下诏令说今年冬季将封禅于嵩山。

5 丁亥（十九日），唐高宗到达汝州温泉。

6 三月癸卯（初五），黄门侍郎来恒、中书侍郎薛元超并同中书门下三品。来恒是来济的哥哥；薛元超是薛收的儿子。

7 甲辰（初六），唐高宗返回东都洛阳。

8 闰三月，吐蕃侵扰鄯、廓、河、芳等州，唐高宗命令左监门卫中郎将令狐智通征发兴、凤等州兵抵御他们。己卯（十一日），唐高宗下诏说，因吐蕃侵犯边塞，停止封禅中岳嵩山。乙酉（十七日），唐朝任命洛阳牧周王李显为洮州道行军元帅，率领工部尚书刘审礼等十二总管，并州大都督相王李轮为凉州道行军元帅，率领左卫大将军契苾何力等，讨伐吐蕃。李显、李轮都没有成行。

9 庚寅（二十二日），唐高宗西返长安。

10 甲寅，中书侍郎李义琰同中书门下三品。

11 戊午，唐高宗到达九成宫。

12 六月癸亥（二十七日），黄门侍郎晋陵人高智周任同中书门下三品。

13 秋季，八月乙未，吐蕃侵扰叠州。

14 壬寅（初七），唐高宗命令："桂、广、交、黔等都督府，近来从当地人中选任官职，挑选不当。从现在起，每四年派遣五品以上清正官员充任使者，仍然令御史一同前往选任官员。"当时人称为南选。

15 九月壬申（初七），大理寺上奏举发左威卫大将军权善才、左监门中郎将范怀义误砍昭陵柏树，论罪当除去名籍。唐高宗特意命令要处死他们。大理丞太原人狄仁杰上奏说："这两人的罪行不够死罪。"唐高宗说："权善才等砍昭陵柏树，我不杀他们就是不孝。"

仁杰固执不已，上作色，令出，仁杰曰："犯颜直谏，自古以为难。臣以为遇桀、纣则难，遇尧、舜则易。今法不至死而陛下特杀之，是法不信于人也，人何所措其手足？且张释之有言：'设有盗长陵一抔土，陛下何以处之？'今以一株柏杀二将军，后代谓陛下为何如矣！臣不敢奉诏者，恐陷陛下于不道，且羞见释之于地下故也。"上怒稍解，二人除名，流岭南。后数日，擢仁杰为侍御史。

初，仁杰为并州法曹，同僚郑崇质当使绝域。崇质母老且病，仁杰曰："彼母如此，岂可使之有万里之忧？"诣长史蔺仁基，请代之行。仁基素与司马李孝廉不叶，因相谓曰："吾辈岂可不自愧乎！"遂相与辑睦。

16　冬，十月，车驾还京师。

17　丁酉，袷享太庙，用太学博士史璨议，禘后三年而袷，袷后二年而禘。

18　郇王素节，萧淑妃之子也，警敏好学。天后恶之，自岐州刺史左迁申州刺史。乾封初，敕曰："素节既有旧疾，不须入朝。"而素节实无疾，自以久不得入觐，乃著《忠孝论》。王府仓曹参军张柬之因使潜封其论以进。后见之，诬以赃贿，丙午，降封鄱阳王，袁州安置。

19　十一月壬申，改元，赦天下。

20　庚寅，以李敬玄为中书令。

21　十二月戊午，以来恒为河南道大使，薛元超为河北道大使，尚书左丞鄢陵崔知悌、国子司业郑祖玄为江南道大使，分道巡抚。

狄仁杰一再坚持自己的意见，唐高宗很生气，命令他出去，狄仁杰说：“冒犯皇帝的威严，尽力规劝，自古以来就认为很难做到。我以为遇到桀、纣则困难，遇到尧、舜则容易。现在依照法律不该处死的人，而陛下特意杀他，是法律不取信于人，人们将何所适从？汉朝张释之对文帝说过：‘假如有人盗取高祖长陵一抔土，陛下如何处分他？’现在因砍一棵柏树而杀两位将军，后代将如何论说陛下呢？我之所以不执行处死他们的命令，是恐怕将陛下陷入于无道的处境，而且无脸见张释之于九泉之下的缘故。”唐高宗的怒气这才消解，权善才、范怀义被除去名籍，流放岭南。几天以后，朝廷提升狄仁杰为侍御史。

当初，狄仁杰为并州法曹，同事郑崇质应当出使遥远的地区。郑崇质的母亲年老又有病，狄仁杰说：“他母亲的情况如此，怎么可以让他有万里之外的忧虑？”于是找到长史蔺仁基，请求代替郑崇质承担出使的任务。蔺仁基一贯与司马李孝廉不和，这时候两人不禁相对说：“我们难道自己不感到羞愧么？”以后两人和睦相处。

16　冬季，十月，唐高宗返回京师长安。

17　丁酉（初三），唐朝集中祖先神主袷祭于太庙，采纳太学博士史璨的建议，禘祭以后三年袷祭，袷祭以后两年禘祭。

18　鄅王李素节是萧淑妃的儿子，聪明好学。天后武则天讨厌他，自岐州刺史降职为申州刺史。乾封初年，唐高宗命令说：“李素节既然有病，就不必入宫朝见。”其实李素节并没有病。因长期不得朝见皇帝，便撰写了《忠孝论》。他的王府仓曹参军张柬之派人悄悄将他的《忠孝论》呈送唐高宗，天后武则天见到后，诬告李素节贪赃受贿，丙午（十二日），降封他为鄱阳王，在袁州安置。

19　十一月壬申（初八），唐高宗更改年号为仪凤，赦天下。

20　庚寅（二十六日），唐朝任命李敬玄为中书令。

21　十二月戊午（二十五日），唐朝任命来恒为河南道大使，薛元超为河北道大使，尚书左丞鄢陵人崔知悌、国子司业郑祖玄为江南道大使，分别前往各道巡视、安抚。

二年(丁丑,677)

1　春,正月乙亥,上耕藉田。

2　初,刘仁轨引兵自熊津还,扶馀隆畏新罗之逼,不敢留,寻亦还朝。二月丁巳,以工部尚书高藏为辽东州都督,封朝鲜王,遣归辽东,安辑高丽馀众。高丽先在诸州者,皆遣与藏俱归。又以司农卿扶馀隆为熊津都督,封带方王,亦遣归安辑百济馀众,仍移安东都护府于新城以统之。时百济荒残,命隆寓居高丽之境。藏至辽东,谋叛,潜与靺鞨通。召还,徙邛州而死,散徙其人于河南、陇右诸州,贫者留安东城傍。高丽旧城没于新罗,馀众散入靺鞨及突厥,隆亦竟不敢还故地,高氏、扶馀氏遂亡。

3　三月癸亥朔,以郝处俊、高智周并为左庶子,李义琰为右庶子。

夏,四月,左庶子张大安同中书门下三品。大安,公谨之子也。

4　诏以河南、北旱,遣御史中丞崔谧等分道存问赈给。侍御史宁陵刘思立上疏,以为:“今麦秀蚕老,农事方殷,敕使抚巡,人皆竦抃,忘其家业,冀此天恩,聚集参迎,妨废不少。既缘赈给,须立簿书,本欲安存,更成烦扰。望且委州县赈给,待秋务闲,出使褒贬。”疏奏,谧等遂不行。

5　五月,吐蕃寇扶州之临河镇,擒镇将杜孝升,令赍书说松州都督武居寂使降,孝昇固执不从。吐蕃军还,舍孝昇而去,孝昇复帅馀众拒守。诏以孝昇为游击将军。

6　秋,八月,徙周王显为英王,更名哲。

唐高宗仪凤二年(丁丑,公元677年)

1 春季,正月乙亥(十二日),唐高宗举行耕种籍田典礼。

2 当初,唐朝将领刘仁轨领兵从熊津返回,扶馀隆畏惧新罗逼迫,不敢逗留,不久也返回唐朝。二月丁巳(二十五日),唐朝任命工部尚书高藏为辽东州都督,封朝鲜王,送回辽东,安抚高丽馀众;高丽人先已安置在各州的,都与高藏一起送回辽东。又任命司农卿扶馀隆为熊津都督,封带方王,也送回去安抚百济馀众,又迁移安东都护府于新城,以统辖辽东州和熊津。当时百济荒芜残破,命令扶馀隆寓居高丽境内。高藏来到辽东,阴谋反叛,暗通靺鞨;被唐朝召回,迁徙到邛州后死去,他的部下被分散迁徙于河南、陇右各州,贫穷的留在安东城附近。高丽旧城被新罗吞没,馀众分散投奔靺鞨和突厥,扶馀隆也不敢返回原居留地区,高氏、扶馀氏于是灭亡。

3 三月癸亥朔(初一),唐朝任命郝处俊、高智周为左庶子,李义琰为右庶子。

夏季,四月,左庶子张大安同中书门下三品。张大安是张公谨的儿子。

4 唐高宗下诏,因河南、河北发生旱灾,派遣御史中丞崔谧等分别到各道慰问救济,侍御史宁陵人刘思立上书认为:“现在正当麦子抽穗春蚕吐丝的季节,农事正忙,皇帝派遣使者巡视安抚,百姓震动,忘了生产,期望皇帝的恩惠,聚集起来欢迎使者,对农事妨碍很大。皇帝本意是安抚救济百姓,结果却造成对他们的困扰。既然是救济,官署应建立支付的账簿,希望先委派各州县救济,等到秋后农闲,再派出使者到各地考核救济工作的好坏。”奏疏上达后,崔谧等没有出使。

5 五月,吐蕃侵扰唐朝扶州所属临河镇,擒获镇将杜孝昇,命令他送信说服松州都督武居寂投降,杜孝昇坚决拒绝。吐蕃撤退时,没有把杜孝昇带走,于是他又率领馀部防守临河镇。唐高宗下令任命杜孝昇为游击将军。

6 秋季,八月,唐朝改封周王李显为英王,改名为李哲。

7　命刘仁轨镇洮河军。冬，十二月乙卯，诏大发兵讨吐蕃。

8　诏以显庆新礼，多不师古，其五礼并依《周礼》行事。自是礼官益无凭守，每有大礼，临时撰定。

三年(戊寅,678)

1　春，正月辛酉，百官及蛮夷酋长朝天后于光顺门。

2　刘仁轨镇洮河，每有奏请，多为李敬玄所抑，由是怨之。仁轨知敬玄非将帅才，欲中伤之，奏言："西边镇守，非敬玄不可。"敬玄固辞。上曰："仁轨须朕，朕亦自往，卿安得辞？"丙子，以敬玄代仁轨为洮河道大总管兼安抚大使，仍检校鄯州都督。又命益州大都督府长史李孝逸等发剑南、山南兵以赴之。孝逸，神通之子也。

癸未，遣金吾将军曹怀舜等分往河南、北募猛士，不问布衣及仕宦。

3　夏，四月戊申，赦天下，改来年元为通乾。

4　五月壬戌，上幸九成宫。丙寅，山中雨，大寒，从兵有冻死者。

5　秋，七月，李敬玄奏破吐蕃于龙支。

6　上初即位，不忍观《破陈乐》，命撤之。辛酉，太常少卿韦万石奏："久寝不作，惧成废缺。请自今大宴会复奏之。"上从之。

7　九月辛酉，车驾还京师。

8　上将发兵讨新罗，侍中张文瓘卧疾在家，自舆入见，谏曰："今吐蕃为寇，方发兵西讨。新罗虽云不顺，未尝犯边，若又东征，臣恐公私不胜其弊。"上乃止。癸亥，文瓘薨。

7　唐朝命令刘仁轨镇守洮河军。冬季，十二月乙卯（二十七日），唐高宗下令大规模发兵讨伐吐蕃。

8　唐高宗下令：因显庆年间所推行的新礼，多不学古礼，其后五礼均依照《周礼》执行。从此礼官更加无所凭据，每次遇到大礼仪时，才临时选定。

唐高宗仪凤三年（戊寅，公元678年）

1　春季，正月辛酉（初四），唐朝百官及蛮夷首领朝见天后武则天于光顺门。

2　刘仁轨镇守洮河，每次上书向唐高宗提出什么要求，多被李敬玄压制，因此对他怀恨。刘仁轨明知道李敬玄并无将帅的才能，为了陷害他，便上奏说："西边的镇守任务，非李敬玄不能胜任。"李敬玄对此一再推辞。唐高宗对他说："刘仁轨如果需要我，我也亲自去，你怎么能推辞呢?"丙子（十九日），任命李敬玄接替刘仁轨为洮河道大总管兼安抚大使，仍检校鄯州都督。又命令益州大都督府长史李孝逸等发剑南、山南兵支援他。李孝逸是淮安王李神通的儿子。

癸未（二十六日），唐朝派遣金吾将军曹怀舜等分别往河南、河北招募勇士，不论平民还是官员都可应募。

3　夏季，四月戊申（二十二日），唐朝大赦天下罪人，改明年年号为通乾。

4　五月壬戌（初七），唐高宗到达九成宫。丙寅（十一日），山中下雨，天气寒冷，侍从士兵有人被冻死。

5　秋季，七月，李敬玄上奏唐高宗说，在龙支打败吐蕃。

6　唐高宗初即位时，不愿意观看《破阵乐》歌舞，下令撤除。辛酉（初七），太常少卿韦万石上奏说："久不演唱，《破阵乐》恐怕要失传。请求今后遇到大宴会时恢复演唱。"唐高宗听从他的意见。

7　九月辛酉（初七），唐高宗返回京师长安。

8　唐高宗将要发兵讨伐新罗，侍中张文瓘卧病在家，得知后便自己坐轿入宫觐见唐高宗，规劝说："现在吐蕃侵扰，正发兵向西讨伐；新罗虽说不驯服，但还未曾侵犯边境，如果又发兵东征，我恐怕官府和百姓都难于承受这种负担。"唐高宗于是停止发兵东征。癸亥（初九日），张文瓘去世。

9　丙寅，李敬玄将兵十八万与吐蕃将论钦陵战于青海之上，兵败，工部尚书、右卫大将军彭城僖公刘审礼为吐蕃所虏。时审礼将前军深入，顿于濠所，为虏所攻，敬玄懦怯，按兵不救。闻审礼战没，狼狈还走，顿于承风岭，阻泥沟以自固，虏屯兵高冈以压之。左领军员外将军黑齿常之，夜帅敢死之士五百人袭击虏营，虏众溃乱，其将跋地设引兵遁去，敬玄乃收馀众还鄯州。

审礼诸子自缚诣阙，请入吐蕃赎其父，敕听次子易从诣吐蕃省之。比至，审礼已病卒，易从昼夜号哭不绝声。吐蕃哀之，还其尸，易从徒跣负之以归。

上嘉黑齿常之之功，擢拜左武卫将军，充河源军副使。

李敬玄之西征也，监察御史原武娄师德应猛士诏从军，及败，敕师德收集散亡，军乃复振。因命使于吐蕃，吐蕃将论赞婆迎之赤岭。师德宣导上意，谕以祸福，赞婆甚悦，为之数年不犯边。师德迁殿中侍御史，充河源军司马，兼知营田事。

上以吐蕃为忧，悉召侍臣谋之，或欲和亲以息民；或欲严设守备，俟公私富实而讨之；或欲亟发兵击之。议竟不决，赐食而遣之。

太学生宋城魏元忠上封事，言御吐蕃之策，以为："理国之要，在文与武。今言文者则以辞华为首而不及经纶，言武者则以骑射为先而不及方略，是皆何益于理乱哉！故陆机著《辨亡》之论，无救河桥之败，养由基射穿七札，不济鄢陵之师，此已然之明效也。古语有之：'人无常俗，政有理乱；

9　丙寅（十二日），李敬玄率兵十八万与吐蕃将领论钦陵交战于青海之上，打了败仗，工部尚书、右卫大将军彭城僖公刘审礼被吐蕃俘虏。当时刘审礼正率前军深入敌境，驻扎在濠所，被吐蕃攻击，李敬玄畏惧，不敢前去救援。传闻刘审礼战死，他又狼狈后撤，驻扎在承风岭，利用泥沟掩护防守，吐蕃屯兵高岗，居高临下向他施加压力。左领军员外将军黑齿常之，夜间率领敢死队五百人袭击吐蕃军营，吐蕃军溃散，他们的将领跋地设领兵逃走，李敬玄才得以收集残馀士兵返回鄯州。

刘审礼的几个儿子自己捆绑着来到皇宫门前，请求赴吐蕃赎回他们的父亲。唐高宗准许他的次子刘易从去吐蕃探望。等到他抵达吐蕃时，刘审礼已病死。刘易从日夜痛哭，吐蕃人同情他，交还他父亲的遗体。刘易从背着父亲遗体，赤足步行而归。

唐高宗嘉奖黑齿常之的功劳，提升他为左武卫将军，充任河源军副使。

李敬玄西征时，监察御史原武人娄师德在招募勇士时应招从军，西征失败，唐高宗命令娄师德收集被打散的兵卒，军力又得以恢复，于是又命令他出使吐蕃，吐蕃将领论赞婆在赤岭迎接他。他向论赞婆传达唐高宗的旨意，指明利害关系，论赞婆很高兴，为此几年中没有侵扰唐朝边境。娄师德升任殿中侍御史，充任河源军司马，兼管屯田事宜。

唐高宗认为与吐蕃的关系是可忧虑的事情，于是召集全部身边的大臣讨论对策，有人想用和亲的办法求取和平，使百姓得到休息；有人想加强守备，待公私都富足时再讨伐；有人想马上发兵讨伐。讨论到最后也没有取得一致意见，只好给讨论者赐食一餐而散。

太学生宋城人魏元忠给唐高宗上密封的奏章，献防御吐蕃的计策，认为："治理国家，关键在文和武两个方面。现今讲文的人则以言词华丽为首要，而不顾及治理国家大事；讲武的人则以骑马射箭为先，而不顾及计谋策略。这对国家的治乱有什么益处呢？所以陆机著《辩亡论》，总结孙吴兴亡的经验极为透彻，但挽救不了他在河桥之战中败亡；楚国大夫养由基有射穿七层甲片的勇力，也不能避免楚军在鄢陵之战中失败，这已经是人所共知的结果。古语中有这样的说法：'人没有一成不变的习俗，政事却有治理得好和坏；

兵无强弱，将有巧拙。'故选将当以智略为本，勇力为末。今朝廷用人，类取将门子弟及死事之家，彼皆庸人，岂足当阃外之任？李左车、陈汤、吕蒙、孟观，皆出贫贱而立殊功，未闻其家代为将也。

“夫赏罚者，军国之切务，苟有功不赏，有罪不诛，虽尧、舜不能以致理。议者皆云：'近日征伐，虚有赏格而无事实。'盖由小才之吏，不知大体，徒惜勋庸，恐虚仓库，不知士不用命，所损几何？黔首虽微，不可欺罔。岂得悬不信之令，设虚赏之科，而望其立功乎？自苏定方征辽东，李勣破平壤，赏绝不行，勋仍淹滞，不闻斩一台郎，戮一令史，以谢勋人。大非川之败，薛仁贵、郭待封等不即重诛，向使早诛仁贵等，则自馀诸将岂敢失利于后哉？臣恐吐蕃之平，非旦夕可冀也。

“又，出师之要，全资马力。臣请开畜马之禁，使百姓皆得畜马。若官军大举，委州县长吏以官钱增价市之，则皆为官有。彼胡虏恃马力以为强，若听人间市而畜之，乃是损彼之强为中国之利也。”先是禁百姓畜马，故元忠言之。上善其言，召见，令直中书省，仗内供奉。

10 冬，十月丙午，徐州刺史密贞王元晓薨。

11 十一月壬子，黄门侍郎、同中书门下三品来恒薨。

12 十二月，诏停来年通乾之号，以反语不善故也。

兵没有强盛和懦弱，将却有聪明和笨拙。'所以选择将领应当以谋略为根本，勇力为次要。如今朝廷用人，一般都录用将门子弟和为国事而死的家属。他们都是平庸的人，怎么能担当军事重任？李左车、陈汤、吕蒙、孟观，都出身贫贱而建立特殊功勋，未曾听说他们家庭世代都是武将。

"赏功罚罪，是军队和国家最迫切的任务，假如有功不奖赏，有罪不处罚，虽尧、舜再世也不能使国家得到治理。人们都议论说：'近来征伐，颁赏的等级、标准有名无实。'这大概由于才识短小的官吏不识大体，只是吝啬对有功劳之人的奖赏，恐怕仓库空虚，而不知道士兵不服从命令损失有多大？百姓地位虽卑微，但也是欺骗不了的。怎么能靠发布没有信用的命令，规定不能兑现的颁赏条例，就指望他们奋勇立功呢？自从苏定方征伐辽东，李世勣攻破平壤，赏赐不再实行，有功劳的人得不到提升，没有听说斩一名管记功颁赏的台郎、令史，以安慰有功劳的人。大非川的失败，薛仁贵、郭待封等没有立即论罪处死，假使早处死薛仁贵等，则其馀诸将后来怎么还敢失利呢？我恐怕吐蕃的平定，并非短期内能指望实现的。

"还有，出兵时重要的一条，全仰仗马力。我请求废止养马的禁令，使百姓都能够养马。若官军大规模行动，即委托州县用官钱高价购买，马就全都成为国家所有了。胡人本来依赖马力逞强，如果听由民间为交易而饲养马匹，便减弱他们的有利条件，进而变为我们的有利条件了。"原来唐朝禁止百姓养马，所以魏元忠上奏时提及它。唐高宗认为他的意见是对的，召见了他，并命令他在中书省值班，朝会时得随百官朝见皇帝。

10　冬季，十月丙午（二十三日），徐州刺史密贞王李元晓去世。

11　十一月壬子，黄门侍郎、同中书门下三品来恒去世。

12　十二月，唐高宗诏令停止原定明年起用的通乾年号，原因是它的反语不好。

调露元年(己卯,679)

1　春,正月己酉,上幸东都。

司农卿韦弘机作宿羽、高山、上阳等宫,制度壮丽。上阳宫临洛水,为长廊亘一里。宫成,上徙御之。侍御史狄仁杰劾奏弘机导上为奢泰,弘机坐免官。左司郎中王本立恃恩用事,朝廷畏之。仁杰奏其奸,请付法司,上特原之,仁杰曰:“国家虽乏英才,岂少本立辈?陛下何惜罪人,以亏王法?必欲曲赦本立,请弃臣于无人之境,为忠贞将来之戒!”本立竟得罪。由是朝廷肃然。

2　庚戌,右仆射、太子宾客道恭公戴至德薨。

3　二月壬戌,吐蕃赞普卒,子器弩悉弄立,生八年矣。时器弩悉弄与其舅麴萨若诣羊同发兵,有弟生六年,在论钦陵军中。国人畏钦陵之强,欲立之,钦陵不可,与萨若共立器弩悉弄。

上闻赞普卒,命裴行俭乘间图之,行俭曰:“钦陵为政,大臣辑睦,未可图也。”乃止。

4　夏,四月辛酉,郝处俊为侍中。

5　偃师人明崇俨,以符咒幻术为上及天后所重,官至正谏大夫。五月壬午,崇俨为盗所杀,求贼,竟不得。赠崇俨侍中。

6　丙戌,命太子监国。太子处事明审,时人称之。

7　戊戌,作紫桂宫于渑池之西。

8　六月辛亥,赦天下,改元。

9　初,西突厥十姓可汗阿史那都支及其别帅李遮匐与吐蕃连和,侵逼安西,朝议欲发兵讨之。吏部侍郎裴行俭曰:“吐蕃为寇,审礼覆没,干戈未息,岂可复出师西方?今波斯王卒,其子泥洹师为质在京师,宜遣使者送归国,道过二虏,以便宜取之,可不血刃而擒也。”上从之,命行俭册立波斯王,仍为安抚大食使。行俭奏肃州刺史王方翼以为己副,仍令检校安西都护。

唐高宗调露元年(己卯,公元679年)

1 春季,正月己酉(二十八日),唐高宗来到东都洛阳。

司农卿韦弘机营建宿羽、高山、上阳等宫,规模壮丽。上阳宫面临洛水,设有横贯一里长的长廊。宫殿落成后,唐高宗移居其中。侍御史狄仁杰上奏揭露韦弘机引导皇帝奢侈,韦弘机因此被免官。左司郎中王本立依仗皇帝的恩宠滥用权力,朝廷百官都畏惧他。狄仁杰上奏揭发他的邪恶行径,要求送司法部门查办,唐高宗特意赦免他,狄仁杰说:“国家虽缺乏优秀人才,但并不缺少像王本立这类人?陛下为何怜惜有罪的人,因而损害王法?如果一定要赦免王本立,那就请将我抛弃在荒无人烟的地方,作为将来忠贞者的鉴戒。”王本立终于被治罪。从此朝廷严肃有法度。

2 庚戌(二十九日),右仆射、太子宾客道恭公戴至德去世。

3 二月壬戌(十一日),吐蕃赞普去世,他八岁的儿子器弩悉弄继位。当时器弩悉弄同他舅舅麹萨若去羊同国发兵,他六岁的弟弟正在论钦陵军中。吐蕃人畏惧论钦陵拥有强兵,想让他弟弟继位,论钦陵不同意,他与麹萨若共同拥立器弩悉弄。

唐高宗得知赞普去世,命令裴行俭乘机进攻吐蕃。裴行俭说:“论钦陵掌权,大臣团结和睦,不能进攻。”于是没有行动。

4 夏季,四月辛酉(十二日),郝处俊任侍中。

5 偃师人明崇俨,因符咒幻术为唐高宗和天后武则天所器重,担任正谏大夫。五月壬午(初三),明崇俨被盗贼杀死,搜捕盗贼,竟没有捕到。唐高宗追赠他为侍中。

6 丙戌(初七),唐高宗命令太子监理国家政事。太子处理事情明白周密,受到当时人的称赞。

7 戊戌(十九日),唐朝在渑池之西营建紫桂宫。

8 六月辛亥(初三),唐朝大赦天下罪人,更改年号。

9 当初,西突厥十姓可汗阿史那都支同他的别帅李遮匐与吐蕃联合,侵逼安西,朝廷讨论发兵讨伐西突厥。吏部侍郎裴行俭说:“吐蕃侵扰,刘审礼全军覆没,现在战事还未停息,怎么可以再出兵西方?现今波斯王已死,他儿子泥洹师作为人质还留在京师长安,应该派遣使者送他回国,在途经阿史那都支和李遮匐统治区时,见机行事袭取他们,可以不经激战而将他们擒获。”唐高宗采纳裴行俭的意见,让他前去册立波斯王,他仍任安抚大食国使者。裴行俭上奏要求任命肃州刺史王方翼为自己的副职,仍充任检校安西都护。

10　秋，七月己卯朔，诏以今年冬至有事于嵩山。

11　初，裴行俭尝为西州长史，及奉使过西州，吏人郊迎，行俭悉召其豪杰子弟千馀人自随，且扬言天时方热，未可涉远，须稍凉乃西上。阿史那都支觇知之，遂不设备。行俭徐召四镇诸胡酋长谓曰："昔在西州，纵猎甚乐，今欲寻旧赏，谁能从吾猎者？"诸胡子弟争请从行，近得万人。行俭阳为畋猎，校勒部伍，数日，遂倍道西进。去都支部落十馀里，先遣都支所亲问其安否，外示闲暇，似非讨袭，续使促召相见。都支先与李遮匐约，秋中拒汉使，猝闻军至，计无所出，帅其子弟迎谒，遂擒之。因传其契箭，悉召诸部酋长，执送碎叶城。简其精骑，轻赍，昼夜进掩遮匐，途中，获都支还使与遮匐使者同来。行俭释遮匐使者，使先往谕遮匐以都支已就擒，遮匐亦降。于是囚都支、遮匐以归，遣波斯王自还其国，留王方翼于安西，使筑碎叶城。

12　冬，十月，单于大都护府突厥阿史德温傅、奉职二部俱反，立阿史那泥熟匐为可汗，二十四州酋长皆叛应之，众数十万，遣鸿胪卿单于大都护府长史萧嗣业、右领军卫将军花大智、右千牛卫将军李景嘉等将兵讨之。嗣业等先战屡捷，因不设备，会大雪，突厥夜袭其营，嗣业狼狈拔营走，众遂大乱，为虏所败，死者不可胜数。大智、景嘉引步兵且行且战，得入单于都护府。嗣业减死，流桂州，大智、景嘉并免官。

10　秋季，七月己卯朔（初一），唐高宗诏令今年冬至将封禅嵩山。

11　当初，裴行俭曾任西州长史，他奉命出使，路过西州，当地官吏和百姓都到郊外迎接。裴行俭将当地豪杰子弟千馀人招来充当自己的随从，而且声称天气正热，不适合远行，等待天气凉爽后再西进。阿史那都支侦察到这种现象，于是不加防备。裴行俭便从容不迫地召集龟兹、毗沙、焉耆、疏勒等地胡人酋长，对他们说："从前我在西州时，打猎很愉快，现在想重温旧日情趣，谁愿意同我一起打猎去?"胡人子弟争相要求随行，又召到将近万人。裴行俭佯装打猎，整编队伍，数日后便兼程迅速西进。到距离阿使那都支部落十多里处，先派遣与他亲近的人去向他问候，以表示安然无事、并非要讨伐袭击他的假象，接着又派使者通知他要马上召见他。阿使那都支原先与李遮匐相约，到秋天时一起抗拒唐朝的使者，突然听说唐军到达，一时想不出对付的办法，只好率领子弟出来迎接，于是被擒获。接着又用他的令箭召集他属下诸部酋长，一起押送碎叶城。然后挑选精锐骑兵，轻装前进，日夜兼程突袭李遮匐。进军途中，俘获阿使那都支从李遮匐处返回的使者和与他同行的李遮匐的使者。裴行俭释放李遮匐的使者，让他先去通知李遮匐，说阿使那都支已经就擒，李遮匐便投降了。于是裴行俭拘押阿使那都支和李遮匐回长安，打发波斯王自己返回他的国家，留王方翼于安西，让他修筑碎叶城。

12　冬季，十月，单于大都护府突厥阿史德温傅、奉职两部一起反抗唐朝，拥立阿史那泥熟匐为可汗，二十四州酋长一起反叛，响应他们，拥兵数十万。唐朝派遣鸿胪卿单于大都护府长史萧嗣业、右领军卫将军花大智、右千牛卫将军李景嘉等率兵讨伐他们。萧嗣业等开始时作战接连告捷，因而不注意防备，又遇上下大雪，突厥人乘夜偷袭他们的军营，萧嗣业狼狈拔营逃走，部队于是大乱，被突厥兵打败，被打死的士兵很多。花大智、李景嘉率领步兵且战且走，得以退入单于都护府。萧嗣业免除死罪，流放桂州，花大智、李景嘉都被免官。

突厥寇定州，刺史霍王元轨命开门偃旗，虏疑有伏，惧而宵遁。州人李嘉运与虏通谋，事泄，上令元轨穷其党与，元轨曰："强寇在境，人心不安，若多所逮系，是驱之使叛也。"乃独杀嘉运，馀无所问，因自劾违制。上览表大喜，谓使者曰："朕亦悔之，向无王，失定州矣。"自是朝廷有大事，上多密敕问之。

13　壬子，遣左金吾卫将军曹怀舜屯井陉，右武卫将军崔献屯龙门，以备突厥。突厥扇诱奚、契丹侵掠营州，都督周道务遣户曹始平唐休璟将兵击破之。

14　庚申，诏以突厥背诞，罢封嵩山。

15　癸亥，吐蕃文成公主遣其大臣论塞调傍来告丧，并请和亲，上遣郎将宋令文诣吐蕃会赞普之葬。

16　十一月戊寅朔，以太子左庶子、同中书门下三品高智周为御史大夫，罢知政事。

17　癸未，上宴裴行俭，谓之曰："卿有文武兼资，今授卿二职。"乃除礼部尚书兼检校右卫大将军。甲辰，以行俭为定襄道行军大总管，将兵十八万，并西军检校丰州都督程务挺、东军幽州都督李文暕总三十馀万以讨突厥，并受行俭节度。务挺，名振之子也。

永隆元年(庚辰,680)

1　春，二月癸丑，上幸汝州之温汤。戊午，幸嵩山处士三原田游岩所居。己未，幸道士宗城潘师正所居，上及天后、太子皆拜之。乙丑，还东都。

突厥人侵扰定州，刺史霍王李元轨命令打开城门，放下旗帜，突厥人怀疑有埋伏，畏惧而乘夜间天黑撤走。定州人李嘉运与突厥人暗通，事情败露后，唐高宗命令李元轨彻底追究他的同党，李元轨说：“强敌临境，人心不安，如果过多逮捕人，会逼使他们叛变。”于是只杀李嘉运，其馀的都不追究，并上书说自己违反命令。唐高宗阅读他的奏表后很高兴，对使者说：“朕也后悔了，假使没有霍王，便失去定州了。”从此，朝廷有大事，唐高宗多私下征询他的意见。

13　壬子（初五），唐朝派遣左金吾卫将军曹怀舜屯兵井陉，右武卫将军崔献屯兵龙门，以防备突厥。突厥煽动诱惑奚、契丹侵掠营州，都督周道务派遣户曹始平人唐休璟领兵将他们打败。

14　庚申（十三日），唐高宗下诏，因突厥违抗朝命不受调度约束，停止封禅嵩山。

15　癸亥（十六日），吐蕃文成公主派遣大臣论塞调傍到长安报告赞普的丧事，并请求和亲。唐高宗派遣郎将宋令文去吐蕃参加赞普的葬礼。

16　十一月戊寅朔（初一），唐朝任命太子左庶子、同中书门下三品高智周为御史大夫，罢知政事。

17　癸未（初六），唐高宗宴请裴行俭，对他说：“你兼有文武才能，现在授予你两个职务。”于是授任他礼部尚书兼检校右卫大将军。甲辰（二十七日），任命裴行俭为定襄道行军大总管，领兵十八万，会同西军检校丰州都督程务挺、东军幽州都督李文暕总共三十多万兵以讨伐突厥，他们都受裴行俭调度指挥。程务挺是程名振的儿子。

唐高宗永隆元年（庚辰，公元 680 年）

1　春季，二月癸丑（初八），唐高宗到汝州温泉。戊午（十三日），到嵩山处士三原人田游岩住所。己未（十四日），到道士宗城人潘师正住所，唐高宗、天后武则天、太子都向他行礼。乙丑（二十日），唐高宗等返回东都洛阳。

2　三月，裴行俭大破突厥于黑山，擒其酋长奉职。可汗泥熟匐为其下所杀，以其首来降。

初，行俭行至朔川，谓其下曰："用兵之道，抚士贵诚，制敌贵诈。前日萧嗣业粮运为突厥所掠，士卒冻馁，故败。今突厥必复为此谋，宜有以诈之。"乃诈为粮车三百乘，每车伏壮士五人，各持陌刀、劲弩，以羸兵数百为之援，且伏精兵于险要以待之。虏果至，羸兵弃车散走。虏驱车就水草，解鞍牧马，欲取粮，壮士自车中跃出，击之，虏惊走，复为伏兵所邀，杀获殆尽，自是粮运行者，虏莫敢近。

军至单于府北，抵暮，下营，掘堑已周，行俭遽命移就高冈。诸将皆言士卒已安堵，不可复动。行俭不从，趣使移。是夜，风雨暴至，前所营地，水深丈馀，诸将惊服，问其故，行俭笑曰："自今但从我命，不必问其所由知也。"

奉职既就擒，馀党走保狼山。诏户部尚书崔知悌驰传诣定襄宣慰将士，且区处馀寇，行俭引军还。

3　夏，四月乙丑，上幸紫桂宫。

4　戊辰，黄门侍郎闻喜裴炎、崔知温、中书侍郎京兆王德真并同中书门下三品。知温，知悌之弟也。

5　秋，七月，吐蕃寇河源，左武卫将军黑齿常之击却之。擢常之为河源军经略大使。常之以河源冲要，欲加兵戍之，而转输险远，乃广置烽戍七十馀所，开屯田五千馀顷，岁收五百馀万石，由是战守有备焉。

先是，剑南募兵于茂州，西南筑安戎城，以断吐蕃通蛮之路。吐蕃以生羌为向导，攻陷其城，以兵据之，由是西洱诸蛮皆降于吐蕃。吐蕃尽据羊同、党项及诸羌之地，东接凉、松、茂、嶲等州，南邻天竺，西陷龟兹、疏勒等四镇，北抵突厥，地方万馀里，诸胡之盛，莫与为比。

2　三月，裴行俭大败突厥兵于黑山，擒获他们的酋长奉职。可汗泥熟匐被部下杀死。他的部下拿着他的脑袋前来投降。

当初，裴行俭进军到朔州，曾对他的下属说："用兵之道，安抚士卒要出于诚心诚意，对付敌人就不惜虚伪欺诈。上次萧嗣业运送的军粮被突厥人掠夺，士卒受冻挨饿，所以失败。现在突厥人必然再用同一策略，应当用计策欺骗他们。"于是伪装运粮车三百辆，每辆车中潜伏壮士五人，各持大刀、强弩，派老弱残兵数百人跟车，又埋伏精兵在险要处等待伏击。敌人果然来抢粮车，跟车的老弱残兵弃车逃散。敌人把粮车赶到有水草的地方，解鞍放马，准备取车上的粮食，这时壮士从车中跳出，袭击他们。敌人受惊逃走中，又受到伏兵阻击，几乎全被俘虏和杀死。从此，敌人再也不敢靠近唐军的运粮车队。

裴行俭进军到单于府以北，已近傍晚，宿营后，周围的壕沟已经挖好。裴行俭突然命令全军往高岗上转移；诸将都说士卒已经安顿好，不可以再移动，裴行俭不答应，还催促快转移。当夜，发生暴风雨，原来的营地水深一丈多。诸将既惊异又佩服，问他为何能预先知道这情况，裴行俭笑着说："今后只管服从我的命令，不必问我怎么知道的。"

奉职被擒以后，他的馀党退守狼山。唐高宗命令户部尚书崔知悌乘驿站马车，奔赴定襄，传达皇帝慰问将士的旨意，而且负责对付残馀敌人。裴行俭领军返回。

3　夏季，四月乙丑（二十一日），唐高宗来到紫桂宫。

4　戊辰（二十四日），黄门侍郎闻喜人裴炎、崔知温、中书侍郎京兆人王德真都任同中书门下三品。崔知温就是崔知悌的弟弟。

5　秋季，七月，吐蕃侵扰河源，左武卫将军黑齿常之把他们击退。唐朝提升黑齿常之为河源军经略大使。黑齿常之因为河源地位重要，打算增兵戍守，而运输道路遥远而且艰险，于是增设烽火台戍守点七十多处，开屯田五千多顷，每年收获粮食五百多万石，从此战争和防守都有足够的粮食贮备。

在这以前，剑南招募士兵，在茂州西南修筑安戎城，用它来阻断吐蕃通蛮的道路。吐蕃用生羌人为向导，攻陷安戎城，并驻兵镇守，从此西洱诸蛮都投降吐蕃。吐蕃全部据有羊同、党项及诸羌住地，东面连接唐朝的安、松、茂、嶲等州，南面与天竺相邻，西边攻陷龟兹、疏勒等四镇，北边抵达突厥，地方万馀里，诸胡中最强盛的也不能与之相比。

6 丙申，郑州刺史江王元祥薨。

7 突厥馀众围云州，代州都督窦怀悊、右领军中郎将程务挺将兵击破之。

8 八月丁未，上还东都。

9 中书令、检校鄯州都督李敬玄，军既败，屡称疾请还。上许之。既至，无疾，诣中书视事。上怒，丁巳，贬衡州刺史。

10 太子贤闻宫中窃议，以贤为天后姊韩国夫人所生，内自疑惧。明崇俨以厌胜之术为天后所信，常密称“太子不堪承继，英王貌类太宗”，又言“相王相最贵”。天后尝命北门学士撰《少阳正范》及《孝子传》以赐太子，又数作书诮让之，太子愈不自安。

及崇俨死，贼不得，天后疑太子所为。太子颇好声色，与户奴赵道生等狎昵，多赐之金帛，司议郎韦承庆上书谏，不听。天后使人告其事。诏薛元超、裴炎与御史大夫高智周等杂鞫之，于东宫马坊搜得皂甲数百领，以为反具。道生又款称太子使道生杀崇俨。上素爱太子，迟回欲宥之，天后曰：“为人子怀逆谋，天地所不容。大义灭亲，何可赦也！”甲子，废太子贤为庶人，遣右监门中郎将令狐智通等送贤诣京师，幽于别所，党与皆伏诛，仍焚其甲于天津桥南以示士民。承庆，思谦之子也。

乙丑，立左卫大将军、雍州牧英王哲为皇太子，改元，赦天下。

太子洗马刘讷言常撰《俳谐集》以献贤，贤败，搜得之，上怒曰：“以《六经》教人，犹恐不化，乃进俳谐鄙说，岂辅导之义邪?”流讷言于振州。

6　丙申(二十四日),郑州刺史江王李元祥去世。

7　突厥馀众围攻云州,唐朝代州都督窦怀哲,右领军中郎将程务挺领兵将他们打败。

8　八月丁未(初五),唐高宗返回东都洛阳。

9　唐朝中书令、检校鄯州都督李敬玄,打了败仗以后,一再声称有病请求返回长安;唐高宗批准了他的请求。回来后,他根本没有病,还到中书省办事。唐高宗对他很为恼火,丁巳(十五日),贬他为衡州刺史。

10　唐朝太子李贤听到宫中私下议论说,他是天后武则天的姐姐韩国夫人所生,暗自疑惑畏惧。明崇俨用诅咒制胜的迷信法术获得天后武则天的信任,常私下宣称"太子不能够继承帝位,英王李哲的相貌像唐太宗",又说"相王李轮相貌最显贵"。天后武则天曾命北门学士撰《少阳正范》及《孝子传》赏赐给太子,又几次写信谴责他,太子心里越来越不安。

及至明崇俨死去,捕不到杀死他的盗贼,天后武则天怀疑这事是太子所干。太子颇好音乐、女色,与家奴赵道生等亲密,多赏赐他们金帛,司议郎韦承庆上书规劝,他也不听。天后武则天指使人告发这些事。唐高宗命令薛元超、裴炎与御史大夫高智周等一起审问太子,在东宫马坊搜查出黑甲数百件,作为谋反物证。赵道生又供认太子指使他杀死明崇俨。唐高宗一贯喜爱太子,迟疑不决,想赦免他,天后武则天说:"作为人子而心怀叛逆,天地所不容。应该大义灭亲,怎么可以赦免!"甲子(二十二日),废太子李贤为平民,派遣右监门中郎将令狐智通等送李贤来到京师,幽禁于别所,同党都被杀死,搜查出的黑甲在天津桥南焚烧示众。韦承庆就是韦思谦的儿子。

乙丑(二十三日),唐朝立左卫大将军、雍州牧英王李哲为太子,更改年号,大赦天下。

太子洗马刘讷言曾经撰写《俳谐集》献给李贤,李贤的事情败露,《俳谐集》被搜查出来。唐高宗十分恼怒,说:"用《六经》教人,还恐怕不能感化,提供俳谐这种鄙俗说教,哪里是辅导的用意?"于是将刘讷言流放振州。

左卫将军高真行之子政为太子典膳丞，事与贤连，上以付其父，使自训责。政入门，真行以佩刀刺其喉，真行兄户部侍郎审行又刺其腹，真行兄子琁断其首，弃之道中。上闻之，不悦，贬真行为睦州刺史，审行为渝州刺史。真行，士廉之子也。

左庶子、中书门下三品张大安坐阿附太子，左迁普州刺史。其馀宫僚，上皆释其罪，使复位，左庶子薛元超等皆舞蹈拜恩，右庶子李义琰独引咎涕泣，时论美之。

11　九月甲申，以中书侍郎、同中书门下三品王德真为相王府长史，罢政事。

12　冬，十月壬寅，苏州刺史曹王明，沂州刺史嗣蒋王炜，皆坐故太子贤之党，明降封零陵郡王，黔州安置；炜除名，道州安置。

13　丙午，文成公主薨于吐蕃。

14　己酉，车驾西还。

15　十一月壬申朔，日有食之。

开耀元年（辛巳，681）

1　春，正月，突厥寇原、庆等州。乙亥，遣右卫将军李知十等屯泾、庆二州以备突厥。

2　庚辰，以初立太子，敕宴百官及命妇于宣政殿，引九部伎及散乐自宣政门入。太常博士袁利贞上疏，以为："正寝非命妇宴会之地，路门非倡优进御之所，请命妇会于别殿，九部伎自东西门入，其散乐伏望停省。"上乃更命置宴于麟德殿。宴日，赐利贞帛百段。利贞，昂之曾孙也。

利贞族孙谊为苏州刺史，自以其先自宋太尉淑以来，尽忠帝室，谓琅邪王氏虽奕世台鼎，而为历代佐命，耻与为比，尝曰："所贵于名家者，为其世笃忠贞，才行相继故也。彼鬻婚姻求禄利者，又乌足贵乎？"时人是其言。

左卫将军高真行的儿子高政任太子典膳丞，与李贤有牵连。唐高宗将他交给他父亲，让他父亲自己教训责罚。高政一进门，高真行先用佩刀刺他咽喉，高真行的哥哥户部侍郎高审行又刺他腹部，高真行哥哥的儿子高琁又砍下他脑袋，并抛弃在路上。唐高宗听说后，很不高兴，贬高真行为睦州刺史，贬高审行为渝州刺史。高真行是高士廉的儿子。

左庶子、中书门下三品张大安因逢迎依附太子，被降职为普州刺史。其馀太子东宫的僚属，唐高宗都赦免了他们的罪责，并恢复了他们的职位。对此，左庶子薛元超等都跪拜感激皇恩，只有右庶子李义琰承认过失而痛哭流涕，得到舆论的称赞。

11　九月甲申（初三），唐朝任命中书侍郎、同中书门下三品王德真为相王府长史，罢政事。

12　冬季，十月壬寅（初一），苏州刺史曹王李明，沂州刺史嗣蒋王李炜，都因是原太子同党，李明降封为零陵郡王，在黔州安置；李炜被撤销名籍，在道州安置。

13　丙午（初五），文成公主在吐蕃去世。

14　己酉（初八），唐高宗西还长安。

15　十一月壬申朔（初一），出现日食。

唐高宗开耀元年（辛巳，公元681年）

1　春季，正月，突厥侵扰唐朝原、庆等州。乙亥（初五），唐朝派遣右卫将军李知十等屯兵泾、庆二州以防备突厥。

2　庚辰（初十），因初立太子，唐高宗命令宴请百官及有封号的妇女于宣政殿，引导九部乐队和乐舞杂技由宣政门进入。太常博士袁利贞上疏认为："皇帝居住的宫殿不是有封号的妇女宴会的地方，内宫的正门也不是歌舞杂技艺人所应该进入的。请让有封号的妇女宴会于别殿，九部乐队由东西门进入，乐舞杂技请予免除。"唐高宗于是命令设宴改在麟德殿。设宴当天，赏赐袁利贞帛一百段。袁利贞是袁昂的曾孙。

袁利贞远房侄孙袁谊任苏州刺史，自认为他的先辈自宋太尉袁淑以来为历朝皇帝尽忠死节，而琅邪王氏虽累世三台成为历朝支柱，但又积极支持篡夺政权的人，他耻与王氏相比，曾说："著名家族所看重的，是世代坚守忠贞，才干和操行相继不断。那些靠出卖婚姻以求利禄的人，又有什么足以尊贵的呢？"当时人们赞同他的说法。

3　裴行俭军既还，突厥阿史那伏念复自立为可汗，与阿史德温傅连兵为寇。癸巳，以行俭为定襄道大总管，以右武卫将军曹怀舜、幽州都督李文暕为副，将兵讨之。

4　二月，天后表请赦杞王上金、鄱阳王素节之罪。以上金为沔州刺史，素节为岳州刺史，仍不听朝集。

5　三月辛卯，以刘仁轨兼太子少傅，馀如故；以侍中郝处俊为太子少保，罢政事。

少府监裴匪舒，善营利，奏卖苑中马粪，岁得钱二十万缗。上以问刘仁轨，对曰："利则厚矣，恐后代称唐家卖马粪，非嘉名也。"乃止。匪舒又为上造镜殿，成，上与仁轨观之，仁轨惊趋下殿。上问其故，对曰："天无二日，土无二王，适视四壁有数天子，不祥孰甚焉？"上遽令剔去。

6　曹怀舜与裨将窦义昭将前军击突厥。或告："阿史那伏念与阿史德温傅在黑沙，左右才二十骑以下，可径往取也。"怀舜等信之，留老弱于瓠芦泊，帅轻锐倍道进，至黑沙，无所见，人马疲顿，乃引兵还。

会薛延陀部落欲西诣伏念，遇怀舜军，因请降。怀舜等引兵徐还，至长城北，遇温傅，小战，各引去。至横水，遇伏念，怀舜、义昭与李文暕及裨将刘敬同四军合为方陈，且战且行。经一日，伏念乘便风击之，军中扰乱，怀舜等弃军走，军遂大败，死者不可胜数。怀舜等收散卒，敛金帛以赂伏念，与之约和，杀牛为盟。伏念北去，怀舜等乃得还。

夏，五月丙戌，怀舜免死，流岭南。

3　唐将裴行俭的军队返回后，突厥阿史那伏念又自立为可汗，与阿史德温傅军队联合侵扰唐朝边境。癸巳（二十三日），唐朝任命裴行俭为定襄道大总管，以右武卫将军曹怀舜、幽州都督李文暕为他的副手，领兵讨伐突厥。

4　二月，天后武则天上表请求赦免杞王李上金、鄱阳王李素节的罪过。任命李上金为沔州刺史，李素节为岳州刺史，仍不许朝见皇帝。

5　三月辛卯（二十二日），唐朝任命刘仁轨兼任太子少傅，原任职务不变；任命侍中郝处俊为太子少保，不再主持政务。

少府监裴匪舒，善于营利，奏请出卖宫苑中的马粪，每年可收入二十万缗钱。唐高宗为此问刘仁轨，回答说："利是很厚的，但恐怕后代说唐朝皇家卖马粪，不是好名声。"于是停止出卖马粪。裴匪舒又为唐高宗建造镜殿，落成后，唐高宗与刘仁轨一起参观，刘仁轨受惊急忙下殿。唐高宗问他这是为什么，他回答说："天上无二日，地上无二主，刚才看见四周墙上有几位天子，还有什么比这更不祥的呢？"唐高宗命令立即将镜剔去。

6　曹怀舜与裨将窦义昭率领前军进击突厥。有人报告："阿史那伏念与阿史德温傅在黑沙，身边只有二十名骑兵，可以直接去擒拿。"曹怀舜等相信这情报，于是将老弱留在瓠芦泊，率领轻锐队伍，以加倍速度前进，到达黑沙时，连人影也没看见，人困马乏，只好领兵返回。

这时候薛延陀部落想往西投奔阿史那伏念，途中与曹怀舜军相遇，投降了曹军。曹怀舜等领军缓慢地往回走，到长城北边，与阿史德温傅相遇，经过小规模战斗，双方都撤退。至横水，与阿史那伏念相遇，曹怀舜、窦义昭与李文暕及裨将刘敬同四军组合成方阵，且战且走。经过一天后，阿史那伏念乘风攻击，唐军大乱，曹怀舜等弃军而逃，唐军于是大败，被杀死的人很多。曹怀舜等收集被打散的士卒，聚集金帛贿赂阿史那伏念，同他议和，杀牛盟誓。阿史那伏念北撤，曹怀舜等才得以返回唐朝。

夏季，五月丙戌（十八日），曹怀舜被免除死罪，流放岭南。

7　己丑，河源道经略大使黑齿常之将兵击吐蕃论赞婆于良非川，破之，收其粮畜而还。常之在军七年，吐蕃深畏之，不敢犯边。

8　初，太原王妃之薨也，天后请以太平公主为女官以追福。及吐蕃求和亲，请尚太平公主，上乃为立太平观，以公主为观主以拒之。至是，始选光禄卿汾阴薛曜之子绍尚焉。绍母，太宗女城阳公主也。

秋，七月，公主适薛氏，自兴安门南至宣阳坊西，燎炬相属，夹路槐木多死。绍兄顗以公主宠盛，深忧之，以问族祖户部郎中克构，克构曰："帝甥尚主，国家故事，苟以恭慎行之，亦何伤？然谚曰：'娶妇得公主，无事取官府。'不得不为之惧也。"

天后以顗妻萧氏及顗弟绪妻成氏非贵族，欲出之，曰："我女岂可使与田舍女为妯娌邪！"或曰："萧氏，瑀之侄孙，国家旧姻。"乃止。

9　夏州群牧使安元寿奏："自调露元年九月以来，丧马一十八万馀匹，监牧吏卒为虏所杀掠者八百馀人。"

10　薛延陀达浑等五州四万馀帐来降。

11　甲午，左仆射兼太子少傅、同中书门下三品刘仁轨固请解仆射，许之。

12　闰七月丁未，裴炎为侍中，崔知温、薛元超并守中书令。

13　上征田游岩为太子洗马，在东宫无所规益。右卫副率蒋俨以书责之曰："足下负巢、由之俊节，傲唐、虞之圣主，声出区宇，名流海内。主上屈万乘之重，申三顾之荣，遇子以商山之客，待子以不臣之礼，将以辅导储贰，渐染芝兰耳。皇太子春秋鼎盛，圣道未周，仆以不才，犹参庭诤，足下受调护之寄，

7　己丑(二十一日),河源道经略大使黑齿常之领兵进击,在良非川打败吐蕃论赞婆,获取他们的粮食牲畜而返回。黑齿常之在军中七年,吐蕃人很害怕他,不敢进犯唐朝边地。

8　当初,太原王王妃逝世,天后武则天请让自己女儿太平公主为女道士,为死者乞求冥福。后来吐蕃要求和亲,请求娶太平公主,唐高宗便为她建立太平观,任她为观主,以拒绝吐蕃。这时候选择光禄卿汾阴人薛曜的儿子薛绍结婚。薛绍的母亲就是唐太宗的女儿阳城公主。

秋季,七月,太平公主出嫁薛家时,自兴安门南至宣阳坊西,火炬接连不断,路两边的槐树多被烧死。薛绍的哥哥薛顗因太平公主恩宠太盛,深为忧虑,询问远房叔祖父户部郎中薛克构该怎么办,薛克构说:"皇帝的外甥娶公主,是皇家旧例,如果以恭敬谨慎的态度对待,又有什么害处?但有谚语说:'娶妇得公主,无事取官府',不得不令人担心。"

天后武则天因薛顗的妻子萧氏和他弟弟的妻子成氏不是贵族,想让他们离婚,说:"怎么能让我女儿与田舍翁女儿作妯娌呢!"有人说:"萧氏,是唐太宗女婿的侄孙女,是皇家的旧姻亲。"事情才算了结。

9　夏州群牧使安元寿上奏说:"自调露元年九月以来,损失马一十八万多匹,监督放牧吏卒被敌人杀死和掠走八百多人。"

10　薛延陀达浑等五州四万多帐投降唐朝。

11　甲午(二十七日),左仆射兼太子少傅、同中书门下三品刘仁轨坚持请求解除仆射职务,获得批准。

12　闰七月丁未(十一日),裴炎任侍中,崔知温、薛元超并署理中书令。

13　唐高宗征召田游岩为太子洗马,在东宫对太子无所规劝教益。右卫副率蒋俨写信责备他说:"您依仗着隐士巢父、许由那样高的节操,傲视唐尧、虞舜那样的圣君,声誉超出上下四方,名望流传海内。皇上委屈万乘之尊,一再给您三顾茅庐的荣幸,给您像汉高祖对商山四皓那样的信任,对您不以臣下之礼相待,为的是请您辅导太子,使他逐渐养成美德。皇太子正当盛年,智慧道德尚未成熟,我本人才智低下,还在大堂上直言规劝,您受皇上教育扶持的重托,

是可言之秋，唯唯而无一谈，悠悠以卒年岁。向使不餐周粟，仆何敢言？禄及亲矣，以何酬塞？想为不达，谨书起予。”游岩竟不能答。

14　庚申，上以服饵，令太子监国。

15　裴行俭军于代州之陉口，多纵反间，由是阿史那伏念与阿史德温傅浸相猜贰。伏念留妻子辎重于金牙山，以轻骑袭曹怀舜。行俭遣裨将何迦密自通漠道，程务挺自石地道掩取之。伏念与曹怀舜约和而还，比至金牙山，失其妻子辎重，士卒多疾疫，乃引兵北走细沙，行俭又使副总管刘敬同、程务挺等将单于府兵追蹑之。伏念请执温傅以自效，然尚犹豫，又自恃道远，唐兵必不能至，不复设备。敬同等军到，伏念狼狈，不能整其众，遂执温傅，从间道诣行俭降。候骑告以尘埃涨天而至，将士皆震恐，行俭曰：“此乃伏念执温傅来降，非他盗也。然受降如受敌，不可无备。”乃命严备，遣单使迎前劳之。少选，伏念果帅酋长缚温傅诣军门请罪。行俭尽平突厥馀党，以伏念、温傅归京师。

16　冬，十月丙寅朔，日有食之。

17　壬戌，裴行俭等献定襄之俘。乙丑，改元。丙寅，斩阿史那伏念、阿史德温傅等五十四人于都市。

初，行俭许伏念以不死，故降。裴炎疾行俭之功，奏言：“伏念为副将张虔勖、程务挺所逼，又回纥等自碛北南向逼之，穷窘而降耳。”遂诛之。行俭叹曰：“浑、濬争功，古今所耻。但恐杀降，无复来者。”因称疾不出。

18　丁亥，新罗王法敏卒，遣使立其子政明。

19　十一月癸卯，徙故太子贤于巴州。

正是应当进言的时候，您却恭敬顺从而无一次进言，悠闲地打发着岁月。如果您像伯夷、叔齐那样不食周粟，我不敢说什么，可是您和亲属都食俸禄，您拿什么来酬答呢？我所想的未必合时宜，希望得到您的教诲。”田游岩终于无言以对。

14　庚申(三十日)，唐高宗因服食丹药，命令太子监理国事。

15　裴行俭驻军于代州所属陉口，多用反间策略，因此阿史那伏念与阿史德温傅日渐互相猜疑。阿史那伏念留妻子儿女和辎重于金牙山，以轻骑兵袭击曹怀舜。裴行俭派遣副将何迦密从通漠道，程务挺从石地道，乘他不防备而袭取金牙山。阿史那伏念与曹怀舜讲和后返还，到达金牙山，丢失妻子儿女和辎重，士卒又多患传染病，便领兵北走细沙，裴行俭又派副总管刘敬同、程务挺等率领单于府兵追踪他。阿史那伏念请求捉拿阿史德温傅向唐朝报效，但还犹豫不决，又自以为道路遥远，唐兵一定不能赶上，于是不加防备。刘敬同等率军一到，阿史那伏念十分狼狈，不能集合队伍，于是捉拿阿史德温傅，从小路前去裴行俭处投降。侦察的骑兵报告说，尘埃冲天而来，将士都震惊，裴行俭说：“这是阿史那伏念捉拿阿史德温傅来投降，不是其他盗贼。但接受投降如同应付敌人，不可以没有防备。”于是命令严加防备，只派遣一名使者到前边迎接慰劳他们。过不多久，阿史那伏念果然率领酋长捆绑着阿史德温傅到军营前请罪。于是裴行俭全部平定突厥馀党，把阿史那伏念、阿史德温傅带回京师长安。

16　冬季，十月丙寅朔(初一)，出现日食。

17　壬戌，裴行俭等进献定襄道的俘虏。乙丑，唐朝更改年号。丙寅，公开处决阿史那伏念、阿史德温傅等五十四人。

当初，裴行俭曾许诺不杀阿史那伏念，所以他才投降。后来裴炎妒忌裴行俭的功劳，便上奏说：“阿史那伏念被副将张虔勖、程务挺所逼迫，同时又受到回纥等从沙漠以北向南逼迫，走投无路才投降的。”于是将他处决。裴行俭感叹说：“王浑、王濬争功，古人和今人都认为是耻辱的事情。但恐怕杀了投降的人，今后不会再有人投降了。”因此声称有病，不出家门。

18　丁亥(二十二日)，新罗王金法敏去世，唐朝派遣使者立他儿子金政明为新罗王。

19　十一月癸卯(初八)，迁移原太子李贤于巴州。

卷第二百三　唐纪十九

起壬午(682)尽丙戌(686)凡五年

高宗天皇大圣大弘孝皇帝下

永淳元年(壬午,682)

1　春,二月,作万泉宫于蓝田。

2　癸未,改元,赦天下。

3　戊午,立皇孙重照为皇太孙。上欲令开府置官属,问吏部郎中王方庆,对曰:"晋及齐皆尝立太孙,其太子官属即为太孙官属,未闻太子在东宫而更立太孙者也。"上曰:"自我作古,可乎?"对曰:"三王不相袭礼,何为不可?"乃奏置师傅等官。既而上疑其非法,竟不补授。方庆,裒之曾孙也,名綝,以字行。

4　西突厥阿史那车薄帅十姓反。

5　夏,四月甲子朔,日有食之。

6　上以关中饥馑,米斗三百,将幸东都。丙寅,发京师,留太子监国,使刘仁轨、裴炎、薛元超辅之。时出幸仓猝,扈从之士有饿死于中道者。上虑道路多草窃,命监察御史魏元忠检校车驾前后。元忠受诏,即阅视赤县狱,得盗一人,神采语言异于众。命释桎梏,袭冠带,乘驿以从,与之共食宿,托以诘盗,其人笑许诺。比及东都,士马万数,不亡一钱。

7　辛未,以礼部尚书闻喜宪公裴行俭为金牙道行军大总管,帅右金吾将军阎怀旦等三总管分道讨西突厥。师未行,行俭薨。

高宗天皇大圣大弘孝皇帝下

唐高宗永淳元年(壬午,公元682年)

1 春季,二月,唐朝在蓝田营造万泉宫。

2 癸未(十九日),唐朝更改年号,大赦天下。

3 戊午,唐朝立皇孙李重照为皇太孙。唐高宗打算为他开设府署,设置官属,询问吏部郎中王方庆的意见,王方庆回答说:"晋和齐都曾立太孙,太子官属即为太孙官属,未曾听说太子还在东宫而另外又立太孙的。"唐高宗说:"从我创始,可以吗?"回答说:"三王不互相承袭礼仪,有什么不可以?"于是王方庆奏请设置师傅等官。后来唐高宗疑虑这样做不合古法,始终没有任命。王方庆是王裒的曾孙,名綝,字方庆,人们习惯称呼他的字。

4 西突厥阿史那车薄率领西突厥十姓部众反抗唐朝。

5 夏季,四月甲子朔(初一),出现日食。

6 唐高宗因关中地区发生饥荒,米价每斗涨至三百钱,准备前往东都洛阳。丙寅(初三),从京师长安出发,留太子监理国家政事,让刘仁轨、裴炎、薛元超辅佐他。当时因出行匆促,随从人员有在中途饿死的。唐高宗顾虑途中多草野盗贼,命令监察御史魏元忠查核皇帝巡行队伍的前后。魏元忠接受命令后,即察看长安万年县监狱,从中选中一名神采和语言都与众不同的盗贼囚犯。命令解除他的枷锁,让他外面套上官服,骑马相从,和他一起食宿,托付给他治理盗贼任务,这个囚犯笑着答应了。等到抵达东都洛阳,士卒马匹以万计,但没有遗失一文钱。

7 辛未(初八),唐朝任命礼部尚书闻喜宪公裴行俭为金牙道行军大总管,率领右金吾将军阎怀旦等三总管分道进讨西突厥。军队尚未出发,裴行俭去世。

行俭有知人之鉴，初为吏部侍郎，前进士王勮、咸阳尉栾城苏味道皆未知名，行俭一见谓之曰："二君后当相次掌铨衡，仆有弱息，愿以为托。"是时勮弟勃与华阴杨炯、范阳卢照邻、义乌骆宾王皆以文章有盛名，司列少常伯李敬玄尤重之，以为必显达。行俭曰："士之致远，当先器识而后才艺。勃等虽有文华，而浮躁浅露，岂享爵禄之器邪？杨子稍沉静，应至令长，馀得令终幸矣。"既而勃度海堕水，炯终于盈川令，照邻恶疾不愈，赴水死，宾王反诛，勮、味道皆典选，如行俭言。行俭为将帅，所引偏裨如程务挺、张虔勖、王方翼、刘敬同、李多祚、黑齿常之，后多为名将。

行俭常命左右取犀角、麝香而失之。又敕赐马及鞍，令史辄驰骤，马倒，鞍破。二人皆逃去，行俭使人召还，谓曰："尔曹皆误耳，何相轻之甚邪？"待之如故。破阿史那都支，得马脑盘，广二尺馀，以示将士，军吏王休烈捧盘升阶，跌而碎之，惶恐，叩头流血。行俭笑曰："尔非故为，何至于是？"不复有追惜之色。诏赐都支等资产金器三千馀物，杂畜称是，并分给亲故及偏裨，数日而尽。

8 阿史那车薄围弓月城，安西都护王方翼引军救之，破虏众于伊丽水，斩首千馀级。俄而三姓咽面与车薄合兵拒方翼，方翼与战于热海，流矢贯方翼臂，方翼以佩刀截之，左右不知。所将胡兵谋执方翼以应车薄，方翼知之，悉召会议，阳出军资赐之，以次引出斩之，会大风，方翼振金鼓以乱其声，诛七十馀人，

裴行俭有鉴别人才的本领，他初任吏部侍郎时，前进士王勮、咸阳尉栾城人苏味道都未成名，裴行俭初次见面就对他们说："二位以后一定先后担任掌管铨选官吏的职务，我有年少的儿子，愿意托付给你们。"当时王勮的弟弟王勃与华阴人杨炯、范阳人卢照邻、义乌人骆宾王都以文才而享有盛名，司列少常伯李敬玄尤其器重他们，认为将来一定荣显闻达。裴行俭说："读书人的前程远大，应当首先在于度量见识而后才是才艺。王勃等虽有文才，而气质浮躁浅露，哪里是享受爵位俸禄的材料？杨炯稍微沉静，应该可以做到县令、县长，其馀的人能得善终就算幸运了。"后来王勃渡海时落水被淹死，杨炯寿终于盈川县令任上，卢照邻因患顽症不能治愈，投水自尽，骆宾王因谋反被处死。王勮、苏味道都任掌管铨选官吏的职务，正如裴行俭所预言。裴行俭担任将帅，所率领的将佐为程务挺、张虔勖、王方翼、刘敬同、李多祚、黑齿常之，后来多成为名将。

裴行俭曾命令随从取犀角、麝香，结果遗失了。皇帝下令赏赐裴行俭马和鞍，礼部令史在送给他时因马跑得太快，结果马倒鞍破。这两个人都畏罪逃走，裴行俭派人将他们召回，对他们说："你们都误解了，你们怎么能如此过分地小看我呢？"仍然和从前一样对待他们。打败阿史那都支时，缴获玛瑙盘一个，宽二尺多，他让将士观赏，军吏王休烈捧着盘子上台阶时，跌了一跤，将盘子摔碎了，王休烈很害怕，为请罪叩头流血。裴行俭笑着说："你不是故意的，哪里至于这样？"不再表现出惋惜的表情。高宗下诏赐给没收阿史那都支等的资产金器三千多件和三千多头各种牲畜，他都分给亲属友好和属下将领，几天内全部分光。

8　阿史那车薄包围弓月城，安西都护王方翼率军援救，在伊丽水打败敌人，斩首千馀级。不久，三姓咽面与车薄合兵抵抗王方翼，双方在热海交战，乱箭射穿王方翼的手臂，他用佩刀砍断箭杆，连身边的人都不知道。他所率领的军队中的胡兵阴谋逮捕他以响应阿史那车薄，王方翼得知这一情况后，全部召集他们来开会，表面上说要用军用物资赏赐他们，实际上是把他们领出去斩首，当时正刮大风，王方翼让人猛击金鼓以掩盖他们的喊声，杀了七十多人，

其徒莫之觉。既而分遣裨将袭车薄、咽面,大破之,擒其酋长三百人,西突厥遂平。阎怀旦竟不行。方翼寻迁夏州都督,征入,议边事。上见方翼衣有血渍,问之,方翼具对热海苦战之状,上视疮叹息。竟以废后近属,不得用而归。

9　乙酉,车驾至东都。

10　丁亥,以黄门侍郎颍川郭待举、兵部侍郎岑长倩、秘书员外少监检校中书侍郎鼓城郭正一、吏部侍郎鼓城魏玄同并与中书门下同承受进止平章事。上欲用待举等,谓韦知温曰:“待举等资任尚浅,且令预闻政事,未可与卿等同名。”自是外司四品已下知政事者,始以平章事为名。长倩,文本之兄子也。

先是,玄同为吏部侍郎,上言铨选之弊,以为:“人君之体,当委任而责成功,所委者当,则所用者自精矣。故周穆王命伯冏为太仆正,曰:‘慎简乃僚。’是使群司各求其小者,而天子命其大者也。乃至汉氏,得人皆自州县补署,五府辟召,然后升于天朝,自魏、晋以来,始专委选部。夫以天下之大,士人之众,而委之数人之手,用刀笔以量才,按簿书而察行,借使平如权衡,明如水镜,犹力有所极,照有所穷,况所委非人而有愚暗阿私之弊乎?愿略依周、汉之规以救魏、晋之失。”疏奏,不纳。

11　五月,东都霖雨。乙卯,洛水溢,溺民居千馀家。关中先水后旱、蝗,继以疾疫,米斗四百,两京间死者相枕于路,人相食。

他们的同伴都没有发觉。接着王方翼又分别派遣副将袭击阿史那车薄、咽面，将他们打得大败，擒获酋长三百人，于是平定西突厥。阎怀旦最后也没有领兵出发。王方翼随后升任夏州都督，被召入京，商议边境的事情，高宗看见他衣服上有血渍，询问他，他才陈述了热海苦战的情况，唐高宗看了他的创伤不禁叹息。但终因他是已废皇后的近支亲属，得不到重用而返回夏州。

9　乙酉(二十二日)，高宗来到东都洛阳。

10　丁亥(二十四日)，唐朝任命黄门侍郎颍川人郭待举、兵部侍郎岑长倩、秘书员外少监及检校中书侍郎鼓城人郭正一、吏部侍郎鼓城人魏玄同一并与中书门下同承受进止平章事。高宗想重用郭待举等，对韦知温说:“郭待举等声望和经历还浅，先让他们见习政事，还不能和你们有同样的地位。”从此，外司四品以下主持政事的人，开始用平章事的名称。岑长倩是岑文本哥哥的儿子。

这以前，魏玄同任吏部侍郎，上书提出铨选官吏过程中的弊病，认为:“君主的根本，应当是委任人而督责他成就事业，所委任的人选择适当，则被使用的人自然精当。所以周穆王任命伯冏为太仆正，说:‘谨慎选择你的属官。’这是让各部门各自求取职位低的官员，而天子任命职位高的官员。到了汉代，人才都开始由州县授官，由太傅、太尉、司徒、司空、大将军等五府征召任官，然后提升进入朝廷，自魏、晋以来，选官才专门委托吏部。天下这么广大，士人这样众多，而委托于少数人之手，用个人写成的文字衡量他的才能，按官署的文书去考察他的品行，即使公平如秤，明澈如同水和镜子，还会能力有所极限，光照有所穷尽，何况所委托的人不适当而发生愚昧无知和借公营私的弊病呢？希望大致依照周代、汉代的办法以补救魏、晋以来的失误。”奏疏上达，没有被采纳。

11　五月，东都洛阳连绵大雨。乙卯(二十三日)，洛水漫溢，淹没居民房屋一千多家。关中地区先水灾后旱灾、蝗灾，接着又发生传染病，一斗米涨价至四百钱，两京之间的路上死尸相连，甚至发生人吃人的惨剧。

12 上既封泰山，欲遍封五岳，秋，七月，作奉天宫于嵩山南。监察御史里行李善感谏曰："陛下封泰山，告太平，致群瑞，与三皇、五帝比隆矣。数年以来，菽粟不稔，饿殍相望，四夷交侵，兵车岁驾，陛下宜恭默思道以禳灾谴，乃更广营宫室，劳役不休，天下莫不失望。臣忝备国家耳目，窃以此为忧！"上虽不纳，亦优容之。自褚遂良、韩瑗之死，中外以言为讳，无敢逆意直谏，几二十年。及善感始谏，天下皆喜，谓之"凤鸣朝阳"。

13 上遣宦者缘江徙异竹，欲植苑中。宦者科舟载竹，所在纵暴。过荆州，荆州长史苏良嗣囚之，上疏切谏，以为："致远方异物，烦扰道路，恐非圣人爱人之意。又，小人窃弄威福，亏损皇明。"上谓天后曰："吾约束不严，果为良嗣所怪。"手诏慰谕良嗣，令弃竹江中。良嗣，世长之子也。

14 黔州都督谢祐希天后意，逼零陵王明令自杀，上深惜之，黔府官属皆坐免官。祐后寝于平阁，与婢妾十馀人共处，夜，失其首。垂拱中，明子零陵王俊、黎国公杰为天后所杀，有司籍其家，得祐首，漆为秽器，题云谢祐，乃知明子使刺客取之也。

15 太子留守京师，颇事游畋，薛元超上疏规谏。上闻之，遣使者慰劳元超，仍召赴东都。

16 吐蕃将论钦陵寇柘、松、翼等州。诏左骁卫郎将李孝逸、右卫郎将卫蒲山发秦、渭等州兵分道御之。

17 冬，十月丙寅，黄门侍郎刘景先同中书门下平章事。

12　唐高宗封禅泰山后，又想普遍封五岳，秋季，七月，营造奉天宫于嵩山南面。监察御史里行李善感进谏说：“陛下封禅泰山，报告太平，得到众多的吉兆，可与三皇、五帝比兴盛。几年以来，粮食歉收，饿死的人到处都是，四夷交相侵犯，兵车连年出动，陛下应当恭敬静默地思索治道以消除灾祸的责备，而广为营造宫室，劳役无休止，天下百姓无不感到失望。我忝列国家的耳目，私下因此而忧虑！”唐高宗虽不采纳他的意见，但也宽容他。自褚遂良、韩瑗死后，朝廷内外官员都以多说话为忌讳，不敢违背皇帝的意思直言规劝，几乎有二十年时间；及至李善感开始进谏，天下都高兴，称之为“凤鸣朝阳”。

13　高宗派遣宦官由长江运送奇异的竹子，准备栽种在宫苑中。宦官们征用船只装载竹子，到处横行暴虐。路过荆州时，荆州长史苏良嗣将他们囚禁起来，上书深切规劝，认为：“为取得远方奇异物品，烦扰沿途百姓，恐怕不是圣人爱护人民的本意。同时，小人擅自耍弄威权，也有损皇帝的圣明。”高宗对天后武则天说：“我约束不严，果然被苏良嗣责怪。”于是亲自写诏书，安慰和指示苏良嗣，命令他将竹子抛弃江中。苏良嗣是苏世长的儿子。

14　黔州都督谢祐迎合天后武则天的意旨，逼迫零陵王李明自杀，高宗深为惋惜，黔州都督府官属都因此被免职。后来谢祐睡在平阁，与婢妾十多人相处，夜里丢掉了脑袋。后来垂拱年间，李明的儿子零陵王李俊、黎国公李杰被天后武则天杀死，有关部门抄他的家，得到谢祐的脑袋，已被涂上漆做成盛污物的容器，题款为“谢祐”，于是知道是李明的儿子当年派刺客取走他的脑袋。

15　太子留守京师长安，常常游猎，薛元超上书规劝。高宗知道后，派使者慰劳薛元超，同时把太子召到东都洛阳。

16　吐蕃将领论钦陵侵掠唐朝柘、松、翼等州。高宗命令左骁卫郎将李孝逸、右卫郎将卫蒲山征发秦、渭等州兵卒分道抵御。

17　冬季，十月丙寅（初七），唐朝任黄门侍郎刘景先为同中书门下平章事。

18　是岁，突厥馀党阿史那骨笃禄、阿史德元珍等招集亡散，据黑沙城反，入寇并州及单于府之北境，杀岚州刺史王德茂。右领军卫将军、检校代州都督薛仁贵将兵击元珍于云州，虏问唐大将为谁，应之曰："薛仁贵"。虏曰："吾闻仁贵流象州，死久矣，何以绐我？"仁贵免胄示之面，虏相顾失色，下马列拜，稍稍引去。仁贵因奋击，大破之，斩首万馀级，捕虏二万馀人。

19　吐蕃入寇河源军，军使娄师德将兵击之于白水涧，八战八捷。上以师德为比部员外郎、左骁卫郎将、河源军经略副使，曰："卿有文武材，勿辞也！"

弘道元年（癸未，683）

1　春，正月甲午朔，上行幸奉天宫。

2　二月庚午，突厥寇定州，刺史霍王元轨击却之。乙亥，复寇妫州。三月庚寅，阿史那骨笃禄、阿史德元珍围单于都护府，执司马张行师，杀之。遣胜州都督王本立、夏州都督李崇义将兵分道救之。

3　太子右庶子、同中书门下三品李义琰改葬父母，使其舅氏迁旧墓。上闻之，怒曰："义琰倚势，乃陵其舅家，不可复知政事！"义琰闻之，不自安，以足疾乞骸骨。庚子，以义琰为银青光禄大夫，致仕。

4　癸丑，守中书令崔知温薨。

5　夏，四月己未，车驾还东都。

6　绥州步落稽白铁余，埋铜佛于地中，久之，草生其上，绐其乡人曰："吾于此数见佛光。"择日集众掘地，果得之，因曰："得见圣佛者，百疾皆愈。"远近赴之。铁余以杂色囊盛之数十重，得厚施，乃去一囊。数年间，归信者众，遂谋作乱。据城平县，自称光明圣皇帝，置百官，进攻绥德、大斌二县，杀官吏，焚民居。遣右武卫将军程务挺与夏州都督王方翼讨之。甲申，攻拔其城，擒铁余，馀党悉平。

18　本年，突厥馀党阿史那骨笃禄、阿史德元珍等招集流散馀众，占据黑沙城反抗唐朝，侵入唐朝并州及单于府北部边境，杀死岚州刺史王德茂。右领军卫将军、检校代州都督薛仁贵领兵进击阿史德元珍于云州，突厥人问唐朝大将是谁，回答说："薛仁贵"。突厥人说："我们听说薛仁贵流放象州，死去好久了，为什么欺骗我们？"薛仁贵脱去头盔显露自己的面目，突厥人彼此相看，大惊失色，忙下马排列拜见，并逐渐退却。薛仁贵乘机奋勇进击，把他们打败，斩首万馀级，俘获两万馀人。

19　吐蕃侵入河源军，军使娄师德领兵在白水涧反击，八战八捷。高宗任命娄师德为比部员外郎、左骁卫郎将、河源军经略副使，说："你有文武才能，不要推辞！"

唐高宗弘道元年(癸未，公元683年)

1　春季，正月甲午朔，高宗来到奉天宫。

2　二月庚午(十二日)，突厥侵入定州，刺史霍王李元轨把他们击退。乙亥(十七日)，又侵入妫州。三月庚寅(初二)，阿史那骨笃禄、阿史德元珍包围单于都护府，抓获司马张行师并把他杀死。唐朝派遣胜州都督王本立、夏州都督李崇义领兵分道前往救援。

3　太子右庶子、同中书门下三品李义琰改葬父母，让他舅舅家迁移旧坟地。高宗听说后，大怒说："李义琰依仗权势，欺负他舅舅家，不可以再掌管政事！"李义琰听到后，内心很不安，以足疾为理由请求退职。庚子(十二日)，任命李义琰为银青光禄大夫，退休。

4　癸丑(二十五日)，兼中书令崔知温去世。

5　夏季，四月己未(初二)，高宗返回东都洛阳。

6　绥州步落稽人白铁余，埋铜佛在地下，时间长了，草生长在地上面，他欺骗同乡人说："我在这里几次看见佛光。"于是拣日子聚集众人挖地，果然得到铜佛，他便说："得见圣佛的人，百病都会好。"远近各处的人都闻讯而来。白铁余用几十层不同颜色的口袋将铜佛盛起来，得到优厚的施舍，才去掉一层口袋。数年之间，依附他的信徒很多，于是阴谋作乱。他们占据城平县，自称光明圣皇帝，设置各种官职，进攻绥德、大斌二县，杀死官吏，焚烧民房。朝廷派遣右武卫将军程务挺与夏州都督王方翼讨伐他们。甲申(二十七日)，攻下他们占领的城邑，擒获白铁余，馀党全部平定。

7　五月庚寅，上幸芳桂宫，至合璧宫，遇大雨而还。

8　乙巳，突厥阿史那骨笃禄等寇蔚州，杀刺史李思俭，丰州都督崔智辩将兵邀之于朝那山北，兵败，为虏所擒。朝议欲废丰州，迁其百姓于灵、夏。丰州司马唐休璟上言，以为："丰州阻河为固，居贼冲要，自秦、汉已来，列为郡县，土宜耕牧。隋季丧乱，迁百姓于宁、庆二州，致胡虏深侵，以灵、夏为边境。贞观之末，募人实之，西北始安。今废之则河滨之地复为贼有，灵、夏等州人不安业，非国家之利也！"乃止。

9　六月，突厥别部寇掠岚州，偏将杨玄基击走之。

10　秋，七月己丑，立皇孙重福为唐昌王。

11　庚辰，诏以今年十月有事于嵩山，寻以上不豫，改用来年正月。

12　甲辰，徙相王轮为豫王，更名旦。

13　中书令兼太子左庶子薛元超病喑，乞骸骨，许之。

14　八月己丑，以将封嵩山，召太子赴东都，留唐昌王重福守京师，以刘仁轨为之副。冬，十月己卯，太子至东都。

15　癸亥，车驾幸奉天宫。

16　十一月丙戌，诏罢来年封嵩山，上疾甚故也。上苦头重，不能视，召侍医秦鸣鹤诊之，鸣鹤请刺头出血，可愈。天后在帘中，不欲上疾愈，怒曰："此可斩也，乃欲于天子头刺血！"鸣鹤叩头请命。上曰："但刺之，未必不佳。"乃刺百会、脑户二穴。上曰："吾目似明矣。"后举手加额曰："天赐也！"自负彩百匹以赐鸣鹤。

7　五月庚寅（初三），高宗前往芳桂宫，来到合璧宫遇大雨而返回。

8　乙巳（十八日），突厥阿史那骨笃禄等侵扰唐朝蔚州，杀死刺史李思俭。丰州都督崔智辩领兵在朝那山北边截击而失败，被突厥人俘虏。朝廷在讨论中想废除丰州，将当地百姓迁移到灵、夏二州。丰州司马唐休璟进言认为："丰州依仗黄河为屏障，处在敌人的要害地带，自秦、汉以来，都设置郡县；土地适宜于耕种放牧。隋朝末年祸乱，将当地百姓迁移到宁、庆二州，致使胡人深入，以灵、夏二州为边境。贞观末年，招募人民充实丰州，西北才获得安宁。现在如果废除它则黄河边上的土地将再次为胡人所有，灵、夏等州人不能安居乐业，这对国家不利。"于是废除丰州的事情没有实行。

9　六月，突厥别部侵掠唐朝岚州，偏将杨玄基将他们击退。

10　秋季，七月己丑（初四），唐朝封皇孙李重福为唐昌王。

11　庚辰，高宗下诏，今年十月将封禅嵩山；不久因他有病，改为明年正月。

12　甲辰（十九日），唐朝改封相王李轮为豫王，改名李旦。

13　中书令兼太子左庶子薛元超患病不会说话，请求退职，获得批准。

14　八月己丑，高宗因将封禅嵩山，召太子赴东都洛阳；留唐昌王李重福守京师长安，以刘仁轨为他的副手。冬季，十月己卯（二十六日），太子来到东都洛阳。

15　癸亥（初十），高宗来到奉天宫。

16　十一月丙戌（初三），唐高宗下诏停止明年封禅嵩山，因他病重的缘故。高宗苦于头重，不能看东西，召侍医秦鸣鹤诊视，秦鸣鹤请求用针刺头部出血，可以痊愈。天后武则天在帘中，她不愿意让唐高宗的病治好，大怒说："此人可以斩首！竟想在天子头上针刺出血。"秦鸣鹤叩头请示。唐高宗说："只管刺，不见得一定不好。"于是用针刺百会、脑户两个穴位。高宗说："我眼睛似乎看得见了。"天后武则天把手举在额上说："这是上天赐予！"亲自背负彩缎百匹赏赐秦鸣鹤。

17　戊戌，以右武卫将军程务挺为单于道安抚大使，招讨阿史那骨笃禄等。

18　诏太子监国，以裴炎、刘景先、郭正一同东宫平章事。

19　上自奉天宫疾甚，宰相皆不得见。丁未，还东都，百官见于天津桥南。

20　十二月丁巳，改元，赦天下。上欲御则天门楼宣赦，气逆不能乘马，乃召百姓入殿前宣之。是夜，召裴炎入，受遗诏辅政，上崩于贞观殿。遗诏太子柩前即位，军国大事有不决者，兼取天后进止。废万泉、芳桂、奉天等宫。

庚申，裴炎奏太子未即位，未应宣敕，有要速处分，望宣天后令于中书、门下施行。甲子，中宗即位，尊天后为皇太后，政事咸取决焉。太后以泽州刺史韩王元嘉等，地尊望重，恐其为变，并加三公等官以慰其心。

21　甲戌，以刘仁轨为左仆射，裴炎为中书令。戊寅，以刘景先为侍中。

故事，宰相于门下省议事，谓之政事堂，故长孙无忌为司空，房玄龄为仆射，魏徵为太子太师，皆知门下省事。及裴炎迁中书令，始迁政事堂于中书省。

22　壬午，遣左威卫将军王果、左监门将军令狐智通、右金吾将军杨玄俭、右千牛将军郭齐宗分往并益荆扬四大都督府，与府司相知镇守。

23　中书侍郎同平章事郭正一为国子祭酒，罢政事。

则天顺圣皇后上之上

光宅元年(甲申,684)

1　春，正月甲申朔，改元嗣圣，赦天下。

17 戊戌（十五日），唐朝任命右武卫将军程务挺为单于道安抚大使，招抚讨伐阿史那骨笃禄等。

18 高宗诏令太子监理国事，任命裴炎、刘景先、郭正一同东宫平章事。

19 高宗在奉天宫病重，连宰相都不得进见。丁未（二十四日），回东都洛阳，百官朝见于天津桥南。

20 十二月丁巳（初四），唐朝更改年号，大赦天下。高宗想上则天门楼宣布赦令，因气喘不能乘马，便召集百姓到殿前宣布赦令。这天夜里，高宗召裴炎入宫，接受遗命，辅佐朝政，高宗在贞观殿驾崩。他在遗书中命令太子在他灵柩前即帝位，军国大事有不能决断的，同时采纳天后武则天的处置。废除万泉、芳桂、奉天等宫。

庚申（初七），裴炎上奏说太子尚未即帝位，不宜由他直接发布诏书，有急需处理的重要事情，希望发布天后武则天的命令给中书省、门下省施行。甲子（十一日），唐中宗即皇帝位，尊天后武则天为皇太后，政事全取决于她。太后因泽州刺史韩王李元嘉等地位尊贵，威望很高，恐怕他们发动变乱，便给他们加三公等官衔以安定他们的情绪。

21 甲戌（二十一日），唐朝任命刘仁轨为左仆射，裴炎为中书令；戊寅（二十五日），任命刘景先为侍中。

按先例，宰相于门下省议事，称为政事堂，所以长孙无忌任司空，房玄龄任仆射，魏徵任太子太师，都主持门下省政务。到裴炎升任中书令，才开始迁政事堂至中书省。

22 壬午（二十九日），唐朝派遣左威卫将军王果、左监门将军令狐智通、右金吾将军杨玄俭、右千牛将军郭齐宗分别到并、益、荆、扬四大都督府，与各大都督府负责官员一起主持镇守事务。

23 中书侍郎同平章事郭正一任国子祭酒，罢政事。

则天顺圣皇后上之上

则天后光宅元年（甲申，公元684年）

1 春季，正月甲申朔（初一），唐朝改年号为嗣圣，大赦天下罪人。

2 立太子妃韦氏为皇后，擢后父玄贞自普州参军为豫州刺史。

3 癸巳，以左散骑常侍杜陵韦弘敏为太府卿、同中书门下三品。

4 中宗欲以韦玄贞为侍中，又欲授乳母之子五品官，裴炎固争，中宗怒曰："我以天下与韦玄贞何不可？而惜侍中邪？"炎惧，白太后，密谋废立。二月戊午，太后集百官于乾元殿，裴炎与中书侍郎刘祎之、羽林将军程务挺、张虔勖勒兵入宫，宣太后令，废中宗为庐陵王，扶下殿。中宗曰："我何罪？"太后曰："汝欲以天下与韦玄贞，何得无罪？"乃幽于别所。

己未，立雍州牧豫王旦为皇帝。政事决于太后，居睿宗于别殿，不得有所预。立豫王妃刘氏为皇后。后，德威之孙也。

有飞骑十馀人饮于坊曲，一人言："向知别无勋赏，不若奉庐陵。"一人起，出诣北门告之。座未散，皆捕得，系羽林狱。言者斩，馀以知反不告皆绞，告者除五品官。告密之端自此兴矣。

5 壬子，以永平郡王成器为皇太子，睿宗之长子也。赦天下，改元文明。

庚申，废皇太孙重照为庶人，命刘仁轨专知西京留守事。流韦玄贞于钦州。

太后与刘仁轨书曰："昔汉以关中事委萧何，今托公亦犹是矣。"仁轨上疏，辞以衰老不堪居守，因陈吕后祸败事以申规戒。太后使秘书监武承嗣赍玺书慰谕之曰："今以皇帝谅暗不言，眇身且代亲政，远劳劝戒，复辞衰疾。又云'吕氏见嗤于后代，禄、产贻祸于汉朝'，引喻良深，愧慰交集。公忠贞之操，终始不渝，劲直之风，古今罕比。初闻此语，能不罔然；静而思之，是为龟镜。况公先朝旧德，遐迩具瞻，愿以匡救为怀，无以暮年致请。"

2　唐朝立太子妃韦氏为皇后；皇后父亲韦玄贞由普州参军提升为豫州刺史。

3　癸巳（初十），唐朝任命左散骑常侍杜陵人韦弘敏为太府卿、同中书门下三品。

4　中宗打算任命韦玄贞为侍中，又打算授给乳母的儿子五品官，裴炎坚持不同意见，中宗大怒，说："我将天下交给韦玄贞有什么不可以？难道还吝惜侍中职位？"裴炎畏惧，报告太后，并密谋废立皇帝的事。二月戊午（初六），太后召集百官于乾元殿，裴炎与中书侍郎刘祎之、羽林将军程务挺、张虔勖领兵入宫，宣布太后命令，废中宗为庐陵王，扶他下殿。中宗说："我犯了什么罪？"太后说："你想将天下交给韦玄贞，怎么会没有罪？"于是将他幽禁在别的地方。

己未（初七），唐朝立雍州牧豫王李旦为皇帝。政事取决于太后，让皇帝居于别殿，对政事不得干预。立豫王妃刘氏为皇后。皇后就是刘德威的孙女。

有皇帝侍卫军士十多人在街巷聚会饮酒，其中一人说："早知道没有功劳赏赐，还不如侍奉庐陵王。"其中另一人离座，到北门告发。饮酒的军士还未散去，全部被捕获，关入羽林军监狱。结果说话的人被斩首，其馀的人因知道谋反而不告发被处绞刑，对告发的人授以五品官。告密之风从此兴起。

5　壬子，唐朝以永平郡王李成器为皇太子，他是皇帝的长子。大赦天下，更改年号为文明。

庚申（初八），废皇太孙李重照为平民；命令刘仁轨专门主持西京留守事情。流放韦玄贞于钦州。

太后写信给刘仁轨说："从前汉朝把关中的事情委托萧何，现在委托你也还是那样的用意。"刘仁轨上书，以年老体衰不胜任留守推辞，并陈述汉朝吕后祸败的事实，以申述对太后的劝诫。太后派秘书监武承嗣带去密封的文书安慰和告诉他说："现今皇帝因守丧不说话，我暂时代为亲政；有劳你从远方劝诫，又以年老体衰推辞任务。又说'吕氏为后代所见笑，吕禄、吕产造成祸害于汉朝'，引用的比喻很深刻，使我既惭愧又感到安慰。你忠贞的节操，始终不变，耿直的作风，古今很少有人比得上。开始听到你的话时，不能不感到迷惑不解，但冷静思考，实在可作借鉴。何况你在先朝的品德，远近敬仰，希望以匡正补救为怀，不要以年老推托。"

6　辛酉，太后命左金吾将军丘神勣诣巴州，检校故太子贤宅以备外虞，其实风使杀之。神勣，行恭之子也。

7　甲子，太后御武成殿，皇帝帅王公以下上尊号。丁卯，太后临轩，遣礼部尚书武承嗣册嗣皇帝。自是太后常御紫宸殿，施惨紫帐以视朝。

8　丁丑，以太常卿、检校豫王府长史王德真为侍中；中书侍郎、检校豫王府司马刘祎之同中书门下三品。

9　三月丁亥，徙杞王上金为毕王，鄱阳王素节为葛王。

10　丘神勣至巴州，幽故太子贤于别室，逼令自杀。太后乃归罪于神勣，戊戌，举哀于显福门，贬神勣为叠州刺史。己亥，追封贤为雍王。神勣寻复入为左金吾将军。

11　夏，四月，开府仪同三司、梁州都督滕王元婴薨。

12　辛酉，徙毕王上金为泽王，拜苏州刺史；葛王素节为许王，拜绛州刺史。

13　癸酉，迁庐陵王于房州。丁丑，又迁于均州故濮王宅。

14　五月丙申，高宗灵驾西还。

15　闰月，以礼部尚书武承嗣为太常卿、同中书门下三品。

16　秋，七月戊午，广州都督路元睿为昆仑所杀。元睿暗懦，僚属恣横。有商舶至，僚属侵渔不已，商胡诉于元睿。元睿索枷，欲系治之。群胡怒，有昆仑袖剑直登听事，杀元睿及左右十馀人而去，无敢近者，登舟入海，追之不及。

17　温州大水，流四千馀家。

6　辛酉(初九),太后命令左金吾将军丘神勣前往巴州,检查原太子李贤住宅以防备意外,实际上是示意杀死他。丘神勣就是丘行恭的儿子。

7　甲子(十二日),太后来到武成殿,皇帝率王公以下官员给太后上尊号。丁卯(十五日),太后派遣礼部尚书武承嗣在殿前册封新继位的皇帝。从此太后常到紫宸殿,垂挂浅紫色的帷帐临朝听政。

8　丁丑(二十五日),唐朝任命太常卿、检校豫王府长史王德真为侍中;中书侍郎、检校豫王府司马刘祎之同中书门下三品。

9　三月丁亥(初五),唐朝改封杞王李上金为毕王,鄱阳王李素节为葛王。

10　丘神勣到巴州,幽禁唐朝原太子李贤于别的房间,逼迫他自杀。事后太后便归罪于丘神勣,戊戌(十六日),在显福门举办丧事,丘神勣被降职为叠州刺史。己亥(十七日),追封李贤为雍王。丘神勣不久又回京任左金吾将军。

11　夏季,四月,开府仪同三司、梁州都督滕王李元婴去世。

12　辛酉(初十),唐朝改封毕王李上金为泽王,授任苏州刺史;葛王李素节为许王,授任绛州刺史。

13　癸酉(二十二日),将庐陵王迁至房州。丁丑(二十六日),又迁移到均州濮王原来的住宅。

14　五月丙申(十五日),唐高宗灵柩西返长安。

15　闰五月,唐朝任命礼部尚书武承嗣为太常卿、同中书门下三品。

16　秋季,七月戊午(初九),广州都督路元睿被昆仑人杀死。路元睿昏庸懦弱,僚属蛮横肆虐。有商船到达,僚属侵夺吞没无休止,胡商告到路元睿处。他反而要取枷锁,将人家治罪。胡商众人愤怒,有昆仑人袖里藏剑直入办公的地方,杀死路元睿及他身边十多人而退出,无人敢靠近他,他们登船出海,追捕的人没有赶上他们。

17　温州发大水,冲走四千多家。

18　突厥阿史那骨笃禄等寇朔州。

19　八月庚寅，葬天皇大帝于乾陵，庙号高宗。

20　初，尚书左丞冯元常为高宗所委，高宗晚年多疾，每曰：“朕体中不佳，可与元常平章以闻。”元常尝密言“中宫威权太重，宜稍抑损”。高宗虽不能用，深以其言为然。及太后称制，四方争言符瑞。嵩阳令樊文献瑞石，太后命于朝堂示百官，元常奏：“状涉谄诈，不可诬罔天下。”太后不悦，出为陇州刺史。元常，子琮之曾孙也。

21　丙午，太常卿、同中书门下三品武承嗣罢为礼部尚书。

22　栝州大水，流二千馀家。

23　九月甲寅，赦天下，改元。旗帜皆从金色。八品以下，旧服青者更服碧。改东都为神都，宫名太初。又改尚书省为文昌台，左、右仆射为左、右相，六曹为天、地、四时六官；门下省为鸾台，中书省为凤阁，侍中为纳言，中书令为内史；御史台为左肃政台，增置右肃政台；其馀省、寺、监、率之名，悉以义类改之。

24　以左武卫大将军程务挺为单于道安抚大使，以备突厥。

25　武承嗣请太后追王其祖，立武氏七庙，太后从之。裴炎谏曰：“太后母临天下，当示至公，不可私于所亲。独不见吕氏之败乎？”太后曰：“吕后以权委生者，故及于败。今吾追尊亡者，何伤乎？”对曰：“事当防微杜渐，不可长耳！”太后不从。己巳，追尊太后五代祖克己为鲁靖公，妣为夫人；高祖居常为太尉、北平恭肃王，曾祖俭为太尉、金城义康王，祖华为太尉、太原安成王，考士彟为太师、魏定王；祖妣皆为妃。裴炎由是得罪。又作五代祠堂于文水。

18　突厥阿史那骨笃禄等侵扰朔州。

19　八月庚寅（十一日），葬天皇大帝于乾陵，庙号为高宗。

20　当初，尚书左丞冯元常为高宗所委托，唐高宗晚年多病，常说："朕身体不好，可通过冯元常平章奏报。"冯元常曾私下对唐高宗说"皇后威权太重，应该稍加抑制"。唐高宗虽然不能采纳，但认为他说得很对。及至太后行使皇帝权力，各地争相报告吉兆。嵩阳县令樊文进献表现祥瑞的石头，太后命在朝堂向百官展示，冯元常上奏说："这种献石的行为牵涉讨好和欺诈，不可以不实际的东西欺骗天下。"太后因此不高兴，调冯元常出任陇州刺史。冯元常是冯子琮的曾孙。

21　丙午（二十七日），太常卿、同中书门下三品武承嗣被罢免为礼部尚书。

22　栝州发大水，冲走二千多家。

23　九月甲寅（初六），唐朝大赦天下，更改年号。旗帜都为金色。八品以下官员原穿青色服装的，改穿深青色。改东都洛阳为神都，改宫名为太初。又改尚书省为文昌台，左、右仆射为左、右相，六曹为天、地、春、夏、秋、冬六官；门下省为鸾台，中书省为凤阁，侍中为纳言，中书令为内史；御史台为左肃政台，增设右肃政台；其馀省、寺、监、率等名称全部按意义分类改名。

24　唐朝任命左武卫大将军程务挺为单于道安抚大使，以防备突厥。

25　武承嗣请太后追封她的先祖为王，建立供奉武氏七代祖先的祖庙，太后同意。裴炎进谏说："太后以皇帝母亲君临天下，应当表明最大的公心，不可偏私于自己的亲属。难道看不见吕氏的失败吗？"太后说："吕后将权力交给活人，所以失败。现在我追尊死者，有什么损害呢？"回答说："事情应当防微杜渐，不可让它发展！"太后没有听从他的劝告。己巳（二十一日），追尊太后五世祖父武克己为鲁靖公，五世祖母为夫人；高祖父武居常为太尉、北平恭肃王，曾祖父武俭为太尉、金城义康王，祖父武华为太尉、太原安成王，父亲武士彟为太师、魏定王；高祖母、曾祖母、祖母、母亲都为王妃。裴炎由此而得罪。又营建上述五代祠堂于文水县。

时诸武用事，唐宗室人人自危，众心愤惋。会眉州刺史英公李敬业及弟盩厔令敬猷、给事中唐之奇、长安主簿骆宾王、詹事司直杜求仁皆坐事，敬业贬柳州司马，敬猷免官，之奇贬栝苍令，宾王贬临海丞，求仁贬黟令。求仁，正伦之侄也。盩厔尉魏思温尝为御史，复被黜。皆会于扬州，各自以失职怨望，乃谋作乱，以匡复庐陵王为辞。

思温为之谋主，使其党监察御史薛仲璋求奉使江都，令雍州人韦超诣仲璋告变，云“扬州长史陈敬之谋反”。仲璋收敬之系狱。居数日，敬业乘传而至，矫称扬州司马来之官，云：“奉密旨，以高州酋长冯子猷谋反，发兵讨之。”于是开府库，令士曹参军李宗臣就钱坊，驱囚徒、工匠授以甲。斩敬之于系所。录事参军孙处行拒之，亦斩以徇，僚吏无敢动者。遂起一州之兵，复称嗣圣元年。开三府：一曰匡复府，二曰英公府，三曰扬州大都督府。敬业自称匡复府上将，领扬州大都督。以之奇、求仁为左、右长史，宗臣、仲璋为左、右司马，思温为军师，宾王为记室，旬日间得胜兵十馀万。

移檄州县，略曰：“伪临朝武氏者，人非温顺，地实寒微。昔充太宗下陈，尝以更衣入侍，洎乎晚节，秽乱春宫。密隐先帝之私，阴图后庭之嬖，践元后于翚翟，陷吾君于聚麀。”又曰：“杀姊屠兄，弑君鸩母，人神之所同嫉，天地之所不容。”又曰：“包藏祸心，窃窥神器。君之爱子，幽之于别宫；贼之宗盟，委之以重任。”又曰：“一抔之土未干，六尺之孤安在？”又曰：“试观今日之域中，竟是谁家之天下！”太后见檄，问曰：“谁所为？”或对曰：“骆宾王。”太后曰：“宰相之过也。人有如此才，而使之流落不偶乎！”

当时武氏亲属掌权，皇族人人自危，大家心中悲愤惋惜。正好眉州刺史英公李敬业和他弟弟盩厔令李敬猷、给事中唐之奇、长安主簿骆宾王、詹事司直杜求仁都因事获罪，李敬业被降职为柳州司马，李敬猷被免官，唐之奇被降职为栝苍令，骆宾王被降职为临海丞，杜求仁被降职为黟县令。杜求仁就是杜正伦的侄子。盩厔尉魏思温曾任御史，后被罢黜。他们都聚会于扬州，各自因失去官职心怀不满，便阴谋作乱，以挽救恢复庐陵王的帝位为口实。

魏思温充当谋主，指使他的党羽监察御史薛仲璋要求奉命出使江都，然后让雍州人韦超去薛仲璋处报告，说“扬州长史陈敬之阴谋造反”。薛仲璋逮捕陈敬之入狱。数日后，李敬业乘驿车到达，伪称是扬州司马派来的官员，说：“奉太后密旨，因高州酋长冯子猷谋反，发兵讨伐。”于是开府库，命士曹参军李宗臣到铸钱工场，驱赶囚徒、工匠发给他们盔甲。将陈敬之在监狱斩首。录事参军孙处行抗拒，也被斩首示众，官吏再没有敢抗拒的。于是征发扬州的兵马，又使用中宗的年号嗣圣元年。设置三个府署：一个称为匡复府，第二个叫英公府，第三个叫扬州大都督府。李敬业自称匡复府上将，领扬州大都督。任命唐之奇、杜求仁为左右长史，李宗臣、薛仲璋为左、右司马，魏思温为军师，骆宾王为记室，十来日便聚集士兵十多万人。

李敬业传布檄文到各州县，内容大致说：“僭窃帝位的武氏，本性并不和顺，出身非常贫寒低贱。她从前充当太宗的才人，曾利用服侍皇帝的方便，得到宠幸，等到年纪稍长，又秽乱于太子宫中。她隐瞒了同先帝的私情，暗地里谋求在后宫的宠幸，窃据了皇后的名位，致使我们的君主败乱了人伦。”又说：“武氏杀害姐姐，屠戮哥哥，杀死皇帝，毒死母亲，为人和神所共同憎恨，天地所不能容忍。”又说：“包藏着祸心，图谋窃取帝位。君王的爱子，被幽禁于别殿；武氏的宗族亲近，都给予重任。”又说：“先帝坟墓上一抔土还未干，年幼的孤君现在哪里？”又说：“试看今日国家之内，究竟是谁家的天下！”太后看到檄文以后问：“这是谁写的？”有人回答说：“骆宾王。”太后说：“这是宰相的过失。此人有这样的才华，怎能让他漂泊失意，不得重用！”

敬业求得人貌类故太子贤者，绐众云："贤不死，亡在此城中，令吾属举兵。"因奉以号令。

楚州司马李崇福帅所部三县应敬业。盱眙人刘行举独据县不从，敬业遣其将尉迟昭攻盱眙。诏以行举为游击将军，以其弟行实为楚州刺史。

甲申，以左玉钤卫大将军李孝逸为扬州道大总管，将兵三十万，以将军李知十、马敬臣为之副，以讨李敬业。

26　武承嗣与其从父弟右卫将军三思以韩王元嘉、鲁王灵夔属尊位重，屡劝太后因事诛之。太后谋于执政，刘祎之、韦思谦皆无言。内史裴炎独固争，太后愈不悦。三思，元庆之子也。

及李敬业举兵，薛仲璋，炎之甥也，炎欲示闲暇，不汲汲议诛讨。太后问计于炎，对曰："皇帝年长，不亲政事，故竖子得以为辞。若太后返政，则不讨自平矣。"监察御史蓝田崔詧闻之，上言："炎受顾托，大权在己，若无异图，何故请太后归政?"太后命左肃政大夫金城骞味道、侍御史栎阳鱼承晔鞫之，收炎下狱。炎被收，辞气不屈。或劝炎逊辞以免，炎曰："宰相下狱，安有全理?"

凤阁舍人李景谌证炎必反。刘景先及凤阁侍郎义阳胡元范皆曰："炎社稷元臣，有功于国，悉心奉上，天下所知，臣敢明其不反。"太后曰："炎反有端，顾卿不知耳。"对曰："若裴炎为反，则臣等亦反也。"太后曰："朕知裴炎反，知卿等不反。"文武间证炎不反者甚众，太后皆不听。俄并景先、元范下狱。丁亥，以骞味道检校内史同凤阁鸾台三品，李景谌同凤阁鸾台平章事。

李敬业找到相貌像已故太子李贤的人，欺骗众人说："李贤没有死，逃亡在本城中，他命令我们发兵。"以此作为号召。

楚州司马李崇福率领所属三县响应李敬业。只有盱眙人刘行举占据县城不肯从命，李敬业派他的将领尉迟昭进攻盱眙。太后下诏令任命刘行举为游击将军，任命他弟弟刘行实为楚州刺史。

甲申，唐朝任命左玉钤卫大将军李孝逸为扬州道大总管，领军三十万，任命将军李知十、马敬臣为他的副职，讨伐李敬业。

26　武承嗣和他堂弟右卫将军武三思因韩王李元嘉、鲁王李灵夔是皇帝近亲，地位高，屡次劝太后借故杀掉他们。太后和执掌朝政的人商议，刘祎之、韦思谦都不说话。只有内史裴炎坚决不同意，太后更加不高兴。武三思就是武元庆的儿子。

等到李敬业发兵，由于薛仲璋是裴炎的外甥，裴炎为表示安然无事，不急于讨论讨伐李敬业。太后向他询问对策，他回答说："皇帝已经年长，不主持政事，所以小子们找到借口。若太后将政权交还皇帝，则不用讨伐自然平息了。"监察御史蓝田人崔詧听到后，进言说："裴炎受高宗临终托付，大权掌握在自己手里，如果没有不轨的图谋，为什么请太后交还政权？"太后于是命令左肃政大夫金城人骞味道、侍御史栎阳人鱼承晔审问裴炎，并将他逮捕入狱。裴炎被捕后，言词严正，不肯屈服。有人劝他用恭顺的词语以求免罪，裴炎说："宰相入狱，哪有可能保全的道理？"

凤阁舍人李景谌证明裴炎必定谋反。刘景先和凤阁侍郎义阳人胡元范都说："裴炎是国家首要大臣，有功于国家，一心尊奉皇帝，天下的人都知道，我们敢证明他不会谋反。"太后说："裴炎谋反有事实，只是你们不知道罢了。"回答说："如果裴炎算是谋反，则我们也谋反了。"太后说："朕知道裴炎谋反，知道你们不谋反。"文武官员中证明裴炎不会谋反的人很多，太后都不听。没有几天刘景先、胡元范一并被捕入狱。丁亥，朝廷任命骞味道为检校内史同凤阁鸾台三品，李景谌同凤阁鸾台平章事。

27　魏思温说李敬业曰："明公以匡复为辞，宜帅大众鼓行而进，直指洛阳，则天下知公志在勤王，四面响应矣。"薛仲璋曰："金陵有王气，且大江天险，足以为固，不如先取常、润，为定霸之基，然后北向以图中原，进无不利，退有所归，此良策也！"思温曰："山东豪杰以武氏专制，愤惋不平，闻公举事，皆自蒸麦饭为粮，伸锄为兵，以俟南军之至。不乘此势以立大功，乃更蓄缩自谋巢穴，远近闻之，其谁不解体？"敬业不从，使唐之奇守江都，将兵渡江攻润州。思温谓杜求仁曰："兵势合则强，分则弱，敬业不并力渡淮，收山东之众以取洛阳，败在眼中矣！"

壬辰，敬业陷润州，执刺史李思文，以李宗臣代之。思文，敬业之叔父也，知敬业之谋，先遣使间道上变，为敬业所攻，拒守久之，力屈而陷。思温请斩以徇，敬业不许，谓思文曰："叔党于武氏，宜改姓武。"润州司马刘延嗣不降，敬业将斩之，思温救之，得免，与思文皆囚于狱。刘延嗣，审礼从父弟也。曲阿令河间尹元贞引兵救润州，战败，为敬业所擒，临以白刃，不屈而死。

28　丙申，斩裴炎于都亭。炎将死，顾兄弟曰："兄弟官皆自致，炎无分毫之力，今坐炎流窜，不亦悲乎？"籍没其家，无甔石之储。刘景先贬普州刺史，胡元范流琼州而死。裴炎弟子太仆寺丞伷先，年十七，上封事请见言事。太后召见，诘之曰："汝伯父谋反，尚何言？"伷先曰："臣为陛下画计耳，安敢诉冤？陛下为李氏妇，先帝弃天下，遽揽朝政，变易嗣子，疏斥李氏，封崇诸武。臣伯父忠于社稷，反诬以罪，戮及子孙。陛下所为如是，臣实惜之！陛下早宜复子明辟，高枕深居，则宗族可全，不然天下一变，不可复救矣！"太后怒曰："胡白，小子敢发此言！"命引出，伷先反顾曰："今用臣言，犹未晚。"如是者三。太后命于朝堂杖之一百，长流瀼州。

27　魏思温劝李敬业说:“您以恢复皇权为口号,应当率领大军大张旗鼓地前进,直向东都洛阳,则天下人知道您以勤王为志愿,四面八方都会响应。”薛仲璋说:“金陵有帝王气象,又有长江天险,足以固守,不如先夺取常、润二州,作为奠定霸业的基础,然后北向以图夺取中原,进可以取胜,退有归宿,这是最好的策略。”魏思温说:“崤山以东豪杰因武氏专制,愤怒惋惜,心中不平,听说您起事,都自动蒸麦饭为干粮,举起锄头为武器,以等待南军到来。不乘这种形势建立大功,反而退缩,自己建造巢穴,远近的人听到了,还有谁不心灰意冷?”李敬业不肯接受,派唐之奇守江都,自己领兵渡过长江,攻打润州。魏思温对杜求仁说:“军队势力合在一起则强大,分散则削弱,李敬业不全力渡淮河,收集崤山以东的兵力以夺取洛阳,失败就在眼前了!”

壬辰,李敬业攻陷润州,抓获刺史李思文,用李宗臣取代他。李思文是李敬业的叔父,知道李敬业的阴谋,事先派遣使者由小道上报事变,被李敬业进攻后,拒守很长一段时间,终于因力竭而城被攻陷。魏思温请将他斩首示众,李敬业不同意,对思文说:“叔父依附于武氏,应改姓武。”润州司马刘延嗣不肯投降,李敬业将要杀死他,魏思温救他,得免于死,和李思文一起被关在监狱中。刘延嗣是刘审礼的堂弟。曲阿令河间人尹元贞领兵救润州,打了败仗,被李敬业擒获,以白刃威胁,不屈服被杀死。

28　丙申,裴炎被斩首于洛阳都亭。裴炎临死时,看着兄弟说:“兄弟的官职都是自己取得的,没有我丝毫的力气,如今因我犯罪而被流放,不也很悲痛吗?”查抄他的家产,竟无一担的积蓄。刘景先被降职为普州刺史,胡元范流放琼州而死。裴炎弟弟的儿子太仆寺丞裴伷先,当年十七岁,呈上密封的书信,请求见太后陈述事情。太后召见他,责问说:“你伯父谋反,还有什么可说的?”裴伷先说:“我这是为陛下谋划计策,哪里敢诉冤屈?陛下是李氏的媳妇,先帝逝世后就独揽朝政,变换继位的人,疏远排斥李氏,培植提升武氏亲信。我伯父忠于国家,反被横加罪名,杀戮株连子孙。陛下所作所为如此,我实在惋惜!陛下应及早让皇帝复位,自己引退,安居深宫,这样宗族可以保全;否则,天下一变,便不可再挽救了!”太后大怒说:“胡说,小子竟敢发这样的言论!”命令拉出去,裴伷先回头说:“现在采用我的意见,还未晚。”连续说了三次。太后命令在朝堂打他一百棍子,然后远途流放瀼州。

炎之下狱也，郎将姜嗣宗使至长安，刘仁轨问以东都事，嗣宗曰："嗣宗觉裴炎有异于常久矣。"仁轨曰："使人觉之邪？"嗣宗曰："然。"仁轨曰："仁轨有奏事，愿附使人以闻。"嗣宗曰："诺。"明日，受仁轨表而还，表言"嗣宗知裴炎反不言"。太后览之，命拉嗣宗于殿庭，绞于都亭。

29　丁酉，追削李敬业祖考官爵，发冢斫棺，复姓徐氏。

30　李景谌罢为司宾少卿，以右史武康沈君谅、著作郎崔詧为正谏大夫、同平章事。

31　徐敬业闻李孝逸将至，自润州回军拒之，屯高邮之下阿溪。使徐敬猷逼淮阴，别将韦超、尉迟昭屯都梁山。

李孝逸军至临淮，偏将雷仁智与敬业战不利，孝逸惧，按兵不进。殿中侍御史魏元忠谓孝逸曰："天下安危，在兹一举。四方承平日久，忽闻狂狡，注心倾耳以俟其诛。今大军久留不进，远近失望，万一朝廷更命他将以代将军，将军何辞以逃逗挠之罪乎？"孝逸乃引军而前。壬寅，马敬臣击斩尉迟昭于都梁山。

十一月辛亥，以左鹰扬大将军黑齿常之为江南道大总管，讨敬业。

韦超拥众据都梁山，诸将皆曰："超凭险自固，士无所施其勇，骑无所展其足，且穷寇死战，攻之多杀士卒，不如分兵守之，大军直趣江都，覆其巢穴。"支度使薛克杨曰："超虽据险，其众非多。今多留兵则前军势分，少留兵则终为后患，不如先击之，其势必举，举都梁，则淮阴、高邮望风瓦解矣！"魏元忠请先击徐敬猷，诸将曰："不如先攻敬业，敬业败，则敬猷不战自擒矣。若击敬猷，则敬业引兵救之，是腹背受敌也。"元忠曰："不然。贼之精兵，尽在下阿，乌合而来，利在一决，

裴炎入狱后，郎将姜嗣宗出使路过长安，刘仁轨问起东都洛阳的事情，姜嗣宗说："我发觉裴炎反常的情况很久了。"刘仁轨问："你自己发觉的？"姜嗣宗说："是的"。刘仁轨说："我有事上奏，愿托使者上达。"姜嗣宗说："可以"。第二天他接受刘仁轨的奏表返回长安，奏表中说"姜嗣宗知道裴炎谋反不报告"。太后阅后，命令将姜嗣宗拉到殿庭中，然后绞死于洛阳都亭。

29　丁酉，唐朝追削李敬业祖父和父亲的官职封爵，掘墓砍棺，恢复本姓徐氏。

30　唐朝将李景谌罢免为司宾少卿，任命右史武康人沈君谅、著作郎崔詧为正谏大夫、同平章事。

31　徐敬业听说李孝逸将到，从润州回军抵抗，屯兵高邮境内的下阿溪；派徐敬猷进逼淮阴，别将韦超、尉迟昭屯兵都梁山。

李孝逸进军至临淮，偏将雷仁智与徐敬业交战失利，李孝逸因而畏惧，按兵不动。殿中侍御史魏元忠对李孝逸说："天下安危，在此一举。四方享受太平日子已久，一旦听说疯狂凶暴，都全神贯注侧着耳朵等待他们的灭亡。现在大军长久停留不进，远处和近处的百姓失望，万一朝廷另外任命其他将领取代您，您有什么理由可以逃避徘徊观望的罪责呢？"李孝逸这才领军前进。壬寅，马敬臣进击，斩杀尉迟昭于都梁山。

十一月辛亥（初四），唐朝任命左鹰扬大将军黑齿常之为江南道大总管，讨伐徐敬业。

韦超拥兵占据都梁山，诸将都说："韦超凭险要自守，士卒无法施展勇力，骑兵无法展足奔驰；而且穷寇死战，强攻，自己的士卒伤亡大，不如分兵围困，大军直指江都，颠覆他们的巢穴。"支度使薛克杨说："韦超虽然据有险要，但兵不多。现在多留兵则前军兵力分散，少留兵则终归是后患，不如先进攻，进攻一定能攻下，攻下都梁山，则淮阴、高邮将望风瓦解了！"魏元忠请求先进击徐敬猷，诸将说："不如先进攻徐敬业，徐敬业一失败，则徐敬猷不战而擒。若进攻徐敬猷，则徐敬业发兵救他，我们将腹背受敌。"魏元忠说："不对。他们的精兵集中在下阿，仓促聚集而来，利于一次性决战，

万一失利，大事去矣！敬猷出于博徒，不习军事，其众单弱，人情易摇，大军临之，驻马可克。敬业虽欲救之，计程必不能及。我克敬猷，乘胜而进，虽有韩、白不能当其锋矣！今不先取弱者而遽攻其强，非计也。”孝逸从之，引兵击超，超夜遁，进击敬猷，敬猷脱身走。

庚申，敬业勒兵阻溪拒守，后军总管苏孝祥夜将五千人，以小舟渡溪先击之，兵败，孝祥死，士卒赴溪溺死者过半。左豹韬卫果毅渔阳成三朗为敬业所擒，唐之奇绐其众曰："此李孝逸也！"将斩之，三朗大呼曰："我果毅成三朗，非李将军也。官军今大至矣，尔曹破在朝夕。我死，妻子受荣，尔死，妻子籍没，尔终不及我也！"遂斩之。

孝逸等诸军继至，战数不利。孝逸惧，欲引退，魏元忠与行军管记刘知柔言于孝逸曰："风顺荻干，此火攻之利。"固请决战。敬业置陈既久，士卒多疲倦顾望，陈不能整。孝逸进击之，因风纵火，敬业大败，斩首七千级，溺死者不可胜纪。敬业等轻骑走入江都，挈妻子奔润州，将入海奔高丽。孝逸进屯江都，分遣诸将追之。乙丑，敬业至海陵界，阻风，其将王那相斩敬业、敬猷及骆宾王首来降。馀党唐之奇、魏思温皆捕得，传首神都，扬、润、楚三州平。

陈岳论曰：敬业苟能用魏思温之策，直指河、洛，专以匡复为事，纵军败身戮，亦忠义在焉。而妄希金陵王气，是真为叛逆，不败何待？

敬业之起也，使敬猷将兵五千，循江西上，略地和州。前弘文馆学士历阳高子贡帅乡里数百人拒之，敬猷不能西。以功拜朝散大夫、成均助教。

决战万一失利，便全面崩溃了！徐敬猷出身于赌徒，不熟习军事，兵力又单薄，军心容易动摇，大军进攻，马上可以攻下。徐敬业虽想救他，从距离计算看根本来不及。我军摧毁徐敬猷，乘胜而进，虽有韩信、白起也不能抵挡！如今不先攻取弱者而急着去攻强者，不是上策。”李孝逸听从他的意见，领兵进击韦超，韦超乘黑夜逃走；进攻徐敬猷，徐敬猷只身逃跑。

庚申（十三日），徐敬业统兵沿下阿溪防守，后军总管苏孝祥夜里带领五千人，用小船渡过溪水先发起进攻，结果兵败身死，士卒涉水时淹死过半。左豹韬卫果毅渔阳人成三朗被徐敬业俘虏，唐之奇欺骗他的部众说：“这就是李孝逸！”准备斩首，成三朗大喊：“我是果毅成三朗，不是李将军。官军已大批到达，你们覆亡就在眼前。我死后，妻子儿女都光荣，你们死后，妻子儿女被籍没为奴婢，你们最终不如我！”他最终被斩首。

李孝逸等军相继到达，数次交战失利。李孝逸畏惧，准备撤退，魏元忠与行军管记刘知柔对他说：“现在正是顺风，芦荻干燥，是火攻的好机会。”他们坚决请求决战。徐敬业布阵已久，士卒多疲倦观望，战阵不能整肃。李孝逸进击，顺风纵火，徐敬业大败，斩首七千级，淹死的不计其数。徐敬业等乘马逃入江都，带着妻子儿女投奔润州，准备从海路逃往高丽。李孝逸进兵屯驻江都，分别派遣各将领追击徐敬业。乙丑（十八日）徐敬业到达海陵地，被大风所阻止，他的部将王那相砍徐敬业、徐敬猷和骆宾王的脑袋向官军投降。馀党唐之奇、魏思温都被捕获，斩首后，他们的脑袋被送往神都，扬、润、楚三州平定。

> 陈岳评论说：如果徐敬业能用魏思温的策略，直指河、洛，专门以恢复皇权为目的，即使军败身死，还有忠义的精神长存。然而他荒诞地希求金陵的帝王气象，是真正的叛逆，怎么能不失败？

徐敬业起兵时，派徐敬猷领兵五千，沿江西上，掠夺和州土地。前弘文馆学士历阳人高子贡率领家乡数百人抵抗，徐敬猷不能再向西推进。高子贡因此立功，被朝廷授以朝散大夫、成均助教。

32 丁卯，郭待举罢为左庶子。以鸾台侍郎韦方质为凤阁侍郎、同平章事。方质，云起之孙也。

33 十二月，刘景先又贬吉州员外长史，郭待举贬岳州刺史。

初，裴炎下狱，单于道安抚大使、左武卫大将军程务挺密表申理，由是忤旨。务挺素与唐之奇、杜求仁善，或谮之曰，“务挺与裴炎、徐敬业通谋”。癸卯，遣左鹰扬将军裴绍业即军中斩之，籍没其家。突厥闻务挺死，所在宴饮相庆。又为务挺立祠，每出师，必祷之。

太后以夏州都督王方翼与务挺连职，素相亲善，且废后近属，征下狱，流崖州而死。

垂拱元年(乙酉,685)

1 春，正月丁未朔，赦天下，改元。

2 太后以徐思文为忠，特免缘坐，拜司仆少卿。谓曰：“敬业改卿姓武，朕今不复夺也。”

3 庚戌，以骞味道守内史。

4 戊辰，文昌左相、同凤阁鸾台三品乐城文献公刘仁轨薨。

5 二月癸未，制：“朝堂所置登闻鼓及肺石，不须防守，有挝鼓立石者，令御史受状以闻。”

6 乙巳，以春官尚书武承嗣、秋官尚书裴居道、右肃政大夫韦思谦并同凤阁鸾台三品。

7 突厥阿史那骨笃禄等数寇边，以左玉钤卫中郎将淳于处平为阳曲道行军总管，击之。

8 正谏大夫、同平章事沈君谅罢。

9 三月，正谏大夫、同平章事崔詧罢。

32　丁卯（二十日），郭待举被罢免为左庶子。朝廷任命鸾台侍郎韦方质为凤阁侍郎、同平章事。韦方质就是韦云起的孙子。

33　十二月，刘景先又降职为吉州员外郎长史，郭待举降职为岳州刺史。

当初，裴炎入狱，单于道安抚大使、左武卫大将军程务挺秘密上表为他申明冤屈，因此抵触太后旨意。程务挺一贯与唐之奇、杜求仁相友善，有人诬告说"程务挺与裴炎、徐敬业串通谋反"。癸卯（二十六日），朝廷派遣左鹰扬将军裴绍业在军中将他斩首，查抄家产。突厥人听说程务挺死去，到处设宴互相庆祝。又为程务挺建立祠堂，每次出兵前都祭告求保佑。

太后因夏州都督王方翼与程务挺共事，一贯互相友善，又是已废黜皇后的近亲，因此召还投入监狱，后来流放崖州而死。

则天后垂拱元年（乙酉，公元 685 年）

1　春季，正月丁未朔（初一），唐朝大赦天下，更改年号。

2　太后因徐思文对朝廷忠诚，特意免与徐敬业牵连治罪，授任司仆少卿。对他说："徐敬业改你的姓为武氏，现在朕不再取消它。"

3　庚戌（初四），唐朝任命骞味道代理内史。

4　戊辰（二十二日），文昌左相、同凤阁鸾台三品乐城文献公刘仁轨去世。

5　二月癸未（初七），太后命令："朝堂所放置的登闻鼓和肺石，不必派人看守，有人击鼓或站立在石上，就让御史接受诉讼状上报。"

6　乙巳（二十九日），春官尚书武承嗣、秋官尚书裴居道、右肃政大夫韦思谦都同凤阁鸾台三品。

7　突厥阿史那骨笃禄等几次侵扰边地，唐朝任命左玉钤卫中郎将淳于处平为阳曲道行军总管，给予还击。

8　正谏大夫、同平章事沈君谅罢职。

9　三月，正谏大夫、同平章崔詧罢职。

10　丙辰，迁庐陵王于房州。

11　辛酉，武承嗣罢。

12　辛未，颁《垂拱格》。

13　朝士有左迁诣宰相自诉者，内史骞味道曰："此太后处分。"同中书门下三品刘祎之曰："缘坐改官，由臣下奏请。"太后闻之，夏，四月丙子，贬味道为青州刺史，加祎之太中大夫。谓侍臣曰："君臣同体，岂得归恶于君，引善自取乎？"

14　癸未，突厥寇代州。淳于处平引兵救之，至忻州，为突厥所败，死者五千馀人。

15　丙午，以裴居道为内史。纳言王德真流象州。

16　己酉，以冬官尚书苏良嗣为纳言。

17　壬戌，制内外九品以上及百姓，咸令自举。

18　壬申，韦方质同凤阁鸾台三品。

19　六月，天官尚书韦待价同凤阁鸾台三品。待价，万石之兄也。

20　同罗、仆固等诸部叛，遣左豹韬卫将军刘敬同发河西骑士出居延海以讨之，同罗、仆固等皆败散。敕侨置安北都护府于同城以纳降者。

21　秋，七月己酉，以文昌左丞魏玄同为鸾台侍郎、同凤阁鸾台三品。

22　诏自今祀天地，高祖、太宗、高宗皆配坐。用凤阁舍人元万顷等之议也。

23　九月丁卯，广州都督王果讨反獠，平之。

24　冬，十一月癸卯，命天官尚书韦待价为燕然道行军大总管以讨吐蕃。初，西突厥兴昔亡、继往绝可汗既死，十姓无主，部落多散亡，太后乃擢兴昔亡之子左豹韬卫翊府中郎将元庆为左玉钤卫将军，兼崐陵都护，袭兴昔亡可汗押五咄陆部落。

10 丙辰（十一日），唐朝迁移庐陵王于房州。

11 辛酉（十六日），武承嗣罢职。

12 辛未（二十六日），唐朝颁布《垂拱格》。

13 朝廷官员有被降职找宰相申诉的，内史骞味道对他们说：“这是太后决定的。”同中书门下三品刘祎之说：“因牵连处罚改任官职，由我奏请。”太后听说后，夏季，四月丙子（初一），骞味道降职为青州刺史，给刘祎之加官太中大夫。对身边大臣说：“君臣同为一体，哪能把不好的事情归于君主，好的事情归为己有？”

14 癸未（初八），突厥侵扰代州。淳于处平领兵援救，进军至忻州，被突厥打败，被打死五千多人。

15 丙午，唐朝任命裴居道为内史。纳言王德真被流放象州。

16 己酉，唐朝任命冬官尚书苏良嗣为纳言。

17 壬戌，太后命令：内外九品以上官员和百姓，都可以向朝廷自我推荐以求选用。

18 壬申，唐朝任命韦方质同凤阁鸾台三品。

19 六月，唐朝任命天官尚书韦待价同凤阁鸾台三品。韦待价是韦万石的哥哥。

20 同罗、仆固等诸部反叛，唐朝派遣左豹韬卫将军刘敬同征发河西骑兵出居延海讨伐他们，同罗、仆固等都失败逃散。太后命令侨置安北都护府于同城，以便招纳他们中投降的人。

21 秋季，七月己酉（初五），唐朝任命文昌左丞魏玄同为鸾台侍郎、同凤阁鸾台三品。

22 太后下诏：从现在起，祭祀天地时唐高祖、唐太宗、唐高宗都配祭。这是采纳凤阁舍人元万顷等的建议。

23 九月丁卯（二十五日），广州都督讨伐平定叛唐的獠人。

24 冬季，十一月癸卯（初一），唐朝任命天官尚书韦待价为燕然道行军大总管以讨伐吐蕃。当初，西突厥兴昔亡、继往绝可汗死后，十姓失去首领，部落多离散逃亡，太后便提升兴昔亡的儿子左豹韬卫翊府中郎将元庆为左玉钤卫将军，兼崐陵都护，承袭兴昔亡可汗主管五咄陆部落。

25　麟台正字射洪陈子昂上疏，以为："朝廷遣使巡察四方，不可任非其人，及刺史、县令，不可不择。比年百姓疲于军旅，不可不安。"其略曰："夫使不择人，则黜陟不明，刑罚不中，朋党者进，贞直者退。徒使百姓修饰道路，送往迎来，无所益也。谚曰：'欲知其人，观其所使。'不可不慎也。"又曰："宰相，陛下之腹心；刺史、县令，陛下之手足；未有无腹心手足而能独理者也！"又曰："天下有危机，祸福因之而生，机静则有福，'机'动则有祸，百姓是也。百姓安则乐其生，不安则轻其死，轻其死则无所不至，袄逆乘衅，天下乱矣！"又曰："隋炀帝不知天下有危机，而信贪佞之臣，冀收夷狄之利，卒以灭亡，其为殷鉴，岂不大哉？"

26　太后修故白马寺，以僧怀义为寺主。怀义，鄠人，本姓冯，名小宝，卖药洛阳市，因千金公主以进，得幸于太后。太后欲令出入禁中，乃度为僧，名怀义。又以其家寒微，令与驸马都尉薛绍合族，命绍以季父事之。出入乘御马，宦者十馀人侍从。士民遇之者皆奔避，有近之者，辄挝其首流血，委之而去，任其生死。见道士则极意殴之，仍髡其发而去。朝贵皆匍匐礼谒，武承嗣、武三思皆执僮仆之礼以事之，为之执辔，怀义视之若无人。多聚无赖少年，度为僧，纵横犯法，人莫敢言。右台御史冯思勖屡以法绳之，怀义遇思勖于途，令从者殴之，几死。

二年(丙戌,686)

1　春，正月，太后下诏复政于皇帝。睿宗知太后非诚心，奉表固让。太后复临朝称制。辛酉，赦天下。

2　二月辛未朔，日有食之。

25　麟台正字射洪人陈子昂上疏，认为："朝廷派遣使者巡察四方时，不可任用不称职的人，以及刺史、县令不可不严加选择。近年来百姓疲于军队征战，不可不予以安抚。"大致内容是说："巡察使者不选择人，则官员被升降就不准确明白，刑罚就不公平，相互勾结的人得进用，忠贞正直的人被斥退。白白地让百姓修整道路，送往迎来，没有益处。谚语说：'欲知其人，观其所使。'不可不慎重选择。"又说："宰相，是陛下的腹心；刺史、县令，是陛下的手足；从未有过无腹心手足的君主能够独自治理国家的！"又说："天下有危机，祸福便因此而产生，'机'静则有福，'机'动则有祸，这'机'就是百姓。百姓安居则对生活满足愉快，否则，对死就看得很轻，不怕死就什么事都可能发生，反常的叛逆的东西便乘机而起，天下就乱了！"又说："隋炀帝不知道天下有危机，而信任贪婪谄谀的大臣，希望从夷狄方面得到利益，终于灭亡，这难道不是很大的教训？"

26　太后修建原来的白马寺，任用和尚怀义为该寺的主持人。怀义是鄠人，原本姓冯，名叫小宝，卖药于洛阳街市，因千金公主的关系进宫，得以亲近太后。太后想让他出入宫禁，便剃度为和尚，取名怀义。又因他出身的家族寒微，便让他与附马都尉薛绍合族，命令薛绍以叔父事奉他。他出入乘皇帝用的马，太监十多人侍从。官民遇上他都得赶快躲避，有走近他的，就被打得头破血流，抛弃而去，不管死活。他见到道士则尽情殴打，还要剃光他们的头发才肯离去。朝廷亲贵都伏地行礼拜见，武承嗣、武三思都施行奴仆的礼节以事奉他，出行时为他牵马，怀义都不把这些放在眼里。他还聚集不少无赖少年，剃度为和尚，恣意犯法，人们敢怒不敢言。右台御史冯思勖多次依法处理他们，后来怀义和他在途中相遇，便指使随从殴打他，几乎把他打死。

则天后垂拱二年（丙戌，公元 686 年）

1　春季，正月，太后下诏将朝政交还给皇帝。睿宗知道太后并非诚心，上表坚决辞让。太后又临朝行使皇帝权力。辛酉（二十日），大赦天下。

2　二月辛未朔（初一），出现日食。

3　右卫大将军李孝逸既克徐敬业，声望甚重。武承嗣等恶之，数谮于太后，左迁施州刺史。

4　三月戊申，太后命铸铜为匦：其东曰“延恩”，献赋颂、求仕进者投之；南曰“招谏”，言朝政得失者投之；西曰“伸冤”，有冤抑者投之；北曰：“通玄”，言天象灾变及军机秘计者投之。命正谏、补阙、拾遗一人掌之，先责识官，乃听投表疏。

徐敬业之反也，侍御史鱼承晔之子保家教敬业作刀车及弩，敬业败，仅得免。太后欲周知人间事，保家上书，请铸铜为匦以受天下密奏。其器共为一室，中有四隔，上各有窍，以受表疏，可入不可出。太后善之。未几，其怨家投匦，告保家为敬业作兵器，杀伤官军甚众，遂伏诛。

太后自徐敬业之反，疑天下人多图己，又自以久专国事，且内行不正，知宗室大臣怨望，心不服，欲大诛杀以威之。乃盛开告密之门，有告密者，臣下不得问，皆给驿马，供五品食，使诣行在。虽农夫樵人，皆得召见，廪于客馆，所言或称旨，则不次除官，无实者不问。于是四方告密者蜂起，人皆重足屏息。

有胡人索元礼，知太后意，因告密召见，擢为游击将军，令案制狱。元礼性残忍，推一人必令引数十百人，太后数召见赏赐以张其权。于是尚书都事长安周兴、万年人来俊臣之徒效之，纷纷继起。兴累迁至秋官侍郎，俊臣累迁至御史中丞，相与私畜无赖数百人，专以告密为事，欲陷一人，辄令数处俱告，事状如一。俊臣与司刑评事洛阳万国俊共撰《罗织经》数千言，教其徒网罗无辜，织成反状，构造布置，皆有支节。

3　右卫大将军李孝逸平定徐敬业，声望很高。武承嗣等讨厌他，多次在太后面前诬陷他，结果降职为施州刺史。

4　三月戊申（初八），太后命令铸造铜匦：东边的名叫“延恩”，进献赋颂文字和要求任官职的人可将奏表投入；南边的名叫“招谏”，说明朝政得失的人可将奏表投入；西边的名叫“伸冤”，有冤屈的人可将奏表投入；北边的名叫“通玄”，讲天象灾变和军机秘计的人可将奏表投入。命令正谏、补缺、拾遗各一人掌管，先责成能识别的官员阅看，然后才让人将表疏投入。

徐敬业造反时，侍御史鱼承晔的儿子鱼保家教徐敬业制造刀、车和弩，徐敬业败亡，他获得赦免死罪。太后想全部知道人间的事情，鱼保家便上书，请铸铜匦以接受天下秘密上奏。这个铜匦中间有四个隔断，上面各有孔，以便将表疏投入，只能入不能出。太后认为很好。不久，与鱼保家有仇怨的人投表疏，告发他曾为徐敬业制造兵器，杀伤很多官军，于是他被处死。

太后自从徐敬业造反，怀疑天下人多想谋杀她，又因自己长期专擅国家事务，而且自己操行不正，知道皇族大臣心怀不满，心中不服，想大加诛杀以威慑他们。于是大开告密的渠道，有告密的人，臣下不得过问，都提供驿站的马匹，给予五品官标准的伙食，送往太后的住地。虽是农夫或打柴人，都被召见，由客馆供给食宿，所说的事如符合旨意，可破格授官，与事实不符也不问罪。于是四方告密的人蜂涌而起，人人都畏惧不敢迈步，不敢出声。

有胡人名叫索元礼，了解太后的用意，因告密被召见，提拔为游击将军，命令他查办太后特设监狱的囚犯。索元礼性情残忍，审讯一个人必让他牵连数十或上百人。太后多次召见赏赐他以张扬他的威权。于是尚书都事长安人周兴、万年人来俊臣之流争相仿效，纷纷而起。周兴连续升官至秋官侍郎，来俊臣连续升官至御史中丞，他们私下豢养无赖数百人，专门从事告密活动；想诬陷一个人，便让他们几处同时告密，所告的内容都一样。来俊臣与司刑评事洛阳人万国俊共同撰写《罗织经》数千言，教唆他们的徒众搜罗无罪人的言行，编造成谋反罪状，事实情节，似乎都有根据。

太后得告密者，辄令元礼等推之，竞为讯囚酷法，有“定百脉”、“突地吼”、“死猪愁”、“求破家”、“反是实”等名号。或以椽关手足而转之，谓之“凤皇晒翅”；或以物绊其腰，引枷向前，谓之“驴驹拔撅”；或使跪捧枷，累甓其上，谓之“仙人献果”；或使立高木，引枷尾向后，谓之“玉女登梯”；或倒悬石缒其首，或以醋灌鼻，或以铁圈毂其首而加楔，至有脑裂髓出者。每得囚，辄先陈其械具以示之，皆战栗流汗，望风自诬。每有赦令，俊臣辄令狱卒先杀重囚，然后宣示。太后以为忠，益宠任之。中外畏此数人，甚于虎狼。

麟台正字陈子昂上疏以为：“执事者疾徐敬业首乱唱祸，将息奸源，穷其党与，遂使陛下大开诏狱，重设严刑，有迹涉嫌疑，辞相逮引，莫不穷捕考按。至有奸人荧惑，乘险相诬，纠告疑似，冀图爵赏，恐非伐罪吊人之意也。臣窃观当今天下，百姓思安久矣，故扬州构逆，殆有五旬，而海内晏然，纤尘不动。陛下不务玄默以救疲人，而反任威刑以失其望，臣愚暗昧，窃有大惑。伏见诸方告密，囚累百千辈，及其穷竟，百无一实。陛下仁恕，又屈法容之，遂使奸恶之党快意相雠，睚眦之嫌即称有密，一人被讼，百人满狱，使者推捕，冠盖如市。或谓陛下爱一人而害百人，天下喁喁，莫知宁所。臣闻隋之末代，天下犹平，杨玄感作乱，不逾月而败。天下之弊，未至土崩，蒸人之心，犹望乐业。炀帝不悟，遂使兵部尚书樊子盖专行屠戮，大穷党与，海内豪士，无不罹殃，遂至杀人如麻，流血成泽，天下靡然，始思为乱，于是雄杰并起而隋族亡矣。夫大狱一起，不能无滥，冤人吁嗟，感伤和气，

太后得到被告者，即命令索元礼等审讯，他们争相制定审讯囚徒的残酷的办法，有“定百脉”、“突地吼”、“死猪愁”、“求破家”、“反是实”等名号。或用椽子串连人的手脚而旋转，叫作“凤凰晒翅”；或用东西牵制人的腰部，将颈上的枷向前拉，叫作“驴驹拔撅”；或让人跪着捧枷，在枷上垒砖，叫作“仙人献果”；或让人站立在高木桩上，将颈上的枷向后拉，叫作“玉女登梯”；或将人倒挂，用石头坠脑袋；或用醋灌鼻孔；或用铁圈罩脑袋，在四边加楔子，甚至有脑袋裂开，脑浆外流的。每次抓来囚犯，即先让他们观看陈列的刑具，他们都颤抖流汗，在这气势面前无罪而认罪。每当有赦免令，来俊臣则命令狱卒先杀重罪犯，然后宣布赦令。太后认为他们忠诚，更加宠爱信任。朝廷内外畏惧这几个人，超过畏惧虎狼。

麟台正字陈子昂上疏认为：“百官痛恨徐敬业带头倡祸乱，为息灭奸人根源，将他们的党羽清除净尽，于是陛下命令大设监狱，重设严酷刑罚，有迹象涉及嫌疑，口供相牵连，无不尽量追捕审讯。以至有奸人为了迷惑人，乘这种形势群起诬陷，举发是非难辨的事情，希图获得官职和赏赐，这恐怕不是惩罚犯罪、慰问百姓的本意了。我私下观察现在的天下，百姓望时局安定已经很久了，所以扬州作乱将近五十天，而海内安然，丝毫不引起震动。陛下不用清静无为以挽救疲惫的百姓，反而施用威刑使他们失望，我很愚昧，心中大惑不解。看见各方面告密，囚禁千百人，审讯结果，一百人之中没有一个落实的。陛下宽恕，又设法宽容告密的人，于是使奸恶之徒尽情报复他们的仇人，有极小的怨恨便声称需要密告，一人被诉讼，百人进监狱，使者抓人，官吏满街。有人说陛下爱一人而害百人，天下焦虑张望，不知何处是安宁所在。我听说隋朝后期，天下还算太平，杨玄感作乱，不出一个月就失败。天下的弊病，还未到达土崩瓦解的程度，百姓的心里还期望安居乐业。隋炀帝不明白这一点，于是主使兵部尚书樊子盖专行屠戮，尽情追究杨玄感党羽，海内有才力的人士无不连累遭殃；以至杀人如麻，血流成泽，天下糜烂，人们开始想到作乱，于是豪杰并起而隋朝便灭亡了。大狱一起来，不能保证没有滥判的，受冤屈的人忧愁呼唤，感触悲伤而损害和平气氛，

群生疠疫，水旱随之，人既失业，则祸乱之心怵然而生矣。古者明王重慎刑法，盖惧此也。昔汉武帝时巫蛊狱起，使太子奔走，兵交宫阙，无辜被害者以千万数，宗庙几覆，赖武帝得壶关三老书，廓然感悟，夷江充三族，馀狱不论，天下以安尔。古人云：'前事之不忘，后事之师。'伏愿陛下念之！"太后不听。

5　夏，四月，太后铸大仪，置北阙。

6　以岑长倩为内史。六月辛未，以苏良嗣为左相，同凤阁鸾台三品韦待价为右相。己卯，以韦思谦为纳言。

苏良嗣遇僧怀义于朝堂，怀义偃蹇不为礼。良嗣大怒，命左右捽曳，批其颊数十。怀义诉于太后，太后曰："阿师当于北门出入，南牙宰相所往来，勿犯也。"

太后托言怀义有巧思，故使入禁中营造。补阙长社王求礼上表，以为："太宗时，有罗黑黑善弹琵琶，太宗阉为给使，使教宫人。陛下若以怀义有巧性，欲宫中驱使者，臣请阉之，庶不乱宫闱。"表寝不出。

7　秋，九月丁未，以西突厥继往绝可汗之子斛瑟罗为右玉钤卫将军，袭继往绝可汗押五弩失毕部落。

8　己巳，雍州言新丰县东南有山踊出，改新丰为庆山县。四方毕贺。江陵人俞文俊上书："天气不和而寒暑并，人气不和而疣赘生，地气不和而堆阜出。今陛下以女主处阳位，反易刚柔，故地气塞隔而山变为灾。陛下谓之'庆山'，臣以为非庆也。臣愚以为宜侧身修德以答天谴，不然，殃祸至矣！"太后怒，流于岭外，后为六道使所杀。

传染病流行，水旱灾害随着发生，百姓失业，则祸乱之心便因恐惧而发生了。古代贤明的帝王慎重刑罚，原因就是畏惧这样的结果。从前汉武帝时发生以巫术害人的案件，使太子逃走，武装冲突发生在宫阙之内，无罪被害的人以千万计，国家几乎颠覆；幸亏汉武帝得到壶关三老的上书豁然醒悟，诛杀祸首江充三族，其馀的人不予论罪，天下得以安宁。古人说：'前事不忘，后事之师。'诚恳希望陛下考虑！"太后不听从他的意见。

5　夏季，四月，太后铸造大仪，安置在皇宫北门外城楼上。

6　唐朝任命岑长倩为内史。六月辛未（初三）任命苏良嗣为左相，同凤阁鸾台三品韦待价为右相。己卯（十一日），任命韦思谦为纳言。

苏良嗣与和尚怀义在朝堂相遇，怀义傲慢不行礼。苏良嗣大怒，命令随从拽住他，打他耳光数十下。怀义告诉太后，太后说："阿师应当从北门出入，南牙门为宰相往来，不要触犯。"

太后借口怀义有巧妙的设计，所以让他入宫中搞建筑。补阙长社人王求礼上表认为："太宗时，有个叫罗黑黑的人善于弹琵琶，太宗将他阉割后充当给使，让他教宫人弹琵琶。陛下若因怀义有技术，想在宫中驱使，请阉割他，以免扰乱后宫。"奏表被扣压不报。

7　秋季，九月丁未（初十日），唐朝任命西突厥继往绝可汗的儿子斛瑟罗为右玉钤卫将军，承袭继往绝可汗主管五部弩失毕部落。

8　己巳，雍州报告说新丰县东南有山从地下踊出，于是改新丰县为庆山县。四面八方都祝贺。江陵人俞文俊上书说："天气不和而寒和暑就会并行，人气不和而肉瘤就会滋生，地气不和而小土山就会出现。今陛下以女君主处于阳位，变换刚和柔的位置，所以地气受到阻塞而山发生变化成为灾害。陛下称它为'庆山'，我以为不是喜庆。我认为应该谨慎修德以答复上天的谴责，不然，灾祸将要降临了！"太后大怒，将他流放岭南，后被六道使诛杀。

9　突厥入寇，左鹰扬卫大将军黑齿常之拒之。至两井，遇突厥三千馀人，见唐兵，皆下马擐甲，常之以二百馀骑冲之，皆弃甲走。日暮，突厥大至，常之令营中然火，东南又有火起，虏疑有兵相应，遂夜遁。

10　狄仁杰为宁州刺史。右台监察御史晋陵郭翰巡察陇右，所至多所按劾。入宁州境，耆老歌刺史德美者盈路。翰荐之于朝，征为冬官侍郎。

9　突厥侵扰唐朝，左鹰扬卫大将军黑齿常之抵抗。进军至两井，遇上突厥三千多人，他们看见唐兵，都下马穿甲，黑齿常之派二百多名骑兵冲击，他们都弃甲逃走。傍晚，突厥兵大批到达，黑齿常之命令营中点火，东南方又有火燃起，他们怀疑唐兵有接应，于是乘黑夜逃遁。

10　狄仁杰担任宁州刺史。右台监察御史晋陵人郭翰巡察陇右地区，所到之处多有所揭发上报。进入宁州境内，父老歌颂刺史美德的满路都是。郭翰向朝廷推荐，狄仁杰被召回任冬官侍郎。

卷第二百四　唐纪二十

起丁亥(687)尽辛卯(691)凡五年

则天顺圣皇后上之下

垂拱三年(丁亥,687)

1　春,闰正月丁卯,封皇子成美为恒王,隆基为楚王,隆范为卫王,隆业为赵王。

2　二月丙辰,突厥骨笃禄等寇昌平,命左鹰扬大将军黑齿常之帅诸军讨之。

3　三月乙丑,纳言韦思谦以太中大夫致仕。

4　夏,四月,命苏良嗣留守西京。时尚方监裴匪躬检校京苑,将鬻苑中蔬果以收其利。良嗣曰:"昔公仪休相鲁,犹能拔葵、去织妇,未闻万乘之主鬻蔬果也。"乃止。

5　壬戌,裴居道为纳言。五月丙寅,夏官侍郎京兆张光辅为凤阁侍郎、同平章事。

6　凤阁侍郎、同凤阁鸾台三品刘祎之窃谓凤阁舍人永年贾大隐曰:"太后既废昏立明,安用临朝称制?不如返正以安天下之心。"大隐密奏之,太后不悦,谓左右曰:"祎之我所引,乃复叛我!"或诬祎之受归诚州都督孙万荣金,又与许敬宗妾有私,太后命肃州刺史王本立推之。本立宣敕示之,祎之曰:"不经凤阁鸾台,何名为敕?"太后大怒,以为拒捍制使。庚午,赐死于家。

则天顺圣皇后上之下

则天后垂拱三年(丁亥,公元687年)

1　春季,闰正月丁卯(初二),唐朝封皇子李成美为恒王,李隆基为楚王,李隆范为卫王,李隆业为赵王。

2　二月丙辰(二十二日),突厥阿史那骨笃禄等侵扰昌平,唐朝命令左鹰扬大将军黑齿常之率领诸军讨伐他们。

3　三月乙丑(初一),纳言韦思谦以太中大夫退休。

4　夏季,四月,唐朝命令苏良嗣留守西京。当时尚方监裴匪躬查核西京园苑,准备出卖苑中蔬菜水果以取利。苏良嗣说:"从前公仪休任鲁国宰相,还能拔除园中的葵菜,打发走家中织帛的妇人,不许家人与百姓争利,未曾听说万乘之尊的君主出卖蔬菜水果的。"于是取消出卖的打算。

5　壬戌(二十九日),裴居道任纳言。五月丙寅(初三),夏官侍郎京兆人张光辅任凤阁侍郎、同平章事。

6　凤阁侍郎、同凤阁鸾台三品刘祎之私下对凤阁舍人永年人贾大隐说:"太后既然废昏庸立贤明,哪里用得着临朝行使皇帝权力?不如归政于皇帝,以安定天下人心。"贾大隐向太后密奏这件事,太后不高兴,对身边的人说:"刘祎之是我一手提拔的,竟然又反叛我!"有人诬告刘祎之接受归诚州都督孙万荣的黄金,又与许敬宗妾私通,太后命令肃州刺史王本立审讯他。王本立向他宣布并出示太后的命令,刘祎之说:"不经过凤阁鸾台,怎么能称为命令?"太后大怒,认为这是抵制君主的使者。庚午(初七),命令他在家里自尽。

祎之初下狱，睿宗为之上疏申理，亲友皆贺之，祎之曰：“此乃所以速吾死也。”临刑，沐浴，神色自若，自草谢表，立成数纸。麟台郎郭翰、太子文学周思钧称叹其文。太后闻之，左迁翰巫州司法，思钧播州司仓。

7　秋，七月壬辰，魏玄同检校纳言。

8　岭南俚户旧输半课，交趾都护刘延祐使之全输，俚户不从，延祐诛其魁首。其党李思慎等作乱，攻破安南府城，杀延祐。桂州司马曹玄静将兵讨思慎等，斩之。

9　突厥骨笃禄、元珍寇朔州，遣燕然道大总管黑齿常之击之，以左鹰扬大将军李多祚为之副，大破突厥于黄花堆，追奔四十馀里，突厥皆散走碛北。多祚世为靺鞨酋长，以军功得入宿卫。黑齿常之每得赏赐，皆分将士。有善马为军士所损，官属请笞之，常之曰：“奈何以私马笞官兵乎！”卒不问。

10　九月己卯，虢州人杨初成诈称郎将，矫制于都市募人迎庐陵王于房州。事觉，伏诛。

11　冬，十月庚子，右监门卫中郎将爨宝璧与突厥骨笃禄、元珍战，全军皆没，宝璧轻骑遁归。

宝璧见黑齿常之有功，表请穷追馀寇。诏与常之计议，遥为声援。宝璧欲专其功，不待常之，引精卒万三千人先行，出塞二千馀里，掩击其部落。既至，又先遣人告之，使得严备，与战，遂败。太后诛宝璧。改骨笃禄曰不卒禄。

12　命魏玄同留守西京。

13　武承嗣又使人诬李孝逸自云“名中有兔，兔，月中物，当有天分”。太后以孝逸有功，十一月戊寅，减死除名，流儋州而卒。

刘袆之初入狱时，睿宗曾为他上疏申辩，亲友都因此为他祝贺，刘袆之却说："这是加速我的死期。"临刑前，他先沐浴，神色安然自若，自己起草给太后的谢恩表，很快就写出几张纸。麟台郎郭翰、太子文学周思钧称赞叹赏他的文章。太后知道后，将郭翰降职为巫州司法，周思钧被降职为播州司仓。

7　秋季，七月壬辰（三十日），魏玄同任检校纳言。

8　岭南俚户过去只交纳一半赋税，交趾都护刘延祐要他们全额交纳，俚户不服从，刘延祐处死他们的首领。他们的同党李思慎等暴动，攻破安南府城，杀死刘延祐。桂州司马曹玄静领兵讨伐李思慎等，将他们斩首。

9　突厥阿史那骨笃禄、阿史德元珍侵扰朔州，唐朝派遣燕然道大总管黑齿常之反击，以左鹰扬大将军李多祚为他的副手，大败突厥人于黄花堆，追逐四十馀里，突厥人都逃往沙漠以北。李多祚先辈一贯任靺鞨酋长，因军功得以入宫值宿警卫。黑齿常之每次得到赏赐，都分给将士。有好马被军士损伤，官属请鞭打他，黑齿常之说："如何能因私人的马而鞭打官府的兵呢？"始终没有追究。

10　九月己卯（十八日），虢州人杨初成伪称郎将，假传太后命令在都邑招募人去房州迎接庐陵王。事情败露后，被处死。

11　冬季，十月庚子（初九），右监门卫中郎将爨宝壁与突厥阿史那骨笃禄、阿史德元珍交战，全军覆没，爨宝壁乘快马逃回。

爨宝壁见黑齿常之有军功，上表请求穷追残馀敌人。太后命令他与黑齿常之商议，遥相声援。爨宝壁想独占功劳，不等待黑齿常之便率领精兵一万三千人率先出发，跨出边塞两千馀里，想出其不意袭击突厥部落。到达以后，又先派人告诉人家，使得人家作严密准备，于是战败。太后处死爨宝壁。改阿史那骨笃禄的名字为不卒禄。

12　唐朝命令魏玄同留守西京。

13　武承嗣又指使人诬告李孝逸自己说"名字中有兔，兔是月亮中的东西，当会有天子的名分"。太后因李孝逸有功劳，十一月戊寅（十八日），减死罪为削除名籍，流放儋州而死。

14　太后欲遣韦待价将兵击吐蕃，凤阁侍郎韦方质奏，请如旧制遣御史监军。太后曰："古者明君遣将，阃外之事悉以委之。比闻御史监军，军中事无大小皆须承禀。以下制上，非令典也，且何以责其有功！"遂罢之。

15　是岁，天下大饥，山东、关内尤甚。

四年（戊子，688）

1　春，正月甲子，于神都立高祖、太宗、高宗三庙，四时享祀如西庙之仪。又立崇先庙以享武氏祖考。太后命有司议崇先庙室数，司礼博士周悰请为七室，又减唐太庙为五室。春官侍郎贾大隐奏："礼，天子七庙，诸侯五庙，百王不易之义。今周悰别引浮议，广述异闻，直崇临朝权仪，不依国家常度。皇太后亲承顾托，光显大猷，其崇先庙室应如诸侯之数，国家宗庙不应辄有变移。"太后乃止。

2　太宗、高宗之世，屡欲立明堂，诸儒议其制度，不决而止。及太后称制，独与北门学士议其制，不问诸儒。诸儒以为明堂当在国阳丙己之地，三里之外，七里之内。太后以为去宫太远。二月庚午，毁乾元殿，于其地作明堂，以僧怀义为之使，凡役数万人。

3　夏，四月戊戌，杀太子通事舍人郝象贤。象贤，处俊之孙也。

初，太后有憾于处俊，会奴诬告象贤反，太后命周兴鞫之，致象贤族罪。象贤家人诣朝堂，讼冤于监察御史乐安任玄殖。玄殖奏象贤无反状，玄殖坐免官。象贤临刑，极口骂太后，发扬宫中隐慝，夺市人柴以击刑者。金吾兵共格杀之。太后命支解其尸，发其父祖坟，毁棺焚尸。自是终太后之世，法官每刑人，先以木丸塞其口。

14　太后准备派遣韦待价领兵进击吐蕃，凤阁侍郎韦方质上奏，请按照以前的制度派遣御史监军，太后说："古时贤明君主派遣将领，城门以外的事情全都委托给他，近来听说御史监军，军中大小事情都要禀报他，以下制上，不是国家的法令，这如何能要求将领取得成功！"于是作罢。

15　本年，天下大饥荒，崤山以东、关内尤为严重。

则天后垂拱四年(戊子，公元688年)

1　春季，正月甲子(初五)，唐朝在神都建立唐高祖、唐太宗、唐高宗的三座庙，春夏秋冬祭祀如同西京祭宗庙的仪式。又立崇先庙以祭祀武氏祖先。太后命令有关部门讨论崇先庙的室数，司礼博士周悰请设七室，并减少李唐太庙为五室。春官侍郎贾大隐奏："按照礼法，天子七庙，诸侯五庙，这是百代不能改变的道理。如今周悰引用没有根据的议论，广为陈述奇异的学说，只是尊崇当朝的威仪，不按照国家的常规。皇太后亲自承受先帝托付，大显宏规，崇先庙的室数应当如同诸侯的数目，国家宗庙不应随意变更。"太后于是停止讨论。

2　太宗、高宗在位的时候，多次准备建立明堂，因学者们讨论它的制度没有结果而停止。到太后临朝行使皇帝权力，独自与北门学士讨论它的制度，不征求学者们的意见。学者认为明堂应当在都城南郊丙已之地，三里之外，七里之内。太后认为离皇宫太远。二月庚午，拆毁乾元殿，在原地基作明堂，任命和尚怀义为使者，共役使数万人。

3　夏季，四月戊戌(十一日)，唐朝处死太子通事舍人郝象贤。郝象贤是郝处俊的孙子。

当初，太后对郝处俊不满意，遇上奴婢诬告郝象贤谋反，太后命令周兴审讯，判郝象贤灭族罪。郝象贤家里的人前往朝堂，诉冤屈于监察御史乐安人任玄殖。任玄殖上奏说郝象贤没有谋反的事实，因此被免官。郝象贤临刑前，破口骂太后，揭发宫中见不得人的事，夺取市上木柴打击执刑者。金吾兵共同把他杀死。太后命令肢解他的尸体，挖他父亲、祖父的坟墓，毁棺材焚尸体。从此直到太后在位终了，法官每次执行死刑，都先用木丸塞住犯人的嘴。

4　武承嗣使凿白石为文曰："圣母临人，永昌帝业。"末紫石杂药物填之。庚午，使雍州人唐同泰奉表献之，称获之于洛水。太后喜，命其石曰"宝图"。擢同泰为游击将军。五月戊辰，诏当亲拜洛，受"宝图"。有事南郊，告谢昊天。礼毕，御明堂，朝群臣。命诸州都督、刺史及宗室、外戚以拜洛前十日集神都。乙亥，太后加尊号为圣母神皇。

5　六月丁亥朔，日有食之。

6　壬寅，作神皇三玺。

7　东阳大长公主削封邑，并二子徙巫州。公主适高履行，太后以高氏长孙无忌之舅族，故恶之。

8　江南道巡抚大使、冬官侍郎狄仁杰以吴、楚多淫祠，奏焚其一千七百馀所，独留夏禹、吴太伯、季札、伍员四祠。

9　秋，七月丁巳，赦天下。更命"宝图"为"天授圣图"，洛水为永昌洛水，封其神为显圣侯，加特进，禁渔钓，祭祀比四渎。名图所出曰"圣图泉"，泉侧置永昌县。又改嵩山为神岳，封其神为天中王，拜太师、使持节、神岳大都督，禁刍牧。又以先于汜水得瑞石，改汜水为广武。

太后潜谋革命，稍除宗室。绛州刺史韩王元嘉、青州刺史霍王元轨、邢州刺史鲁王灵夔、豫州刺史越王贞及元嘉子通州刺史黄公譔、元轨子金州刺史江都王绪、虢王凤子申州刺史东莞公融、灵夔子范阳王蔼、贞子博州刺史琅邪王冲，在宗室中皆以才行有美名，太后尤忌之。元嘉等内不自安，密有匡复之志。

4　武承嗣指使人在白石上凿上文字："圣母临人，永昌帝业。"然后将石染成紫色，用药物填充。庚午，指使雍州人唐同泰上表献石，声称这石头是从洛水中获得的。太后高兴，为这石头命名"宝图"，提拔唐同泰为游击将军。五月戊辰（十一日），太后下诏，将亲自朝拜洛水，接受"宝图"。祭祀于南郊，告谢昊天。礼仪完毕，驾临明堂，朝见群臣。命令各州都督、刺史以及皇族、外戚在祭拜洛水前十天在神都洛阳会集。乙亥（十八日），太后加尊号为圣母神皇。

5　六月丁亥朔（初一），出现日食。

6　壬寅（十六日），唐朝制作神皇的三个玺印。

7　东阳大长公主被削除封邑，和两个儿子一起迁移巫州。东阳大长公主嫁高履行，太后因高氏是长孙无忌的舅族，所以憎恶她。

8　江南道巡抚大使，冬官侍郎狄仁杰因吴、楚多淫祠，奏准焚烧一千七百多所，只留下夏禹、吴太伯、季札、伍员四祠。

9　秋季，七月丁巳（初一），唐朝大赦天下。"宝图"改名为"天授圣图"；洛水改名为永昌洛水，封洛水神为显圣侯，加特进，禁止在洛水打鱼垂钓，祭祀的礼仪如同四渎一样。天授圣图出现的地点命名为"圣图泉"，泉的旁边设置永昌县。又改称嵩山为神岳，封该山神为天中王，授官为太师、使持节、神岳大都督，禁止在山上打柴放牧。又因这以前在汜水县得到瑞石，汜水县因此改名为广武县。

太后私下图谋更替唐朝，逐渐清除皇族。绛州刺史韩王李元嘉、青州刺史霍王李元轨、邢州刺史鲁王李灵夔、豫州刺史越王李贞及李元嘉的儿子通州刺史黄公李譔、李元轨的儿子金州刺史江都王李绪、虢王李凤的儿子申州刺史东莞公李融、李灵夔的儿子范阳王李蔼、李贞的儿子博州刺史琅邪王李冲，在皇族中都以才能和操行享有美名，太后尤其憎恨他们。李元嘉等内心不安，暗中有匡救恢复皇权的志向。

谍谬为书与贞云："内人病浸重，当速疗之，若至今冬，恐成痼疾。"及太后召宗室朝明堂，诸王因递相惊曰："神皇欲于大飨之际，使人告密，尽收宗室，诛之无遗。"谍诈为皇帝玺书与冲云："朕遭幽絷，诸王宜各发兵救我。"冲又诈为皇帝玺书云："神皇欲移李氏社稷以授武氏。"八月壬寅，冲召长史萧德琮等令募兵，分告韩、霍、鲁、越及贝州刺史纪王慎，令各起兵共趣神都。太后闻之，以左金吾将军丘神勣为清平道行军大总管以讨之。

冲募兵得五千馀人，欲渡河取济州。先击武水，武水令郭务悌诣魏州求救。莘令马玄素将兵千七百人中道邀冲，恐力不敌，入武水，闭门拒守。冲推草车塞其南门，因风纵火焚之，欲乘火突入。火作而风回，冲军不得进，由是气沮。堂邑董玄寂为冲将兵击武水，谓人曰："琅邪王与国家交战，此乃反也。"冲闻之，斩玄寂以徇，众惧而散入草泽，不可禁止，惟家僮左右数十人在。冲还走博州，戊申，至城门，为守门者所杀，凡起兵七日而败。丘神勣至博州，官吏素服出迎，神勣尽杀之，凡破千馀家。

越王贞闻冲起，亦举兵于豫州，遣兵陷上蔡。九月丙辰，命左豹韬大将军麹崇裕为中军大总管，岑长倩为后军大总管，将兵十万以讨之，又命张光辅为诸军节度。削冲属籍，更姓虺氏。贞闻冲败，欲自锁诣阙谢罪，会所署新蔡令傅延庆募得勇士二千馀人，贞乃宣言于众曰："琅邪已破魏、相数州，有兵二十万，朝夕至矣。"发属县兵共得五千，分为五营，使汝南县丞裴守德等将之，署九品以上官五百馀人。所署官皆受迫协，莫有斗志，

李譔写信给李贞伪称："妻子的病越来越重，应当赶紧治疗，如果拖延到今年冬天，恐怕要成为顽症。"等到太后召集宗室朝拜明堂，诸王相互惊恐说："神皇准备于合祭的时候，指使人告密，尽数逮捕皇族，全部杀光。"李譔又假造皇帝加印密封的书信给李冲，信中说："朕被幽禁，诸王应该各自发兵救我。"李冲又伪造皇帝加印密封的书信，其中说："神皇打算将李氏的国家交给武氏。"八月壬寅（十七日），李冲召集长史萧德琮等，命令他们招募兵卒，同时分别告知韩、霍、鲁、越各王，以及贝州刺史纪王李慎，让他们各自起兵，共同向神都进发。太后得知后，任命左金吾将军丘神勣为清平道行军大总管讨伐他们。

李冲募兵得到五千多人，想横渡黄河，夺取济州。先进攻武水，武水县令郭务悌前往魏州求救。莘县县令马玄素领兵一千七百人在中途截击李冲，因怕兵力不足以抗敌，便进入武水县城，闭门防守。李冲推草车堵塞该城南门，趁风纵火焚烧，想乘火攻入城中。不料火起后风向逆转，李冲的军队不能前进，因此气泄。堂邑人董玄寂为李冲领兵进攻武水，对人说："琅邪王李冲与国家交战，这是谋反。"李冲听说后，斩董玄寂示众，部下畏惧散走荒野，不能禁止，只剩下自家的僮仆和左右数十人在身边。李冲往回逃奔博州，戊申（二十三日），至博州城门，被守门的人杀死，起兵前后共七日而失败。丘神勣到达博州，官吏身穿素服出来迎接，丘神勣将他们全部杀死，共破败一千多家。

越王李贞听说李冲起兵，也在豫州起兵，派兵攻陷上蔡。九月丙辰（初一），朝廷任命左豹韬大将军麴崇裕为中军大总管，岑长倩为后军大总管，领兵十万人讨伐他，又命张光辅为诸军节度。朝廷削除李冲在家族名册中的名字，改姓虺氏。李贞听说李冲失败，本想捆绑自己到皇宫前请罪，正遇上他所任命的新蔡县令傅延庆招募到勇士两千多人，李贞便向他们宣告说："琅邪王李冲已攻破魏、相等数州，有兵二十万，很快就要到达这里了。"又征发豫州所属各县兵共五千人，分为五营，指派汝南县丞裴守德等率领，任命九品以上官员五百多人。所任命的官吏都是受胁迫的，没有斗志，

惟守德与之同谋，贞以其女妻之，署大将军，委以腹心。贞使道士及僧诵经以求事成，左右及战士皆带辟兵符。麴崇裕等军至豫州城东四十里，贞遣少子规及裴守德拒战，兵溃而归。贞大惧，闭阁自守。崇裕等至城下，左右谓贞曰："王岂可坐待戮辱？"贞、规、守德及其妻皆自杀。与冲皆枭首东都阙下。

初，范阳王蔼遣使语贞及冲曰："若四方诸王一时并起，事无不济。"诸王往来相约结，未定而冲先发，惟贞狼狈应之，诸王皆不敢发，故败。

贞之将起兵也，遣使告寿州刺史赵瓌，瓌妻常乐长公主谓使者曰："为我语越王：昔隋文帝将篡周室，尉迟迥，周之甥也，犹能举兵匡救社稷，功虽不成，威震海内，足为忠烈。况汝诸王，先帝之子，岂得不以社稷为心？今李氏危若朝露，汝诸王不舍生取义，尚犹豫不发，欲何须邪？祸且至矣，大丈夫当为忠义鬼，无为徒死也。"

及贞败，太后欲悉诛韩、鲁等诸王，命监察御史蓝田苏珦按其密状。珦讯问，皆无明验，或告珦与韩、鲁通谋，太后召珦诘之，珦抗论不回。太后曰："卿大雅之士，朕当别有任使，此狱不必卿也。"乃命珦于河西监军，更使周兴等按之，于是收韩王元嘉、鲁王灵夔、黄公譔、常乐公主于东都，迫协皆自杀，更其姓曰"虺"，亲党皆诛。

以文昌左丞狄仁杰为豫州刺史。时治越王贞党与，当坐者六七百家，籍没者五千口，司刑趣使行刑。仁杰密奏："彼皆诖误，臣欲显奏，似为逆人申理；知而不言，恐乖陛下仁恤之旨。"太后特原之，皆流丰州。道过宁州，宁州父老迎劳之曰："我狄使君活汝邪？"相携哭于德政碑下，设斋三日而后行。

只有裴守德与他同谋，李贞将女儿嫁给他，任命他为大将军，结为亲信。李贞让道士、和尚诵经以祈求事情成功，身边的人及战士都佩带避免兵器伤害的神符。麹崇裕等军到达豫州城东四十里，李贞派遣小儿子李规及裴守德迎战，结果溃败而回。李贞大惊，闭门自守。麹崇裕等到达城下，身边的人对李贞说："您难道可以坐着等待被杀被污辱？"于是李贞、李规、裴守德及他们的妻子都自杀。他们与李冲都在东都皇宫门前被悬首示众。

当初，范阳王李蔼派使者对李贞和李冲说："如果四方诸王同时起事，一定能成功。"于是诸王往返协商约定时间，还没有最后约定，李冲就提前发难，只有李贞匆忙响应，其他诸王都不敢发动，所以失败。

李贞将起兵时，派使者告诉寿州刺史赵瓌，赵瓌的妻子常乐长公主对使者说："替我转告越王李贞：从前隋文帝将要篡夺北周帝位，尉迟迥是北周皇帝的外甥，还能举兵匡救国家，虽然没有成功，但威震海内，足以称为忠诚壮烈之士。何况你们诸王还是先帝的儿子，难道还能不把国家放在心上？现今李氏王朝的危险就像早晨的露水一样，你们诸王不舍生取义，还犹豫不发兵，想等什么呢？大祸就要临头了，大丈夫应当做忠义之鬼，不应当白白等死。"

到李贞失败，太后打算全部处死韩、鲁等诸王，命令监察御史蓝田人苏珦清查他们密谋情况。苏珦经过审讯，都没有得到明确的罪证，有人密告苏珦与韩、鲁等诸王串通谋反，太后召苏珦责问，苏昫直言争论，不改变自己的看法。太后说："你是才德高雅的读书人，朕将另有任用，这个案子不用你办理了。"便命令苏珦到河西监军，改由周兴等审理，于是收捕韩王李元嘉、鲁王李灵夔、黄公李譔、常乐公主等到东都洛阳，迫胁他们全都自杀，改他们姓"虺"，他们的亲属党羽都被处死。

朝廷任命文昌左丞狄仁杰为豫州刺史。当时正惩治越王李贞的党羽，要判罪的有六七百家，籍没官府充当奴婢的有五千人，司刑寺催促执行判决。狄仁杰给太后上密奏说："他们都是无罪而受连累的，我想公开上奏，似乎是在为叛逆的人申辩；知而不言，恐怕有背于陛下仁爱怜悯的本意。"太后因此特意原谅他们，都流放丰州。当他们路过宁州时，宁州父老迎接慰劳说："是我们狄使君救活你们吗？"互相搀扶着在宁州百姓当年为狄仁杰立的功德碑下大哭，斋戒三天后才继续往前走。

时张光辅尚在豫州，将士恃功，多所求取，仁杰不之应。光辅怒曰："州将轻元帅邪？"仁杰曰："乱河南者一越王贞耳，今一贞死，万贞生！"光辅诘其语，仁杰曰："明公总兵三十万，所诛者止于越王贞。城中闻官军至，逾城出降者四面成蹊，明公纵将士暴掠，杀已降以为功，流血丹野，非万贞而何？恨不得尚方斩马剑，加于明公之颈，虽死如归耳！"光辅不能诘，归，奏仁杰不逊，左迁复州刺史。

10　丁卯，左肃政大夫骞味道、夏官侍郎王本立并同平章事。

11　太后之召宗室朝明堂也，东莞公融密遣使问成均助教高子贡，子贡曰："来必死。"融乃称疾不赴。越王贞起兵，遣使约融，融苍猝不能应，为官属所逼，执使者以闻，擢拜右赞善大夫。未几，为支党所引，冬，十月己亥，戮于市，籍没其家。高子贡亦坐诛。

济州刺史薛𫖮、𫖮弟绪、绪弟驸马都尉绍，皆与琅邪王冲通谋。𫖮闻冲起兵，作兵器，募人。冲败，杀录事参军高纂以灭口。十一月辛酉，𫖮、绪伏诛，绍以太平公主故，杖一百，饿死于狱。

十二月乙酉，司徒、青州刺史霍王元轨坐与越王连谋，废徙黔州，载以槛车，行至陈仓而死。江都王绪、殿中监郕公裴承先皆戮于市。承先，寂之孙也。

12　命裴居道留守西京。

13　左肃政大夫、同平章事骞味道素不礼于殿中侍御史周矩，屡言其不能了事。会有罗告味道者，敕矩按之。矩谓味道曰："公常责矩不了事，今日为公了之。"乙亥，味道及其子辞玉皆伏诛。

当时张光辅还在豫州，将士依仗有战功，肆意勒索，狄仁杰不予理睬。张光辅大怒说：“州将敢轻视全军主将？”狄仁杰说：“河南作乱的只有一个越王李贞，现在一个李贞死了，出现了一万个李贞！”张光辅责问这话是什么意思，狄仁杰说：“您统兵三十万，所要杀的只限于越王李贞。城中人听说官军到来，越城出来投降的人很多，四面都踩踏成道路了，您放纵军士狂暴抢掠，杀已投降的人以报取军功，流血染红郊野，这不是一万个李贞又是什么？我恨不能得到尚方斩马剑加在您的脖子上，我虽死也如同回家一样！”张光辅不能再追问什么，回来后，上奏说狄仁杰不恭顺，狄仁杰被降职为复州刺史。

10　丁卯（十二日），左肃政大夫骞味道、夏官侍郎王本立一并任同平章事。

11　太后召皇族朝拜明堂，东莞公李融暗中派使者问国子监助教高子贡，高子贡回答说：“来，必定死。”李融便声称有病不来。越王李贞发难，派使者约他一同起兵，他匆促间不能响应，在属官逼迫下逮捕李贞的使者上报，因此升任左赞善大夫。不久。为亲党所牵连，冬季，十月己亥（十四日），被处死于街市，查抄家产。高子贡也因此被处死。

济州刺史薛颉、薛颉的弟弟薛绪、薛绪的弟弟驸马都尉薛绍，都同琅邪王李冲通谋。薛颉听说李冲起兵，即制造武器，招募人员。李冲失败后，他们杀录事参军高纂以灭口。十一月辛酉（初六），薛颉、薛绪被处死，薛绍因娶太平公主的缘故，被打一百棍子后，饿死于监狱中。

十二月乙酉（初一），司徒、青州刺史霍王李元轨因犯与越王李贞通谋罪，被废黜并迁移到黔州，用囚车运载，行至陈仓死去。江都王李绪、殿中监郕公裴承先都被处死于街市。裴承先是裴寂的孙子。

12　唐朝命令裴居道留守西京。

13　左肃政大夫、同平章事骞味道一贯不尊重殿中侍御史周矩，多次说他不能解决问题。正好有人罗织罪名告骞味道，太后命令周矩审讯。周矩对骞味道说：“你常责备我不能解决问题，今天我就为你解决问题。”己亥，骞味道和他的儿子骞辞玉都被处死。

14　己酉，太后拜洛受图，皇帝、皇太子皆从，内外文武百官、蛮夷各依方叙立，珍禽、奇兽、杂宝列于坛前，文物卤簿之盛，唐兴以来未之有也。

15　辛亥，明堂成，高二百九十四尺，方三百尺。凡三层：下层法四时，各随方色；中层法十二辰；上为圆盖，九龙捧之。上施铁凤，高一丈，饰以黄金。中有巨木十围，上下通贯，栭栌橕棍藉以为本。下施铁渠，为辟雍之象，号曰万象神宫。宴赐群臣，赦天下，纵民入观。改河南为合宫县。又于明堂北起天堂五级以贮大像，至三级，则俯视明堂矣。僧怀义以功拜左威卫大将军、梁国公。

侍御史王求礼上书曰："古之明堂，茅茨不翦，采椽不斫。今者饰以珠玉，涂以丹青，铁鹙入云，金龙隐雾，昔殷辛琼台，夏癸瑶室，无以加也。"太后不报。

16　太后欲发梁、凤、巴蜑，自雅州开山通道，出击生羌，因袭吐蕃。正字陈子昂上书，以为："雅州边羌，自国初以来未尝为盗。今一旦无罪戮之，其怨必甚，且惧诛灭，必蜂起为盗。西山盗起，则蜀之边邑不得不连兵备守，兵久不解，臣愚以为西蜀之祸，自此结矣。臣闻吐蕃爱蜀富饶，欲盗之久矣，徒以山川阻绝，障隘不通，势不能动。今国家乃乱边羌，开隘道，使其收奔亡之种，为向导以攻边，是借寇兵为贼除道，举全蜀以遗之也。蜀者国家之宝库，可以兼济中国。今执事者乃图侥幸之利以事西羌，得其地不足以稼穑，财不足以富国，徒为糜费，无益圣德，况其成败未可知哉？夫蜀之所恃者险也，

14　己酉（二十五日），太后朝拜洛水，接受“天授圣图”，皇帝、皇太子都随从，内外文武百官、蛮夷首领各按方位排列站立，珍禽、奇兽、各种珍宝陈列于坛前，礼乐仪仗的盛大，是唐朝开国以来所未有过的。

15　辛亥（二十七日），明堂落成，高二百九十四尺，见方三百尺。共三层：下层按照四季划分，每一方为一种颜色；中层按十二时辰划分；上为圆顶，由九条龙捧起。上面安置铁凤，高一丈，用黄金装饰。中间有十围粗的大木，上下贯通，斗拱斜柱屋檐都以它为基础。下面安置铁制水槽，像太学中辟雍的样子，号称万象神宫。太后设宴赐群臣，大赦天下罪人，准许百姓入内参观。改河南为合宫县。又在明堂北面造五层天堂以贮藏大佛像；登上第三层就可以俯视明堂了。和尚怀义因主持修造明堂和天堂有功授左威卫大将军、梁国公。

侍御史王求礼上书说：“古代明堂，用茅草不加修剪，采木料不加砍削。现在用珠宝玉石装饰，涂上各种颜色，铁凤高入云端，金龙隐入云雾，比起从前殷纣王的琼台、夏桀的瑶室，都无以复加了。”太后不予理睬。

16　太后准备征发梁、凤、巴蜑等地百姓，从雅州凿山开通道路，出击生羌，从而袭击吐蕃。正字陈子昂上书认为：“雅州边地的羌人，从唐朝开国以来未曾做盗贼。忽然无罪杀戮他们，仇怨一定很深；而且害怕被消灭，必蜂起做盗贼。西山盗贼兴起，则蜀地边城不得不接连派兵防守，兵士长期集结不散，我以为西蜀的祸害，从此就结下了。我听说吐蕃贪图蜀地富饶，想窃取它已经很久了，只是因山川阻隔，险要障碍不通，形势使他们不能发动。现在国家扰乱边地羌人，开通险要通道，使他们得以收集逃亡种族，作为向导进攻边地，这是借给敌人兵马，为敌人清除道路，把全部蜀地送给他们。蜀地是国家的宝库，可以多方面接济中原地区，现在的一些当政者贪图侥幸的利益而进取西羌，得到他们的土地不能够种庄稼，得到他们的财富不足以使国富裕，只是浪费财力人力，无益于陛下圣德，何况成败还不一定呢？蜀地所依赖的是地势险要，

人之所以安者无役也。今国家乃开其险，役其人，险开则便寇，人役则伤财，臣恐未见羌戎，已有奸盗在其中矣。且蜀人尪劣，不习兵战，山川阻旷，去中夏远，今无故生西羌、吐蕃之患，臣见其不及百年，蜀为戎矣。国家近废安北，拔单于，弃龟兹，放疏勒，天下翕然谓之盛德者，盖以陛下务在养人，不在广地也。今山东饥，关、陇弊，而徇贪夫之议，谋动甲兵，兴大役，自古国亡家败，未尝不由黩兵，愿陛下熟计之。”既而役不果兴。

永昌元年(己丑,689)

1　春，正月乙卯朔，大飨万象神宫，太后服衮冕，搢大圭，执镇圭为初献，皇帝为亚献，太子为终献。先诣昊天上帝座，次高祖、太宗、高宗，次魏国先王，次五方帝座。太后御则天门，赦天下，改元。丁巳，太后御明堂，受朝贺。戊午，布政于明堂，颁九条以训百官。己未，御明堂，飨群臣。

2　二月丁酉，尊魏忠孝王曰周忠孝太皇，妣曰忠孝太后，文水陵曰章德陵，咸阳陵曰明义陵。置崇先府官。戊戌，尊鲁公曰太原靖王，北平王曰赵肃恭王，金城王曰魏义康王，太原王曰周安成王。

3　三月甲子，张光辅守纳言。

4　壬申，太后问正字陈子昂，当今为政之要。子昂退，上疏，以为“宜缓刑崇德，息兵革，省赋役，抚慰宗室，各使自安”。辞婉意切，其论甚美，凡三千言。

5　癸酉，以天官尚书武承嗣为纳言，张光辅守内史。

百姓所赖以安定的是没有征役。现在国家打开它的险要，役使当地的人民，险要打开则便于敌寇，人民被役使则伤财，我恐怕还没有见到羌人，已有奸盗出现在蜀中了。况且蜀人弱小，不习兵战，山川阻隔，距离中原遥远，如今无故造成西羌、吐蕃的祸患，我觉得不要再过一百年，蜀地将变为戎人的地方了。国家近年废置安北、单于，放弃龟兹、疏勒，天下一致称之为盛德，这大概因为陛下致力于自养人民，而不在于扩大土地。现崤山以东饥荒，关、陇地区残破，而顺从贪心人的议论，谋划动用军队，兴起大征役，自古以来国亡家败，未尝不由于滥用武力，愿陛下仔细考虑。”其后这件事情没有进行。

则天后永昌元年(己丑,公元689年)

1　春季，正月乙卯朔(初一)，唐朝合祭万象神宫，太后穿戴帝王的礼服礼帽，衣带间插着大圭，手执镇圭为初献，皇帝为第二献，太子为终献。先至昊天上帝座前，其次至唐高祖、唐太宗、唐高宗座前，其次至魏国先王座前，其次至五方帝座前。太后亲临则天门，大赦天下，更改年号。丁巳(初三)，太后驾临明堂，接受朝贺。戊午(初四)，宣告刑赏和教化于明堂，颁布教诲百官的九条条款。己未(初五)，太后来到明堂，宴赏群臣。

2　二月丁酉(十四日)，太后追尊父亲魏忠孝王为周忠孝太皇，母亲为忠孝太后，文水陵为章德陵，咸阳陵为明义陵。设置崇先府官员。戊戌(十五日)，太后尊鲁公为太原靖王，北平王为赵肃恭王，金城王为魏义康王，太原王为周安成王。

3　三月甲子(十一日)，张光辅代理纳言。

4　壬申(十九日)，太后问正字陈子昂，什么是当前政务要抓的重要事情。陈子昂退朝后，上疏认为：“应当宽缓刑罚，崇尚德政，停止军事行动，减省赋税徭役，抚恤慰问皇族，使他们各自安心。”词语委婉，意思深切，议论很好，共三千字。

5　癸酉(二十日)，唐朝任命天官尚书武承嗣为纳言，张光辅署理内史。

6　夏，四月甲辰，杀辰州别驾汝南王炜、连州别驾鄱阳公諲等宗室十二人，徙其家于巂州。炜，恽之子；諲，元庆之子也。

己酉，杀天官侍郎蓝田邓玄挺。玄挺女为諲妻，又与炜善。諲谋迎中宗于庐陵，以问玄挺。炜又尝谓玄挺曰："欲为急计，何如？"玄挺皆不应。故坐知反不告，同诛。

7　五月丙辰，命文昌右相韦待价为安息道行军大总管，击吐蕃。

8　浪穹州蛮酋傍时昔等二十五部，先附吐蕃，至是来降。以傍时昔为浪穹州刺史，令统其众。

9　己巳，以僧怀义为新平军大总管，北讨突厥。行至紫河，不见虏，于单于台刻石纪功而还。

10　诸王之起兵也，贝州刺史纪王慎独不预谋，亦坐系狱。秋七月丁巳，槛车徙巴州，更姓虺氏，行及蒲州而卒。八男徐州刺史东平王续等，相继被诛，家徙岭南。

女东光县主楚媛，幼以孝谨称，适司议郎裴仲将，相敬如宾。姑有疾，亲尝药膳，接遇娣姒，皆得欢心。时宗室诸女皆以骄奢相尚，诮楚媛独俭素，曰："所贵于富贵者，得适志也。今独守勤苦，将以何求？"楚媛曰："幼而好礼，今而行之，非适志欤？观自古女子，皆以恭俭为美，纵侈为恶。辱亲是惧，何所求乎？富贵傥来之物，何足骄人？"众皆惭服。及慎凶问至，楚媛号恸，呕血数升。免丧，不御膏沐者垂二十年。

6　夏季，四月甲辰（二十二日），唐朝处死辰州别驾汝南王李炜、连州别驾鄱阳公李諲等皇族十二人，迁移他们的家属去巂州。李炜是蒋王李恽的儿子；李諲是道王李元庆的儿子。

己酉（二十七日），唐朝处死天官侍郎蓝田人邓玄挺。邓玄挺的女儿是李諲的妻子，邓玄挺又与李炜很要好。李諲图谋从庐陵接回唐中宗，曾询问过邓玄挺。李炜又曾对邓玄挺说："准备立即行动，如何？"邓玄挺都没有回答，所以他因知道谋反不报获罪，被一同处死。

7　五月丙辰（初五），唐朝任命文昌右相韦待价为安息道行军大总管，进攻吐蕃。

8　浪穹州蛮酋长傍时昔等二十五部，原先依附吐蕃，现在投降唐朝。唐朝任命傍时昔为浪穹州刺史，统率他的部众。

9　己巳（十八日），唐朝任命和尚怀义为新平军大总管，北伐突厥。进军到紫河，没有遇见突厥人，在单于台刻石纪功而回。

10　唐朝诸王起兵时，只有贝州刺史纪王李慎没有参与谋划，但也牵连入狱。秋季，七月丁巳（初七），被用囚车迁移巴州，改姓虺氏，行进到蒲州而死。他的八个儿子，如徐州刺史东平王李续等，相继被处死，家属被迁移岭南。

李慎的女儿东光县主李楚媛，年幼时就以孝顺谨慎著名，嫁司议郎裴仲将，相互尊敬如待宾客。婆婆有病，所用药物和食品都亲口先尝；接待妯娌，都得到欢悦。当时皇族的女子都以放纵奢侈为时尚，他们讥笑只有李楚媛节俭朴素，说："人所以追求富贵，为的是满足欲望。现在一味保持勤劳艰苦，追求的是什么呢？"李楚媛说："小时候喜欢礼，现在付诸行动，不是满足欲望吗？综观自古以来的女子，都以恭顺节俭为美德，以放纵奢侈为丑恶。使父母耻辱是我所畏惧的，别的还有什么追求啊？富贵是无意得来的东西，有什么可向别人炫耀的？"大家听后既惭愧又佩服。等到李慎的死讯传来，李楚媛哀号悲痛，呕血数升。守丧期满后，不用美化头发的油脂近二十年。

11　韦待价军至寅识迦河，与吐蕃战，大败。待价既无将领之才，狼狈失据，士卒冻馁，死亡甚众，乃引军还。太后大怒，丙子，待价除名，流绣州，斩副大总管安西大都护阎温古。安西副都护唐休璟收其馀众，抚安西土，太后以休璟为西州都督。

12　戊寅，以王本立同凤阁鸾台三品。

13　徐敬业之败也，弟敬真流绣州，逃归，将奔突厥。过洛阳，洛州司马弓嗣业、洛阳令张嗣明资遣之。至定州，为吏所获，嗣业缢死。嗣明、敬真多引海内知识，云有异图，冀以免死。于是朝野之士为所连引坐死者甚众。嗣明诬内史张光辅，云“征豫州日，私论图谶、天文，阴怀两端”。八月甲申，光辅与敬真、嗣明等同诛，籍没其家。

乙未，秋官尚书太原张楚金、陕州刺史郭正一、凤阁侍郎元万顷、洛阳令魏元忠，并免死流岭南。楚金等皆为敬真所引，云与敬业通谋。临刑，太后使凤阁舍人王隐客驰骑传声赦之。声达于市，当刑者皆喜跃欢呼，宛转不已。元忠独安坐自如，或使之起，元忠曰：“虚实未知。”隐客至，又使起，元忠曰：“俟宣敕已。”既宣敕，乃徐起，舞蹈再拜，竟无忧喜之色。是日，阴云四塞，既释楚金等，天气晴霁。

14　九月壬子，以僧怀义为新平道行军大总管，将兵二十万讨突厥骨笃禄。

15　初，高宗之世，周兴以河阳令召见，上欲加擢用，或奏以为非清流，罢之。兴不知，数于朝堂俟命。诸相皆无言，地官尚书、检校纳言魏玄同，时同平章事，谓之曰：“周明府可去矣。”兴以为玄同沮己，衔之。玄同素与裴炎善，时人以其终始不渝，谓之耐久朋。周兴奏诬玄同言：“太后老矣，不若奉嗣君为耐久。”太后怒，闰月甲午，赐死于家。监刑御史房济谓玄同曰：

11　韦待价进军至寅识迦河，与吐蕃交战，打了大败仗。韦待价本无将领的才能，狼狈中失去凭依，士卒挨冻受饿，死亡很多，于是领军返回。太后大怒，丙子（二十六日），韦待价被撤销名籍，流放绣州，处死副大总管安西大都护阎温古。安西副都护唐休璟收集残馀部队，抚慰安定西部边地，太后任命唐休璟为西州都督。

12　戊寅（二十八日），唐朝任王本立同凤阁鸾台三品。

13　徐敬业失败后，他的弟弟徐敬真流放绣州，以后逃跑回来，准备投奔突厥。他路过洛阳时，洛州司马弓嗣业、洛阳令张嗣明用财物遣送他。到达定州，被官吏捕获，弓嗣业被吊死。张嗣明、徐敬真多诬告牵连海内相要好的人，说他们图谋不轨，期望这样能免除死罪。于是朝野人士被牵连判死罪的人很多。张嗣明诬告内史张光辅，说："征讨豫州时，他私下议论王者受命的征验、天文变化，在朝廷和叛逆者间脚踩两只船。"八月甲申（初四），张光辅和徐敬真、张嗣明等一同被处死，查抄家产。

乙未（十五日），秋官尚书太原人张楚金、陕州刺史郭正一、凤阁侍郎元万顷、洛阳令魏元忠，都赦免死罪，流放岭南。张楚金等都是被徐敬真所诬告，说他们与徐敬业串通谋反。将执行死刑时，太后派凤阁舍人王隐客骑快马口传赦免令。赦免的喊声传到刑场，将受刑的人都高兴得跳跃欢呼，辗转不停。只有魏元忠安坐不动声色，有人让他起来，他说："真假还不知道。"王隐客来到，又让他起来，他又说："等待宣布太后命令后再起。"宣布命令后，他才慢慢起来，以跪拜之礼拜了两拜，脸上始终没有忧愁和喜悦的表情。当天，阴云笼罩，释免张楚金等人之后，天气转晴，阴云尽散。

14　九月壬子（初三），唐朝任命和尚怀义为新平道行军大总管，领兵二十万讨伐突厥阿史那骨笃禄。

15　当初，高宗在位时，周兴任河阳县令被召见，准备加以提升，有人上奏说他不属清流官，这才作罢。周兴不知道，还多次在朝堂等候任命。诸位宰相都不告诉他，地官尚书、检校纳言魏玄同当时职位是同平章事，对他说："周县令可以回去了。"周兴以为魏玄同阻止自己提升，因此怀恨他。魏玄同一贯与裴炎很要好，当时人因为他们的友情始终不变，称赞为"耐久的朋友"。周兴因此上奏诬陷魏玄同，说他曾说过："太后老了，不如事奉皇帝耐久。"太后大怒，闰九月甲午（十五日），赐他在家里自尽。行刑前监刑御史房济对魏玄同说：

“丈人何不告密，冀得召见，可以自直!”玄同叹曰：“人杀鬼杀，亦复何殊，岂能作告密人邪?”乃就死。又杀夏官侍郎崔詧于隐处。自馀内外大臣坐死及流贬者甚众。

彭州长史刘易从亦为徐敬真所引，戊申，就州诛之。易从为人，仁孝忠谨，将刑于市，吏民怜其无辜，远近奔赴，竞解衣投地曰：“为长史求冥福。”有司平准，直十馀万。

周兴等诬右武卫大将军燕公黑齿常之谋反，征下狱。冬，十月戊午，常之缢死。

己未，杀宗室鄂州刺史嗣郑王璥等六人。庚申，嗣滕王脩琦等六人免死，流岭南。

16　丁卯，春官尚书范履冰、凤阁侍郎邢文伟并同平章事。

17　己卯，诏太穆神皇后、文德圣皇后宜配皇地祇，忠孝太后从配。

18　右卫胄曹参军陈子昂上疏，以为：“周颂成、康，汉称文、景，皆以能措刑故也。今陛下之政，虽尽善矣，然太平之朝，上下乐化，不宜有乱臣贼子，日犯天诛。比者大狱增多，逆徒滋广，愚臣顽昧，初谓皆实，乃去月十五日，陛下特察系囚李珍等无罪，百僚庆悦，皆贺圣明，臣乃知亦有无罪之人挂于疏网者。陛下务在宽典，狱官务在急刑，以伤陛下之仁，以诬太平之政，臣窃恨之。又，九月二十一日敕免楚金等死，初有风雨，变为景云。臣闻阴惨者刑也，阳舒者德也，圣人法天，天亦助圣，天意如此，陛下岂可不承顺之哉? 今又阴雨，臣恐过在狱官。凡系狱之囚，多在极法，道路之议，或是或非，陛下何不悉召见之，自诘其罪? 罪有实者显示明刑，滥者严惩狱吏，使天下咸服，人知政刑，岂非至德克明哉?”

“您老为何不告密，以求得太后召见，可以为自己申诉。”魏玄同感叹说：“被人杀死和被鬼杀死，又有什么不同，怎么能当告密人呢？”于是自尽。又在隐蔽的地方杀死夏官侍郎崔詧，其馀朝廷内外大臣因此被处死和流放的很多。

彭州长史刘易从也被徐敬真诬告，戊申（二十九日），在彭州被处死。刘易从为人仁厚宽和，孝敬父母，忠诚谨慎，将在街市行刑时，官吏和百姓怜惜他无罪，从远近各处奔赴刑场，争先脱衣扔在地上，说：“为刘长史求冥福”。有关部门估价，这些衣服值十多万。

周兴等诬告右武卫大将军燕公黑齿常之谋反，被召回送进监狱。冬季，十月戊午（初九），黑齿常之被处死。

己未（初十），武后处死皇族鄂州刺史嗣郑王李璥等六人。庚申（十一日），嗣滕王李脩琦等六人免去死罪，流放岭南。

16　丁卯（十八日），春官尚书范履冰、凤阁侍郎邢文伟一并任同平章事。

17　己卯（三十日），太后下令，太穆神皇后、文德圣皇后应附祭于皇地祇，忠孝太后也随着附祭。

18　右卫胄曹参军陈子昂上疏认为：“周朝歌颂成王、康王，汉朝称赞文帝、景帝，都因为他们施行刑罚得当的缘故。现在陛下的政治，虽然尽善了，但太平的朝代，上下都乐于教化，不应当有乱臣贼子，天天触犯帝王的刑律被处死。近来大狱增多，叛逆的人日益增加，我本愚昧，原以为他们都有确凿的罪证，而上月十五日，陛下特意查明囚犯李珍等无罪，百官欢庆喜悦，都称颂陛下圣明，我于是知道也有无罪的人被悬挂于宽大的法网上。陛下致力于宽刑，狱官却在追求苛刻的刑罚，以损害陛下的仁德，以诬蔑太平的政治，我心里憎恨这些人。还有，九月二十一日下令赦免张楚金等死罪，天气由风雨变为五色云彩。我听说天气阴暗表示刑罚，晴朗表示德政；圣人效法上天，上天也帮助圣人，天意既然如此，陛下怎么能不承顺天意呢？现在又阴雨，我恐怕过错在执掌刑狱的官吏。凡是入狱的犯人，多是最重的刑罚，道途的议论，是对的或是错的，陛下何不全部召见罪犯，亲自责问他们的罪过？确实有罪的公开给予应得的刑罚，滥施刑罚的则严厉惩办主管刑狱的官吏，使天下人都心服，人们知道政事和刑罚，那不是最高尚的道德能够发扬光大吗？”

天授元年(庚寅,690)

1 十一月庚辰朔,日南至。太后享万象神宫,赦天下。始用周正,改永昌元年十一月为载初元年正月,以十二月为腊月,夏正月为一月。以周、汉之后为二王后,舜、禹、成汤之后为三恪,周、隋之嗣同列国。

2 凤阁侍郎河东宗秦客,改造"天""地"等十二字以献,丁亥,行之。太后自名"曌",改诏曰制。秦客,太后从父姊之子也。

3 乙未,司刑少卿周兴奏除唐亲属籍。

4 腊月辛未,以僧怀义为右卫大将军,赐爵鄂国公。

5 春,一月戊子,武承嗣迁文昌左相,岑长倩迁文昌右相、同凤阁鸾台三品,凤阁侍郎武攸宁为纳言,邢文伟守内史,左肃政大夫、同凤阁鸾台三品王本立罢为地官尚书。攸宁,士彟之兄孙也。

时武承嗣、三思用事,宰相皆下之。地官尚书、同凤阁鸾台三品韦方质有疾,承嗣、三思往问之,方质据床不为礼。或谏之,方质曰:"死生有命,大丈夫安能曲事近戚以求苟免乎?"寻为周兴等所构,甲午,流儋州,籍没其家。

6 二月辛酉,太后策贡士于洛城殿。贡士殿试自此始。

7 丁卯,地官尚书王本立薨。

8 三月丁亥,特进、同凤阁鸾台三品苏良嗣薨。

9 夏,四月丁巳,春官尚书、同平章事范履冰坐尝举犯逆者下狱死。

10 醴泉人侯思止,始以卖饼为业,后事游击将军高元礼为仆,素诡谲无赖。恒州刺史裴贞杖一判司,判司使思止告贞与舒王元名谋反,秋,七月辛巳,元名坐废,徙和州,壬午,杀其子豫章王亶,贞亦族灭。擢思止为游击将军。时,

则天后天授元年(庚寅,公元690年)

1　十一月庚辰朔(初一),冬至日。太后供奉万象神宫,大赦天下。开始用周正朔,改永昌元年十一月为载初元年正月,以十二月为腊月,夏历正月为一月。封周朝、汉朝王室的后代为“二王后”,舜、禹、成汤的后代为“三恪”,北周、隋朝皇帝后代享受封国的待遇。

2　凤阁侍郎河东人宗秦客,改造“天”“地”等十二个字进献,丁亥(初八),朝廷下令推行。太后自己命名为“曌”,改称“诏”为“制”。宗秦客是太后堂姊的儿子。

3　乙未(十六日),司刑少卿周兴上奏废除唐朝帝室亲属的家族名册。

4　腊月辛未(二十三日),唐朝任命和尚怀义为右卫大将军,赐予鄂国公爵位。

5　春季,一月戊子(初十),武承嗣升任文昌左相,岑长倩升任文昌右相、同凤阁鸾台三品,凤阁侍郎武攸宁为纳言,邢文伟署理内史,左肃政大夫、同凤阁鸾台三品王本立降职为地官尚书。武攸宁是武士彟哥哥的孙子。

当时武承嗣、武三思当权,宰相都在他们之下。地官尚书、同凤阁鸾台三品韦方质有病在家,武承嗣、武三思前往问候,韦方质靠着床不行礼。有人规劝他不要这样,他说:“生死有命,大丈夫怎能委屈事奉太后的近亲以求幸免呢?”不久他便被周兴等所陷害,甲午(十六日),流放儋州,查抄家产。

6　二月辛酉(十四日),太后在洛城殿考试州县选送的贡士。贡士进京参加殿试的制度从此开始。

7　丁卯(二十日),地官尚书王本立去世。

8　三月丁亥(初十),特进、同凤阁鸾台三品苏良嗣去世。

9　夏季,四月丁巳(十一日),春官尚书、同平章事范履冰因曾荐举犯叛逆罪的人,被关进监狱后死去。

10　醴泉人侯思止,当初以卖饼谋生,后来给游击将军高元礼充当仆人,一贯诡诈无赖。恒州刺史裴贞杖责一名判司,判司指使侯思止诬告裴贞与舒王李元名谋反,秋季,七月辛巳(初七),李元名因此被废黜,迁移和州,壬午(初八),处死他的儿子豫章王李亶;裴贞也被灭族。朝廷提拔侯思止为游击将军。当时,

告密者往往得五品，思止求为御史，太后曰：“卿不识字，岂堪御史？”对曰：“獬豸何尝识字，但能触邪耳。”太后悦，即以为朝散大夫、侍御史。他日，太后以先所籍没宅赐之，思止不受，曰：“臣恶反逆之人，不愿居其宅。”太后益赏之。

衡水人王弘义，素无行，尝从邻舍乞瓜，不与，乃告县官，瓜田中有白兔。县官使人搜捕，蹂践瓜田立尽。又游赵、贝，见闾里耆老作邑斋，遂告以谋反，杀二百馀人。擢授游击将军，俄迁殿中侍御史。或告胜州都督王安仁谋反，敕弘义按之。安仁不服，弘义即于枷上刎其首。又捕其子，适至，亦刎其首，函之以归。道过汾州，司马毛公与之对食，须臾，叱毛公下阶，斩之，枪揭其首入洛，见者无不震栗。

时置制狱于丽景门内，入是狱者，非死不出，弘义戏呼曰“例竟门”。朝士人人自危，相见莫敢交言，道路以目。或因入朝密遭掩捕，每朝，辄与家人诀曰：“未知复相见否？”

时法官竞为深酷，唯司刑丞徐有功、杜景俭独存平恕，被告者皆曰：“遇来、侯必死，遇徐、杜必生。”

有功，文远之孙也，名弘敏，以字行。初为蒲州司法，以宽为治，不施敲朴。吏相约有犯徐司法杖者，众共斥之。迨官满，不杖一人，职事亦修。累迁司刑丞，酷吏所诬构者，有功皆为直之，前后所活数十百家。尝廷争狱事，太后厉色诘之，左右为战栗，有功神色不挠，争之弥切。太后虽好杀，知有功正直，甚敬惮之。景俭，武邑人也。

告密的人往往得任五品官，侯思止要求担任御史，太后说：“你不识字，怎么能担任御史？”回答说：“獬豸哪里识字，只能用角触邪恶的人。”太后高兴，即任命他为朝散大夫、侍御史。过些天，太后赐给他原先没收的住宅，侯思止不肯接受，说：“我憎恶叛逆的人，不愿意居住他们的住宅。”太后更加赞赏他。

衡水人王弘义，一贯品行不好，曾向邻居讨瓜吃，邻居不给，便向县官报告说，瓜田中有白兔。县官派人搜捕，瓜田被全部践踏。他又游历赵、贝等地，见乡间父老作佛事活动，便诬告他们谋反，结果杀死两百多人。王弘义被提拔为游击将军，很快又升任殿中侍御史。有人密告胜州都督王安仁谋反，太后命令王弘义审讯他。王安仁不服，王弘义就在他戴着枷锁的时候砍下他的脑袋。又捕获他儿子，他的儿子恰好来了，他便也砍下他的脑袋，用盒子盛着带回。路过汾州，司马毛公和他一起进餐，突然间，他怒喝毛公下台阶，砍下脑袋，用枪挑着进入洛阳，看见的人无不恐惧颤抖。

当时设置的特别监狱在丽景门内，被关入这个监狱的，非死不能出狱，王弘义称它为“照例难活之门”。朝廷官员人人自危，相见时不敢交谈，敢怒不敢言。也许入朝时突然被秘密逮捕，因此每次入朝前，即与家人诀别说：“不知道是否还能再相见？”

当时执法的官吏竞相施行严刑峻法，只有司刑丞徐有功、杜景俭保持公平宽恕，被告的人都说：“遇到来俊臣、侯思止一定死，遇到徐有功、杜景俭一定生还。”

徐有功是徐文远的孙子，名叫弘敏，字有功，人们习惯称呼他的字。他初任蒲州司法参军，以宽大为治狱原则，不用刑讯。属吏互相约定，送给徐有功审理的犯人，下属如果有人施刑讯，大家一致斥责他。直到他任期满，也没有杖责过一名犯人，任内的事务也得到治理。他连续升官至司刑丞，对残虐的官吏所诬陷的人，徐有功都为他们平反，前后救活百数十家。徐有功曾在朝廷争辩有关刑狱的事，太后严厉责问他，左右都为他担惊颤抖，而他神色不变，争辩更加坚决。太后虽然好杀人，但知道他为人正直，对他很恭敬也很畏惧。杜景俭是武邑人。

司刑丞荥阳李日知亦尚平恕。少卿胡元礼欲杀一囚，日知以为不可，往复数四，元礼怒曰："元礼不离刑曹，此囚终无生理！"日知曰："日知不离刑曹，此囚终无死法！"竟以两状列上，日知果直。

11　东魏国寺僧法明等撰《大云经》四卷，表上之，言太后乃弥勒佛下生，当代唐为阎浮提主，制颁于天下。

12　武承嗣使周兴罗告隋州刺史泽王上金、舒州刺史许王素节谋反，征诣行在。素节发舒州，闻遭丧哭者，叹曰："病死何可得，乃更哭邪？"丁亥，至龙门，缢杀之。上金自杀。悉诛其诸子及支党。

13　太后欲以太平公主妻其伯父士让之孙攸暨，攸暨时为右卫中郎将，太后潜使人杀其妻而妻之。公主方额广颐，多权略，太后以为类己，宠爱特厚，常与密议天下事。旧制，食邑，诸王不过千户，公主不过三百五十户，太平食邑独累加至三千户。

14　八月甲寅，杀太子少保、纳言裴居道。癸亥，杀尚书左丞张行廉。辛未，杀南安王颖等宗室十二人，又鞭杀故太子贤二子，唐之宗室于是殆尽矣，其幼弱存者亦流岭南，又诛其亲党数百家。惟千金长公主以巧媚得全，自请为太后女，仍改姓武氏。太后爱之，更号延安大长公主。

15　九月丙子，侍御史汲人傅游艺帅关中百姓九百馀人诣阙上表，请改国号曰周，赐皇帝姓武氏。太后不许，擢游艺为给事中。于是百官及帝室宗戚、远近百姓、四夷酋长、沙门、道士合六万馀人，俱上表如游艺所请，皇帝亦上表自请赐姓武氏。戊寅，群臣上言：有凤皇自明堂飞入上阳宫，还集左台梧桐之上，久之，飞东南去，及赤雀数万集朝堂。

司刑丞荥阳人李日知也崇尚公平宽恕。少卿胡元礼想杀一名囚犯,李日知以为不可以,多次反复争论,胡元礼发怒说:“我只要不离开刑部,这个囚犯最终没有生还的道理!”李日知也说:“我只要不离开刑部,这个囚犯最终没有死的道理!”最后将两人不同的意见上报,果然认为李日知正确。

11　东魏国寺和尚法明等撰写《大云经》四卷,上奏表将书进献,其中说太后是弥勒佛降生,当取代唐朝作为人间的主宰,太后下令将它颁发天下。

12　武承嗣指使周兴罗织罪名告发隋州刺史泽王李上金、舒州刺史许王李素节谋反,他们被征召到太后所在地。李素节被发遣舒州,途中听见有人因丧事痛哭的,便感叹说:“病死哪里可以得到,还哭什么呢?”丁亥(十三日),到龙门,被吊死。李上金自杀。朝廷全部处死他们的儿子和亲党。

13　太后想将她女儿太平公主嫁给她伯父武士让的孙子武攸暨,武攸暨当时任右卫中郎将,太后秘密指使人杀死他的妻子而后将女儿嫁给他。太平公主方额大腮,多权变谋略,太后以为同自已相像,因此特别宠爱她,常同她秘密议论天下大事。按旧制度,收赋税供食用的封地,诸王不超过一千户,公主不超过三百五十户;而太平公主却累加至三千户。

14　八月甲寅(十一日),朝廷杀太子少保、纳言裴居道。癸亥(二十日),杀尚书左丞张行廉。辛未(二十八日),杀南安王李颍等皇族十二人,又用鞭子打死故太子李贤的两个儿子,唐朝皇族于是将被清除净尽了,幼小还活着的也都流放岭南,又处死他们的亲党数百家。只有千金长公主善于献媚得以保全性命,自己请求做太后的女儿,还改姓武氏。太后喜欢她,改称号为延安大长公主。

15　九月丙子(初三),侍御史汲县人傅游艺率领关中百姓九百多人到皇宫前上奏表,请求改国号为周,赐皇帝姓武氏。太后没有允许;但提升傅游艺任给事中。于是百官以及帝室宗族亲戚、远近百姓、四夷的酋长、和尚、道士共六万多人,都上表提出同傅游艺一样的请求,皇帝也上表请求赐姓武氏。戊寅(初五),群臣进言:有凤凰从明堂飞入上阳宫,飞回来聚集在左台梧桐树上,过了很久,才向东南飞去;还有赤雀数万只飞集朝堂。

庚辰，太后可皇帝及群臣之请。壬午，御则天楼，赦天下，以唐为周，改元。乙酉，上尊号曰圣神皇帝，以皇帝为皇嗣，赐姓武氏，以皇太子为皇孙。

丙戌，立武氏七庙于神都，追尊周文王曰始祖文皇帝，妣姒氏曰文定皇后；平王少子武曰睿祖康皇帝，妣姜氏曰康睿皇后；太原靖王曰严祖成皇帝，妣曰成庄皇后；赵肃恭王曰肃祖章敬皇帝，魏义康王曰烈祖昭安皇帝，周安成王曰显祖文穆皇帝，忠孝太皇曰太祖孝明高皇帝，妣皆如考谥，称皇后。立武承嗣为魏王，三思为梁王，攸宁为建昌王，士彟兄孙攸归、重规、载德、攸暨、懿宗、嗣宗、攸宜、攸望、攸绪、攸止皆为郡王，诸姑姊皆为长公主。

又以司宾卿溧阳史务滋为纳言，凤阁侍郎宗秦客检校内史，给事中傅游艺为鸾台侍郎、平章事。游艺与岑长倩、右玉钤卫大将军张虔勖、左金吾大将军丘神勣、侍御史来子珣等并赐姓武。秦客潜劝太后革命，故首为内史。游艺期年之中历衣青、绿、朱、紫，时人谓之四时仕宦。

敕改州为郡。或谓太后曰："陛下始革命而废州，不祥。"太后遽追止之。

命史务滋等十人巡抚诸道。太后立兄孙延基等六人为郡王。

16　冬，十月甲子，检校内史宗秦客坐赃贬遵化尉，弟楚客亦以奸赃流岭外。

17　丁卯，杀流人韦方质。

18　辛未，内史邢文伟坐附会宗秦客贬珍州刺史。顷之，有制使至州，文伟以为诛己，遽自缢死。

19　壬申，敕两京诸州各置大云寺一区，藏《大云经》，使僧升高座讲解，其撰疏僧云宣等九人皆赐爵县公，仍赐紫袈裟、银龟袋。

庚辰（初七），太后同意皇帝及群臣的请求。壬午（初九），太后上则天楼，宣布大赦天下，改唐为周，更改年号。乙酉（十二日），上尊号称圣神皇帝，以皇帝为继承人，赐姓武氏，以皇太子为皇孙。

丙戌（十三日），太后在神都洛阳立武氏七庙，追尊周文王为始祖文皇帝，姒姒氏为文定皇后；周平王小儿子姬武为睿祖康皇帝，妣姜氏为康睿皇后；太原靖王为严祖成皇帝，妣为成庄皇后；赵肃恭王为肃祖章敬皇帝，魏义康王为烈祖昭安皇帝，周安成王为显祖文穆皇帝，忠孝太皇为太祖孝明高皇帝，妣都如同考的谥号，称皇后。封武承嗣为魏王，武三思为梁王，武攸宁为建昌王，武士彟哥哥的孙子武攸归、武重规、武载德、武攸暨、武懿宗、武嗣宗、武攸宜、武攸望、武攸绪、武攸止都为郡王，诸姑姊都为长公主。

又任命司宾卿溧阳人史务滋为纳言，凤阁侍郎宗秦客检校内史，给事中傅游艺为鸾台侍郎、平章事。傅游艺与岑长倩、右玉钤卫大将军张虔勖、左金吾大将军丘神勣、侍御史来子珣等都赐姓武氏。宗秦客私下劝太后改换朝代，所以首先任内史。傅游艺一年之间衣服由青、绿、朱到紫色，即由九品官做到三品官，当时称之为四时作官。

太后下令改州为郡。有人对太后说："陛下刚改换朝代而废除州，不吉利。"太后立即追回成命。

命令史务滋等十人巡视安抚各道。太后又封她哥哥的孙子武延基等六人为郡王。

16　冬季，十月甲子（二十一日），检校内史宗秦客因贪赃降职为遵化县尉，他弟弟宗楚客也因非法获取财物被流放岭外。

17　丁卯（二十四日），朝廷杀死被流放人员韦方质。

18　辛未（二十八日），内史邢文伟因犯附会宗秦客罪，降职为珍州刺史。不久，有太后特使到珍州，邢文伟以为要杀他，便连忙自缢而死。

19　壬申（二十九日），太后命令两京和诸州分别修建大云寺一座，收藏《大云经》，让和尚登高座讲解，为《大云经》撰写注疏的和尚云宣等九人都赐爵县公，同时赐给紫袈裟、银龟袋。

20　制天下武氏咸蠲课役。

21　西突厥十姓，自垂拱以来为东突厥所侵掠，散亡略尽。濛池都护继往绝可汗斛瑟罗收其馀众六七万人入居内地，拜右卫大将军，改号竭忠事主可汗。

22　道州刺史李行褒兄弟为酷吏所陷，当族，秋官郎中徐有功固争不能得。秋官侍郎周兴奏有功出反囚，当斩，太后虽不许，亦免有功官。然太后雅重有功，久之，复起为侍御史。有功伏地流涕固辞曰："臣闻鹿走山林而命悬庖厨，势使之然也。陛下以臣为法官，臣不敢枉陛下法，必死是官矣。"太后固授之，远近闻者相贺。

23　是岁，以右卫大将军泉献诚为左卫大将军。太后出金宝，命选南北牙善射者五人赌之，献诚第一，以让右玉钤卫大将军薛咄摩，咄摩复让献诚。献诚乃奏言："陛下令选善射者，今多非汉官，窃恐四夷轻汉，请停此射。"太后善而从之。

二年(辛卯，691)

1　正月癸酉朔，太后始受尊号于万象神宫，旗帜尚赤。甲戌，改置社稷于神都。辛巳，纳武氏神主于太庙；唐太庙之在长安者，更命曰享德庙。四时唯享高祖已下，馀四室皆闭不享。又改长安崇先庙为崇尊庙。乙酉，日南至，大享明堂，祀昊天上帝，百神从祀，武氏祖宗配飨，唐三帝亦同配。

2　御史中丞知大夫事李嗣真以酷吏纵横，上疏，以为："今告事纷纭，虚多实少，恐有凶慝阴谋离间陛下君臣。古者狱成，公卿参听，王必三宥，然后行刑。比日狱官单车奉使，

20　太后下令，天下姓武氏的人都蠲免赋税徭役。

21　西突厥十姓，自从垂拱年间以来被东突厥侵扰掠夺，几乎逃散净尽。濛池都护继往绝可汗斛瑟罗收集西突厥馀众六七万人入居内地，唐朝授任他为右卫大将军，改称号为竭忠事主可汗。

22　道州刺史李行褒兄弟被残虐的官吏诬陷，判罪应当灭族，秋官郎中徐有功坚持争辩也不能平反。秋官侍郎周兴告徐有功故意为谋反囚犯开脱，应当斩首，太后虽然没有批准，但也免去他的官职。但太后很器重徐有功，以后又起用他为侍御史。徐有功跪伏地上流着泪坚决推辞说："我听说鹿奔跑在山林中而命系于厨房里，这是形势所造成的。陛下任我为执法的官员，我不敢歪曲陛下的法律，必定死在这法官任上了。"太后坚持授任，远近听到这个消息的人都相互庆贺。

23　本年，太后任命右卫大将军泉献诚为左卫大将军。太后拿出金银财宝，命令选拔南北衙禁卫军优秀射手五人射箭比赛胜负，泉献诚获得第一，他让给右玉钤卫大将军薛咄摩，薛咄摩又让泉献诚。泉献诚便上奏说："陛下命令选拔优秀射手，现在选出的多不是汉人官员，我恐怕四夷轻视汉人，请求停止这次比赛。"太后赞赏并采纳他的意见。

则天后天授二年(辛卯，公元691年)

1　正月癸酉朔(初一)，太后开始接受尊号于万象神宫，旗帜崇尚赤色。甲戌(初二)，改为在神都洛阳设立社稷坛。辛巳(初九)，安置武氏神主于太庙；在长安的太庙改名为享德庙。四季只祭享高祖以下，其馀宣帝、元帝、光帝、景帝四室都关闭不祭享。又改长安崇先庙为崇尊庙。乙酉(十三日)，冬至日，太后隆重供献祭品于明堂，祭祀昊天上帝，百神配祭，武氏祖宗配祭，唐朝三位皇帝也同时配祭。

2　御史中丞知大夫事李嗣真因苛酷官吏横行，上疏认为："现在告发的事情很多，其中虚妄的多，实际的少，恐有邪恶之徒阴谋离间陛下君臣关系。古时候判决，公卿参加旁听，国王必经过三次饶恕然后执行。近日管理刑狱的官员，单独一人执行使命，

推鞫既定，法家依断，不令重推，或临时专决，不复闻奏。如此，则权由臣下，非审慎之法，傥有冤滥，何由可知？况以九品之官专命推覆，操杀生之柄，窃人主之威，按覆既不在秋官，省审复不由门下，国之利器，轻以假人，恐为社稷之祸。”太后不听。

3　饶阳尉姚贞亮等数百人表请上尊号曰上圣大神皇帝，不许。

4　侍御史来子珣诬尚衣奉御刘行感兄弟谋反，皆坐诛。

5　春，一月，地官尚书武思文及朝集使两千八百人，表请封中岳。

6　己亥，废唐兴宁、永康、隐陵署官，唯量置守户。

7　左金吾大将军丘神勣以罪诛。

8　纳言史务滋与来俊臣同鞫刘行感狱，俊臣奏务滋与行感亲密，意欲寝其反状。太后命俊臣并推之。务滋恐惧自杀。

9　或告文昌右丞周兴与丘神勣通谋，太后命来俊臣鞫之，俊臣与兴方推事对食，谓兴曰：“囚多不承，当为何法？”兴曰：“此甚易耳！取大瓮，以炭四周炙之，令囚入中，何事不承？”俊臣乃索大瓮，火围如兴法，因起谓兴曰：“有内状推兄，请兄入此瓮！”兴惶恐叩头伏罪。法当死，太后原之，二月，流兴岭南，在道，为仇家所杀。

兴与索元礼、来俊臣竞为暴刻，兴、元礼所杀各数千人，俊臣所破千馀家。元礼残酷尤甚，太后亦杀之以慰人望。

10　徙左卫大将军千乘王武攸暨为定王。

审讯既定，执法者即依据它定案，不再重审；或临时专行判决，不再上奏。这样由臣下专权，不是周密慎重的办法，倘若有冤屈和不当刑而刑的，怎么能知道？况且用九品小官不待请命而专事审讯定案，操生杀大权，窃据君主权威，审讯定案既不在刑部，检查审定又不经过门下省，国家刑法这种利器，轻易地给予别人，恐怕是国家的祸害。”太后没有听取。

3　饶阳县尉姚贞亮等数百人上表，请求为太后上尊号为上圣大神皇帝，太后没有允许。

4　侍御史来子珣诬告尚衣奉御刘行感兄弟谋反，兄弟二人都因此被处死。

5　春季，一月，地官尚书武思文和朝集使两千八百人，上表请求封禅中岳嵩山。

6　己亥（二十七日），废除唐朝兴宁陵、永康陵、隐陵官署和官员，只酌量设置守陵户。

7　左金吾大将军丘神勣因罪被处死。

8　纳言史务滋与来俊臣一同审讯刘行感案件，来俊臣上奏说史务滋与刘行感关系亲密，有意掩盖他的谋反罪状。太后命令来俊臣同时审查史务滋。史务滋因此畏惧自杀。

9　有人告发文昌右丞周兴与丘神勣串通谋反，太后命令来俊臣审讯他，来俊臣与周兴正在讨论事情一起进餐，来俊臣对周兴说：“囚犯多不认罪，应当采用什么办法？”周兴说：“这很容易，取一个大瓮，用炭火在四周烤它，让囚犯进入瓮中，还有什么事情不承认？”来俊臣便找来大瓮一个，用周兴说的方法四周用火烤，然后站起来对周兴说：“有内部诉讼状要审问老兄，请老兄进这大瓮！”周兴惶恐叩头认罪。依法应办周兴死罪，太后原谅他，二月，流放岭南，途中他被仇人杀死。

周兴与索元礼、来俊臣竞相施行暴虐，周兴、索元礼各杀数千人，来俊臣破一千多家。索元礼尤其残酷，太后也杀他以图抚慰人们的怨恨情绪。

10　朝廷改封左卫大将军千乘王武攸暨为定王。

11　立故太子贤之子光顺为义丰王。

12　甲子，太后命始祖墓曰德陵，睿祖墓曰乔陵，严祖墓曰节陵，肃祖墓曰简陵，烈祖墓曰靖陵，显祖墓曰永陵，改章德陵为昊陵，显义陵为顺陵。

13　追复李君羡官爵。

14　夏，四月壬寅朔，日有食之。

15　癸卯，制以释教开革命之阶，升于道教之上。

16　命建安王攸宜留守长安。

17　丙辰，铸大钟，置北阙。

18　五月，以岑长倩为武威道行军大总管，击吐蕃，中道召还，军竟不出。

19　六月，以左肃政大夫格辅元为地官尚书，与鸾台侍郎乐思晦、凤阁侍郎任知古并同平章事。思晦，彦玮之子也。

20　秋，七月，徙关内户数十万以实洛阳。

21　八月戊申，纳言武攸宁罢为左羽林大将军；夏官尚书欧阳通为司礼卿兼判纳言事。

22　庚申，杀玉钤卫大将军张虔勖。来俊臣鞫虔勖狱，虔勖自讼于徐有功。俊臣怒，命卫士以刀乱斫杀之，枭首于市。

23　义丰王光顺、嗣雍王守礼、永安王守义、长信县主等皆赐姓武氏，与睿宗诸子皆幽闭宫中，不出门庭者十馀年。守礼、守义，光顺之弟也。

24　或告地官尚书武思文初与徐敬业通谋。甲子，流思文于岭南，复姓徐氏。

25　九月乙亥，杀岐州刺史云弘嗣。来俊臣鞫之，不问一款，先断其首，乃伪立案奏之，其杀张虔勖亦然。敕旨皆依，海内钳口。

26　鸾台侍郎、同平章事傅游艺梦登湛露殿，以语所亲，所亲告之。壬辰，下狱，自杀。

11　朝廷立原太子李贤的儿子李光顺为义丰王。

12　甲子(二十二日),太后命名始祖墓为德陵,睿祖墓为乔陵,严祖墓为节陵,肃祖墓为简陵,烈祖墓为靖陵,显祖墓为永陵,改章德陵为昊陵,显义陵为顺陵。

13　朝廷追复李君羡的官职爵位。

14　夏季,四月壬寅朔(初一),出现日食。

15　癸卯(初二),太后下令,因佛教为政权改换开辟阶梯,把它的地位提高到道教之上。

16　朝廷命令建安王武攸宜留守长安。

17　丙辰(十五日),朝廷铸大钟,放置在宫殿北面的门楼上。

18　五月,朝廷任命岑长倩为武威道行军大总管,进击吐蕃,中途召还,军队最终没有出动。

19　六月,朝廷任命左肃政大夫格辅元为地官尚书,与鸾台侍郎乐思晦、凤阁侍郎任知古一并同平章事。乐思晦是乐彦玮的儿子。

20　秋季,七月,朝廷迁移关中地区数十万户充实洛阳。

21　八月戊申(初十),纳言武攸宁被罢免为左羽林大将军;夏官尚书欧阳通任司礼卿兼判纳言事务。

22　庚申(二十二日),朝廷杀玉钤卫大将军张虔勖。来俊臣审讯张虔勖案件,张虔勖自己向徐有功申诉。来俊臣大怒,命令卫士乱刀砍死他,悬挂脑袋在街市示众。

23　义丰王李光顺、嗣雍王李守礼、永安王李守义、长信县主等都赐姓武氏,与睿宗诸子都幽禁在宫中,十几年不出门口。李守礼、李守义是李光顺的弟弟。

24　有人告发地官尚书武思文当初与他侄儿徐敬业串通谋反。甲子(二十六日),流放武思文于岭南,恢复本姓徐氏。

25　九月乙亥(初八),朝廷杀岐州刺史云弘嗣。来俊臣审讯他,不问一句口供,先砍下他脑袋,然后伪造案情上奏,杀张虔勖时也采取这种办法。太后的谕旨都照准,海内人都闭口不敢说话。

26　鸾台侍郎、同平章事傅游艺做梦登上湛露殿,事后告诉了亲近的人,亲近的人告发。壬辰(二十五日),他被捕入狱,便自杀了。

27　癸巳，以左羽林卫大将军建昌王武攸宁为纳言，洛州司马狄仁杰为地官侍郎，与冬官侍郎裴行本并同平章事。太后谓仁杰曰："卿在汝南，甚有善政，卿欲知谮卿者名乎？"仁杰谢曰："陛下以臣为过，臣请改之；知臣无过，臣之幸也，不愿知谮者名。"太后深叹美之。

28　先是，凤阁舍人修武张嘉福使洛阳人王庆之等数百人上表，请立武承嗣为皇太子。文昌右相、同凤阁鸾台三品岑长倩以皇嗣在东宫，不宜有此议，奏请切责上书者，告示令散。太后又问地官尚书、同平章事格辅元，辅元固称不可。由是大忤诸武意，故斥长倩令西征吐蕃，未至，征还，下制狱。承嗣又谮辅元。来俊臣又胁长倩子灵原，令引司礼卿兼判纳言事欧阳通等数十人，皆云同反。通为俊臣所讯，五毒备至，终无异词，俊臣乃诈为通款。冬，十月己酉，长倩、辅元、通等皆坐诛。

王庆之见太后，太后曰："皇嗣我子，奈何废之？"庆之对曰："'神不歆非类，民不祀非族。'今谁有天下，而以李氏为嗣乎？"太后谕遣之。庆之伏地，以死泣请，不去，太后乃以印纸遗之曰："欲见我，以此示门者。"自是庆之屡求见，太后颇怒之，命凤阁侍郎李昭德赐庆之杖。昭德引出光政门外，以示朝士曰："此贼欲废我皇嗣，立武承嗣，"命扑之，耳目皆血出，然后杖杀之，其党乃散。

昭德因言于太后曰："天皇，陛下之夫；皇嗣，陛下之子。陛下身有天下，当传之子孙为万代业，岂得以侄为嗣乎？自古未闻侄为天子而为姑立庙者也！且陛下受天皇顾托，若以天下与承嗣，则天皇不血食矣。"太后亦以为然。昭德，乾祐之子也。

27　癸巳(二十六日),朝廷任命左羽林卫大将军建昌王武攸宁为纳言,洛州司马狄仁杰为地官侍郎,与冬官侍郎裴行本一并同平章事。太后对狄仁杰说:“你在汝南时,很有善政,你想知道诬陷你的人的姓名吗?”狄仁杰感谢说:“陛下认为我有过失,请准许我改过;知道我没有过失,是我的幸运,不愿意知道谁诬陷我。”太后深为感叹并赞美他。

28　在这以前,凤阁舍人修武人张嘉福指使洛阳人王庆之等数百人上奏表,请立武承嗣为皇太子。文昌右相、同凤阁鸾台三品岑长倩以为皇嗣在东宫,不应该有这样的建议,因此上奏请求严词谴责上书的人,通知他们解散。太后又询问地官尚书、同平章事格辅元的意见,他也坚持说不可以。因此大大违反了诸位武氏掌权者的意愿,于是排斥岑长倩,命令他西征吐蕃,未到达前线,又征召回来,关入太后的特别监狱。武承嗣又诬陷格辅元。来俊臣又胁迫岑长倩的儿子岑灵原,让他牵连司礼卿兼判纳言事欧阳通等数十人,都说他们一同谋反。欧阳通被来俊臣审讯,毒刑用遍,始终不承认,来俊臣便假造他服罪的材料。冬季,十月己酉(十二日),岑长倩、格辅元、欧阳通等都被处死。

王庆之朝见太后,太后说:“皇嗣是我的儿子,为何要废黜他?”王庆之回答说:“‘神不享受不同族类的人的祭品,百姓不祭祀不同种族的神。’现在是谁拥有天下,却要以李氏为继承人吗?”太后指示将他遣送出去。王庆之跪伏地上,誓死哭请,不愿离去,太后便送给他盖有印信的一纸凭证说:“以后想见我,拿它让守门人看。”从此,王庆之屡次求见,太后很不高兴,命令凤阁侍郎李昭德赐王庆之杖刑。李昭德将他领出光政门外,指着他对官员们说:“这个坏蛋想废黜我朝皇嗣,立武承嗣”,命令将他摔倒,摔得他耳朵眼睛都流血,然后用杖打死,他的党羽才散去。

李昭德因此向太后进言说:“天皇,是陛下的丈夫;皇嗣,是陛下的儿子。陛下自己拥有天下,应当传给子孙作为万代家业,怎么能用侄子为继承人呢?自古以来没有听说侄儿作天子而为姑母立庙的!况且陛下受天皇临终托付,如果将天下交给武承嗣,则天皇将无人祭祀了。”太后也同意这看法。李昭德是李乾祐的儿子。

29　壬辰，杀鸾台侍郎、同平章事乐思晦、右卫将军李安静。安静，纲之孙也。太后将革命，王公百官皆上表劝进，安静独正色拒之。及下制狱，来俊臣诘其反状，安静曰："以我唐家老臣，须杀即杀！若问谋反，实无可对。"俊臣竟杀之。

30　太学生王循之上表，乞假还乡。太后许之。狄仁杰曰："臣闻君人者唯杀生之柄不假人，自馀皆归之有司。故左、右丞，徒以下不句；左、右相，流以上乃判，为其渐贵故也。彼学生求假，丞、簿事耳，若天子为之发敕，则天下之事几敕可尽乎？必欲不违其愿，请普为立制而已。"太后善之。

29　壬辰，朝廷杀鸾台侍郎、同平章事乐思晦、右卫将军李安静。李安静是李纲的孙子。太后准备称帝转移政权，王公、百官都上表劝进，只有李安静严正拒绝。及至他被关入太后的特别监狱，来俊臣责问他谋反的罪状，李安静说："因我是唐家老臣，要杀就杀！若问谋反罪状，实在无可奉告。"来俊臣终于将他处死。

30　太学生王循之上表，请假回家。太后批准了他。狄仁杰说："我听说作君主的只有生杀的大权不交给别人，其馀的权力都归有关部门。所以左、右丞不办理徒刑以下的刑罚；左、右相只判决流放以上的刑罚，因为地位逐渐尊贵的缘故。学生请假，是国子监丞、主薄管的事，如果天子为这种事发命令，则天下的事几乎都可发命令，这还有完吗？一定要不违反人们的意愿，请全面为他们建立制度就可以了。"太后认为这个意见好。

卷第二百五　唐纪二十一

起壬辰(692)尽丙申(696)凡五年

则天顺圣皇后中之上

长寿元年(壬辰,692)

1　正月戊辰朔,太后享万象神宫。

2　腊月,立故于阗王尉迟伏阇雄之子瑕为于阗王。

3　春,一月丁卯,太后引见存抚使所举人,无问贤愚,悉加擢用,高者试凤阁舍人、给事中,次试员外郎、侍御史、补阙、拾遗、校书郎。试官自此始。时人为之语曰:“补阙连车载,拾遗平斗量;欋推侍御史,碗脱校书郎。”有举人沈全交续之曰:“糊心存抚使,眯目圣神皇。”为御史纪先知所擒,劾其诽谤朝政,请杖之朝堂,然后付法,太后笑曰:“但使卿辈不滥,何恤人言?宜释其罪。”先知大惭。太后虽滥以禄位收天下人心,然不称职者,寻亦黜之,或加刑诛。挟刑赏之柄以驾御天下,政由己出,明察善断,故当时英贤亦竞为之用。

4　宁陵丞庐江郭霸以谄谀干太后,拜监察御史。中丞魏元忠病,霸往问之,因尝其粪,喜曰:“大夫粪甘则可忧。今苦,无伤也。”元忠大恶之,遇人辄告之。

5　戊辰,以夏官尚书杨执柔同平章事。执柔,恭仁弟之孙也,太后以外族用之。

6　初,隋炀帝作东都,无外城,仅有短垣而已,至是,凤阁侍郎李昭德始筑之。

则天顺圣皇后中之上

则天后长寿元年(壬辰,公元692年)

1　正月戊辰朔(初一),太后在万象神宫供献祭品。

2　腊月朝廷封原于阗王尉迟伏阇雄的儿子尉迟瑕为于阗王。

3　春季,一月丁卯(初一),太后接见存抚使所荐举的人员,无论有才能与否,都加以任用,高才的试官凤阁舍人、给事中,其次的试官员外郎、侍御史、补阙、拾遗、校书郎。试官制度从此开始。当时人编顺口溜说:"补阙连车载,拾遗平斗量;欔推侍御史,碗脱校书郎。"一个被荐举的人沈全交补充说:"糊心存抚使,眯目圣神皇。"御史纪先知将他擒获,弹劾他诽谤朝政,请在朝堂施行杖刑,然后依法判决。太后笑着说:"只要你们不是只当官不办事的人,为何怕人家说话?应该释放并赦免他的罪。"纪先知因此大为惭愧。太后虽然滥用禄位以笼络天下人心,但对不称职的人,也随即撤职,或加以判刑或处死。她个人掌握着刑罚和赏赐的权柄驾驭天下人才,政令由自己作出,明于观察,善于决断,所以当时杰出的人才都争先恐后为她所用。

4　宁陵县丞庐江人郭霸用谄谀手段求取太后的宠信,被授官监察御史。中丞魏元忠患病,郭霸去探视,口尝他的粪便,高兴地说:"您的粪便如果味甘便可忧了;现在是苦的,没有事。"魏元忠因此极厌恶他,逢人即揭露这件事。

5　戊辰(初二),朝廷任命夏官尚书杨执柔同平章事。杨执柔是杨恭仁弟弟的孙子,太后因他与母家同族而加以任用。

6　当初,隋炀帝营造东都洛阳,没有外城,只有低矮的围墙而已。这时候,凤阁侍郎李昭德才开始建筑外城。

7 左台中丞来俊臣罗告同平章事任知古、狄仁杰、裴行本、司礼卿崔宣礼、前文昌左丞卢献、御史中丞魏元忠、潞州刺史李嗣真谋反。先是，来俊臣奏请降敕，一问即承反者得减死。及知古等下狱，俊臣以此诱之，仁杰对曰："大周革命，万物惟新，唐室旧臣，甘从诛戮。反是实！"俊臣乃少宽之。判官王德寿谓仁杰曰："尚书定减死矣。德寿业受驱策，欲求少阶级，烦尚书引杨执柔，可乎？"仁杰曰："皇天后土遣狄仁杰为如此事！"以头触柱，血流被面。德寿惧而谢之。

侯思止鞫魏元忠，元忠辞气不屈。思止怒，命倒曳之。元忠曰："我薄命，譬如坠驴，足絓于镫，为所曳耳。"思止愈怒，更曳之，元忠曰："侯思止，汝若须魏元忠头则截取，何必使承反也？"

狄仁杰既承反，有司待报行刑，不复严备。仁杰裂衾帛书冤状，置绵衣中，谓王德寿曰："天时方热，请授家人去其绵。"德寿许之。仁杰子光远得书，持之告变，得召见。则天览之，以问俊臣，对曰："仁杰等下狱，臣未尝褫其巾带，寝处甚安，苟无事实，安肯承反？"太后使通事舍人周綝往视之，俊臣暂假仁杰等巾带，罗立于西，使綝视之。綝不敢视，惟东顾唯诺而已。俊臣又诈为仁杰等谢死表，使綝奏之。

乐思晦男未十岁，没入司农，上变，得召见，太后问状，对曰："臣父已死，臣家已破，但惜陛下法为俊臣等所弄，陛下不信臣言，乞择朝臣之忠清、陛下素所信任者，为反状以付俊臣，无不承反矣。"太后意稍寤，召见仁杰等，问曰："卿承反何也？"

7　左台中丞来俊臣罗织罪名告发同平章事任知古、狄仁杰、裴行本、司礼卿崔宣礼、前文昌左丞卢献、御史中丞魏元忠、潞州刺史李嗣真谋反。这以前，来俊臣曾奏请太后下命令：一经审问即承认谋反的人可以减免死罪。等到任知古等入狱，来俊臣便用这道命令诱惑他们认罪。狄仁杰回答说："大周改朝换代，万物更新，唐朝旧臣，甘心顺从诛戮。谋反是事实！"来俊臣便对他稍加宽容。来俊臣的属官王德寿对狄仁杰说："您已判减免死罪了。我已受人指使，想稍微提升官阶，请您牵连杨执柔，可以吗？"狄仁杰说："狄仁杰干这种事，天地不容！"说完一头撞在柱子上，血流满面；王德寿害怕因而向他道歉。

侯思止审讯魏元忠，魏元忠义正词严不屈服；侯思止大怒，命令在地上倒着拖他。魏元忠说："我命运不好，譬如从驴背上掉下来，脚挂在足镫上，被驴拉着走。"侯思止愈加发怒，命令接着拖他。魏元忠说："侯思止，你如果需要我魏元忠的脑袋就砍下，何必让我承认谋反呢？"

狄仁杰已承认谋反，有关部门等待判决执行，不再严密防备。狄仁杰便从被子上撕下一块帛，书写冤屈情况，塞在丝绵衣里面，对王德寿说："天气热了，请将绵衣交给我家里人拆去丝绵。"王德寿同意。狄仁杰的儿子狄光远得到帛书，拿着去说有紧急情况要报告，得到太后召见。武则天阅看帛书，因而质问来俊臣，他回答说："狄仁杰等入狱后，我未曾解除他们的头巾和衣带，生活很安适，假如没有事实，怎么肯承认谋反？"太后派通事舍人周綝前往查看，来俊臣临时发给狄仁杰等头巾衣带，让他们排列站立在西边让周綝验看；周綝不敢向西看，只是面向东边唯唯诺诺而已。来俊臣又伪作狄仁杰等的谢死罪表，让周綝上奏太后。

乐思晦的儿子未满十岁，被籍没入司农为奴，要求上告特别情况，获得太后召见。太后问他有什么情况，他回答说："我父亲已死，家已破，只可惜陛下的刑法为来俊臣等所播弄，陛下如果不相信我说的话，请选择朝臣中忠心清廉、陛下一贯信任的人，提出他们谋反的罪状交给来俊臣，他们没有不承认谋反的。"太后听后稍有醒悟。召见狄仁杰等，问道："你们承认谋反？"

对曰："不承，则已死于拷掠矣。"太后曰："何为作谢死表？"对曰："无之。"出表示之，乃知其诈，于是出此七族。庚午，贬知古江夏令，仁杰彭泽令，宣礼夷陵令，元忠涪陵令，献西乡令；流行本、嗣真于岭南。

俊臣与武承嗣等固请诛之，太后不许。俊臣乃独称行本罪尤重，请诛之。秋官郎中徐有功驳之，以为："明主有更生之恩，俊臣不能将顺，亏损恩信。"

殿中侍御史贵乡霍献可，宣礼之甥也，言于太后曰："陛下不杀崔宣礼，臣请陨命于前。"以头触殿阶，血流沾地，以示为人臣者不私其亲。太后皆不听。献可常以绿帛裹其伤，微露之于幞头下，冀太后见之以为忠。

8　甲戌，补阙薛谦光上疏，以为："选举之法，宜得实才，取舍之间，风化所系。今之选人，咸称觅举，奔竞相尚，喧诉无惭。至于才应经邦，惟令试策；武能制敌，止验弯弧。昔汉武帝见司马相如赋，恨不同时，及置之朝廷，终文园令，知其不堪公卿之任故也。吴起将战，左右进剑，起曰：'将者提鼓挥桴，临敌决疑，一剑之任，非将事也。'然则虚文岂足以佐时，善射岂足以克敌？要在文吏察其行能，武吏观其勇略，考居官之臧否，行举者赏罚而已。"

9　来俊臣求金于左卫大将军泉献诚，不得，诬以谋反，下狱，乙亥，缢杀之。

10　庚辰，司刑卿、检校陕州刺史李游道为冬官尚书、同平章事。

他们回答说："不承认，便已经死于严刑拷打了。"太后说："为何作谢死罪表？"回答说："没有这回事。"太后出示所上的奏表，才知道是伪造的，于是释免这七个家族。庚午（初四），任知古降职为江夏县令、狄仁杰降职为彭泽县令、崔宣礼降职为夷陵县令、魏元忠降职为涪陵县令、卢献降职为西乡县令；流放裴行本、李嗣真于岭南。

来俊臣与武承嗣等仍坚持请求处死他们七个人，太后不答应。来俊臣便又特别提出裴行本罪恶尤其严重，请处死他；秋官郎中徐有功予以反驳，以为："英明君主有再生的恩惠，来俊臣不能顺势促成，有损君主恩信。"

殿中侍御史贵乡人霍献可是崔宣礼的外甥，对太后说："陛下不杀崔宣礼，我请求死在陛下眼前。"他一头撞在宫殿台阶上，流血浸湿地面，用以表示作臣下的不偏私自己的亲戚。太后都不听从。霍献可时常用绿帛包扎伤口，略为显露于帽子下面，希望太后看见认为他忠诚。

8　甲戌（初八），补阙薛谦光上疏认为："选拔人才的办法，应该使朝廷能得到有真才实学的人，录取和舍弃什么样的人，关系到国家的教化。现今的候补官员，都赞许找关系以求任用，崇尚奔走竞争名利，公然诉说而无愧色。至于人才是应该用以治理国家的，但只试以书面回答问题；武略是用来克敌制胜的，但只查验他弯弓射箭。从前汉武帝看了司马相如所作的《子虚赋》，恨不能经常和他在一起，等到安置他在朝廷，最终只让他担任汉文帝的陵园令，这是知道他不能担任公卿职务的缘故。吴起将出战，身边的人递给他剑，吴起说：'为将的任务是提战鼓挥动鼓槌，临阵解决疑难问题，使用一把剑的任务，不是为将的事情。'如此说来，徒有文才如何足以辅佐时政，善于射箭如何足以克敌制胜？关键在于对文官要考察他的品行和能力，对武官要看他的勇敢和谋略，考核当官的好坏，对举荐人施行赏罚而已。"

9　来俊臣向左卫大将军泉献诚谋取钱财，没有达到目的，便诬陷他谋反，逮捕入狱，乙亥（初九），把他吊死了。

10　庚辰（十四日），司刑卿、检校陕州刺史李游道任冬官尚书、同平章事。

11　二月己亥，吐蕃党项部落万馀人内附，分置十州。

12　戊午，以秋官尚书袁智弘同平章事。

13　夏，四月丙申，赦天下，改元如意。

14　五月丙寅，禁天下屠杀及捕鱼虾。江淮旱，饥，民不得采鱼虾，饿死者甚众。

右拾遗张德，生男三日，私杀羊会同僚，补阙杜肃怀一啖，上表告之。明日，太后对仗，谓德曰："闻卿生男，甚喜。"德拜谢。太后曰："何从得肉？"德叩头服罪。太后曰："朕禁屠宰，吉凶不预。然卿自今召客，亦须择人。"出肃表示之。肃大惭，举朝欲唾其面。

15　吐蕃酋长曷苏帅部落请内附，以右玉钤卫将军张玄遇为安抚使，将精卒二万迎之。六月，军至大渡水西，曷苏事泄，为国人所擒。别部酋长昝捶帅羌蛮八千馀人内附，玄遇以其部落置莱川州而还。

16　辛亥，万年主簿徐坚上疏，以为："书有五听之道，令著三覆之奏。窃见比有敕推按反者，令使者得实，即行斩决。人命至重，死不再生，万一怀枉，吞声赤族，岂不痛哉？此不足肃奸逆而明典刑，适所以长威福而生疑惧。臣望绝此处分，依法覆奏。又，法官之任，宜加简择，有用法宽平，为百姓所称者，愿亲而任之。有处事深酷，不允人望者，愿疏而退之。"坚，齐聃之子也。

17　夏官侍郎李昭德密言于太后曰："魏王承嗣权太重。"太后曰："吾侄也，故委以腹心。"昭德曰："侄之于姑，其亲何如子之于父？子犹有篡弑其父者，况侄乎？今承嗣既陛下之侄，为亲王，又为宰相，权侔人主，臣恐陛下不得久安天位也！"太后矍然曰："朕未之思。"秋，八月戊寅，以文昌左相、

11　二月己亥（初三），吐蕃党项部落一万多人归附唐朝，被分别安置在十州。

12　戊午（二十二日），朝廷任秋官尚书袁智弘为同平章事。

13　夏季，四月丙申（初一），朝廷大赦天下罪人，更改年号为如意。

14　五月丙寅（初一），朝廷禁止天下屠杀牲畜及捕捞鱼虾。江、淮间旱灾，发生饥荒，百姓不得捕鱼虾，饿死的人很多。

右拾遗张德，生了儿子三天，私自杀羊宴请同事，补阙杜肃怀揣宴席中的食物，上表告发。第二天，太后在殿中听百官奏事，对张德说："听说你生了儿子，很高兴。"张德拜谢。太后说："从哪里弄来的肉？"张德叩头认罪。太后说："朕禁止屠宰牲畜，家中有喜事或凶事不必遵循。但你今后请客，也需要选择人。"说完向他出示杜肃的奏表。杜肃十分惭愧，朝廷百官都想啐他的脸。

15　吐蕃酋长曷苏率领部落请求归附唐朝，朝廷任右玉钤卫将军张玄遇为安抚使，领精锐士兵两万迎接他。六月，唐军到大渡水西边，曷苏归附唐朝的事情泄露，被本国擒拿。别部酋长昝捶率领羌蛮八千馀人归附唐朝，张玄遇将他的部落安置在莱川州后，便撤军了。

16　辛亥，万年县主簿徐坚上疏认为："古书记载审案实行听词、听色、听气、听耳、听目等'五听'，贞观年间有过死罪经三次复奏才行刑的命令。我看见近来有命令审讯谋反者，让使者审得事实，立即判决处斩。人命至关重要，死后不能复生，万一含冤，被族灭而怀怨不敢出声，岂不令人痛心？这样做不足以肃清恶人和叛逆，彰明常刑，恰好助长一些人擅权枉法，使人们产生疑惧。我希望杜绝这种处理办法，依法复奏再行刑。还有，任用法官，应当加以选择，有执法宽大公平，为百姓所称赞的，希望亲近而任用他；有处理事情峻刻严酷，不符众望的，请疏远而斥退他。"徐坚是徐齐聃的儿子。

17　夏官侍郎李昭德私下对太后说："魏王武承嗣权太重。"太后说："他是我的侄儿，所以任为亲信。"李昭德说："侄儿对于姑姑，怎么能比得上儿子对于父亲亲近？儿子还有杀死父亲的，何况侄儿呢？现在武承嗣既是陛下的侄儿，是亲王，又任宰相，权势与君主等同，我恐怕陛下不能久安于天子之位！"太后震惊地说："朕没有想到。"秋季，八月戊寅（十六日），朝廷任命文昌左相、

同凤阁鸾台三品武承嗣为特进，纳言武攸宁为冬官尚书，夏官尚书、同平章事杨执柔为地官尚书，并罢政事。以秋官侍郎新郑崔元综为鸾台侍郎，夏官侍郎李昭德为凤阁侍郎，检校天官侍郎姚琇为文昌左丞，检校地官侍郎李元素为文昌右丞，与司宾卿崔神基并同平章事。琇，思廉之孙；元素，敬玄之弟也。辛巳，以营缮大匠王璿为夏官尚书、同平章事。承嗣亦毁昭德于太后，太后曰："吾任昭德，始得安眠，此代吾劳，汝勿言也。"

是时，酷吏恣横，百官畏之侧足，昭德独廷奏其奸。太后好祥瑞，有献白石赤文者，执政诘其异，对曰："以其赤心。"昭德怒曰："此石赤心，他石尽反邪？"左右皆笑。襄州人胡庆以丹漆书龟腹曰："天子万万年。"诣阙献之。昭德以刀刮尽，奏请付法。太后曰："此心亦无恶。"命释之。

太后习猫，使与鹦鹉共处。出示百官，传观未遍，猫饥，搏鹦鹉食之，太后甚惭。

太后自垂拱以来，任用酷吏，先诛唐宗室贵戚数百人，次及大臣数百家，其刺史、郎将以下，不可胜数。每除一官，户婢窃相谓曰："鬼朴又来矣。"不旬月，辄遭掩捕、族诛。监察御史朝邑严善思，公直敢言。时告密者不可胜数，太后亦厌其烦，命善思按问，引虚伏罪者八百五十馀人。罗织之党为之不振，乃相与构陷善思，坐流驩州。太后知其枉，寻复召为浑仪监丞。善思名譔，以字行。

右补阙新郑朱敬则以太后本任威刑以禁异议，今既革命，众心已定，宜省刑尚宽，乃上疏，以为："李斯相秦，用刻薄变诈以屠诸侯，不知易之以宽和，卒至土崩，此不知变之祸也。

同凤阁鸾台三品武承嗣为特进，纳言武攸宁为冬官尚书，夏官尚书、同平章事杨执柔为地官尚书，一并不再管理朝政。任命秋官侍郎新郑人崔元综为鸾台侍郎，夏官侍郎李昭德为凤阁侍郎，检校天官侍郎姚璹为文昌左丞，检校地官侍郎李元素为文昌右丞，与司宾卿崔神基并同平章事。姚璹是姚思廉的孙子；李元素是李敬玄的弟弟。辛巳（十九日），朝廷任命营缮大匠王璿为夏官尚书、同平章事。武承嗣也向太后诋毁李昭德，太后说："我任用李昭德，才睡得安稳，他可以为我代劳，你不要说了。"

当时，实施严刑峻法的官吏任意横行，百官畏惧不敢正面站立，只有李昭德敢于在朝廷揭露他们的邪恶。太后迷信祥瑞，有人进献赤色花纹的白石，主管官员责问他这石头有什么特别之处，回答说："因为它的心真诚。"李昭德大怒说："这块石头的心真诚，其他石头全都造反吗？"身边的人都发笑。襄州人胡庆用红漆在龟的腹部书写"天子万万年"几个字，到皇宫门口进献。李昭德用刀把字刮除净尽，奏请将进献者法办。太后说："这个人用心并不坏。"命令释放他。

太后爱养猫，让猫和鹦鹉在一起，向百官展示，传看还未完毕，猫饿了，捕捉鹦鹉吃掉了，太后为此很羞愧。

太后自垂拱年间以来，任用施行严刑峻法的官吏，首先处死唐朝皇族和贵戚数百人，然后杀大臣数百家，杀刺史、郎将以下官吏更数不清。每授任一名官吏，宫中守门的官婢便私下互相说道："作鬼的材料又来了。"不满一个月，这些官吏即遭突然逮捕，举族被杀。监察御史朝邑人严善思公正耿直敢说话。当时告密的人多到数不清，太后也厌烦，命令严善思查问，结果因诬告而被判死罪的八百五十多人。罗织罪名的集团受到抑制，他们便共同诬陷严善思，结果他被流放驩州。太后知道他冤枉，不久又召他回来担任浑仪监丞。严善思名叫譔，字善思，人们习惯称呼他的字。

右补阙新郑人朱敬则认为太后的本意是用权势刑罚以禁止不同意见，现在已经登上帝位，人心已经安定，应减省刑罚，崇尚宽大，于是上疏认为："李斯辅助秦国，用刻薄欺诈手段屠杀诸侯，不知道及时改变为宽大温和的策略，终于土崩瓦解，这是不知道应变的祸害。

汉高祖定天下，陆贾、叔孙通说之以礼义，传世十二，此知变之善也。自文明草昧，天地屯蒙，三叔流言，四凶构难，不设钩距，无以应天顺人，不切刑名，不可摧奸息暴。故置神器，开告端，曲直之影必呈，包藏之心尽露，神道助直，无罪不除，苍生晏然，紫宸易主。然而急趋无善迹，促柱少和声，向时之妙策，乃当今之刍狗也。伏愿览秦、汉之得失，考时事之合宜，审糟粕之可遗，觉蘧庐之须毁，去萋菲之牙角，顿奸险之锋芒，窒罗织之源，扫朋党之迹，使天下苍生坦然大悦，岂不乐哉？”太后善之，赐帛三百段。

侍御史周矩上疏曰：“推劾之吏皆相矜以虐，泥耳笼头，枷研楔毂，折膺签爪，悬发薰耳，号曰‘狱持’。或累日节食，连宵缓问，昼夜摇撼，使不得眠，号曰‘宿囚’。此等既非木石，且救目前，苟求赊死。臣窃听舆议，皆称天下太平，何苦须反？岂被告者尽是英雄，欲求帝王邪？但不胜楚毒自诬耳。愿陛下察之。今满朝侧息不安，皆以为陛下朝与之密，夕与之雠，不可保也。周用仁而昌，秦用刑而亡。愿陛下缓刑用仁，天下幸甚！”太后颇采其言，制狱稍衰。

18　太后春秋虽高，善自涂泽，虽左右不觉其衰。丙戌，敕以齿落更生，九月庚子，御则天门，赦天下，改元。更以九月为社。

19　制于并州置北都。

20　癸丑，同平章事李游道、王璿、袁智弘、崔神基、李元素、春官侍郎孔思元、益州长史任令辉，皆为王弘义所陷，流岭南。

汉高祖平定天下，陆贾、叔孙通说服他施行礼义，结果传了十二代皇帝，这是知道应变的好处。自从有了文治教化开始，天地生物之初，周代出现过管叔、蔡叔、霍叔三位皇叔诽谤，尧舜时出现过谨兜等四凶制造祸乱，这时候不设规矩，不能应天命顺人心，不严肃刑法，不可以摧毁邪恶止息暴乱。您基于上述情况，所以设铜匦，开告密之门，使好坏的形象必然显现出来，包藏着的阴谋全都暴露，结果神道帮助真理，罪恶尽除，百姓安定，帝位转移。但快走不会有完整的脚印，短的琴柱奏不出和声，过去的妙策，成了当今的无用之物。恳切希望看看秦、汉的得和失，考核现行措施哪些还合适，哪些属于糟粕可以遗弃，发现那些一时有用过后即需破除的东西，去掉谗毁者的牙和角，挫去邪恶阴险者的锋芒，堵塞罗织罪状的源头，扫除宗派集团的痕迹，使天下百姓无忧无虑，岂不高兴？”太后赞许他的话，赏赐他帛三百段。

侍御史周矩上疏说：“追究犯罪的官吏都以残虐相夸耀，泥塞耳朵，笼罩脑袋，重枷研磨脖颈，头上加箍打楔子，打坏胸口，指甲插竹签，吊头发，薰耳朵，号称为‘狱持’。或者多日减少供餐，通宵审问，昼夜摇撼，不让睡觉，号称为‘宿囚’。犯人既不是木石，为避免眼前的痛苦，便姑且认罪谋求晚一点死。我私下听到的舆论，都说天下太平，有什么必要造反？难道被告的全是英雄，想谋取帝王的地位吗？只是受不住苦刑，被迫认罪罢了。希望陛下考察。如今满朝百官坐卧不安，都以为陛下早上同他们亲近，晚上即与他们成为仇敌，不能保全性命。周朝用仁义而昌盛，秦朝用刑罚而灭亡。愿陛下减缓刑罚，使用仁义，则天下百姓很幸运！”太后一定程度上采纳他的意见，朝廷的监狱稍微衰减一些。

18　太后年岁虽大，但善于自己修饰容貌，虽近在左右的人也感觉不出她衰老。丙戌（二十四日），下令因牙齿脱落后又长出新牙，九月庚子（初九），到则天门宣布赦免天下罪人，更改年号；又改于九月祭土神。

19　太后下令在并州设置北都。

20　癸丑（二十二日），同平章事李游道、王璿、袁智弘、崔神基、李元素、春官侍郎孔思元、益州长史任令辉，都因被王弘义诬陷，流放岭南。

21 左羽林中郎将来子珣坐事流爱州，寻卒。

22 初，新丰王孝杰从刘审礼击吐蕃为副总管，与审礼皆没于吐蕃。赞普见孝杰泣曰："貌类吾父。"厚礼之，后竟得归，累迁右鹰扬卫将军。孝杰久在吐蕃，知其虚实。会西州都督唐休璟请复取龟兹、于阗、疏勒、碎叶四镇，敕以孝杰为武威军总管，与武卫大将军阿史那忠节将兵击吐蕃。冬，十月丙戌，大破吐蕃，复取四镇。置安西都护府于龟兹，发兵戍之。

二年（癸巳，693）

1 正月壬辰朔，太后享万象神宫，以魏王承嗣为亚献，梁王三思为终献。太后自制神宫乐，用舞者九百人。

2 户婢团儿为太后所宠信，有憾于皇嗣，乃谮皇嗣妃刘氏、德妃窦氏为厌咒。癸巳，妃与德妃朝太后于嘉豫殿，既退，同时杀之，瘗于宫中，莫知所在。德妃，抗之曾孙也。皇嗣畏忤旨，不敢言，居太后前，容止自如。团儿复欲害皇嗣，有言其情于太后者，太后乃杀团儿。

是时，告密者皆诱人奴婢告其主，以求功赏。德妃父孝谌为润州刺史，有奴妄为妖异以恐德妃母庞氏，庞氏惧，奴请夜祠祷解，因发其事。下监察御史龙门薛季昶按之，季昶诬奏，以为与德妃同祝诅，先涕泣不自胜，乃言曰："庞氏所为，臣子所不忍道。"太后擢季昶为给事中。庞氏当斩，其子希瑊诣侍御史徐有功讼冤，有功牒所司停刑，上奏论之，以为无罪。季昶奏有功阿党恶逆，请付法，法司处有功罪当绞。令史以白有功，有功叹曰："岂我独死，诸人永不死邪?"既食，

21　左羽林中郎将来子珣因犯事流放爱州，不久去世。

22　当初，新丰人王孝杰跟从刘审礼进攻吐蕃任副总管，与刘审礼一起沦落于吐蕃。吐蕃赞普见到王孝杰，哭泣说："相貌像我父亲。"因此给予他优厚的待遇，后来终于得以返回，连续升官至右鹰扬卫将军。王孝杰长期在吐蕃，知道他们的情况。正好西州都督唐休璟请求再收复龟兹、于阗、疏勒、碎叶四镇，太后命令任命王孝杰为武威军总管，与武卫大将军阿史那忠节领兵进攻吐蕃。冬季，十月丙戌(二十五日)，唐军大败吐蕃，又攻下四镇。朝廷设置安西都护府于龟兹，派兵戍守。

则天后长寿二年(癸巳，公元693年)

1　正月壬辰朔(初一)，太后供献祭品于万象神宫，以魏王武承嗣为第二献，梁王武三思为终献。太后自编神宫乐，用乐舞人员九百人。

2　宫中守门的官婢团儿受太后宠信，对皇嗣不满，便说皇嗣妃刘氏、德妃窦氏的坏话，说他们诅咒太后。癸巳(初二)，皇嗣妃与德妃朝见太后于嘉豫殿，退出后同时被杀，掩埋在宫中，人们不知道掩埋的处所。德妃就是窦抗的曾孙女。皇嗣畏惧触犯太后的旨意，对这件事不敢说话，在太后面前，表情和举动都保持和平常一样。团儿又想陷害皇嗣，有人将她的情况告诉太后，太后才杀死团儿。

当时，告密的人都引诱别人的奴婢告发他们的主人，以谋取功劳赏赐。德妃的父亲窦孝谌任润州刺史，有家奴妄作妖异以恐吓德妃的母亲庞氏，庞氏害怕，家奴便请她夜间祭神求得解脱，家奴又告发这件事。庞氏因此被送到监察御史龙门人薛季昶处查问。薛季昶诬奏庞氏与德妃共同求神降祸于太后，他先痛哭流涕好像不能控制自己，然后说："庞氏的行为，我不忍说出口。"太后便提升薛季昶为给事中。庞氏应当斩首，她的儿子李希瑊找侍御史徐有功申辩，徐有功通知有关部门停止执行死刑，然后上奏辩论，认为她没有罪。薛季昶上奏说徐有功偏袒重大罪犯，请求法办，执法部门判处徐有功的罪应当判绞刑。徐有功的属官把情况告诉他，徐有功叹息说："难道只有我一个人死，其他人永远不死吗?"他进餐后，

掩扇而寝。人以为有功苟自强，必内忧惧，密伺之，方熟寝。太后召有功，迎谓曰："卿比按狱，失出何多？"对曰："失出，人臣之小过；好生，圣人之大德。"太后默然。由是庞氏得减死，与其三子皆流岭南，孝谌贬罗州司马，有功亦除名。

3 戊申，姚琦奏请令宰相撰《时政记》，月送史馆。从之。《时政记》自此始。

4 腊月丁卯，降皇孙成器为寿春王，恒王成义为衡阳王，楚王隆基为临淄王，卫王隆范为巴陵王，赵王隆业为彭城王，皆睿宗之子也。

5 春，一月庚子，以夏官侍郎娄师德同平章事。师德宽厚清慎，犯而不校。与李昭德俱入朝，师德体肥行缓，昭德屡待之不至，怒骂曰："田舍夫！"师德徐笑曰："师德不为田舍夫，谁当为之？"其弟除代州刺史，将行，师德谓曰："吾备位宰相，汝复为州牧，荣宠过盛，人所疾也，将何以自免？"弟长跪曰："自今虽有人唾某面，某拭之而已，庶不为兄忧。"师德愀然曰："此所以为吾忧也！人唾汝面，怒汝也。汝拭之，乃逆其意，所以重其怒。夫唾，不拭自干，当笑而受之。"

6 甲寅，前尚方监裴匪躬、内常侍范云仙坐私谒皇嗣腰斩于市。自是公卿以下皆不得见。又有告皇嗣潜有异谋者，太后命来俊臣鞫其左右，左右不胜楚毒，皆欲自诬。太常工人京兆安金藏大呼谓俊臣曰："公既不信金藏之言，请剖心以明皇嗣不反。"即引佩刀自剖其胸，五藏皆出，流血被地。太后闻之，令舆入宫中，使医内五藏，以桑皮线缝之，傅以药，经宿始苏。太后亲临视之，叹曰："吾有子不能自明，使汝至此。"即命俊臣停推。睿宗由是得免。

便用扇子掩面睡觉。人们以为徐有功只是暂时强作镇静，必定内心忧惧，但偷看他，他却在熟睡。太后召见徐有功，责问他："你近来办案，重罪轻办的失误怎么那样多？"回答说："重罪轻办，是作臣下的小过失；喜欢让人活着，是圣人的大德。"太后无话可说。因此庞氏得减免死罪，同三个儿子一起流放岭南，窦孝谌降职为罗州司马，徐有功也被削除名籍。

3　戊申（十七日），姚琦上奏请求命令宰相撰写《时政记》，每月送交史馆。这个意见被采纳。《时政记》的撰写从此开始。

4　腊月丁卯（初七），皇孙李成器被降为寿春王，恒王李成义为衡阳王，楚王李隆基为临淄王，卫王李隆范为巴陵王，赵王李隆业为彭城王，他们都是睿宗李旦的儿子。

5　春季，一月庚子（初十），太后任命夏官侍郎娄师德同平章事。娄师德为人宽厚，清廉谨慎，冒犯他也不计较。他与李昭德一同入朝，娄师德身体肥胖行动缓慢，李昭德老等他不来，便骂他："乡巴佬！"娄师德笑着说："我不做乡巴佬，谁应当做？"他的弟弟授任代州刺史，将要赴任时，娄师德对他说："我任宰相，你又为州刺史，得到的恩宠太盛，是别人所妒忌的，将如何自己避祸？"他弟弟直身而跪说："今后就是有人唾在我脸上，我只擦拭而已，大概不致使哥哥担忧。"娄师德吃惊地说："这正是使我担忧的！人家唾你脸，是因为恨你，你擦拭，便是违反人家的意愿，正好加重人家的怒气。唾液，不擦拭它会自己干，应当笑而承受。"

6　甲寅（二十四日），前尚方监裴匪躬、内常侍范云仙因犯私自拜见皇嗣罪，腰斩于街市。从此公卿以下官员都不得见皇嗣。又有人告发皇嗣有秘密异谋，太后命令来俊臣审讯他身边人员，他们受不住苦刑，都想违心认罪。太常工人京兆人安金藏大声对来俊臣说："您既然不相信我的话，我请求剖出心肝以表明皇嗣不谋反。"他立即抽出佩刀自己剖胸，五脏都流出，流血满地。太后听说，命令将他抬入宫中，让医生将五脏纳入体内，用桑皮线缝合，敷上药，经过一个晚上才苏醒。太后亲自去看望他，叹息说："我有儿子不能自己看清楚，结果使得你这样。"立即命令来俊臣停止审讯，睿宗因此得免于难。

7　罢举人习《老子》，更习太后所造《臣轨》。

8　二月丙子，新罗王政明卒，遣使立其子理洪为王。

9　乙亥，禁人间锦。侍御史侯思止私畜锦，李昭德按之，杖杀于朝堂。

10　或告岭南流人谋反，太后遣司刑评事万国俊摄监察御史就按之。国俊至广州，悉召流人，矫制赐自尽。流人号呼不服，国俊驱就水曲，尽斩之，一朝杀三百馀人。然后诈为反状，还奏，因言诸道流人，亦必有怨望谋反者，不可不早诛。太后喜，擢国俊为朝散大夫、行侍御史。更遣右翊卫兵曹参军刘光业、司刑评事王德寿、苑南面监丞鲍思恭、尚辇直长王大贞、右武威卫兵曹参军屈贞筠皆摄监察御史，诣诸道按流人。光业等以国俊多杀蒙赏，争效之，光业杀七百人，德寿杀五百人，自馀少者不减百人，其远年杂犯流人亦与之俱毙。太后颇知其滥，制："六道流人未死者并家属皆听还乡里。"国俊等亦相继死，或得罪流窜。

11　来俊臣诬冬官尚书苏幹，云在魏州与琅邪王冲通谋，夏，四月乙未，杀之。

12　五月癸丑，棣州河溢。

13　秋，九月丁亥朔，日有食之。

14　魏王承嗣等五千人表请加尊号曰金轮圣神皇帝。乙未，太后御万象神宫，受尊号，赦天下。作金轮等七宝，每朝会，陈之殿庭。

庚子，追尊昭安皇帝曰浑元昭安皇帝，文穆皇帝曰立极文穆皇帝，孝明高皇帝曰无上孝明高皇帝。皇后从帝号。

7 朝廷停止举人学习《老子》，改为学习太后所编的《臣轨》。

8 二月丙子（十六日），新罗王金政明去世，朝廷派遣使者封他的儿子金理洪为王。

9 乙亥（十五日），朝廷禁止民间拥有彩色有花纹的丝织品。侍御史侯思止私自贮存这种丝织品，李昭德查办他，用杖刑将他杀死在朝堂。

10 有人告发岭南流放人员谋反，太后派遣司刑评事万国俊代理监察御史前往查办。万国俊到达广州后，召集全部流放人员，假传太后命令让他们自尽。流放人员呼喊不服罪，万国俊将他们驱赶到河边，全部斩首，一个早上就杀死三百多人。他然后伪造他们谋反的罪状，回来上报，同时还对太后说其他各道的流放者，也一定有怀恨而谋反的，不能不及早清除掉。太后高兴，提升万国俊为朝散大夫、行侍御史。太后又派遣右翊卫兵曹参军刘光业、司刑评事王德寿、苑南面监丞鲍思恭、尚辇直长王大贞、右武威卫兵曹参军屈贞筠等代理监察御史，到各道查办流放人员。刘光业等因万国俊多杀人得到奖赏，争相仿效他。刘光业杀死七百人，王德寿杀死五百人，其馀少者也不少于一百人，早年的杂犯流放人员也一同被杀。太后也略知滥杀的情况，因此下令："六道流放人员未死的连同他们的家属，都准许返回家乡。"万国俊等也相继死去，或因罪流放。

11 来俊臣诬告冬官尚书苏幹，说他在魏州与琅邪王李冲串通谋反。夏季，四月乙未，他被处死。

12 五月癸丑（二十五日），棣州河水外溢。

13 秋季，九月丁亥朔（初一），出现日食。

14 魏王武承嗣等五千人上表请求太后加尊号为金轮圣神皇帝。乙未（初九），太后到万象神宫，接受尊号，赦免天下罪人。朝廷制作金轮等七宝，每次朝会，都陈列在殿庭。

庚子（十四日），朝廷追尊昭安皇帝为浑元昭安皇帝，文穆皇帝为立极文穆皇帝，孝明高皇帝为无上孝明高皇帝；皇后的称号与帝号相同。

15　辛丑，以文昌左丞、同平章事姚琦为司宾卿，罢政事。以司宾卿万年豆卢钦望为内史，文昌左丞韦巨源同平章事，秋官侍郎吴人陆元方为鸾台侍郎、同平章事。巨源，孝宽之玄孙也。

延载元年（甲午，694）

1　正月丙戌，太后享万象神宫。

2　突厥可汗骨笃禄卒，其子幼，弟默啜自立为可汗。腊月甲戌，默啜寇灵州。

3　室韦反，遣右鹰扬卫大将军李多祚击破之。

4　春，一月，以娄师德为河源等军检校营田大使。

5　二月，武威道总管王孝杰破吐蕃勃论赞刃、突厥可汗俀子等于冷泉及大岭，各三万馀人，碎叶镇守使韩思忠破泥熟俟斤等万馀人。

6　庚午，以僧怀义为代北道行军大总管，以讨默啜。

7　三月甲申，以凤阁舍人苏味道为凤阁侍郎、同平章事，李昭德检校内史。更以僧怀义为朔方道行军大总管，以李昭德为长史，苏味道为司马，帅契苾明、曹仁师、沙吒忠义等十八将军以讨默啜，未行，虏退而止。昭德尝与怀义议事，失其旨，怀义挞之，昭德惶惧请罪。

8　夏，四月壬戌，以夏官尚书、武威道大总管王孝杰同凤阁鸾台三品。

9　五月，魏王承嗣等二万六千馀人上尊号曰越古金轮圣神皇帝。甲午，御则天门楼受尊号，赦天下，改元。

10　天授中，遣监察御史寿春裴怀古安集西南蛮。六月癸丑，永昌蛮酋薰期帅部落二十馀万户内附。

15　辛丑(十五日),朝廷任命文昌左丞、同平章事姚璹为司宾卿,不再管理政事。任命司宾卿万年人豆卢钦望为内史,文昌左丞韦巨源同平章事,秋官侍郎吴人陆元方为鸾台侍郎、同平章事。韦巨源是韦孝宽的玄孙。

则天后延载元年(甲午,公元694年)

1　正月丙戌(初一),太后供献祭品于万象神宫。

2　突厥可汗阿史那骨笃禄去世,他的儿子年幼,他的弟弟阿史那默啜自立为可汗。腊月甲戌(十九日),阿史那默啜侵扰灵州。

3　室韦反叛,唐朝派遣右鹰扬卫大将军李多祚击败他们。

4　春季,一月,朝廷任命娄师德为河源等军检校营田大使。

5　二月,武威道总管王孝杰在冷泉及大岭打败吐蕃勃论赞刃、突厥可汗俀子等各三万多人。碎叶镇守使韩思忠打败泥熟俟斤等一万馀人。

6　庚午(十六日),朝廷任命和尚怀义为代北道行军大总管,以讨伐阿史那默啜。

7　三月甲申(初一),朝廷任命凤阁舍人苏味道为凤阁侍郎、同平章事,李昭德为检校内史;又任命和尚怀义为朔方道行军大总管,以李昭德为长史,苏味道为司马,率领契苾明、曹仁师、沙吒忠义等十八将军讨伐阿史那默啜,还没有出发,因敌人退走而停止出兵。李昭德曾与和尚怀义讨论事情,不符合他的意思,被怀义鞭打,李昭德恐惧请罪。

8　夏季,四月壬戌(初九),朝廷任命夏官尚书、武威道大总管王孝杰同凤阁鸾台三品。

9　五月,魏王武承嗣等两万六千多人给太后上尊号为越古金轮圣神皇帝。甲午(十一日),太后驾临则天门楼接受尊号,大赦天下罪人,更改年号。

10　天授年间,朝廷派遣监察御史寿春人裴怀古安抚招集西南蛮族。六月癸丑(初一),永昌蛮首领薰期率领部落二十馀万户归附唐朝。

11 河内有老尼居神都麟趾寺，与嵩山人韦什方等以妖妄惑众。尼自号净光如来，云能知未然；什方自云吴赤乌年生。又有老胡亦自言五百岁，云见薛师已二百年矣，容貌愈少。太后甚信重之，赐什方姓武氏。秋，七月癸未，以什方为正谏大夫、同平章事，制云："迈轩代之广成，逾汉朝之河上。"八月，什方乞还山，制罢遣之。

12 戊辰，以王孝杰为瀚海道行军总管，仍受朔方道行军大总管薛怀义节度。

13 己巳，以司宾少卿姚琇为纳言，左肃政中丞原武杨再思为鸾台侍郎，洛州司马杜景俭为凤阁侍郎，并同平章事。

豆卢钦望请京官九品已上输两月俸以赡军，转帖百官，令拜表。百官但赴拜，不知何事。拾遗王求礼谓钦望曰："明公禄厚，输之无伤。卑官贫迫，奈何不使其知而欺夺之乎？"钦望正色拒之。既上表，求礼进言曰："陛下富有四海，军国有储，何藉贫官九品之俸而欺夺之？"姚琇曰："求礼不识大体。"求礼曰："如姚琇，为识大体者邪！"事遂寝。

14 戊寅，鸾台侍郎、同平章事崔元综坐事流振州。

15 武三思帅四夷酋长请铸铜铁为天枢，立于端门之外，铭纪功德，黜唐颂周；以姚琇为督作使。诸胡聚钱百万亿，买铜铁不能足，赋民间农器以足之。

16 九月壬午朔，日有食之。

17 殿中丞来俊臣坐赃贬同州参军。王弘义流琼州，诈称敕追还，至汉北，侍御史胡元礼遇之，按验，得其奸状，杖杀之。

11　河内地方有老尼姑，居住在神都麟趾寺，与嵩山人韦什方等以邪说迷惑群众。老尼姑自号净光如来，说能预知未来；韦什方自称是在三国时孙吴赤乌年间出生的人。又有老胡人也自称五百岁，说他看见和尚怀义已两百年了，怀义的面貌越来越年轻。太后很信任器重他们，赐韦什方姓武氏。秋季，七月癸未（初一），朝廷任命韦什方为正谏大夫、同平章事，命令中说："他胜过轩辕时代的广成子，超越汉朝的河上公。"八月，韦什方要求返回嵩山，太后命令罢职，遣送他返山。

12　戊辰（十七日），朝廷任命王孝杰为瀚海道行军总管，仍受朔方道行军大总管和尚薛怀义的指挥。

13　己巳（十八日），朝廷任命司宾少卿姚璹为纳言；左肃政中丞原武人杨再思为鸾台侍郎，洛州司马杜景俭为凤阁侍郎，一并同平章事。

豆卢钦望请九品以上的京官每人交两个月的薪俸以补助军用，派人将通知传示百官，让他们聚集上奏表。百官只是前往，不知是什么事情。拾遗王求礼对豆卢钦望说："您俸禄丰厚，交纳没有什么关系；低级官吏贫困，为何不使他知道而欺骗夺取呢？"豆卢钦望严正拒绝他。上表后，王求礼进言说："陛下富有天下，军用和国用都有储备，如何用得着贫官九品的俸禄而欺骗夺取他们？"姚璹说："王求礼不识大体！"王求礼说："像姚璹这样，是识大体的人吗！"事情终于没有实施。

14　戊寅（二十七日），鸾台侍郎、同平章事崔元综因事流放振州。

15　武三思等率领四夷首领请用铜铁铸造大"天枢"柱，树立在端门外，柱上刻记述功德的铭文，贬低唐朝，称颂武周；任命姚璹为督作使。诸胡聚集钱百万亿，买铜铁不够用，又征收民间的农具加以补充。

16　九月壬午朔（初一），出现日食。

17　殿中丞来俊臣犯贪赃罪，降职为同州参军。王弘义流放琼州，伪称奉太后令追回，回到汉北，侍御史胡元礼遇见他，经过审查，查清他邪恶罪状，杖刑处死。

内史李昭德恃太后委遇，颇专权使气，人多疾之，前鲁王府功曹参军丘愔上疏攻之，其略曰："陛下天授以前，万机独断。自长寿以来，委任昭德，参奉机密，献可替否，事有便利，不预谘谋，要待画日将行，方乃别生驳异。扬露专擅，显示于人，归美引愆，义不如此。"又曰："臣观其胆，乃大于身，鼻息所冲，上拂云汉。"又曰："蚁穴坏堤，针芒写气，权重一去，收之极难。"长上果毅邓注，又著《石论》数千言，述昭德专权之状。凤阁舍人逄弘敏取奏之，太后由是恶昭德。壬寅，贬昭德为南宾尉，寻又免死流窜。

18　太后出黎花一枝以示宰相，宰相皆以为瑞。杜景俭独曰："今草木黄落，而此更发荣，阴阳不时，咎在臣等。"因拜谢。太后曰："卿真宰相也！"

19　冬，十月壬申，以文昌右丞李元素为凤阁侍郎，左肃政中丞周允元检校凤阁侍郎，并同平章事。允元，豫州人也。

20　岭南獠反，以容州都督张玄遇为桂、永等州经略大使以讨之。

天册万岁元年(乙未,695)

1　正月辛巳朔，太后加号慈氏越古金轮圣神皇帝，赦天下，改元证圣。

2　周允元与司刑少卿皇甫文备奏内史豆卢钦望、同平章事韦巨源、杜景俭、苏味道、陆元方附会李昭德，不能匡正，钦望贬赵州，巨源贬麟州，景俭贬溱州，味道贬集州，元方贬绥州刺史。

内使李昭德依仗太后的信任，独断专行，意气用事，人们多憎恨他。前鲁王府功曹参军丘愔上疏抨击他，内容大致说：“陛下在天授年间以前，政事由自己决断，自长寿年间以来，委任李昭德，让他参与机密，提出可行的事，否决不可行的事；一些容易办的事情，他事先不参与商议，要待到画可将要推行，才提出不同意见，将他的专擅显示出来。善事归于君主，过失引咎自责，他并不遵循这种君臣关系的常理。”又说：“我看他的胆子，比身体还大，鼻孔的呼吸，可以向上触及天河。”又说：“蚂蚁的洞穴可以毁大堤，针尖大的孔穴足以泄气，权力一旦失去，要收回就极难。”长上果毅邓注，又著《石论》数千言，叙述李昭德专权的事实。凤阁舍人逄弘敏将它上奏，太后因此而憎恶李昭德，壬寅（二十一日），将他降职为南宾县尉，不久又减免死罪，将他流放。

18　太后拿出一枝梨花给宰相看，宰相们都以为是祥瑞的征兆。只有杜景俭说：“现在草木枯黄凋落，而梨树却开花，这是阴阳错乱，过失在我们做臣子的。”他因此下跪谢罪。太后说：“你是真正的宰相。”

19　冬季，十月壬申（二十二日），朝廷任命文昌左丞李元素为凤阁侍郎，左肃政中丞周允元检校凤阁侍郎，一并同平章事。周允元是豫州人。

20　岭南獠人反叛，朝廷任命容州都督张玄遇为桂、永等州经略大使以讨伐他们。

则天后天册万岁元年（乙未，公元695年）

1　正月辛巳朔（初一），太后加号为慈氏越古金轮圣神皇帝，大赦天下，更改年号为证圣。

2　周允元与司刑少卿皇甫文备上奏揭露内史豆卢钦望、同平章事韦巨源、杜景俭、苏味道、陆元方附会李昭德，不能纠正过失。豆卢钦望被降职为赵州刺史，韦巨源被降职为麟州刺史，杜景俭被降职为溱州刺史，苏味道被降职为集州刺史，陆元方被降职为绥州刺史。

3 初，明堂既成，太后命僧怀义作夹纻大像，其小指中犹容数十人，于明堂北构天堂以贮之。堂始构，为风所摧，更构之，日役万人，采木江岭，数年之间，所费以万亿计，府藏为之耗竭。怀义用财如粪土，太后一听之，无所问。每作无遮会，用钱万缗，士女云集，又散钱十车，使之争拾，相蹈践有死者。所在公私田宅，多为僧有。怀义颇厌入宫，多居白马寺，所度力士为僧者满千人。侍御史周矩疑有奸谋，固请按之。太后曰："卿姑退，朕即令往。"矩至台，怀义亦至，乘马就阶而下，坦腹于床。矩召吏将按之，遽跃马而去。矩具奏其状，太后曰："此道人病风，不足诘，所度僧，惟卿所处。"悉流远州。迁矩天官员外郎。

乙未，作无遮会于明堂，凿地为坑，深五丈，结彩为宫殿，佛像皆于坑中引出之，云自地涌出。又杀牛取血，画大像，首高二百尺，云怀义刺膝血为之。丙申，张像于天津桥南，设斋。时御医沈南璆亦得幸于太后，怀义心愠，是夕，密烧天堂，延及明堂，火照城中如昼，比明皆尽，暴风裂血像为数百段。太后耻而讳之，但云内作工徒误烧麻主，遂涉明堂。时方酺宴，左拾遗刘承庆请辍朝停酺以答天谴，太后将从之。姚琦曰："昔成周宣榭，卜代愈隆；汉武建章，盛德弥永。今明堂布政之所，非宗庙也，不应自贬损。"太后乃御端门，观酺如平日。命更造明堂、天堂，仍以怀义充使。又铸铜为九州鼎及十二神，皆高一丈，各置其方。

3　当初，明堂已落成，太后命令和尚怀义制作用纻麻布夹缝的大佛像，佛像的小指中还能容得下数十人，于明堂北面构筑天堂以贮存。天堂初造时被风吹倒，又重新再造，每天役使一万人，采集木料于江水山岭之间，数年之中，花费以万亿计算，国库因此耗尽。和尚怀义花钱像粪土一样，太后全都听任他，不加过问。每次举行无遮法会，用钱万缗；四方男女聚集后，又散钱十车，让他们争相拣拾，有人因争抢被践踏致死。到处的公私田宅，多数为和尚所有。和尚怀义不喜欢入宫，多数时间居住在白马寺，剃度千名身强力壮的人为僧。侍御史周矩怀疑他有奸谋，一再请求查办他。太后说："你且回去，朕即命令他去你处。"周矩回到御史官署，和尚怀义也到，他就着台阶下马，露腹坐在椅子上。周矩召集手下吏卒将要审问他，他立即跃上马飞驰而去。周矩上报他的行为，太后说："这是道人患疯病，不足责怪，他所剃度的僧人，任由你处理。"因此，朝廷将他们全都流放边远各州，升任周矩为天官员外郎。

乙未，太后作无遮法会于明堂，挖地为坑，深五丈，结扎彩绸作宫殿，佛像都从深坑中拉出，说是从地下涌出。又杀牛取血，用以画大佛像，佛像的头高二百尺，说是和尚怀义刺膝取血画的。丙申（初八），在天津桥南边张挂大佛像，供奉神佛用的食品。当时御医沈南璆也亲近太后，和尚怀义对此心里不高兴，当晚秘密焚烧天堂，延烧到明堂，火光照得洛阳城中如同白昼，到天亮时天堂明堂全部烧光，狂风刮碎牛血画的佛像断成数百段。太后羞愧而不敢说明真相，只说是内作工徒疏忽烧着夹纻佛像，而延烧明堂。当时正开大宴会，左拾遗刘承庆请求停止朝会和大宴会，以回应上天的谴责，太后准备接受。姚琦说："从前周朝洛阳宣榭火灾，占卜的结果是朝代更加兴盛；汉武帝时柏梁台失火后再造建章宫，盛德更加久远。现在明堂只是发布政令的场所，并不是宗庙，不应自我抑制。"太后便登上端门，如同平时一样观看大宴会。她命令重新建造明堂、天堂，仍然任命和尚怀义为主持建造的使者；又为九州各铸一座铜鼎及十二属相神，都高一丈，安置在各自的方位。

先是，河内老尼昼食一麻一米，夜则烹宰宴乐，畜弟子百馀人，淫秽靡所不为。武什方自言能合长年药，太后遣乘驿于岭南采药。及明堂火，尼入唁太后，太后怒叱之，曰："汝常言能前知，何以不言明堂火？"因斥还河内，弟子及老胡等皆逃散。又有发其奸者，太后乃复召尼还麟趾寺，弟子毕集，敕给使掩捕，尽获之，皆没为官婢。什方还，至偃师，闻事露，自绞死。

庚子，以明堂火告庙，下制求直言。刘承庆上疏，以为："火发既从麻主，后及总章，所营佛舍，恐劳无益，请罢之。又，明堂所以统和天人，一旦焚毁，臣下何心犹为酺宴？忧喜相争，伤于情性。又，陛下垂制博访，许陈至理，而左史张鼎以为今既火流王屋，弥显大周之祥，通事舍人逢敏奏称，弥勒成道时有天魔烧宫，七宝台须臾散坏，斯实谄妄之邪言，非君臣之正论。伏愿陛下乾乾翼翼，无戾天人之心而兴不急之役，则兆人蒙赖，福禄无穷。"

获嘉主簿彭城刘知几表陈四事：其一，以为："皇业权舆，天地开辟，嗣君即位，黎元更始，时则藉非常之庆以申再造之恩。今六合清宴而赦令不息，近则一年再降，远则每岁无遗，至于违法悖礼之徒，无赖不仁之辈，编户则寇攘为业，当官则赃贿是求。而元日之朝，指期天泽，重阳之节，伫降皇恩，如其忖度，咸果释免。或有名垂结正，罪将断决，窃行货贿，方便规求，故致稽延，毕沾宽宥。用使俗多顽悖，时罕廉隅，为善者不预恩光，作恶者独承徼幸。古语曰：'小人之幸，君子之不幸。'斯之谓也。望陛下而今而后，颇节于赦，使黎氓知禁，奸宄肃清。"其二，以为："海内具僚九品以上，每岁逢赦，必赐阶勋，

在这以前，河内有个老尼姑白天只食一点麻籽和一点米，晚上则宰杀烹调宴饮作乐，收养弟子一百多人，淫乱无所不为。武什方自称能配制长生不老药，太后派遣他乘驿车赴岭南采药。等到明堂火灾，老尼姑入宫慰问太后，太后怒斥她，说："你经常说能预知未来，何以不预言明堂火灾？"因此驱逐她回河内，他的弟子及老胡人都逃散了。又有人告发他们的邪恶，太后便又召老尼姑返回麟趾寺，她的弟子们也闻讯全都回来，于是命令给使出其不意逮捕他们，全部捕获，都没入官府充官婢。武什方从岭南返回，至偃师时，听说事情败露，自己绞死。

庚子，因明堂火灾，太后禀告于太庙，并下令征求直言。刘承庆上疏认为："火既然从夹纻佛像烧起，后延及明堂总章三室，可见所营建的佛舍恐徒劳无益，请停止营造。还有，明堂的作用是调和天与人的关系，一旦焚毁，大臣们还有什么心思参加大宴会？忧愁和喜悦相互争斗，有伤于人的性情。还有，陛下下令广泛访求，允许陈述最高的道理，而左史张鼎认为现在既然有火流入帝王居住的地，更显示大周朝的祥瑞，通事舍人逢敏奏称，弥勒佛成道时有天魔烧宫，七宝台散坏，这些实在是献媚荒诞之言，不是君臣间正常的言论。恳请陛下自强不息，小心翼翼，不违反天理人心而兴办非急切的工程，则亿万百姓有所依赖，福禄无穷。"

获嘉县主簿彭城人刘知几上表陈述四件事：其一，以为："皇业起始，天地开辟，嗣君即位，百姓重新开始，这些时候则借非常的庆贺以申述再造的恩惠。现在天下清静安宁而赦令不断下达，近来一年中不止一次，前些年每年都有。至于违法背礼的人，流氓残暴之辈，当百姓则以盗窃掠夺为业，当官则以贪赃索贿为目标。而元旦的朝会，期望皇帝的恩泽，重阳节，久立等待降皇恩，结果正如他们所揣测，全都获得赦免。有人将要结案判定，刑罚将要执行，而私下贿赂，方便索取，以致判决拖延，终于赶上大赦获宽容饶恕。这就使得社会上出现众多顽劣逆乱的人，而缺少行为、品性端正严肃的人，行为端正的人得不到皇恩，作恶的人却获得意外的利益。古语说：'小人的幸运，便是君子的不幸。'就是这个意思。希望陛下从今以后，适当节制赦令，使百姓知道禁令，为非作歹的人被肃清。"其二，以为："海内任官九品以上的人，每年遇到赦令，文官必赐官阶，武官必赐勋级，

至于朝野宴集，公私聚会，绯服众于青衣，象板多于木笏，皆荣非德举，位罕才升，不知何者为妍蚩，何者为美恶。臣望自今以后，稍息私恩，使有善者逾效忠勤，无才者咸知勉励。”其三，以为：“陛下临朝践极，取士太广，六品以下职事清官，遂乃方之土芥，比之沙砾，若遂不加沙汰，臣恐有秽皇风。”其四，以为：“今之牧伯迁代太速，倏来忽往，蓬转萍流，既怀苟且之谋，何暇循良之政？望自今刺史非三岁以上不可迁官，仍明察功过，尤甄赏罚。”疏奏，太后颇嘉之。是时官爵易得而法网严峻，故人竞为趋进而多陷刑戮，知几乃著《思慎赋》以刺时见志焉。

4　丙午，以王孝杰为朔方道行军总管，击突厥。

5　春，二月己酉朔，日有食之。

6　僧怀义益骄恣，太后恶之。既焚明堂，心不自安，言多不顺。太后密选宫人有力者百馀人以防之。壬子，执之于瑶光殿前树下，使建昌王武攸宁帅壮士殴杀之，送尸白马寺，焚之以造塔。

7　甲子，太后去“慈氏越古”之号。

8　三月丙辰，凤阁侍郎、同平章事周允元薨。

9　夏，四月，天枢成，高一百五尺，径十二尺，八面，各径五尺。下为铁山，周百七十尺，以铜为蟠龙麒麟萦绕之；上为腾云承露盘，径三丈，四龙人立捧火珠，高一丈。工人毛婆罗造模，武三思为文，刻百官及四夷酋长名，太后自书其榜曰“大周万国颂德天枢”。

10　秋，七月辛酉，吐蕃寇临洮，以王孝杰为肃边道行军大总管以讨之。

以至朝野宴会、公私聚会时，穿红色衣服的官员多于穿青色衣服的官员，持象牙笏的多于执木笏的；他们的荣显并非因品德高尚而获得，他的官阶很少是因为才能出众而提升的，不知道谁是美好或丑陋，分不清谁是善或恶。我希望从今以后稍微停止私意赏赐官阶和勋级，使有才德的人更加忠诚勤奋，无才能的人都知道努力上进。”其三，以为：“陛下临朝登帝位以来，取士太多，六品以下政事清闲的官吏，就像泥土草芥一样微不足道，像沙砾一样数不清，如果不加以淘汰，恐怕要玷污君主的教化。”其四，以为：“现在州郡等地方官升官或调动太快，忽来忽往，像蓬草和浮萍一样流转不定，他们既怀着得过且过的打算，哪里还有心思搞奉公守法的政事？希望今后刺史在任不满三年不能升官，同时认真考察他们的功过，尤其要严明赏罚。”奏疏上达后，太后很赞赏。当时官爵容易取得而法网严峻，所以人们争着求取官爵而多陷身刑罚甚至被杀，刘知几便著《思慎赋》以讽刺时俗，表明自己的志趣。

4　丙午（二十六日），朝廷任命王孝杰为朔方道行军总管，进攻突厥。

5　春季，二月己酉朔（初一），出现日食。

6　和尚怀义日益骄傲放纵，太后因此憎恨他。他焚烧明堂后，内心不安，言语多不恭顺；太后秘密挑选身强力壮的宦官以防备他。壬子（初四），在瑶光殿前树下将他逮捕，让建昌王武攸宁率领壮士将他打死，把尸体送往白马寺，焚尸造塔。

7　甲子（十六日），太后除去“慈氏越古”的称号。

8　三月丙辰（初九），凤阁侍郎、同平章事周允元去世。

9　夏季，四月，朝廷铸造天枢柱完成，高一百零五尺，直径十二尺，柱身八面，每面宽五尺。大柱下面是一座铁山，周边长一百七十尺，环绕铁山的是铜做的蟠龙和麒麟；柱上为腾云承露盘，直径三丈，四个龙人站着捧火珠，高一丈。工人毛婆罗造模形，武三思书写文字，刻百官和四夷首领的姓名，太后亲自书写匾额“大周万国颂德天枢”。

10　秋季，七月辛酉（十五日），吐蕃侵扰临洮，朝廷任命王孝杰为肃边道行军大总管以讨伐他们。

11　九月甲寅，太后合祭天地于南郊，加号天册金轮大圣皇帝，赦天下，改元。

12　冬，十月，突厥默啜遣使请降，太后喜，册授左卫大将军、归国公。

万岁通天元年(丙申,696)

1　腊月甲戌，太后发神都。甲申，封神岳，赦天下，改元万岁登封，天下百姓无出今年租税，大酺九日。丁亥，禅于少室。己丑，御朝觐坛受贺。癸巳，还宫。甲午，谒太庙。

2　右千牛卫将军安平王武攸绪，少有志行，恬澹寡欲，扈从封中岳还，即求弃官，隐于嵩山之阳。太后疑其诈，许之，以观其所为。攸绪遂优游岩壑，冬居茅椒，夏居石室，一如山林之士。太后所赐及王公所遗野服器玩，攸绪一皆置之不用，尘埃凝积。买田使奴耕种，与民无异。

3　春，一月甲寅，以娄师德为肃边道行军副总管，击吐蕃。己巳，以师德为左肃政大夫，知政事如故。

4　改长安崇尊庙为太庙。

5　二月辛巳，尊神岳天中王为神岳天中黄帝，灵妃为天中黄后；启为齐圣皇帝；封启母神为玉京太后。

6　三月壬寅，王孝杰、娄师德与吐蕃将论钦陵赞婆战于素罗汗山，唐兵大败。孝杰坐免为庶人，师德贬原州员外司马。师德因署移牒，惊曰："官爵尽无邪!"既而曰："亦善，亦善。"不复介意。

7　丁巳，新明堂成，高二百九十四尺，方三百尺，规模率小于旧。上施金涂铁凤，高二丈，后为大风所损。更为铜火珠，群龙捧之，号曰通天宫。赦天下，改元万岁通天。

11　九月甲寅（初九），太后合祭天地于南郊，加号天册金轮大圣皇帝，大赦天下，更改年号。

12　冬季，十月，突厥阿史那默啜派遣使者向唐朝请降，太后高兴，封他为左卫大将军、归国公。

则天后万岁通天元年（丙申，公元696年）

1　腊月甲戌（初一），太后从神都出发；甲申（十一日），祭天于神岳嵩山，大赦天下，更改年号为万岁登封，天下百姓免交今年租税；大宴饮九天。丁亥（十四日），祭地于嵩山少室峰；己丑（十六日），登上朝觐坛接受朝贺；癸巳（二十日），回宫；甲午（二十一日），禀告太庙。

2　右千牛卫将军安平王武攸绪，少年时就有大志和优良的品行，淡泊不贪名利，随从太后封禅中岳回来后，即要求抛弃官爵，隐居于嵩山南麓。太后怀疑他有欺诈，同意他的请求，以观察他的行动。武攸绪于是悠然自得于山水之间，冬天居住在茅椒作墙的屋子里，夏天居住在石室，和山林隐士一样。太后的赏赐，王公赠给的衣服玩物，武攸绪一概闲置不用，听任尘封堆积。他买田让家奴耕种，和普通百姓没有区别。

3　春季，一月甲寅（十一日），朝廷任命娄师德为肃边道行军副总管，进攻吐蕃。己巳（二十六日），任命娄师德为左肃政大夫，主持政事和从前一样。

4　朝廷改长安崇尊庙为太庙。

5　二月辛巳（初九），朝廷尊神岳天中王为神岳天中黄帝，灵妃为天中黄后；夏启为齐圣皇帝；封启母神为玉京太后。

6　三月壬寅（初一），王孝杰、娄师德与吐蕃将军论钦陵赞婆交战于素罗汗山，唐兵大败；王孝杰因此被免官为庶民，娄师德被降职为原州员外司马。娄师德签署文书时，吃惊地说："官爵全都没有了！"接着又说："也好，也好。"不再把这事情放在心上。

7　丁巳（十六日），新明堂落成，高二百九十四尺，纵横三百尺，规模略小于被焚烧的明堂。上面放置涂金铁凤，高二丈，后来被大风损坏；又有铜火珠，由群龙捧着，号称通天宫。朝廷大赦天下罪人，改年号为万岁通天。

8　大食请献师子。姚琦上疏，以为："师子专食肉，远道传致，肉既难得，极为劳费。陛下鹰犬不蓄，渔猎悉停，岂容菲薄于身而厚给于兽？"乃却之。

9　以检校夏官侍郎孙元亨同平章事。

10　夏，五月壬子，营州契丹松漠都督李尽忠、归诚州刺史孙万荣举兵反，攻陷营州，杀都督赵文翙。尽忠，万荣之妹夫也，皆居于营州城侧。文翙刚愎，契丹饥不加赈给，视酋长如奴仆，故二人怨而反。乙丑，遣左鹰扬卫将军曹仁师、右金吾卫大将军张玄遇、左威卫大将军李多祚、司农少卿麻仁节等二十八将讨之。秋，七月辛亥，以春官尚书梁王武三思为榆关道安抚大使，姚琦副之，以备契丹。改李尽忠为李尽灭，孙万荣为孙万斩。

尽忠寻自称无上可汗，据营州，以万荣为前锋，略地，所向皆下，旬日，兵至数万，进围檀州，清边前军副总管张九节击却之。

八月丁酉，曹仁师、张玄遇、麻仁节与契丹战于硖石谷，唐兵大败。先是，契丹破营州，获唐俘数百，囚之地牢，闻唐兵将至，使守牢霫绐之曰："吾辈家属，饥寒不能自存，唯俟官军至即降耳。"既而契丹引出其俘，饲以糠粥，慰劳之曰："吾养汝则无食，杀汝又不忍，今纵汝去。"遂释之。俘至幽州，具言其状，诸军闻之，争欲先入。至黄獐谷，虏又遣老弱迎降，故遗老牛瘦马于道侧。仁师等三军弃步卒，将骑兵先进。契丹设伏横击之，飞索以缗玄遇、仁节，生获之，将卒死者填山谷，鲜有脱者。契丹得军印，诈为牒，令玄遇等署之，牒总管燕匪石、宗怀昌等云："官军已破贼，若至营州，军将皆斩，兵不叙勋。"匪石等得牒，昼夜兼行，不遑寝食以赴之，士马疲弊。契丹伏兵于中道邀之，全军皆没。

8　大食国请求给朝廷进献狮子，姚璹上疏认为："狮子专门吃肉，远道运来，肉已经很难得到，又极费人力财力。陛下鹰犬都不畜养，渔猎全部停止，哪里能对自己菲薄而对野兽优厚？"于是拒绝接受。

9　朝廷任命检校夏官侍郎孙元亨同平章事。

10　夏季，五月壬子（十二日），营州契丹松漠都督李尽忠、归诚州刺史孙万荣起兵反唐，攻陷营州，杀都督赵文翙。李尽忠是孙万荣的妹夫，都居住在营州城边。赵文翙傲慢而固执，契丹发生饥荒，他不赈济，看待他们的首领如同奴仆，所以他们二人怨恨而造反。乙丑（二十五日），唐朝派遣左鹰扬卫将军曹仁师、右金吾卫大将军张玄遇、左威卫大将军李多祚、司农少卿麻仁节等二十八将讨伐他们。秋季，七月辛亥（十一日），朝廷任命春官尚书梁王武三思为榆关道安抚大使，姚璹为副职，以防备契丹；改李尽忠为李尽灭，孙万荣为孙万斩。

李尽忠不久自称无上可汗，占据营州，以孙万荣为前锋，扩充地盘，所向无敌，十日间拥兵至数万，进兵包围檀州，被清边前军副总管张九节击退。

八月丁酉（二十八日），曹仁师、张玄遇、麻仁节与契丹交战于硖石谷，唐兵大败。这以前，契丹攻下营州时，俘虏数百人，囚禁在地牢中。听说唐兵将到，契丹人派称为霫的守牢人欺骗他们说："我们的家属受饥寒不能生存，只等官军到来便立即投降。"接着，契丹人又将他们领出地牢，让他们喝糠粥慰劳他们，说："养着你们，没有粮食，杀死你们，又不忍心，现在放你们走。"于是释放他们。他们回到幽州，叙说上述的情况，唐军听到后，都争着要赶紧进军。唐兵进到黄獐谷，契丹人又派遣老弱兵民前来投降，故意在道边丢弃老牛瘦马。曹仁师等便留下步兵，领骑兵前进。契丹人设下埋伏从侧面攻击，用飞索将张玄遇与麻仁节绊倒，生擒他们，将卒死尸满山谷，很少有人逃脱。契丹人获得唐军中的印信，便伪造文书让张玄遇等签名，通知总管燕匪石、宗怀昌等说："官军已破贼，如果你们不到达营州，军官都斩首，兵卒不给勋级。"燕匪石等得到通知，便昼夜兼程，连吃饭睡觉都顾不上，一直往前赶，士卒马匹都疲劳得很；结果被契丹人在中途埋伏截击，全军覆没。

九月，制："天下系囚及庶士家奴骁勇者，官偿其直，发以击契丹。"初令山东近边诸州置武骑团兵，以同州刺史建安王武攸宜为右武威卫大将军，充清边道行军大总管，以讨契丹。

右拾遗陈子昂为攸宜府参谋，上疏曰："恩制免天下罪人及募诸色奴充兵讨击契丹，此乃捷急之计，非天子之兵。且比来刑狱久清，罪人全少，奴多怯弱，不惯征行，纵其募集，未足可用。况今天下忠臣义士，万分未用其一，契丹小孽，假命待诛，何劳免罪赎奴，损国大体！臣恐此策不可威示天下。"

11　丁巳，突厥寇凉州，执都督许钦明。钦明，绍之曾孙也。时出按部，突厥数万奄至城下，钦明拒战，为所虏。

钦明兄钦寂，时为龙山军讨击副使，与契丹战于崇州，军败，被擒。虏将围安东，令钦寂说其属城未下者。安东都护裴玄珪在城中，钦寂谓曰："狂贼天殃，灭在朝夕，公但励兵谨守以全忠节。"虏杀之。

12　吐蕃复遣使请和亲，太后遣右武卫胄曹参军贵乡郭元振往察其宜。吐蕃将论钦陵请罢安西四镇戍兵，并求分十姓突厥之地。元振曰："四镇、十姓与吐蕃种类本殊，今请罢唐兵，岂非有兼并之志乎？"钦陵曰："吐蕃苟贪土地，欲为边患，则东侵甘、凉，岂肯规利于万里之外邪？"乃遣使者随元振入请之。

朝廷疑未决，元振上疏，以为："钦陵求罢兵割地，此乃利害之机，诚不可轻举措也。今若直拒其善意，则为边患必深。四镇之利远，甘、凉之害近，不可不深图也。宜以计缓之，

九月，太后下令：“天下囚犯及官民家奴有勇力的，官府给钱赎出，发往前线进攻契丹。”朝廷开始命令崤山以东靠近边地各州设置武骑团兵，任命同州刺史建安王武攸宜为右武威卫大将军，充任清边道行军大总管，以讨伐契丹。

右拾遗陈子昂任武攸宜军府参谋，上疏说：“太后下令赦免天下罪人及招募官民家奴当兵讨伐契丹，这只是应急的办法，不是天子的兵员。况且近来刑狱早已清理，罪人减少，家奴多数懦弱，不习惯行军打仗，纵使能募集到，也不见得可用。何况当今天下的忠臣义士，还没有用上万分之一，契丹小妖祸，发布命令就将诛除，用不着赦免罪犯和赎出家奴，有损国家的体面！我恐怕这种政策不足以向天下显示国家威力。”

11　丁巳（十八日），突厥侵扰凉州，掳走州都督许钦明。许钦明是许绍的曾孙；当时他正外出巡查所属地区，突厥兵数万人突然进攻到城下，许钦明抵抗，被俘虏。

许钦明的哥哥许钦寂，当时任龙山军讨击副使，与契丹在崇州交战，兵败被擒。契丹人将要包围安东，命令许钦寂劝说所属城池未被攻下的守城者投降。安东都护裴玄珪正在城中，许钦寂对他说：“狂贼为天所罚，灭亡就在朝夕之间，您只管勉励士兵严密防守以保全忠诚和气节。”契丹人因此把他杀了。

12　吐蕃又派遣使者向唐朝请求和亲，太后派遣右武卫胄曹参军贵乡人郭元振前往观察情况。吐蕃将论钦陵请求唐朝撤去安西四镇的守军，并请求分给他十姓突厥的土地。郭元振说：“四镇、十姓突厥与吐蕃不同民族，现请撤唐朝守军，难道不是有兼并的打算吗？”论钦陵说：“吐蕃假如贪求土地，想成为唐朝边地祸患，则东侵甘州、凉州，哪里肯谋利于万里之外？”于是派遣使者随郭元振入唐朝提出上述请求。

对于是否答应他的要求，朝廷拿不定主意，郭元振上疏认为：“论钦陵要求罢兵割地，这是利害的关键，确实不应轻易作出决定。现在如果直截了当地拒绝他的善意，结果将招致很深的边患。四镇的利益远，甘州、凉州受害近，不可不深入考虑。应当用计策拖住他，

使其和望未绝则善矣。彼四镇、十姓，吐蕃之所甚欲也，而青海、吐谷浑，亦国家之要地也，今报之宜曰：‘四镇、十姓之地，本无用于中国，所以遣兵戍之，欲以镇抚西域，分吐蕃之势，使不得并力东侵也。今若果无东侵之志，当归我吐谷浑诸部及青海故地，则五俟斤部亦当以归吐蕃。’如此则足以塞钦陵之口，而亦未与之绝也。若钦陵小有乖违，则曲在彼矣。且四镇、十姓款附日久，今未察其情之向背，事之利害，遥割而弃之，恐伤诸国之心，非所以御四夷也。”太后从之。

元振又上言：“吐蕃百姓疲于徭戍，早愿和亲。钦陵利于统兵专制，独不欲归款。若国家岁发和亲使，而钦陵常不从命，则彼国之人怨钦陵日深，望国恩日甚，设欲大举其徒，固亦难矣。斯亦离间之渐，可使其上下猜阻，祸乱内兴矣。”太后深然之。元振名震，以字行。

13　庚申，以并州长史王方庆为鸾台侍郎，与殿中监万年李道广并同平章事。

14　突厥默啜请为太后子，并为其女求昏，悉归河西降户，帅其部众为国讨契丹。太后遣豹韬卫大将军阎知微、左卫郎将摄司宾卿田归道册授默啜左卫大将军、迁善可汗。知微，立德之孙；归道，仁会之子也。

冬，十月辛卯，契丹李尽忠卒，孙万荣代领其众。突厥默啜乘间袭松漠，虏尽忠、万荣妻子而去。太后进拜默啜为颉跌利施大单于、立功报国可汗。

孙万荣收合馀众，军势复振，遣别帅骆务整、何阿小为前锋，攻陷冀州，杀刺史陆宝积，屠吏民数千人。又攻瀛州，河北震动。制起彭泽令狄仁杰为魏州刺史。前刺史独孤思庄畏契丹猝至，悉驱百姓入城，缮修守备。仁杰至，悉遣还农，曰：“贼犹在远，何烦如是！万一贼来，吾自当之。”百姓大悦。

使他和好的希望不要断绝就好了。那四镇、十姓，吐蕃是很想得到的，而青海、吐谷浑，也是我们的要地。现在回答他应该说：‘四镇、十姓之地，本来对唐朝没有什么用处，所以派兵戍守，是想安定抚慰西域，分散吐蕃的势力，使吐蕃不能全力东侵。现在如果吐蕃无东侵的打算，就应当归还我吐谷浑各部及青海故地，则五俟斤部也应当归还吐蕃。’这样便足以堵住论钦陵的嘴，而且也未与他断绝关系。如果论钦陵略有违背，则是他没有道理。而且四镇、十姓诚恳归附已久，现在还未发现他们有反叛的情况，做有害我们的事情，因为遥远而抛弃他们，恐怕要使各国伤心，不是控制四夷的良策。”太后听从他的意见。

郭元振又向太后进言：“吐蕃百姓为徭役和防守所苦，早就愿意与我们和好；只有论钦陵贪图统兵专制的私利，不想归附。如果我们每年都派去表示和好的使者，而论钦陵常不从命，则吐蕃百姓怨恨论钦陵就会日益加深，盼望国家的恩惠就会日甚一日，他要想大规模发动他的百姓，因此也就困难了。这也是逐渐离间的办法，可以使他们上下猜疑，祸乱从内部产生。”太后深表赞同。郭元振名震，元振是他的字，人们习惯称呼他的字。

13　庚申（二十一日），朝廷任命并州长史王方庆为鸾台侍郎，与殿中监万年人李道广一并同平章事。

14　突厥阿史那默啜请求作太后的儿子，并为他女儿向唐朝求婚，全部归还河西降户，率领他的部众为唐朝讨伐契丹。太后派遣豹韬卫大将军阎知微、左卫郎将代理司宾卿田归道带着文书任命阿史那默啜为左卫大将军、迁善可汗。阎知微是阎立德的孙子；田归道是田仁会的儿子。

冬季，十月辛卯（二十二日），契丹李尽忠去世，孙万荣替代他率领部众。突厥阿史那默啜乘机袭击松漠，俘虏李尽忠、孙万荣的妻子儿女后退走。太后晋升阿史那默啜为颉跌利施大单于、立功报国可汗。

孙万荣收集聚合馀众，军势再次兴盛，派遣别帅骆务整、何阿小为前锋，攻陷冀州，杀州刺史陆宝积，屠杀官吏和百姓数千人；又进攻瀛州，黄河以北因而震动。太后命令起用彭泽令狄仁杰为魏州刺史。前任刺史独孤思庄畏惧契丹突然到来，将百姓全部驱赶入城，修筑工事，加强守备。狄仁杰到任后，将百姓全部遣返务农，说：“敌人距离还远，用不着这样！万一敌人来，我自己抵挡他们。”百姓很高兴。

时契丹入寇，军书填委，夏官郎中硖石姚元崇剖析如流，皆有条理，太后奇之，擢为夏官侍郎。

15　太后思徐有功用法平，擢拜左台殿中侍御史，闻者无不相贺。鹿城主簿宗城潘好礼著论，称有功蹈道依仁，固守诚节，不以贵贱死生易其操履。设客问曰："徐公于今谁与为比？"主人曰："四海至广，人物至多，或匿迹韬光，仆不敢诬，若所闻见，则一人而已，当于古人中求之。"客曰："何如张释之？"主人曰："释之所行者甚易，徐公所行者甚难，难易之间，优劣见矣。张公逢汉文之时，天下无事，至如盗高庙玉环及渭桥惊马，守法而已，岂不易哉？徐公逢革命之秋，属惟新之运，唐朝遗老，或包藏祸心，使人主有疑。如周兴、来俊臣，乃尧年之四凶也，崇饰恶言以诬盛德，而徐公守死善道，深相明白，几陷囹圄，数挂纲维，此吾子所闻，岂不难哉？"客曰："使为司刑卿，乃得展其才矣。"主人曰："吾子徒见徐公用法平允，谓可置司刑。仆睹其人，方寸之地，何所不容，若其用之，何事不可，岂直司刑而已哉？"

当时契丹侵扰，军事文书堆集，夏官郎中硖石人姚元崇辨别分析迅速，全都有条理，太后认为他不寻常，提升他为夏官侍郎。

15 太后思念徐有功执法公平，重新提拔他为左台殿中侍御史，知道的人无不互相庆贺。鹿城主簿宗城人潘好礼撰写文章，称赞徐有功遵循事理、依照仁义、坚守真诚的气节，不因贵贱死生改变自己的操行。文章中假设客人提问："现在谁可以和徐公相比?"主人说："四海极广，人物极多，或隐迹以藏匿光彩，我不敢胡说，但就我所闻所见，就他一人而已，能与他相比的只能从古人中寻求。"客人说："比张释之如何?"主人说："张释之所做的事情很容易，徐有功所做的事情很困难，难易之间优劣就可以显示出来了。张释之遇上汉文帝的时候，天下太平无事，至于像盗窃汉高祖庙中的玉环和汉文帝在渭桥的惊马事件，只不过按法律办理而已，难道不是很容易的事？徐有功遇上朝代变换的时候，属于更新运转时期，唐朝的遗老或包藏祸心，使君主有疑虑。如周兴、来俊臣，便是帝尧年代的四凶，假造中伤的语言以诽谤盛德；而徐有功坚守正道，深入审视清楚，几乎身陷监狱，多次触犯法度，这些都是您所听说过的，难道不是很难吗?"客人说："假使任命他为司刑卿，将得以施展他的才能了。"主人说："您只看见徐有功用法平允，以为可任司刑卿；我观察他这个人，心里什么都有，如果得以发挥，什么事情都能胜任，何止司刑卿而已?"

卷第二百六　唐纪二十二

起丁酉(697)尽庚子(700)六月凡三年有奇

则天顺圣皇后中之下

神功元年(丁酉,697)

1　正月己亥朔,太后享通天宫。

2　突厥默啜寇灵州,以许钦明自随。钦明至城下大呼,求美酱、粱米及墨,意欲城中选良将、引精兵、夜袭虏营,而城中无谕其意者。

3　箕州刺史刘思礼学相人于术士张憬藏,憬藏谓思礼当历箕州,位至太师。思礼念太师人臣极贵,非佐命无以致之,乃与洛州录事参军綦连耀谋反,阴结朝士,托相术,许人富贵,俟其意悦,因说以"綦连耀有天命,公必因之以得富贵"。凤阁舍人王勮兼天官侍郎事,用思礼为箕州刺史。

明堂尉吉顼闻其谋,以告合宫尉来俊臣,使上变告之。太后使河内王武懿宗推之。懿宗令思礼广引朝士,许免其死,凡小忤意皆引之。于是思礼引凤阁侍郎同平章事李元素、夏官侍郎同平章事孙元亨、知天官侍郎事石抱忠、刘奇、给事中周谮及王勮兄泾州刺史勔、弟监察御史助等,凡三十六家,皆海内名士,穷楚毒以成其狱。壬戌,皆族诛之,亲党连坐流窜者千馀人。

初,懿宗宽思礼于外,使诬引诸人。诸人既诛,然后收思礼,思礼悔之。懿宗自天授以来,太后数使之鞫狱,喜诬陷人,时人以为周、来之亚。

则天顺圣皇后中之下

则天后神功元年(丁酉,公元697年)

1　正月己亥朔(初一),太后供献祭品于通天宫。

2　突厥阿史那默啜侵扰灵州,带着俘获的唐将许钦明。许钦明到州城下大喊,要求给好酱、粱米和墨,意思是让城中选良将、领精兵,夜袭敌人营垒,而城中竟没有人能领会他喊话所隐含的意思。

3　箕州刺史刘思礼向术士张憬藏学相面,张憬藏说刘思礼将经历箕州刺史任,做到太师的职位。刘思礼心想太师在大臣中非常显贵,不是君主的辅佐大臣不能担任,便与洛州录事参军綦连耀谋反,秘密勾结朝廷官员,利用相面的办法,为别人预言富贵,等把人说得高兴的时候,然后便说:"綦连耀得到天命,您一定要依靠他才能获得富贵。"凤阁舍人王勮兼天官侍郎事,便任用刘思礼为箕州刺史。

明堂县尉吉顼知道刘思礼的阴谋,报告了合宫县尉来俊臣,让来俊臣向朝廷密告他谋反。太后派河内王武懿宗审问他,武懿宗命令刘思礼广泛牵连朝廷官员,答应可以赦免他死罪,凡有稍不满意的人都牵连。于是刘思礼牵连凤阁侍郎同平章事李元素、夏官侍郎同平章事孙元亨、代理天官侍郎事务的石抱忠、刘奇、给事中周谮及王勮的哥哥泾州刺史王勔、弟弟监察御史王助等,共三十六家,都是海内知名人士。严刑拷打逼供定案后,壬戌(二十四日),他们全都被灭族。他们的亲戚朋友因株连而流放的有一千多人。

当初,武懿宗表面向刘思礼表示宽大,以便让他诬告牵连别人。等到被牵连的人处死后,他便逮捕刘思礼,刘思礼后悔了。武懿宗自天授年间以来,太后多次派他审讯囚犯,喜欢诬陷人,当时人认为他是周兴、来俊臣一流人物。

来俊臣欲擅其功，复罗告吉顼。顼上变，得召见，仅免。俊臣由是复用，而顼亦以此得进。

俊臣党人罗告司刑府史樊惎谋反，诛之。惎子讼冤于朝堂，无敢理者，乃援刀自刳其腹。秋官侍郎上邽刘如璿见之，窃叹而泣。俊臣奏如璿党恶逆，下狱，处以绞刑。制流瀼州。

4　尚乘奉御张易之，行成之族孙也，年少，美姿容，善音律。太平公主荐易之弟昌宗入侍禁中，昌宗复荐易之，兄弟皆得幸于太后，常傅朱粉，衣锦绣。昌宗累迁散骑常侍，易之为司卫少卿。拜其母臧氏、韦氏为太夫人，赏赐不可胜纪，仍敕凤阁侍郎李迥秀为臧氏私夫。迥秀，大亮之族孙也。武承嗣、三思、懿宗、宗楚客、晋卿皆候易之门庭，争执鞭辔，谓易之为五郎，昌宗为六郎。

5　癸亥，突厥默啜寇胜州，平狄军副使安道买击破之。

6　甲子，以原州司马娄师德守凤阁侍郎、同平章事。

7　春，三月戊申，清边道总管王孝杰、苏宏晖等将兵十七万与孙万荣战于东硖石谷，唐兵大败，孝杰死之。

孝杰遇契丹，帅精兵为前锋，力战。契丹引退，孝杰追之，行背悬崖。契丹回兵薄之，宏晖先遁，孝杰坠崖死，将士死亡殆尽。管记洛阳张说驰奏其事。太后赠孝杰官爵，遣使斩宏晖以徇。使者未至，宏晖以立功得免。

武攸宜军渔阳，闻孝杰等败没，军中震恐，不敢进。契丹乘胜寇幽州，攻陷城邑，剽掠吏民，攸宜遣将击之，不克。

来俊臣想独得这次事件的告发之功，又罗织罪名密告吉顼；吉顼因告发别的谋反事件获得太后召见，才得以幸免。来俊臣从此重新获得重用，而吉顼也因此得以升官。

来俊臣的党徒罗织罪名告发司刑府史樊惎谋反，樊惎被处死。他的儿子诉冤屈于朝堂，无人敢受理，便抽刀自己剖腹。秋官侍郎上邽人刘如璿看见了，偷偷叹息流泪。来俊臣便上奏说刘如璿偏袒叛逆，他便被逮捕入狱，判处绞刑；太后下令改判他流放瀼州。

4　尚乘奉御张易之，是张行成同族侄孙，年轻、貌美，精通音律。太平公主推荐张易之的弟弟张昌宗入侍宫中，张昌宗又推荐张易之，兄弟二人都得以亲近太后，常涂脂抹粉，穿华丽的衣服。张昌宗连续升官后任散骑常侍，张易之任司卫少卿；授给他们的母亲臧氏、韦氏太夫人封号，赏赐多得数不清，又命令凤阁侍郎李迥秀为臧氏的姘夫。李迥秀，是李大亮的同族侄孙。武承嗣、武三思、武懿宗、宗楚客、宗晋卿等人，时常等候在张易之家门口，争着为他执马鞭牵马，称张易之为五郎，称张昌宗为六郎。

5　癸亥(二十五日)，突厥阿史那默啜侵扰胜州，唐朝平狄军副使安道买将他们打败。

6　甲子(二十六日)，朝廷任命原州司马娄师德代理凤阁侍郎、同平章事。

7　春季，三月戊申(十二日)，清边道总管王孝杰、苏宏晖等领兵十七万与契丹孙万荣战于东硖石谷，唐兵大败，王孝杰战死。

王孝杰和契丹人遭遇，率领精兵为前锋，奋力作战。契丹人后退，王孝杰追击，进军到悬崖边上，契丹回兵逼近他，苏宏晖首先逃跑，王孝杰坠崖身死，战士几乎全部战死。管记洛阳人张说迅速上奏情况。太后追赠给王孝杰官爵，派遣使者前去将苏宏晖斩首示众；使者还未到达，苏宏晖因立功获得赦免死罪。

武攸宜进军至渔阳，听说王孝杰等全军覆没，军中震惊，不敢前进。契丹人乘胜侵扰幽州，攻陷城池，杀掠官吏和百姓，武攸宜派部将攻击他们，不能取胜。

8 阎知微、田归道同使突厥，册默啜为可汗。知微中道遇突厥使者，辄与之绯袍、银带，且上言："虏使至都，宜大为供张。"归道上言："突厥背诞积年，方今悔过，宜待圣恩宽宥。今知微擅与之袍带，使朝廷无以复加，宜令反初服以俟朝恩。又，小虏使臣，不足大为供张。"太后然之。知微见默啜，舞蹈，吮其靴鼻。归道长揖不拜。默啜囚归道，将杀之，归道辞色不挠，责其无厌，为陈祸福。阿波达干元珍曰："大国使者，不可杀也。"默啜怒稍解，但拘留不遣。

初，咸亨中，突厥有降者，皆处之丰、胜、灵、夏、朔、代六州，至是，默啜求六州降户及单于都护府之地，并谷种、缯帛、农器、铁，太后不许。默啜怒，言辞悖慢。姚琦、杨再思以契丹未平，请依默啜所求给之。麟台少监、知凤阁侍郎赞皇李峤曰："戎狄贪而无信，此所谓'借寇兵资盗粮'也，不如治兵以备之。"琦、再思固请与之，乃悉驱六州降户数千帐以与默啜，并给谷种四万斛，杂彩五万段，农器三千事，铁四万斤，并许其昏。默啜由是益强。

田归道始得还，与阎知微争论于太后前。归道以为默啜必负约，不可恃和亲，宜为之备。知微以为和亲必可保。

9 夏，四月，铸九鼎成，徙置通天宫。豫州鼎高丈八尺，受千八百石。馀州高丈四尺，受千二百石。各图山川物产于其上，共用铜五十六万七百馀斤。太后欲以黄金千两涂之，姚琦曰："九鼎神器，贵于天质自然。且臣观其五采焕炳相杂，不待金色以为炫耀。"太后从之。自玄武门曳入，令宰相、诸王帅南北牙宿卫兵十馀万人并仗内大牛、白象共曳之。

8　阎知微、田归道一同出使突厥，封阿史那默啜为可汗。阎知微中途遇到突厥使者，即送给他红袍、银带，并且上奏说："突厥使者到达都城，应当大设帐帷接待。"田归道上奏说："突厥违反朝命不受节制多年，现在才悔过，应等待太后的圣恩宽恕。现在阎知微却擅自给予红袍、银带，使得朝廷不能再恩赐他；应该让他仍穿出使时的服装，以等待朝廷的恩赐。还有，小国的使臣，不配大设帐帷接待。"太后同意田归道的意见。阎知微见到阿史那默啜，行跪拜礼，吻他的靴子；田归道只深深作揖而不跪拜。阿史那默啜因此囚禁田归道，还准备杀死他。田归道言词神态都坚强不屈，指责阿史那默啜不知满足，并为他陈述祸福利害。阿波达干元珍说："大国的使者，不可以杀。"阿史那默啜的怒气才稍微消减，只是将他拘留，不放他回国。

当初，咸亨年间，突厥人有投降的，唐朝都安置他们在丰、胜、灵、夏、朔、代六州，这时候阿史那默啜便要求这六州的降户和单于都护府所属的地方，以及谷种、丝帛、农具、铁，太后不答应。阿史那默啜大怒，言词违逆傲慢。姚琦、杨再思因契丹尚未平定，请求满足他的各项要求。麟台少监、知凤阁侍郎赞皇人李峤说："戎狄贪婪而无信用，答应他的要求就是所谓'供给敌寇兵员、资助盗贼粮食'，不如加强军备以防备他。"姚琦、杨再思坚持请求满足他，于是全部返还六州降户数千帐，并给谷种四万斛，各种丝织品五万段，农具三千件，铁四万斤，答应他女儿的求婚。阿史那默啜从此日益强大。

田归道从突厥获释回来，与阎知微在太后面前展开争论。田归道认为阿史那默啜一定会背约，不可依仗和亲，应当做好防备工作。阎知微认为和亲必可保持双方和好。

9　夏季，四月，朝廷铸成九鼎，移置于通天宫。豫州鼎高一丈八尺，能容纳一千八百石；其馀各州鼎各高一丈四尺，能容纳一千二百石。鼎上分别铸山川物产的图像，共用铜五十六万零七百馀斤。太后想用一千两黄金涂鼎，姚琦说："九鼎是神器，可贵是的天质自然。而且我看它五色明亮相间，不须靠金色才放光采。"太后听从他的意见。九鼎自玄武门拽入，命令宰相、诸王率领南北衙门宿卫兵十馀万人及仪仗队中的大牛、白象一同牵拽。

10　前益州长史王及善已致仕，会契丹作乱，山东不安，起为滑州刺史。太后召见，问以朝廷得失，及善陈治乱之要十馀条。太后曰："外州末事，此为根本，卿不可出。"癸酉，留为内史。

11　癸未，以右金吾卫大将军武懿宗为神兵道行军大总管，与右豹韬卫将军何迦密将兵击契丹。五月癸卯，又以娄师德为清边道副大总管，右武威卫将军沙吒忠义为前军总管，将兵二十万击契丹。

先是，有朱前疑者上书云："臣梦陛下寿满八百。"即拜拾遗。又自言"梦陛下发白再玄，齿落更生"，迁驾部郎中。出使还，上书曰："闻嵩山呼万岁。"赐以绯算袋，时未五品，于绿衫上佩之。会发兵讨契丹，敕京官出马一匹供军，酬以五品。前疑买马输之，屡抗表求进阶。太后恶其贪鄙，六月乙丑，敕还其马，斥归田里。

12　右司郎中冯翊乔知之有美妾曰碧玉，知之为之不昏。武承嗣借以教诸姬，遂留不还。知之作《绿珠怨》以寄之，碧玉赴井死。承嗣得诗于裙带，大怒，讽酷吏罗告，族之。

13　司仆少卿来俊臣倚势贪淫，士民妻妾有美者，百方取之。或使人罗告其罪，矫称敕以取其妻，前后罗织诛人，不可胜计。自宰相以下，籍其姓名而取之。自言才比石勒。监察御史李昭德素恶俊臣，又尝庭辱秋官侍郎皇甫文备，二人共诬昭德谋反，下狱。

俊臣欲罗告武氏诸王及太平公主，又欲诬皇嗣及庐陵王与南北牙同反，冀因此盗国权，河东人卫遂忠告之。诸武及太平公主恐惧，共发其罪，系狱，有司处以极刑。太后欲赦之，

10　前益州长史王及善已退休，遇契丹作乱，崤山以东不安定，再被起用为滑州刺史。太后召见他，询问朝廷得失，王及善陈述治乱要务十多条。太后说："外州的任务是次要的，朝廷为根本，你不可以出任刺史。"癸酉（初八），他被留下任内史。

11　癸未（十八日），朝廷任命右金吾卫大将军武懿宗为神兵道行军大总管，与右豹韬卫将军何迦密领兵进攻契丹。五月癸卯（初八），又任命娄师德为清边道副大总管，右武威卫将军沙吒忠义为前军总管，领兵二十万进攻契丹。

这以前，有个叫朱前疑的人上书说："我梦见陛下寿满八百岁。"太后当即授给他拾遗职务；又因为他说"梦见陛下头发白了又变黑，牙齿脱落又再生"，再升任驾部郎中。他出使回来，上书说："听到嵩山呼万岁。"又赐给红算袋，当时他还不是五品官，只能在绿色衣服上佩带。遇上发兵讨伐契丹，朝廷命令京官献马一匹供军用，赐给五品官，朱前疑买马进献后，一再上表要求提升官阶；太后讨厌他贪鄙，六月乙丑（初一），命令发还他的马，将他斥退回农村。

12　右司郎中冯翊人乔知之有美妾名叫碧玉，乔知之因为有了她而不结婚。武承嗣借她来教诸姬妾，便扣留她不让回去。乔知之写作《绿珠怨》送给她，她投井自杀。武承嗣从她裙带中获得《绿珠怨》，大怒，示意残虐官吏罗织罪名上告，将乔知之灭族。

13　司仆少卿来俊臣仗势贪求女色，官民妻妾有漂亮的，千方百计夺取。或指使人罗织罪名上告，然后伪造太后命令以夺取人家妻妾，前后罗织罪名杀人不可计数。自宰相以下，他登记姓名按顺序夺取他们的妻妾。他自称才能可比石勒。监察御史李昭德一贯憎恶来俊臣，又曾经在朝廷侮辱秋官侍郎皇甫文备。这二人便共同诬告李昭德谋反，将他逮捕入狱。

来俊臣想罗织罪名诬告武氏诸王及太平公主，又想诬告皇嗣及庐陵王与南北衙宿卫军一同谋反，希望因此而窃取国家权力，河东人卫遂忠告发他。武氏诸王及太平公主恐惧，共同揭发他的罪恶，将他关进监狱，有关部门奏请处以死刑。太后想赦免他，

奏上三日，不出。王及善曰："俊臣凶狡贪暴，国之元恶，不去之，必动摇朝廷。"太后游苑中，吉顼执辔，太后问以外事，对曰："外人唯怪来俊臣奏不下。"太后曰："俊臣有功于国，朕方思之。"顼曰："于安远告虺贞反，既而果反，今止为成州司马。俊臣聚结不逞，诬构良善，赃贿如山，冤魂塞路，国之贼也，何足惜哉！"太后乃下其奏。

丁卯，昭德、俊臣同弃市，时人无不痛昭德而快俊臣。仇家争啖俊臣之肉，斯须而尽，抉眼剥面，披腹出心，腾蹋成泥。太后知天下恶之，乃下制数其罪恶，且曰："宜加赤族之诛，以雪苍生之愤，可准法籍没其家。"士民皆相贺于路曰："自今眠者背始帖席矣。"

俊臣以告綦连耀功，赏奴婢十人。俊臣阅司农婢，无可者，以西突厥可汗斛瑟罗家有细婢，善歌舞，欲得以为赏口，乃使人诬告斛瑟罗反。诸酋长诣阙割耳剺面讼冤者数十人。会俊臣诛，乃得免。

俊臣方用事，选司受其属请不次除官者，每铨数百人。俊臣败，侍郎皆自首。太后责之，对曰："臣负陛下，死罪！臣乱国家法，罪止一身。违俊臣语，立见灭族。"太后乃赦之。

上林令侯敏素谄事俊臣，其妻董氏谏之曰："俊臣国贼，指日将败，君宜远之。"敏从之。俊臣怒，出为武龙令。敏欲不往，妻曰："速去勿留！"俊臣败，其党皆流岭南，敏独得免。

太后征于安远为尚食奉御，擢吉顼为右肃政中丞。

处死的奏章送上已经三天，仍不批下。王及善说：“来俊臣凶残狡猾，贪婪暴虐，是国家的首恶分子，不除掉他，必然动摇朝廷。”太后游览宫廷园苑时，吉顼牵马，太后向他询问宫外的事情，他回答说：“外边的人只奇怪处死来俊臣的奏章没有批下来。”太后说：“来俊臣有功于国家，我正在考虑这件事。”吉顼说：“于安远告虺贞谋反，后来真的反了，于安远现在只任成州司马。来俊臣聚集为非作歹的人，诬陷好人。贪赃受贿的财物堆积如山，冤死的鬼魂满路，是危害国家的坏人，有什么可怜惜的！”太后于是批准处死他。

丁卯（初三日），李昭德、来俊臣一同在闹市处死并暴尸，当时人无不痛惜李昭德，而为处死来俊臣拍手称快。仇家争相吃来俊臣的肉，片刻之间便吃光，挖眼睛，剥面皮，剖腹取心，辗转践踏成泥。太后知道天下人憎恨他，才下命令列举他的罪恶，而且说：“应该诛灭全家族，以申雪百姓的愤恨，可依法查抄他的家产。”官吏和百姓在路上相见时都互相庆贺说：“今后睡觉的人后背才可以贴着席子了。”

来俊臣因告发綦连耀有功，获得赏赐奴婢十人。来俊臣查看司农所管辖的官奴婢，没有合意的，因西突厥可汗斛瑟罗家有小婢，善于歌舞，想获得作为赏赐的奴婢，便指使人诬告斛瑟罗谋反。各酋长到宫门阙下割耳朵割脸为他诉冤的有数十人。遇到来俊臣被处死，斛瑟罗才幸免于难。

来俊臣还掌权的时候，吏部受他嘱托越级授官的人每次数百人。来俊臣垮台后，侍郎都自首。太后责备他们，他们说：“我们违背陛下，该当死罪！我们扰乱国家法度，只加罪于自身；我们如果违抗来俊臣的意旨，就会被立即灭族。”太后于是赦免他们。

上林令侯敏一贯谄媚奉承来俊臣，他妻子董氏规劝他说：“来俊臣是危害国家的坏人，不久将失败，你应当离他远些。”侯敏听从她的意见。来俊臣因此大怒，调他出任武龙县令。他不想去，他妻子说：“快去，不要逗留！”来俊臣失败后，他的党羽都流放岭南，只有侯敏幸免。

太后征召于安远为尚食奉御，提升吉顼为右肃政中丞。

14　以检校夏官侍郎宗楚客同平章事。

15　武懿宗军至赵州，闻契丹将骆务整数千骑将至冀州，懿宗惧，欲南遁。或曰："虏无辎重，以抄掠为资，若按兵拒守，势必离散，从而击之，可有大功。"懿宗不从，退据相州，委弃军资器仗甚众。契丹遂屠赵州。

甲午，孙万荣为奴所杀。

万荣之破王孝杰也，于柳城西北四百里依险筑城，留其老弱妇女，所获器仗资财，使妹夫乙冤羽守之，引精兵寇幽州。恐突厥默啜袭其后，遣五人至黑沙，语默啜曰："我已破王孝杰百万之众，唐人破胆，请与可汗乘胜共取幽州。"三人先至，默啜喜，赐以绯袍。二人后至，默啜怒其稽缓，将杀之，二人曰："请一言而死。"默啜问其故，二人以契丹之情告。默啜乃杀前三人而赐二人绯，使为向导，发兵取契丹新城，杀所获凉州都督许钦明以祭天。围新城三日，克之，尽俘以归。使乙冤羽驰报万荣。

时万荣方与唐兵相持，军中闻之，恟惧。奚人叛万荣，神兵道总管杨玄基击其前，奚兵击其后，获其将何阿小。万荣军大溃，帅轻骑数千东走。前军总管张九节遣兵邀之于道，万荣穷蹙，与其奴逃至潞水东，息于林下，叹曰："今欲归唐，罪已大。归突厥亦死，归新罗亦死。将安之乎？"奴斩其首以降，枭之四方馆门。其馀众及奚、霫皆降于突厥。

16　戊子，特进武承嗣、春官尚书武三思并同凤阁鸾台三品。

14　朝廷任检校夏官侍郎宗楚客同平章事。

15　武懿宗领军至赵州，听说契丹将领骆务整的数千骑兵将到冀州，武懿宗畏惧，想向南逃跑。有人说："敌人没有辎重，靠抢掠为给养，我们若屯兵拒守，他们势必瓦解，然后乘机进击，可获得大的成功。"武懿宗不同意，退守相州，丢弃军用物资和武器很多。契丹于是在赵州城进行大屠杀。

甲午（三十日），契丹孙万荣被家奴杀死。

孙万荣打败王孝杰后，在柳城西北四百里处靠着险要地带筑城，留下老弱妇女和所缴获的武器资财，派他妹夫乙冤羽留守，自己领精兵侵扰幽州。他恐怕突厥阿史那默啜袭击背后，便派五人到黑沙，对阿史那默啜说："我已打败王孝杰的百万大军，唐朝人已被吓破了胆，请与您乘胜共同攻取幽州。"其中三人先到，阿史那默啜高兴，赐给他们红袍。二人后到，阿史那默啜因他们迟缓拖延而大怒，要杀死他们。这两人说："请进一言而后再死。"阿史那默啜问为什么，两人报告了契丹的真实用意。阿史那默啜于是杀死先到的三个人，赏赐后来的二人红袍，让他们充当向导，发兵进取契丹所筑新城，杀死被他们俘虏的原唐朝凉州都督许钦明祭天。他们包围新城，三天后攻陷，全部俘虏该城的契丹人，释放乙冤羽让他迅速报告孙万荣。

当时孙万荣正与唐兵对峙，军中听到新城失守的消息，震惊不安，奚人背叛孙万荣，神兵道总管杨玄基攻击他前面，奚人攻击他后面，俘获他的将领何阿小。孙万荣军大溃，他率轻骑数千向东逃走。唐前军总管张九节派兵在中途截击，孙万荣走投无路，与家奴逃至潞水东边，在树林下休息，叹息说："现在想归降唐朝，罪恶已大。归降突厥也死，归降新罗也是死。将向何处去？"家奴砍下他脑袋向唐朝投降，他的脑袋被挂在四方馆门前示众。他的馀众及奚人、霫人都向突厥投降。

16　戊子（二十四日），特进武承嗣、春官尚书武三思都任同凤阁鸾台三品。

17　辛卯，制以契丹初平，命河内王武懿宗、娄师德及魏州刺史狄仁杰分道安抚河北。懿宗所至残酷，民有为契丹所协从复来归者，懿宗皆以为反，生刳取其胆。先是，何阿小嗜杀人，河北人为之语曰："唯此两何，杀人最多。"

18　秋，七月丁酉，昆明内附，置窦州。

19　武承嗣、武三思并罢政事。

20　庚午，武攸宜自幽州凯旋。武懿宗奏河北百姓从贼者请尽族之，左拾遗王求礼庭折之曰："此属素无武备，力不胜贼，苟从之以求生，岂有叛国之心？懿宗拥强兵数十万，望风退走，贼徒滋蔓，又欲委罪于草野诖误之人，为臣不忠，请先斩懿宗以谢河北！"懿宗不能对。司刑卿杜景俭亦奏："此皆胁从之人，请悉原之。"太后从之。

21　八月丙戌，纳言姚琇坐事左迁益州长史，以太子宫尹豆卢钦望为文昌右相、凤阁鸾台三品。

22　九月壬辰，大享通天宫，大赦，改元。

23　庚戌，娄师德守纳言。

24　甲寅，太后谓侍臣曰："顷者周兴、来俊臣按狱，多连引朝臣，云其谋反。国有常法，朕安敢违？中间疑其不实，使近臣就狱引问，得其手状，皆自承服，朕不以为疑。自兴、俊臣死，不复闻有反者。然则前死者不有冤邪？"夏官侍郎姚元崇对曰："自垂拱以来坐谋反死者，率皆兴等罗织，自以为功。陛下使近臣问之，近臣亦不自保，何敢动摇！所问者若有翻覆，惧遭惨毒，不若速死。赖天启圣心，兴等伏诛，臣以百口为陛下保，

17　辛卯(二十七日)，太后下令，因契丹初平，命河内王武懿宗、娄师德及魏州刺史狄仁杰分别到黄河以北各道安顿抚恤百姓。武懿宗所到之处使用刑法非常残酷，百姓有被契丹胁从后又回来的，武懿宗都认为是反叛，将他们活活剖腹取胆。这以前，契丹何阿小好杀人，这时候黄河以北的人就说："唯此两何(武懿宗封河内王，算一'何')，杀人最多。"

18　秋季，七月丁酉(初三)，昆明归附唐朝，唐朝在该地设置窦州。

19　武承嗣、武三思一起不再管理朝政。

20　庚午(二十四日)，武攸宜从幽州凯旋。武懿宗奏请将黄河以北从贼的百姓全都灭族，左拾遗王求礼在朝廷反驳说："这些百姓从来没有武装，没有力量打败敌人，一时顺从敌人以求生存，哪里有叛国的用心？武懿宗拥有强兵数十万，看到敌人的气势就退走，结果敌人势力蔓延，他又想把罪过推卸给田野间被连累的人，这是作臣下的不忠，请先斩武懿宗以向黄河以北百姓致歉！"武懿宗哑口无言。司刑卿杜景俭也上奏说："这些百姓都是被胁从的，请全部原谅他们。"太后听从他的意见。

21　八月丙戌(二十三日)，纳言姚玮因事降职为益州长史。朝廷任命太子宫尹豆卢钦望为文昌右相、凤阁鸾台三品。

22　九月壬辰，太后隆重供献祭品于通天宫，大赦天下罪人，更改年号。

23　庚戌(十七日)，娄师德代理纳言。

24　甲寅(二十一日)，太后对身边的大臣说："近期以来周兴、来俊臣审理案件，多牵连朝廷大臣，说他们谋反；国家有固定的法律，朕怎么敢违反？有时怀疑它不真实，指派亲信大臣到监狱提审，得到犯人的自供状，都是自己承认的，朕便不加怀疑。自从周兴、来俊臣死后，不再听说有谋反的人，这样看来，以前被处死的人难道没有冤枉吗？"夏官侍郎姚元崇回答说："自垂拱年间以来因谋反罪被处死的人，大概都是由于周兴等罗织罪名，以便自己求取功劳所造成的。陛下派亲近大臣去查问，这些亲近大臣也不能保全自己，哪里还敢动摇他们的结论！被问的人如果翻供，惧怕惨遭毒刑，不如早死。仰赖上天启迪圣心，周兴等被诛灭，我以一家百口人的生命向陛下担保，

自今内外之臣无复反者。若微有实状，臣请受知而不告之罪。”太后悦曰：“向时宰相皆顺成其事，陷朕为淫刑之主。闻卿所言，深合朕心。”赐元崇钱千缗。

时人多为魏元忠讼冤者，太后复召为肃政中丞。元忠前后坐弃市流窜者四。尝侍宴，太后问曰：“卿往者数负谤，何也？”对曰：“臣犹鹿耳，罗织之徒欲得臣肉为羹，臣安所避之？”

25　冬，闰十月甲寅，以幽州都督狄仁杰为鸾台侍郎，司刑卿杜景俭为凤阁侍郎，并同平章事。

仁杰上疏以为：“天生四夷，皆在先王封略之外，故东拒沧海，西阻流沙，北横大漠，南阻五岭，此天所以限夷狄而隔中外也。自典籍所纪，声教所及，三代不能至者，国家尽兼之矣。诗人矜薄伐于太原，美化行于江、汉，则三代之远裔，皆国家之域中也。若乃用武方外，邀功绝域，竭府库之实以争不毛之地，得其人不足增赋，获其土不可耕织，苟求冠带远夷之称，不务固本安人之术，此秦皇、汉武之所行，非五帝、三王之事业也。始皇穷兵极武，务求广地，死者如麻，致天下溃叛。汉武征伐四夷，百姓困穷，盗贼蜂起。末年悔悟，息兵罢役，故能为天所祐。近者国家频岁出师，所费滋广，西戍四镇，东戍安东，调发日加，百姓虚弊。今关东饥馑，蜀、汉逃亡，江、淮已南，征求不息，人不复业，相率为盗，本根一摇，忧患不浅。其所以然者，皆以争蛮貊不毛之地，乖子养苍生之道也。昔汉元纳贾捐之之谋而罢朱崖郡，宣帝用魏相之策而弃车师之田，岂不欲慕尚虚名，盖惮劳人力也。近贞观中克平九姓，

今后朝廷内外大臣不会再有谋反的人；若稍有谋反的事实，我愿承受知而不告发的罪过。”太后高兴地说：“旧时宰相都顺着周兴他们，使他们得逞，使朕成了滥用刑罚的君主；听到你说的话，很合朕心意。”于是赏赐姚元崇钱一千缗。

当时人很多都为魏元忠诉冤屈，太后又召回他担任肃政中丞。魏元忠前后被判处死刑和流放共有四次。后来曾经奉朝命作陪宴会，太后问他：“你从前多次蒙受诽谤，为什么？”回答说：“我好比鹿，罗织罪名的人想得到我的肉作羹，我如何能躲避他们？”

25　冬季，闰十月甲寅（二十一日），朝廷任命幽州都督狄仁杰为鸾台侍郎，司刑卿杜景俭为凤阁侍郎，一并同平章事。

狄仁杰上疏认为：“天生四夷，都在先王疆界之外，所以东边抵达沧海，西边阻隔流沙，北边横着大沙漠，南边阻隔着五岭，这是上天用以限制夷狄而隔开中原和化外。从典籍记载看，声威教化所至，三代不能到的地方，国家都已经全部兼并了。诗人夸耀周宣王北伐到达太原、周文王美好的教化推行于江、汉流域，可见三代边远的地方，现在都成为国家的内地了。若还用武于边远地区，求取功利于极远的地方，耗尽府库的积蓄去争极荒凉的边地，得到那里的人民不能增收赋税，得到那里的土地不可以耕种纺织，如果只求取远夷臣服的称誉，而不致力于巩固根本、安定百姓的办法，这是秦始皇、汉武帝所推行的方针，不是五帝、三王的事业。秦始皇不断滥用武力，追求扩大疆土，死人极多，以致天下崩溃，人民造反。汉武帝征伐四方，使得百姓穷困，盗贼蜂涌而起；晚年悔悟，停息军事行动，罢除征役，所以能得到上天保祐。近来国家每年频繁出兵，耗费日益增大，西边戍守四镇，东边戍守安东，征兵收税日益增加，百姓空虚疲乏。现在潼关以东地区饥荒，蜀、汉地区百姓逃亡，江、淮以南，征税不停，百姓又不能生产，便共同做强盗，根本发生动摇，忧患不浅。所以形成这种状况，都因为争蛮貊极为荒凉的地方，背离爱抚养育百姓的道理。从前汉元帝采纳贾捐之的计谋而取消朱崖郡，汉宣帝用魏相的策略而放弃车师屯田，他不是不想崇尚虚名，而是恐怕耗费人力的缘故。近世贞观年间，平定突厥九姓，

立李思摩为可汗，使统诸部者，盖以夷狄叛则伐之，降则抚之，得推亡固存之义，无远戍劳人之役，此近日之令典，经边之故事也。窃谓宜立阿史那斛瑟罗为可汗，委之四镇，继高氏绝国，使守安东。省军费于远方，并甲兵于塞上，使夷狄无侵侮之患则可矣，何必穷其窟穴，与蝼蚁校长短哉？但当敕边兵，谨守备，远斥候，聚资粮，待其自致，然后击之。以逸待劳则战士力倍，以主御客则我得其便，坚壁清野则寇无所得，自然二贼深入则有颠踬之虑，浅入必无寇获之益。如此数年，可使二虏不击而服矣。”事虽不行，识者是之。

26　凤阁舍人李峤知天官选事，始置员外官数千人。

27　先是历官以是月为正月，以腊月为闰。太后欲正月甲子朔冬至，乃下制以为：“去晦仍见月，有爽天经。可以今月为闰月，来月为正月。”

圣历元年(戊戌,698)

1　正月甲子朔，冬至，太后享通天宫，赦天下，改元。

2　夏官侍郎宗楚客罢政事。

3　春，二月乙未，文昌右相、同凤阁鸾台三品豆卢钦望罢为太子宾客。

4　武承嗣、三思营求为太子，数使人说太后曰：“自古天子未有以异姓为嗣者。”太后意未决。狄仁杰每从容言于太后曰：“文皇帝栉风沐雨，亲冒锋镝，以定天下，传之子孙。大帝以二子托陛下。陛下今乃欲移之他族，无乃非天意乎？且姑侄之与母子孰亲？陛下立子，则千秋万岁后，配食太庙，

立李思摩为可汗，让他统辖诸部的原因，就是当夷狄反叛则讨伐他们，降伏时则安抚他们，符合推倒应当灭亡的、巩固应当存在的道理，而没有因戍守边远地区而劳民的征役。这是近期国家宪章法令，经略边疆的先例。我以为应该立阿史那斛瑟罗为可汗，委托给他四镇，继承高丽绝国，让他镇守安东。我们可以节省戍守远方的军费，集中兵力于边塞上，使得夷狄没有侵侮的祸患就可以了，何必追究到他们的巢穴，与蝼蚁之辈计较长短呢？只应当命令边境士兵谨慎防守，向远处派遣侦察人员，积聚物资粮食，等到敌人来进攻，然后才给以还击。以逸待劳则战士战斗力倍增，以主御客则我方获得便利，坚壁清野则敌人什么也得不到；结果突厥和吐蕃人深入则有颠覆的忧患，浅入必然得不到好处。这样坚持数年，便可以使突厥和吐蕃人不加打击而降服了。”这事虽然没有实行，但有识之士都赞成。

26　凤阁舍人李峤主持天官铨选职官之事，开始设置员外官数千人。

27　这以前，朝廷历官以本月为正月，以腊月为闰月。太后想以正月甲子朔为冬至，便下令以为：“过了晦日仍然看见月亮，偏离天道常规。可以十月为闰月，下月为正月。”

则天后圣历元年（戊戌，公元698年）

1　正月甲子朔，冬至，太后供献祭品于通天宫；大赦天下，更改年号。

2　夏官侍郎宗楚客不再管理朝政。

3　春季，二月乙未（初四），文昌右相、同凤阁鸾台三品豆卢钦望被罢免为太子宾客。

4　武承嗣、武三思谋求充当太子，多次指使人劝太后说：“自古以来的天子未有以外姓人为继承人的。”太后还拿不定主意，狄仁杰常不慌不忙地对太后说：“太宗文皇帝不避风雨，亲自冒着刀枪箭镞，而平定天下，传于子孙。高宗大帝将两个儿子托付陛下。陛下现在却想将国家移交给外姓，岂不是违背上天的意思吗？而且姑侄与母子相比谁更亲？陛下立儿子为太子，则千秋万岁之后，配祭太庙，

承继无穷。立侄，则未闻侄为天子而祔姑于庙者也。”太后曰：“此朕家事，卿勿预知。”仁杰曰：“王者以四海为家，四海之内，孰非臣妾，何者不为陛下家事？君为元首，臣为股肱，义同一体，况臣备位宰相，岂得不预知乎？”又劝太后召还庐陵王。王方庆、王及善亦劝之。太后意稍寤。他日，又谓仁杰曰：“朕梦大鹦鹉两翼皆折，何也？”对曰：“武者，陛下之姓，两翼，二子也。陛下起二子，则两翼振矣。”太后由是无立承嗣、三思之意。

孙万荣之围幽州也，移檄朝廷曰：“何不归我庐陵王？”吉顼与张易之、昌宗皆为控鹤监供奉，易之兄弟亲狎之。顼从容说二人曰：“公兄弟贵宠如此，非以德业取之也，天下侧目切齿多矣。不有大功于天下，何以自全？窃为公忧之！”二人惧，流涕问计。顼曰：“天下士庶未忘唐德，咸复思庐陵王。主上春秋高，大业须有所付；武氏诸王非所属意。公何不从容劝上立庐陵王以系苍生之望？如此，非徒免祸，亦可以长保富贵矣。”二人以为然，承间屡为太后言之。太后知谋出于顼，乃召问之，顼复为太后具陈利害，太后意乃定。

三月己巳，托言庐陵王有疾，遣职方员外郎瑕丘徐彦伯召庐陵王及其妃、诸子诣行在疗疾。戊子，庐陵王至神都。

5　夏，四月庚寅朔，太后祀太庙。

6　辛丑，以娄师德充陇右诸军大使，仍检校营田事。

7　六月甲午，命淮阳王武延秀入突厥，纳默啜女为妃；豹韬卫大将军阎知微摄春官尚书，右武卫郎将杨齐庄摄司宾卿，赍金帛巨亿以送之。延秀，承嗣之子也。

承袭无穷尽；立侄为太子，则未听说过侄子当了天子而祔祭姑姑于太庙的。”太后说：“这是朕家里的事，你不要参与。”狄仁杰说：“君王以四海为家，四海之内，谁不是臣妾，什么事不是陛下家里的事？君主是元首，臣下为四肢，意思是一个整体，何况我凑数任宰相，哪能不参与呢？”他又劝太后召回庐陵王。王方庆、王及善也劝说太后。太后心里稍微醒悟。后来，太后又对狄仁杰说：“我梦见大鹦鹉两翼都折断，这是什么意思？”回答说：“武者，是陛下的姓，两翼，是两个儿子。陛下起用两个儿子，则两翼便振作起来了。”太后因此才消除立武承嗣、武三思为太子的意思。

当初孙万荣包围幽州，传递檄文给朝廷说：“为何不归还我庐陵王？”吉顼与张易之、张昌宗都任控鹤监供奉，张易之兄弟与吉顼亲密。吉顼不慌不忙地劝他二人说：“您兄弟如此贵宠，但并不是用品德功业取得的，天下对你们怒视切齿的人很多。没有大功劳于天下，用什么保全自己？我为你们担忧！”二人畏惧，流着泪询问计策。吉顼说：“天下官民还未忘记唐朝的恩德，还普遍思念庐陵王。太后年事已高，皇帝的大业需要有所付托；武氏诸王不是她注意的对象，您何不冷静从容地劝太后立庐陵王以维系百姓的期望？这样，不但可以免祸，也可以长期保持富贵了。”二人认为对，趁空一再劝说太后。太后知道这个主意出自吉顼，就召他询问，吉顼又为太后备陈利害，太后的主意才最后定下来。

三月己巳（初九），朝廷假托庐陵王有病，派遣职方员外郎瑕丘人徐彦伯召庐陵王及王妃、诸子到太后驻地治病。戊子（二十八日），庐陵王到达神都洛阳。

5　夏季，四月庚寅朔（初一），太后祭祀太庙。

6　辛丑（十二日），朝廷以娄师德充任陇右诸军大使，仍检校屯田事。

7　六月甲午（初六），朝廷命令淮阳王武延秀前往突厥，娶阿史那默啜的女儿为王妃；豹韬卫大将军阎知微代理春官尚书，右武卫郎将杨齐庄代理司宾卿，携带大量的金帛送给突厥。武延秀就是武承嗣的儿子。

凤阁舍人襄阳张柬之谏曰："自古未有中国亲王娶夷狄女者。"由是忤旨，出为合州刺史。

8 秋，七月，凤阁侍郎、同平章事杜景俭罢为秋官尚书。

9 八月戊子，武延秀至黑沙南庭。突厥默啜谓阎知微等曰："我欲以女嫁李氏，安用武氏儿邪？此岂天子之子乎？我突厥世受李氏恩，闻李氏尽灭，唯两儿在，我今将兵辅立之。"乃拘延秀于别所，以知微为南面可汗，言欲使之主唐民也。遂发兵袭静难、平狄、清夷等军，静难军使慕容玄崱以兵五千降之。虏势大振，进寇妫、檀等州。前从阎知微入突厥者，默啜皆赐之五品、三品之服，太后悉夺之。

默啜移书数朝廷曰："与我蒸谷种，种之不生，一也。金银器皆行滥，非真物，二也。我与使者绯紫皆夺之，三也。缯帛皆疏恶，四也。我可汗女当嫁天子儿，武氏小姓，门户不敌，罔冒为昏，五也。我为此起兵，欲取河北耳。"

监察御史裴怀古从阎知微入突厥，默啜欲官之，不受。囚，将杀之，逃归，抵晋阳，形容羸悴。突骑噪聚，以为间谍，欲取其首以求功。有果毅尝为人所枉，怀古按直之，大呼曰："裴御史也。"救之，得全。至都，引见，迁祠部员外郎。

时诸州闻突厥入寇，方秋，争发民修城。卫州刺史太平敬晖谓僚属曰："吾闻金汤非粟不守，奈何舍收获而事城郭乎？"悉罢之，使归田，百姓大悦。

10 甲午，鸾台侍郎、同平章事王方庆罢为麟台监。

凤阁舍人襄阳人张柬之进谏说："自古以来未有过中国亲王娶夷狄女儿的。"因此抵触太后旨意，被外放为合州刺史。

8　秋季，七月，凤阁侍郎、同平章事杜景俭罢职，改任秋官尚书。

9　八月戊子（初一），武延秀到达黑沙南庭。突厥阿史那默啜对阎知微等说："我想把女儿嫁给姓李的，哪里用得着姓武的儿子呢？这个人怎么能算天子的儿子？我们突厥累世受李氏的恩典，听说李氏将要断后，只有两个儿子还在，我现在将带兵去辅助他登上帝王的位置。"于是他拘留武延秀，把他安置在另外的地方，任命阎知微为南面可汗，说准备让他掌管唐朝百姓。于是发兵袭击唐朝静难、平狄、清夷等军，唐朝静难军使慕容玄崱率兵五千投降。突厥兵势大为振作，进而侵扰妫、檀等州。这以前随阎知微入突厥的人，阿史那默啜都赐给他们五品、三品的官服，太后全都予以没收。

阿史那默啜写信列举唐朝廷的错误说："给我蒸过的谷种，播种后不生长，这是一。送来的金银器皿都质地极差，不是真东西，这是二。我赐给使者红、紫色官服都被没收，这是三。送来的缯帛都稀疏质劣，这是四。我可汗女儿应当嫁天子的儿子，武氏是小姓，门户不当，却来假冒骗婚，这是五。我为此而起兵，想取得黄河以北的土地。"

监察御史裴怀古随从阎知微入突厥，阿史那默啜想让他当官，他不接受。他被囚禁，将被杀死，逃跑归来；到达晋阳时，容貌瘦弱憔悴。精锐骑兵鼓噪聚集，以为他是间谍，打算取他脑袋以求取功劳。有果毅曾经被别人诬陷，裴怀古为他查清平反，这时大喊说："这是裴御史！"救了他，使他得以保全。他回到都城，太后接见，升任祠部员外郎。

当时，各州听说突厥入侵，正当秋收，争相征调农民修缮城池。卫州刺史太平人敬晖对僚属说："我听说极坚固的城池如果没有粮食也守不住，如何能放弃收获而专门修缮城郭呢？"下令全部停工，放农民回田间生产，百姓很高兴。

10　甲午（初七），鸾台侍郎、同平章事王方庆被罢免为麟台监。

11 太子太保魏宣王武承嗣，恨不得为太子，意怏怏，戊戌，病薨。

12 庚子，以春官尚书武三思检校内史，狄仁杰兼纳言。

太后命宰相各举尚书郎一人，仁杰举其子司府丞光嗣，拜地官员外郎，已而称职。太后喜曰："卿足继祁奚矣。"

通事舍人河南元行冲，博学多通，仁杰重之。行冲数规谏仁杰，且曰："凡为家者必有储蓄脯醢以适口，参术以攻疾。仆窃计明公之门，珍味多矣，行冲请备药物之末。"仁杰笑曰："吾药笼中物，何可一日无也？"行冲名澹，以字行。

13 以司属卿武重规为天兵中道大总管，右武卫将军沙吒忠义为天兵西道总管，幽州都督下邽张仁愿为天兵东道总管，将兵三十万以讨突厥默啜。又以左羽林卫大将军阎敬容为天兵西道后军总管，将兵十五万为后援。

癸丑，默啜寇飞狐，乙卯，陷定州，杀刺史孙彦高及吏民数千人。

14 九月甲子，以夏官尚书武攸宁同凤阁鸾台三品。

15 改默啜为斩啜。

默啜使阎知微招谕赵州，知微与虏连手蹋《万岁乐》于城下。将军陈令英在城上谓曰："尚书位任非轻，乃为虏蹋歌，独无惭乎！"知微微吟曰："不得已，《万岁乐》。"

戊辰，默啜围赵州，长史唐般若翻城应之。刺史高睿与妻秦氏仰药诈死，虏舆之诣默啜，默啜以金狮子带、紫袍示之曰："降则拜官，不降则死！"睿顾其妻，妻曰："酬报国恩，正在今日！"遂俱闭目不言。经再宿，虏知不可屈，乃杀之。虏退，唐般若族诛，赠睿冬官尚书，谥曰节。睿，颎之孙也。

11　太子太保魏宣王武承嗣，对自己不能当太子不满，心里不高兴，戊戌（十一日），病死。

12　庚子（十三日），朝廷任命春官尚书武三思检校内史，狄仁杰兼纳言。

太后命令宰相各荐举尚书郎一人。狄仁杰荐举自己的儿子司府丞狄光嗣，授任地官员外郎，后来他很胜任这个职务，太后高兴说："你可以继承古代荐举自己儿子的祁奚了。"

通事舍人河南人元行冲，学识渊博，通晓的事情多，狄仁杰器重他。元行冲多次规劝狄仁杰，并且说："凡居家的人必定储备干肉、肉酱以适应口味，保存参、术等药材以治病。我私下估计您家里山珍海味很多，我只请作为药物的末位。"狄仁杰笑着说："我预先储备的人才，怎么可以一天没有呢？"元行冲，名叫澹，字行冲，人们习惯称呼他的字。

13　朝廷任命司属卿武重规为天兵中道大总管，右武卫将军沙吒忠义为天兵西道总管，幽州都督下邽人张仁愿为天兵东道总管，领兵三十万以讨伐突厥阿史那默啜；又任命左羽林卫大将军阎敬容为天兵西道后军总管，领兵十五万为后援部队。

癸丑（二十六日），阿史那默啜侵扰飞狐县，乙卯（二十八日），攻陷定州，杀州刺史孙彦高及官民数千人。

14　九月甲子（初七），朝廷任夏官尚书武攸宁同凤阁鸾台三品。

15　朝廷改称阿史那默啜为阿史那斩啜。

阿史那默啜指派阎知微招抚晓示赵州官民，阎知微与突厥人在赵州城下手拉手、脚踏地歌唱《万岁乐》。将军陈令英在城上说道："尚书职任不轻，而为敌人踏地歌唱，难道不感到惭愧么！"阎知微低声吟唱道："不得已，《万岁乐》。"

戊辰（十一日），阿史那默啜围攻赵州。长史唐般若翻出城接应敌人。刺史高睿和妻子秦氏服药装死，敌人把他们抬到阿史那默啜面前，阿史那默啜向他们出示金狮子带、紫袍，说："投降则授任官职，不投降则处死！"高睿看着他妻子，他妻子说："报答国家的恩典，正在今天！"于是两人都闭上眼睛不再说话。到了第二天晚上，敌人知道不能使他们屈服，便杀死他们。敌人退走后，唐般若被灭族；朝廷追赠高睿为冬官尚书，定谥号为"节"。高睿是高颎的孙子。

16　皇嗣固请逊位于庐陵王，太后许之。壬申，立庐陵王哲为皇太子，复名显。赦天下。

甲戌，命太子为河北道元帅以讨突厥。先是，募人月馀不满千人，及闻太子为元帅，应募者云集，未几，数盈五万。

戊寅，以狄仁杰为河北道行军副元帅，右丞宋元爽为长史，右台中丞崔献为司马，左台中丞吉顼为监军使。时太子不行，命仁杰知元帅事，太后亲送之。

蓝田令薛讷，仁贵之子也，太后擢为左威卫将军、安东道经略。将行，言于太后曰："太子虽立，外议犹疑未定。苟此命不易，丑虏不足平也。"太后深然之。王及善请太子赴外朝以慰人心，从之。

17　以天官侍郎苏味道为凤阁侍郎、同平章事。味道前后在相位数岁，依阿取容，尝谓人曰："处事不宜明白，但模棱持两端可矣。"时人谓之"苏摸棱"。

18　癸未，突厥默啜尽杀所掠赵、定等州男女万馀人，自五回道去，所过，杀掠不可胜纪。沙吒忠义等但引兵蹑之，不敢逼。狄仁杰将兵十万追之，无所及。默啜还漠北，拥兵四十万，据地万里，西北诸夷皆附之，甚有轻中国之心。

19　冬，十月，制：都下屯兵，命河内王武懿宗、九江王武攸归领之。

20　癸卯，以狄仁杰为河北道安抚大使。时北人为突厥所驱逼者，虏退，惧诛，往往亡匿。仁杰上疏，以为："朝廷议者皆罪契丹、突厥所胁从之人，言其迹虽不同，心则无别。诚以山东近缘军机调发伤重，家道悉破，或至逃亡。重以官典侵渔，因事而起，枷杖之下，痛切肌肤，事迫情危，不循礼义。

16　皇嗣坚持请求让位于庐陵王，太后同意。壬申（十五日），立庐陵王李哲为皇太子，恢复原来的名字叫李显，大赦天下。

甲戌（十七日），朝廷任命太子为河北道元帅以讨伐突厥。这以前，朝廷招募士兵，经过一个多月还招不满一千人，等到听说太子任元帅，应募的人非常多，不久便招满五万人。

戊寅（二十一日），朝廷任命狄仁杰为河北道行军副元帅，右丞宋元爽为长史，右台中丞崔献为司马，左台中丞吉顼为监军使。当时太子没有出发，朝廷命令狄仁杰主持元帅的事务，太后亲自为他送行。

蓝田县令薛讷，是薛仁贵的儿子，太后提升他为左威卫将军、安东道经略。将出行，他对太后进言说："虽然已经立太子，但外面的议论还疑虑不定；如果立太子的命令坚持不改变，突厥完全可以平定。"太后很赞同。王及善请太子去外朝接见群臣以安定人心，获得同意。

17　朝廷任命天官侍郎苏味道为凤阁侍郎、同平章事。苏味道在宰相任上前后数年，迎合讨好人，曾对人说："处理事情不应当明白，只要模棱两可就可以了。"因此当时人称他为"苏摸棱"。

18　癸未（二十六日），突厥阿史那默啜将在赵、定等州所抢掠的一万多人全部杀死，从五回道退走，所经过的地方，杀的人和抢掠的东西无法计算。沙吒忠义等只领兵跟随，不敢迫近。狄仁杰领兵十万追击，没有追上。阿史那默啜返回漠北，拥兵四十万，据有土地一万里，西北各族都归附他，很有轻视中国的想法。

19　冬季，十月，太后命令：都城的驻军，由河内王武懿宗、九江王武攸归率领。

20　癸卯（十七日），朝廷任命狄仁杰为河北道安抚大使。当时北方人被突厥所驱赶逼迫，突厥撤退后，害怕被杀，往往逃跑躲藏。狄仁杰上疏认为："朝廷议论者都主张惩罚被契丹、突厥胁迫而服从的人，说他们行动虽然不同，但投敌的思想没有区别。的确，崤山之东近来由于军中机要之事而调取征发过于严重，百姓家业破败，甚至逃亡。再因地方官吏侵夺吞没，随着军事而发生，官吏对百姓的囚禁与拷打，痛切皮肉，事情紧迫情况危急，便不能遵循礼义。

愁苦之地，不乐其生，有利则归，且图赊死，此乃君子之愧辱，小人之常行也。又，诸城入伪，或待天兵，将士求功，皆云攻得，臣忧滥赏，亦恐非辜。以经与贼同，是为恶地，至于污辱妻子，劫掠货财，兵士信知不仁，簪笏未能以免，乃是贼平之后，为恶更深。且贼务招携，秋毫不犯，今之归正，即是平人，翻被破伤，岂不悲痛？夫人犹水也，壅之则为泉，疏之则为川，通塞随流，岂有常性？今负罪之伍，必不在家，露宿草行，潜窜山泽，赦之则出，不赦则狂，山东群盗，缘兹聚结。臣以边尘暂起，不足为忧，中土不安，此为大事。罪之则众情恐惧，恕之则反侧自安，伏愿曲赦河北诸州，一无所问。”制从之。仁杰于是抚慰百姓，得突厥所驱掠者，悉递还本贯。散粮运以赈贫乏，修邮驿以济旋师。恐诸将及使者妄求供顿，乃自食疏粝，禁其下无得侵扰百姓，犯者必斩。河北遂安。

21　以夏官侍郎姚元崇、秘书少监李峤并同平章事。

22　突厥默啜离赵州，乃纵阎知微使还。太后命磔于天津桥南，使百官共射之，既乃剐其肉，锉其骨，夷其三族，疏亲有先未相识而同死者。

褒公段瓒，志玄之子也，先没于突厥。突厥在赵州，瓒邀杨齐庄与之俱逃，齐庄畏懦，不敢发。瓒先归，太后赏之。齐庄寻至，敕河内王武懿宗鞫之。懿宗以为齐庄意怀犹豫，遂与阎知微同诛。既射之如猬，气殜殜未死，乃决其腹，割心，投于地，犹趌趌然跃不止。

在这种愁苦的环境中，生活无乐趣可言，哪里有利便归向那里，暂且求得生存，这是君子认为惭愧羞辱，而小人却以为是平常的事情。还有，各城投降敌人，也许是为了等待官军，官军将士为了求取功劳，都说是攻克的。我忧虑奖励攻城官兵是无功滥赏，也恐怕投敌城郭的官民是无辜被罚。因为各城曾经沦入敌手，便认为是坏地方，以至于污辱他们妻子，劫掠物资钱财，兵士诚然知道这是暴行，但当官的也未能加以禁止，于是敌人退走之后，该地受摧残更加厉害。况且对敌人为了招抚归附，还秋毫无犯，现在已经改正，即是普通百姓，反而被破坏伤害，岂不让人悲痛？人就如同水，堵塞它就成为泉，疏导它就成为河流，或通或塞或顺流而下，哪里有固定的形态？现在带罪的人们，一定不在家中，而露宿野外，涉足草野，潜藏山泽之间，赦免他们的罪便出来，不赦他们的罪即狂乱，崤山以东的群盗，就是因此而结伙。我以为边地的战事暂时发生，不足以忧虑，内地不安定，这才是大事。追究他们则群众情绪恐惧，宽恕他们即使那些心怀疑虑的人也会安定下来，诚恳希望特别赦免黄河以北各州百姓，一律不予追究。”太后命令照此办理。狄仁杰于是安抚慰问百姓，找到被突厥驱赶掠夺的人，全都送回原籍；散发粮食救济贫困的人，修驿馆以利于官军撤回。恐怕军官和使者额外要求供应行旅宴饮所需之物，他便自己吃很粗糙的饭菜，禁止部下侵扰百姓，违犯的必定斩首。黄河以北于是安定下来。

21　朝廷任夏官侍郎姚元崇、秘书少监李峤并同平章事。

22　突厥阿史那默啜撤离赵州，便释放阎知微，让他返回洛阳。太后命令于洛阳天津桥南边将他杀死并分裂肢体，让百官一起向他射箭，然后再剐光他的肉，折损他的骨头，灭三族，远房亲戚有的人以前与他并未相识，却与他同被处死。

褒公段瓒是段志玄的儿子，原先已被突厥俘虏。突厥占领赵州，段瓒约杨齐庄一起逃跑，杨齐庄胆怯懦弱，不敢逃跑。段瓒先回来，太后赏赐他。杨齐庄不久也回来。太后命令河内王武懿宗审讯他；武懿宗认为杨齐庄心怀犹豫，于是与阎知微一同被处死。他身上中的箭就像刺猬一样，但气息奄奄未死；执刑人又剖开他腹部，割下心脏扔在地上，心还跳跃不停。

擢田归道为夏官侍郎，甚见亲委。

23　蜀州每岁遣兵五百人戍姚州，路险远，死亡者多。蜀州刺史张柬之上言，以为："姚州本哀牢之国，荒外绝域，山高水深。国家开以为州，未尝得其盐布之税，甲兵之用，而空竭府库，驱率平人，受役蛮夷，肝脑涂地，臣窃为国家惜之。请废姚州以隶嶲州，岁时朝觐，同之蕃国。泸南诸镇亦皆废省，于泸北置关，百姓非奉使，无得交通往来。"疏奏，不纳。

二年（己亥，699）

1　正月丁卯朔，告朔于通天宫。

2　壬戌，以皇嗣为相王，领太子右卫率。

3　甲子，置控鹤监丞、主簿等官，率皆嬖宠之人，颇用才能文学之士以参之。以司卫卿张易之为控鹤监，银青光禄大夫张昌宗、左台中丞吉顼、殿中监田归道、夏官侍郎李迥秀、凤阁舍人薛稷、正谏大夫临汾员半千皆为控鹤监内供奉。稷，元超之从子也。半千以古无此官，且所聚多轻薄之士，上疏请罢之，由是忤旨，左迁水部郎中。

4　腊月戊子，以左台中丞吉顼为天官侍郎，右台中丞魏元忠为凤阁侍郎，并同平章事。

5　文昌左丞宗楚客与弟司农卿晋卿，坐赃贿满万馀缗及第舍过度，楚客贬播州司马，晋卿流峰州。太平公主观其第，叹曰："见其居处，吾辈乃虚生耳。"

6　辛亥，赐太子姓武氏，赦天下。

7　太后生重眉，成八字，百官皆贺。

8　河南、北置武骑团以备突厥。

田归道被提升任夏官侍郎，很受宠爱信任。

23　蜀州每年派遣五百人戍守姚州，路途艰险遥远，死亡的人很多。蜀州刺史张柬之进言认为："姚州本是哀牢夷的土地，是极为荒远的地区，山高水深。国家在这里设置州，未曾得到当地盐和布的税收，也没有征取士兵和武器，而只是消耗府库的钱财，驱使一般百姓，受蛮、夷族的役使，惨遭死难，我私下为国家感到痛惜。请废除姚州，将它的地方隶属于巂州，每年朝见君主，如同藩国一样对待。泸水以南各镇也都废除，在泸水以北设置关卡，百姓不是奉命出使，不得联系、往来。"奏疏上达后，没有被采纳。

则天后圣历二年（己亥，公元699年）

1　正月丁卯朔，太后在通天宫"告朔"，接受天子明年十二个月的政事。

2　壬戌（初六），朝廷封皇嗣为相王，领太子右卫率。

3　甲子（初八），朝廷设置控鹤监丞、主簿等官，他们大多是受太后宠爱的人，同时也用有才能和文学之士以配合。任用司卫卿张易之为控鹤监，银青光禄大夫张昌宗、左台中丞吉顼、殿中监田归道、夏官侍郎李迥秀、凤阁舍人薛稷、正谏大夫临汾人员半千都任控鹤监内供奉。薛稷是薛元超的侄子。员半千认为古代没有这样的官职，而且现在所聚集的又多是轻浮刻薄的人士，因此上疏请求废除，于是抵触太后旨意，被降职为水部郎中。

4　腊月戊子（初二），朝廷任命左台中丞吉顼为天官侍郎，右台中丞魏元忠为凤阁侍郎，一并同平章事。

5　文昌左丞宗楚客与弟弟司农卿宗晋卿，因贪赃受贿万馀缗钱和住宅过度豪华，宗楚客被降职为播州司马，宗晋卿流放峰州。太平公主观看他们的住宅后，感叹说："看见他们的住所，我们都白活了。"

6　辛亥（二十五日），太后赐太子姓武氏；大赦天下。

7　太后长出重叠的眉毛，呈八字形，百官都祝贺。

8　唐朝在黄河南北设置武骑团，以防备突厥。

9　春，一月庚申，夏官尚书、同凤阁鸾台三品武攸宁罢为冬官尚书。

10　二月己丑，太后幸嵩山，过缑氏，谒升仙太子庙。壬辰，太后不豫，遣给事中栾城阎朝隐祷少室山。朝隐自为牺牲，沐浴伏俎上，请代太后命。太后疾小愈，厚赏之。丁酉，自缑氏还。

11　初，吐蕃赞普器弩悉弄尚幼，论钦陵兄弟用事，皆有勇略，诸胡畏之。钦陵居中秉政，诸弟握兵分据方面，赞婆常居东边，为中国患者三十馀年。器弩悉弄浸长，阴与大臣论岩谋诛之。会钦陵出外，赞普诈云出畋，集兵执钦陵亲党二千馀人，杀之，遣使召钦陵兄弟，钦陵等举兵不受命。赞普将兵讨之，钦陵兵溃，自杀。夏四月，赞婆帅所部千人来降，太后命左武卫铠曹参军郭元振与河源军大使夫蒙令卿将骑迎之，以赞婆为特进、归德王。钦陵子弓仁，以所统吐谷浑七千帐来降，拜左玉钤卫将军、酒泉郡公。

12　壬辰，以魏元忠检校并州长史，充天兵军大总管，以备突厥。

娄师德为天兵军副大总管，仍充陇右诸军大使，专掌怀抚吐蕃降者。

13　太后春秋高，虑身后太子与诸武不相容。壬寅，命太子、相王、太平公主与武攸暨等为誓文，告天地于明堂，铭之铁券，藏于史馆。

14　秋，七月，命建安王武攸宜留守西京，代会稽王武攸望。

15　丙辰，吐谷浑部落一千四百帐内附。

16　八月癸巳，突骑施乌质勒遣其子遮弩入见。遣侍御史元城解琬安抚乌质勒及十姓部落。

9　春季，一月庚申（初四），夏官尚书、同凤阁鸾台三品武攸宁被罢免为冬官尚书。

10　二月己丑（初四），太后前往嵩山，途经缑氏县时，参拜升仙太子庙。壬辰（初七），太后得病，派遣给事中栾城人阎朝隐向少室山神求福。阎朝隐将自己作祭品，沐浴后伏在盛祭品的礼器上，请求代替太后承担病痛。太后病稍好，便给他丰厚的赏赐。丁酉（十二日），太后从缑氏返回。

11　当初，吐蕃赞普器弩悉弄还年幼，论钦陵兄弟掌权，他们都有勇力谋略，各部胡人都畏惧他们。论钦陵在朝中掌政，几位弟弟领兵在外镇守各地，其中赞婆常驻守东边，构成对唐朝的祸患三十多年。器弩悉弄逐渐成长，秘密与大臣论岩谋划处死他们。遇上论钦陵外出，赞普便假称出去打猎，召集士兵逮捕杀死论钦陵的亲信党羽两千馀人，派遣使者召论钦陵兄弟回来，论钦陵等起兵，不接受命令。赞普领兵讨伐他们，论钦陵士兵溃败后自杀。夏季，四月，论赞婆率领部下一千馀人前来投降，太后命令左武卫铠曹参军郭元振与河源军大使夫蒙令卿领骑兵迎接他，任命赞婆为特进、归德王。论钦陵的儿子弓仁，带领他们统辖的吐谷浑七千帐投降唐朝，被任为左玉钤卫将军、酒泉郡公。

12　壬辰（初八），朝廷任命魏元忠检校并州长史，充任天兵军大总管，以防备突厥。

娄师德任天兵军副大总管，仍充任陇右诸军大使，专门掌管安抚投降的吐蕃人。

13　太后年纪大了，恐怕自己死后太子与武氏诸王等不相容。壬寅（十八日），命令太子、相王、太平公主和武攸暨等立下互相约束的誓词，在明堂向天地发誓，并将誓词铭刻铁契上，收藏在史馆中。

14　秋季，七月，朝廷命令建安王武攸宜留守西京，代替会稽王武攸望。

15　丙辰（初四），吐谷浑部落一千四百帐归附唐朝。

16　八月癸巳（十二日），突骑施乌质勒派遣他儿子遮弩前来朝见，朝廷派遣侍御史元城人解琬安抚乌质勒及十姓部落。

17　制："州县长吏，非奉有敕旨，毋得擅立碑。"

18　内史王及善虽无学术，然清正难夺，有大臣之节。张易之兄弟每侍内宴，无复人臣礼，及善屡奏以为不可。太后不悦，谓及善曰："卿既年高，不宜更侍游宴，但检校阁中可也。"及善因称病，谒假月馀，太后不问。及善叹曰："岂有中书令而天子可一日不见乎？事可知矣！"乃上疏乞骸骨，太后不许。庚子，以及善为文昌左相，太子宫尹豆卢钦望为文昌右相，仍并同凤阁鸾台三品。鸾台侍郎、同平章事杨再思罢为左台大夫。丁未，相王兼检校安北大都护。以天官侍郎陆元方为鸾台侍郎、同平章事。

19　纳言、陇右诸军大使娄师德薨。

师德在河陇，前后四十馀年，恭勤不怠，民夷安之。性沉厚宽恕，狄仁杰之入相也，师德实荐之，而仁杰不知，意颇轻师德，数挤之于外。太后觉之，尝问仁杰曰："师德贤乎？"对曰："为将能谨守边陲，贤则臣不知。"又曰："师德知人乎？"对曰："臣尝同僚，未闻其知人也。"太后曰："朕之知卿，乃师德所荐也，亦可谓知人矣。"仁杰既出，叹曰："娄公盛德，我为其所包容久矣，吾不得窥其际也。"是时罗织纷纭，师德久为将相，独能以功名终，人以是重之。

20　戊申，以武三思为内史。

21　九月乙亥，太后幸福昌。戊寅，还神都。

22　庚子，邢贞公王及善薨。

23　河溢，漂济源百姓庐舍千馀家。

17　太后命令："州县长官，没有奉君主的命令，不得擅自立碑。"

18　内史王及善虽然没有学问，但清廉正直坚定，有大臣的气节。张易之兄弟每次陪侍太后在宫内宴会，不顾作为臣下应遵循的礼仪，王及善一再上奏认为不能这样。太后不高兴，对王及善说："你年事已高，不宜于再陪侍游乐宴饮，只要查核省阁官署就可以了。"王及善因此声称有病，请假一个多月，太后也不过问。王及善感叹说："哪有天子一日可以不见中书令的呢？其他的事情可想而知了！"于是上疏请求退职，太后没有批准。庚子（十九日），朝廷任命王及善为文昌左相，太子宫尹豆卢钦望为文昌右相，仍一并同凤阁鸾台三品。鸾台侍郎、同平章事杨再思被罢免为左台大夫。丁未（二十六日），相王兼检校安北大都护。朝廷任命天官侍郎陆元方为鸾台侍郎、同平章事。

19　纳言、陇右诸军大使娄师德去世。

娄师德在河陇，前后四十多年，谦逊勤奋不懈怠，百姓和夷族安定。他秉性沉着厚道，待人宽恕，狄仁杰入朝任宰相，实际上是他推荐的；而狄仁杰不知道，心里很轻视娄师德，一再排挤他到外地。太后发觉后，曾问狄仁杰："娄师德有道德才能吗？"回答说："作为将领能谨慎守卫边远地区，是否有道德才能我不知道。"太后又说："娄师德善于识别人才吗？"回答说："我曾经与他同事，没有听说他善于识别人才。"太后说："朕所以知道你，便是由于娄师德的推荐，他也可以称得上是善于识别人才了。"狄仁杰退出后，感叹说："娄公有盛德，我得到他的包涵宽容已经很久了，竟看不到他盛德的边际。"当时罗织罪名的风气很盛，娄师德长期担任将领和宰相，而能以功成名就告终，人们因此敬重他。

20　戊申（二十七日），朝廷任命武三思为内史。

21　九月乙亥（二十四日），太后到福昌县；戊寅（二十七日），回到神都。

22　庚子，邢贞公王及善去世。

23　黄河水外溢，冲走济源百姓房屋千馀家。

24　冬，十月丁亥，论赞婆至都，太后宠待赏赐甚厚，以为右卫大将军，使将其众守洪源谷。

25　太子、相王诸子复出阁。

26　太后自称制以来，多以武氏诸王及驸马都尉为成均祭酒，博士、助教亦多非儒士。又因郊丘，明堂，拜洛，封嵩，取弘文国子生为斋郎，因得选补。由是学生不复习业，二十年间，学校殆废。而向时酷吏所诬陷者，其亲友流离，未获原宥。凤阁舍人韦嗣立上疏，以为："时俗浸轻儒学，先王之道，弛废不讲。宜令王公以下子弟，皆入国学，不听以他岐仕进。又，自扬、豫以来，制狱渐繁，酷吏乘间，专欲杀人以求进。赖陛下圣明，周、丘、王、来相继诛殛，朝野庆泰，若再睹阳和。至如仁杰、元忠，往遭按鞫，亦皆自诬，非陛下明察，则以为菹醢矣。今陛下升而用之，皆为良辅。何乃前非而后是哉？诚由枉陷与甄明耳。臣恐向之负冤得罪者甚众，亦皆如是。伏望陛下弘天地之仁，广雷雨之施，自垂拱以来，罪无轻重，一皆昭洗，死者追复官爵，生者听还乡里。如此，则天下知昔之枉滥，非陛下之意，皆狱吏之辜，幽明欢欣，感通和气。"太后不能从。

嗣立，承庆之异母弟也。母王氏，遇承庆甚酷，每杖承庆，嗣立必解衣请代。母不许，辄私自杖，母乃为之渐宽。承庆为凤阁舍人，以疾去职。嗣立时为莱芜令，太后召谓曰："卿父尝言，'臣有两儿，堪事陛下。'卿兄弟在官，诚如父言。朕今以卿代兄，更不用他人。"即日拜凤阁舍人。

24　冬季，十月丁亥（初六），吐蕃论赞婆来到神都，太后给予高规格的接待，赏赐丰厚，任命为右卫大将军，派他率领他的部众驻守洪源谷。

25　太子、相王的几个儿子再次出就封国。

26　太后自称帝以来，多用武氏诸王及驸马都尉为成均祭酒，博士、助教，也多不是读书人。又因为南郊祭圜丘，祭享明堂，拜洛河神，封禅嵩山，都用弘文国子生为祭祀的工作人员，他们因此得以选任为官员。由此学生不再研习学业，二十年间，学校几乎荒废，而不久前被严刑峻法的官吏所诬陷的人，他们的亲友离散，还未获得宽赦。凤阁舍人韦嗣立上疏认为："现在社会风气日益轻视儒学，古代帝王的圣道松懈败坏而不讲求。应当命令王公以下的子弟都入国学，不让他们通过其他途径获取官职。还有，自从徐敬业起兵扬州、越王李贞起兵豫州以来，太后特别监狱中案件日渐繁多，推行严刑峻法的官吏乘机专想以杀人谋求升官。幸亏陛下圣明，周兴、丘神勣、王弘义、来俊臣相继被处死，朝廷和民间都庆祝平安，好比再次看到春天的阳光。至于像狄仁杰、魏元忠，以往遭到审讯，也都无罪认罪，如果不是陛下看得清楚，则早已经成为肉酱了；现在陛下提升任用他们，都成为很好的助手。为何以前不对而后来正确呢？确实是由于从前是冤枉诬陷而现在是甄别明察。我恐怕从前含冤获罪的人很多，和他们二人的情况也都是一样的。诚恳希望陛下弘扬天地间的仁义，广施恩泽，自垂拱年间以来，获罪的人不管轻重，一律昭雪，死了的追认恢复原来的官爵，还活着的听任他们返回家乡。这样，则天下人知道过去的冤枉滥杀，不是陛下的本意，都是监狱官吏的罪恶，人鬼都高兴，互相受感动而心平气顺。"太后不能接受他的意见。

韦嗣立是韦承庆的同父异母弟弟。他母亲王氏，对待韦承庆很苛刻，每次杖责韦承庆，韦嗣立都解开衣服愿代替韦承庆受杖责；母亲不允许，他即自己杖责自己，母亲因此而逐渐宽容。韦承庆任凤阁舍人，因病离职。韦嗣立当时任莱芜县令，太后将他召回，说："你父亲曾经说：'我有两个儿子，可以事奉陛下'。你们兄弟在任上，确实像你们父亲所说的那样称职。朕现在用你接替你哥哥的职务，再不用别人。"当天即任韦嗣立为凤阁舍人。

27　是岁，突厥默啜立其弟咄悉匐为左厢察，骨笃禄子默矩为右厢察，各主兵二万馀人；其子匐俱为小可汗，位在两察上，主处木昆等十姓，兵四万馀人，又号为拓西可汗。

久视元年(庚子,700)

1　正月戊寅，内史武三思罢为特进、太子少保。天官侍郎、同平章事吉顼贬安固尉。

太后以顼有干略，故委以腹心。顼与武懿宗争赵州之功于太后前。顼魁岸辩口，懿宗短小伛偻，顼视懿宗，声气陵厉。太后由是不悦，曰："顼在朕前，犹卑我诸武，况异时讵可倚邪！"他日，顼奏事，方援古引今，太后怒曰："卿所言，朕饫闻之，无多言！太宗有马名师子骢，肥逸无能调驭者。朕为宫女侍侧，言于太宗曰：'妾能制之，然须三物，一铁鞭，二铁楇，三匕首。铁鞭击之不服，则以楇楇其首，又不服，则以匕首断其喉。'太宗壮朕之志。今日卿岂足污朕匕首邪？"顼惶惧流汗，拜伏求生，乃止。诸武怨其附太子，共发其弟冒官事，由是坐贬。

辞日，得召见，涕泣言曰："臣今远离阙庭，永无再见之期，愿陈一言。"太后命之坐，问之，顼曰："合水土为泥，有争乎？"太后曰："无之。"又曰："分半为佛，半为天尊，有争乎？"曰："有争矣。"顼顿首曰："宗室、外戚各当其分，则天下安。今太子已立而外戚犹为王，此陛下驱之使他日必争，两不得安也。"太后曰："朕亦知之。然业已如是，不可何如。"

2　腊月辛巳，立故太孙重润为邵王，其弟重茂为北海王。

27　本年，突厥阿史那默啜立他的弟弟阿史那咄悉匐为左厢察，阿史那骨笃禄的儿子阿史那默矩为右厢察，各领兵两万馀人；他的儿子阿史那匐俱为小可汗，地位在左、右厢察之上，主管处木昆等十姓，兵四万馀人，又号称拓西可汗。

则天后久视元年(庚子，公元700年)

1　正月戊寅(二十八日)，内史武三思被罢免为特进、太子少保。天官侍郎、同平章事吉顼降职为安固县尉。

太后因吉顼有才干谋略，所以以他为亲信。吉顼与武懿宗在太后面前争在赵州和突厥作战的功劳。吉顼体格魁梧能言善辩，武懿宗矮小驼背，吉顼怒视武懿宗，声色俱厉。太后因此不高兴，说："吉顼在朕面前，还敢轻视我们姓武的，以后难道还可以依靠吗?"后来，吉顼面奏事情，正引证古今，太后发怒说："你所说的，我听够了，不要多说了！太宗有马名叫师子骢，肥壮性烈，没有人能驯服它。朕当时作为宫女侍奉在太宗身边，对太宗说：'我能制服它，但需要有三件东西：一是铁鞭，二是铁锤，三是匕首。用铁鞭抽打它，不服，则用铁锤敲击它脑袋，又不服，则用匕首割断它的喉管。'太宗夸奖朕的志气。今天你难道值得玷污朕的匕首吗?"吉顼害怕得浑身流汗，跪伏地上请求免死，太后这才息怒。姓武的亲贵们怨恨他依附太子，共同揭发他弟弟假冒官吏的事，因此被降职。

辞行的那天，他获得太后召见，流着泪对太后说："我现在远离朝廷，永远没有再见到陛下的机会，请准许进一言。"太后让他坐下，问他想说什么，他说："水和土合成泥，有争斗吗?"太后说："没有。"又说："分一半给佛家，一半给道教，有争斗吗?"太后说："这就有争斗了"。吉顼叩头说："皇族、外戚各守本分，则天下安定。现在已经立太子而外戚还当王，这是陛下驱使他们以后必然争斗，双方都不得安生。"太后说："朕也知道，但事情已经这样，无可奈何。"

2　腊月辛巳(初一)，朝廷立原太孙李重润为邵王，立他弟弟李重茂为北海王。

3　太后问鸾台侍郎陆元方以外事，对曰："臣备位宰相，有大事不敢不以闻，人间细事，不足烦圣听。"由是忤旨。庚寅，罢为司礼卿。

元方为人清谨，再为宰相，太后每有迁除，多访之，元方密封以进，未尝漏露。临终，悉取奏稿焚之，曰："吾于人多阴德，子孙其未衰乎？"

4　以西突厥竭忠事主可汗斛瑟罗为平西军大总管，镇碎叶。

5　丁酉，以狄仁杰为内史。

6　庚子，以文昌左丞韦巨源为纳言。

乙巳，太后幸嵩山。春，一月丁卯，幸汝州之温汤。戊寅，还神都。作三阳宫于告成之石淙。

7　二月乙未，同凤阁鸾台三品豆卢钦望罢为太子宾客。

8　三月，以吐谷浑青海王宣超为乌地也拔勤忠可汗。

9　夏，四月戊申，太后幸三阳宫避暑，有胡僧邀车驾观葬舍利，太后许之。狄仁杰跪于马前曰："佛者夷狄之神，不足以屈天下之主。彼胡僧诡谲，直欲邀致万乘以惑远近之人耳。山路险狭，不容侍卫，非万乘所宜临也。"太后中道而还曰："以成吾直臣之气。"

10　五月己酉朔，日有食之。

11　太后使洪州僧胡超合长生药，三年而成，所费巨万。太后服之，疾小瘳。癸丑，赦天下，改元久视，去天册金轮大圣之号。

12　六月，改控鹤为奉宸府，以张易之为奉宸令。太后每内殿曲宴，辄引诸武、易之及弟秘书监昌宗饮博嘲谑。太后欲掩其迹，乃命易之、昌宗与文学之士李峤等修《三教珠英》于内殿。武三思奏昌宗乃王子晋后身。太后命昌宗衣羽衣，吹笙，乘木鹤于庭中，文士皆赋诗以美之。

3　太后向鸾台侍郎陆元方询问朝廷外面的事，回答说："我担任宰相，有大事不敢不向陛下报告；人间细小的事情，不值得打扰陛下圣听。"因此抵触太后旨意。庚寅（初十），陆元方被罢免为司礼卿。

陆元方为人清廉谨慎，再次任宰相，太后每逢提升或授任官职，多征求他的意见，他将自己的意见密封后进呈，从未向别人透露。临终前，全部将原来进呈的底稿烧掉，说："我对别人多有阴德，恐怕子孙还不会衰败吧？"

4　朝廷任命西突厥竭忠事主可汗斛瑟罗为平西军大总管，镇守碎叶。

5　丁酉（十七日），朝廷任命狄仁杰为内史。

6　庚子（二十日），朝廷任命文昌左丞韦巨源为纳言。

乙巳（二十五日），太后来到嵩山；春季，一月丁卯（十七日），来到汝州温泉；戊寅（二十八日），返回神都。在告成县石淙营造三阳宫。

7　二月乙未（十五日），同凤阁鸾台三品豆卢钦望被罢免为太子宾客。

8　三月，朝廷任命吐谷浑青海王宣超为乌地也拔勤忠可汗。

9　夏季，四月戊申（二十九日），太后前往三阳宫避暑，有胡僧邀请太后参观埋葬佛舍利，太后答应。出发时狄仁杰跪在太后的马前说："佛是夷狄的神，不值得让天下的君主降低身份接受邀请。胡僧欺诈，是想邀请到万乘之尊借以迷惑远近百姓。同时沿途山路艰险狭窄，不便于侍卫，也不是万乘之尊的陛下所应当去的。"太后中途返回，说："这是为了成全我正直之臣的正气。"

10　五月己酉朔（初一），出现日食。

11　太后指派洪州和尚胡超配制长生不死药，三年而成，耗费资财数以万计。太后服用后，病稍好转。癸丑（初五），太后大赦天下，更改年号为久视；除去天册金轮大圣的称号。

12　六月，朝廷改控鹤为奉宸府，任命张易之为奉宸令。太后每次在内宫设宴，即召武姓亲贵、张易之和他弟弟秘书监张昌宗饮酒、赌博、嬉笑。太后为了掩盖这种劣迹，便命令张易之、张昌宗和文学侍从李峤在内宫编撰《三教珠英》。武三思上奏说张昌宗是古代周灵王太子晋转世。太后便命令张昌宗穿羽毛做的衣服，吹笙，在内宫庭院乘坐木鹤。文学侍从们都作诗赞美他。

太后又多选美少年为奉宸内供奉，右补阙朱敬则谏曰："陛下内宠有易之、昌宗，足矣。近闻右监门卫长史侯祥等，明自媒衒，丑慢不耻，求为奉宸内供奉，无礼无仪，溢于朝听。臣职在谏诤，不敢不奏。"太后劳之曰："非卿直言，朕不知此。"赐彩百段。

易之、昌宗竞以豪侈相胜。弟昌仪为洛阳令，请属无不从。尝早朝，有选人姓薛，以金五十两并状邀其马而赂之。昌仪受金，至朝堂，以状授天官侍郎张锡。数日，锡失其状，以问昌仪，昌仪骂曰："不了事人！我亦不记，但姓薛者即与之。"锡惧，退，索在铨姓薛者六十馀人，悉留注官。锡，文瓘之兄也。

13　初，契丹将李楷固，善用绳索及骑射、舞槊，每陷陈，如鹘入乌群，所向披靡。黄獐之战，张玄遇、麻仁节皆为所绳。又有骆务整者，亦为契丹将，屡败唐兵。及孙万荣死，二人皆来降。有司责其后至，奏请族之。狄仁杰曰："楷固等并骁勇绝伦，能尽力于所事，必能尽力于我，若抚之以德，皆为我用矣。"奏请赦之。所亲皆止之，仁杰曰："苟利于国，岂为身谋？"太后用其言，赦之。又请与之官，太后以楷固为左玉钤卫将军，务整为右武威卫将军，使将兵击契丹馀党，悉平之。

太后又挑选美貌少年为奉宸内供奉，右补缺朱敬则进谏说："陛下内宫宠幸有张易之、张昌宗，已足够了。近来听说右监门卫长史侯祥等，公开自我介绍与炫耀，丑恶放肆而无耻，谋求充当奉宸内供奉，无礼仪法度，满朝百官都知道。直言规劝是我的职责，不敢不上奏。"太后勉励他说："不是你直言相告，朕不知道这件事。"赏赐他彩绸一百段。

张易之、张昌宗以豪华奢侈相攀比。他们的弟弟张昌仪任洛阳县令，贿赂他没有不答应的。一次早上入宫朝见太后时，有一名姓薛的候选官员，拿着五十两金子和要求任职的文书拦住他的坐骑贿赂他。张昌仪收下金子，到朝廷后把文书交给天官侍郎张锡。几天后，张锡把文书遗失，便问张昌仪，张昌仪骂他，说："糊涂人！我也记不得了，只要是姓薛的即授官。"张锡畏惧他，退朝后，将姓薛的候选官员六十多人全部留下注授官职。张锡是张文瓘的哥哥。

13　当初，契丹的将领李楷固，善于使用套绳以及骑射、舞槊，每次进入战阵，就好像鸷鸟进入乌鸦群中，所向无敌。黄獐谷之战，唐将张玄遇、麻仁节都被他用套绳套住。又有个叫骆务整的，也是契丹将领，多次打败唐兵。孙万荣死后，这两人都投降唐朝。有关部门指责他们投降太迟，上奏请求将他们灭族。狄仁杰说："李楷固等都勇猛无比，既然能为他的主上尽力，也一定能为我们尽力，如果用恩惠安抚他们，就都为我所用了。"于是上奏请赦免他们。他的亲属友好都劝他不要这样做。狄仁杰说："如果有利于国家，难道还要为自己打算？"太后采纳他的意见，赦免了李楷固和骆务整。他又请授给他们官职，太后任命李楷固为左玉钤卫将军，骆务整为右武威卫将军，派他们领兵进击契丹馀党，结果将契丹全部平定。

卷第二百七　唐纪二十三

起庚子(700)七月尽乙巳(705)正月凡四年有奇

则天顺圣皇后下

久视元年(庚子,700)

1　秋,七月,献俘于含枢殿。太后以楷固为左玉钤卫大将军、燕国公,赐姓武氏。召公卿合宴,举觞属仁杰曰:“公之功也。”将赏之,对曰:“此乃陛下威灵,将帅尽力,臣何功之有!”固辞不受。

2　闰月戊寅,车驾还宫。

3　己丑,以天官侍郎张锡为凤阁侍郎、同平章事。鸾台侍朗、同平章事李峤罢为成均祭酒。锡,峤之舅也,故罢峤政事。

4　丁酉,吐蕃将麹莽布支寇凉州,围昌松,陇右诸军大使唐休璟与战于港源谷。麹莽布支兵甲鲜华,休璟谓诸将曰:“诸论既死,麹莽布支新为将,不习军事,望之虽如精锐,实易与耳,请为诸君破之。”乃被甲先陷陈,六战皆捷,吐蕃大奔,斩首二千五百级,获二裨将而还。

5　司府少卿杨元亨,尚食奉御杨元禧,皆弘武之子也。元禧尝忤张易之,易之言于太后:“元禧,杨素之族;素父子,隋之逆臣,子孙不应供奉。”太后从之,壬寅,制:“杨素及其兄弟子孙皆不得任京官。”左迁元亨睦州刺史,元禧贝州刺史。

则天顺圣皇后下

则天后久视元年(庚子,公元700年)

1 秋季,七月,李楷固献契丹俘虏于含枢殿。武则天任命李楷固为左玉钤卫大将军、封燕国公,赐姓武氏。武则天设宴款待诸位将帅,席间举杯对狄仁杰说:“这是您的功劳啊!”并准备赏赐他。狄仁杰回答说:“此次平定契丹馀党乃是因陛下威力神灵以及将帅竭忠尽力所致,我又有什么功劳呢?”因而拒不受赏。

2 闰月戊寅(初二),武则天自三阳宫回到洛阳宫。

3 己丑(十三日),武则天任命天官侍郎张锡为凤阁侍郎、同平章事;鸾台侍郎、同平章事李峤被罢免为成均祭酒。因为张锡是李峤的舅父,所以免去李峤的宰相职务。

4 丁酉(二十一日),吐蕃将领麹莽布支进犯凉州,包围了昌松。唐陇右诸军大使唐休璟与麹莽布支在港源谷交战。麹莽布支的军队盔明甲亮,唐休璟对他手下的部将们说:“吐蕃掌权的论钦陵兄弟都已经被杀,麹莽布支初次领兵打仗,还不熟悉军事。所以虽然吐蕃军队看起来好像是精锐之师,但在实际上却不堪一击,让我先击破他们。”于是披挂上阵,率先攻破麹莽布支军队的防线,并连续六战皆捷,吐蕃兵溃不成军。唐休璟共斩敌人首级二千五百个,俘获吐蕃两员裨将,然后收兵。

5 司府少卿杨元亨和尚食奉御杨元禧,都是杨弘武的儿子。杨元禧曾经触犯过张易之。张易之因此对武则天说:“杨元禧是杨素的族人,而杨素父子又是隋朝的逆臣,他们的子孙不应该在皇帝身边供职。”武则天采纳了张易之的建议,于壬寅(二十六日)颁下制书:“杨素家族的兄弟子孙都不许担任京官。”并将杨元亨降职为睦州刺史,将杨元禧降职为贝州刺史。

6　庚戌，以魏元忠为陇右诸军大使，击吐蕃。

7　庚申，太后欲造大像，使天下僧尼日出一钱以助其功。狄仁杰上疏谏，其略曰："今之伽蓝，制过宫阙。功不使鬼，止在役人，物不天来，终须地出，不损百姓，将何以求？"又曰："游僧皆托佛法，诖误生人。里陌动有经坊，阛阓亦立精舍。化诱所急，切于官征；法事所须，严于制敕。"又曰："梁武、简文舍施无限，及三淮沸浪，五岭腾烟，列刹盈衢，无救危亡之祸，缁衣蔽路，岂有勤王之师？"又曰："虽敛僧钱，百未支一。尊容既广，不可露居，覆以百层，尚忧未遍，自馀廊宇，不得全无。如来设教，以慈悲为主，岂欲劳人，以存虚饰？"又曰："比来水旱不节，当今边境未宁，若费官财，又尽人力，一隅有难，将何以救之？"太后曰："公教朕为善，何得相违？"遂罢其役。

8　阿悉吉薄露叛，遣左金吾将军田扬名、殿中侍御史封思业讨之。军至碎叶，薄露夜于城傍剽掠而去，思业将骑追之，反为所败。扬名引西突厥斛瑟罗之众攻其城，旬馀，不克。九月，薄露诈降，思业诱而斩之，遂俘其众。

6　庚戌，武则天任命魏元忠为陇右诸军大使，进攻吐蕃。

7　庚申，武则天要建造一尊大佛像，想让全国的和尚尼姑每人每天捐出一文钱来，以促成其事。狄仁杰上疏谏阻，奏疏大意是："当今的佛教寺院，在建筑规模上已经超过皇帝的宫殿。但营建这些寺院无法借助鬼神之助，只能依靠百姓出力。财富不会从天而降，终究需要从田地里产出，如果不减少老百姓的收益，那么又怎能得到这些东西呢？"他又说："游方和尚都以佛法为借口，欺骗百姓，他们动不动就在乡村修建经坊，在城里也盖起精美豪华的馆舍。为佛寺集资化缘的急切程度，超过官府征收赋税，僧尼作法事的规程的严格程度，甚至要超过皇帝所颁发的制书敕令。"他还说："梁武帝、简文帝父子对佛寺施舍无限，等到三淮、五岭叛乱迭起的时候，才发现大街上鳞次栉比的寺院庙宇，无法挽救身危国亡之祸；极目所见到的都是和尚尼姑，又哪里有勤王救主之师？"他又说："陛下即使收齐了僧侣所捐助的资金，但这笔钱还不够建造佛像所需费用的百分之一。再说大佛像气势宏大，自然不能露居旷野，即使是再修建一座百层楼阁，也不一定能将它完全遮盖，况且其他的庙宇廊柱，也不能一点儿不建啊？如来佛祖创立佛教，乃是以大慈大悲为宗旨，哪里是为追求奢华而使民不聊生呢？"又说："近年来水旱天灾时有发生，契丹、吐蕃又屡次侵扰边境，如果为修建大佛像而靡费国库资财与百姓人力，万一哪一个角落突发事变，陛下将靠什么去济贫救难呢？"武则天说："您劝导我行善，我又怎么能违背您的教诲呢？"于是停止了修建大佛像的工程。

8　西突厥的阿悉吉薄露发动叛乱，武则天派左金吾将军田扬名和殿中侍御史封思业前往征讨。等到唐军来到碎叶城时，阿悉吉薄露已趁夜在城边大肆杀掠之后逃离。封思业率骑兵追击，反而被薄露所击败。田扬名率西突厥斛瑟罗部落的军队攻打薄露所占据的城池，历时十多天未能攻克。九月，薄露假意投降，封思业将计就计，趁机将其斩首，因而俘获了他的全部人马。

9　太后信重内史梁文惠公狄仁杰，群臣莫及，常谓之国老而不名。仁杰好面引廷争，太后每屈意从之。尝从太后游幸，遇风吹仁杰巾坠，而马惊不能止，太后命太子追执其鞚而系之。仁杰屡以老疾乞骸骨，太后不许。入见，常止其拜，曰："每见公拜，朕亦身痛。"仍免其宿直，戒其同僚曰："自非军国大事，勿以烦公。"辛丑，薨，太后泣曰："朝堂空矣！"自是朝廷有大事，众或不能决，太后辄叹曰："天夺吾国老何太早邪？"

太后尝问仁杰："朕欲得一佳士用之，谁可者？"仁杰曰："未审陛下欲何所用之？"太后曰："欲用为将相。"仁杰对曰："文学缊藉，则苏味道、李峤固其选矣。必欲取卓荦奇才，则有荆州长史张柬之，其人虽老，宰相才也。"太后擢柬之为洛州司马。数日，又问仁杰，对曰："前荐柬之，尚未用也。"太后曰："已迁矣。"对曰："臣所荐者可为宰相，非司马也。"乃迁秋官侍郎。久之，卒用为相。仁杰又尝荐夏官侍郎姚元崇、监察御史曲阿桓彦范、太州刺史敬晖等数十人，率为名臣。或谓仁杰曰："天下桃李，悉在公门矣。"仁杰曰："荐贤为国，非为私也。"

9　武则天十分信任和推重内史梁文惠公狄仁杰，没有哪一个大臣能比得上。她常常称狄仁杰为国老，而不是直呼其名。狄仁杰习惯于在朝堂上当面直言规谏，武则天则常常采纳他的建议，即使在这样做违背了自己的本意时也是如此。有一次狄仁杰陪同武则天巡游，途中遇到大风，狄仁杰的头巾被风吹落在地，他的坐骑也因受惊而无法驾驭，武则天让太子李显追上惊马，抓住它的笼头并将它拴好。狄仁杰曾屡次因年老多病的缘故而提出退休的请求，武则天都没有答应。武则天在狄仁杰入朝参见的时候，还常常阻止他行三跪九叩的大礼，说："每当看到您行跪拜之礼的时候，朕的身体都会感觉到痛楚。"武则天还免除了狄仁杰晚上在宫中轮流值班的义务，并告诫他的同僚们说："如果没有十分重要的军国大事，都不要去打扰狄老先生。"辛丑，狄仁杰去世，武则天流着眼泪说："朝堂上再也没有可以依靠的师长了！"此后朝廷一有大事，如果群臣无法决断，武则天就会叹息道："老天为什么这么早就把我的国老夺走呢？"

武则天曾经问狄仁杰："朕希望能找到一位杰出的人才委以重任，您看谁能够称职呢？"狄仁杰问道："不知道陛下想让他担任什么职务？"武则天说："我想让他出将入相。"狄仁杰回答道："如果您所要的是辞章含蓄风雅的人的话，那么苏味道、李峤本来就是当然的人选。如果您要找到的一定得是出类拔萃的奇才，那就只有荆州长史张柬之了，他的年纪虽然老了一些，但却实实在在地是一位宰相之才呀。"武则天于是提拔张柬之作了洛州司马。过了几天之后，武则天又要求狄仁杰举荐人才，狄仁杰回答说："我前几天推荐的张柬之，您还没有任用呢。"武则天说："我已经给他升了官了。"狄仁杰回答说："我所推荐的张柬之是可以做宰相的人才，不是用来作一个小小的司马的。"武则天乃任命张柬之为秋官侍郎。过了很长时间，终于任命他为宰相。狄仁杰还先后向武则天推荐了夏官侍郎姚元崇、监察御史曲阿人桓彦范、太州刺史敬晖等数十人，后来这些人都成为唐代名臣。有人对狄仁杰说："治理天下的贤能之臣，都是出自您的举荐啊。"狄仁杰回答说："举荐贤才是为国家着想，并不是为我个人打算。"

初，仁杰为魏州刺史，有惠政，百姓为之立生祠。后其子景晖为魏州司功参军，贪暴为人患，人遂毁其像焉。

10 冬，十月辛亥，以魏元忠为萧关道大总管，以备突厥。

11 甲寅，制复以正月为十一月，一月为正月。赦天下。

12 丁巳，纳言韦巨源罢，以文昌右丞韦安石为鸾台侍郎、同平章事。安石，津之孙也。

时武三思、张易之兄弟用事，安石数面折之。尝侍宴禁中，易之引蜀商宋霸子等数人在座同博。安石跪奏曰："商贾贱类，不应得预此会。"顾左右逐出之，座中皆失色。太后以其言直，劳勉之，同列皆叹服。

13 丁卯，太后幸新安。壬申，还宫。

14 十二月甲寅，突厥掠陇右诸监马万馀匹而去。

15 时屠禁尚未解，凤阁舍人全节崔融上言，以为："割烹牺牲，弋猎禽兽，圣人著之典礼，不可废阙。又，江南食鱼，河西食肉，一日不可无，富者未革，贫者难堪。况贫贱之人，仰屠为生，日戮一人，终不能绝，但资恐喝，徒长奸欺。为政者苟顺月令，合礼经，自然物遂其生，人得其性矣。"戊午，复开屠禁，祠祭用牲牢如故。

起初，还是在狄仁杰担任魏州刺史的时候，因为他施政仁爱宽厚，所以老百姓为他建造了生祠。后来他的儿子狄景晖担任魏州司功参军的职务，贪婪残暴，成了百姓的祸害，于是老百姓又捣毁了狄仁杰的祠堂。

10　冬季，十月辛亥（初七），武则天任命魏元忠为萧关道大总管，目的是为了防备突厥的侵扰。

11　甲寅（初十），武则天颁下制书，又重新以正月为十一月，以一月为正月，并大赦天下。

12　丁巳（十三日），武则天免去纳言韦巨源的职务，任命文昌右丞韦安石为鸾台侍郎、同平章事。韦安石是韦津的孙子。

这时正值武三思和张易之兄弟专擅朝政之际，韦安石屡次当面驳斥他们。有一次韦安石在宫中陪武则天用膳，见张易之招徕蜀地富商宋霸子等几个人在一旁赌博，便向武则天跪拜奏道："商贾之徒，名列贱籍，没有资格参加这样的宴会。"说完就让侍臣们将这几个人赶出去，在座的臣僚们都吓得变了脸色。由于韦安石敢于直言规谏，武则天特意对他慰劳嘉勉，他的同僚也因此而对他钦佩得五体投地。

13　丁卯（二十三日），武则天巡幸新安；壬申（二十八日），又回到宫中。

14　十二月甲寅（初十），突厥兵掠走陇右诸牧监畜养的军马一万多匹后撤离。

15　这时，有关杀猪宰羊以及捕鱼捞虾的禁令还没有解除，担任凤阁舍人职务的全节县人崔融进言，认为："宰割烹调牲畜和猎杀飞禽走兽是被圣人当作制度和仪式的不可废弃和缺少的东西。况且鱼和肉分别是江南人和河西人每天生活必备的副食品，一天也不能没有它们；富人的生活习俗无法改变，穷人也无法忍受终日不见鱼肉的生活；再说贫穷卑贱的屠户，一直都是把屠宰卖肉当作衣食之源的。所以即使陛下每天都要处死一个敢于违反禁令的人，也不可能真正有效地实施禁止屠宰捕鱼的法令，只不过助长了胁迫欺诈他人的奸邪行为而已。治理国家的人行事如果真正能够顺应自然气候的变化，合乎礼义经典的规范，自然会使事物的发展符合其本身的规律，百姓也能够充分弘扬他们的本性。"戊午（十四日），武则天下诏废除有关屠宰捕鱼的禁令，祠堂中的祭祀活动仍然像往常那样用牛羊猪等牺牲作祭品。

长安元年(辛丑,701)

1　春,正月丁丑,以成州言佛迹见,改元大足。

2　二月己酉,以鸾台侍郎柏人李怀远同平章事。

3　三月,凤阁侍郎、同平章事张锡坐知选漏泄禁中语、赃满数万,当斩,临刑释之,流循州。时苏味道亦坐事与锡俱下司刑狱,锡乘马,意气自若,舍于三品院,帷屏食饮,无异平居。味道步至系所,席地而卧,蔬食而已。太后闻之,赦味道,复其位。

4　是月,大雪,苏味道以为瑞,帅百官入贺。殿中侍御史王求礼止之曰:“三月雪为瑞雪,腊月雷为瑞雷乎?”味道不从。既入,求礼独不贺,进言曰:“今阳和布气,草木发荣,而寒雪为灾,岂得诬以为瑞? 贺者皆谄谀之士也。”太后为之罢朝。

时又有献三足牛者,宰相复贺。求礼扬言曰:“凡物反常皆为妖。此鼎足非其人,政教不行之象也。”太后为之愀然。

5　夏,五月乙亥,太后幸三阳宫。

6　以魏元忠为灵武道行军大总管,以备突厥。

7　天官侍郎盐官顾琮同平章事。

则天后长安元年(辛丑,公元701年)

1　春季,正月丁丑(初三),由于成州说发现了佛迹的缘故,武则天改年号为大足。

2　二月己酉(初六),武则天任命担任鸾台侍郎的柏人县人李怀远为同平章事。

3　三月,凤阁侍郎、同平章事张锡因犯有主持铨选泄漏宫中语罪以及非法获取财物达数万之多应当斩首,等到即将行刑之际又被免除死罪,流放循州。当时苏味道也因犯罪而与张锡一起入狱。在去监狱的路上,张锡骑在马上,神态自若,直接住进司刑寺专门为犯罪的三品以上官员准备的三品院中,在帷帐屏风的使用和饮食起居的排场上与平时完全相同。苏味道则是徒步走到羁押场所,夜晚睡在冰凉的地板上,每顿只以蔬菜为食。武则天听说了这件事之后,下令赦免苏味道所犯的罪行,并恢复了他的原任职位。

4　就在这个月,突然降下大雪,苏味道认为这是吉兆,便带领文武百官入朝称贺。殿中侍御史王求礼上前制止,他说:“如果说阳春三月下的雪是瑞雪的话,那么寒冬腊月打雷就应该是瑞雷啦?”苏味道不听劝阻。入朝之后,唯独王求礼不但不称贺,反而向武则天进言道:“现在正是春天温暖的气息扩散分布、草木发芽开花的季节,老天却突然降下大雪以致造成灾害,怎么能说这场大雪象征着吉兆呢?这只能说明这些前来称贺的人都是阿谀奉承之辈罢了。”武则天因此而罢朝。

这时又有人来献一头三条腿的牛,宰相们又一次入朝称贺。王求礼大声疾呼:“与常态不同的东西称为妖,出现三足牛的现象,是三公没有合适的人选以及国家的刑赏教化没有得到实行的表现。”武则天听完之后愁容满面。

5　夏季,五月乙亥(初三),武则天住进了三阳宫。

6　武则天任命魏元忠为灵武道行军大总管,目的是为了防备突厥的侵扰。

7　武则天加天官侍郎盐官县人顾琮同平章事。

8　六月庚申，以夏官尚书李迥秀同平章事。

迥秀性至孝，其母本微贱，妻崔氏常叱媵婢，母闻之不悦，迥秀即时出之。或曰："贤室虽不避嫌疑，然过非七出，何遽如是？"迥秀曰："娶妻本以养亲，今乃违忤颜色，安敢留也？"竟出之。

9　秋，七月甲戌，太后还宫。

10　甲申，李怀远罢为秋官尚书。

11　八月，突厥默啜寇边，命安北大都护相王为天兵道元帅，统诸军击之，未行而虏退。

12　丙寅，武邑人苏安恒上疏曰："陛下钦先圣之顾托，受嗣子之推让，敬天顺人，二十年矣。岂不闻帝舜褰裳，周公复辟！舜之于禹，事祇族亲；旦与成王，不离叔父。族亲何如子之爱，叔父何如母之恩？今太子孝敬是崇，春秋既壮，若使统临宸极，何异陛下之身？陛下年德既尊，宝位将倦，机务烦重，浩荡心神，何不禅位东宫，自怡圣体？自昔理天下者，不见二姓而俱王也。当今梁、定、河内、建昌诸王，承陛下之荫覆，并得封王。臣谓千秋万岁之后，于事非便，臣请黜为公侯，任以闲简。臣又闻陛下有二十馀孙，今无尺寸之封，此非长久之计也。臣请分土而王之，择立师傅，教其孝敬之道，以夹辅周室，屏藩皇家，斯为美矣。"疏奏，太后召见，赐食，慰谕而遣之。

8　六月庚申(十九日),武则天任命夏官尚书李迥秀为同平章事。

李迥秀生性极为孝顺,他的母亲原来出身卑微低贱,所以对李迥秀的妻子崔氏经常大声呵斥陪嫁使女的作法感到不快,李迥秀便立即将崔氏休弃。有人对他说:“您的妻子虽然有一些让人不满意的地方,但她的过失不属于休妻七条,为什么您竟然把她休弃了呢?”李迥秀回答说:“娶妻的目的本来就是为了侍养双亲,现在她居然惹得母亲不高兴,我哪里还敢把她留在家中呢?”终于还是将崔氏休弃了。

9　秋季,七月甲戌(初三),武则天回到宫中。

10　甲申(十三日),李怀远被罢免为秋官尚书。

11　八月,突厥默啜部进犯边境,武则天派安北大都护相王李旦任天兵道元帅,统率众路大军迎击,还没有等到发兵,突厥默啜即已退军。

12　丙寅(初六),武邑人苏安恒上疏道:“陛下恭敬地秉行先帝遗诏的嘱托,又受到太子的辞让,上敬天意,下顺民心,至今已有二十年了。难道陛下没有听说过帝舜撩起衣裳、离开帝位,和周公归政于成王的事情吗!帝舜和大禹之间,仅仅是同族亲属的关系;周公旦与周成王之间,也不过是叔侄关系。同族亲属之间的感情哪里能与亲生儿子对母亲的敬爱相比,叔父对于侄子又哪里能够比得上母亲对儿子的恩德?现在太子已经长大成人,又尊崇孝亲敬上之道,如果让他即皇帝位,治理国家,与陛下总揽全局又能有什么区别?陛下的年纪与德望都已经很高了,身居帝位需要处理的事务十分繁重,使得您终日烦劳心神,陛下为什么不将帝位禅让给太子,以追求御体的安康愉悦呢?自古以来治理天下,不曾听说过有两个姓氏的不同家族成员同时受封为王爵的,而现在梁王武三思、定王武攸暨、河内王武懿宗、建昌王武攸宁等,承蒙陛下的荫庇,都被封为王爵。臣以为这件事在陛下百年之后,将会非常不利,因此我请求陛下将他们降为公侯,并任命他们担任悠闲简单的职务。此外,我还听说陛下有二十多个孙子,至今仍然没有得到任何封号,这也同样不是长久之计。所以臣请求陛下把他们裂土分封为王,为他们选择师傅以教导他们孝亲敬上之道,使他们能成为国家的屏障,辅佐大周皇室,这就完美无缺了。”武则天看完他的奏疏后,特意召见了他,并赏赐酒饭,用好话慰解之后送他出宫。

13　太后春秋高，政事多委张易之兄弟。邵王重润与其妹永泰郡主、主婿魏王武延基窃议其事。易之诉于太后，九月壬申，太后皆逼令自杀。延基，承嗣之子也。

14　丙申，以相王知左、右羽林卫大将军事。

15　冬，十月壬寅，太后西入关，辛酉，至京师，赦天下，改元。

16　十一月戊寅，改含元宫为大明宫。

17　天官侍郎安平崔玄暐，性介直，未尝请谒。执政恶之，改文昌左丞。月馀，太后谓玄暐曰："自卿改官以来，闻令史设斋自庆。此欲盛为奸贪耳，今还卿旧任。"乃复拜天官侍郎，仍赐彩七十段。

18　以主客郎中郭元振为凉州都督、陇右诸军大使。

先是，凉州南北境不过四百馀里，突厥、吐蕃频岁奄至城下，百姓苦之。元振始于南境硖口置和戎城，北境碛中置白亭军，控其冲要，拓州境千五百里，自是寇不复至城下。元振又令甘州刺史李汉通开置屯田，尽水陆之利。旧凉州粟麦斛至数千，及汉通收率之后，一缣籴数十斛，积军粮支数十年。元振善于抚御，在凉州五年，夷、夏畏慕，令行禁止，牛羊被野，路不拾遗。

二年(壬寅,702)

1　春，正月乙酉，初设武举。

13　武则天年事已高，朝廷大事多让张易之兄弟去处理。邵王李重润和他的妹妹永泰郡主及永泰郡主的丈夫魏王武延基在私下议论此事。张易之把这件事告诉了武则天。九月壬申（初三），武则天逼迫邵王李重润、永泰郡主及魏王武延基自杀。武延基，是武承嗣之子。

14　丙申（二十七日），武则天任命相王李旦主持左、右羽林卫大将军的事务。

15　冬季，十月壬寅（初三），武则天西行入函关，辛酉（二十二日），到达京城长安；下诏赦免天下罪囚，改年号为长安。

16　十一月戊寅（初十），武则天把含元宫改名为大明宫。

17　天官侍郎安平县人崔玄暐，性情耿直，从来没有向主持政事的高级官员请托求见。这些人都非常讨厌他，于是将他改任为文昌左丞。一个多月之后，武则天对崔玄暐说："我听说自从你改任文昌左丞之后，你原来属下的令史等官吏纷纷设斋以示庆贺，看起来他们是想谋求私利呀！所以现在我让你官复原职。"于是重新任命崔玄暐为天官侍郎，还赏赐他彩色丝帛七十段。

18　武则天任命主客郎中郭元振为凉州都督、陇右诸军大使。

在此之前，凉州全境南北不过四百多里，而且突厥和吐蕃的兵马连年都来侵扰，老百姓生活十分困苦。郭元振开始在凉州南部边境的硖口修筑和戎城，在北部边境的沙漠中设置白亭军，控制了凉州的交通要道，将凉州边境拓展了一千五百里，从此突厥、吐蕃兵马无法再前来州城侵扰。此后郭元振又指派甘州刺史李汉通实行屯田政策，充分发挥当地在水陆两个方面的优势。以往凉州地区谷子和小麦每斛价值数千钱，而在李汉通广施屯田以后，一匹细绢可以买到数十斛，积存的军粮可供数十年之用。郭元振还擅长对当地不同民族百姓的驾驭安抚，他在任职的五年之间，深得当地各族百姓敬畏，真正做到了令行禁止，所蓄养的牛羊漫山遍野，百姓路不拾遗。

则天后长安二年（壬寅，公元702年）

1　春季，正月乙酉（十七日），武则天第一次在科举考试中增设武科。

2　突厥寇盐、夏二州。三月庚寅，突厥破石岭，寇并州。以雍州长史薛季昶摄右台大夫，充山东防御军大使，沧、瀛、幽、易、恒、定等州诸军皆受季昶节度。夏，四月，以幽州刺史张仁愿专知幽、平、妫、檀防御，仍与季昶相知，以拒突厥。

3　五月壬申，苏安恒复上疏曰："臣闻天下者，神尧、文武之天下也，陛下虽居正统，实因唐氏旧基。当今太子追回，年德俱盛，陛下贪其宝位而忘母子深恩，将何圣颜以见唐家宗庙，将何诰命以谒大帝坟陵？陛下何故日夜积忧，不知钟鸣漏尽？臣愚以为天意人事，还归李家。陛下虽安天位，殊不知物极则反，器满则倾。臣何惜一朝之命而不安万乘之国哉？"太后亦不之罪。

4　乙未，以相王为并州牧，充安北道行军元帅，以魏元忠为之副。

5　六月壬戌，召神都留守韦巨源诣京师，以副留守李峤代之。

6　秋，七月甲午，突厥寇代州。

7　司仆卿张昌宗兄弟贵盛，势倾朝野。八月戊午，太子、相王、太平公主上表请封昌宗为王，制不许。壬戌，又请，乃赐爵邺国公。

8　敕："自今有告言扬州及豫、博馀党，一无所问，内外官司无得为理。"

9　九月乙丑朔，日有食之，不尽如钩，神都见其既。

2　突厥兵进犯盐州和夏州。三月，庚寅（二十三日），突厥兵攻破石岭关，进犯并州。武则天任命雍州长史薛季昶代理右台大夫职务，充任山东防御诸军大使，负责节制调度沧州、瀛州、幽州、易州、恒州、定州等处兵马。夏季，四月，武则天又指派幽州刺史张仁愿专门主持幽州、平州、妫州、檀州的军事防御工作，并且让他继续与薛季昶互相配合，以共同抵御突厥军队的进犯。

3　五月壬申（初六），苏安恒再次上疏说："臣听说这天下是高祖神尧皇帝和太宗文武皇帝的天下，陛下虽居皇帝之位，但实际所依靠的毕竟是大唐旧有的基业。现在太子重新得立，并且已经长大成人，道德品行也已臻于上乘，陛下因贪恋皇位之故而忘却母子之间深厚的恩德，将以什么脸面去见供奉在宗庙之中的大唐列祖列宗，又将以何种身份去谒见大唐高宗的陵寝？陛下为什么还要日夜自寻烦恼，难道还不清楚您已到了晨钟已响、夜漏将尽的垂暮之年？愚以为天意人心，都希望将皇位归还李家。陛下即使安于皇位，也应该考虑到物极必反、器满则倾的道理。臣为了使社稷长治久安，又怎么能顾及个人的生死呢？"武则天也没有加罪于他。

4　乙未（二十九日），武则天任命相王李旦为并州牧，充任安北道行军元帅，任命魏元忠作他的副职。

5　六月壬戌（二十六日），武则天将神都留守韦巨源召到京师长安，指派神都副留守李峤暂时代行他的职务。

6　秋季，七月甲午（二十九日），突厥兵进犯代州。

7　司仆卿张昌宗兄弟深得武则天宠幸，权倾朝野。八月戊午（二十三日），太子李显、相王李旦、太平公主上表，请求封张昌宗为王，武则天拒绝了这一建议。壬戌（二十七），这些人又上表请求封张昌宗为王，武则天才答应赐张昌宗为邺国公。

8　武则天颁下敕书："从现在起如果再有揭发光宅元年扬州徐敬业谋反案以及垂拱四年豫州李贞、博州李冲父子谋反案馀党线索的，都不必过问，朝廷内外各衙门一律不得受理。"

9　九月乙丑朔（初一），出现日食，没有食尽，看到像镰刀一样的形状，在神都能见到日全食。

10　壬申，突厥寇忻州。

11　己卯，吐蕃遣其臣论弥萨来求和。

12　庚辰，以太子宾客武三思为大谷道大总管，洛州长史敬晖为副。辛巳，又以相王旦为并州道元帅，三思与武攸宜、魏元忠为之副；姚元崇为长史，司礼少卿郑杲为司马。然竟不行。

13　癸未，宴论弥萨于麟德殿。时凉州都督唐休璟入朝，亦预宴。弥萨屡窥之。太后问其故，对曰："洪源之战，此将军猛厉无敌，故欲识之。"太后擢休璟为右武威、金吾二卫大将军。休璟练习边事，自碣石以西逾四镇，绵亘万里，山川要害，皆能记之。

14　冬，十月甲辰，天官侍郎、同平章事顾琮薨。

15　戊申，吐蕃赞普将万馀人寇茂州，都督陈大慈与之四战，皆破之，斩首千馀级。

16　十一月辛未，监察御史魏靖上疏，以为："陛下既知来俊臣之奸，处以极法，乞详覆俊臣等所推大狱，伸其枉滥。"太后乃命监察御史苏颋按覆俊臣等旧狱，由是雪免者甚众。颋，夔之曾孙也。

17　戊子，太后祀南郊，赦天下。

18　十二月甲午，以魏元忠为安东道安抚大使，羽林卫大将军李多祚检校幽州都督，右羽林卫将军薛讷、左武卫将军骆务整为之副。

19　戊申，置北庭都护府于庭州。

10　壬申(初八)，突厥兵进犯忻州。

11　己卯(十五日)，吐蕃派大臣论弥萨前来求和。

12　庚辰(十六日)，武则天任命太子宾客武三思为大谷道大总管，任命洛州长史敬晖为武三思的副职。辛巳(十七日)，武则天又任命相王李旦为并州道元帅，任命武三思与武攸宜、魏元忠三人为李旦的副职；任命姚元崇为长史，司礼少卿郑果为司马，但是最终没有到任。

13　癸未(十九日)，武则天在麟德殿宴请吐蕃大臣论弥萨。这时凉州都督唐休璟正好入朝，也参加了这次宴会。论弥萨屡次偷看唐休璟。武则天询问论弥萨这样做的原因，论弥萨回答说："在洪源战役中，这位将军勇猛无敌，所以我想要记住他的相貌。"武则天提拔唐休璟为右武威、金吾二卫大将军。唐休璟极为熟悉边境地区的军政事务，自辽东碣石以西直至安西四镇以外的绵延万里之间的山川险要之处，他都能记诵下来。

14　冬季，十月甲辰(初十)，天官侍郎、同平章事顾琮去世。

15　戊申(十四日)，吐蕃赞普率领一万多人马进犯茂州，都督陈大慈与吐蕃军队四次交战，每次都打败了他们，共斩敌首一千多级。

16　十一月辛未(初八)，监察御史魏靖上疏武则天认为："陛下清楚地了解了来俊臣的奸邪，并将他处死。臣请求陛下允许有关部门详细复核来俊臣等人当时所主持办理的重大案件，以便给那些冤枉的人平反昭雪。"武则天于是指派监察御史苏颋覆核来俊臣等人所处理的案件，很多人因此而得以免罪昭雪。苏颋，是苏夔的曾孙。

17　戊子(二十五日)，武则天到南郊祭祀，大赦天下罪人。

18　十二月甲午(初二)，武则天任命魏元忠为安东道安抚大使，羽林卫大将军李多祚检校幽州都督，右羽林卫将军薛讷、左武卫将军骆务整作他的副职。

19　戊申(十六日)，朝廷在西域的庭州设置北庭都护府。

20　侍御史张循宪为河东采访使，有疑事不能决，病之，问侍吏曰："此有佳客，可与议事者乎？"吏言前平乡尉猗氏张嘉贞有异才，循宪召见，询以事。嘉贞为条析理分，莫不洗然。循宪因请为奏，皆意所未及。循宪还，见太后，太后善其奏，循宪具言嘉贞所为，且请以己之官授之。太后曰："朕宁无一官自进贤邪？"因召嘉贞，入见内殿，与语，大悦，即拜监察御史。擢循宪司勋郎中，赏其得人也。

三年（癸卯，703）

1　春，三月壬戌朔，日有食之。

2　夏，四月，吐蕃遣使献马千匹、金二千两以求婚。

3　闰月丁丑，命韦安石留守神都。

4　己卯，改文昌台为中台。以中台左丞李峤知纳言事。

5　新罗王金理洪卒，遣使立其弟崇基为王。

6　六月辛酉，突厥默啜遣其臣莫贺干来，请以女妻皇太子之子。

7　宁州大水，溺杀二千馀人。

8　秋，七月癸卯，以正谏大夫朱敬则同平章事。

9　戊申，以相王旦为雍州牧。

20　侍御史张循宪在担任河东采访使职务期间，遇到一件难度很大的事情无法决断，很是忧虑，于是向他属下的官吏问道："这个地方有没有可以商议事情的杰出人才呀？"属吏告诉他，曾任平乡尉的猗氏县人张嘉贞有奇才。张循宪召见了张嘉贞，并向他请教这个疑难问题的处理方法。张嘉贞于是对这个问题的不同方面进行了分门别类的归纳分析，没有一点不清晰之处。张循宪于是请他代写奏疏，所谈到的都是自己没有考虑到的。张循宪回到朝中，见到武则天，武则天称赞他的奏疏写得很好，张循宪于是把疏文为张嘉贞所拟的事全部禀告了武则天，并请求武则天允许将他自己所担任的侍御史职务授给张嘉贞。武则天说："朕难道还没有一个官位来荐引提拔贤能之士吗？"于是在内殿召见张嘉贞，与他进行了谈话，感到非常满意，当即任命他为监察御史；为了奖赏张循宪发现人才的功劳，武则天还提升他作了司勋郎中。

则天后长安三年（癸卯，公元703年）

1　春季，三月壬戌朔（初一），出现日食。

2　夏季，四月，吐蕃派遣使者前来贡献马一千匹、黄金两千两，目的是为了向大唐求婚。

3　闰月丁丑（十七日），武则天命令韦安石留守神都。

4　己卯（十九日），武则天将文昌台改名为中台，任命中台左丞李峤主持纳言事务。

5　新罗王金理洪去世，武则天派遣使者前去立他的弟弟金崇基为王。

6　六月辛酉（初一），突厥默啜派大臣莫贺干前来，希望能把他的女儿嫁给皇太子的儿子。

7　宁州发大水，淹死两千多人。

8　秋季，七月癸卯（十四日），武则天任命正谏大夫朱敬则同平章事。

9　戊申（十九日），武则天任命相王李旦为雍州牧。

10 庚戌，以夏官尚书、检校凉州都督唐休璟同凤阁鸾台三品。时突骑施酋长乌质勒与西突厥诸部相攻，安西道绝。太后命休璟与诸宰相议其事，顷之，奏上，太后即依其议施行。后十馀日，安西诸州请兵应接，程期一如休璟所画，太后谓休璟曰："恨用卿晚。"谓诸宰相曰："休璟练习边事，卿曹十不当一。"

时西突厥可汗斛瑟罗用刑残酷，诸部不服。乌质勒本隶斛瑟罗，号莫贺达干，能抚其众，诸部归之，斛瑟罗不能制。乌质勒置都督二十员，各将兵七千人，屯碎叶西北。后攻陷碎叶，徙其牙帐居之。斛瑟罗部众离散，因入朝，不敢复还，乌质勒悉并其地。

11 九月庚寅朔，日有食之，既。

12 初，左台大夫、同凤阁鸾台三品魏元忠为洛州长史，洛阳令张昌仪恃诸兄之势，每牙，直上长史听事。元忠到官，叱下之。张易之奴暴乱都市，元忠杖杀之。及为相，太后召易之弟岐州刺史昌期，欲以为雍州长史，对仗，问宰相曰："谁堪雍州者？"元忠对曰："今之朝臣无以易薛季昶。"太后曰："季昶久任京府，朕欲别除一官。昌期何如？"诸相皆曰："陛下得人矣。"元忠独曰："昌期不堪！"太后问其故，元忠曰："昌期少年，不闲吏事，向在岐州，户口逃亡且尽。雍州帝京，事任繁剧，

10　庚戌(二十一日),武则天任命夏官尚书、检校凉州都督唐休璟为同凤阁鸾台三品。当时由于突骑施酋长乌质勒与西突厥各部落互相攻伐的缘故,安西道与朝廷的联系断绝。武则天指派唐休璟与各位宰相商量解决这一问题的办法。不一会儿,商量好的结果就呈报了上来,武则天就依照他们所拿出的办法去施行。十几天后,安西道所辖各州请兵接应,具体的时间与唐休璟最初所预想的完全相符。武则天对唐休璟说:"朕实在遗憾用你用得太晚了。"并且对各位宰相说:"唐休璟极为熟悉边境事务,你们十个人也抵不上他一个人。"

起初西突厥可汗斛瑟罗所实行的刑罚十分残酷,他属下的各个部落都不服从他。乌质勒本来是斛瑟罗的属下,号莫贺达干,因为他善于安抚部下,各个部落便纷纷归附他,以至于斛瑟罗无力控制他。乌质勒共任命了二十名都督,让他们每个人统率七千人,驻扎在碎叶城的西北,后来攻陷碎叶城,将自己的牙帐迁到那里。斛瑟罗所控制的各部落人众都已四分五裂,于是入朝臣服不敢再回到西北边境去。乌质勒因而全部吞并了斛瑟罗原有的领地。

11　九月庚寅朔,出现日食,为日全食。

12　当初,左台大夫、同凤阁鸾台三品魏元忠曾担任洛州长史职务。在魏元忠到任以前,洛阳令张昌仪倚仗几个兄长的权势,每个牙参者都径直走上长史厅;魏元忠到任后,叱令他们下去。张易之的恶奴在城市大街上横行不法,魏元忠下令将其用杖刑处死。在魏元忠入朝作宰相以后,武则天召见了张易之的弟弟岐州刺史张昌期,想要任命他为雍州长史。在例行的宰相奏事会议中,武则天向诸位宰相问道:"谁可以胜任雍州长史的职务?"魏元忠说:"现在众多的朝臣之中,没有哪一位能够代替薛季昶。"武则天说:"薛季昶长期以来一直在京府任职,朕打算另外任命一位官员担任这一职位。你们认为张昌期这个人怎么样?"宰相们纷纷回答说:"陛下可算是真正找到了合适的人选了。"唯独魏元忠提出反对意见:"张昌期无法胜任这一职务!"武则天询问原因,魏元忠回答说:"张昌期还很年轻,不熟悉治理之道。以前他在岐州任官时,岐州户口逃亡严重,所剩无几。雍州地处京城,事情多、担子重,

不若季昶强干习事。”太后默然而止。元忠又尝面奏：“臣自先帝以来，蒙被恩渥，今承乏宰相，不能尽忠死节，使小人在侧，臣之罪也！”太后不悦。由是诸张深怨之。

司礼丞高戬，太平公主之所爱也。会太后不豫，张昌宗恐太后一日晏驾，为元忠所诛，乃谮元忠与戬私议云：“太后老矣，不若挟太子为久长。”太后怒，下元忠、戬狱，将使与昌宗廷辨之。昌宗密引凤阁舍人张说，赂以美官，使证元忠。说许之。明日，太后召太子、相王及诸宰相，使元忠与昌宗参对，往复不决。昌宗曰：“张说闻元忠言，请召问之。”

太后召说。说将入，凤阁舍人南和宋璟谓说曰：“名义至重，鬼神难欺，不可党邪陷正以求苟免！若获罪流窜，其荣多矣。若事有不测，璟当叩阁力争，与子同死。努力为之，万代瞻仰，在此举也！”殿中侍御史济源张廷珪曰：“朝闻道，夕死可矣！”左史刘知几曰：“无污青史，为子孙累！”

及入，太后问之，说未对。元忠惧，谓说曰：“张说欲与昌宗共罗织魏元忠邪？”说叱之曰：“元忠为宰相，何乃效委巷小人之言？”昌宗从旁迫趣说，使速言。说曰：“陛下视之，在陛下前，犹逼臣如是，况在外乎？臣今对广朝，不敢不以实对。

张昌期自然不如薛季昶精明强干、熟悉事体。”武则天没有说话，但也不再往下继续谈这件事了。魏元忠还曾当面向武则天进言道：“从先帝在位时起直到现在，臣受朝廷大恩，朝廷乏人，臣得忝列宰相之位，不能做到为国家大事竭忠效死，致使奸邪小人得以在您的左右掌权，这是臣的罪过呀！”武则天听后很不高兴。张易之兄弟也因此而十分痛恨魏元忠。

司礼丞高戬，是太平公主所宠爱的人。恰好武则天生病，张昌宗害怕万一武则天去世，自己会被魏元忠杀掉，于是诬陷魏元忠曾和高戬私下商议说：“太后年岁太大了，我们不如挟制太子，这样才是长久之计。”武则天十分生气，下令将魏元忠和高戬逮捕入狱，并准备让他们两人与张昌宗在朝廷之上当场辩论。张昌宗暗地里找到凤阁舍人张说，用高官厚禄来诱使他出面证明魏元忠确实说过上面的话，张说同意为他作出这样的证明。第二天，武则天召见了太子李显、相王李旦以及诸位宰相，并让魏元忠与张昌宗当着大家的面互相对质，双方各不相让，因而无法作出决断。张昌宗说：“张说听到了魏元忠所说的话。请陛下召见张说，一问便知。”

武则天决定召见张说。在张说即将入内的时候，凤阁舍人南和县人宋璟对他说：“名誉和道义对于一个人来说是最值得重视的，任何人都难以欺骗鬼神，人不能为了苟且偷生而偏袒邪恶之徒陷害忠良方正之士！如果一个人因此被捕下狱或者遭受流放，那么他值得荣耀的地方就太多了。倘若您因为仗义执言而发生意外，我将上殿力争，与您一同为忠义而死。努力去做吧，能否万古流芳，就在此一举了。”殿中侍御史济源人张廷珪对他说：“孔子说过：‘早上得知真理，要我当晚死去都行。’”左史刘知几也对他说：“不要使您自己的行为玷污了青史，成为子孙后代的污点！”

张说应召入朝后，武则天要他作证，他没有马上回答。魏元忠害怕了，对张说说：“你也要与张昌宗一起来陷害我魏元忠吗？”张说大声呵斥他说：“你魏元忠身为宰相，为什么竟说出了这种只有陋巷小人才说的话呢？”张昌宗在一旁急忙催促张说，让他赶快作证。张说说：“陛下都看到了，张昌宗在陛下眼前，尚且这样威逼臣，何况在朝外呢？臣现在当着诸位朝臣的面，不敢不把真实情况告诉陛下。

臣实不闻元忠有是言，但昌宗逼臣使诬证之耳！”易之、昌宗遽呼曰：“张说与魏元忠同反！”太后问其状。对曰：“说尝谓元忠为伊、周。伊尹放太甲，周公摄王位，非欲反而何？”说曰：“易之兄弟小人，徒闻伊、周之语，安知伊、周之道？日者元忠初衣紫，臣以郎官往贺，元忠语客曰：‘无功受宠，不胜惭惧。’臣实言曰：‘明公居伊、周之任，何愧三品？’彼伊尹、周公皆为臣至忠，古今慕仰。陛下用宰相，不使学伊、周，当使学谁邪？且臣岂不知今日附昌宗立取台衡，附元忠立致族灭？但臣畏元忠冤魂，不敢诬之耳。”太后曰：“张说反覆小人，宜并系治之。”他日，更引问，说对如前。太后怒，命宰相与河内王武懿宗共鞫之，说所执如初。

朱敬则抗疏理之曰：“元忠素称忠正，张说所坐无名，若令抵罪，失天下望。”苏安恒亦上疏，以为：“陛下革命之初，人以为纳谏之主；暮年以来，人以为受佞之主。自元忠下狱，里巷汹汹。皆以为陛下委信奸宄，斥逐贤良，忠臣烈士，皆抚髀于私室而钳口于公朝，畏迕易之等意，徒取死而无益。方今赋役烦重，百姓凋弊，重以谗慝专恣，刑赏失中，窃恐人心不安，别生他变，争锋于朱雀门内，问鼎于大明殿前，陛下将何以谢之，何以御之？”易之等见其疏，大怒，欲杀之，赖朱敬则及凤阁舍人桓彦范、著作郎陆泽魏知古保救得免。

臣实在是没有听到过魏元忠说这样的话，只是张昌宗威逼我，让我为他作虚假的证词罢了！”张易之和张昌宗急忙大声说：“张说与魏元忠是共同谋反！”武则天追问详情，张易之和张昌宗回答说：“张说曾经说魏元忠是当今的伊尹和周公。伊尹流放了太甲，周公作了周朝的摄政王，这不是谋反又是什么？”张说说：“张易之兄弟是孤陋寡闻的小人，只是听说过有关伊尹、周公的只言片语，又哪里懂得伊尹、周公的德行？那时魏元忠刚刚穿起紫色朝服，作了宰相，我以郎官的身份前往祝贺，元忠对我说：‘无功受宠，不胜惭愧，不胜惶恐。’我确实是对他说过：‘您处在伊尹、周公的位置上，拿了宰相的俸禄，又有什么可惭愧的呢？’那伊尹和周公都是作臣子的人中最为忠诚的，从古到今一直受到人们的仰慕。陛下任用宰相，不让他们效法伊尹和周公，那要让他们效法谁呢？况且今天我又哪能不明白依附张昌宗则平步青云、靠近魏元忠则灭门九族的道理呢？只是我更害怕日后魏元忠的冤魂向我索命，因而不敢诬陷他罢了。”武则天说：“张说是个反复无常的人小，应当与魏元忠一同下狱治罪。”后来，武则天又一次召见张说，要他证明张昌宗所说的，张说的回答仍然与上一次一样。武则天大怒，指派宰相与河内王武懿宗一同审讯他，张说的说法仍然与最初一样。

朱敬则上疏直言申辩说：“魏元忠一向以忠良方正著称于世，张说入狱又没有任何正当理由，如果将他们治罪，会失掉天下民心。”苏安恒也为此上疏，认为：“陛下登基之初，臣民们都认为您是善于纳谏的皇帝，年纪大了以后，都认为您是喜欢奸佞小人的皇帝。自从魏元忠下狱，大街小巷骚扰不安，士民们都认为陛下信用为非作歹之徒，驱逐贤良方正之士。那些忠良方正的大臣和有志建功立业的人，都不得不在自己家中拍着大腿唉声叹气，但在朝堂之上却缄口不言，害怕万一触犯了张易之等人的意图，没有一点好处地白白送死。现在朝廷征发的赋税劳役都很繁重，百姓生计日益残破，再加上邪恶之徒专擅放纵，导致刑罚与赏赐的标准缺乏公正，我真担心民心不稳，引发其他的变故，一旦有人打到朱雀门内，前来大明殿夺取帝位，陛下将用什么样的说法来对付他们，又将靠什么人的力量来抵御他们？”张易之等人见到他的奏疏之后，勃然大怒，想要杀死他，幸亏有朱敬则和凤阁舍人桓彦范、著作郎陆泽县人魏知古的多方保护才得以幸免。

丁酉，贬魏元忠为高要尉，戬、说皆流岭表。元忠辞日，言于太后曰："臣老矣，今向岭南，十死一生。陛下他日必有思臣之时。"太后问其故，时易之、昌宗皆侍侧，元忠指之曰："此二小儿，终为乱阶。"易之等下殿，叩膺自擗称冤。太后曰："元忠去矣！"

殿中侍御史景城王晙复奏申理元忠，宋璟谓之曰："魏公幸已得全，今子复冒威怒，得无狼狈乎？"晙曰："魏公以忠获罪，晙为义所激，颠沛无恨。"璟叹曰："璟不能申魏公之枉，深负朝廷矣。"

太子仆崔贞慎等八人饯元忠于郊外，易之诈为告密人柴明状，称贞慎等与元忠谋反。太后使监察御史丹徒马怀素鞫之，谓怀素曰："兹事皆实，略问，速以闻。"顷之，中使督趣者数四，曰："反状昭然，何稽留如此？"怀素请柴明对质，太后曰："我自不知柴明处，但据状鞫之，安用告者？"怀素据实以闻，太后怒曰："卿欲纵反者邪？"对曰："臣不敢纵反者！元忠以宰相谪官，贞慎等以亲故追送，若诬以为反，臣实不敢。昔栾布奏事彭越头下，汉祖不以为罪，况元忠之刑未如彭越，而陛下欲诛其送者乎？且陛下操生杀之柄，欲加之罪，取决圣衷可矣。若命臣推鞫，臣不敢不以实闻。"太后曰："汝欲全不罪邪？"对曰："臣智识愚浅，实不见其罪。"太后意解。贞慎等由是获免。

丁酉（初九），武则天将魏元忠贬职为高要尉，将高戬和张说二人流放到岭南。魏元忠临行之日，对武则天说："臣年纪大了，这次前去岭南，多半会死在哪里，日后陛下一定会有想起我的时候。"武则天询问他这样讲的原因，当时张易之、张昌宗都在武则天身旁侍立，魏元忠用手指着他俩回答说："这两个小人，最终将成为祸乱的来由。"张易之等人赶忙走下殿堂，呼天抢地、捶胸顿足地声称魏元忠冤枉了他们。武则天叹道："唉！魏元忠离我而去了！"

殿中侍御史景城县人王晙又上奏为魏元忠申辩，宋璟对他说："魏公已侥幸免死，现在您又来惹天子发怒，这不是自找没趣吗？"王晙说："魏公是因为忠正无二才受到不公正处罚的，我为忠义所驱，去做我认为应该做的事，即使是因此而颠沛流离，也不后悔。"宋璟慨叹道："宋璟不能辨明魏公所受的冤屈，深深辜负朝廷重托。"

太子仆崔贞慎等八人在郊外为魏元忠饯行，张易之冒充告密人柴明呈上一份状纸，告崔贞慎等人与魏元忠一起谋反。武则天派监察御史丹徒县人马怀素负责审讯这个案子，并对他说："状子上指控的事全都是属实的，你大略地审问一下，就赶紧把处理意见报上来。"时间不长，从宫中奉命前来催办的使者就有好几批，并且对他说："魏元忠与崔贞慎等人谋反的情节如此清楚，你为什么还要这样拖沓不决？"马怀素请求让柴明与崔贞慎等人当面对质，武则天说："我也不知道柴明在哪里，你只需按照状子上告发的事实严加审讯，还要找那个告状的人干什么？"马怀素根据实际情况上报，武则天勃然大怒地问他："你想放掉谋反的人吗？"马怀素回答说："臣不敢放纵谋反的罪犯！但魏元忠以宰相之职遭贬，崔贞慎等人因亲朋故旧的缘故为他饯行，如果一定要把他们诬陷为共同谋反，臣实在不敢。想当初栾布冒死为彭越设祠哭祭，汉高祖也没有认为他有罪，何况今天魏元忠所受的处罚远远不及彭越，难道陛下反而要杀掉为他饯行的人吗？再说陛下掌握着生杀大权，如果要加罪于这些人，您自己决断也就行了。既然陛下派臣负责审查此案，我就不敢不根据实情上报了。"武则天问："这么说对这些人你是打算一个也不治罪了？"马怀素回答说："臣才智低下，孤陋寡闻，实在没发现他们有什么罪过。"武则天这才想通了。崔贞慎等人也因此而得以幸免。

太后尝命朝贵宴集，易之兄弟皆位在宋璟上。易之素惮璟，欲悦其意，虚位揖之曰："公方今第一人，何乃下坐？"璟曰："才劣位卑，张卿以为第一，何也？"天官侍郎郑杲谓璟曰："中丞奈何卿五郎？"璟曰："以官言之，正当为卿。足下非张卿家奴，何郎之有？"举坐悚惕。时自武三思以下，皆谨事易之兄弟，璟独不为之礼。诸张积怒，常欲中伤之。太后知之，故得免。

13　丁未，以左武卫大将军武攸宜充西京留守。

14　冬，十月丙寅，车驾发西京。乙酉，至神都。

15　十一月，突厥遣使谢许婚。丙寅，宴于宿羽台，太子预焉。宫尹崔神庆上疏：以为："今五品以上所以佩龟者，为别敕征召，恐有诈妄，内出龟合，然后应命。况太子国本，古来征召皆用玉契。此诚重慎之极也。昨缘突厥使见，太子应预朝参，直有文符下宫，曾不降敕处分，臣愚谓太子非朔望朝参、应别召者，望降墨敕及玉契。"太后甚然之。

16　始安獠欧阳倩拥众数万，攻陷州县，朝廷思得良吏以镇之。朱敬则称司封郎中裴怀古有文武才，制以怀古为桂州都督，仍充招慰讨击使。怀古才及岭上，飞书示以祸福，倩等迎降，且言："为吏所侵逼，故举兵自救耳。"怀古轻骑赴之，

武则天曾宴请朝中权贵。张易之兄弟的官职都在宋璟之上，但张易之素来忌惮宋璟，为了取悦宋璟，于是空出上位来请宋璟坐，说道："您是当今第一人，为什么在下座落座呀？"宋璟说："本人才智低劣，职务卑微，张卿反说我是天下第一人，这是什么道理？"天官侍郎郑杲对宋璟说："中丞为什么称五郎为张卿呢？"宋璟说："根据他的官职，称他为张卿最为合适。您本人并不是张卿的家奴，为什么要称他为郎呢？"所有在座的人听到这话都为他提心吊胆。当时朝中大臣自武三思以下，都谨慎地奉承张易之兄弟，唯独宋璟对他们不加丝毫礼遇。张易之兄弟十分恼怒，常常想对他恶意诬陷。武则天清楚这一点，宋璟才因此而得以幸免。

13 丁未（十九日），武则天派左武卫大将军武攸宜充任西京留守。

14 冬季，十月丙寅（初八），武则天一行从西京出发；乙酉（二十七日），抵达神都。

15 十一月，突厥默啜派遣使者前来感谢朝廷允许通婚。丙寅，武则天在宿羽台设宴款待突厥使者，太子李显也参加了宴会。宫尹崔神庆上疏认为："当今五品以上官员之所以随身佩戴龟符，并且必须另外下敕书才能应召入朝，是因为担心有欺诈悖妄之徒混入朝中。只有两块龟符完全吻合，奉召之人才可以入朝觐见。何况太子乃是立国的根本所在，古今历代征召太子入朝，觐见时都要用玉契，这实在是达到郑重谨慎的极点了。昨天由于突厥使者前来朝见，太子应该一同入朝参见陛下，当时太子仅出示文符便直接入宫，而没有另外由陛下降敕征召。依臣愚见，太子既不是在初一、十五入朝参见，又不是接受别敕的征召前来，那么请陛下向太子颁发玉契以及由陛下亲手写就的敕书。"武则天认为他的建议十分正确。

16 居住在桂州始安郡的獠族人欧阳倩，拥有数万人马，攻陷了当地的州县，朝廷希望能选派一位精明强干的官员前往镇守弹压。朱敬则认为司封郎中裴怀古具备文武全才，武则天于是任命裴怀古为桂州都督兼招慰讨击使。裴怀古一到桂州境内，就立即飞递书信给欧阳倩晓以利害祸福，欧阳倩等派人迎降，并且说："由于官吏欺凌威逼太甚，我们才兴兵自救。"裴怀古想仅带轻装骑兵前往抚慰，

左右曰："夷獠无信，不可忽也。"怀古曰："吾仗忠信，可通神明，而况人乎？"遂诣其营，贼众大喜，悉归所掠货财。诸洞酋长素持两端者，皆来款附，岭外悉定。

17　是岁，分命使者以六条察州县。

18　吐蕃南境诸部皆叛，赞普器弩悉弄自将击之，卒于军中。诸子争立，久之，国人立其子弃隶蹜赞为赞普，生七年矣。

四年（甲辰，704）

1　春，正月丙申，册拜右武卫将军阿史那怀道为西突厥十姓可汗。怀道，斛瑟罗之子也。

2　丁未，毁三阳宫，以其材作兴泰宫于万安山。二宫皆武三思建议为之，请太后每岁临幸，功费甚广，百姓苦之。左拾遗卢藏用上疏，以为："左右近臣多以顺意为忠，朝廷具僚皆以犯忤为戒，致陛下不知百姓失业，伤陛下之仁。陛下诚能以劳人为辞，发制罢之，则天下皆知陛下苦己而爱人也。"不从。藏用，承庆之弟孙也。

3　壬子，以天官侍郎韦嗣立为凤阁侍郎、同平章事。

4　夏官侍郎、同凤阁鸾台三品李迥秀颇受贿赂，监察御史马怀素劾奏之。二月癸亥，迥秀贬庐州刺史。

5　壬申，正谏大夫、同平章事朱敬则以老疾致仕。敬则为相，以用人为先，自馀细务不之视。

左右属下官吏对他说:“夷獠之徒不讲信用,您不能麻痹大意。”裴怀古回答说:“我所依赖的是忠信二字,仅凭这一点即可与神明相通,何况是欧阳倩这些人呢?”于是到达了欧阳倩的营地。这些人十分高兴,便全都归还了他们抢劫的财物;平时一向对朝廷首鼠两端的各洞酋长,也纷纷前来诚心归附。岭外之地乃全部平定。

17　在这一年,武则天命令使者根据六条标准考察地方州县官吏的政绩。

18　吐蕃南部边境各部落都发生了叛乱,赞普器弩悉弄亲自率军前往平叛,死于军中。他的儿子们争着要继位,过了很久之后,国人才立他年仅七岁的儿子弃隶蹜赞为赞普。

则天后长安四年(甲辰,公元704年)

1　春季,正月丙申(初十),武则天下诏册拜右武卫将军阿史那怀道为西突厥十姓可汗。阿史那怀道,是斛瑟罗的儿子。

2　丁未(二十一日),武则天下令拆毁三阳宫,用拆下来的木石材料在万安山修建兴泰宫。三阳宫和兴泰宫都是在武三思的建议下修建的,专为武则天每年亲临巡幸之用,工程耗费极为繁重,老百姓感到十分困苦。左拾遗卢藏用上疏认为:“陛下左右的近臣大多把顺承您的心愿当作忠诚的表现,朝廷大臣又大多把违逆触犯您的旨意奉为戒条,致使陛下不了解百姓已经因此而失去了谋生的常业,这样做有损陛下的仁德。假如陛下真能以劳累百姓为理由,颁发制书下令停止这项工程,那么天下百姓就会都知道陛下为爱惜民力而甘愿辛苦自己的美德。”武则天不听。卢藏用,是卢承庆之弟的孙子。

3　壬子(二十六日),武则天任命天官侍郎韦嗣立为凤阁侍郎、同平章事。

4　夏官侍郎、同凤阁鸾台三品李迥秀广收贿赂,监察御史马怀素上奏章弹劾他。二月癸亥(初八),武则天将李迥秀贬为庐州刺史。

5　壬申(十七日),正谏大夫、同平章事朱敬则因年事已高、身体多病的缘故退休。朱敬则作宰相,把举荐和任用贤良之士当作最重要的事,对于除此之外的琐碎事务则不怎么重视。

6　太后尝与宰相议及刺史、县令。三月己丑，李峤、唐休璟等奏："窃见朝廷物议，远近人情，莫不重内官，轻外职，每除授牧伯，皆再三披诉。比来所遣外任，多是贬累之人，风俗不澄，寔由于此。望于台、阁、寺、监妙简贤良，分典大州，共康庶绩。臣等请辍近侍，率先具僚。"太后命书名探之，得韦嗣立及御史大夫杨再思等二十人。癸巳，制各以本官检校刺史。嗣立为汴州刺史。其后政绩可称者，唯常州刺史薛谦光、徐州刺史司马锽而已。

7　丁丑，徙平恩王重福为谯王。

8　以夏官侍郎宗楚客同平章事。

9　凤阁侍郎、同凤阁鸾台三品苏味道谒归葬其父，制州县供葬事。味道因之侵毁乡人墓田，役使过度，监察御史萧至忠劾奏之，左迁坊州刺史。至忠，引之玄孙也。

10　夏，四月壬戌，同凤阁鸾台三品韦安石知纳言，李峤知内史事。

11　太后幸兴泰宫。

12　太后复税天下僧尼，作大像于白司马阪，令春官尚书武攸宁检校，糜费巨亿。李峤上疏，以为："天下编户，贫弱者众。造像钱见有一十七万馀缗，若将散施，人与一千，济得一十七万馀户。拯饥寒之弊，省劳役之勤，顺诸佛慈悲之心，沾圣君亭育之意，人神胥悦，功德无穷。方作过后因缘，岂如见在果报！"

6　武则天曾经与宰相们讨论刺史、县令等地方官吏的选用问题。三月己丑(初四),李峤、唐休璟就这一问题上奏武则天说:“我们私下里观察朝廷中众人的议论,发现在任职远近这一点上,没有哪一个不是看重朝内官而轻视地方官,每当任命州县官时,被任命的人都要屡次推辞。近来陛下所任命的刺史、县令,大多是受到降职处分的人;看起来人们看重朝内官、轻视地方官的风气无法改变,实际上就是由此而起的。希望今后陛下能够从任职于台、阁、寺、监的官员中选择贤良方正之士,任命他们分别到各重要的州里任职,以便能够共同成就地方各种事业。臣等请求陛下停止对近侍诸官的选用,首先将他们任命为地方官吏。”武则天命令宰相们物色合适的人选并写出他们的姓名,物色到了韦嗣立及御史大夫杨再思等二十人。癸巳(初八),武则天颁下制书,命令他们各自分别在现任官职之上加检校刺史衔。韦嗣立被任命为检校汴州刺史。后来这些人在所任职的各州政绩值得称许的,唯有常州刺史薛谦光和徐州刺史司马锽而已。

7　丁丑,改封平恩王李重福为谯王。

8　武则天任命夏官侍郎宗楚客同平章事。

9　凤阁侍郎、同凤阁鸾台三品苏味道请求回赵州栾城县安葬他死去的父亲,武则天颁下制书,要求当地州县负责供给安葬的费用。苏味道趁机侵占毁坏同乡百姓的墓田,并且役使当地百姓超过了限度,监察御史萧至忠上奏弹劾他,武则天将他降职为坊州刺史。萧至忠是萧引之的玄孙。

10　夏季,四月壬戌(初七),武则天指派同凤阁鸾台三品韦安石主持纳言事务,李峤主持内史省事务。

11　武则天住进兴泰宫。

12　武则天再一次向全国的和尚、尼姑征税,在洛城以北的白司马阪建造大佛像,命令春官尚书武攸宁主持这一工程,所耗费的资财人力十分巨大。李峤上疏认为:“编入户籍的平民百姓,贫困潦倒无以为生的很多。现已筹集到的用于建造大佛像的钱有十七万馀缗,如果用来分散施舍穷苦百姓,每人给钱一千的话,也可救济十七万多户。拯救百姓饥寒之苦,减少臣民劳役之勤,既合乎佛祖慈悲为怀的本意,又可以使人们沾润圣明天子抚养培育的恩惠,这是使人神两界皆大欢喜的功德无量的善事。陛下修建佛像以续后世的因缘,哪里比得上赈济百姓以求得现世的报应呢?”

监察御史张廷珪上疏谏曰："臣以时政论之，则宜先边境，蓄府库，养人力。以释教论之，则宜救苦厄，灭诸相，崇无为。伏愿陛下察臣之愚，行佛之意，务以理为上，不以人废言。"太后为之罢役，仍召见廷珪，深赏慰之。

13 凤阁侍郎、同凤阁鸾台三品姚元崇以母老固请归侍，六月辛酉，以元崇行相王府长史，秩位并同三品。

14 乙丑，以天官侍郎崔玄暐同平章事。

15 召凤阁侍郎、同平章事、检校汴州刺史韦嗣立赴兴泰宫。

16 丁丑，以李峤同凤阁鸾台三品。峤自请解内史。

17 壬午，以相王府长史姚元崇兼知夏官尚书、同凤阁鸾台三品。

18 秋，七月丙戌，以神都副留守杨再思为内史。

再思为相，专以谄媚取容。司礼少卿张同休，易之之兄也，尝召公卿宴集，酒酣，戏再思曰："杨内史面似高丽。"再思欣然，即翦纸帖巾，反披紫袍，为高丽舞，举坐大笑。时人或誉张昌宗之美曰："六郎面似莲花。"再思独曰："不然。"昌宗问其故，再思曰："乃莲花似六郎耳。"

19 甲午，太后还宫。

监察御史张廷珪也上疏谏阻道："臣以为从当前治理国家的需要来说，应首先侧重巩固边境地区的军事防务设施，增加国库储备，使百姓安居乐业、休养生息；从佛教教义方面来看，则应当立足于拯救困苦的众生，毁弃寺院中各种佛身塑像，崇尚清静无为。恳切地希望陛下能够体察臣的愚见，执行佛祖的旨意，一定要重视各种意见所阐明的原则，而不是因人废言。"武则天因此而停止了修建大佛像的工程，并且召见张廷珪以表达对他的赞赏与抚慰之情。

13　凤阁侍郎、同凤阁鸾台三品姚元崇因母亲年事已高，十分坚决地请求武则天允许他辞去职位，回家侍奉母亲。六月辛酉（初七），武则天指派姚元崇代理相王府长史，品级、职位以及俸禄均与宰相相同。

14　乙丑（十一日），武则天任命天官侍郎崔玄暐为同平章事。

15　武则天征召凤阁侍郎、同平章事检校汴州刺史韦嗣立前往兴泰宫。

16　丁丑（二十三日），武则天任命李峤为同凤阁鸾台三品。李峤请求解除纳言职务。

17　壬午（二十八日），武则天任命相王府长史姚元崇兼任夏官尚书、同凤阁鸾台三品职务。

18　秋季，七月丙戌（初三），武则天任命神都副留守杨再思为内史。

杨再思作宰相时，专门靠阿谀奉承来取悦于人。司礼少卿张同休是张易之的哥哥，有一次他宴请朝中公卿大员。在酒喝到最畅快的时候，张同休拿杨再思开玩笑说："杨内史长得像高丽人。"杨再思听了反倒很高兴，当即自制行头，又反披着紫色朝服，表演起高丽舞来，引来满座公卿的哄堂大笑。当时还有人称颂张昌宗长得漂亮，说："六郎的脸长得像莲花一样。"唯独杨再思道："不是这样的。"张昌宗问他否定别人说法的原因，他回答说："实际上应当说是莲花长得像六郎才对。"

19　甲午（十一日），武则天一行回到宫中。

20　乙未，司礼少卿张同休、汴州刺史张昌期、尚方少监张昌仪皆坐赃下狱，命左右台共鞫之。丙申，敕，张易之、张昌宗作威作福，亦命同鞫。辛丑，司刑正贾敬言奏："张昌宗强市人田，应征铜二十斤。"制"可"。乙巳，御史大夫李承嘉、中丞桓彦范奏："张同休兄弟赃共四千馀缗，张昌宗法应免官。"昌宗奏："臣有功于国，所犯不至免官。"太后问诸宰相："昌宗有功乎？"杨再思曰："昌宗合神丹，圣躬服之有验，此莫大之功。"太后悦，赦昌宗罪，复其官。左补阙戴令言作《两脚狐赋》以讥再思，再思出令言为长社令。

21　丙午，夏官侍郎、同平章事宗楚客有罪，左迁原州都督，充灵武道行军大总管。

22　癸丑，张同休贬岐山丞，张昌仪贬博望丞。

鸾台侍郎、知纳言事、同凤阁鸾台三品韦安石举奏张易之等罪，敕付安石及右庶子、同凤阁鸾台三品唐休璟鞫之，未竟而事变。八月甲寅，以安石兼检校扬州刺史，庚申，以休璟兼幽营都督、安东都护。休璟将行，密言于太子曰："二张恃宠不臣，必将为乱。殿下宜备之。"

23　相王府长史兼知夏官尚书事、同凤阁鸾台三品姚元崇上言："臣事相王，不宜典兵马。臣不敢爱死，恐不益于王。"辛酉，改春官尚书，馀如故。元崇字元之，时突厥叱列元崇反，太后命元崇以字行。

20　乙未（十二日），司礼少卿张同休、汴州刺史张昌期、尚方少监张昌仪都因犯有贪赃罪而被捕下狱。武则天命令左右台共同负责审讯此案。丙申（十三日），武则天颁下敕书，认为张易之、张昌宗专行赏罚，独揽威权，应当与上述张同休等人并案审理。辛丑（十八日），司刑正贾敬言上奏说："张昌宗强行收买民田，应当向他征收黄铜二十斤。"武则天颁下制书说："可以。"乙巳（二十二日），御史大夫李承嘉、御史中丞桓彦范上奏道："张同休兄弟共贪赃价值四千多缗，依法应判处张昌宗免官。"张昌宗上奏申辩说："臣为国家立过大功，现在所犯的罪过还不至于达到必须被判处免官的程度。"武则天向各位宰相发问："张昌宗有没有立过功？"杨再思回答说："张昌宗调制了神丹，陛下服下后确实灵验，哪里还有什么比这更大的功劳呢？"武则天听后很高兴，于是下令赦免张昌宗所犯的罪，并恢复了他原任官职。左补阙戴令言写了一篇《两脚狐赋》来讥讽杨再思，杨再思将戴令言外放为长社令。

21　丙午（二十三日），夏官侍郎、同平章事宗楚客因有罪而被降职为原州都督，充任灵武道行军大总管。

22　癸丑（三十日），武则天将张同休贬职为岐山丞，将张昌仪贬职为博望丞。

鸾台侍郎、知纳言事、同凤阁鸾台三品韦安石上奏检举张易之等人所犯罪行，武则天下令将张易之等人交付韦安石及右庶子、同凤阁鸾台三品唐休璟审讯，但还没等此案审讯清楚，事情就已经发生了变化。八月甲寅（初一），武则天任命韦安石兼任检校扬州刺史，庚申（初七），又任命唐休璟兼任幽州、营州都督、安东都护。唐休璟赴任之前，秘密地对太子说："现在张易之和张昌宗凭借天子的恩宠而不履行臣子的本分，日后必将作乱。殿下应当对此加以防备。"

23　相王府长史兼知夏官尚书事、同凤阁鸾台三品姚元崇对武则天说："臣事奉相王，就不应当再担任夏官尚书一职掌握军权。这并不是因为我怕死，而是由于我担心这样做会不利于相王。"辛酉（初八），改任姚元崇为春官尚书，其馀职务不变。姚元崇字元之，当时由于突厥叱列元崇谋反的缘故，武则天特命姚元崇以字代名，称姚元之。

24　突厥默啜既和亲，戊寅，始遣淮阳王武延秀还。

25　九月壬子，以姚元之充灵武道行军大总管。辛酉，以元之为灵武道安抚大使。

元之将行，太后令举外司堪为宰相者。对曰："张柬之沉厚有谋，能断大事，且其人已老，惟陛下急用之。"冬，十月甲戌，以秋官侍郎张柬之同平章事，时年且八十矣。

26　乙亥，以韦嗣立检校魏州刺史，馀如故。

27　壬午，以怀州长史河南房融同平章事。

28　太后命宰相各举堪为员外郎者，韦嗣立荐广武公岑羲曰："但恨其伯父长倩为累。"太后曰："苟或有才，此何所累？"遂拜天官员外郎。由是诸缘坐者始得进用。

29　十一月丁亥，以天官侍郎韦承庆为凤阁侍郎、同平章事。

30　癸卯，成均祭酒、同凤阁鸾台三品李峤罢为地官尚书。

31　十二月甲寅，敕大足已来新置官并停。

32　丙辰，凤阁侍郎、同平章事韦嗣立罢为成均祭酒，检校魏州刺史如故，以兄承庆入相故也。

33　太后寝疾，居长生院，宰相不得见者累月，惟张易之、昌宗侍侧。疾少间，崔玄暐奏言："皇太子、相王，仁明孝友，足侍汤药。宫禁事重，伏愿不令异姓出入。"太后曰："德卿厚意。"易之、昌宗见太后疾笃，恐祸及己，引用党援，

24 突厥默啜已经与大唐宗室和亲，乃于戊寅（二十五日）遣还了淮阳王武延秀。

25 九月壬子（二十九日），武则天派姚元之充任灵武道行军大总管。辛酉，又任命姚元之为灵武道安抚大使。

姚元之即将赴任时，武则天让他推荐外朝司官中才德可以胜任宰相职务的人。姚元之回答说："现任秋官侍郎的张柬之朴实稳重，富于智谋，对于国家大事能够当机立断，况且他的年纪也很老了，请陛下赶紧重用他。"冬季，十月甲戌（二十二日），武则天任命秋官侍郎张柬之为同平章事，这时张柬之已经年近八十了。

26 乙亥（二十三日），武则天任命韦嗣立为检校魏州刺史，其他职务不变。

27 壬午（三十日），武则天任命怀州长史河南人房融为同平章事。

28 武则天命令宰相们各自举荐能够胜任员外郎职务的人才，韦嗣立推荐了广武公岑羲，并说："只可惜他受到了他伯父岑长倩的连累。"武则天说："只要有才干，这点事情又有什么可连累的？"于是任命岑羲为天官员外郎。从此那些因为亲属犯罪而受到连坐处理的人才开始被提拔任用。

29 十一月丁亥（初五），武则天任命天官侍郎韦承庆为凤阁侍郎、同平章事。

30 癸卯（二十一日），武则天免去成均祭酒、同凤阁鸾台三品李峤的职务，任命他为地官尚书。

31 十二月甲寅（初三），武则天颁下敕书，决定停止所有大足元年以来新设置的官职。

32 丙辰（初五），凤阁侍郎、同平章事韦嗣立被罢免官职，改任成均祭酒，保留其原任的检校魏州刺史职务；这是因为他的哥哥韦承庆已被任命为宰相的缘故。

33 武则天一病不起，一直住在长生院，只有张易之和张昌宗二人在身旁侍奉，宰相们无法与她相见达一月之久。当武则天的病情稍有好转的时候，崔玄暐上奏说："皇太子和相王，都是仁德彰明的君子，具备孝顺母亲与友爱兄弟的操行，完全可以在您身旁侍奉汤药。皇宫是皇帝居住的地方，事关重大，希望陛下不要让异姓人随意出入。"武则天说："我十分感激您的好意。"张易之、张昌宗见武则天病情十分严重，担心她死后自己大祸临头，便关照自己的党羽互相救助，

阴为之备。屡有人为飞书及牓其书于通衢，云“易之兄弟谋反”，太后皆不问。

辛未，许州人杨元嗣，告“昌宗尝召术士李弘泰占相，弘泰言昌宗有天子相，劝于定州造佛寺，则天下归心”。太后命韦承庆及司刑卿崔神庆、御史中丞宋璟鞫之。神庆，神基之弟也。承庆、神庆奏言：“昌宗款称‘弘泰之语，寻已奏闻’，准法首原。弘泰妖言，请收行法。”璟与大理丞封全祯奏：“昌宗宠荣如是，复召术士占相，志欲何求？弘泰称筮得纯《乾》，天子之卦。昌宗傥以弘泰为妖妄，何不执送有司？虽云奏闻，终是包藏祸心，法当处斩破家。请收付狱，穷理其罪！”太后久之不应，璟又曰：“傥不即收系，恐其摇动众心。”太后曰：“卿且停推，俟更检详文状。”璟退，左拾遗江都李邕进曰：“向观宋璟所奏，志安社稷，非为身谋，愿陛下可其奏！”太后不听。寻敕璟扬州推按，又敕璟按幽州都督屈突仲翔赃污，又敕璟副李峤安抚陇、蜀。璟皆不肯行，奏曰：“故事，州县官有罪，品高则侍御史、卑则监察御史按之，中丞非军国大事，不当出使。今陇、蜀无变，不识陛下遣臣出外何也？臣皆不敢奉制。”

暗地里作准备。不断有人书写匿名信或在通衢闹市书写文字，说："张易之兄弟阴谋反叛"，武则天对这些消息一概不闻不问。

辛未（二十日），许州人杨元嗣指控"张昌宗曾召见过一个名叫李弘泰的江湖术士给他看相占卜，李弘泰说张昌宗有天子之相，劝他在定州修建佛寺，并说这样做的话就会使天下百姓对他倾心归附。"武则天指派凤阁侍郎、同平章事韦承庆及司刑卿崔神庆和御史中丞宋璟共同审理此案。崔神庆是崔神基的弟弟。韦承庆和崔神庆上奏道："张昌宗招供说'李弘泰说过的话，我很快就向天子奏明了'，根据法律的规定，张昌宗主动自首应当免予处罚；李弘泰妖言惑众，应当逮捕治罪。"宋璟与大理丞封全祯上奏道："张昌宗受到陛下如此恩宠，还要召见术士看相，他到底还希望得到什么？李弘泰说他为张昌宗占得纯《乾》卦，这是天子之卦啊！如果张昌宗认为李弘泰的所作所为乃是妖言妄行，那么他为什么不将李弘泰捆起来送到有关部门治罪？虽然他说他已经将此事上奏天子，终究还是包藏祸心，依法应对他处以斩刑，并没收他的全部财产。请逮捕张昌宗下狱，依法对他严加治罪！"过了好大一会儿，武则天还是不作声。宋璟又说："如果不将他立即拘禁，恐怕会造成人心不稳的后果。"武则天说："你们先暂且停止对这件案子的审讯，等我仔细看一看状呈再说。"宋璟退出长生殿，左拾遗江都县人李邕上前进言道："刚才听了宋璟的话，我认为他是一心为江山社稷着想，并没有考虑自身的安危得失，希望陛下能同意按照他的意见办理此案。"武则天不同意这样做，一会儿就敕令宋璟到扬州审理案件，又敕命宋璟去审理幽州都督屈突仲翔贪污案，一会儿又敕命宋璟作李峤的副职安抚陇、蜀之民。宋璟对这些新的任命都没有接受，他不肯出京，并上奏道："依照惯例：州、县官吏犯罪，官品高的由侍御史审理，官品低的则由监察御史审理，如果没有事关军国大事的重大案件发生，御史中丞都不应出使地方。现在陇、蜀二地并没有任何重大事变发生，我不清楚陛下一定要派我外出的原因是什么，因此我不敢接受您的任命。"

司刑少卿桓彦范上疏，以为："昌宗无功荷宠，而包藏祸心，自招其咎，此乃皇天降怒。陛下不忍加诛，则违天不祥。且昌宗既云奏讫，则不当更与弘泰往还，使之求福禳灾，是则初无悔心。所以奏者，拟事发则云先已奏陈，不发则俟时为逆。此乃奸臣诡计，若云可舍，谁为可刑？况事已再发，陛下皆释不问，使昌宗益自负得计，天下亦以为天命不死，此乃陛下养成其乱也。苟逆臣不诛，社稷亡矣。请付鸾台凤阁三司，考竟其罪！"疏奏，不报。

崔玄暐亦屡以为言，太后令法司议其罪。玄暐弟司刑少卿昪，处以大辟。宋璟复奏收昌宗下狱。太后曰："昌宗已自奏闻。"对曰："昌宗为飞书所逼，穷而自陈，势非得已。且谋反大逆，无容首免。若昌宗不伏大刑，安用国法？"太后温言解之。璟声色逾厉曰："昌宗分外承恩，臣知言出祸从，然义激于心，虽死不恨！"杨再思恐其忤旨，遽宣敕令出，璟曰："圣主在此，不烦宰相擅宣敕命！"太后乃可其奏，遣昌宗诣台。璟庭立而按之。事未毕，太后遣中使召昌宗特敕赦之。璟叹曰："不先击小子脑裂，负此恨矣。"太后乃使昌宗诣璟谢，璟拒不见。

司刑少卿桓彦范上疏认为："张昌宗并没有给国家立下任何功劳，便受到陛下如此宠爱，却包藏祸心，这是他自作自受，是上天降下的旨意。陛下不忍心诛杀张昌宗，是违背天意的不祥的行为。况且张昌宗既然说他已经把李弘泰的反逆言论上奏陛下，便不应当再与他交往，让他用法术为自己求福消灾，这只能说明他根本没有悔改的意思。张昌宗之所以把这件事上奏给您，是打算万一事情败露了就说事先已经告诉过您，如果没有人发觉便等待时机作乱。这是奸臣的诡计，如果说他还可以饶恕的话，那么什么样的人才够得上受处罚呢？再说这样的事情已是第二次发生，陛下如果还不严加惩处，就会使张昌宗更加自以为得计，天下臣民也会因此而错误地认为是上天不让他死，是陛下姑息养奸所导致的祸乱啊。倘若对谋逆之臣也不加诛戮，这江山社稷就会真正覆亡。请陛下允许将张昌宗交付鸾台凤阁及尚书省的刑部和大理寺、御史台三司处理，以便彻底查清他的罪行！"这篇奏疏呈上去以后，没有得到任何答复。

崔玄暐也屡次向武则天提起这件事，武则天于是下令三法司研究对张昌宗应当判处的刑罚。崔玄暐的弟弟司刑少卿崔昪认为应当将张昌宗处以死刑。宋璟又奏请逮捕张昌宗入狱。武则天说："张昌宗自己已经把那件事情告诉了我。"宋璟回答说："张昌宗是因为被匿名信逼得走投无路才自己说出来的，实际上根本不是出自他的本意。况且他所犯下的是谋反大逆之罪，不存在自首免刑的可能。如果张昌宗可以不被处死，还要国家的王法干什么？"武则天语气温和地为张昌宗辩解开脱。宋璟越来越激动，声色俱厉地说："张昌宗蒙受着他不应该享受的恩泽，臣深知此言一出就会大祸临头，但正义驱使着我说出这样的话，即使是因此而死也没有什么可遗憾的！"杨再思担心宋璟犯下忤旨之罪，急忙宣敕让他退出，宋璟大声说道："圣明天子就在眼前，用不着你这个做宰相的擅自宣布敕命！"武则天最终同意了他的意见，让张昌宗前往御史台接受审讯。宋璟立即对他当庭审讯，但还没等他审讯完毕，武则天就从宫中派宦官召回张昌宗并且颁下敕书赦免了他。宋璟叹息道："没有先把这小子的脑袋打碎，真是终生遗憾。"武则天于是让张昌宗到宋璟那里致谢，宋璟拒而不见。

左台中丞桓彦范、右台中丞东光袁恕己共荐詹事司直阳峤为御史。杨再思曰："峤不乐搏击之任如何？"彦范曰："为官择人，岂必待其所欲？所不欲者，尤须与之，所以长难进之风，抑躁求之路。"乃擢为右台侍御史。峤，休之之玄孙也。

先是李峤、崔玄暐奏："往属革命之时，人多逆节，遂致刻薄之吏，恣行酷法，其周兴等所劾破家者，并请雪免。"司刑少卿桓彦范又奏陈之，表疏前后十上。太后乃从之。

中宗大和大圣大昭孝皇帝上

神龙元年（乙巳，705）

1　春，正月壬午朔，赦天下，改元。自文明以来得罪者，非扬、豫、博三州及诸反逆魁首，咸赦除之。

2　太后疾甚，麟台监张易之、春官侍郎张昌宗居中用事，张柬之、崔玄暐与中台右丞敬晖、司刑少卿桓彦范、相王府司马袁恕己谋诛之。柬之谓右羽林卫大将军李多祚曰："将军今日富贵，谁所致也？"多祚泣曰："大帝也。"柬之曰："今大帝之子为二竖所危，将军不思报大帝之德乎？"多祚曰："苟利国家，惟相公处分，不敢顾身及妻子。"因指天地以自誓。遂与定谋。

左台中丞桓彦范、右台中丞东光县人袁恕己共同举荐詹事司直阳峤为侍御史。杨再思问道："阳峤不愿意担任这种监察弹劾的职务怎么办?"桓彦范说："为国家之事选择人才，怎么能一定要等到发现愿意就职的人呢？越是不愿干的人，越要让他去干这件事，只有这样才能助长知难而进的风尚，抑制那急于贪求的路。"于是提拔阳峤担任右台侍御史的职务。阳峤，是北齐阳休之的玄孙。

在此之前，李峤、崔玄暐曾上奏道："以前陛下刚刚登基，很多臣民不遵守臣节，从而导致出现苛酷小人肆无忌惮地推行酷法严刑的局面，恳请陛下为所有被周兴等人治罪而家破人亡的人昭雪免罪。"司刑少卿桓彦范也上奏陈述此意，前后共上奏疏达十次之多。武则天才最终采纳了他们的建议。

中宗大和大圣大昭孝皇帝上

唐中宗神龙元年(乙巳，公元705年)

1 春季，正月壬午朔(初一)，武则天下诏赦免天下罪囚，改年号。并且声明自从文明元年以来犯罪的人，如果不是扬州、豫州、博州三州谋反案或者其他谋反大逆案件的罪魁祸首，都可以赦免他们的罪过。

2 武则天病得非常严重，朝政由麟台监张易之和春官侍郎张昌宗专擅把持。张柬之、崔玄暐与中台右丞敬晖、司刑少卿桓彦范以及相王府司马袁恕己策划杀掉张易之和张昌宗。张柬之问右羽林卫大将军李多祚："将军今日所享受的荣华富贵，是谁给的?"李多祚流着眼泪回答说："是高宗大帝给的。"张柬之说："现在大帝的两个儿子受到张易之和张昌宗这两个乱臣贼子的威胁，难道将军没有考虑过报答大帝所赐予的恩德吗?"李多祚回答说："只要是对国家有利的事，我一切都按您说的去做，不敢顾及自己身家性命的安危得失。"于是指天画地立下誓言，并且与张柬之、崔玄暐等人一同定了铲除张易之和张昌宗的计谋。

初，柬之与荆府长史阌乡杨元琰相代，同泛江，至中流，语及太后革命事，元琰慨然有匡复之志。及柬之为相，引元琰为右羽林将军，谓曰："君颇记江中之言乎？今日非轻授也。"柬之又用彦范、晖及右散骑侍郎李湛皆为左、右羽林将军，委以禁兵。易之等疑惧，乃更以其党武攸宜为右羽林大将军，易之等乃安。

俄而姚元之自灵武至，柬之、彦范相谓曰："事济矣！"遂以其谋告之。彦范以事白其母，母曰："忠孝不两全，先国后家可也。"时太子于北门起居，彦范、晖谒见，密陈其策，太子许之。

癸卯，柬之、玄暐、彦范与左威卫将军薛思行等帅左右羽林兵五百馀人至玄武门，遣多祚、湛及内直郎、驸马都尉安阳王同皎诣东宫迎太子。太子疑，不出，同皎曰："先帝以神器付殿下，横遭幽废，人神同愤，二十三年矣。今天诱其衷，北门、南牙，同心协力，以诛凶竖，复李氏社稷，愿殿下暂至玄武门以副众望。"太子曰："凶竖诚当夷灭，然上体不安，得无惊怛？诸公更为后图。"李湛曰："诸将相不顾家族以徇社稷，殿下奈何欲纳之鼎镬乎？请殿下自出止之。"太子乃出。

在此之前，张柬之与荆州都督府长史阌乡人杨元琰互相对调职务，二人一同泛舟于长江之中，当小船漂到江心时，谈到了武则天改国号为周等话题，杨元琰慷慨激昂，有匡复大唐基业的志向。张柬之入朝作了宰相之后，便引用杨元琰担任右羽林将军职务，并且提醒他说："您大概还记得我们当初在江心泛舟时所说的话吧？今天这项任命可不是随便给您的呀。"张柬之还任用了桓彦范、敬晖以及右散骑侍郎李湛，让他们分别担任左、右羽林将军职务，把皇帝的亲兵交给他们指挥。这件事引起了张易之等人的怀疑和忧虑，张柬之于是又任用他们的党羽武攸宜为右羽林大将军，张易之等人才放了心。

不久，姚元之从灵武回朝，张柬之和桓彦范交谈说："匡复大唐基业的壮举就要成功了！"于是把商量好的计谋告诉了他。桓彦范把这件事禀告了他的母亲，母亲勉励他说："忠孝不能两全，先为国家大事着想，然后再考虑自家的小事，你这样做是对的。"当时太子李显住在洛阳宫的北门，桓彦范和敬晖前往拜见，秘密地把他们的计策告诉太子，太子允许他们这样去做。

癸卯（二十二日），张柬之、崔玄暐、桓彦范与左威卫将军薛思行等人率领左右羽林兵五百多人来到玄武门，派李多祚、李湛及内直郎、驸马都尉安阳人王同皎到东宫去迎接太子李显。太子有所怀疑，没有出来，王同皎说："先帝把皇位传给殿下，殿下无故被别人幽禁废黜，皇天后土、士民百姓无不义愤填膺，已经有二十三年了。现在上天教人向善，北门的羽林诸将与南牙宰相得以同心协力，立志诛灭凶恶的小人，匡复李氏的江山社稷，希望殿下暂时到玄武门去以满足将士朝臣的期望。"太子回答说："凶恶的小人的确应该被翦除，但是天子圣体欠安，你们这样大张旗鼓地诛除奸贼，不是会惊动天子的心神吗？请诸位日后再图此事。"李湛说："诸位将帅宰相为了国家大事，可以不计较自己身家性命的安危，殿下为什么非要让他们面临鼎镬之灾呢？请殿下亲自去劝阻前来勤王救难的将士们好了。"太子李显于是同意出来与诸位将相会。

同皎扶抱太子上马，从至玄武门，斩关而入。太后在迎仙宫，柬之等斩易之、昌宗于庑下，进至太后所寝长生殿，环绕侍卫。太后惊起，问曰："乱者谁邪？"对曰："张易之、昌宗谋反，臣等奉太子令诛之，恐有漏泄，故不敢以闻。称兵宫禁，罪当万死！"太后见太子曰："乃汝邪？小子既诛，可还东宫。"彦范进曰："太子安得更归！昔天皇以爱子托陛下，今年齿已长，久居东宫，天意人心，久思李氏。群臣不忘太宗、天皇之德，故奉太子诛贼臣。愿陛下传位太子，以顺天人之望！"李湛，义府之子也。太后见之，谓曰："汝亦为诛易之将军邪？我于汝父子不薄，乃有今日！"湛惭不能对。又谓崔玄暐曰："他人皆因人以进，惟卿朕所自擢，亦在此邪？"对曰："此乃所以报陛下之大德。"

于是收张昌期、同休、昌仪，皆斩之，与易之、昌宗枭首天津南。是日，袁恕己从相王统南牙兵以备非常，收韦承庆、房融及司礼卿崔神庆系狱，皆易之之党也。初，昌仪新作第，甚美，逾于王主，或夜书其门曰："一日丝能作几日络？"灭去，复书之，如是六七，昌仪取笔注其下曰："一日亦足。"乃止。

王同皎将太子抱到马上，并陪同太子李显来到玄武门，斩关入城。此刻武则天正好在迎仙宫，张柬之等人在高堂之下的厢房中将张易之和张昌宗斩首，并且一直走到武则天所居住的长生殿，围绕着她的床第侍立卫护。武则天大惊失色，坐起来问道："是哪一个犯上作乱？"张柬之回答说："张易之、张昌宗阴谋造反，臣等已奉太子的命令将他们杀掉了，因为担心可能会走漏消息，所以没有向您禀告。在皇宫禁地举兵诛杀逆贼，惊动天子，臣等罪该万死！"武则天看见太子李显也在人群之中，便对他说："这件事是你让干的吗？乱臣贼子已经被诛杀了，你可以回到东宫里去了。"桓彦范上前说："太子哪里还能回到东宫里去呢？当初天皇把心爱的太子托付给陛下，现在他已经长大成人，却一直在东宫当太子，眼下天意民心，都希望李家重掌天下。群臣不敢忘怀太宗、天皇的恩德，所以尊奉太子诛灭犯上作乱的逆臣。希望陛下将帝位传给太子以上顺天命、下从人心。"李湛是李义府的儿子。武则天发现了他，对他说："你也是杀死张易之的将军吗？我平时对你们父子不薄，想不到竟然有今天的报应！"李湛满面羞惭，无法应对。武则天又对崔玄暐说："别的人都是经他人推荐之后提拔的，只有你是朕亲手提拔的，你怎么也在这里呢？"崔玄暐说："我这样做正是来报答陛下对我的大恩大德。"

接下来逮捕了张昌期、张同休、张昌仪等人，将他们全部处斩，并在神都天津桥的南边将上述人犯与张易之、张昌宗二人一道枭首示众。在这一天里，为防范突然事变的发生，袁恕己辅助相王李旦统率南牙兵马，他们将韦承庆、房融及司礼卿崔神庆等逮捕下狱，这些人都是张易之的同党。先前，张昌仪新建起一幢非常豪华的宅第，规模比诸王及诸位公主的宫室还要宏大，有人晚上在他的门上写道："一天丝（死）能作几天络（乐）？"张昌仪让人把字迹铲去，结果又被人写上，这种情况总共出现过六七次。张昌仪用笔在门上写道："能乐一天也够了。"此后便没有再出现这种事。

甲辰，制太子监国，赦天下。以袁恕己为凤阁侍郎、同平章事，分遣十使赍玺书宣慰诸州。乙巳，太后传位于太子。

丙午，中宗即位。赦天下，惟张易之党不原。其为周兴等所枉者，咸令清雪，子女配没者皆免之。相王加号安国相王，拜太尉、同凤阁鸾台三品，太平公主加号镇国太平公主。皇族先配没者，子孙皆复属籍，仍量叙官爵。

丁未，太后徙居上阳宫，李湛留宿卫。戊申，帝帅百官诣上阳宫，上太后尊号曰则天大圣皇帝。

庚戌，以张柬之为夏官尚书、同凤阁鸾台三品，崔玄暐为内史，袁恕己同凤阁鸾台三品，敬晖、桓彦范皆为纳言，并赐爵郡公。李多祚赐爵辽阳郡王，王同皎为右千牛将军、琅邪郡公，李湛为右羽林大将军、赵国公，自馀官赏有差。

张柬之等之讨张易之也，殿中监田归道将千骑宿玄武门，敬晖遣使就索千骑，归道先不预谋，拒而不与。事宁，晖欲诛之，归道以理自陈，乃免归私第。帝嘉其忠壮，召拜太仆少卿。

甲辰(二十三日),武则天颁下制书,决定由太子李显代行处理国政,大赦天下。任命袁恕己为凤阁侍郎、同平章事,派遣十位使者分别携带天子的玺书前往各州进行安抚工作。乙巳(二十四日),武则天将帝位传给太子李显。

丙午(二十五日),唐中宗李显即皇帝位。中宗下诏大赦天下,只有张易之的党羽们不在赦免之列;那些被周兴等人冤枉的人,都得到了昭雪,他们的子女中如有被发配流放或者被没入官府作奴隶的,也得以放回或免于服罪。唐中宗还加相王李旦封号为安国相王,并任命他为太尉、同凤阁鸾台三品;加太平公主封号为镇国太平公主。此外,被发配或没入官府为奴的李唐宗室子孙,都重新补入原来家族的名册,并且根据具体情况封授官爵。

丁未(二十六日),武则天搬到上阳宫居住,李湛留守宿卫。戊申(二十七日),唐中宗带领文武百官来到上阳宫,上武则天尊号为则天大圣皇帝。

庚戌(二十九日),唐中宗任命张柬之为夏官尚书、同凤阁鸾台三品,任命崔玄暐为内史,任命袁恕己为同凤阁鸾台三品,敬晖和桓彦范都被任命为纳言;上述有功之臣赐爵为郡公。赐爵李多祚为辽东郡王;任命王同皎为右千牛将军,并赐爵为琅邪郡公;任命李湛为右羽林大将军,进爵赵国公。其他有功人员也受到程度不同的赏赐。

张柬之等人讨伐张易之的时候,殿中监田归道正好统领千骑兵守卫玄武门,敬晖派人去调集他手下的千骑兵。由于田归道事先并不知道有诛杀张易之等人的计划,所以拒绝将手下人马交给敬晖调遣。等到事情结束之后,敬晖想杀掉田归道,田归道据理力争,于是唐中宗只是免去其殿中监的职务,让他回到家中。唐中宗认为田归道忠勇可嘉,又将他召回,任命他为太仆少卿。